U0916124

山东调查年鉴

SHANDONG SURVEY YEARBOOK

2010

国家统计局山东调查总队 编

Compiled by NBS Survey Office in Shandong

（京）新登字 041 号

©中国统计出版社。
版权所有。未经许可，本书的任何部分不得以任何方式在世界任何地区以任何文字翻印、拷贝、仿制或转载。
Copyright © CHINA STATISTICS PRESS
All rights reserved. No part of the publication may be reproduced or transmitted in any form or by any means, electronic or mechanical, including photocopying, recording, or any information storage and retrieval system, without written permission from the publisher.

图书在版编目（CIP）数据

山东调查年鉴. 2010 : 汉英对照 / 国家统计局山东调查总队编. -- 北京 : 中国统计出版社，2010.8
ISBN 978-7-5037-6009-9

Ⅰ. ①山…
Ⅱ. ①国…
Ⅲ. ①统计资料－山东省－2010－年鉴－汉、英
Ⅳ. ①C832.52-54
中国版本图书馆 CIP 数据核字(2010)第 144936 号

山东调查年鉴—2010

作　　者/ 国家统计局山东调查总队
责任编辑/ 佘竞雄　尹　伊　丁瑞虎
责任校对/ 丁瑞虎
封面设计/ 陈　刚
出版发行/ 中国统计出版社
通信地址/ 北京市西城区三里河月坛南街 57 号　中国统计出版社
邮　　编/ 100826
电　　话/ (010)63376907
E-mail/ yearbook@gj.stats.cn
印　　刷/ 山东省统计局印务中心　山东新华印刷厂
经　　销/ 新华书店
开　　本/ 890×1240 毫米 1/16
字　　数/ 1000 千字
印　　张/ 33
印　　数/ 500
版　　别/ 2010 年 8 月第 1 版
版　　次/ 2010 年 8 月第 1 次印刷
书　　号/ 978-7-5037-6009-9/C·2372
定　　价/ 320.00 元

中国统计版图书，版权所有，侵权必究。
中国统计版图书，如有印装错误，本社发行部负责调换。

《山东调查年鉴—2010》
编 辑 委 员 会

主　　任：宋志申

副 主 任：段连芳　谭　杰　赵兴成　刘同星　王庆国　胡宗明

委　　员：（以姓氏笔划为序）

王洪卫　王象永　仝义贵　刘　敏　刘传云　宋义贵
宋秀娟　张向春　李承法　李常良　杜敏杰　杨晓福
孟庆斌　范坤文　姜宏济　赵兰香　寇祖传　崔　刚
黄成海

主　　编：谭　杰

副 主 编：王象永　张庆军　刘明霞

责任编辑：佘竞雄　尹　伊　丁瑞虎

编　　辑：（以姓氏笔划为序）

丰绪同　王　震　师文丽　朱盈盈　纪　文　张立新
张燕丽　陆海玲　林雪梅　洪延江　胡东香　赵　冲
赵学功　聂维亮　郭　琦　景　虹　游海涛　董　岩
翟文佳

英文编译：丁瑞虎

封面设计：陈　刚

Shandong Survey Yearbook—2010

EDITORIAL BOARD AND STAFF

Chairman: Song Zhishen

Vice-Chairman: Duan Lianfang Tan Jie Zhao Xingcheng Liu Tongxing
Wang Qingguo Hu Zongming

Editorial Board: (in order of strokes of Chinese surname)

Wang Hongwei Wang Xiangyong Tong Yigui Liu Min
Liu Chuanyun Song Yigui Song Xiujuan Zhang Xiangchun
Li Chengfa Li Changliang Du Minjie Yang Xiaofu
Meng Qingbin Fan Kunwen Jiang Hongji Zhao Lanxiang
Kou Zuchuan Cui Gang Huang Chenghai

Editor-in-Chief: Tan Jie

Deputy Editor-in-Chief: Wang Xiangyong Zhang Qingjun Liu Mingxia

Executive Editor-in-Chief: She Jingxiong Yin Yi Ding Ruihu

Editorial Staff: (in order of strokes of Chinese surname)

Feng Xutong Wang Zhen Shi Wenli Zhu Yingying
Ji Wen Zhang Lixin Zhang Yanli Lu Hailing Lin Xuemei
Hong Yanjiang Hu Dongxiang Zhao Chong Zhao Xuegong
Nie Weiliang Guo Qi Jing Hong You Haitao Dong Yan
Zhai Wenjia

English Translators: Ding Ruihu

Cover Designer: Chen Gang

编 辑 说 明

一、《山东调查年鉴—2010》是国家统计局山东调查总队编辑出版的一本综合性调查资料，是一本党政部门、企事业单位、教学研究机构和社会公众所需的重要工具书。本年鉴汇集了2009年山东主要农产品产量、居民生活、市场物价、企业集团、企业景气等统计调查资料，以及部分重要历史年份和国际调查数据。

为方便读者查阅和使用，各篇章插页前附有简要说明，概括介绍各篇章主要内容和资料来源。同时，部分篇章后面附有全国、各省（市、区）相关调查资料。

二、本年鉴的编辑，已根据国家现行统计调查制度，对统计调查指标概念、口径、范围、计算方法、计算价格等，作了统一调整，各表中价值量指标，凡未加说明的，均按当年价格计算。

三、本年鉴在编辑翻译过程中得到国家统计局和其他相关单位及同志们的大力支持，在此深表谢意。由于我们水平有限，加之时间仓促，错误和不足之处在所难免，敬请各级领导、各界人士和统计战线的同仁不吝批评指正。

Editorial Instruction

Ⅰ. *Shandong Survey Yearbook—2010* is a comprehensive yearbook compiled and published by Survey Office of NBS in Shandong. The yearbook is important reference book which party politics departments, the enterprises and institutions, the teaching development facilities and the social public need. The yearbook recruits major farm production, the inhabitant lives, the market price, enterprise group, business climate statistical investigation materials for 2009 as well as partial statistical data of important historical years and International survey.

In order to facilitate the readers for consult and use, brief introduction attaches in the beginning of each chapters. Main coverage of this chapter, data sources and statistical coverage are concerned. Main investigation materials of various provinces (cities, area) attach behind the partial chapters.

Ⅱ. In the yearbook, statistical definitions, statistical coverage, statistical methods and prices are adjusted according to the current state statistical standards, Data in value terms are calculated at current prices if there are no notes.

Ⅲ. In the course of compilation and translation, the yearbook has received great support from NBS， many units and comrades. We acknowledge their help to the book. Mistakes and faults are inevitable to take place for inadequate proficiency and limited time. Leaders, personnel from all walks of life and colleagues from statistical sector are welcome to make their critical comments and suggestions.

目　录

CONTENTS

二、城镇居民生活调查资料
Investigation Material of City and Town Residential Life

三、农村居民生活调查资料
Investigation Material of Rural Residential Life

四、生产价格调查资料
Investigation Material of Production Prices

五、消费价格调查资料
Investigation Material of Consumer Price

六、企业集团统计资料
Statistical Material of Enterprise Groups

七、企业景气调查资料
Investigation Material of Business Climate

附　　录
APPENDICES

1991—2009年山东工业品出厂价格及原材料
购进价格指数变动趋势

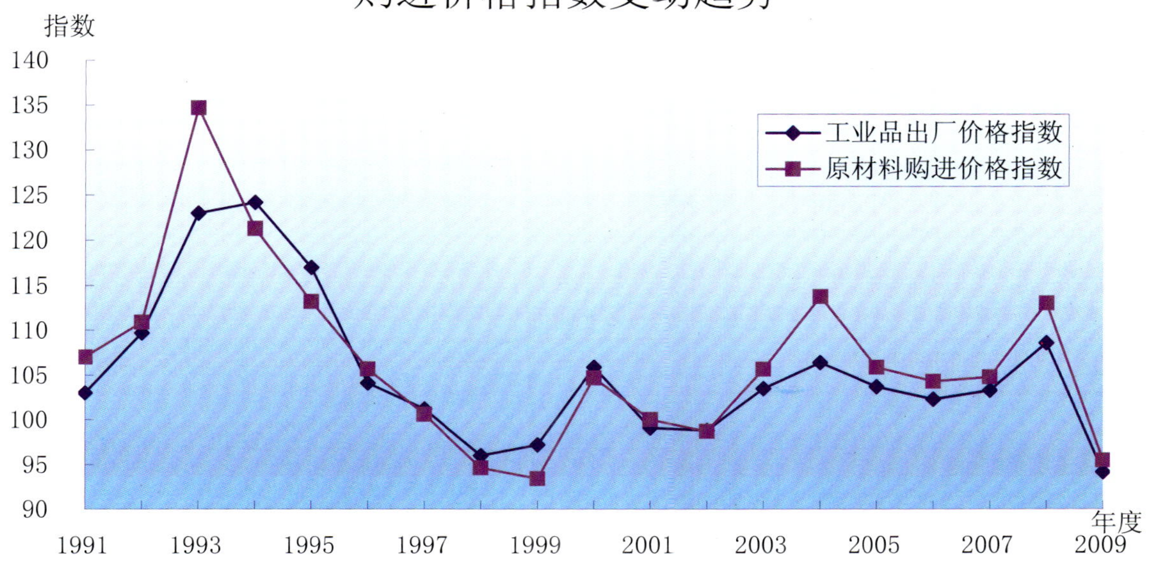

2009年山东工业品出厂价格及原材料
购进价格各月同比指数变动趋势

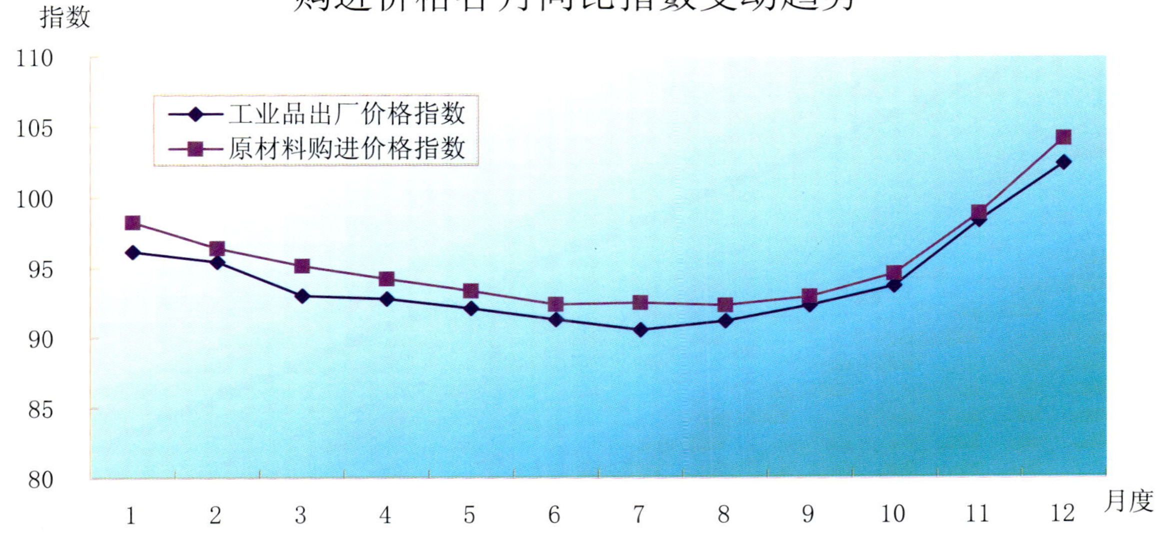

2001-2009年山东房地产价格年度同比指数

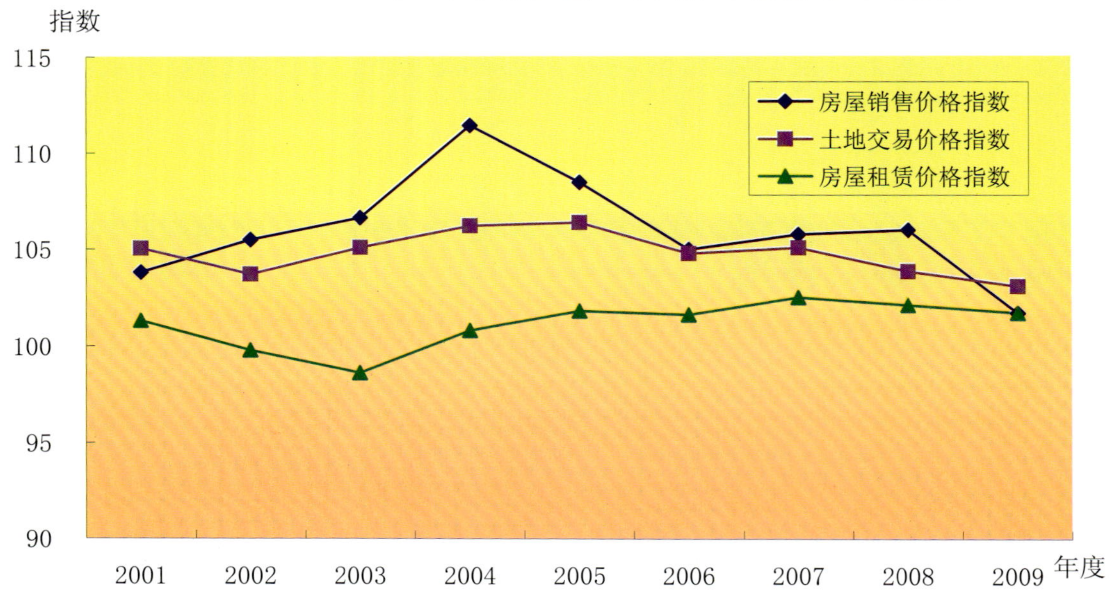

2009年山东房屋销售价格月度同比指数

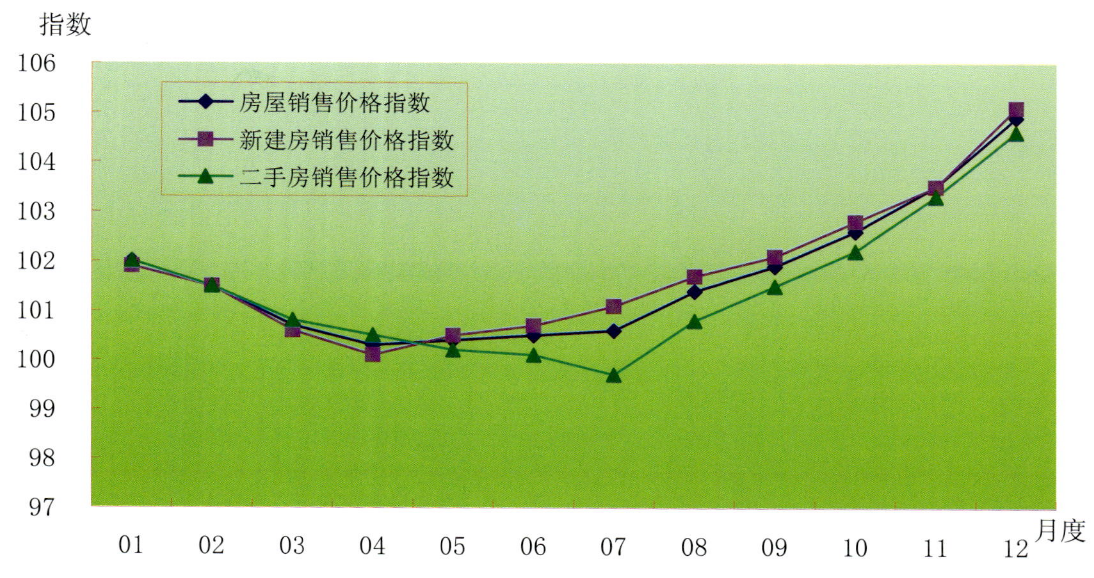

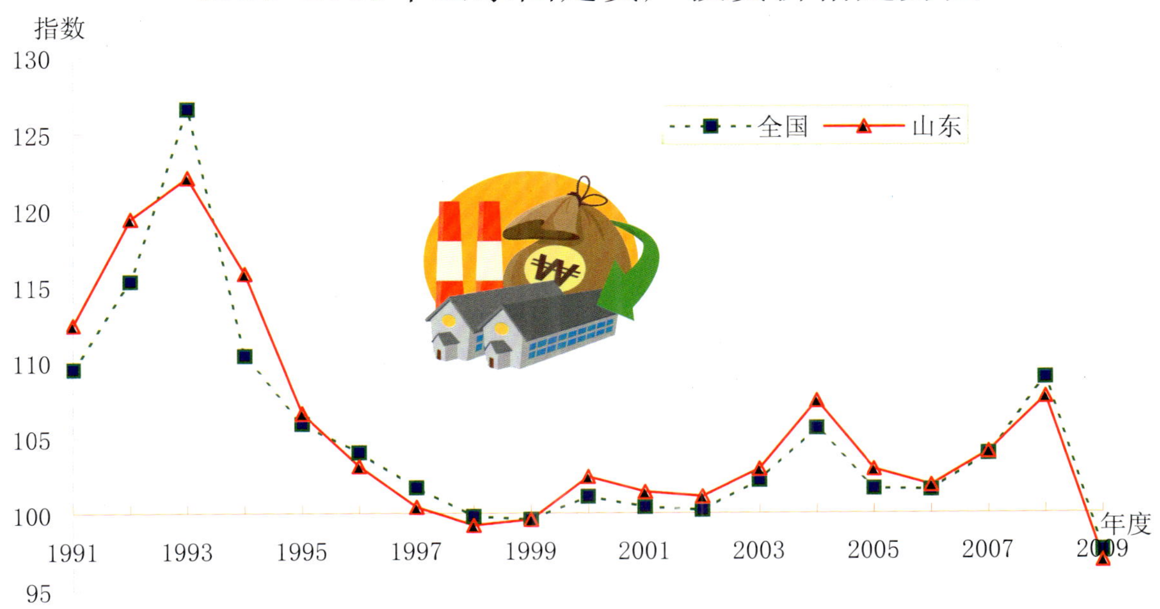
1991-2009年山东固定资产投资价格走势图
指数
130
125
120
115
110
105
100
95
全国
山东
1991
1993
1995
1997
1999
2001
2003
2005
2007
2009
年度

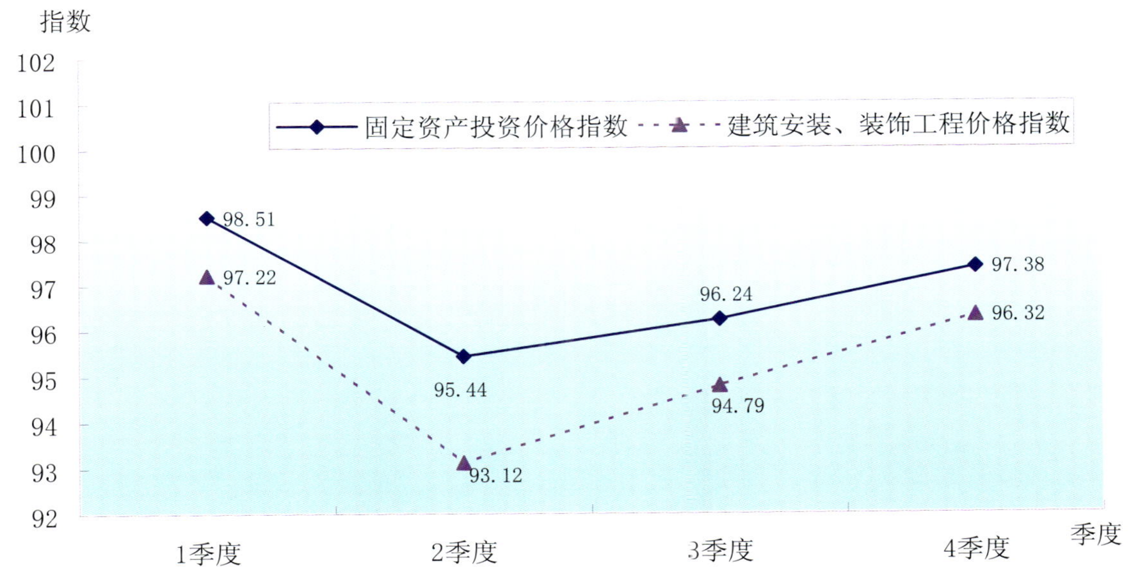
2009年山东固定资产投资价格走势图
指数
102
101
100
99
98
97
96
95
94
93
92
固定资产投资价格指数
建筑安装、装饰工程价格指数
98.51
97.22
95.44
93.12
96.24
94.79
97.38
96.32
1季度
2季度
3季度
4季度
季度

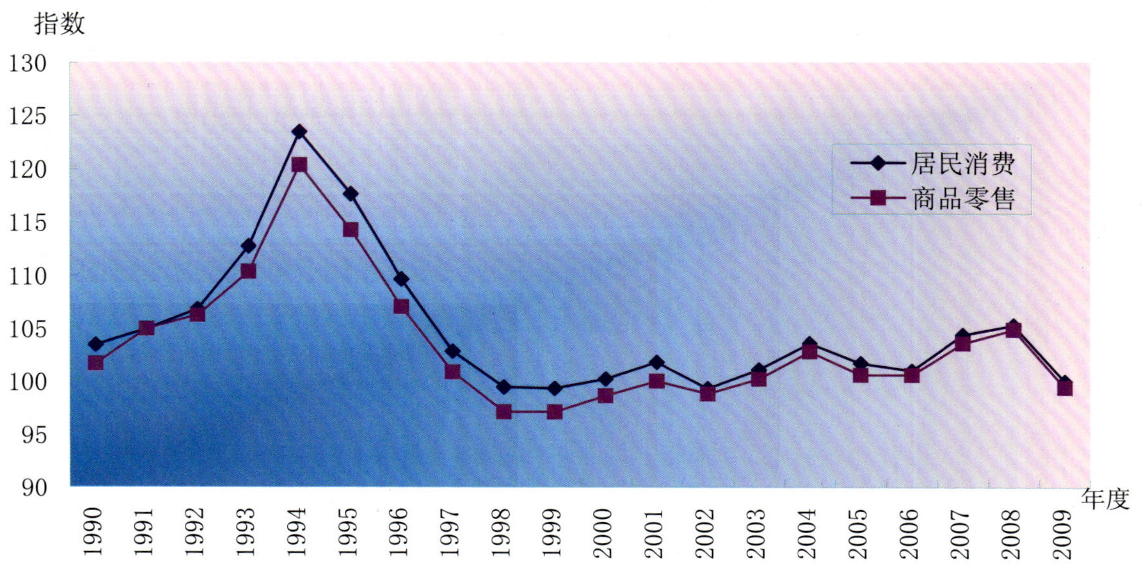
1990-2009年山东居民消费和商品零售价格指数数
指数
130
125
120
115
110
105
100
95
90
居民消费
商品零售
年度
1990
1991
1992
1993
1994
1995
1996
1997
1998
1999
2000
2001
2002
2003
2004
2005
2006
2007
2008
2009

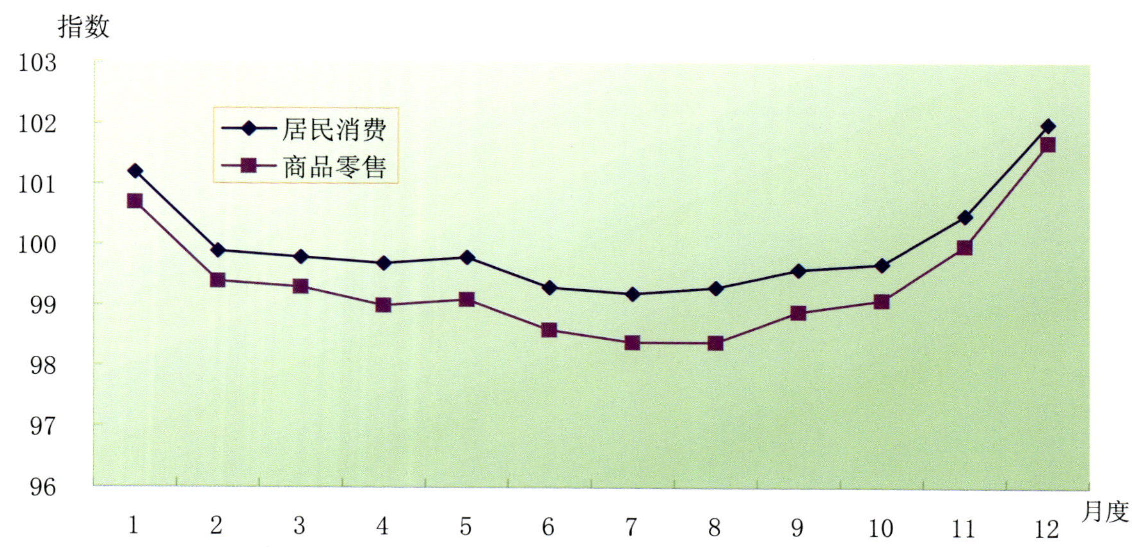
2009年1-12月山东居民消费和商品零售价格指数
指数
103
102
101
100
99
98
97
96
居民消费
商品零售
月度
1
2
3
4
5
6
7
8
9
10
11
12

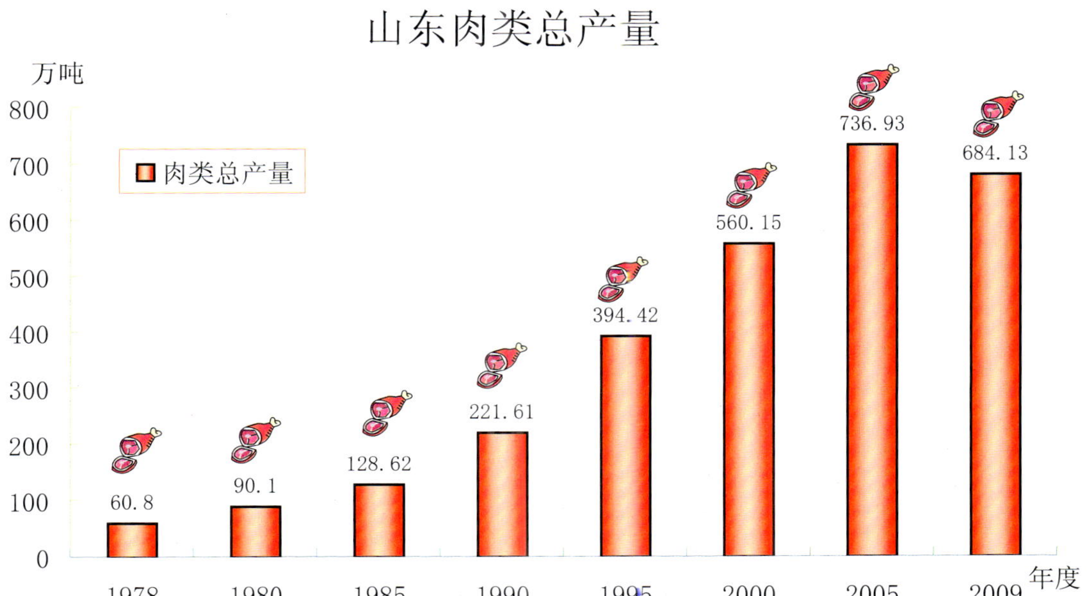
山东肉类总产量
万吨
800
700
600
500
400
300
200
100
0
肉类总产量
60.8
90.1
128.62
221.61
394.42
560.15
736.93
684.13
1978
1980
1985
1990
1995
2000
2005
2009
年度

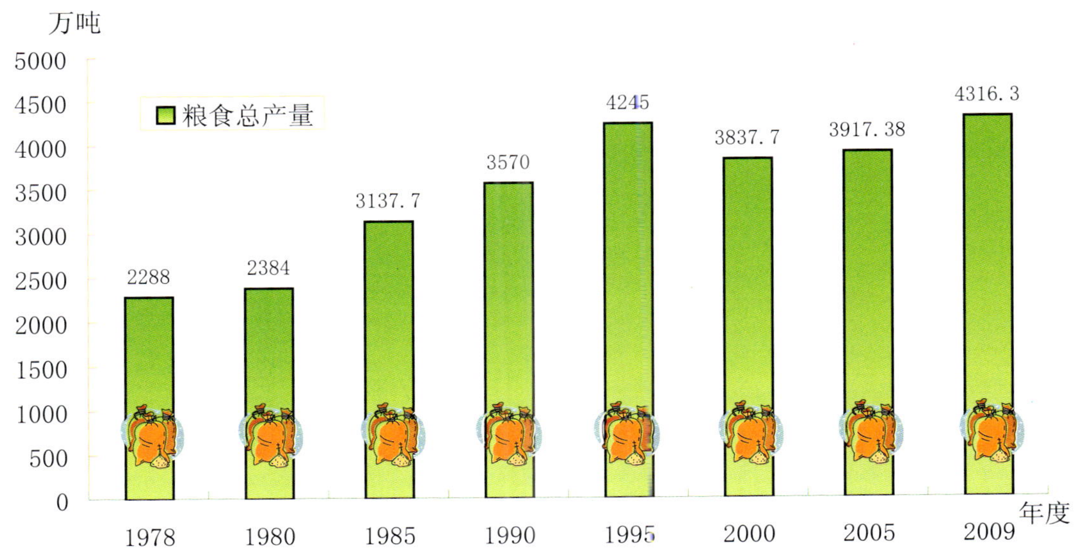
山东粮食总产量
万吨
5000
4500
4000
3500
3000
2500
2000
1500
1000
500
0
粮食总产量
2288
2384
3137.7
3570
4245
3837.7
3917.38
4316.3
1978
1980
1985
1990
1995
2000
2005
2009
年度

山东城镇居民人均可支配收入

山东城镇居民人均消费性支出

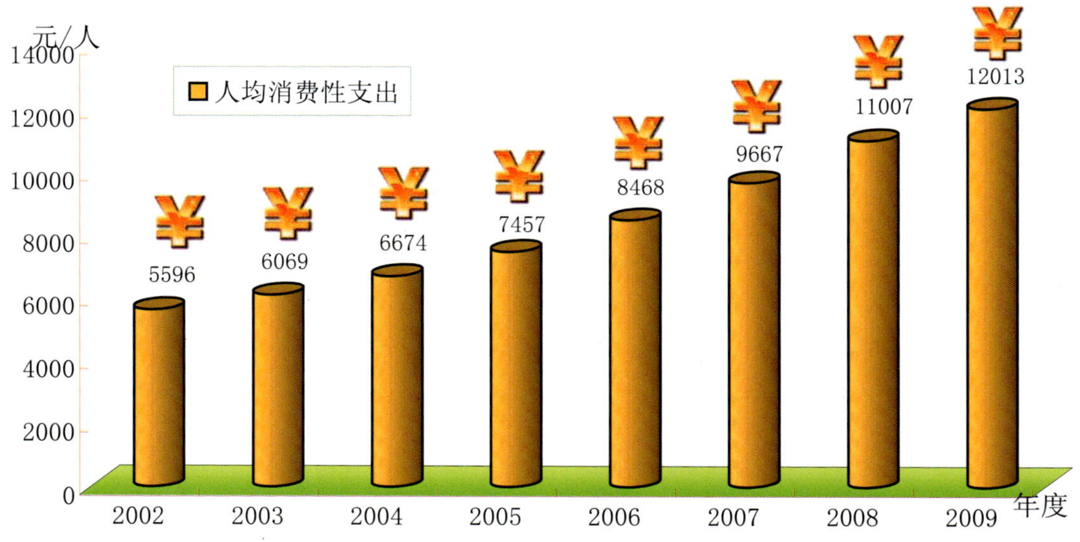

山东农村居民人均纯收入

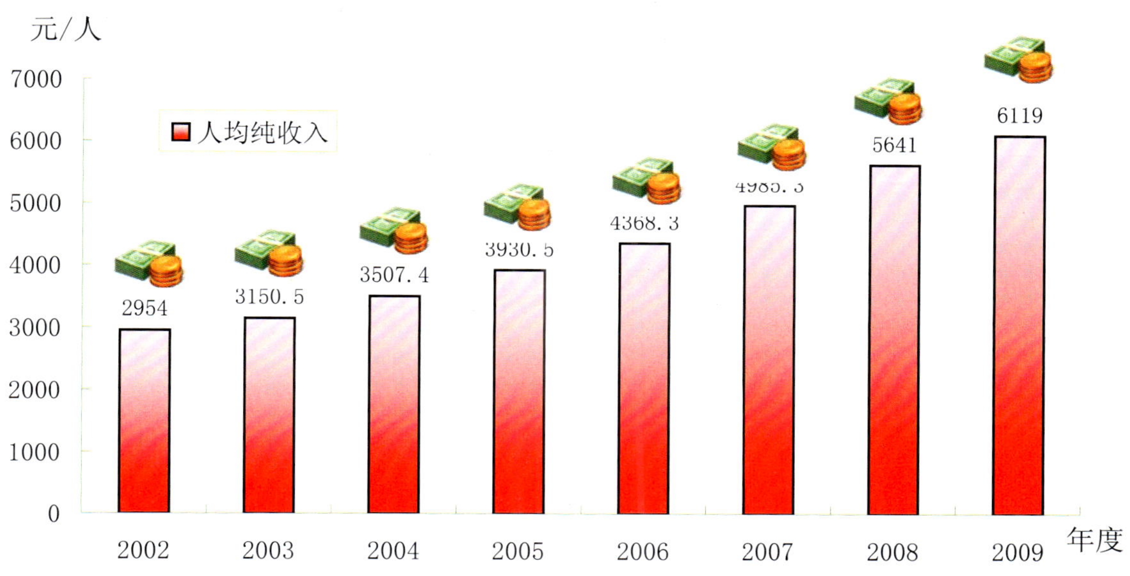

山东农村居民人均消费性支出

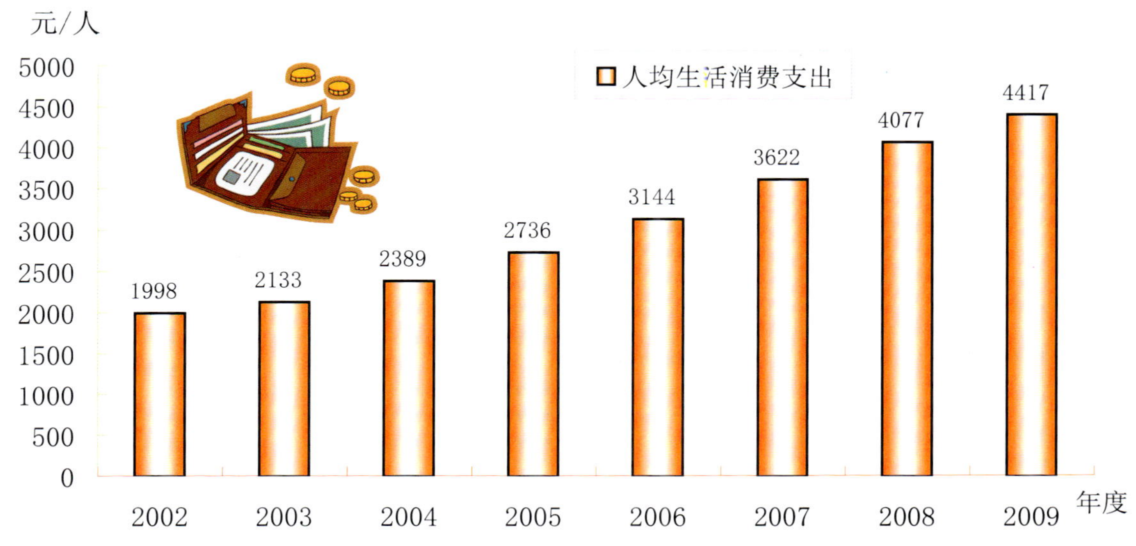

2009年山东城镇居民收入构成(元/人)

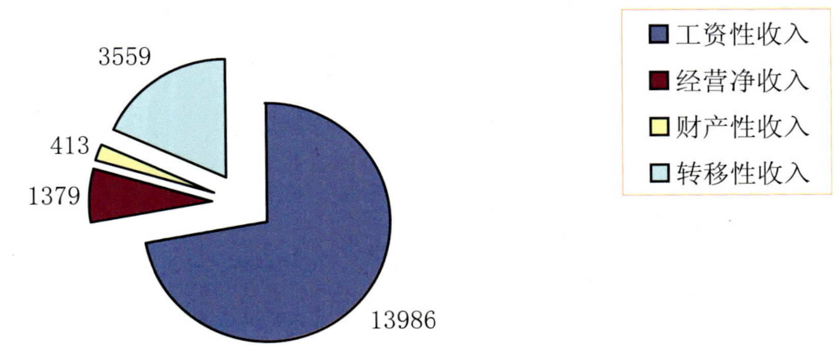

2009年山东城镇居民消费构成(元/人)

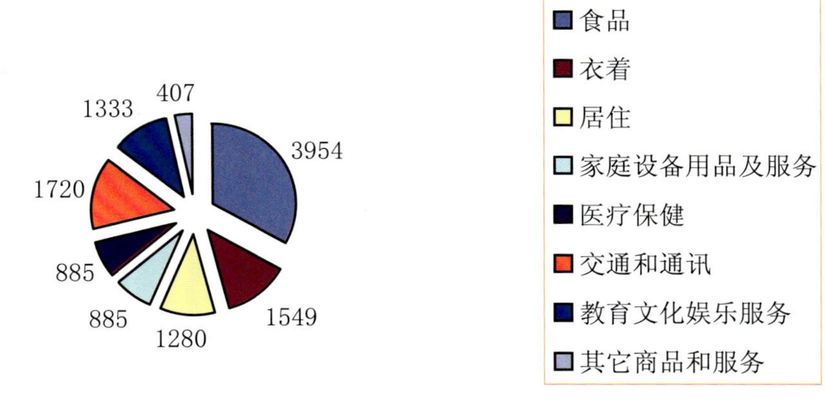

2009年山东农村居民收入构成(元/人)

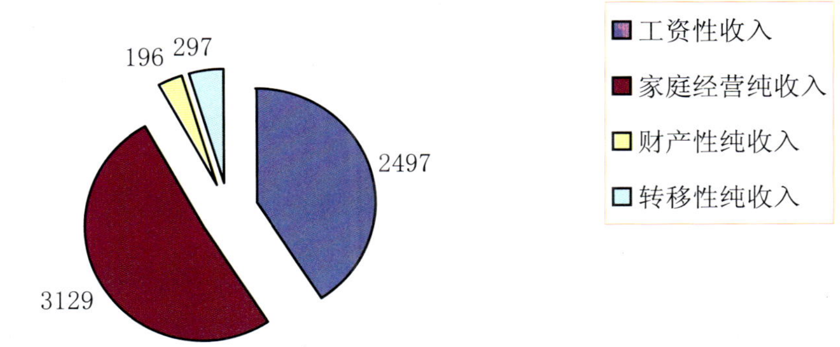

2009年山东农村居民消费构成(元/人)

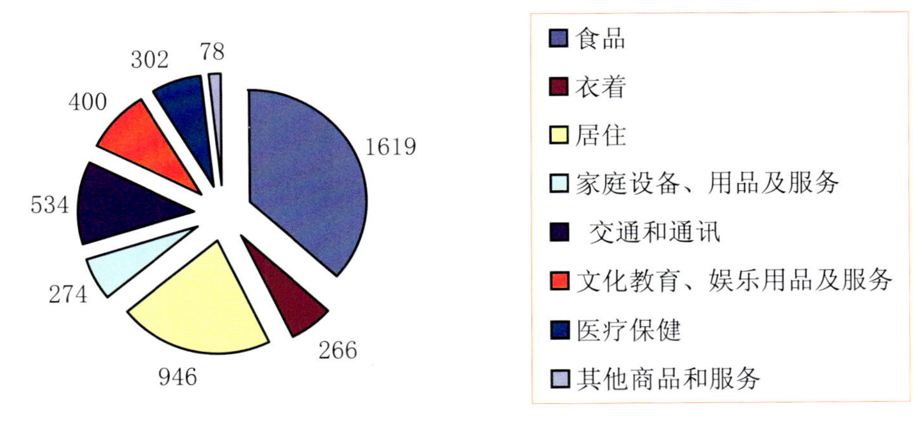

2009年山东城镇居民家庭年末耐用品百户拥有量

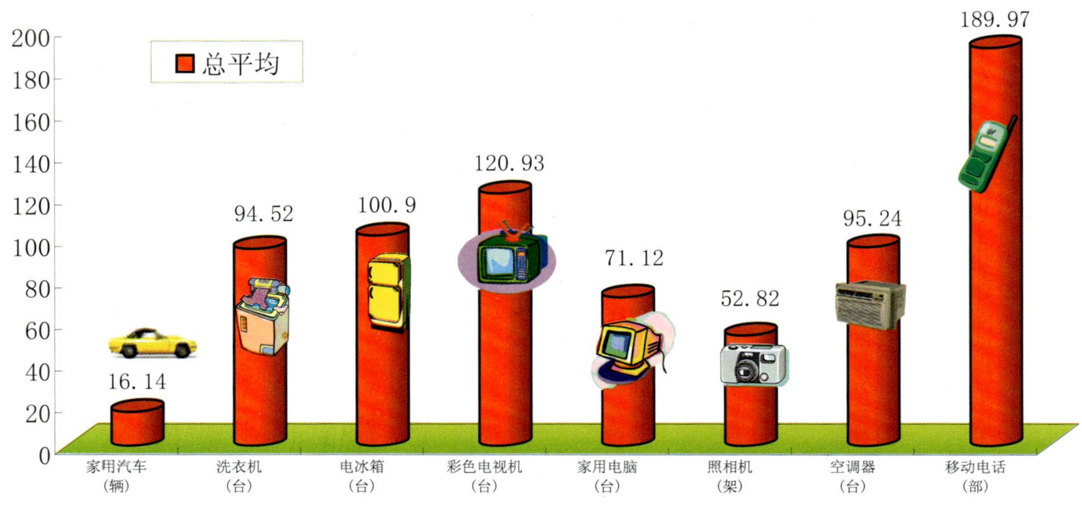

2009年山东农村居民家庭年末耐用品百户拥有量

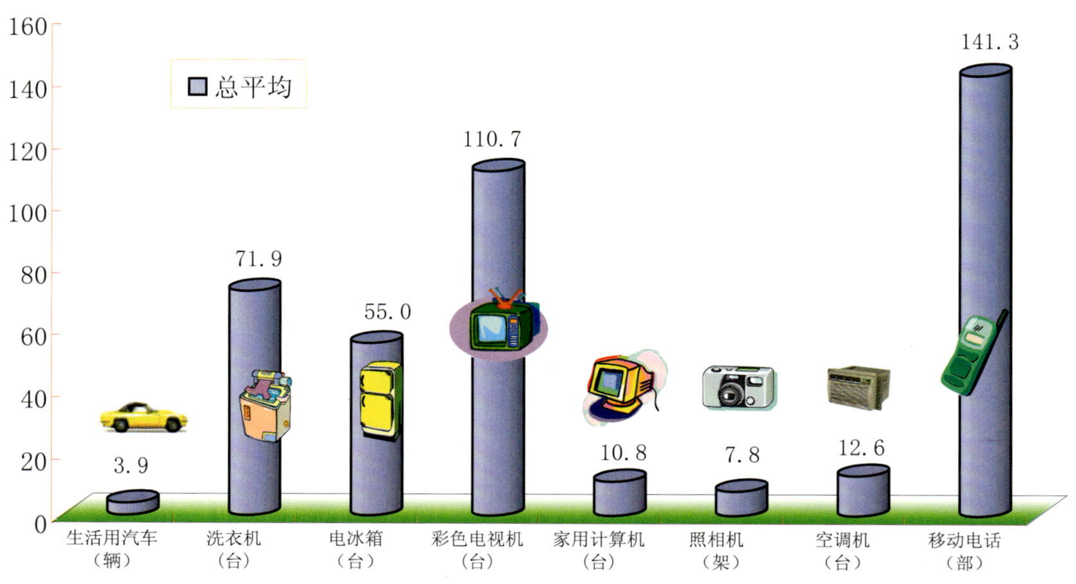

山东城乡居民恩格尔系数

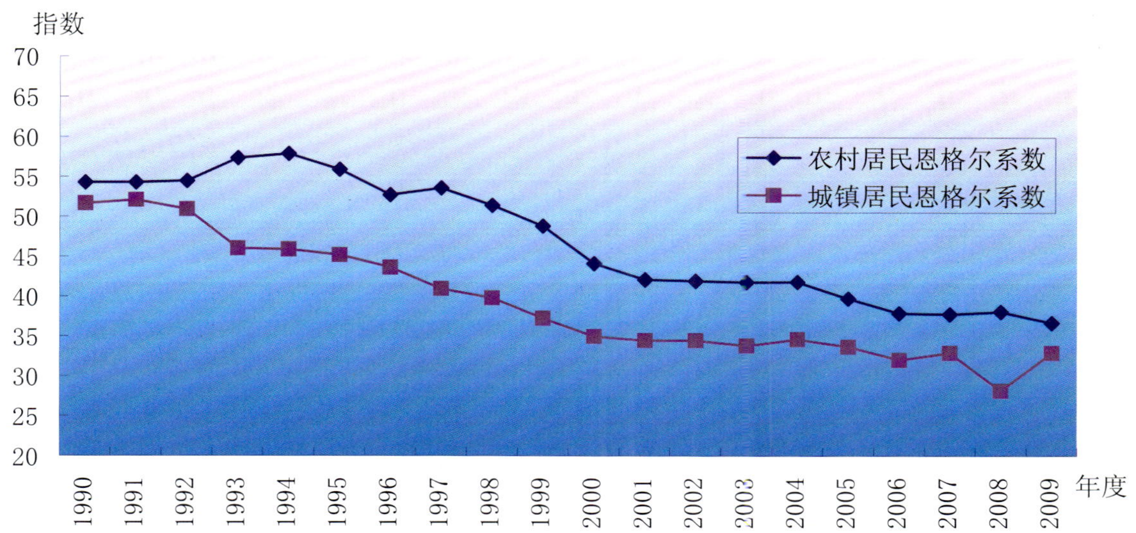

2009年山东企业景气指数和企业家信心指数

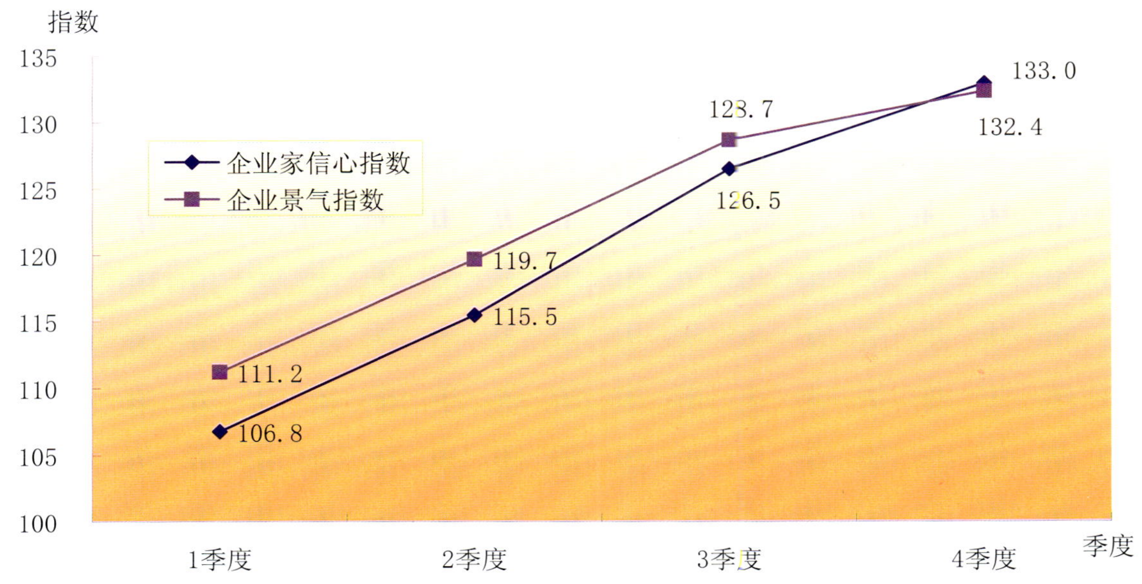

1

主要农产品产量调查资料

Investigation Material on Output of Major Farm Products

编辑单位：农业调查处
编　　委：杨晓福
责任编辑：聂维亮　胡东香
校　　对：聂维亮　胡东香
电　　话：86197918

Editorial Unit: the Agriculture Investigation Office
Editorial Board: Yang Xiaofu
Executive Editor-in-Chief: Nie Weiliang Hu Dongxiang
Proofreader: Nie Weiliang Hu Dongxiang
Telephone: 86197918

简 要 说 明

农业生产调查。主要包括国家抽中县的农作物播种面积、种植业产品产量、畜牧业产品产量、农业中间消耗等抽样调查。调查网点有：319 个农作物综合面积（包括小麦、玉米）调查村，80 个棉花面积调查村，150 个小麦产量调查村，150 个玉米产量调查村，80 个棉花产量调查村，866 个主要畜禽监测调查小区，全省范围内的畜禽规模户和畜禽生产经营单位，247 个农业中间消耗调查村。

抽样调查取得的数据，经过数据质量评估和国家统计局核实后，均作为全省法定统计数据对外发布使用。

Brief Introduction

Agricultural production investigation. Mainly includes crops sown area, crop production volume of output, animal husbandry volume of output, agricultural middle consumption of counties that pulled out by NBS. Investigation point includes: 319 investigation villages of crops synthesis area (including wheat, corn), 80 investigation villages of cotton area,150 investigation villages of wheat output, 150 investigation villages of corn output, 80 investigation villages of cotton output, 247 investigation villages of agricultural middle consumption.

After the data quality is appraised and the checking of NBS, The data of sample investigation is announced and used as legal statistical data.

1－1 历年粮食棉花播种面积

Grain and Cotton Sown Area During All Previous Years

单位：千公顷 (1000 hectares)

年份 Year	粮食作物 Grain Crops	夏粮 Summer Grain crops	#小麦 Wheat	秋粮 Autumn Grain Crops	#玉米 Corn	棉花 Cotton
1949	10976	3727	3583.8	7248.53	949.07	457
1952	11702	4090	3923.93	7612.33	996.8	697
1957	11494	4378	4147.87	7116.2	1373	774
1962	9920	3548	3294.8	6371.93	927.2	377
1965	9940	3925	3725.4	6014.87	1356.47	683
1970	9345	3540	3435.4	5804.4	1329	701
1975	9205	3853	3771.2	5352.67	1799.13	630
1978	8808	3758	3714.07	5049.8	2134.6	627
1979	8735	3755	3721.2	4980.13	2136.2	543
1980	8475	3697	3668.47	4777.47	2142.73	737
1981	8150	3531	3509.93	4619.33	2200.73	938
1982	7685	3352	3343.2	4333.13	2167.27	1339
1983	7795	3594	3587	4201.07	2191.53	1500
1984	7833	3810	3802.73	4023.07	2070.2	1712
1985	7984	3959	3952.07	4025.47	2087.53	1170
1986	8448	4229	4217.93	4218.93	2243.8	1010
1987	8215	4018	4004.4	4197.2	2314.53	1222
1988	8094	4062	4051.93	4031.8	2323.67	1403
1989	8058	3998	3991.43	4060.61	2398.07	1323
1990	8152	4152	4147.19	4000.33	2405.25	1409
1991	8088	4201	4197.45	3887.55	2535.91	1563
1992	7919	4132	4129.71	3786.8	2345.86	1489
1993	8213	4158	4156.03	3397.57	2439.8	760
1994	8014	4056	4048.96	3957.9	2454.6	793
1995	8132	4013	4010.87	4118.18	2694.84	666
1996	8237	4035	4031.64	4202.4	2826.65	482
1997	8083	4041	4037.59	4041.94	2626.83	396
1998	8133	3983	3981.95	4149.23	2781.89	414
1999	8099.25	4007.49	4006.75	4091.76	2768.17	365.78
2000	7772.4	3960.8	3960	3811.5	2615.7	543.8
2001	7153.5	3547.1	3545.7	3606.4	2505.2	735.4
2002	6912.61	3398.66	3397.48	3513.95	2530.07	664.89
2003	6415.41	3106.1	3105.13	3309.3	2405.89	881.69
2004	6313.88	3106.67	3105.7	3207.21	2455.05	1059.21
2005	6711.73	3279.93	3278.67	3431.81	2731.44	846.26
2006	6999.13	3557.52	3556.59	3441.61	2844.42	890.17
2007	6936.49	3520.08	3519.08	3416.41	2854.23	899.96
2008	6955.61	3527.2	3525.21	3428.41	2874.21	888.26
2009	7030.09	3546.15	3545.20	3483.94	2917.33	800.39

注:2006年、2007年数据为农普衔接数。
Notice:Data of 2006 and 2007 are joint data of National Agricultural Census.

1-2 历年粮食棉花总产量

Grain and Cotton Ultimate Output During All Previous Years

单位：万吨 (10000 tons)

年份 Year	粮食作物 Grain Crops	夏粮 Summer Grain crops	#小麦 Wheat	秋粮 Autumn Grain Crops	#玉米 Corn	棉花 Cotton
1949	870	232.5	221.5	637.5	88	8.1
1952	1199	336	320.5	863	122	16.9
1957	1126	356	337	770	181	17.4
1962	910	212.5	198.5	697.5	101	3.9
1965	1332	364	347.5	968	237	19.9
1970	1465	329.5	318.5	1135	287.5	27.3
1975	2170.5	668.5	656	1502	491	24.1
1978	2288	809	803.5	1479	612	15.4
1979	2472	963.5	957	1508.5	730	16.7
1980	2384	770	766	1614	825.5	53.7
1981	2312.5	873	870	1440	794	67.5
1982	2375	826.5	824	1548.5	848	96
1983	2700	1201.5	1200	1498.5	822	122.5
1984	3040	1280	1278.5	1760	993.3	172.5
1985	3137.7	1497.8	1496.1	1639.9	937.7	106.2
1986	3250	1564.5	1562.4	1685.5	1016.5	94.1
1987	3393.7	1477.3	1474.1	1916.4	1170.2	124.4
1988	3225	1442.3	1440.1	1782.7	1149.4	113.7
1989	3250	1582	1580.58	1667.9	1124.02	102.5
1990	3570	1663	1661.39	1907.43	1252.08	102.75
1991	3917	1891	1889.82	2026.1	1383.85	135.08
1992	3589	1879	1878.28	1710.5	1150.8	67.68
1993	4100	2025	2024.33	2075	1390.86	41
1994	4091	2035	2033.09	2055.83	1401.53	55.93
1995	4245	2063	2061.95	2182.08	1542.99	47.08
1996	4333	2054	2053.66	2278.3	1614.01	37.23
1997	3852	2243	2241.28	1609.24	1106.04	35.39
1998	4264.83	2025	2024.48	2239.83	1610.43	41.25
1999	4269	2117.88	2117.65	2151.12	1551.37	39.2
2000	3837.7	1860.25	1860.04	1977.48	1467.46	58.99
2001	3720.6	1655.41	1655.15	2065.19	1532.37	78.1
2002	3292.7	1547.29	1547.06	1745.4	1316	72.2
2003	3435.54	1565.3	1565.03	1870.24	1411.02	87.68
2004	3516.7	1585	1584.56	1931.7	1499.15	109.77
2005	3917.38	1801.06	1800.53	2116.31	1735.41	84.63
2006	4092.97	2013.3	2012.96	2079.67	1749.32	102.31
2007	4148.76	1995.96	1995.57	2152.8	1816.48	100.09
2008	4260.50	2034.80	2034.19	2225.70	1887.41	104.06
2009	4316.30	2047.70	2047.30	2268.60	1921.50	92.12

注:2006年、2007年数据为农普衔接数。
Notice:Data of 2006 and 2007 are joint data of National Agricultural Census.

1－3　历年粮食棉花单位面积产量

Per Unit of Area Output of Grain And Cotton During All Previous Years

单位：千克/公顷　　(kg/ hectares)

年份 Year	粮食作物 Grain Crops	夏粮 Summer Grain Crops	#小麦 Wheat	秋粮 Autumn Grain Crops	#玉米 Corn	棉花 Cotton
1949	795	630	615	885	930	180
1952	1035	825	825	1140	1230	240
1957	990	810	810	1080	1320	225
1962	915	600	600	1095	1095	105
1965	1350	930	930	1620	1755	300
1970	1575	930	930	1965	2160	390
1975	2355	1740	1740	2805	2730	390
1978	2595	2160	2160	2925	2865	248
1979	2835	2565	2580	3030	3420	308
1980	2820	2085	2085	3375	3855	728
1981	2835	1725	2490	3120	3615	720
1982	3090	2475	2475	3585	3915	720
1983	3465	3345	3345	3570	3750	818
1984	3885	3375	3375	4380	4800	1005
1985	3930	3780	3780	4080	4500	908
1986	3840	3705	3705	3990	4530	930
1987	4125	3675	3675	4560	5055	1020
1988	3990	3555	3555	4425	4950	825
1989	4035	3960	3960	4110	4680	780
1990	4379	4005	4005	4770	5205	729
1991	4845	4500	4500	5205	5760	864
1992	4533	4547	4548	4517	4906	455
1993	4992	4870	4871	5117	5701	539
1994	5105	5018	5021	5194	5710	705
1995	5220	5140	5141	5299	5726	707
1996	5260	5092	5094	5421	5710	773
1997	4766	5550	5551	3981	4211	894
1998	5244	5084	5084	5398	5789	996
1999	5271	5285	5285	5257	5604	1072
2000	4938	4697	4697	5188	5610	1085
2001	5201	4667	4668	5726	6117	1062
2002	4764	4553	4554	4967	5202	1086
2003	5355	5039	5040	5651	5865	994
2004	5570	5102	5102	6023	6106	1036
2005	5837	5491	5492	6167	6353	1000
2006	5848	5659	5660	6043	6150	1149
2007	5981	5670	5671	6301	6364	1112
2008	6125	5769	5770	6492	6567	1172
2009	6140	5774	5775	6512	6587	1151

注:2006年、2007年数据为农普衔接数。
Notice:Data of 2006 and 2007 are joint data of National Agricultural Census.

1-4 历年主要畜禽存出栏和畜产品产量

Main Poultry Stock , Offtake and Livestock Product Output During All Previous Years

单位：万头、万只、万吨 (10 000 heads、10 000 heads、10 000 tons)

年份 Year	猪 Pig		牛 Cattle		羊 Sheep		家禽 Fowl		肉类总产量 Total Meat Output	禽蛋产量 Fowl Eggs Output	奶类产量 Milk Output
	存栏 Stock	出栏 Offtake	存栏 Stock	出栏 Offtake	存栏 Stock	出栏 Offtake	存栏 Stock	出栏 Offtake			
1978	1992.1	901.2	227.6	4.6	756.4	142.4	6766		60.8	22.5	6.83
1979	2117.6	1047.5	221.5	6.7	925.8	228.6	7204		65.18	23.67	6.95
1980	2112.5	1241.6	217.8	8.8	1041.3	377.5	7997		90.1	25.62	6.8
1981	1901.1	1296.8	213.7	11.5	1025.6	460.7	8075		96.26	29.47	5.24
1982	1726.2	1213.2	213.6	10.6	989.5	521.6	9115		94.98	34.3	8.77
1983	1562.7	1159.2	222.1	18.9	901.8	616.3	10216.8		94.54	41.07	11.43
1984	1681.5	1284	232.6	18.4	753.9	519.1	14688.9		104.38	62.28	13.34
1985	1812.8	1482.6	258	27.6	783.3	558.3	16548.2	8283.1	128.62	72.5	13.26
1986	1668.9	1681.2	292.5	32.3	985.3	617.6	15120.7	9234.5	141.78	69.66	15.81
1987	1547	1514	344.6	49.8	1404.1	842.1	16916.3	11397.3	141.02	79.14	17.28
1988	1688.6	1619.6	416	69	1436.4	1219	21582.1	15904	171.47	102.97	19.53
1989	1604.1	1845.4	472.4	82.8	1491.3	1348.4	20471.3	16701.2	195.63	109.43	21.24
1990	1576.7	1936.2	511.8	110.1	1528.1	1416.4	23974.6	22769	221.61	124.25	22.53
1991	1599.4	1983.5	501.4	119.5	1591.2	1348.7	24136.8	30792.7	241.49	149.14	23.65
1992	1602.6	2046	531.9	140.9	1655.2	1366.1	25810.8	33467.9	250.67	154.3	25.17
1993	1603.7	2092.9	603	177.1	1703.5	1411	27188.7	42837.3	286.61	184.07	28.05
1994	1701.5	2185.7	681.3	213.1	1799.8	1668.2	35118.6	64716.7	338.77	240.75	32.45
1995	1718.1	2453	714.1	248.4	1866.1	2034.1	34613.8	71286.5	394.42	247.15	36.98
1996	1723.6	2500.9	740.1	272.4	1877.2	2051.8	37485	73508	405.52	267.3	41.14
1997	2209.7	2801.1	811.9	334.5	2038.6	2269.3	41833	82549	460.64	294.3	45.82
1998	2485.9	3123.2	911.8	354.9	2322	2518.9	48484	91299	497.9	321.98	53.98
1999	2560.5	3248.1	977.3	391.1	2536.2	2838.8	53332	100246	524.49	349.06	61.29
2000	2660.34	3426.78	1008.61	413.8	2784.73	3014.91	58558	109168	560.15	366.22	70.47
2001	2769.41	3594.69	1006.85	461.8	2904.47	3210.88	61589.23	119102.3	595.44	379.04	90.43
2002	2882.96	3803.18	1018.93	488.12	3039.45	3358.58	65231.51	126352.6	626.99	399.41	116.76
2003	2975.21	4016.16	1040.17	509.11	3133.67	3466.05	67431.01	135819	662.11	424.69	148.38
2004	3058.19	4330.24	997.76	530.6	3286.77	3641.44	69690.94	146835	696.53	432.87	188.68
2005	3070.33	4546.88	970.52	546.68	3260.21	3810.92	66953.11	173684.1	736.93	441.83	220.97
2006	2508.5	4389.9	632.7	436.6	2368.3	3026.2	52100.3	151090.9	681	353.9	212.40
2007	2656.5	3654	570.7	449.7	2342.3	3080.7	48779.5	139652.9	618.7	359.9	242.18
2008	2725.8	3916.74	522.49	458.24	2142.88	3098.8	53971.78	152889.1	660.31	365.63	254.92
2009	2753.06	4155.66	485.61	454.34	2096.94	3057.08	52028.8	156864.2	684.13	377.72	258.15

注:2006年、2007年数据为农普衔接数。

Notice:Data of 2006 and 2007 are joint data of National Agricultural Census.

1—5 粮食生产情况(2009年)
Grain Production Situation Table(2009)

单位：千公顷、万吨、千克/公顷 (1000 hectares、10000 tons、kg/hectares)

指 标	Item	播种面积(千公顷) Sowing Area (1000 hectares)	产 量(万吨) Output (10 000 tons)	每公顷产量(千克) Output Per Hectare (kg)
全年粮食	Annual Grain	7030.09	4316.30	6140
其中：夏收粮食	Among: Summer Grain	3546.15	2047.70	5774
秋收粮食	Autumn Grain	3483.94	2268.60	6512
一、谷 物	Cereal	6620.72	4088.09	6174.69
(一)稻 谷	Rice	134.61	112.02	8321
其中：籼 稻	Among: Indica rice			
粳 稻	Japonica Rice			
糯 稻	Glutinous Rice			
1.早 稻	Early Season Rice			
2.中稻和一季晚稻	Semilate Rice and A Season Late Rice	134.61	112.02	8321
3.双季晚稻	Two Seasons Late Rice			
(二)小 麦	(Wheat)	3545.20	2047.30	5775
其中 ：硬粒小麦	Among: Flint Wheat	2019.28	1167.95	5784
软粒小麦	Miller Wheat			
1.冬小麦	Winter Wheat	3545.06	2047.22	5775
2.春小麦	Spring Wheat	0.14	0.08	5664
(三)玉 米	(Corn)	2917.33	1921.50	6586
(四)谷 子	(Millet)	14.73	4.44	3013
(五)高 粱	(Jowar)	6.55	2.09	3190
(六)其它谷物	(Other Cereal)	1.75	0.51	2924
其中： 大 麦	Among: Barley	0.40	0.18	4425
燕 麦	Oats			
荞 麦	Buckwheat			
二、豆 类	(Beans)	170.61	41.72	2445
其中：大 豆	Among： Soybean	161.15	39.55	2454
绿 豆	Urad	5.78	1.32	2289
红小豆	Red Bean	0.88	0.16	1853
三、薯类(折粮)	(Tubers)	238.36	186.33	7817

1-6 农作物播种面积(2009年)
Sown Areas of Farm Crops(2009)

单位：千公顷 (1000 hectares)

指　　标	Item	2008	2009	比上年增减(%) Add or Subtract Compare With Last Year
全年农作物播种面积	Total Sown Area	10763.98	10778.43	0.1
一、粮　食	Grain	6955.61	7030.09	1.1
其中：夏收粮食	Among: Summer Grain	3527.20	3546.15	0.5
(一)谷　物	(Cereal)	6554.82	6620.72	1.0
1.稻　谷	(Rice)	130.69	134.61	3.0
2.小　麦	(Wheat)	3525.21	3545.20	0.6
其中:硬粒小麦	Among : Flint Wheat	1871.77	2019.28	7.9
①冬小麦	Winter Wheat	3525.04	3545.06	0.6
②春小麦	Spring Wheat	0.17	0.14	-17.6
3.玉　米	Corn	2874.21	2917.33	1.5
4.谷　子	Millet	15.17	14.73	-2.9
5.高　粱	Jowar	6.56	6.55	-0.2
6.其他谷物	Other Cereal	2.98	1.91	-35.9
其中:大　麦	Among:Barley	0.89	0.40	-55.1
(二)豆类	(Beans)	175.00	170.61	-2.5
其中:大　豆	Among : Soybean	167.04	161.15	-3.5
绿　豆	Urad	5.03	5.78	14.9
红小豆	Red Bean	1.17	0.88	-24.8
(三)薯类(折粮)	(Tubers)	225.79	238.36	5.6
二、油　料	(Oil-bearing Crops)	812.53	787.64	-3.1
其中：花　生	Among: (Peanuts)	800.47	774.84	-3.2
油菜籽	(Rapeseeds)	9.47	10.85	14.6
芝　麻	Sesame	1.46	0.89	-39.0
向日葵	Sunflower	0.08	0.06	-25.0
三、棉　花	(Cotton)	888.26	800.39	-9.9
四、麻类合计	(Fiber Crops)	0.19	0.20	5.3
其中：黄红麻	Among: (Jute and Ambary Hemp)	0.15	0.06	-60.0
大麻(线麻)	Cannabis Sativa	0.03	0.15	400
五、糖　料	(Sugar Crops)	0.07	0.05	-28.6
其中：甜　菜	Beetroots	0.07	0.05	-28.6
六、烟　叶	(Tobacco)	40.85	45.73	11.95
其中:烤　烟	Flue-cured Tobacco	40.59	45.29	11.58
七、药　材	Medicinal Materials	31.28	29.62	-5.31
八、蔬菜(含菜用瓜)	(Vegetables)	1725.14	1755.98	1.79
九、瓜果类	Melon and Fruit	258.20	274.80	6.43
其中:西　瓜	Among: Watermelon	201.87	208.92	3.49
甜　瓜	Muskmelon	37.23	43.47	16.76
草　莓	Strawberry	12.77	14.69	15.04
十、其它作物	Other Crops	51.85	53.94	4.03
其中:青饲料	Among:Greenfeed	4.84	5.03	3.93

1—7 畜牧业主要产品生产情况(2009年)

Production Situation of Animal Husbandry Main Product(2009)

指标		Item		2008	2009	2009年比2008年增减(+、−) Add or Subtract, 2009 Compared with 2008	
						绝对数 Absolute Number	% Proportion
一、主要畜、禽存栏情况		The Situation for Main Livestock, Birds and Beasts Amount of Livestock on Hand					
猪	(万头)	(Hogs)	(10 000 heads)	2725.8	2753.06	27.26	1.0
#能繁殖的母猪	(万头)	Sow Which Can Reproduce	(10 000 heads)	291.73	299.18	7.45	2.6
牛(万头)		(Cattle and Buffaloes)	(10 000 heads)	522.49	485.61	-36.88	-7.1
羊	(万只)	(Goats and Sheep)	(10 000 heads)	2142.88	2096.94	-45.94	-2.1
家禽	(万只)	Fowl	(10 000 heads)	53971.78	52028.8	-1942.98	-3.6
二、主要畜、禽出栏情况		The Situation for Leaving the Pen of The Main Livestock,the Birds and Beasts					
猪	(万头)	(Hogs)	(10 000 heads)	3916.74	4155.66	238.92	6.1
牛	(万头)	(Cattle and Buffaloes)	(10 000 heads)	458.24	454.34	-3.9	-0.9
羊	(万只)	(Goats and Sheep)	(10 000 heads)	3098.8	3057.08	-41.72	-1.3
家禽	(万只)	Fowl	(10 000 heads)	152889.08	156864.19	13236.18	8.7
三、主要畜产品产量情况		Main Output of Live-stock Product					
肉类总产量	(万吨)	Total Meat Products	(10 000 tons)	660.31	684.13	23.82	3.6
#猪肉	(万吨)	(Pork)	(10 000 tons)	321.34	341.27	19.93	6.2
牛肉	(万吨)	(Beet)	(10 000 tons)	70.67	69.63	-1.04	-1.5
羊肉	(万吨)	(Mutton)	(10 000 tons)	33.21	32.9	-0.31	-0.9
禽肉	(万吨)	Fowl Meat	(10 000 tons)	223.19	229.44	6.25	2.8
禽蛋产量	(万吨)	Fowl Eggs Products	(10 000 tons)	365.63	377.72	12.09	3.3
牛奶产量	(万吨)	Milk Products	(10 000 tons)	230.51	236.28	5.77	2.5
绵羊毛产量	(万吨)	Sheep Wool Products	(10 000 tons)	0.63	0.62	-0.01	-1.6

1-8 全国各省(市、区)粮食和棉花播种面积和产量(2009年)
Major Grain sown areas and products of Various Provinces(Cities, Areaes) (2009)

地 区	Region	粮 食 grain			棉 花 cotton		
		播种面积 (千公顷) Sown area (1 000 hectares)	总 产 量 (万吨) total product (10 000tons)	每公顷产量 (公斤/公顷) Yield per hectare (kg/hectare)	播种面积 (千公顷) Sown area (1 000 hectares)	总 产 量 (吨) total product (ton)	每公顷产量 (公斤/公顷) Yield per hectare (kg/hectare)
全国总计	**total**	**108985.8**	**53082.1**	**4870.6**	**4951.8**	**6376776**	**1287.8**
北 京	Beijing	226.3	124.8	5513.7	0.6	767	1278.3
天 津	Tianjin	306.6	156.3	5096.9	55.6	70865	1275.0
河 北	Hebei	6216.5	2910.2	4681.4	620.0	604600	975.2
山 西	Shanxi	3146.7	942.0	2993.6	73.3	83991	1146.3
内 蒙 古	Inner Mongolia	5424.0	1981.7	3653.6	0.9	1230	1447.1
辽 宁	Liaoning	3124.1	1591.0	5092.7	0.9	956	1098.9
吉 林	Jilin	4427.7	2460.0	5555.9	1.6	1958	1229.1
黑 龙 江	Heilongjiang	11391.0	4353.0	3821.4			
上 海	Shanghai	193.3	121.7	6295.9	1.3	2617	1982.6
江 苏	Jiangsu	5272.0	3230.1	6126.9	252.3	255295	1011.7
浙 江	Zhejiang	1290.1	789.2	6117.0	20.1	28079	1397.0
安 徽	Anhui	6605.6	3069.9	4647.4	351.7	346000	983.7
福 建	Fujian	1231.0	666.9	5417.2	0.3	258	765.6
江 西	Jiangxi	3604.6	2002.6	5555.6	75.5	125104	1656.8
山 东	Shandong	7030.1	4316.3	6139.8	800.4	921220	1151.0
河 南	Henan	9683.6	5389.0	5565.1	537.3	517452	963.0
湖 北	Hubei	4012.5	2309.1	5754.7	460.1	480530	1044.4
湖 南	Hunan	4799.1	2902.7	6048.4	152.6	212000	1389.3
广 东	Guangdong	2538.5	1314.5	5178.3			
广 西	Guangxi	3067.5	1463.2	4770.0	2.2	2067	922.8
海 南	Hainan	430.4	187.6	4358.5			
重 庆	Chongqing	2229.5	1137.2	5100.7	0.2	95	609.0
四 川	Sichuan	6419.4	3194.6	4976.5	16.2	14860	917.4
贵 州	Guizhou	2984.7	1168.3	3914.2	1.5	944	628.9
云 南	Yunnan	4200.1	1576.9	3754.5	0.4	398	1009.4
西 藏	Xizang	169.4	90.5	5343.2			
陕 西	Shaanxi	3134.0	1131.4	3610.1	61.8	85846	1388.2
甘 肃	Gansu	2740.0	906.2	3307.3	55.7	95444	1714.2
青 海	Qinghai	275.7	102.7	3724.4			
宁 夏	Ningxia	826.9	340.7	4120.3			
新 疆	Xinjiang	1984.7	1152.0	5804.4	1409.3	2524200	1791.1

1-9　全国各省(市、区)主要粮食播种面积和产量(2009年)
Major Grain sown areas and products of Various Provinces(Cities, Areaes) (2009)

地区	Region	小麦 Wheat			玉米 Corn		
		播种面积(千公顷) Sown area (1 000 hectares)	总产量(万吨) total product (10 000 tons)	每公顷产量(公斤/公顷) Yield per hectare (kg/hectare)	播种面积(千公顷) Sown area (1 000 hectares)	总产量(万吨) total product (10 000 tons)	每公顷产量(公斤/公顷) Yield per hectare (kg/hectare)
全国总计	**total**	**24290.8**	**11511.5**	**4739.0**	**31182.6**	**16397.4**	**5258.5**
北京	Beijing	60.6	31.0	5118.0	150.8	89.8	5953.8
天津	Tianjin	110.2	54.0	4903.3	165.9	88.7	5348.7
河北	Hebei	2394.5	1229.8	5136.2	2950.5	1465.2	4966.1
山西	Shanxi	727.5	211.1	2902.0	1451.2	654.3	4508.4
内蒙古	Inner Mongolia	528.2	171.2	3241.3	2451.2	1341.3	5471.9
辽宁	Liaoning	8.8	4.5	5113.6	1964.1	963.1	4903.5
吉林	Jilin	4.1	1.0	2439.0	2957.2	1810.0	6120.7
黑龙江	Heilongjiang	293.1	116.3	3968.6	4010.2	1920.2	4788.4
上海	Shanghai	57.6	22.1	3837.6	4.2	2.4	5755.4
江苏	Jiangsu	2077.6	1004.4	4834.5	399.8	216.2	5406.4
浙江	Zhejiang	60.4	23.2	3849.6	27.0	11.7	4310.0
安徽	Anhui	2355.3	1177.2	4998.0	730.7	304.7	4169.7
福建	Fujian	3.8	1.1	2929.9	37.9	14.6	3843.5
江西	Jiangxi	9.9	1.9	1921.5	16.1	7.3	4530.8
山东	Shandong	3545.2	2047.3	5774.9	2917.3	1921.5	6586.5
河南	Henan	5263.3	3056.0	5806.2	2895.4	1634.0	5643.4
湖北	Hubei	993.4	331.7	3338.9	507.3	244.1	4812.3
湖南	Hunan	28.4	6.4	2253.5	282.0	159.9	5670.2
广东	Guangdong	0.8	0.2	2857.1	166.7	74.7	4481.1
广西	Guangxi	4.0	0.6	1500.0	534.6	225.2	4212.5
海南	Hainan				18.7	8.0	4247.8
重庆	Chongqing	168.2	51.7	3072.4	459.1	244.5	5324.3
四川	Sichuan	1277.5	423.3	3313.5	1334.4	643.0	4818.6
贵州	Guizhou	262.9	44.5	1693.3	751.5	405.2	5392.0
云南	Yunnan	432.4	92.3	2134.6	1354.2	542.7	4007.3
西藏	Xizang	36.8	24.6	6681.2	4.0	2.6	6343.3
陕西	Shaanxi	1146.0	383.1	3343.0	1164.0	526.1	4519.8
甘肃	Gansu	963.9	261.1	2708.9	657.8	312.6	4752.2
青海	Qinghai	104.1	39.0	3749.2	5.3	4.3	8190.5
宁夏	Ningxia	218.5	73.6	3367.2	215.1	156.4	7270.8
新疆	Xinjiang	1153.9	627.2	5435.2	598.4	403.4	6741.4

主要指标解释

农作物播种面积　指实际播种或移植有农作物的面积。凡是实际种植有农作物的面积，不论种植在耕地上还是种植在非耕地上，均包括在农作物播种面积中。在播种季节基本结束后，因遭灾而重新改种和补种的农作物面积，也包括在内。它是反映我国耕地面积利用情况的一个重要指标。目前，农作物播种面积主要包括粮食、棉花、油料、糖料、麻类、烟叶、蔬菜和瓜类、药材和其他农作物九大类。

粮食产量　指全社会的产量。包括国有经济经营的、集体统一经营的和农民家庭经营的粮食产量，还包括工矿企业办的农场和其他生产单位的产量。粮食除包括稻谷、小麦、玉米、高粱、谷子及其他杂粮外，还包括薯类和豆类。其产量计算方法，豆类按去豆荚后的干豆计算；薯类(包括甘薯和马铃薯，不包括芋头和木薯)1963 年以前按每 4 公斤鲜薯折 1 公斤粮食计算，从 1964 年开始改为按 5 公斤鲜薯折 1 公斤粮食计算。城市郊区作为蔬菜的薯类(如马铃薯等)按鲜品计算，并且不作粮食统计。其他粮食一律按脱粒后的原粮计算。1989 年以前全国粮食产量数据主要靠全面报表取得，1989 年开始使用抽样调查数据。

棉花产量　指全社会的产量。包括春播棉和夏播棉。产量按皮棉计算。不包括木棉。

猪、牛、羊肉产量　指当年出栏并已屠宰、除去头蹄下水后带骨肉(即胴体重)的重量。包括全社会范围内的产量。1996 年前为各级逐级上报数据。1996 年第一次农业普查以后，由于畜牧业产品年报数据与普查数据之间存在一定的差距，国家统计局农调总队对畜牧业年报数据与普查数据进行衔接。1999 年以后，国家统计局在部分地区开展了猪、牛、羊、禽等主要畜禽品种的抽样调查，并用抽样数据作为国家定案数据使用。未开展抽样调查的地区和品种，仍使用各级统计部门逐级上报数据。

期初(末)畜禽存栏头(只)数　指报告期初(末)农村各种合作经济组织和国营农场、农民个人、机关、团体、学校、工矿企业、部队等单位以及城镇居民饲养的大牲畜、猪、羊、家禽等畜禽的存栏数。数据上报方式及数据调整情况同猪、牛、羊肉产量。

Explanatory Notes on Main Indicators

Sown Area of Crops refers to area of land sown or transplanted with crops regardless of being in cultivated area or non-cultivated area. Area of land re-sown due to natural disasters is also included. This is an important indicator that can reflect the utilization condition of the cultivated land in China. At present, the sown area of crops mainly include the following 9 categories of crops: grain, cotton, oil-bearing crops, sugar crops, flax crops, tobacco, vegetables and melons, medicinal materials and other farm crops.

Grain Output refers to the total output in the whole country including grains produced by State farms, collective units, rural households, as well as by farms affiliated to industrial and mining enterprises and other production units. Grain includes rice, wheat, corn, sorghum, millet and other miscellaneous grains as well as tubers and beans. Output of beans refers to dry beans without pods. The output of tubers (sweet potatoes and potatoes, not including taros and cassava) are converted into that of grain at the ratio 4:1, i.e. 4 kilograms of fresh tubers were equivalent to 1 kilogram of grain up to 1963. Since 1964 the ratio for conversion has been 5:1. Tubers supplied as vegetables (such as potatoes) in cities and suburbs are calculated as fresh vegetables and their output is not included in the output of grain. Output of all other grains refers to husked grain. Data on grain production before 1989 were obtained through the Comprehensive Statistical Reporting System. Since 1989, data from sample surveys are used.

Cotton Output refers to cotton production in the whole country including cotton planted in spring and in autumn. Output is measured as the weight of ginned cotton. Ceiba is not included.

Output of Pork, Beef, and Mutton refers to the meat of slaughtered hogs, cattle, sheep and goats with head, feet, and offal taken away. Data refers to the production of the whole country. The First Agricultural Census of China in 1996 revealed some discrepancy between the production of animal products from the annual reports and that from the census. Efforts were made by the Rural Survey Organization of the NBS to adjust the output value of animal husbandry to make the figures from the annual reports consistent with the census data. Since 1999, the NBS conducted sample surveys for the major animal husbandry products, such as hogs, cattle, sheep and goats and fowls, and the data from sample surveys are used as national finalized data. Those products, which are not covered by the sample survey, are still reported by statistical agencies level by level.

Number of Livestock or Poultry in Stock at Beginning (or End) of Period refers to the total number of large animals, pigs, sheep, fowls, etc. raised by rural cooperative organizations, State farms, rural individuals, government agencies, schools, industrial and mining enterprises, army, and urban residents at the beginning (or end) of the reference period. Data reporting system and data adjustment are the same as that in the output of pork, beef and mutton.

2

城镇居民生活调查资料

Investigation Material of City and Town Residential Life

编辑单位：城镇住户调查处
编　　委：姜宏济
责任编辑：张立新　王震
校　　对：张立新　王震
电　　话：81772080

Editorial Unit: the City Inhabitant Investigation Office
Editorial Board: Jiang Hongji
Executive Editor-in-Chief: Zhang Lixin　Wang Zhen
Proofreader: Zhang Lixin　Wang Zhen
Telephone: 81772080

简 要 说 明

一、本资料反映山东城镇居民 2009 年度生活状况，包括家庭基本情况、人口就业情况、居民收支情况、居住及耐用消费品拥有情况、消费性支出情况等。

二、城镇居民消费性支出包括八大类：食品、衣着、设备用品及服务、医疗保健、交通和通讯、娱乐文教服务、居住、杂项商品和服务。

三、本部分数据来源于全省 28 个调查市、县共计 3300 户城镇居民家庭的抽样调查汇总资料。

四、资料数据缺少部分是由于制度方法变动，指标口径不一致，数据无法获取造成的。

五、年人均指标是按全部家庭人口进行平均的。如，年人均工资及补贴收入是职工工资及补贴收入总额按全部家庭人口的平均数，而不是按职工人数计算的职工平均工资。其他指标类同。

Brief Introduction

Ⅰ.This material reflects Shandong province city inhabitant living condition in 2009, including the family basic situation, the population employment situation, the inhabitant revenue and expenditure situation, the housing and the durable consumable commoditysituation, the consumption disbursement situation and so on.

Ⅱ. City inhabitant consumption disbursement includes eight big kinds: Food, attire, equipment thing and service, medical health care, transportation and communication, entertainment culture and education service, housing, miscellaneous commodity and service.

Ⅲ. This part of data originates from the investigated and compiled materials including total 3300 households city inhabitant family sample of 28 investigation cities(counties)in the entire province.

Ⅳ. The lacked part of material data is as the system method is changed, the target caliber is inconsistent and the data is unable to gain.

Ⅴ. The year average per (person) target is carrying on averaging according to the complete family population. For example, the year average per (person) wages and the subsidy income is average data from the staff wages and the subsidy total income divided by the complete family population, but is not average wages according to the staff population. Other targets are similar.

2-1 主要年份城镇居民家庭基本情况

Basic Conditions of Urban Households for Major Years

年份 Year	调查户数（户） Number of Households Surveyed (household)	平均每户家庭人口（人） Average Household Size (person)	平均每户就业人口（人） Average Number of Employed Persons perHousehold (person)	平均每一就业者负担人数 Number of Dependents per Employee (person)	平均每户离退休者人数 Average Number of Retirees (person)	人均全年可支配收入（元） Per Capita Annual Disposable Income (yuan)	人均全年消费性支出（元） Per Capita Annual Consumption Expenditure (yuan)	人均全年非消费支出（元） Per Capita Annual Non-consumption Expenditure (yuan)	人均住宅建筑面积（平方米） Per Capita Building Density of Residential (sq.m)
1964	230	5.26	1.61	3.26		211.10	207.20		3.80
1978	380	4.37	2.20	1.99		391.45	340.00		5.40
1980	380	4.35	2.50	1.74		448.21	396.00		5.70
1981	380	4.19	2.45	1.71		495.48	450.36		6.10
1982	430	4.07	2.42	1.68		524.90	455.28		6.11
1983	430	3.97	2.37	1.68		537.03	472.92		6.65
1984	430	3.93	2.35	1.67	0.12	638.64	520.91		6.90
1985	900	3.57	2.10	1.70	0.25	747.56	667.13		7.77
1986	1630	3.54	2.05	1.72	0.15	853.50	751.34		9.15
1987	1730	3.53	2.05	1.72	0.17	937.11	812.54		9.61
1988	1830	3.51	2.06	1.71	0.17	1153.46	1025.78		9.96
1989	2080	3.43	2.01	1.71	0.20	1349.16	1160.52		10.25
1990	2180	3.38	2.00	1.69	0.21	1456.22	1229.28		10.05
1991	2180	3.31	1.98	1.67	0.20	1637.56	1407.12		10.49
1992	2180	3.26	1.98	1.65	0.22	1974.48	1598.88	151.44	10.80
1993	2080	3.24	1.96	1.65	0.24	25[illegible]5.08	1946.88	270.12	11.20
1994	2080	3.21	1.96	1.64	0.24	3444.36	2635.20	438.72	11.88
1995	2050	3.19	1.96	1.63	0.23	4264.08	3285.48	566.40	12.35
1996	2050	3.16	1.99	1.59	0.17	4890.24	3770.99	725.52	12.13
1997	2100	3.17	2.01	1.58	0.16	5190.79	4040.64	730.68	12.70
1998	2300	3.14	1.98	1.59	0.17	5380.08	4143.96	1079.40	12.82
1999	2400	3.12	1.93	1.62	0.20	5808.96	4515.05	1082.04	13.10
2000	2500	3.10	1.87	1.66	0.23	6489.97	5022.00	1037.04	13.75
2001	2450	3.06	1.82	1.68	0.25	7101.08	5252.42	1132.91	14.17
2002	2650	3.02	1.78	1.70	0.28	7614.50	5596.39	1904.83	24.57
2003	2650	2.98	1.77	1.68	0.26	8399.91	6069.35	2220.60	25.67
2004	2650	2.95	1.77	1.67	0.26	9437.80	6673.75	2351.86	26.39
2005	2800	2.91	1.69	1.72	0.32	10744.79	7457.31	2431.63	28.49
2006	3000	2.91	1.71	1.70	0.30	12192.24	8468.40	3249.06	29.29
2007	3050	2.87	1.68	1.71	0.34	14264.70	9666.61	3521.90	29.80
2008	3300	2.87	1.64	1.75	0.35	16305.41	11006.61	3639.81	31.33
2009	3300	2.86	1.64	1.74	0.36	17811.04	12012.74	4060.06	31.80

注：1.资料数据缺少部分是由于调查制度变动，指标口径不一致，数据无法获取造成的。
　　2.住宅建筑面积指标2001年以前为人均居住面积，2002年以后为人均建筑面积。

Notice: 1.The part data is unable to gain because the investigation system has changed and the target caliber is inconsistent.
　　2.The target of residential building area is per living space before 2001, but is per building density after 2002.

2-2 城镇居民家庭年人均现金收支(2009年)

单位:元

项　目	Item	总平均 Average	最低10% Lowest Income Household
一、家庭总收入	**Total Income**	**19336.91**	**6926.65**
#可支配收入	Disposable Income	17811.04	6216.54
(一)工资性收入	Income of Wages and Salaries	13985.83	5704.49
1.工资及补贴收入	Wages and Subsidies	13796.39	5586.89
2.其他劳动收入	Other Income	189.44	117.59
(二)经营净收入	Net Business Income	1379.02	341.42
(三)财产性收入	income from Properties	412.76	55.03
1.利息收入	Interest Income	107.40	14.24
2.股息与红利收入	Divident and Bonus	101.47	3.03
3.保险收益	Insurance Profit	6.86	7.18
4.其它投资收入	Other Investment Income	72.28	
5.出租房屋收入	Income from Housing Renting	112.21	28.68
6.知识产权收入	Intellectual Property Income		
7.其他财产性收入	Other Property Income	12.53	1.90
(四)转移性收入	Income from Transfer	3559.30	825.71
1.养老金或离退休金	Retirement Pension	2915.86	582.76
2.社会救济收入	Social Relief	15.58	67.61
3.辞退金	Dismissal Fund	4.20	
4.赔偿收入	Compensation	27.92	2.42
5.保险收入	Insurance Income	21.39	0.70
#失业保险金	Unemployment Insurance Benefits	1.07	0.70
6.赡养收入	Alimony Income	122.33	30.13
7.捐赠收入	Contribution Income	324.92	71.47
8.提取住房公积金	Housing Accumulation Fund	38.50	
9.记帐补贴	Account Subsidies	62.01	52.84
10.其他转移性收入	Other Transfer Income	26.59	17.79
二、出售财物收入	**Income from Properties Sale**	**48.93**	**4.34**
三、借贷收入	**Income from Lending**	**8185.88**	**2893.13**
四、家庭总支出	**Total Expenditure**	**16072.80**	**6932.22**
(一)消费支出	Consumption Expenditure	12012.74	5233.91
#服务性消费支出	Consumption Expenditure for Services	2580.37	1007.98
1.食　品	Food	3954.34	2214.74
2.衣　着	Clothing	1548.75	574.60
3.居　住	Residence	1280.04	637.75
4.家庭设备用品及服务	Household Appliances and Services	885.04	368.53
5.医疗保健	Health care and Medical Services	885.16	353.40
6.交通和通信	Transport and Communications	1719.68	463.09
7.教育文化娱乐服务	Recreation,Education and Cultural Services	1332.97	504.15
8.杂项商品和服务	Miscellaneous Goods and Services	406.75	117.66
(二)购房与建房支出	Expenditure for Housing Purchase and Building	955.81	333.68
(三)转移性支出	Expenditure for Transfer	1653.99	703.34
(四)财产性支出	Expenditure for Properties	35.90	5.66
(五)社会保障支出	Expenditure for Social Security	1414.37	655.64
1.个人交纳的养老基金	Pension Fund	650.01	397.39
2.个人交纳的住房公积金	Housing Accumulation Fund	527.15	153.91
3.个人交纳的医疗基金	Medical Fund	178.66	83.45
4.个人交纳的失业基金	Unemployment Fund	46.76	17.65
5.其他社会保障支出	Other Social Security Expenditure	11.78	3.25
五、借贷支出	**Expenditure for Lending**	**11120.59**	**2776.15**

Per Capita Cash Income and Expenditure of Urban Households(2009)

(yuan)

低 10% Low Income Household	较低 20% Lower Middle Income Household	中间 20% Middle Income Household	较高 20% Upper Middle Income Household	高 10% High Income Household	最高 10% Highest Income Household
10482.28	**14031.26**	**18645.53**	**24513.54**	**31487.42**	**47183.68**
9519.99	12780.55	17046.92	22628.39	29054.20	44554.22
8604.14	11204.44	14356.67	17730.27	22641.87	25946.91
8492.67	11077.18	14122.98	17508.77	22396.77	25570.07
111.46	127.26	233.70	221.50	245.09	376.85
541.73	800.36	1059.52	1560.05	1768.78	6007.31
118.43	141.33	289.34	531.42	575.87	1953.86
20.16	38.33	91.17	194.38	173.16	382.85
23.69	34.54	68.28	176.68	105.00	505.00
	1.75	5.34	8.75	11.92	26.87
8.52	23.07	16.31	86.05	29.60	609.04
66.00	40.90	98.72	136.90	236.02	388.04
0.05	2.73	9.53	28.66	20.17	42.06
1217.98	1885.13	2939.99	4491.80	6500.91	13275.59
969.53	1591.06	2502.03	3396.81	5461.69	10032.88
8.85	12.15	5.14	0.54	24.60	
	1.08	19.24		3.08	
	11.52	15.76	25.12	42.79	188.32
0.89	11.19	8.59	19.70	37.32	140.44
	0.35	0.82	1.36	0.02	6.77
43.20	46.78	89.82	96.86	173.64	726.60
124.07	136.76	204.73	314.95	544.92	1749.55
			55.16	108.38	267.14
63.11	56.46	62.98	60.42	73.29	81.80
8.33	18.15	31.69	22.24	31.19	88.86
5.24	**5.70**	**80.80**	**94.89**	**95.94**	**85.30**
3982.63	**6402.93**	**8299.10**	**9645.35**	**13198.21**	**20166.53**
9157.43	**12391.58**	**16128.23**	**19594.33**	**24319.28**	**36523.09**
7347.54	9482.64	12059.53	14734.56	18080.63	25602.00
1458.60	1967.69	2594.86	3106.63	4099.69	5989.70
2951.51	3323.15	4122.04	4682.08	5388.68	6740.94
1001.22	1276.79	1618.76	1951.08	2406.78	2848.91
724.34	994.76	1312.20	1512.23	1900.06	2828.37
543.45	626.10	813.51	1062.16	1492.91	2205.87
484.00	607.75	873.57	1062.32	1292.57	2451.72
707.19	1265.63	1582.67	2402.60	2612.82	4641.01
724.86	1082.99	1369.84	1549.39	2233.60	2889.89
210.98	305.48	366.92	512.70	753.20	995.28
11.74	514.93	888.63	864.17	1424.53	4757.46
893.58	1204.60	1630.76	2214.05	2477.96	3706.39
8.51	9.94	43.96	26.33	92.22	150.63
896.06	1179.47	1505.35	1755.22	2243.94	2306.61
532.21	589.39	680.70	787.66	840.63	842.53
204.47	379.35	559.58	679.86	1044.10	1119.75
125.79	168.84	199.25	209.51	260.17	240.20
28.84	36.64	51.07	59.88	76.67	81.25
4.76	5.25	14.76	18.31	22.39	22.89
5034.45	**7772.97**	**10646.04**	**14050.09**	**19801.75**	**30136.85**

2-3 城镇居民家庭年人均消费支出(2009年)

单位:元

项　目	Item	总平均 Average	最低10% Lowest Income Household
消费支出	**Consumption Expenditure**	**12012.73**	**5233.91**
#服务性消费支出	Consumption Expenditure for Services	2580.37	1007.98
一、食　品	**Food**	**3954.34**	**2214.74**
(一)粮油类	Grain and Oil	500.19	423.50
1.粮　食	Grain	312.55	278.73
2.淀粉及薯类	Starches and Tubers	29.14	27.20
3.干豆类及豆制品	Dried Beans and Bean Products	49.15	40.61
4.油脂类	Oil or Fat	109.35	76.95
(二)肉禽蛋水产品类	Meat,Poultry,Eggs and Aquatic Products	1082.96	647.70
1.肉　类	Meat	527.85	344.15
2.禽　类	Poultries	119.76	90.04
3.蛋　类	Eggs	123.06	108.97
4.水产品类	Aquatic Products	312.28	104.54
(三)蔬菜类	Vegetables	345.03	240.19
1.鲜　菜	Fresh Vegetables	310.93	221.36
2.干　菜	Dry Vegetables	21.46	9.35
3.菜制品	Vegetable Products	12.65	9.48
(四)调味品	Flavoring	53.01	33.71
(五)糖烟酒饮料类	Carbohydrate,Tobacco,Liquor and Beverages	431.23	208.42
(六)干鲜瓜果类	Dried and Fresh Melons and Fruits	370.01	190.34
(七)糕点、奶及奶制品	Cake,Milk and Products	320.22	191.49
(八)其他食品	Other Foods	86.24	40.26
(九)饮食服务	Catering Services	765.45	239.12
二、衣　着	**Clothing**	**1548.75**	**574.60**
(一)服　装	Garments	1102.98	376.38
(二)衣着材料	Clothing Material	12.59	5.58
(三)鞋　类	Footwear	360.08	149.71
(四)其他衣着用品	Other Clothing	64.54	39.02
(五)衣着加工服务费	Clothing Proceeding Services	8.57	3.91
三、居　住	**Residence**	**1280.04**	**637.75**
(一)住　房	Housing	373.81	114.30
1.租赁房房租	House Rent	14.84	7.39
2.住房装潢支出	Decoration Expenses	275.41	80.25
3.维修用建筑材料	Construction Material for Mending	59.46	13.12
4.其　他	Others	24.10	13.55
(二)水电燃料及其他	Water, Electricity,Fuel and Others	839.40	494.53
1.水	Water	59.37	38.76
2.电	Electricity	248.16	181.34
3.燃　料	Fuels	137.01	154.11
(三)居住服务费	Charges of Residence Service	66.84	28.92
1.物业管理费	Property Management Fees	38.17	14.73
2.维修服务费	Charges of Mending Services	16.34	1.94
3.其　它	Others	12.33	12.24

Per Capita Consumption Expenditure of Urban Households(2009)

(yuan)

低 10% Low Income Household	较低 20% Lower Middle Income Household	中间 20% Middle Income Household	较高 20% Upper Middle Income Household	高 10% High Income Household	最高 10% Highest Income Household
7347.54	**9482.64**	**12059.52**	**14734.56**	**18080.63**	**25602.00**
1458.60	1967.69	2594.86	3106.63	4099.69	5989.70
2951.51	**3323.15**	**4122.04**	**4682.08**	**5388.68**	**6740.94**
449.97	463.31	513.44	555.23	526.38	632.33
286.87	294.68	319.21	343.26	318.86	369.89
27.04	27.70	28.45	30.65	32.21	35.04
42.01	45.31	47.27	56.92	56.49	65.38
94.04	95.62	118.50	124.40	118.82	162.03
841.64	944.38	1143.82	1273.35	1420.97	1659.98
436.63	479.90	557.15	601.84	652.87	747.28
100.72	112.11	123.17	134.39	144.25	154.21
113.28	113.41	126.75	129.68	136.69	152.30
191.02	238.96	336.76	407.44	487.16	606.19
265.71	310.64	351.79	406.61	440.41	488.82
239.99	279.71	317.32	362.13	398.42	439.48
14.74	18.85	22.03	28.96	27.93	34.57
10.98	12.07	12.44	15.52	14.06	14.77
43.11	48.81	56.22	60.54	65.76	74.67
313.47	344.70	445.10	517.26	607.51	833.43
265.98	312.10	397.37	454.45	522.90	583.04
241.66	281.44	353.92	370.50	423.11	466.01
56.06	72.43	92.20	112.72	128.55	131.04
473.91	545.34	768.19	931.43	1253.09	1871.62
1001.22	**1276.79**	**1618.76**	**1951.08**	**2406.78**	**2848.91**
691.92	896.04	1152.98	1408.70	1717.70	2110.13
7.73	10.70	11.82	17.24	17.42	23.80
242.42	310.73	382.94	438.47	564.37	589.97
52.16	52.44	62.85	75.40	93.92	111.43
6.99	6.88	8.16	11.28	13.38	13.58
724.34	**994.76**	**1312.20**	**1512.23**	**1900.06**	**2828.37**
119.12	188.63	368.63	470.03	625.92	1302.29
20.31	14.59	7.60	12.48	26.74	30.66
52.16	125.30	288.43	320.08	456.65	1088.61
39.22	30.35	52.63	93.31	100.60	153.06
7.44	18.39	19.97	44.16	41.93	29.97
560.60	760.76	872.20	972.31	1169.07	1353.94
44.83	56.86	62.56	68.14	72.25	82.49
200.89	227.82	264.00	275.18	303.35	334.91
129.61	130.12	132.60	140.91	134.70	145.52
44.62	45.37	71.37	69.89	105.07	172.15
18.94	27.53	36.70	41.06	62.82	111.50
21.18	11.54	17.90	16.27	24.86	34.74
4.49	6.30	16.78	12.56	17.39	25.91

2-3 续表

单位:元

项 目	Item	总 计 Total	最 低 10% Lowest Income Household
四、家庭设备用品及服务	**Household Facilities,Articles and Services**	**885.04**	**368.53**
(一)耐用消费品	Durable Consumer Goods	469.05	191.45
1.家 具	Furniture	156.54	78.57
2.家庭设备	Household Facilities	312.51	112.88
(二)室内装饰品	Interior Decorations	38.23	13.56
(三)床上用品	Bed Articles	67.29	21.38
(四)家庭日用杂品	Grocery for Daily Use	260.56	127.16
(五)家具材料	Furniture Materials	16.03	5.22
(六)家庭服务	Household Service	33.88	9.75
五、医疗保健	**Health Care and Personal Articles**	**885.16**	**353.40**
(一)医疗器具	Medical Appliances	10.01	0.41
(二)保健器具	Health Care Appliances	22.88	3.93
(三)药品费	Drugs Charges	382.11	213.60
(四)滋补保健品	Nutritious and Health Articles	134.58	15.92
(五)医疗费	Medical Charges	314.27	116.93
(六)其 他	Others	21.30	2.62
六、交通和通讯	**Transportation and Communication**	**1719.68**	**463.09**
(一)交 通	Transportation	1192.13	203.90
1.家庭交通工具	Transportation Facility	706.97	71.12
2.车辆用燃料及零配件	Fuels and Parts	217.07	55.50
3.交通工具服务支出	Expenditure for Transportation Facility Services	87.52	19.32
4.交通费	Transportation Costs	180.58	57.95
(二)通 信	Communication	527.55	259.20
1.通信工具	Communication Facility	97.65	32.49
2.通信服务	Communication Service	429.90	226.71
七、教育文化娱乐服务	**Education, Culture and Recreation Articles**	**1332.97**	**504.15**
(一)文化娱乐用品	Culture and Recreation Articles	453.05	139.57
(二)文化娱乐服务	Culture and Recreation Services	307.28	46.27
1.参观游览	Visit	57.77	6.52
2.健身活动	Body Building Activities	17.08	0.20
3.团体旅游	Team Tour	152.84	7.80
4.其它文娱活动	Other Culture and Recreation Activities	70.07	26.15
5.文娱用品修理服务费	Service Charges for Recreation and Culture Articles Mending	9.53	5.59
(三)教 育	Education	572.65	318.31
1.教 材	Teaching Materials	36.71	25.37
2.教育费用	Education Costs	535.95	292.94
八、杂项商品和服务	**Miscellanecus Commodities and Services**	**406.75**	**117.66**
(一)杂项商品	Miscellanecus Commodities	299.69	72.07
(二)服 务	Services	107.06	45.59

continued

(yuan)

低 10% Low Income Household	较低 20% Lower Middle Income Household	中间 20% Middle Income Household	较高 20% Upper Middle Income Household	高 10% High Income Household	最高 10% Highest Income Household
543.45	**626.10**	**813.51**	**1062.16**	**1492.91**	**2205.87**
278.00	301.00	408.92	546.85	820.90	1348.89
61.67	62.72	100.43	193.75	308.65	618.82
216.33	238.28	308.49	353.10	512.25	730.07
8.17	34.80	30.80	26.19	132.26	82.24
40.58	56.44	65.81	94.43	80.91	146.76
190.93	204.39	270.65	319.51	380.05	475.81
3.66	3.98	11.02	23.83	27.61	73.17
22.10	25.50	26.31	51.36	51.18	79.01
484.00	**607.75**	**873.57**	**1062.32**	**1292.57**	**2451.72**
9.91	2.37	9.21	9.95	20.34	40.97
7.12	20.79	20.30	16.68	25.63	105.17
242.18	278.24	409.12	423.15	529.14	884.65
33.37	71.10	107.06	190.19	244.79	512.69
177.75	226.60	304.08	396.49	390.78	888.21
13.67	8.65	23.80	25.85	81.89	20.03
707.19	**1265.63**	**1582.67**	**2402.60**	**2612.82**	**4641.01**
331.15	814.25	1023.26	1769.54	1854.62	3763.94
139.39	482.13	536.56	1133.24	1019.91	2483.17
66.26	153.68	217.84	289.34	359.59	599.42
29.33	57.54	83.34	128.59	136.64	249.12
96.17	120.90	185.51	218.37	338.48	432.22
376.04	451.38	559.42	633.06	758.20	877.08
56.65	73.93	104.17	122.10	172.76	190.05
319.39	377.45	455.25	510.96	585.44	687.02
724.86	**1082.99**	**1369.84**	**1549.39**	**2233.60**	**2889.89**
282.81	348.96	458.86	554.66	714.19	1038.48
90.19	171.65	266.83	337.19	787.66	1019.78
14.68	37.34	50.68	69.93	118.50	199.55
0.69	9.46	9.19	20.44	58.12	62.47
24.41	65.52	123.60	155.17	453.94	611.27
42.66	49.95	72.10	82.03	144.65	134.81
7.76	9.37	11.25	9.61	12.46	11.68
351.85	562.38	644.15	657.54	731.75	831.63
21.14	41.51	40.83	39.84	40.81	43.64
330.72	520.87	603.32	617.69	690.94	787.99
210.98	**305.48**	**366.92**	**512.70**	**753.20**	**995.28**
148.39	228.56	284.18	355.39	589.53	737.60
62.59	76.92	82.75	157.32	163.67	257.68

2–4 历年城镇居民家庭年末耐用品百户拥有量

项　　目		Item		2002	2003
摩托车	(辆)	Motorcycles	(unit)	44.28	46.12
助力车	(辆)	Motorbikes	(unit)	5.20	7.82
家用汽车	(辆)	Automobiles	(unit)	1.08	1.28
洗衣机	(台)	Washing Machines	(unit)	89.35	92.13
电冰箱	(台)	Refrigerators	(unit)	104.29	105.07
彩色电视机	(台)	Color TV Sets	(unit)	117.11	119.60
家用电脑	(台)	Computers	(unit)	23.35	31.43
组合音响	(套)	Hi-Fi Stereo Component System	(set)	20.59	21.39
摄像机	(架)	Pickup Cameras	(unit)	2.21	2.72
照相机	(架)	Cameras	(unit)	53.41	54.17
钢　琴	(架)	Pianos	(unit)	2.64	3.06
微波炉	(台)	Microwave Ovens	(unit)	27.72	31.89
空调器	(台)	Air Conditioner	(unit)	42.72	52.31
淋浴热水器	(台)	Water Heaters	(unit)	61.39	65.83
消毒碗柜	(台)	Sterilized Cabinet	(unit)	4.55	5.21
洗碗机	(台)	Dishwasher	(unit)	0.78	0.89
健身器材	(套)	Body Building Equipment	(set)	4.60	4.89
固定电话	(部)	Common Phones	(unit)	96.36	97.32
移动电话	(部)	Mobile Phones	(unit)	74.40	97.48

Number of Durable Consumer Goods Owned by Per 100 Urban Households over the Years

2004	2005	2006	2007	2008	2009
47.20	47.55	46.63	41.19	34.75	35.82
12.54	17.58	25.07	31.53	46.62	51.72
2.51	4.47	6.15	9.37	12.94	16.14
92.89	93.28	95.09	95.01	92.98	94.52
105.22	105.63	106.99	98.82	98.95	100.90
119.59	118.30	120.40	122.24	119.44	120.93
37.71	45.64	52.71	58.81	64.04	71.12
22.84	22.28	24.22	25.65	22.89	23.33
3.47	5.09	6.44	7.85	8.92	9.74
56.80	57.59	58.30	54.24	50.08	52.82
3.14	3.02	3.45	3.38	3.39	3.43
35.62	42.88	46.32	48.23	47.87	50.58
61.67	74.40	82.03	85.63	89.68	95.24
69.04	72.42	73.97	80.31	85.00	87.03
5.82	5.72	6.88	5.68	6.77	7.50
0.85	1.11	1.38	0.90	0.81	0.93
5.21	6.24	6.59	6.51	6.33	6.69
97.09	92.30	90.77	85.89	76.07	75.53
121.36	144.34	164.30	173.46	181.59	189.97

2-5 城镇居民家庭居住情况(2009年)

Housing Situation of Urban Households(2009)

项　目		Item		总平均 Average
现住房总建筑面积 （平方米/人）		**Total Housing Construction Area(sq.m/household)**		**31.8**
房屋产权(合计)		Property Right of House		
租赁公房	(%)	Public House for Renting	(percentage)	1.4
租赁私房	(%)	Private House for Renting	(percentage)	1.91
原有私房	(%)	Original Private House	(percentage)	7.6
房改私房	(%)	Reformed Private House	(percentage)	51.69
商品房	(%)	Commercial House	(percentage)	35.22
其　它	(%)	Others	(percentage)	2.19
住宅建筑式样(合计)		Architectural Style of House		
单栋住宅	(%)	Single House	(percentage)	1.6
四居室	(%)	House with Four Rooms	(percentage)	3.33
三居室	(%)	House with Three Rooms	(percentage)	46.59
二居室	(%)	House with Two Rooms	(percentage)	37.02
一居室	(%)	House with One Room	(percentage)	1.64
普通楼房	(%)	Common Building	(percentage)	3.24
平房及其它	(%)	Bungalow and Others	(percentage)	6.59
卫生设备(合计)		Health Bathroom		
无卫生设备	(%)	Non-health Bathroom	(percentage)	0.68
有厕所浴室	(%)	Lavatory with Bathroom	(percentage)	85.1
有厕所无浴室	(%)	Lavatory without Bathroom	(percentage)	12.6
公　用	(%)	Public	(percentage)	1.63
取暖设备(合计)		Heating Equipment		
无取暖设备	(%)	No Heating Equipment	(percentage)	5.34
空调设备	(%)	Air Conditioner	(percentage)	10.42
暖　气	(%)	Heater	(percentage)	68.41
其　它	(%)	Others	(percentage)	15.84
炊用燃料使用情况(合计)		Fuel of cooking	(percentage)	
煤　炭	(%)	Coal	(percentage)	3.67
罐装液化石油气	(%)	Canned Liquefied Petroleum Gas	(percentage)	46.58
管道液化石油气	(%)	Pipeline Liquefied Petroleum Gas	(percentage)	2.23
管道煤气	(%)	Pipelined Gas	(percentage)	11.95
管道天然气	(%)	Pipelined Natural Gas	(percentage)	33.56
柴油	(%)	Diesel Oil	(percentage)	
其它燃料	(%)	Others	(percentage)	2.01

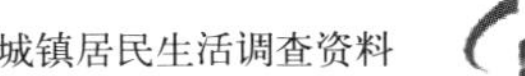

2–6 各抽样调查市县城镇居民年人均主要指标(2009年)

Per Capita Annual Major Indicators of Urban Households by Sample Region(2009)

单位:元 (yuan)

地 区	Region	家庭总收入 Total Income	可支配收入 Disposable Income	家庭总支出 Total Expenditure	消费性支出 Consumption Expenditure
山东城镇居民	**Shandong urban households**	**19336.91**	**17811.04**	**16072.80**	**12012.74**
一、地级及以上城市居民	**17 city households**				
济南市	Jinan	24752.66	22721.65	18385.90	14764.28
青岛市	Qingdao	24416.74	22367.88	20516.04	16079.91
淄博市	Zibo	20393.51	19284.42	15949.38	12685.31
枣庄市	Zaozhuang	17565.12	15650.65	14687.27	9608.02
东营市	Dongying	24018.48	21312.65	18507.40	13599.29
烟台市	Yantai	22866.59	21125.41	19238.41	14536.93
潍坊市	Weifang	18423.49	17267.32	17817.21	12484.06
济宁市	Jining	19698.36	17720.52	18018.61	11244.03
泰安市	Tai'an	19011.81	17671.85	15837.69	12318.67
威海市	Weihai	21674.37	20116.86	21615.18	14442.18
日照市	Rizhao	17013.01	15794.27	14524.18	10881.08
莱芜市	Laiwu	21575.05	18943.01	17931.79	12597.89
临沂市	Linyi	19883.99	18780.87	17407.26	12033.69
德州市	Dezhou	17540.84	15706.12	13563.52	10164.29
聊城市	Liaocheng	17013.08	15957.16	15095.05	11625.75
滨州市	Binzhou	19407.04	17499.79	19071.56	11879.15
菏泽市	Heze	14364.83	12737.29	12123.66	8464.35
二、县级市城市居民	**City households leveled with county**				
龙口市	Longkou	21508.38	19807.13	16542.74	13931.95
诸城市	Zhucheng	16488.58	15333.52	12750.05	9518.33
青州市	Qingzhou	15002.04	13864.35	14128.28	9800.59
文登市	Wendeng	16400.92	15501.02	12470.12	10663.10
临清市	Linqing	14407.25	13428.03	12687.00	8406.94
三、县城居民	**County households**				
利津县	Lijin	17538.25	16418.29	16169.63	12172.27
微山县	Weishan	18915.69	17315.00	14047.70	9344.74
费 县	Feixian	13326.[illegible]0	12139.64	11798.62	8109.15
武城县	Wucheng	12900.57	12507.63	9100.46	7188.08
东阿县	Donge	11529.70	10415.83	8552.10	5776.65
巨野县	Juye	12327.58	11365.37	9923.70	7017.37

注:全省城镇居民收支资料由28个抽样调查市县城镇居民家庭抽样调查资料加权汇总计算;地级及以上城市居民收支是由17个城市市区居民家庭抽样调查资料汇总;县级城市居民收支是由5个城市市区居民家庭的抽样调查资料汇总;县城居民收支是由6个城关镇居民家庭抽样调查资料汇总;市、县数据仅供参考。

Notice:The province's urban households revenue and expenditure survey data are aggregated and calculated according to urban households sample survey data in 28 sample cities and counties; prefecture-level cities and above income and expenditure of urban residents are aggregated by the urban sample survey data of households in 17 cities; urban households income and expenditure are aggregated according to sample survey data of the five cities; county residents income and expenditure are aggregated according to sample survey data of 6 city town; city and county data are for reference only.

2-7 近年城镇居民收支情况

Cities Inhabitant Revenue and Expenditure Situation by Recent Years

单位：元 (yuan)

名　　称	Item	2005年	2006年	2007年	2008年	2009年
一、家庭总收入	Total Income	11607.82	13222.85	15366.26	17548.97	19336.91
#可支配收入	Disposable Income	10744.79	12192.24	14264.70	16305.41	17811.04
(一)工资性收入	Income of Wages and Salaries	9026.55	10442.06	11814.19	12940.62	13985.83
1.工资及补贴收入	Wages and Subsidies	8852.80	10272.05	11616.10	12687.46	13796.39
2.其它劳动收入	Other Income	173.75	170.01	198.09	253.16	189.44
(二)经营性净收入	Net Business Income	492.12	558.18	730.15	1194.40	1379.02
(三)财产性收入	income from Properties	151.86	220.66	304.71	346.90	412.76
(四)转移性收入	Income from Transfer	1937.29	2001.96	2517.21	3067.05	3559.30
二、出售财物收入	Income from Properties Sale	27.21	83.49	145.13	86.98	48.93
三、借贷收入	Income from Lending	5316.67	6498.90	6934.52	7618.02	8185.88
四、家庭总支出	Total Expenditure	9888.94	11717.46	13188.51	14646.42	16072.80
(一)消费支出	Consumption Expenditure	7457.31	8468.40	9666.61	11006.61	12012.74
#服务性消费支出	Consumption Expenditure for Services	1816.32	2119.63	2195.61	2417.90	2580.37
1、食　品	Food	2512.73	2711.65	3180.64	3699.42	3954.34
2、衣　着	Clothing	925.94	1091.22	1238.34	1394.11	1548.75
3、居　住	Residence	751.69	838.17	1027.58	1247.04	1280.04
4、家庭设备用品及服务	Household Appliances and Services	503.36	526.29	661.03	806.35	885.04
5、医疗保健	Health care and Medical Services	579.01	624.06	708.58	799.79	885.16
6、交通和通讯	Transport and Communications	902.32	1175.57	1333.63	1411.00	1719.68
7、教育文化娱乐服务	Recreation,Education and Cultural Services	1039.99	1201.97	1191.18	1278.00	1332.97
8、其它商品和服务	Miscellaneous Goods and Services	242.29	299.48	325.64	372.01	406.75
(二)购房与建房支出	Expenditure for Housing Purchase and Building	475.37	937.20	1044.01	749.36	955.81
(三)财产性支出	Expenditure for Transfer	10.34	8.25	8.35	12.26	35.90
(四)转移性支出	Expenditure for Properties	1161.82	1352.39	1456.07	1725.36	1653.99
(五)社会保障支出	Expenditure for Social Security	784.09	951.21	1013.47	1152.82	1414.37
五、借贷支出	Expenditure for Lending	6909.63	7909.89	9048.17	10219.08	11120.59

2-8 历年城镇居民可支配收入名义和实际增长速度及恩格尔系数表
Name and the Actual Rate of Rise of the Controlled Income and Engel's Coefficient of Cities Inhabitants by All Previous Years

单位：% (%)

年 份 Year	可支配收入 名义增长速度 Name Rate of Rise of the Controlled Income	可支配收入 实际增长速度 the Actual Rate of Rise of the Controlled Income	恩格尔系数 Engel's coefficient
1981	10.5	8.6	55.0
1982	5.9	5.0	57.8
1983	2.3	-0.1	59.9
1984	18.9	17.2	59.9
1985	17.1	7.7	50.8
1986	14.2	9.3	50.4
1987	15.7	6.9	53.3
1988	17.9	-0.7	51.0
1989	16.0	-1.1	52.0
1990	8.7	5.1	51.7
1991	15.1	9.7	52.2
1992	17.0	9.6	51.1
1993	27.4	13.0	46.1
1994	36.9	11.0	46.0
1995	23.8	5.3	45.3
1996	14.7	4.6	43.8
1997	6.1	3.3	41.1
1998	3.6	4.3	39.8
1999	8.0	8.7	37.3
2000	11.7	11.5	35.0
2001	9.4	7.5	34.5
2002	7.2	8.0	34.4
2003	10.3	9.1	33.8
2004	12.4	8.5	34.6
2005	13.8	11.9	33.7
2006	13.5	12.3	32.0
2007	17.0	12.1	32.9
2008	14.3	8.6	33.6
2009	9.2	9.3	32.9

2–9 全国各省(市、区)城镇居民可支配收入、消费性支出(2009年)

The Cities Inhabitants Disposable Income and the Consumption Expenditure of VariousProvinces (cities, areas)(2009)

单位：元 (yuan)

调查地区	area	可支配收入 Disposable Income	消费性支出 Consumption Expenditure
全　国	**The Whole Contry**	**17174.65**	**12264.55**
北　京	Beijing	26738.48	17893.30
天　津	Tianjin	21402.01	14801.35
河　北	Hebei	14718.25	9678.75
山　西	Shanxi	13996.55	9355.10
内蒙古	Inner Mongolia	15849.19	12369.87
辽　宁	Liaoning	15761.38	12324.58
吉　林	Jilin	14006.27	10914.44
黑龙江	Heilongjiang	12565.98	9629.60
上　海	Shanghai	28837.78	20992.35
江　苏	Jiangsu	20551.72	13153.00
浙　江	Zhejiang	24610.81	16683.48
安　徽	Anhui	14085.74	10233.98
福　建	Fujian	19576.83	13450.57
江　西	Jiangxi	14021.54	9739.99
山　东	Shandong	17811.04	12012.74
河　南	Henan	14371.56	9566.99
湖　北	Hubei	14367.48	10294.07
湖　南	Hunan	15084.31	10828.23
广　东	Guangdong	21574.72	16857.50
广　西	Guangxi	15451.48	10352.38
海　南	Hainan	13750.85	10086.65
重　庆	Chongqing	15748.67	12144.06
四　川	Sichuan	13839.40	10860.20
贵　州	Guizhou	12862.53	9048.29
云　南	Yunnan	14423.93	10201.81
西　藏	Xizang	13544.41	9034.31
陕　西	Shaanxi	14128.76	10705.67
甘　肃	Gansu	11929.78	8890.79
青　海	Qinghai	12691.85	8786.52
宁　夏	Ningxia	14024.70	10280.00
新　疆	Xinjiang	12257.52	9327.55

2-10 全国城镇居民家庭人均全年收支情况
Per Person Annual Revenue and Expenditure Situation of National City People Families

单位：元 (yuan)

年 份 Year	人均全年可支配收入 Per Capita Annual Disposable Income	人均全年消费性支出 Per Capita Annual Consumption Expenditure
2000年	6279.98	4998.00
2001年	6859.58	5309.01
2002年	7702.80	6029.88
2003年	8472.20	6510.94
2004年	9421.61	7182.10
2005年	10493.03	7942.88
2006年	11759.45	8696.55
2007年	13785.79	9997.47
2008年	15780.68	11242.80
2009年	17174.65	12264.55

主要指标解释

城镇家庭人口 指居住在一起，经济上合在一起共同生活的家庭成员。凡计算为家庭人口的成员其全部收支都包括在本家庭中。

城镇就业面 指就业人口占家庭人口的百分比。

城镇就业者负担人数 指家庭人口与就业人口之比。

城镇家庭总收入 指家庭成员得到的工薪收入、经营净收入、财产性收入、转移性收入之和，不包括出售财物收入和借贷收入。

城镇家庭可支配收入 指家庭成员得到可用于最终消费支出和其它非义务性支出以及储蓄的总和，即居民家庭可以用来自由支配的收入。它是家庭总收入扣除交纳的所得税、个人交纳的社会保障支出以及记账补贴后的收入。计算公式为：

可支配收入=家庭总收入-交纳所得税-个人交纳的社会保障支出-记账补贴

城镇家庭总支出 指除借贷支出以外的全部家庭支出。包括消费性支出、购房建房支出、转移性支出、财产性支出、社会保障支出。

城镇家庭消费性支出 指家庭用于日常生活的支出，包括食品、衣着、家庭设备用品及服务、医疗保健、交通和通信、娱乐教育文化服务、居住、杂项商品和服务等八大类支出。

城镇家庭服务性消费支出 指家庭用于支付社会提供的各种非商品性服务费用。

城镇家庭收入分组方法 是将所有调查户按户人均可支配收入由低到高排队，按10%，10%，20%，20%，20%，10%，10%的比例依次分成：最低收入户、低收入户、较低收入户、中间收入户、较高收入户、高收入户、最高收入户等七组。

恩格尔系数 指食物支出金额在消费性总支出金额中所占的比例。计算公式为：

$$\text{恩格尔系数}=\frac{\text{食品支出金额}}{\text{消费性总支出金额}}\times 100\%$$

Explanatory Notes on Main Indicators

Population of Urban Households refer to members of households living and sharing economically together in the urban areas. All the income and expenditure of all the members of such households are included in the income and expenditure of the household.

Proportion of Urban Employment refers to the proportion of employed population to the population of urban households.

Number of Dependents per Urban Employee refers to the ratio between number of persons in an urban household and the number of employed persons.

Total Income of Urban Households refers to the sum of wage and salary; net business income; income from properties; and income from transfers of members of the households. Income from selling of properties and income from borrowing are not included..

Disposable Income of Urban Households refers to the actual income at the disposal of members of the households which can be used for final consumption, other non-compulsory expenditure and savings. This equals to total income minus income tax, personal contribution to social security and subsidy for keeping diaries in being a sample household. The following formula is used:

Disposable income = total household income - income tax - personal contribution to social security - subsidy for keeping diaries for a sampled household

Total Expenditure of Urban Households refers to all expenditure of households except expenditure on lending. It includes expenditure on consumption; on purchasing or building houses; on transfers; on properties; and on social security.

Consumption Expenditure of Urban Households refers to total expenditure of households for consumption in daily life, including expenditure on the eight categories of food; clothing; household appliances and services; health care and medical services; transport and communications; recreation, education and cultural services; housing; and miscellaneous goods and services.

Expenditure of Urban Households on Consumption of Services refers to expenditure of households on various kinds of non-commercial services provided by society.

Urban Households by Income Group All households in the sample are grouped, by per capita disposable income of the household, into groups of lowest income, low income, lower middle income, middle income, upper middle income, high income and highest income, each group consisting of 10%, 10%, 20%, 20%, 20%, 10% and 10% of all households respectively.

Engel Coefficient refers to the percentage of expenditure on food in the total consumption expenditure, using the following formula:

$$\text{Engel Coefficient} = \frac{\text{expenditure on food}}{\text{total consumption expenditure}} \times 100\%$$

3

农村居民生活调查资料

Investigation Material of Rural Residential Life

编辑单位：农村住户调查处
编　　委：李常良
责任编辑：陆海玲　师文丽
校　　对：陆海玲　师文丽
电　　话：81772053

Editorial Unit:the Countryside Inhabitant Investigation Office
Editorial Board: Li Changliang
Executive Editor-in-Chief: Lu Hailing Shi Wenli
Proofreader: Lu Hailing Shi Wenli
Telephone: 81772053

简 要 说 明

一、农村住户调查是按照国家统计局的要求，采取多阶段、随机起点、对称等距的抽样方法抽选调查样本。调查抽样误差在正负3%以内。

二、农村住户调查的主要内容包括：农村居民家庭基本情况、人口与就业情况、生产结构与技术应用情况、总收入和纯收入情况、总支出情况、现金收支情况、生活消费现金支出情况、主要农产品出售情况、食品消费情况、商品购买情况、粮食收支情况等。

三、农村住户调查的调查单位为农村常住户。全省农村住户调查的样本单位包括39个县、420个调查村、4200个调查户，占全省总县数的31%。

四、为保证农村住户调查资料的准确性，国家统计局农村司为调查户设置了现金和实物两本帐，并聘请辅助调查员帮助做好记帐工作。农村住户调查资料实行帐页超级汇总方式，即由县队人员将调查户记的现金帐和实物帐逐户逐笔录入计算机后，直接上报总队，再由总队将分户资料进行汇总生成全省资料。

五、为解决调查户的样本老化等问题，增强抽样调查网点的代表性，更加准确、及时地反映农村社会经济情况，国家统计局对农村住户调查网点实行样本轮换制度，每四年为一个周期。

Brief Introduction

Ⅰ.The countryside inhabitant investigation adopts the sampling method of the multi-stages, the stochastic beginning and the symmetrical equal-space to sample the investigation sample based on NBS request, investigation sampling error is in negative 3%.

Ⅱ.The primary coverage of the countryside inhabitant investigation includes: basic indicators of rural households, population and employment situation, production structure and technical application situation, gross income and net income situation, gross charge situation, cash revenue and expenditure situation, life expense cash disbursement situation, main agricultural product sold situation, food expenditure situation, purchasing commodity situation, grain revenue and expenditure situation and so on.

Ⅲ.Investigation unit for the countryside inhabitant investigation are countryside often inhabitant. The sample units of countryside inhabitant investigation includes 39 counties, 420 investigation villages, 4200 investigation households in the entire province, occupy total county number 31% in entire province.

Ⅳ.In order to guarantee the accuracy of the materials for the countryside inhabitant investigation, NBS Countryside Operation Office give the investigation households to establish two accounts for the cash and material object, and invited the assistant investigators to help complete accounts work. The materials of countryside inhabitant investigation use the super way to compile, namely persons of the county team record the materials of that the cash and the account book into the computers and report these materials to the province team directly, the divided household materials are carried on compiling to produce the entire province materials by the province team.

Ⅴ. In order to solve questions of investigation old households and so on, enhance sample investigation point representation, more accurate, reflect promptly the countryside social economy situation, NBS carry on the system that the investigation points were taken turns, every four years is a cycle.

3-1 主要年份农民家庭主要指标

Major Indicators of Rural Households of Major Years

年 份 Year	调查户数 (户) Number of Households Surveyed (household)	调 查 户 常住人口 (人) Number of Permanent Residents in the Households Surveyed (person)	平均每户 常住人口 (人) Average Number of Permanent Residents Per Household (person)	平均每户 整半劳力 (人) Average Number of Full/Semi Labour Force Per Household (person)	人均年末 生活用房 面 积 (平方米) Per Capita Space of Living House at Year-end (sq.m)
1978	715	4126	5.77	2.54	9.81
1979	732	4138	5.65	2.67	9.91
1980	825	4649	5.64	2.70	10.98
1981	827	4538	5.49	2.63	10.03
1982	1529	7849	5.13	2.54	10.64
1983	1438	7266	5.05	2.85	12.50
1984	1558	7730	4.96	2.86	14.54
1985	4000	18896	4.72	2.84	15.13
1986	4200	19667	4.68	2.85	15.74
1987	4200	19339	4.60	2.86	16.48
1988	4200	19074	4.54	2.86	17.34
1989	4200	18749	4.46	2.85	17.96
1990	4200	18486	4.40	2.82	18.48
1991	4200	18241	4.34	2.77	19.87
1992	4200	17886	4.26	2.75	19.31
1993	4200	17494	4.17	2.77	20.64
1994	4200	17239	4.10	2.76	21.15
1995	4200	17089	4.07	2.78	21.56
1996	4200	16847	4.01	2.68	22.32
1997	4200	16574	3.95	2.65	23.16
1998	4200	16379	3.90	2.64	23.91
1999	4200	16116	3.84	2.60	25.07
2000	4200	15918	3.79	2.60	23.61
2001	4200	15671	3.73	2.54	24.60
2002	4200	15569	3.71	2.58	25.59
2003	4200	15405	3.67	2.62	26.53
2004	4200	15386	3.66	2.67	26.92
2005	4200	15382	3.66	2.69	29.64
2006	4200	15298	3.64	2.69	30.69
2007	4200	15204	3.62	2.69	31.69
2008	4200	15121	3.60	2.68	32.98
2009	4200	15012	3.57	2.68	34.24

注:1978年至1980年的生活用房面积中包括生产用房。

Notice: The space of production house is concluded in the space of living house since 1978 to 1980.

3-1 续表 continued

年 份 Year	平均每人全年总收入(元) Per Capita Annual Total Income (yuan)	平均每人全年纯收入(元) Per Capita Annual Net Income (yuan)	平均每人全年总支出(元) Per Capita Annual Total Expenditure (yuan)	#购置生产性固定资产 Purchase of Productive Fixed Assets	#生活消费支出 Expense on Household Consumption
1978	134.58	114.56	116.57		93.69
1979	184.66	159.81	157.41		128.01
1980	240.98	210.23	204.75		165.34
1981	282.07	251.62	247.90	8.99	202.12
1982	343.99	299.95	296.21	17.87	230.02
1983	500.68	360.64	428.14	22.23	264.38
1984	554.61	394.99	461.31	18.11	287.24
1985	592.50	408.12	521.50	18.71	321.98
1986	644.65	449.27	570.40	14.81	364.56
1987	740.61	517.69	639.75	16.36	406.34
1988	857.76	583.74	780.24	23.72	482.11
1989	939.57	630.56	841.95	21.05	513.10
1990	994.36	680.18	878.27	18.14	547.05
1991	1152.02	764.04	1037.81	29.79	612.99
1992	1241.82	802.90	1121.22	27.81	655.69
1993	1413.69	952.74	1210.98	29.48	724.49
1994	1975.12	1319.73	1671.34	30.01	995.72
1995	2626.96	1715.09	2301.34	56.70	1338.46
1996	3246.92	2086.31	2955.16	68.33	1652.51
1997	3468.72	2292.12	2855.26	84.34	1626.27
1998	3561.87	2452.83	2782.48	93.23	1595.09
1999	3645.89	2549.56	2845.88	97.36	1679.75
2000	3872.22	2659.20	3036.20	107.85	1770.75
2001	4138.61	2804.51	3326.79	101.70	1904.95
2002	4305.77	2953.97	3438.78	92.40	1997.83
2003	4482.15	3150.49	3521.42	83.78	2133.20
2004	5037.52	3507.43	3999.23	107.74	2389.27
2005	5676.98	3930.55	4561.27	117.14	2735.77
2006	6188.54	4368.33	5090.48	149.36	3143.80
2007	7150.28	4985.34	5863.21	111.15	3621.57
2008	8136.66	5641.43	6697.38	123.75	4077.05
2009	8683.82	6118.77	7258.17	233.83	4417.18

3-2 农村居民家庭基本情况
Basic Condition of Rural Households

类　　别		Category		2000	2005	2008	2009
调查户数	**（户）**	**Number of Households Surveyed**	**(household)**	**4200**	**4200**	**4200**	**4200**
一、调查户从业类型（按总收入比重计算）		**Business Types of Households Serveyed (calculated according to the proportion of total income)**					
1.农业户	（户/百户）	Households Engaged in Agriculture	(household/100 households)	15.76	19.79	19.14	17.79
2.农业兼业户	（户/百户）	Households Engeged in Agricuture and Other Sectors	(household/100 households)	49.98	39.40	34.64	32.60
3.非农业兼业户	（户/百户）	Households Engaged in Non-agriculture	(household/100 households)	31.24	33.62	37.19	39.38
4.非农业户	（户/百户）	Households Engeged in Non--agricutureand Other Sectors	(household/100 households)	3.02	7.19	9.02	10.24
二、调查户从业类型（按从业劳动力比重计算）		**Business Types of Households Serveyed (calculated according to the proportion of business labour force)**					
1.农业户	（户/百户）	Households Engaged in Agriculture	(household/100 households)	58.83	36.33	29.14	29.64
2.农业兼业户	（户/百户）	Households Engeged in Agricuture and Other Sectors	(household/100 households)	14.76	17.62	15.93	15.67
3.非农业兼业户	（户/百户）	Households Engaged in Non-agriculture	(household/100 households)	20.17	31.17	35.88	34.43
4.非农业户	（户/百户）	Households Engeged in Non-agricuture and Other Sectors	(household/100 households)	6.24	14.88	19.05	20.26
三、家庭结构		**Household Structure**					
1.单身或夫妇	（户/百户）	Single and Couples	(household/100 households)	7.12	10.17	13.02	13.93
2.夫妇与一个孩子	（户/百户）	Couples with One Child	(household/100 households)	29.81	32.76	31.74	31.36
3.夫妇与两个孩子	（户/百户）	Couples with Two Children	(household/100 households)	33.10	31.26	29.40	28.76
4.夫妇与三个以上孩子	（户/百户）	Couples with Three Children and More	(household/100 households)	11.24	7.76	6.21	5.62
5.单亲与孩子	（户/百户）	Single-parent with Children	(household/100 households)	1.74	1.33	1.62	1.40
6.三代同堂	（户/百户）	Three Generations Living under One Roof	(household/100 households)	13.81	14.48	16.05	17.05
7.其　他	（户/百户）	Others	(household/100 households)	3.19	2.24	1.95	1.88
四、参加专业性合作经济组织的户数	**（户/百户）**	**Number of Participating in Professional Cooperative Economic Organizations**	**(household/100 households)**	**2.10**	**3.64**	**3.76**	**4.38**
六、参加新型农村合作医疗的户数	**（户/百户）**	**Number of Households Participating in the New Type of Rural Cooperative Medical Care**	**(household/100 households)**	**14.26**	**49.57**	**98.62**	**98.90**
七、领取最低生活保障的户数	**（户/百户）**	**Number of Households Receiving the Minimum Livelihood Guarantee**	**(household/100 households)**		**0.07**	**0.67**	**0.81**

3–3 农村居民居住情况
Living Condition of Rural Households

类别		Category		2000	2005	2008	2009
一、期末住房情况		**Housing Condition at Term-end**					
(一)住房面积	(平米/人)	Housing Area	(sq.m/person)	23.61	29.64	32.98	34.24
(二)住房价值	(元/平米)	Housing Value	(yuan/sq.m)	193.56	283.98	354.45	369.65
(三)住房类型		Houging Type					
1.楼房面积	(平米/人)	Apartment Area	(sq.m/person)	1.47	3.27	4.90	5.27
2.砖瓦平房面积	(平米/人)	Brick Bungalow Area	(sq.m/person)	19.46	24.53	26.70	27.48
3.其　他	(平米/人)	Other Types	(sq.m/person)	2.68	1.83	1.38	1.49
(四)住房结构		Housing Structure					
1.钢筋混泥土结构面积	(平米/人)	Reinforced Concrete Structure	(sq.m/person)	2.69	7.45	9.04	9.78
2.砖木结构面积	(平米/人)	Brick and Wood Structure	(sq.m/person)	18.35	20.72	22.80	23.34
3.其　他	(平米/人)	Other Structures	(sq.m/person)	2.57	1.48	1.15	1.12
二、期内新建(购)住房情况		**Condition of Newly Building (Buying) Housing in the Term**					
(一)新建(购)住房面积	(平米/人)	Area of Newly Building(Buying) Housing	(sq.m/person)	1.01	1.03	1.31	1.36
(二)新建(购)住房价值	(元/平米)	Value of Newly Building(Buying) Housing	(yuan/sq.m)	229.94	369.36	552.06	579.26
(三)新建(购)住房类型		Type of Newly Building(Buying) Housing					
1.楼房面积	(平米/人)	Apartment Area	(sq.m/person)	0.15	0.15	0.40	0.43
2.砖瓦平房面积	(平米/人)	Brick Bungalow Area	(sq.m/person)	0.83	0.87	0.91	0.92
3.其　他	(平米/人)	Other Types	(sq.m/person)	0.02	0.01		0.02
(四)新建(购)住房结构		Structure of Newly Building Housing					
1.钢筋混泥土结构面积	(平米/人)	Reinforced Concrete Structure	(sq.m/person)	0.22	0.41	0.68	0.76
2.砖木结构面积	(平米/人)	Brick and Wood Structure	(sq.m/person)	0.78	0.62	0.63	0.59
3.其　他	(平米/人)	Other Structures	(sq.m/person)	0.01			0.01
三、居住条件		**Living Condition**					
(一)住房卫生设备使用情况		Condition of Health Equipment					
1.使用水冲式厕所的户数	(户/百户)	Having Flushing Toilet	(household/100 households)	1.81	5.74	8.38	9.24
2.使用旱厕的户数	(户/百户)	Having Old Toilet	(household/100 households)	97.10	93.74	91.40	90.55
3.无厕所的户数	(户/百户)	No Toilet	(household/100 households)	1.10	0.52	0.21	0.21
(二)取暖设备使用情况		Condition of Heating Equipment					
1.使用空调的户数	(户/百户)	Having Air Conditioner	(household/100 households)	0.38	1.55	3.38	3.79
2.使用暖气的户数	(户/百户)	Having Heater	(household/100 households)	8.21	18.26	18.31	17.40
3.使用火炕的户数	(户/百户)	Having Kang	(household/100 households)	49.21	37.33	19.07	19.48
4.无取暖设备的户数	(户/百户)	No Heating Equipment	(household/100 households)			35.60	36.69
(三)炊事使用的主要能源		Major Source of Cooking					
1.使用液化气的户数	(户/百户)	Liquid Natural Gas	(household/100 households)	4.31	17.64	26.64	27.26
2.使用煤炭的户数	(户/百户)	Coal	(household/100 households)	34.33	29.38	22.12	20.67
3.使用柴草的户数	(户/百户)	Fuelwood	(household/100 households)	60.05	52.10	46.45	43.90
4.使用电的户数	(户/百户)	Electricity	(household/100 households)		0.48	3.14	6.33
5.使用其他燃料的户数	(户/百户)	Other Fuels	(household/100 households)		0.48	3.14	6.33
(四)饮用水来源情况		Source of Drinking Water					
#1.饮用自来水的户数	(户/百户)	Tap Water	(household/100 households)	28.50	53.67	69.67	73.02
2.饮用深井水的户数	(户/百户)	Deep Well Water	(household/100 households)	45.64	29.69	25.19	22.98
3.饮用浅井水的户数	(户/百户)	Shallow Well Water	(household/100 households)	23.98	16.05	5.12	3.98
(五)住宅外道路路面状况		Condition of Road Near Residential					
1.水泥或柏油路面的户数	(户/百户)	Cement or Asphalt	(household/100 households)		40.29	54.52	57.55
2.沙石或石板等硬质路面的户数	(户/百户)	Stone, Sand and Gravel or Other Hard Materials	(household/100 households)		19.02	17.57	16.26
3.其他路面的户数	(户/百户)	Other Materials	(household/100 households)		40.69	27.90	26.19

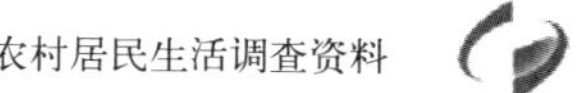

3-4 农村居民人均总收入与总支出

Per Capita Total Income and Expenditure of Rural Households

单位:元 (yuan)

类 别	Category	2000	2005	2008	2009
一、总收入	**Total Income**	**3872.22**	**5676.98**	**8136.66**	**8683.82**
(一)工资性收入	Income from Wages and Salaries	850.56	1437.57	2263.46	2496.57
1.在非企业组织中劳动得到收入	Incomes from Working in the Non-business Organizations	235.42	240.73	255.22	283.52
2.在本乡地域内劳动得到收入	Incomes from Working inside the Village	396.97	806.57	1315.25	1418.47
# 在企业中劳动得到收入	Incomes from Working in Enterprises	280.76	522.63	798.47	862.84
3.外出从业得到收入	Income from Working Somewhere away from Home	218.16	390.27	693.00	794.59
(二)家庭经营收入	Income from Household Operations	2809.40	3956.95	5339.43	5534.44
1.第一产业收入	Income from Primary Industry	2260.24	3177.37	4338.07	4435.18
(1)农业收入	Income from Farming	1662.23	2215.02	2967.56	3169.75
A.农产品收入	Farming Products	1637.81	2159.05	2879.80	3086.16
B.农业服务性收入	Income from Agricultural Services	24.41	55.97	87.76	83.59
(2)林业收入	Income from Forestry	46.29	60.31	96.58	93.58
A.林业产品收入	Forestry Products	46.29	57.99	93.00	92.72
B.林业服务性收入	Income from Forestry Services		2.33	3.58	0.86
(3)牧业收入	Income from Animal Husbandry	536.64	865.38	1228.86	1126.08
A.牧业产品收入	Animal Husbandry Products	536.64	857.79	1223.96	1117.74
B.牧业服务性收入	Animal Husbandry Services		7.60	4.90	8.34
(4)渔业收入	Income from Fishery	15.07	36.65	45.07	45.78
A.渔业产品收入	Fishery Products	15.07	36.14	28.61	34.98
B.渔业服务性收入	Fishery Services		0.51	16.46	10.80
2.第二产业收入	Income from Secondary Industry	162.40	265.24	355.53	368.77
(1)工业收入	Industry	115.21	209.44	278.80	284.01
A.工业产品收入	Industrial Products	14.53	67.26	122.69	122.80
B.工业服务性收入	Industrial Services	100.68	142.18	156.12	161.20
(2)建筑业收入	Construction	47.19	55.80	76.72	84.77
①建筑业产品收入	Construction Products		1.48	4.09	2.20
②建筑业服务性收入	Construction Services	47.19	54.31	72.64	82.56
3.第三产业收入	Income from Tertiary Industry	386.76	514.35	645.84	730.49
(1)其他产品收入	Other Products	11.03	2.25	10.46	2.74
(2)第三产业服务性收入	Tertiary Industry Services	375.73	512.10	635.38	727.75
①交通、运输、邮电业收入	Transport,Storage and Post	120.71	166.45	186.85	198.61
②批零贸易业、饮食业收入	Wholesale,Retail and Catering Trades	123.00	186.16	252.23	302.58
③社会服务业收入	Social Services	39.24	54.87	78.10	92.53
④文教卫生业收入	Culture,Education and Health	4.49	28.20	44.30	48.71
⑤其他行业收入	Other Sectors	88.29	76.42	73.89	85.31
(三)财产性收入	Income from Properties	57.80	102.80	163.93	196.11
#1.利 息	Interest	23.55	9.75	13.81	15.70
2.集体分配股息和红利	Divident and Bonus Distributed by Mass	3.48	0.63	1.84	2.45
3.其他股息和红利	Other Divident and Bonus		2.02	5.40	6.10
4.租金(包括农业机械)	Rent(including Agricultural Machinery)	8.87	10.36	16.09	19.54
5.土地征用补偿收入	Compensation for Land Acquisition	9.30	46.21	60.29	68.73
6.转让承包土地经营权收入	Land Management Rights Transfer		2.56	13.61	17.27
(四)转移性收入	Income from Transfers	154.46	179.66	369.82	456.70
#1.家庭非常住人口寄回和带回收入	Sent back by Non-permanent Resident	24.92	34.11	50.16	59.57
2.城市亲友赠送收入	Presentation from Relatives and Friends in Rural Area	10.14	21.18	31.34	38.69
3.农村亲友赠送收入	Presentation from Relatives and Friends in Urban Area	81.84	52.32	120.82	166.24

3-4 续表 continued

单位:元 (yuan)

类　　别	Category	2000	2005	2008	2009
二、总支出	**Total Expenditure**	**3036.21**	**4561.27**	**6697.38**	**7258.17**
(一)家庭经营费用支出	Expenditure for Household Operations	905.62	1496.03	2139.35	2165.90
1.第一产业生产费用支出	Primary Industry	795.42	1314.96	1895.81	1912.96
(1)农业生产费用支出	Expenditure for Farming Production	474.86	731.25	1024.97	1091.71
(2)林业生产费用支出	Expenditure for Forestry Production	8.10	11.33	17.76	16.48
(3)牧业生产费用支出	Expenditure for Animal Husbandry Production	310.78	557.82	836.59	787.93
(4)渔业生产费用支出	Expenditure for Fishery Production	1.68	14.57	16.49	16.84
2.第二产业生产费用支出	Secondary Industry	40.48	92.57	142.28	137.13
(1)工业生产费用支出	Expenditure for Industry Production	31.42	87.82	129.74	124.46
(2)建筑业生产费用支出	Expenditure for Construction Production	9.06	4.75	12.54	12.68
3.第三产业生产费用支出	Tertiary Industry	69.72	88.50	101.25	115.80
(1)交通运输邮电业生产费用支出	Expenditure for Production of Transport,Storage	22.87	27.35	21.13	24.26
(2)批零贸易餐饮业生产费用支出	Expenditure for Production of Wholesale,Retail and	31.91	38.66	48.02	60.67
(3)社会服务业生产费用支出	Expenditure for Production of Social Services	4.43	8.35	7.24	10.92
(4)文教卫生业生产费用支出	Expenditure for Production of Culture,Education	1.42	4.37	7.78	6.43
(5)其他行业生产费用支出	Expenditure for Production of Other Secotrs	9.09	9.76	17.08	13.53
(二)购置生产性固定资产支出	Expenditure for Purchase of Productive Fixed Assets	107.85	117.14	123.75	233.83
(三)建、造生产性固定资产雇工支出	Expenditure for Building of Productive Fixed Assets	0.29	1.40	3.24	12.15
(四)税费支出	Expenditure for Taxes and Fees	134.48	34.27	24.88	13.75
(五)生活消费支出	Expense on Household Consumption	1770.75	2735.77	4077.05	4417.18
#服务性支出	Expenditure for Services	477.44	880.02	1218.19	1245.29
1.食品消费支出	Food	781.88	1087.65	1551.77	1618.66
2.衣着消费支出	Clothing	117.51	159.73	250.29	265.59
3.居住消费支出	Residence	299.76	445.71	804.75	945.81
4.家庭设备、用品消费支出	Household Appliances	114.94	136.54	240.91	273.77
5.交通和通讯消费支出	Transport and Communications	101.64	294.37	452.55	533.55
6.文化教育、娱乐消费支出	Recreation,Education and Cultural	207.87	377.16	417.27	399.95
7.医疗保健消费支出	Health care	118.69	188.48	280.49	301.55
8.其他商品和服务消费支出	Other Goods and Services	28.45	46.13	79.00	78.30
(六)财产性支出	Expenditure for Properties	10.12	17.55	30.60	27.79
#1.宅基地有偿使用费	Paid Use of Land		1.58	4.27	2.30
2.承包其他农户转让费	Contract on Other Farmers Transfer	4.00	14.18	17.44	22.08
(七)转移性支出	Expenditure for Transfers	107.38	159.11	298.51	387.59
#1.寄给带给家庭非常人口	Sent to Non-permanent Resident	5.79	43.42	72.43	57.78
2.赠送农村亲友	Presentation to Relatives and Friends in Rural Area	80.46	52.86	115.40	150.82
3.赠送城市亲友	Presentation to Relatives and Friends in Urban Area	5.93	8.69	15.06	20.27

3-5 农村居民人均纯收入

Per Capita Net Income of Rural Households

单位:元 (yuan)

类 别	Category	2000	2005	2008	2009
全年纯收入	**Net Income**	**2659.20**	**3930.55**	**5641.43**	**6118.77**
一、工资性收入	**Income from Wages and Salaries**	**850.56**	**1437.57**	**2263.46**	**2496.57**
1.在非企业组织中劳动得到收入	Incomes from Working in the Non-business Organizations	235.42	240.73	255.22	283.52
2.在本乡地域内劳动得到收入	Incomes from Working inside the Village	396.97	806.57	1315.25	1418.47
#在企业中劳动得到收入	Incomes from Working in Enterprises	280.76	522.63	798.47	862.84
3.外出从业得到收入	Income from Working Somewhere away from Home	218.16	390.27	693.00	794.59
二、家庭经营纯收入	**Net Income from Household Operations**	**1676.90**	**2258.05**	**2962.96**	**3129.28**
1.第一产业纯收入	Net Income from Primary Industry	1274.32	1727.87	2283.12	2369.95
(1)农业收入	Net Income from Farming	1053.34	1376.86	1812.72	1954.25
(2)林业收入	Net Income from Forestry	35.98	48.51	78.29	76.97
(3)牧业收入	Net Income from Animal Husbandry	172.11	281.99	365.53	311.83
(4)渔业收入	Net Income from Fishery	12.90	20.51	26.58	26.91
2.非农产业纯收入	Net Income from Non-agricultural Industries	402.58	530.17	679.84	759.32
A.第二产业纯收入	Net Income from Secondary Industry	114.09	152.11	188.22	204.51
(1)工业收入	Industry	77.10	102.62	126.15	135.30
(2)建筑业收入	Construction	36.99	49.49	62.07	69.21
B.第三产业纯收入	Net Income from Tertiary Industry	288.49	378.06	491.62	554.82
(1)交通、运输、邮电业收入	Transport,Storage and Post	83.96	112.08	137.32	146.29
(2)批零贸易业、饮食业收入	Wholesale , Retail and Catering Trades	85.00	134.37	188.89	221.95
(3)社会服务业收入	Social Services	33.87	43.89	67.59	77.82
(4)文教卫生业收入	Culture , Education and Health	2.68	22.61	34.60	40.49
(5)其他行业收入	Other Sectors	82.97	65.11	63.22	68.26
三、财产性纯收入	**Net Income from Properties**	**57.80**	**102.80**	**163.93**	**196.11**
#1.利 息	Interest	23.55	9.75	13.81	15.70
2.集体分配股息和红利	Divident and Bonus Distributed by Mass	3.48	0.63	1.84	2.45
3.其他股息和红利	Other Divident and Bonus		2.02	5.40	6.10
4.租金(包括农业机械)	Rent(including Agricultural Machinery)	8.87	10.36	16.09	19.54
5.土地征用补偿收入	Compensation for Land Acquisition	9.30	46.21	60.29	68.73
6.转让承包土地经营权收入	Land Management Rights Transfer		2.56	13.61	17.27
四、转移性纯收入	**Net Income from Transfers**	**73.94**	**132.13**	**251.07**	**296.81**
#1.家庭非常住人口寄回和带回	Sent back by Non-permanent Resident	24.92	34.11	50.16	59.57
2.城市亲友赠送	Presentation from Relatives and Friends in Rural Area	10.14	21.18	31.34	38.69
3.离退休金、养老金	Old-age Pensions	11.08	17.69	25.93	28.35
4.城市亲友支付赡养费	Alimony Relatives and Friends in Urban Area		3.72	5.14	5.50
5.农村亲友支付赡养费	Alimony Relatives and Friends in Rural Area		5.00	8.71	14.40
6.救济金	Relief	0.57	0.61	1.07	0.75
7.抚恤金	Pensions		1.10	2.39	3.04
8.报销医疗费	Reimbursement for Medical Expenses		2.52	10.77	20.32
9.无偿扶贫或扶持款	Free of Help Sustain		0.94	2.94	0.90

3-6 农村居民人均现金收支情况

Per Capita Cash Income and Expenditure of Rural Households

单位：元 (yuan)

类别	Category	2000	2005	2008	2009
一、期内现金收入	**Cash Income in the Term**	**3082.02**	**5114.45**	**7326.83**	**8057.88**
(一)工资性收入	Income from Wages and Salaries	848.68	1434.64	2262.43	2492.73
1.在非企业组织中劳动得到收入	Incomes from Working in the Non-business Organizations	235.02	240.23	255.14	283.29
2.在本乡地域内劳动得到收入	Incomes from Working inside the Village	395.66	805.69	1314.45	1415.62
#在企业中劳动得到收入	Incomes from Working in Enterprises	279.53	521.93	797.94	860.34
3.外出从业得到收入	Income from Working Somewhere away from Home	218.00	388.73	692.84	793.82
(二)家庭经营现金收入	Cash Income from Household Operations	2029.57	3415.49	4574.42	4977.75
1.第一产业现金收入	Cash Income from Primary Industry	1480.41	2635.95	3573.58	3880.46
(1)农业现金收入	Cash Income from Farming	934.54	1676.31	2251.92	2616.64
(2)林业现金收入	Cash Income from Forestry	45.05	60.23	94.35	90.50
(3)牧业现金收入	Cash Income from Animal Husbandry	490.32	862.78	1181.68	1126.96
(4)渔业现金收入	Cash Income from Fishery	10.48	36.63	45.63	46.36
2.第二产业现金收入	Cash Income from Secondary Industry	162.40	265.21	355.24	368.57
(1)工业收入	Industry	115.21	209.41	278.68	284.01
(2)建筑业收入	Construction	47.19	55.80	76.56	84.56
3.第三产业现金收入	Cash Income from Tertiary Industry	386.76	514.34	645.60	728.73
①出售其他产品收入	Other Products	11.03	2.25	10.46	2.74
②第三产业服务性现金收入	Tertiary Industry Services	375.73	512.09	635.14	725.99
a.交通、运输、邮电业收入	Transport,Storage and Post	120.71	166.45	186.85	198.61
b.批零贸易业、饮食业收入	Wholesale , Retail and Catering Trades	123.00	186.16	252.23	302.58
c.社会服务业收入	Social Services	39.24	54.87	78.10	92.53
d.文教卫生业收入	Culture , Education and Health	4.49	28.20	44.30	48.71
e.其他行业收入	Other Sectors	88.29	76.40	73.65	83.55
(三)财产性收入	Income from Properties	54.04	89.45	132.14	154.28
#1.利　息	Interest	23.55	9.75	13.81	15.70
2.集体分配股息和红利	Divident and Bonus Distributed by Mass	3.48	0.63	1.84	2.45
3.其他股息和红利	Other Divident and Bonus		2.02	5.40	6.10
4.租金(包括农业机械)	Rent(including Agricultural Machinery)	8.87	10.36	16.09	19.54
5.土地征用补偿收入	Compensation for Land Acquisition	9.30	46.21	60.29	68.73
6.转让承包土地经营权收入	Land Management Rights Transfer		2.56	13.61	17.27
(四)转移性收入	Income from Transfers	149.72	174.87	357.85	433.12
#1.家庭非常住人口寄回和带回	Sent back by Non-permanent Resident	24.68	34.04	50.16	59.51
2.城市亲友赠送	Presentation from Relatives and Friends in Rural Area	8.55	20.39	29.98	37.89
3.离退休金、养老金	Old-age Pensions	11.08	17.69	25.93	28.35
4.城市亲友支付赡养费	Alimony Relatives and Friends in Urban Area		3.72	5.14	5.50
5.农村亲友支付赡养费	Alimony Relatives and Friends in Rural Area		5.00	8.71	14.40
6.救济金	Relief	0.57	0.61	1.07	0.75
7.抚恤金	Pensions		1.10	2.39	3.04
8.报销医疗费	Reimbursement for Medical Expenses		2.52	10.77	20.32
9.无偿扶贫或扶持款	Free of Help Sustain		0.94	2.94	0.90

3-6 续表 1 continued

单位:元 (yuan)

类别	Category	2000	2005	2008	2009
二、借贷性现金收入	**Lending Cash Proceeds**	**599.84**	**664.32**	**814.64**	**1048.65**
1.银行、信用社贷款	Loans from Banks and Credit Union	43.53	56.93	72.44	169.72
2.借入款	Borrowing	215.43	210.35	245.03	272.35
3.收回借出款	Repayment	100.72	102.59	119.51	84.26
4.取回存款	Recovered Deposits	238.27	288.83	370.78	511.94
5.兑换债券(本金)	Converted bonds	0.27	0.13		
6.出售股票	Shares Sales	0.31			0.73
7.兑换其他有价证券(本金)	Converted Other securities				0.13
8.收回其他投资款	Recovered Other Investments	1.32	2.25	3.20	3.21
9.其　他	Others		3.24	3.68	6.31
三、期内现金支出	**Cash Expenditure in the Term**	**2574.97**	**4197.12**	**6317.36**	**6886.82**
(一)生产费用支出	Expenditure of Production Costs	850.75	1518.15	2206.32	2359.63
1.家庭经营费用支出	Expenditure for Household Operations	742.90	1399.61	2079.33	2113.66
(1)第一产业生产费用支出	Primary Industry	634.07	1218.83	1835.80	1860.80
①农业生产费用支出	Expenditure for Farming Production	422.77	696.58	1015.47	1079.70
②林业生产费用支出	Expenditure for Forestry Production	8.10	10.92	17.76	16.48
③牧业生产费用支出	Expenditure for Animal Husbandry Production	201.52	496.77	786.09	747.81
④渔业生产费用支出	Expenditure for Fishery Production	1.68	14.57	16.49	16.81
(2)第二产业生产费用支出	Secondary Industry	39.34	92.57	142.28	137.13
①工业生产费用支出	Expenditure for Industry Production	30.44	87.82	129.74	124.46
②建筑业生产费用支出	Expenditure for Construction Production	8.90	4.75	12.54	12.68
(3)第三产业生产费用支出	Tertiary Industry	69.49	88.20	101.25	115.72
①交通运输邮电业生产费用支出	Expenditure for Production of Transport,Storage	22.83	27.35	21.13	24.26
②批零贸易餐饮业生产费用支出	Expenditure for Production of Wholesale, Retail and Catering Trades	31.91	38.66	48.01	60.59
③社会服务业生产费用支出	Expenditure for Production of Social Services	4.43	8.35	7.24	10.92
④文教卫生业生产费用支出	Expenditure for Production of Culture, Education and Health	1.42	4.37	7.78	6.43
⑤其他行业生产费用支出	Expenditure for Production of Other Secotrs	8.90	9.47	17.08	13.53
2.购置生产性固定资产支出	Expenditure for Purchase of Productive Fixed Assets	107.85	117.14	123.75	233.83
3.建、造生产性固定资产雇工支出	Expenditure for Building of Productive Fixed Assets	0.29	1.40	3.24	12.15
(二)税费支出	Expenditure for Taxes and Fees	126.60	33.65	24.56	13.57
(三)生活消费支出	Expense on Household Consumption	1482.43	2470.39	3760.73	4100.44
#服务性支出	Expenditure for Services	477.44	880.02	1218.19	1245.29
1.食品消费支出	Food	506.71	826.92	1240.21	1303.70
2.衣　着	Clothing	116.18	158.67	248.38	264.49
3.居　住	Residence	288.05	442.75	802.06	945.41
4.家庭设备、用品及服务	Household Appliances	39.06	136.54	240.76	273.49
5.交通和通讯	Transport and Communications	35.52	294.37	452.55	533.55
6.文化教育、娱乐用品及服务	Recreation,Education,Cultural and Services	41.84	377.16	417.27	399.95
7.医疗保健	Health care	59.01	188.48	280.49	301.55
8.其他商品和服务	Other Goods and Services	5.12	45.51	79.00	78.30

3-6 续表 2 continued

单位:元 (yuan)

类 别	Category	2000	2005	2008	2009
(四)财产性支出	Expenditure for Properties	9.38	17.55	30.60	27.79
1.宅基地有偿使用费	Paid Use of Land		1.58	4.27	2.30
2.承包其他农户转让	Contract on Other Farmers Transfer	4.00	14.18	17.44	22.08
3.其 他	Others	5.38	1.80	8.89	3.42
(五)转移性支出	Expenditure for Transfers	105.80	157.38	295.15	385.39
#1.寄给带给家庭非常人口现金	Sent to Non-permanent Resident	5.75	43.42	72.43	57.78
2.赠送农村亲友	Presentation to Relatives and Friends in Rural Area	80.46	51.58	112.69	149.24
3.赠送城市亲友	Presentation to Relatives and Friends in Urban Area	4.97	8.31	14.68	19.65
4.交纳医疗保险	Medical Insurance	2.25	7.11	12.36	15.08
5.赡养费	Alimony		7.48	9.94	9.71
6.捐 赠	Donation		1.53	2.46	2.66
7.罚款、赔款	Fine and Compensation	0.95	4.77	4.54	12.72
四、储蓄、借贷性支出	**Savings and Loan Expenditure**	**526.16**	**688.06**	**1152.46**	**1787.24**
1.归还银行、信用社	Repayment to Bank and Credit Union	19.31	56.82	43.40	54.38
2.借出款	Lending Money	103.15	60.15	42.13	59.77
3.归还借款	Repayment	113.53	154.20	139.38	179.35
4.存 款	Deposits	280.21	399.50	913.80	1462.19
5.购债券	Purchase of Notes	0.01	0.65	0.07	
6.购买储蓄性保险	Purchase of Savings Insurance		5.30	7.91	10.64
7.购买股票	Purchase of Stock	0.52	9.16	2.63	4.64
8.其 他	Others	9.43	2.27	3.14	16.26
五、期末金融资产余额	**Balance of Financial Assets at Term-end**	**1772.78**	**3956.28**	**6900.99**	**8352.72**
1.手存现金	Cash in Hand	524.90	867.74	1123.49	1043.12
2.存款余额	Deposits	1230.58	3050.63	5738.97	7301.51
3.债券价值款	Notes	0.11	3.25	5.83	
4.股票价值金	Stock	5.88	4.83	11.84	2.40
5.其他金融资产价值	Other Financial Assets	11.30	29.84	20.87	5.69
六、期末债务余额	**Debt at Term-end**	**15.49**	**258.25**	**337.08**	**391.79**
1.银行、信用社贷款	Bank and Credit Union Loan	1.67	83.84	123.87	182.76
2.个人借(欠)款	Individual Borrowing	12.89	144.92	181.99	180.26
3.其 他	Others	0.59	7.02	31.22	28.78

3—7 农村居民人均消费支出
Per Capita Consumption Expenditure of Rural Households

单位:元 (yuan)

类　　别	Category	2000	2005	2008	2009
生活消费支出	**Expense on Household Consumption**	**1770.75**	**2735.77**	**4077.05**	**4417.18**
#服务性支出	Expenditure for Services	477.44	880.02	1218.19	1245.29
1.食品消费支出	Food	781.88	1087.65	1551.77	1618.66
A.食品消费品支出	Consumer Foods	719.11	920.96	1328.82	1378.56
(1)谷　物	Cereal	205.16	243.57	296.64	305.45
(2)薯　类	Tubers	3.53	5.58	9.18	7.16
(3)豆　类	Beans	14.07	12.58	12.55	14.08
(4)食用油	Eatable Oil	47.48	59.32	95.16	97.96
(5)蔬菜及制品	Vegetable and Products	92.62	90.69	128.55	140.49
(6)肉、禽、蛋、奶及制品	Meat,Poultry,Egg,Milk and Their Products	150.06	242.69	355.14	348.30
(7)水产品及制品	Aquatic Products	21.07	33.32	49.39	50.05
(8)烟、酒	Tobacco and Liquor	96.06	155.93	172.08	187.81
(9)茶叶、饮料	Tea and Beverages	11.02	13.40	22.03	24.77
(10)其它类食品	Other Foods	78.03	63.88	188.09	202.49
B.食品消费服务性支出	Services for Foods Consumption	62.43	166.69	222.95	240.10
(1)在外饮食	Outward Dinner	54.11	156.65	206.70	224.36
(2)食品加工费	Foods Processing	8.32	7.63	7.26	7.44
(3)其他服务性支出	Other Services		2.41	9.00	8.31
2.衣着消费支出	Clothing	117.51	159.73	250.29	265.59
A.衣着消费品支出	Consumer Clothing	114.36	157.72	248.66	264.03
(1)服　装	Garments	56.15	95.21	160.24	171.62
(2)服装材料	Clothing Material	16.29	11.11	12.40	11.09
(3)鞋　类	Footwear	40.55	42.31	62.35	67.34
(4)其　他	Others	1.38	9.09	13.67	13.98
B.衣着消费服务性支出	Services for Clothing Consumption	3.08	2.01	1.64	1.56
(1)衣着加工费	Clothing Proceeding Services	3.08	1.27	0.94	0.93
(2)其他服务性支出	Other Services		0.74	0.69	0.62
3.居住消费支出	Residence	299.76	445.71	804.75	945.81
A.居住消费品支出	Consumer Residence	221.91	331.84	572.41	687.89
(1)建筑生活用房材料	Construction Materials	129.07	197.47	287.23	321.30
(2)维修生活用房材料	Repair Materials	23.05	14.98	19.77	23.18
(3)装修生活用房材料	Decoration Materials	3.87	24.86	71.65	72.59
(4)生活用房	Household Housing	9.35	9.65	89.83	156.26
(5)生活用燃料	Household Fuels	56.57	84.89	103.92	114.57
B.居住消费服务性支出	Services for Residence	77.81	113.87	232.35	257.92
(1)建筑、维修生活用房雇工工资	Wages for Housing Construction and Repair	25.61	43.31	107.38	116.63
(2)房　租	Rent	0.52	2.17	2.76	5.99
(3)生活用水	Household Water	1.74	2.91	5.10	5.74
(4)生活用电	Household Electricity	35.70	48.15	81.53	93.70
(5)清洁费、卫生费	Cleaning and Sanitation Costs		0.32	0.27	0.33
(6)其他服务性支出	Other Services	14.24	17.00	35.32	35.52

3-7 续表 1 continued

单位:元 (yuan)

类　　别	Category	2000	2005	2008	2009
4.家庭设备、用品消费支出	Household Appliances	114.94	136.54	240.91	273.77
A.家庭设备用品消费品支出	Consumer Household Appliances	85.06	127.99	231.15	264.87
(1)日用品	Goods for Daily Use	39.41	42.98	60.60	64.92
(2)床上用品	Bed Articles	5.35	9.51	15.00	16.59
(3)室内装饰品	Interior Decorations	6.29	4.26	10.49	8.27
(4)家俱类	Furniture	19.35	31.21	49.68	52.55
(5)机电设备	Electrical Equipment	14.66	40.04	95.39	122.54
B.家庭设备用品服务性消费支出	Services for Household Appliances	29.82	8.55	9.76	8.90
(1)家庭设备修理费	Charges for Household Appliances Repair	3.04	3.26	4.86	4.46
(2)日杂用品加工修理费	Charges for Grocery Processing and Repair	26.77	1.55	1.50	1.38
(3)家政服务费	Charges for Household Services		0.81	0.32	0.29
(4)其他服务性支出	Other Services		2.93	3.07	2.78
5.交通和通讯消费支出	Transport and Communications	101.64	294.37	452.55	533.55
A.交通和通讯用品支出	Transport and Communications Goods	46.29	150.99	258.19	341.88
(1)交通工具	Transportation Facility	35.52	85.29	159.60	241.35
(2)交通工具用燃料	Fuels for Transportation Facility		28.58	43.36	45.75
(3)交通工具用零配件	Parts of Transportation Facility		4.62	8.62	10.88
(4)通讯工具	Communication Facility	10.77	32.24	46.00	43.29
(5)通讯工具用零配件	Parts of Communication Facility		0.26	0.62	0.62
B.交通和通讯服务消费支出	Transport and Communications Services	55.32	143.38	194.36	191.67
(1)交通消费服务支出	Services for Transport	26.85	45.00	63.55	64.87
①交通客运费	Passenger Traffic Charges	14.81	29.37	42.80	41.13
②生活物品货运费	Freight Charges for Living Goods	1.75	0.63	0.50	0.53
③交通工具修理费	Charges for Transportation Facility Repair	10.30	11.39	15.15	17.56
④其他服务性支出	Other Services		3.62	5.10	5.66
(2)通讯消费服务支出	Services for Communications	28.47	98.38	130.81	126.80
①邮寄费	Mailing Costs	28.47	0.88	0.82	0.82
②通讯费	Communication Charges		96.16	128.11	124.37
③通讯工具修理费	Charges for Communication Facility Repair		0.81	0.76	0.65
④其　他	others		0.53	1.11	0.97
6.文化教育、娱乐消费支出	Recreation,Education and Cultural	207.87	377.16	417.27	399.95
A.文化教育、娱乐用品消费支出	Culture,Education and Recreation Appliances	41.81	60.75	95.44	96.43
(1)文教、娱乐用机电消费品	Electrical Consumer Goods for Culture, Education and Recreation	26.99	34.21	51.14	61.25
(2)书、报、杂志	Books,Newspapers and Magazines	6.03	11.92	14.31	10.37
(3)纸张、文具	Paper and Stationery	3.02	4.21	5.52	4.45
(4)音像制品	Audio-visual Products	0.38	0.81	0.81	0.32
(5)电脑软件	Software		0.03	0.06	0.08
(6)体育用品	Sport Goods	0.17	0.11	0.14	0.23
(7)计算机零配件及耗材	Computer Parts and Materials		0.07	0.18	0.15
(8)鲜　花	Flower		0.15	0.33	0.37
(9)娱乐用品	Recreation Goods	0.67	4.92	10.35	11.92
(10)其他用品	Other Goods	4.54	4.32	12.59	7.28

3-7 续表 2 continued

单位：元 (yuan)

类　　别	Category	2000	2005	2008	2009
B.教育服务消费支出	Education Services	158.24	293.27	285.12	266.46
(1)托儿费	Child-care Fee		3.52	4.14	5.57
(2)幼儿园赞助费	Sponsor Fee for Kindergarten		0.77	2.29	1.02
(3)学杂费	Tuition Fee	154.35	262.46	220.69	207.33
(4)入学赞助费	Sponsor Fee for School Entrance		2.75	2.88	2.48
(5)私立学校就读费	Student Fee for Private Schools Entrance		2.08	3.14	1.92
(6)成人培训费	Adult Training Expenses	3.89	6.70	18.55	15.89
(7)教育设备修理费	Repair Charges for Education Equipment		0.05	0.10	0.01
(8)其他服务性支出	Other Services		14.94	33.33	32.25
C.文化、体育、娱乐服务　消费支出	Services for Culture,Sports and Recreation	9.82	23.15	36.71	37.06
(1)旅　游	Tourism	2.04	1.91	5.11	6.89
(2)休闲娱乐费	Recreation Costs	1.70	3.23	5.65	5.57
(3)文化、体育、娱乐用品修理费	Repair Charges for Culture,Sports and Recreation Goods	0.66	3.41	4.74	0.74
(4)其他服务性支出	Other Services	5.42	14.60	21.21	23.86
7.医疗保健消费支出	Health care	118.69	188.48	280.49	301.55
A.医疗保健用品	Health Care Appliances	59.00	80.27	84.88	99.48
(1)医疗卫生用品	Medical Appliances	59.00	76.58	82.54	95.33
①药　品	Medicine	57.52	74.69	81.60	94.37
②医疗卫生器械	Medical Equipment	1.48	1.05	0.23	0.49
③其他医疗卫生用品	Other Medical Appliances		0.84	0.72	0.46
(2)保健用品	Health Appliances		3.69	2.33	4.16
①药品类保健品	Drugs Health Products		1.33	1.68	1.95
②保健器材	Health Equipment		2.37	0.66	2.20
B.医疗保健服务消费支出	Health Care Services	59.66	108.21	195.61	202.07
(1)医疗费	Medical Charges	46.63	103.43	183.39	196.11
(2)医疗设备修理费	Repair Charges for Medical Equipment	0.20	0.19	0.39	0.42
(3)保健费	Health Charges		1.51	1.97	2.70
(4)保健设备修理费	Repair Charges for Health Equipment		0.83	4.12	0.10
(5)其他服务性支出	Other Services	12.83	2.25	5.74	2.75
8.其他商品和服务消费支出	Other Goods and Services	28.45	46.13	79.00	78.30
A.其他商品支出	Other Goods	5.09	25.23	39.31	38.74
(1)首　饰	Jewelry	0.82	3.06	4.74	5.85
(2)手　表	Watch		0.43	0.37	0.29
(3)化妆品	Cosmetics	2.03	2.94	5.07	5.92
(4)迷信、宗教用品	Religious Appliances		3.82	6.24	5.85
(5)其　他	Others	2.24	14.99	22.91	20.84
B.其他消费服务支出	Other Services	21.26	20.90	39.68	39.56
(1)旅馆住宿费	Hotel Accommodations	0.19	0.87	0.86	0.47
(2)美容美发	Beauty Salons		3.04	5.35	6.17
(3)殡殓费	Funeral Expenses	6.56	3.22	5.22	7.26
(4)生活消费借贷利息	Loan Interest of Household Consumption		0.09	0.23	0.59
(5)其他服务性支出	Other Services	14.51	13.69	28.02	25.06

3—8　期末主要耐用消费品拥有情况

Ownership of Major Durable Consumer Goods at Term-end

类　　别		Category		2000	2005	2008	2009
1.洗衣机	(台/百户)	Washing Machine	(unit/100 households)	18.33	40.90	64.93	71.86
2.电冰箱	(台/百户)	Refrigerator	(unit/100 households)	15.71	28.60	46.67	54.95
3.空调机	(台/百户)	Air Conditioner	(unit/100 households)	1.07	4.02	7.64	12.64
4.抽油烟机	(台/百户)	Lampblack Exhauster	(unit/100 households)	2.40	6.00	10.21	14.88
5.吸尘器	(台/百户)	Vacuam Cleaner	(unit/100 households)	0.19	0.43	0.98	1.36
6.微波炉	(台/百户)	Microwave Oven	(unit/100 households)	0.45	2.21	4.19	8.50
7.热水器	(台/百户)	Water Heater	(unit/100 households)	4.74	15.38	28.50	38.45
其中：太阳能热水器	(台/百户)	Among:Solar Water Heater	(unit/100 households)			22.21	32.36
8.自行车	(辆/百户)	Bicycle	(unit/100 households)	176.93	169.26	172.76	175.21
其中：电动自行车	(台/百户)	Motorbikes	(unit/100 households)			44.00	58.43
9.摩托车	(台/百户)	Motorcycle	(unit/100 households)	37.14	65.21	69.64	70.29
10.汽车(生活用)	(台/百户)	Automobile	(unit/100 households)	0.48	1.07	1.71	3.86
11.固定电话机	(部/百户)	Phone	(unit/100 households)	40.14	85.86	76.95	70.74
12.移动电话	(部/百户)	Cell Phone	(unit/100 households)	4.43	46.02	121.24	141.33
#接入互联网的	(部/百户)	Access to the Internet	(unit/100 households)		1.43	2.67	4.62
13.彩色电视机	(台/百户)	Color TV Set	(unit/100 households)	51.62	90.98	106.62	110.74
#接入有线电视网的	(台/百户)	Access to Cable TV Network	(unit/100 households)		43.10	70.33	75.90
14.黑白电视机	(台/百户)	Black/White TV Set	(unit/100 households)	56.31	19.21	8.02	6.60
#接入有线电视网的	(台/百户)	Access to Cable TV Network	(unit/100 households)		2.26	0.52	0.57
15.摄像机	(台/百户)	Pickup Camera	(unit/100 households)	0.33	0.24	0.55	0.81
16.影碟机	(台/百户)	Video Disc Player	(unit/100 households)	11.19	45.05	61.79	60.83
17.照相机	(架/百户)	Camera	(unit/100 households)	4.40	7.00	8.07	7.76
18.家用计算机	(台/百户)	Computer	(unit/100 households)	0.67	2.29	5.00	10.83
#接入互联网的	(台/百户)	Access to the Internet	(unit/100 households)		0.88	2.98	6.71
19.中高档乐器	(件/百户)	Medium and Top Grade Music Instruments	(piece/100 households)	0.21	0.26	0.60	0.38

3-9 农村居民人均食品消费数量
Per Capita Food Consumption of Rural Households

单位:千克 (kg)

类别	Category	2000	2005	2008	2009
一、粮食消费量	**Grain Consumption**	**237.84**	**195.82**	**195.33**	**181.82**
(一)谷物消费量	Cereal	232.82	190.18	190.76	176.83
#小　麦	Wheat	181.54	154.03	152.43	137.63
稻　谷	Rice	4.23	5.67	7.01	6.75
玉　米	Corn	41.72	23.55	22.36	23.07
(二)薯类消费量	Tubers	2.57	1.23	1.33	1.24
(三)豆类消费量	Beans	3.45	4.41	3.24	3.76
二、油脂类消费量	**Oil Consumption**	**8.58**	**9.68**	**7.91**	**10.32**
1.植物油	Vegetable Oil	7.32	6.94	7.78	10.18
2.动物油	Animal Fat	1.26	2.73	0.13	0.14
三、烟叶消费量	**Tobacco Consumption**	**0.31**	**0.15**	**0.09**	**0.08**
四、豆制品	**Bean Products**	**3.35**	**1.62**	**2.42**	**2.53**
五、蔬菜及菜制品消费量	**Consumption of Vegetable and Products**	**120.33**	**73.92**	**78.98**	**74.32**
六、瓜　类	**Melons**	**12.10**	**3.64**	**10.48**	**12.34**
七、水果类	**Fruits**	**17.04**	**8.66**	**17.92**	**17.65**
八、消费茶叶	**Tea Consumption**	**1.24**	**0.30**	**0.43**	**0.33**
九、坚果消费量	**Nuts Consumption**	**1.39**	**0.34**	**1.28**	**1.46**
十、肉禽及其制品	**Meat,Poultry and Products**	**17.68**	**14.29**	**14.01**	**13.81**
1.猪　肉	Pork	8.39	7.86	6.83	7.28
2.牛　肉	Beef	0.54	0.29	0.22	0.21
3.羊　肉	Mutton	0.40	0.33	0.35	0.33
4.家　禽	Poultry	2.96	2.66	3.15	2.77
5.其他肉禽及制品	Other Meat,Poultry and Products	2.10	3.15	3.46	3.22
十一、蛋类及蛋制品	**Eggs and Products**	**12.66**	**10.44**	**11.42**	**11.09**
十二、奶和奶制品	**Milk and Products**	**0.75**	**5.78**	**6.67**	**6.12**
十三、水产品	**Aquatic Products**	**4.32**	**4.55**	**4.90**	**4.95**
1.鱼　类	Fish	3.35	3.52	3.75	3.63
2.虾、贝、蟹类	Shrimp,Shellfish and Crab	0.50	0.67	0.76	0.91
3.藻　类	Algae	0.12	0.05	0.05	0.06
4.其　他	Others	0.36	0.31	0.34	0.35
十四、食　糖	**Sugar**	**1.38**	**0.57**	**1.03**	**0.98**
十五、酒	**Liquor**	**13.77**	**17.25**	**12.39**	**12.58**
#1.白　酒	White Spirit	6.59	7.45	5.55	5.55
2.啤　酒	Beer	6.67	9.45	6.74	6.93
3.果　酒	Wine	0.13	0.23	0.08	0.07

3-10 农村居民人均粮食收支情况

Per Capita Grain Income and Expenditure of Rural Households

单位:千克 (kg)

类别	Category	2000	2005	2008	2009
一、期内粮食收入合计	**Grain Income in the Term**	**899.29**	**908.19**	**976.57**	**1010.63**
(一)家庭经营生产粮食	Grain of Household Operations	774.82	792.75	848.06	882.97
1.谷　物	Cereal	745.04	779.14	836.04	868.77
#小　麦	Wheat	379.60	376.79	388.11	407.22
水　稻	Rice	11.60	11.07	7.87	6.50
玉　米	Corn	351.03	390.20	439.68	454.27
2.薯　类	Tubers	8.52	7.75	6.61	7.58
3.豆　类	Beans	21.25	5.86	5.41	6.62
(二)购入粮食	Purchase of Grain	123.66	114.96	125.26	120.49
1.谷　物	Cereal	20.74	111.22	122.39	117.06
#小　麦	Wheat	1.49	17.86	22.81	25.36
水　稻	Rice	0.14	4.57	6.40	6.23
玉　米	Corn	5.42	81.93	83.64	75.71
2.薯　类	Tubers	2.40	0.63	0.82	0.76
3.豆　类	Beans	1.03	3.11	2.06	2.66
(三)借入粮食	Loan of Grain		0.01	0.11	0.59
(四)收回借出粮	Grain Repaid	0.35	0.29	2.30	5.60
(五)其他粮食收入	Other Grain Income	0.46	0.19	0.84	0.99
二、期内粮食支出合计	**Grain Expenditure in the Term**	**777.18**	**767.68**	**864.91**	**871.81**
(一)主食用粮	Grain as Staple	237.79	195.82	195.33	181.82
1.谷　物	Cereal	230.77	190.18	190.76	176.83
#小　麦	Wheat	181.51	154.03	152.43	137.63
水　稻	Rice	4.22	5.67	7.01	6.75
玉　米	Corn	41.71	23.55	22.36	23.07
2.薯　类	Tubers	2.55	1.23	1.33	1.24
3.豆　类	Beans	3.45	4.41	3.24	3.76
(二)其他生活用粮	Other Living Grain	1.06		0.00	0.00
(三)出售粮食	Sale of Grain	315.19	424.87	535.71	569.05
1.谷　物	Cereal	296.55	417.92	529.12	559.47
#小　麦	Wheat	153.06	171.56	239.31	229.25
水　稻	Rice	8.88	8.77	6.17	6.24
玉　米	Corn	133.04	237.13	283.43	323.51
2.薯　类	Tubers	5.91	4.03	4.64	5.48
3.豆　类	Beans	12.72	2.92	1.95	4.11
(四)种籽用粮食	Grain as Seeds	19.86	9.88	13.07	12.58
(五)饲料用粮食	Grain as Feed	193.84	134.15	112.62	99.50
(六)借出粮食	Creditor of Grain	0.88	1.96	7.36	7.52
(七)归还借粮	Grain Returned	0.22	0.01		0.96
(八)其他粮食支出	Other Grain Expenditure	8.35	1.00	0.81	0.38
三、期末粮食结存实际调查数	**Balance of Grain Surveyed at Term-end**	**621.84**	**708.93**	**713.82**	**719.16**
(一)谷　物	Cereal		694.72	700.99	703.90
#小　麦	Wheat		323.53	311.60	327.89
水　稻	Rice		18.73	13.95	16.02
玉　米	Corn		351.44	372.40	356.22
(二)薯　类	Tubers		11.09	7.88	9.29
(三)豆　类	Beans		3.12	4.94	5.97

3-11 农村居民人口与就业情况
Population and Employment of Rural Households

类　　别		Category		2000	2005	2008	2009
一、农村住户人口状况		**Population of Rural Households**					
(一)家庭常住人口	(人)	Number of Permanent Residents	(person)	15918	15382	15121	15012
(二)常住人口与户主关系		Relationship between the Permanent Residents and the Head of the Household					
1.户　主	(人)	the Head of the Household	(person)	4200	4200	4200	4200
2.配　偶	(人)	Spouses	(person)	4073	4143	4109	4088
3.子　女	(人)	Children	(person)	6562	6075	5789	5665
4.孙子女	(人)	Grandchildren	(person)	265	358	524	593
5.父　母	(人)	Parents	(person)	707	549	461	435
6.祖父母	(人)	Grandparents	(person)	9	8	8	7
7.兄弟姐妹	(人)	Brothers and Sisters	(person)	50	28	21	14
8.其他亲属	(人)	Other Relatives	(person)	48	21	9	10
9.非亲属	(人)	Unrelated	(person)	4			
(三)家庭常住人口年龄状况		Age of Permanent Residents					
1.6岁及以下	(人)	6 Year-old and Under	(person)	738	667	645	674
2.7-15岁	(人)	Between 7 and 15 Year-old	(person)	2818	1578	1256	1219
3.16-18岁	(人)	Between 16 and 18 Year-old	(person)	1088	1389	752	564
4.19-22岁	(人)	Between 19 and 22 Year-old	(person)	1129	1281	1668	1577
5.23-25岁	(人)	Between 23 and 25 Year-old	(person)	628	794	791	896
6.26-30岁	(人)	Between 26 and 30 Year-old	(person)	1013	762	912	927
7.31-40岁	(人)	Between 31 and 40 Year-old	(person)	2985	2630	2030	1850
8.41-50岁	(人)	Between 41 and 50 Year-old	(person)	3091	3098	3090	3148
9.51-60岁	(人)	Between 51 and 60 Year-old	(person)	1527	2262	2793	2881
10.61岁及以上	(人)	61 Year-old and Above	(person)	901	921	1184	1276
(四)在校学生人数	(人)	Students Enrollment	(person)	3508	2904	2641	2479
#7-15岁以下在校学生人数	(人)	of which:Between 7 and 15 Year-old	(person)	2721	1569	1229	1196
(五)7-15岁非在校学生人数	(人)	Non-school Students Between 7 and 15 Year-old	(person)	97	9	27	23
二、农村住户劳动力素质状况		Labor Force Quality of Rural Households					
(一)整半劳动力数	(人)	Number of Full/Semi Labour Force	(person)	10931	11283	11295	11264
#男劳动力人数	(人)	Number of Male Labour Force	(person)	5504	5723	5809	5836
整劳动力人数	(人)	Number of Full Labour Force	(person)	8063	7703	7167	6905
(二)年龄状况		Age of Labor Force					
3.16-20岁	(人)	Between 16 and 18 Year-old	(person)	1081	1003	551	467
4.21-25岁	(人)	Between 19 and 22 Year-old	(person)	1101	1215	1301	1349
5.26-30岁	(人)	Between 23 and 25 Year-old	(person)	1009	757	902	913
6.31-35岁	(人)	Between 26 and 30 Year-old	(person)	1291	1023	689	643
7.36-40岁	(人)	Between 31 and 40 Year-old	(person)	1688	1601	1332	1201
8.41-45岁	(人)	Between 41 and 50 Year-old	(person)	1408	1607	1762	1640
9.45-50岁	(人)	Between 51 and 60 Year-old	(person)	1666	1482	1320	1496
10.51岁及以上	(人)	61 Year-old and Above	(person)	1687	2595	3438	3555

3−11 续表 continued

类别		Category		2000	2005	2008	2009
(三)文化程度		Education of Labor Force					
1.不识字或识字很少	(人)	Can Not Read or Read Very Little	(person)	586	613	521	511
2.小学程度	(人)	Primary School	(person)	2840	2053	1847	1792
3.初中程度	(人)	Junior High School	(person)	5751	6334	6349	6401
4.高中程度	(人)	Senior High School	(person)	1396	1701	1856	1740
5.中　专	(人)	Secondary School	(person)	286	441	498	515
6.大专及以上	(人)	Junior College and over	(person)	72	141	224	305
三、农村住户劳动力就业情况		**Employment of Rural Labor Force**					
就业劳动力人数	(人)	Number of Employed Labor Force	(person)	10931	11247	11261	11194
#男劳动力人数	(人)	Male Labor Force	(person)	5504	5715	5798	5819
整劳动力人数	(人)	Full Labor Force	(person)	8063	7685	7151	6863
(一)就业地点		Place of Employment					
1.乡　内	(人)	in the Village	(person)	9709	9599	9565	9323
2.县内乡外	(人)	in the County but outside the Village	(person)	753	587	580	723
3.省内县外	(人)	in the Province but outside the County	(person)	323	680	746	799
4.国内省外	(人)	in China but outside the Province	(person)	146	380	364	343
5.国　外	(人)	Abroad	(person)		1	6	6
(二)行业分布		Sector Employment					
1.一产业就业劳动力	(人)	Primary Industry	(person)	8464	6974	6257	6149
(1)农　业	(人)	Farming	(person)	8359	6771	6073	5970
(2)林　业	(人)	Forestry	(person)	17	12	15	21
(3)牧　业	(人)	Animal Husbandry	(person)	52	160	150	136
(4)渔　业	(人)	Fishery	(person)	36	31	19	22
2.非农产业就业劳动力	(人)	Non-agricultural Industries	(person)	2467	4273	5004	5045
A.二产业就业劳动力	(人)	Secondary Industry	(person)	1098	1800	2365	2610
(1)采矿业	(人)	Mining and Quarrying	(person)		82	73	90
(2)制造业	(人)	Manufacturing	(person)	832	1224	1675	1782
(3)电力煤气及水的生产供应业	(人)	Electricity, Gas & Water Production and Supply	(person)		46	47	58
(4)建筑业	(人)	Construction	(person)	266	448	570	680
B.三产业就业劳动力	(人)	Tertiary Industry	(person)	1369	2473	2639	2435
(1)交通运输仓储及邮电通讯业	(人)	Transport,Storage and Post	(person)	174	249	251	296
(2)批发和零售贸易	(人)	Wholesale and Retail Trades	(person)	285	290	339	411
(3)住宿和餐饮业	(人)	Hotels and Catering Services	(person)		156	159	203
(4)居民服务和其他服务业	(人)	Services to Households and Other Services	(person)	266	489	502	585
(5)教　育	(人)	Education	(person)	170	140	126	116
(6)卫生、社会保障和社会福利业	(人)	Health,Social Security and Social Welfare	(person)		104	106	111
(7)文化、体育和娱乐业	(人)	Culture,Sports and Entertainment	(person)		15	17	59
(8)其　他	(人)	Others	(person)	474	1030	1139	654
(三)年内从事各种行业时间	(月)	Time Engaged in Various Sectors in the Year	(month)	109517	106669	108416	107220
1.从事农业的时间	(月)	Engaged in Agriculture	(month)	79348	59975	52741	52241
2.从事非农产业的时间	(月)	Engaged in Non-agriculture	(month)	30169	46694	55675	54980

3-12 农村居民农业生产结构及生产技术应用情况

Agricultural Production Structure and Technology Application of Rural Households

单位：亩/人 (mu/person)

类　　别	Category	2000	2005	2008	2009
一、土地经营情况	**Land Operation**				
(一)期内增加的经营土地面积	Added Land Area Operated in the Term	0.04	0.03	0.05	0.09
#耕　地	Farmland	0.04	0.02	0.05	0.08
(二)期内减少的经营土地面积	Added Land Area Operated in the Term	0.03	0.01	0.07	0.06
#耕　地	Farmland	0.03	0.01	0.06	0.05
(三)期末实际经营的土地面积	Actually Land Area Operated at Term-end	1.54	1.50	1.67	1.71
1.耕　地	Farmland	1.45	1.38	1.51	1.55
#有效灌溉面积	Effective Irrigation Area	0.03	1.14	1.30	1.34
2.山　地	Mountain Land	0.04	0.04	0.05	0.05
3.园　地	Garden Land	0.05	0.07	0.10	0.10
4.牧草地	Grassland	0.00	0.00		
5.养殖水面	Culture Surface	0.00	0.01	0.01	0.01
二、土地种植情况	**Land Cultivation**				
(一)粮食播种面积	Acreage of Grain	2.17	1.96	1.92	1.96
#1.小麦播种面积	Acreage of Wheat	1.08	0.97	0.94	0.96
2.水稻播种面积	Acreage of Rice	0.02	0.02	0.01	0.01
3.玉米播种面积	Acreage of Corn	0.91	0.91	0.92	0.93
4.豆类播种面积	Acreage of Beans	0.14	0.03	0.03	0.04
5.薯类播种面积	Acreage of Tubers	0.02	0.03	0.02	0.02
(二)经济作物播种面积	Acreage of Economic Crops	0.96	0.67	0.69	0.70
#1.棉花播种面积	Acreage of Cotton	0.14	0.30	0.36	0.33
2.油料播种面积	Acreage of Oil	0.27	0.14	0.14	0.13
3.蔬菜播种面积	Acreage of Vegetables	0.49	0.20	0.16	0.20
4.瓜类播种面积	Acreage of Melons	0.05	0.03	0.02	0.03
三、农业生产技术应用情况	**Agricultural Technology Application**				
(一)机耕面积	Mechanical Cultivation Area	1.25	1.31	1.40	1.46
(二)抛秧面积	Throwing Seedling Area	0.01	0.01	0.02	0.01
(三)机播面积	Mechanical Seeding Area	0.89	1.24	1.34	1.51
(四)机收面积	Mechanical Harvesting Area	0.88	0.89	0.95	1.06
(五)机电灌溉面积	Mechanical Irrigation Area	1.14	1.06	1.12	1.18
(六)薄膜覆盖面积	Films Coverage Area	0.23	0.36	0.41	0.41
(七)温室面积	Greenhouse Area	0.01	0.02	0.02	0.03

3-13 农村居民生产经营情况

Production Operations of Rural Households

类别		Category		2000	2005	2008	2009
一、农　业		**Farming**					
(一)谷物产量	(公斤/人)	Cereal Output	(kg/person)	745.04	779.14	836.04	868.77
#1.小麦产量	(公斤/人)	Ordinary Wheat	(kg/person)	379.60	376.79	388.11	407.22
2.玉米产量	(公斤/人)	Ordinary Corn	(kg/person)	351.03	390.20	439.68	454.27
(二)薯类产量	(公斤/人)	Tubers Output	(kg/person)	8.52	7.75	6.61	7.58
(三)豆类产量	(公斤/人)	Beans Output	(kg/person)	21.25	5.86	5.41	6.62
(四)棉花产量	(公斤/人)	Cotton Output	(kg/person)	33.58	58.56	68.55	64.70
(五)油料产量	(公斤/人)	Oil Output	(kg/person)	64.94	42.04	44.40	42.21
(六)蔬菜产量	(公斤/人)	Vegetable Output	(kg/person)	521.97	394.43	404.58	410.75
(七)瓜果类产量	(公斤/人)	Melon Output	(kg/person)	102.78	65.13	63.58	81.94
(八)园林水果产量	(公斤/人)	Fruit Output	(kg/person)	129.95	86.13	109.52	97.73
#苹果产量	(公斤/人)	Apple	(kg/person)	94.37	44.69	45.93	41.92
梨产量	(公斤/人)	Pear	(kg/person)	1.32	5.52	7.29	5.06
桃产量	(公斤/人)	Peach	(kg/person)	18.83	15.20	17.75	17.18
枣产量	(公斤/人)	Jujube	(kg/person)	1.00	6.11	20.77	22.07
二、林　业		**Forestry**					
板栗产量	(公斤/人)	of which:Chestnut Output	(kg/person)	1.47	0.24	0.13	0.24
核桃产量	(公斤/人)	Walnut Output	(kg/person)	0.20	0.05	0.12	0.15
花椒产量	(公斤/人)	Output of Chinese Prickly Ash	(kg/person)		0.09	0.13	0.10
木　材	(立米/人)	Wood	(cu.m/person)	0.07	0.08	0.15	0.13
树　苗	(株/人)	Sapling	(stem/person)		8.16	11.59	20.55
三、牧　业		**Animal Husbandry**					
(一)畜禽肉产量(出售、自宰)	(公斤/人)	Output of Livestock and Poultry	(kg/person)	63.77	68.16	74.44	76.00
1.畜肉产量	(公斤/人)	Output of Livestock Meat	(kg/person)	49.61	39.92	30.94	36.50
#(1)肉猪头数	(头/人)	Pig	(head/person)	0.38	0.39	0.32	0.41
肉猪肉产量	(公斤/人)	Pork	(kg/person)	38.46	32.65	26.78	32.74
(2)菜羊只数	(只/人)	Sheep	(head/person)	0.12	0.11	0.05	0.06
菜羊肉产量	(公斤/人)	Mutton	(kg/person)	2.48	1.77	0.91	1.09
(3)肉牛头数	(头/人)	Cattle	(head/person)	0.04	0.03	0.01	0.01
肉牛肉产量	(公斤/人)	Beef	(kg/person)	6.61	5.42	3.15	2.62
2.家禽肉产量	(公斤/人)	Output of Poultry Meat	(kg/person)	14.15	28.24	43.50	39.50
#(1)鸡只数	(只/人)	Chicken	(head/person)	6.61	7.28	7.85	7.28
鸡的肉产量	(公斤/人)	Chicken Meat	(kg/person)	12.84	13.46	16.42	15.55
(2)鸭只数	(只/人)	Ducks	(head/person)	0.15	4.38	9.69	9.08
鸭的肉产量	(公斤/人)	Ducks Meat	(kg/person)	0.39	14.56	23.11	22.70
(3)鹅只数	(只/人)	Geese	(head/person)		0.02	0.00	0.00
鹅的肉产量	(公斤/人)	Geese Meat	(kg/person)		0.08	0.00	0.00
(二)蛋类产量	(公斤/人)	Eggs Output	(kg/person)	16.27	21.54	24.49	27.32
1.鸡蛋产量	(公斤/人)	Chicken Eggs	(kg/person)	14.52	21.19	23.83	26.51
2.鸭蛋产量	(公斤/人)	Duck Eggs	(kg/person)	0.38	0.35	0.05	0.12
(三)毛、绒产量	(公斤/人)	Feather and Cashmere Output	(kg/person)	0.06	0.01	0.02	0.01
(四)奶类产量	(公斤/人)	Milk Outout	(kg/person)	5.21	4.20	5.26	3.72
四、渔　业		**Fishery**					
#海水鱼类产量	(公斤/人)	Seawatoer Fish Output	(kg/person)	0.23	0.43	1.38	0.86
淡水鱼类产量	(公斤/人)	Fresh Water Fish Output	(kg/person)	0.49	0.05	1.16	0.03

3–14 农村居民出售产品情况
Product Sales of Rural Households

类　　别		Category		2000	2005	2008	2009
一、农　业	**(元/人)**	**Farming**	**(yuan/person)**	**910.13**	**1620.41**	**2164.16**	**2533.21**
(一)谷物数量	(千克/人)	Cereal Amount	(kg/person)	296.55	417.92	529.12	559.47
金　额	(元/人)	Sum	(yuan/person)	273.33	530.35	849.05	921.00
#1.出售小麦数量	(千克/人)	Amount of Wheat	(kg/person)	153.06	171.56	239.31	229.25
出售小麦金额	(元/人)	Sum of Wheat	(yuan/person)	146.25	241.63	389.42	418.96
2.出售玉米数量	(千克/人)	Amount of Corn	(kg/person)	133.05	237.13	283.43	323.51
出售玉米金额	(元/人)	Sum of Corn	(yuan/person)	111.23	273.32	447.89	489.54
(二)出售薯类数量	(千克/人)	Amount of Tubers	(kg/person)	5.91	4.03	4.64	5.48
出售薯类金额	(元/人)	Sum of Tubers	(yuan/person)	6.57	11.35	13.57	16.19
(三)出售豆类数量	(千克/人)	Amount of Beans	(kg/person)	12.72	2.92	1.95	4.11
出售豆类金额	(元/人)	Sum of Beans	(yuan/person)	34.03	7.27	6.75	13.96
(四)出售棉花数量	(千克/人)	Amount of Cotton	(kg/person)	22.36	58.05	43.31	64.41
出售棉花金额	(元/人)	Sum of Cotton	(yuan/person)	77.75	284.52	254.62	365.26
(五)出售油料数量	(千克/人)	Amount of Oil	(kg/person)	24.40	25.07	17.33	27.79
出售油料金额	(元/人)	Sum of Oil	(yuan/person)	64.05	84.02	82.88	113.30
(六)出售蔬菜数量	(千克/人)	Amount of Vegetables	(kg/person)	306.16	338.87	363.68	382.08
出售蔬菜金额	(元/人)	Sum of Vegetables	(yuan/person)	277.47	430.52	570.24	691.47
(七)出售瓜类数量	(千克/人)	Amount of Melons	(kg/person)	77.21	62.26	61.45	79.38
出售瓜类金额	(元/人)	Sum of Melons	(yuan/person)	53.26	67.30	83.98	105.25
(八)出售园林水果数量	(千克/人)	Amount of Fruits	(kg/person)	89.57	79.69	103.49	98.96
出售园林水果金额	(元/人)	Sum of Fruits	(yuan/person)	85.96	155.68	253.18	251.01
#1.出售苹果数量	(千克/人)	Amount of Apples	(kg/person)	61.97	40.58	42.73	43.02
出售苹果金额	(元/人)	Sum of Apples	(yuan/person)	54.30	63.76	85.43	104.54
2.出售梨数量	(千克/人)	Amount of Pears	(kg/person)	1.17	4.45	6.19	5.70
出售梨金额	(元/人)	Sum of Pears	(yuan/person)	1.02	6.34	7.55	11.97
3.出售桃数量	(千克/人)	Amount of Peaches	(kg/person)	16.26	14.49	16.97	17.32
出售桃金额	(元/人)	Sum of Peaches	(yuan/person)	16.73	23.24	31.98	38.63
4.出售杏数量	(千克/人)	Amount of Apricots	(kg/person)	0.76	1.58	2.18	1.30
出售杏金额	(元/人)	Sum of Apricots	(yuan/person)	0.79	2.81	5.37	4.62
5.出售枣数量	(千克/人)	Amount of Jujubes	(kg/person)	0.27	5.91	20.80	21.84
出售枣金额	(元/人)	Sum of Jujubes	(yuan/person)	0.67	24.85	70.78	46.15
二、林　业	**(元/人)**	**Forestry**	**(yuan/person)**	**45.05**	**57.94**	**90.78**	**89.64**
#1.出售采集林产品金额	(元/人)	Sum of Forestry Products	(yuan/person)	12.43	3.24	5.47	6.71
2.出售竹木金额	(元/人)	Sum of Bamboo	(yuan/person)	17.67	40.66	62.80	67.38
3.出售育种、育苗金额	(元/人)	Sum of Breeding Nursery	(yuan/person)		12.07	18.51	13.78
三、牧　业	**(元/人)**	**Animal Husbandry**	**(yuan/person)**	**490.32**	**855.23**	**1176.78**	**1118.62**
#1.出售肉猪及猪肉总重量	(千克/人)	Amount of Pigs and Meat	(kg/person)	36.85	32.56	26.40	32.76
出售肉猪及猪肉总金额	(元/人)	Sum of Pigs and Meat	(yuan/person)	213.84	339.54	483.34	473.90
2.出售菜羊及羊肉总重量	(千克/人)	Amount of Sheep and Mutton	(kg/person)	2.15	1.79	0.92	1.09
出售菜羊及羊肉总金额	(元/人)	Sum of Sheep and Mutton	(yuan/person)	15.62	22.29	19.10	21.72
3.出售家禽总重量	(千克/人)	Amount of Livestock	(kg/person)	13.04	28.20	39.42	39.38
出售家禽总金额	(元/人)	Sum of Livestock	(yuan/person)	71.58	182.69	315.75	299.38
4.出售蛋类的数量	(千克/人)	Amount of Eggs	(kg/person)	12.55	20.70	23.66	26.26
出售蛋类的金额	(元/人)	Sum of Eggs	(yuan/person)	46.76	107.95	144.33	161.56
四、渔　业	**(元/人)**	**Fishery**	**(yuan/person)**	**10.48**	**36.12**	**29.16**	**35.56**
#1.出售海水产品金额	(元/人)	Sum of Seawater Products	(yuan/person)	8.96	22.35	21.73	33.95
2.出售淡水产品金额	(元/人)	Sum of Fresh Water Products	(yuan/person)	1.52	0.41	7.21	1.47

3-15 1978-2009年山东农村居民纯收入及增长情况

Net Income of Rural Residents and Growth in Shandong from 1978 to 2009

年 份 Year	纯收入 (元/人) Net Income (yuan/person)	比上年名义 增 长(%) Nominal Growth over the Previous Year(%)	扣除价格因素 影响实际比 上年增长(%) Actual Growth over the Previous Year Allowing for Price Fluctuations Affect(%)	基尼系数 Gini Coefficient
1978	114.6			
1979	159.8	39.4	38.5	
1980	210.2	31.5	29.8	0.2011
1981	251.6	19.7	18.7	0.2098
1982	300.0	19.2	18.3	0.2018
1983	360.6	20.2	21.0	0.2181
1984	395.0	9.5	8.6	0.1972
1985	408.1	3.3	-1.8	0.2356
1986	449.3	10.1	7.2	0.2437
1987	517.7	15.2	10.9	0.2430
1988	583.7	12.7	1.1	0.2665
1989	630.6	8.0	-2.0	0.2627
1990	680.2	7.9	2.3	0.2720
1991	764.0	12.3	9.4	0.2530
1992	802.9	5.1	1.4	0.2989
1993	952.7	18.7	6.1	0.2849
1994	1319.7	38.5	8.7	0.2628
1995	1715.1	30.0	6.6	0.2750
1996	2086.3	21.6	11.5	0.2600
1997	2292.1	9.9	7.3	0.2607
1998	2452.8	7.0	8.2	0.2889
1999	2549.6	3.9	5.9	0.2863
2000	2659.2	4.3	7.1	0.3067
2001	2804.5	5.5	5.2	0.3188
2002	2954.0	5.3	5.7	0.3177
2003	3150.5	6.7	5.5	0.3330
2004	3507.4	11.3	6.4	0.3230
2005	3930.5	12.1	9.4	0.3274
2006	4368.3	11.1	10.0	0.3283
2007	4985.3	14.1	8.4	0.3309
2008	5641.4	13.2	6.6	0.3527
2009	6118.8	8.5	8.4	0.3393

3-16 主要年份各省(市、区)农民人均纯收入

Major Years' Rural Households Net Income of Various Provinces(Cities, Areaes)

单位：元 (yuan)

地　区	Area	1980年	1990年	2000年	2005年	2007年	2008年	2009年
全　国	**The Whole Contry**	**191.3**	**686.3**	**2253.4**	**3254.9**	**4140.4**	**4760.6**	**5153.2**
北　京	Beijing	290.5	1297.1	4604.5	7346.3	9439.6	10661.9	11668.6
天　津	Tianjin	277.9	1069.0	3622.4	5579.9	7010.1	7910.8	8687.6
河　北	Hebei	175.8	621.7	2478.9	3481.6	4293.4	4795.5	5149.7
山　西	Shanxi	155.8	603.5	1905.6	2890.7	3665.7	4097.2	4244.1
内　蒙	Inner Mongolia	181.3	607.2	2038.2	2988.9	3953.1	4656.2	4937.8
辽　宁	Liaoning	273.0	836.2	2355.6	3690.2	4773.4	5576.5	5958.0
吉　林	Jilin	236.3	803.5	2022.5	3264.0	4191.3	4932.7	5265.9
黑龙江	Heilongjiang	205.4	759.9	2148.2	3221.3	4132.3	4855.6	5206.8
上　海	Shanghai	397.4	1907.3	5596.4	8247.8	10144.6	11440.3	12482.9
江　苏	Jiangsu	217.9	959.1	3595.1	5276.3	6561.0	7356.5	8003.5
浙　江	Zhejiang	219.2	1099.0	4253.7	6660.0	8265.2	9257.9	10007.3
安　徽	Anhui	184.8	539.2	1934.6	2641.0	3556.3	4202.5	4504.3
福　建	Fujian	171.7	764.4	3230.5	4450.4	5467.1	6196.1	6680.2
江　西	Jiangxi	180.9	669.9	2135.3	3128.9	4044.7	4697.2	5075.0
山　东	Shandong	194.3	680.2	2659.2	3930.6	4985.3	5641.4	6118.8
河　南	Henan	160.8	527.0	1985.8	2870.6	3851.6	4454.2	4807.0
湖　北	Hubei	169.9	670.8	2268.6	3099.2	3997.5	4656.4	5035.3
湖　南	Hunan	219.7	664.2	2197.2	3117.7	3904.2	4512.5	4909.0
广　东	Guangdong	274.4	1043.0	3654.5	4690.5	5624.0	6399.8	6906.9
广　西	Guangxi	173.7	639.5	1864.5	2494.7	3224.1	3690.3	3980.4
海　南	Hainan		696.2	2182.3	3004.0	3791.4	4390.0	4744.4
重　庆	Chongqing			1892.4	2809.3	3509.3	4126.2	4478.4
四　川	Sichuan	187.9	557.8	1903.6	2802.8	3546.7	4121.2	4462.1
贵　州	Guizhou	161.5	435.1	1374.2	1877.0	2374.0	2796.9	3005.4
云　南	Yunnan	150.1	540.9	1478.6	2041.8	2634.1	3102.6	3369.3
西　藏	Xizang		649.7	1330.8	2077.9	2788.2	3175.8	3531.7
陕　西	Shaanxi	142.5	530.8	1443.9	2052.6	2644.7	3136.5	3437.6
甘　肃	Gansu	153.3	431.0	1428.7	1979.9	2328.9	2723.8	2980.1
青　海	Qinghai		559.8	1490.5	2151.5	2683.8	3061.2	3346.2
宁　夏	Ningxia	178.1	578.1	1724.3	2508.9	3180.8	3681.4	4048.3
新　疆	Xinjiang	198.0	683.5	1618.1	2482.2	3183.0	3502.9	3883.1

主要指标解释

农村住户　指农村常住户。农村常住户指长期(一年以上)居住在乡镇(不包括城关镇)行政管理区域内的住户，以及长期居住在城关镇所辖行政村范围内的农村住户。户口不在本地而在本地居住一年及以上的住户也包括在本地农村常住户范围内；有本地户口，但举家外出谋生一年以上的住户，无论是否保留承包耕地都不包括在本地农村住户范围内。

常住人口　指全年经常在家或在家居住6个月以上，而且经济和生活与本户连成一体的人口。外出从业人员在外居住时间虽然在6个月以上，但收入主要带回家中，经济与本户连为一体，仍视为家庭常住人口；在家居住，生活和本户连成一体的国家职工、退休人员也为家庭常住人口。但是现役军人、中专及以上(走读生除外)的在校学生、以及常年在外(不包括探亲、看病等)且已有稳定的职业与居住场所的外出从业人员，不算家庭常住人口。家庭常住人口主要作为计算农村住户平均每人收入、消费和积累水平及分析家庭人口状况的依据。

整、半劳动力　整劳动力指男子18周岁到50周岁，女子18周岁到45周岁；半劳动力指男子16周岁到17周岁，51周岁到60周岁；女子16周岁到17周岁，46周岁到55周岁，同时具有劳动能力的人。虽然在劳动年龄之内，但已丧失劳动能力的人，不应算为劳动力；超过劳动年龄，但能经常参加劳动，计入半劳动力数内。常住人口中的职工，若这些职工为劳动力，就包括在本户的整半劳动力中。

总收入　指调查期内农村住户和住户成员从各种来源渠道得到的收入总和。按收入的性质划分为工资性收入、家庭经营收入、财产性收入和转移性收入。

工资性收入　指农村住户成员受雇于单位或个人，靠出卖劳动而获得的收入。

家庭经营收入　指农村住户以家庭为生产经营单位进行生产筹划和管理而获得的收入。农村住户家庭经营活动按行业划分为农业、林业、牧业、渔业、工业、建筑业、交通运输业邮电业、批发和零售贸易餐饮业、社会服务业、文教卫生业和其他家庭经营。

财产性收入　指金融资产或有形非生产性资产的所有者向其他机构单位提供资金或将有形非生产性资产供其支配，作为回报而从中获得的收入。

转移性收入　指农村住户和住户成员无须付出任何对应物而获得的货物、服务、资金或资产所有权等，不包括无偿提供的用于固定资本形成的资金。一般情况下，是指农村住户在二次分配中的所有收入。

现金收入　指农村住户和住户成员在调查期内得到以现金形态表现的收入。按来源分成工资性收入、家庭经营现金收入、财产性收入、转移性收入。

纯收入　指农村住户当年从各个来源得到的总收入相应地扣除所发生的费用后的收入总和。计算方法：

纯收入=总收入-税费支出-家庭经营费用支出-生产性固定资产折旧-赠送农村亲友支出

纯收入主要用于再生产投入和当年生活消费支出，也可用于储蓄和各种非义务性支出。“农民人均纯收入”按人口平均的纯收入水平，反映的是一个地区或一个农户农村居民的平均收入水平。

总支出　指农村住户用于生产、生活和再分配的全部支出。家庭经营费用支出、购置生产性固定资产支出、生产性固定资产折旧、税费支出、生活消费支出、财产性支出和转移性支出。

Explanatory Notes on Main Indicators

Rural Households refer to usual resident households in rural areas. Usual resident households in rural areas are households residing on a long term basis(for more than one year) in the areas under the administration of township governments (not including county towns), and in the areas under the administration of villages in county towns. Households residing in the current addresses for over one year with their household registration in other places are still considered as resident households of the locality. For households with their household registration in one place but all members of the households having moved away to make a living in another place for over one year, they will not be included in the rural households of the area where they are registered, irrespective of whether they still keep their contracted land.

Usual Resident Population refers to persons staying at home regularly or for over 6 months during a year and integrated with the household economically and in terms of living.. Members of the household staying away from the household for over 6 months but keeping a close economic relation with the household by sending the majority of income to the household are regarded as usual resident of the household. Government staff and workers or retirees living as close members of the household are also considered as usual resident. However, servicemen, students of secondary technical schools or schools of higher education and persons with stable jobs and residence outside the household (excluding those visiting relatives or seeking medical service) are not included as resident population of the household. Resident population is used in calculating income, consumption, accumulation on per capita basis of rural households and in analyzing composition of rural households.

Full/Semi Labour Force Full labour force refers to persons capable of work, aged 18-50 for males and 18-45 for females. Semi labour force refers to persons capable of work, aged 16-17 and 51-60 for males and 16-17 and 46-55 for females. Persons at their working ages but not capable of work are not to be included as labour force. Persons not at working ages but participating regularly in work are included in semi labour force. For staff and workers who are usual residents, are included as full or semi labour force of the household if they are in the labour force.

Total Income refers to the sum of income earned from various sources by the rural households and their members during the reference period, and is classified as income from wages and salaries, income from household operations, income from properties and income from transfers.

Income from Wages and Salaries refers to income from labour earned by the members of rural households employed by other units or individuals.

Income from Household Operations refers to income by the rural households as units of production and operation. Operations by rural households are classified according to their economic activities namely agriculture, forestry, animal husbandry, fishery, manufacturing, construction, transportation, post and telecommunications, wholesale, retail and catering, social service, culture, education, health, and other household operations.

Income from Properties refers to the income received as returns by owners of financial assets or tangible non-productive assets by providing capitals or tangible non-productive assets to other institutional units.

Income from Transfers refers to the receipt by rural households and their members of goods, services, capital or rights of assets without giving or repaying accordingly, excluding capital provided to them for the formation of fixed assets. In general, it refers to all income received by rural households through redistribution.

Cash Income refers to income received by rural households and their members in the form of cash during the reference period. It is classified, by source of income, into income from wages and salaries, cash income from household operations, income from properties and income from transfers.

Net Income refers to the total income of rural households from all sources minus all corresponding expenses. The formula for calculation is as follows:

Net income = total income - taxes and fees paid - household operation expenses - taxes and fees depreciation of fixed assets for production - gifts to non-rural relatives

Net income is mainly used as input for reinvestment in production and as consumption expenditure of the year, and also used for savings and non-compulsory expenses of various forms. "Per capita net income of farmers" is the level of net income averaged by population, reflecting the average income level of rural households in a given area.

Total Expenditure refers to total expenses of rural households on production, consumption and redistribution, including expenditure on household operations,; purchase of productive fixed assets; depreciation of productive fixed assets; taxes and fees; expenses on household consumption; expenses on properties; and expenses on transfers.

生产价格调查资料

Investigation Material of Production Prices

编辑单位：生产投资价格处
编　　委：刘　敏
责任编辑：张燕丽　洪延江　景　虹
　　　　　赵　冲
校　　对：张燕丽　洪延江　景　虹
　　　　　赵　冲
电　　话：86197901

Editorial Unit: the Production Investment Price Office
Editorial Board: Liu Min
Executive Editor-in-Chief: Zhang Yanli Hong Yanjiang
Jing Hong　Zhao Chong
Proofreader: Zhang Yanli Hong Yanjiang Jing Hong
Zhao Chong
Telephone: 86197901

简要说明

一、本价格指数资料，反映生产和投资环节的价格变动趋势和变动幅度。主要包括工业品出厂价格指数、原材料购进价格指数、固定资产投资价格指数、房地产价格指数和农产品生产价格指数。

二、价格指数统计由国家统计局城市司组织实施。山东工业产品出厂价格及原材料购进价格指数资料，由国家统计局各市级调查队和省属城调队依据国家统计局统一制定的工业品价格统计调查制度向工业调查企业采集原始数据上报国家统计局山东调查总队后汇总而成；固定资产投资价格，由国家统计局各市级调查队和省属城调队依据国家统计局统一制定的固定资产投资价格统计调查制度向施工单位和建设单位采集原始数据上报国家统计局山东调查总队后汇总而成；房地产价格调查由国家统计局各市级调查队和省属城调队依据国家统计局统一制定的房地产价格统计调查制度向房地产调查企业采集原始数据上报国家统计局山东调查总队后汇总而成。

三、工业产品出厂价格及原材料购进价格指数资料，采用重点调查与典型调查相结合的方法统计，重点调查将全部国有企业和年销售收入 500 万元以上的非国有企业列为调查对象，采用主观选择的方法选择调查企业；典型调查是把年销售收入 500 万元以下的非国有企业作为抽样对象，采用随机抽样的调查方法。固定资产投资价格指数资料，采用重点调查与典型调查相结合的方法，调查范围包括抽中的各种经济类型的工业、建筑业企业及建设单位。房地产价格指数资料，采用重点调查与典型调查相结合的方法，调查方式采用报表与走访相结合的方式。

四、农产品生产价格调查的目的是，客观反映农产品生产价格水平和结构变动情况，满足农业和国民经济核算需要，为各级政府制定农业保护与农产品流通政策提供决策依据。

Brief Introduction

Ⅰ. This price index material reflects the price change tendency and scope of the link about produces and invests. Mainly includes ex-factory price indices of industrial products, indices of purchasing prices of raw materials, price index of investment in fixed assets, price indices for real estate.

Ⅱ. The price index statistics is organized to implement by NBS City Municipal Corporation. The materials of ex-factory price indices of industrial products and indices of purchasing prices of raw materials in Shandong are compiled by NBS Survey Office in Shandong after NBS various city level investigation team and Shandong province subordinate city level investigation team gather the primary data from industrial investigation enterprise to report based on NBS industrial product price statistics investigation system; The materials of price index of investment in fixed assets is compiled by NBS Survey Office in Shandong after NBS various city level investigation team and Shandong province subordinate city level investigation team gather the primary data from unit in charge of construction and reconstruction unit to report based on NBS fixed assets price statistics investigation system; The materials of price indices for real estate is compiled by NBS Survey Office in Shandong after NBS various city level investigation team and Shandong province subordinate city level investigation team gather the primary data from investigation enterprise of real estate to report based on NBS real estate price statistics investigation system.

Ⅲ. The materials of ex-factory price indices of industrial products and indices of purchasing prices of raw materials use the unified statistics method of key investigation and typical survey, the key investigation list completely the state-owned enterprises and the non-state-owned enterprises of year sale above 5,000,000 Yuan as the investigation objects, use the subjective choice method choice investigation enterprises; The typical survey take the non-state-owned enterprises of year sale below 5,000,000 Yuan as the sampling objects, use the investigation method of the random sampling. The materials of price index of investment in fixed assets uses use the unified statistics method of key investigation and typical survey, the field of investigation includes each kind of economic type industry, the architecture industry enterprise and the construction unitthat were pulled out. The materials of price indices for real estate uses use the unified statistics method of key investigation and typical survey, the investigation way uses to unify report form with visiting.

Ⅳ. The survey objective of agricultural production price is that reflecting objectively agricultural production price changes in the level and structure, meeting the needs of agriculture and the national accounts , providing the policy basis for making decision of agricultural protection and development of the circulation of agricultural products for all levels of governments.

4－1 1989－2009年工业品出厂价格指数

Ex-factory Price Indices of Industrial Products from 1989 to 2009

(上年=100) (Preceding Year=100)

类 别	Classification	1989	1990	1991	1992	1993	1994	1995	1996	1997	1998
全部工业品	**general index**	**123.8**	**104.7**	**103.0**	**109.7**	**123.0**	**124.2**	**117.0**	**104.1**	**101.2**	**96.0**
轻工业	Hight Industry	121.6	106.5	101.2	103.6	111.0	127.0	117.7	101.7	99.7	96.1
以农产品为原料	Using Agricultural Products As Raw Materials	123.7	108.7	102.4	104.5	111.8	131.2	119.5	102.1	99.5	96.3
以非农产品为原料	Using Non-agricultural Products as Raw Materials	117.3	101.8	98.5	100.4	108.6	112.9	111.9	100.3	100.2	95.6
重工业	Heavy Industry	125.4	103.2	104.3	116.1	135.2	121.5	116.4	106.4	102.6	95.9
采 掘	Mining Quarrying	132.9	102.4	121.3	132 6	135.2	149.5	128.2	109.5	107.7	98.1
原 料	Raw Materials	120.7	106.5	105.3	117.2	141.7	118.9	112.6	107.4	105.8	95.2
加 工	Manufacturing	127.7	100.4	101.4	106.9	126.0	109.1	115.2	103.3	96.9	95.6
生产资料	Means of Production	125.3	104.9	104.2	115.0	133.0	121.3	117.9	106.2	101.6	96.0
采 掘	Mining Quarrying	132.9	102.4	121.3	132.6	136.2	149.5	128.2	109.5	107.7	98.1
原 料	Raw Materials	121.2	105.7	105.1	114.8	137.1	118.6	115.1	106.9	103.1	95.3
加 工	Manufacturing	127.1	100.1	101.3	107.5	125.2	110.1	116.7	103.3	97.1	96.0
生活资料	Consumer Goods	121.5	107.8	101.1	103.5	111.4	127.9	116.0	101.5	100.7	96.0
食 品	Food	116.8	106.5	102.4	107.6	115.7	122.7	118.4	102.3	100.8	97.5
衣 着	Clothing	128.5	113.1	101.7	101.6	107.9	138.7	117.6	100.1	101.0	94.1
一般日用品	Articles for Daily Use	118.5	102.4	101.2	101.3	111.1	119.5	110.2	102.7	101.3	96.6
耐用消费品	Durable Consumer Goods	112.3	100.3	96.4	102.0	109.9	103.6	110.1	103.2	98.2	93.6
按工业部门分	**classify by industrid department**										
冶金工业	Metallurgical Industry	126.1	113.3	108.4	115.2	158.2	99.6	106.2	100.5	97.6	94.3
电力工业	Power Industry	129.9	112.0	101.5	111.9	119.5	124.9	105.9	118.9	115.9	109.7
煤炭及炼焦工业	Coal Industry and Coking Industry	127.2	91.0	119.0	126.7	131.5	110.5	121.5	117.1	106.2	96.6
石油工业	Petroleum Industry	116.8	99.2	103.4	132.9	159.9	158.6	126.4	104.0	112.5	95.8
化学工业	Chemical Industry	116.4	97.4	100.9	105.4	108.4	111.8	124.7	102.7	95.9	92.2
机械工业	Machine Building Industry	127.8	103.4	100.3	106.8	126.4	107.2	106.2	101.5	98.7	96.1
建筑材料工业	Building Materials Industry	126.2	100.6	104.1	105.8	122.6	108.0	112.9	103.9	100.6	99.0
森林工业	Timber Industry	120.1	92.5	96.5	100.3	112.9	111.7	109.3	105.8	108.9	105.7
食品工业	Food Industry	117.0	104.7	101.8	107.6	115.7	122.7	118.4	102.3	100.8	97.4
纺织工业	Textile Industry	127.5	107.3	101.3	99.5	102.9	142.6	116.9	98.9	99.5	93.2
缝纫工业	Tailoring Industry	128.3	137.0	107.8	120.4	114.5	120.7	127.7	110.5	99.2	100.6
皮革工业	Leather Industry	121.6	102.2	109.6	104.4	115.3	115.0	124.4	104.6	99.8	96.4
造纸工业	Paper Industry	122.0	98.4	100.3	99.8	105.3	110.6	132.4	113.4	94.2	93.6
文教艺术用品工业	Cultual,Educational Handicrafts Articles	102.1	107.3	109.5	106.0	117.7	113.6	101.6	101.3	96.9	88.7
其它工业	Other Industry	128.5	113.0	103.4	114.8	132.9	132.0	136.2	106.1	97.0	101.6

4-1 续表 continued

(上年=100) (Preceding Year=100)

类　　别	Classification	1999	2000	2001	2002	2003	2004	2005	2006	2007	2008	2009
全部工业品	**general index**	**97.2**	**105.9**	**99.1**	**98.8**	**103.5**	**106.4**	**103.7**	**102.3**	**103.3**	**108.6**	**94.1**
轻工业	Hight Industry	95.3	99.7	99.3	97.5	101.2	103.3	100.8	101.1	103.2	104.8	97.5
以农产品为原料	Using Agricultural Products as Raw Materials	95.2	100.2	100.1	97.7	103.2	105.1	100.3	101.4	105.6	105.9	97.1
以非农产品为原料	Using Non-agricultural Products as Raw Materials	95.8	97.8	97.4	97.1	99.2	101.5	101.3	100.7	100.4	103.5	97.9
重工业	Heavy Industry	98.8	110.9	99.0	99.7	106.5	110.5	107.3	103.7	103.4	112.4	90.9
采　掘	Mining Quarrying	98.1	139.3	96.8	111.7	111.2	121.3	120.8	109.0	102.0	128.6	79.4
原　料	Raw Materials	100.3	111.3	100.7	97.7	109.1	110.0	107.5	104.9	104.7	111.2	89.7
加　工	Manufacturing	97.3	98.0	98.2	97.8	102.6	107.1	102.3	100.9	102.9	107.8	94.8
生产资料	Means of Production	98.1	109.5	99.1	98.8	104.6	108.0	105.1	103.1	102.9	110.0	93.0
采　掘	Mining Quarrying	98.1	139.2	96.9	111.9	110.6	121.5	120.4	107.8	102.5	129.3	80.0
原　料	Raw Materials	98.6	109.4	100.5	96.8	108.7	108.8	107.0	105.1	104.5	109.7	90.1
加　工	Manufacturing	97.2	99.1	98.6	97.1	101.9	105.4	101.8	101.4	102.3	106.3	96.1
生活资料	Consumer Goods	95.7	98.8	99.3	98.5	100.9	102.7	100.1	100.4	104.7	105.0	97.4
食　品	Food	96.9	97.5	100.6	99.4	103.4	105.6	100.0	101.0	109.9	108.5	96.6
衣　着	Clothing	93.8	102.4	101.4	98.4	99.4	102.1	101.2	101.6	101.3	102.1	99.9
一般日用品	Articles for Daily Use	96.7	98.6	98.4	98.5	99.9	101.0	102.3	100.3	99.8	104.2	98.5
耐用消费品	Durable Consumer Goods	92.1	94.3	96.1	96.7	96.1	97.0	97.7	98.2	97.9	98.7	96.6
按工业部门分	**Classify by Industrid Department**											
冶金工业	Metallurgical Industry	95.2	111.1	99.7	97.5	113.0	117.6	102.6	101.1	108.3	114.6	86.2
电力工业	Power Industry	102.9	100.4	100.7	100.2	100.2	100.6	103.3	102.4	101.1	102.2	104.5
煤炭及炼焦工业	Coal Industry and Coking Industry	96.8	97.3	115.0	115.2	102.1	124.8	111.0	97.6	106.4	128.2	89.2
石油工业	Petroleum Industry	105.2	161.4	92.5	102.2	120.1	116.3	127.2	118.6	100.2	123.3	78.4
化学工业	Chemical Industry	97.2	102.1	98.6	97.8	102.8	107.7	106.8	101.7	103.5	108.4	91.2
机械工业	Machine Building Industry	96.2	97.2	97.0	97.2	98.6	101.2	100.4	100.4	100.0	103.5	97.9
建筑材料工业	Building Materials Industry	98.7	98.1	99.4	99.1	99.4	103.9	100.6	102.2	101.0	106.5	99.9
森林工业	Timber Industry	99.6	98.1	99.2	95.2	99.5	100.9	101.2	100.6	102.0	101.8	98.0
食品工业	Food Industry	96.5	97.4	100.6	99.4	103.8	106.4	99.9	100.9	110.2	108.9	96.6
纺织工业	Textile Industry	94.0	105.8	97.7	92.8	105.7	105.7	99.7	102.4	101.1	101.2	97.7
缝纫工业	Tailoring Industry	88.8	97.9	100.6	98.5	99.2	102.8	101.4	101.3	100.6	101.7	99.3
皮革工业	Leather Industry	93.0	100.0	103.2	101.0	99.8	101.2	101.1	102.4	103.7	103.7	99.0
造纸工业	Paper Industry	95.1	101.6	100.4	97.8	98.7	101.2	101.3	101.1	101.5	107.5	94.9
文教艺术用品工业	Cultual,Educational Handicrafts Articles	93.7	104.0	100.7	100.8	99.1	100.7	102.4	100.9	100.5	102.2	99.9
其它工业	Other Industry	99.0	103.3	104.1	99.4	100.2	101.2	102.0	101.4	100.2	105.0	100.2

4-2 1989-2009年原材料、燃料、动力购进价格指数

Indices of Purchasing Prices of Raw Materials, Fuels and Power from 1989 to 2009

(上年=100) (Preceding Year=100)

类 别	Classification	1989	1990	1991	1992	1993	1994	1995	1996	1997	1998
全部原材料	**General Index**	**136.7**	**105.4**	**107.0**	**110.9**	**134.7**	**121.3**	**113.2**	**105.7**	**100.6**	**94.6**
燃料、动力类	Fuels and Energy	126.2	103.6	106.2	113.5	134.3	125.6	112.0	114.1	110.1	98.9
黑色金属材料类	Ferrous Metals	127.9	105.4	112.0	116.3	168.5	108.7	95.8	100.5	98.3	97.5
其中:钢材	Rolled-steel				118.8	163.0	105.5	96.4	101.1	98.1	97.6
其它	Others				110.0	183.5	117.7	94.3	98.7	98.5	97.3
有色金属材料和电线类	Non Ferrous Metals	147.6	113.6	103.6	110.2	118.2	107.5	125.2	96.7	97.4	92.5
化工原料类	Chemical Rqw Materials	133.7	94.8	99.2	105.1	113.4	112.2	126.6	102.3	96.7	92.9
木材及纸浆类	Wood and Paper Materials	105.4	110.2	107.3	107.3	129.1	118.7	113.4	102.9	100.3	102.6
建筑材料及非金属矿类	Construction Materials	125.1	120.6	102.1	120.0	125.4	109.9	99.7	100.5	101.1	98.2
其它工业原材料及半成品类	Other Industrial Raw Materials and Semi-products				102.0	102.2	108.8	95.6	102.9	98.4	97.5
农副产品类	Farm and Sideline Products	130.7	110.8	108.2	100.1	111.4	138.2	133.3	100.7	97.0	93.6
纺织原料类	Textile Raw Materials				100.2	104.8	168.9	126.1	97.3	94.1	88.7

4−2 续表 continued

(上年=100) (Preceding Year=100)

类　　别	Classification	1999	2000	2001	2002	2003	2004	2005	2006	2007	2008	2009
全部原材料	**General Index**	**93.4**	**104.7**	**98.6**	**98.7**	**105.7**	**113.4**	**105.9**	**104.3**	**104.8**	**113.1**	**95.5**
燃料、动力类	Fuels and Energy	98.9	114.6	100.3	106.0	107.2	121.0	116.2	109.3	103.6	124.6	91.2
黑色金属材料类	Ferrous Metals	95.1	103.5	99.0	99.1	112.4	129.1	105.8	97.1	106.8	125.4	85.2
其中:钢材	Rolled-steel	96.9	104.9	99.2	98.1	109.3	122.4	106.6	96.1	105.5	119.7	87.2
其它	Others	91.8	101.0	98.7	99.6	114.0	132.4	105.5	98.0	108.1	131.0	83.0
有色金属材料和电线类	Non Ferrous Metals	93.6	107.4	100.0	97.7	110.6	119.0	112.0	136.1	115.7	107.6	87.3
化工原料类	Chemical Rqw Materials	99.2	104.9	96.4	97.5	102.7	110.0	110.7	103.7	103.6	107.3	93.2
木材及纸浆类	Wood and Paper Materials	95.8	103.0	99.1	98.9	101.5	104.4	101.3	105.1	105.3	104.9	95.6
建筑材料及非金属矿类	Construction Materials	97.8	99.4	101.8	98.2	100.9	108.1	104.8	100.5	100.8	112.6	98.5
其它工业原材料及半成品类	Other Industrical Raw Materials and Semi-products	96.5	101.8	99.4	97.3	101.8	110.9	104.3	102.8	105.9	112.2	98.0
农副产品类	Farm and Sideline Products	86.7	99.9	97.3	97.5	111.4	113.5	99.2	103.2	105.1	109.6	99.8
纺织原料类	Textile Raw Materials	88.6	101.9	98.0	94.2	104.6	106.2	98.6	100.9	101.0	101.6	96.5

4-3 工业品出厂价格分类指数(2009年)
Ex-factory Price Classified Indices of Industrial Products(2009)

(上年=100) (Preceding Year=100)

类别	Classification	全年平均 Annual Average	一季度 The First Quarter	二季度 The Second Quarter	三季度 The Third Quarter	四季度 The Forth Quarter
全部工业品	**General Index**	**94.1**	**94.9**	**92.1**	**91.4**	**98.2**
轻工业	Hight Industry	97.5	98.1	96.6	96.1	98.9
以农产品为原料	Using Agricultural Products as Raw Materials	97.1	96.3	95.4	96.5	100.2
以非农产品为原料	Using Non-agricultural Products as Raw Materials	97.9	100.3	98.1	95.6	97.5
重工业	Heavy Industry	90.9	91.7	87.6	86.7	97.5
采掘	Mining Quarrying	79.4	82.0	70.6	70.5	94.7
原料	Raw Materials	89.7	88.9	86.4	84.6	98.9
加工	Manufacturing	94.8	96.5	93.0	92.5	97.0
生产资料	Means of Production	93.0	94.1	90.6	89.5	97.7
采掘	Mining Quarrying	80.0	83.4	71.4	70.9	94.2
原料	Raw Materials	90.1	88.7	86.8	85.4	99.5
加工	Manufacturing	96.1	98.0	95.0	93.9	97.5
生活资料	Consumer Goods	97.4	97.1	96.2	96.6	99.6
食品	Food	96.6	94.7	94.0	96.7	101.2
衣着	Clothing	99.9	101.6	100.6	99.0	98.3
一般日用品	Articles for Daily Use	98.5	99.4	98.0	98.0	98.7
耐用消费品	Durable Consumer Goods	96.6	98.3	97.3	93.7	97.2
按工业部门分	**By Industrid Department**					
冶金工业	Metallurgical Industry	86.2	85.6	80.7	82.8	95.6
电力工业	Power Industry	104.5	105.9	105.7	104.1	102.3
煤炭及炼焦工业	Coal Industry and Coking Industry	89.2	98.9	85.0	79.3	93.7
石油工业	Petroleum Industry	78.4	74.0	68.0	70.2	101.3
化学工业	Chemical Industry	91.2	91.2	90.0	87.0	96.8
机械工业	Machine Building Industry	97.9	99.8	97.8	96.3	97.6
建筑材料工业	Building Materials Industry	99.9	106.6	100.9	95.2	96.7
森林工业	Timber Industry	98.0	99.3	97.9	96.7	98.0
食品工业	Food Industry	96.6	94.6	93.8	96.6	101.3
纺织工业	Textile Industry	97.7	96.4	96.4	96.9	101.1
缝纫工业	Tailoring Industry	99.3	101.0	99.8	98.5	97.9
皮革工业	Leather Industry	99.0	101.3	99.7	97.4	97.5
造纸工业	Paper Industry	94.9	98.2	93.9	92.2	95.3
文教艺术用品工业	Cultual, Educational Handicrafts Articles	99.9	101.8	99.1	99.5	99.3
其它工业	Other Industry	100.2	102.0	100.6	98.8	99.4
按工业行业分	**By Sector**					
煤炭开采和洗选业	Coal Mining and Dressing	90.7	101.4	87.7	81.9	92.0
烟煤和无烟煤的开采洗选	Mining and Washing of Bituminous and Anthracite	90.8	101.7	87.7	81.9	91.9
褐煤的开采洗选	Mining and Washing of Lignite	87.6	79.4	89.3	84.2	97.6
石油和天然气开采业	Petrleum and Natural Gas Extraction	61.9	56.0	43.5	50.2	98.0
天然原油和天然气开采	Extraction of Natural Petroleum and Natual Gas	61.9	56.0	43.5	50.2	98.0

4-3 续表 1 continued

(上年=100) (Preceding Year=100)

类 别	Classification	全年平均 Annual Average	一季度 The First Quarter	二季度 The Second Quarter	三季度 The Third Quarter	四季度 The Forth Quarter
黑色金属矿采选业	Mining and Processing of Ferrous Metal Ores	78.4	78.6	72.1	73.9	88.9
#铁矿采选	Mining and Processing of Iron Ores	78.4	78.6	72.1	73.9	88.9
有色金属矿采选业	Mining nd Processing of Non-ferrous Metal Ores	92.7	100.4	89.2	87.2	93.9
常用有色金属矿采选	Mining and Processing of Frequently Used Non-Ferrous Metal Ores	79.2	48.4	58.9	69.8	139.7
贵金属矿采选	Mining and Processing of Precious MetalOres	92.8	100.8	89.4	87.3	93.6
非金属矿采选业	Mining and Processing of Nonmetal Ores	93.3	99.7	93.2	86.6	93.6
土砂石开采	Mining of Soil, Sand and Stone	97.6	98.8	97.3	96.5	97.9
采 盐	Mining and Processing of Salt Ores	90.6	97.2	92.5	80.8	91.9
石棉及其他非金属矿采选	Mining and Processing of Asbestos and Other Nonmetal Ores	85.5	108.5	82.4	68.0	83.2
农副食品加工业	Processing of Food From Agricultural Products	95.2	92.1	91.7	95.5	101.5
谷物磨制	Polishing of Grain	105.0	103.0	105.0	104.9	106.9
饲料加工	Processing of Feed	99.3	99.2	97.6	98.5	102.0
植物油加工	Processing of Vegetable Oil	77.6	69.3	69.2	75.6	96.3
制 糖	Processing of Sugar	106.4	100.3	100.0	108.3	117.0
屠宰及肉类加工	Slaughtering and Processing of Meat	91.7	94.1	86.6	90.1	95.9
水产品加工	Processing of Aquatic Products	105.9	101.9	107.2	107.5	107.0
蔬菜、水果和坚果加工	Processing of Vegetables, Fruits and Nuts	98.0	89.6	91.2	104.5	106.8
其他农副食品加工	Processing of Other Food from Agricultural Products	96.7	95.6	94.5	96.5	100.3
食品制造业	Foodstuff	100.4	102.7	98.9	99.4	100.7
焙烤食品制造	Manufacture of Baking Foodstuff	101.8	104.2	101.1	101.1	100.7
糖果、巧克力及蜜饯制造	Manufacture of Sweet, Chocolate and Candied Fruit	98.3	94.6	95.5	98.2	105.0
方便食品制造	Manufacture of Convenience Food	102.4	100.8	100.9	102.5	105.1
液体乳及乳制品制造	Manufacture of Milk Gel and Dairy Products	101.5	106.4	100.6	100.1	99.0
罐头制造	Manufacture of Cans	100.5	99.8	102.2	100.0	99.9
调味品、发酵制品制造	Manufacture of Condiments and Fermentation Products	102.4	105.3	100.5	100.1	103.6
其他食品制造	Manufacture of Other Foodstuff	95.8	97.7	93.3	96.1	96.2
饮料制造业	Manufacture of Beverages	100.6	101.7	100.4	100.2	100.1
酒精制造	Manufacture of Alcohol	93.8	88.8	87.3	93.3	105.8
酒的制造	Manufacture of Liquor	101.6	103.0	101.5	101.2	100.5
软饮料制造	Manufacture of Soft Drink	97.6	97.5	96.8	97.2	98.6
精制茶加工	Processing of Refined Tea	102.7	103.6	106.1	96.7	104.3

4–3 续表 2 continued

(上年=100) (Preceding Year=100)

类别	Classification	全年平均 Annual Average	一季度 The First Quarter	二季度 The Second Quarter	三季度 The Third Quarter	四季度 The Forth Quarter
烟草制品业	Manufacture of Tobacco	100.1	100.0	100.0	100.0	100.5
烟叶复烤	Baking of Tobacco	103.7	100.0	100.0	100.0	114.8
卷烟制造	Manufacture of Cigarettes	100.0	100.0	100.0	99.9	99.9
其他烟草制品加工	Manufacture of Other Tobacco Products	112.8	113.2	110.4	111.1	116.3
纺织业	Manufacture of Textile	98.0	97.4	96.7	97.1	100.7
棉、化纤纺织及印染精加工	Processing and Dyeing of Cotton and Chemical Fiber Textile	97.6	95.7	96.0	97.0	101.8
毛纺织和染整精加工	Processing and Dyeing of Wool Textile	96.8	95.6	97.7	95.4	98.6
麻纺织	Flax Textile	99.4	101.7	97.3	99.1	99.3
丝绢纺织及精加工	Processing of Silk Textile	100.9	95.2	93.2	101.1	113.9
纺织制成品制造	Manufacture of Textile Products	98.1	99.6	97.8	97.0	98.2
针织品、编织品及其制品制造	Manufacture of Knitwear and Woven Products	100.0	105.0	98.9	98.1	97.9
纺织服装、鞋、帽制造业	Manufacture of Textile Wearing Apparel, Footware, and Caps	98.9	98.8	100.2	98.7	97.9
纺织服装制造	Manufacture of Textile Wearing Apparel	98.8	98.7	100.2	98.7	97.7
纺织面料鞋的制造	Manufacture of Textile Footware	100.7	103.6	100.9	98.9	99.5
制　帽	Manufacture of Caps	98.3	91.8	98.6	100.5	102.3
皮革、毛皮、羽毛(绒)及其制品业	Manufacture of Leather, Fur, Feather and Related Products	99.0	101.4	99.8	97.4	97.5
皮革鞣制加工	Processing of Leather	94.5	98.0	94.4	91.3	94.4
皮革制品制造	Manufacture of Leather Products	101.0	102.9	102.1	100.1	98.8
毛皮鞣制及制品加工	Manufacture and Processing of Fur Products	99.9	100.0	99.9	99.9	99.9
羽毛(绒)加工及制品制造	Manufacture and Processing of Feather Products	103.5	106.8	103.0	100.0	104.5
木材加工及木、竹、藤、棕、草制品业	Processing of Timber, Manufacture of Wood, Bamboo	97.3	99.0	97.4	95.8	96.8
锯材、木片加工	Processing of Lumber and Wood Chips	100.6	105.0	99.4	98.5	99.3
人造板制造	Manufacture of Plywood	96.9	99.5	97.8	94.0	96.3
木制品制造	Manufacture of Wood Products	101.6	103.6	101.1	101.3	100.4
竹、藤、棕、草制品制造	Manufacture of Penny, Vines Coir and Grass Products	91.2	85.1	88.9	97.2	93.4
家具制造业	Manufacture of Furniture	99 6	100.2	99.0	98.7	100.5
木质家具制造	Manufacture of Wood Furniture	99 4	99.9	98.8	98.5	100.3
金属家具制造	Manufacture of Metal Furniture	108 2	112.6	105.9	107.1	107.2
其他家具制造	Manufacture of Other Furniture	103.9	109.0	107.9	99.3	99.4
造纸及纸制品业	Manufacture of Paper and Paper Products	94.9	98.2	93.9	92.2	95.3
纸浆制造	Manufacture of Paper Pulp	80.5	67.3	63.7	72.9	118.7
造纸	Manufacture of Paper	93.9	97.7	92.8	91.1	94.1
纸制品制造	Manufacture of Paper Products	97.9	100.1	97.6	95.6	98.2

4-3 续表 3 continued

(上年=100) (Preceding Year=100)

类 别	Classification	全年平均 Annual Average	一季度 The First Quarter	二季度 The Second Quarter	三季度 The Third Quarter	四季度 The Forth Quarter
印刷业和记录媒介的复制	Printing Reproduction of Recording Media	100.3	99.8	101.6	100.0	99.8
印 刷	Printing	100.5	99.9	101.8	100.2	99.8
装订及其他印刷服务活动	Binding and Other Printing Services	98.7	98.7	98.5	98.1	99.5
记录媒介的复制	Copy of Record Media	99.1	98.8	101.6	97.8	98.1
文教体育用品制造业	Manufacture of Articles for Culture, Education and Sport Activity	99.9	102.8	98.2	99.5	99.1
文化用品制造	Manufacture of Culture Articles	101.2	103.1	101.8	101.2	98.7
体育用品制造	Manufacture of Sport Articles	100.8	104.2	98.7	100.8	99.7
乐器制造	Manufacture of Music Instruments	100.5	100.4	102.1	99.3	100.3
玩具制造	Manufacture of Toys	98.0	101.3	95.3	97.1	98.3
石油加工、炼焦及核燃料加工业	Processing of Petroleum, Coking, Processing of Nuclear Fuel	87.1	85.6	80.9	79.3	102.5
精炼石油产品的制造	Manufacture of Refined Petroleum Products	87.8	84.3	81.9	81.5	103.4
炼 焦	Coking	83.9	91.4	76.1	69.7	98.5
化学原料及化学制品制造业	Manufacture of Raw Chemical Materials and Chemical Products	87.5	86.9	85.6	81.4	96.3
基础化学原料制造	Manufacture of Basic Chemical Material	81.3	76.3	75.5	72.7	100.8
肥料制造	Manufacture of Fertilizers	91.6	98.1	93.2	86.1	89.0
农药制造	Manufacture of Pesticides	93.7	96.1	93.7	93.9	91.2
涂料、油墨、颜料及类似产品制造	Manufacture of Coating,Ink and Paint Products	92.5	96.9	92.3	89.0	91.8
合成材料制造	Manufacture of Synthetic Materials	84.3	82.8	77.7	73.9	102.6
专用化学产品制造	Manufacture of Specialized Chemical Products	88.1	86.3	87.1	83.1	95.9
日用化学产品制造	Manufacture of Daily Used Chemical Products	102.2	101.5	102.7	100.8	103.7
医药制造业	Manufacture of Medicines	99.3	100.5	99.1	98.0	99.4
化学药品原药制造	Manufacture of Chemical Original Drug	100.0	101.3	99.7	97.4	101.8
化学药品制剂制造	Manufacture of Chemical Agents	100.1	100.4	99.3	99.6	101.2
中成药制造	Manufacture of Proprietary Chinese Medicine	100.1	101.6	103.2	98.9	96.5
兽用药品制造	Manufacture of Veterinary Drugs	101.0	103.0	101.9	99.5	99.7
生物、生化制品的制造	Manufacture of Biotechnology and Biochemical Products	100.0	100.0	100.0	100.0	100.0
卫生材料及医药用品制造	Manufacture of Sanitation Materials and Medical Supplies	92.5	96.8	90.6	89.5	93.1
化学纤维制造业	Manufacture of Chemical Fibers	94.7	86.3	91.9	97.8	102.9
纤维素纤维原料及纤维制造	Manufacture of Cellulose Fibers and Fibers	94.5	72.8	87.9	103.6	113.8
合成纤维制造	Manufacture of Synthetic Fibers	95.0	94.3	94.3	94.4	96.9

4-3 续表 4 continued

(上年=100) (Preceding Year=100)

类　别	Classification	全年平均 Annual Average	一季度 The First Quarter	二季度 The Second Quarter	三季度 The Third Quarter	四季度 The Forth Quarter
橡胶制品业	Manufacture of Rubber	97.8	100.0	98.7	95.8	96.8
轮胎制造	Manufacture of Tire	96.8	98.9	98.0	94.3	95.9
橡胶板、管、带的制造	Manfuacture of Rubber Plates, Pipes and Belts	98.8	99.5	99.2	98.5	98.0
橡胶零件制造	Manufacture of Rubber Parts	100.0	101.2	99.5	99.4	99.8
再生橡胶制造	Manufacture of Renewable Rubber	99.4	99.1	97.9	99.1	101.6
日用及医用橡胶制品制造	Manufacture of Daily Used and Medical Rubber Products	100.7	104.8	97.3	100.4	100.4
橡胶靴鞋制造	Manufacture of Rubber Boots and Shoes	102.3	104.8	104.2	100.3	99.9
塑料制品业	Manufacture of Plastics	95.0	95.6	94.6	93.6	96.3
塑料薄膜制造	Manufacture of Plastic Film	94.3	94.5	92.7	91.5	98.6
塑料板、管、型材的制造	Manufacture of Plastic Plates, Piles and Profiles	98.6	98.5	97.5	98.7	99.8
塑料丝、绳及编织品的制造	Manufacture of Plastic Wire, Ropes and Woven Products	91.8	92.3	91.3	90.0	93.5
泡沫塑料制造	Manufacture of Foam	99.5	100.4	101.1	99.8	96.5
塑料人造革、合成革制造	Manufacture of Plastic Leatherette and Synthetic Leather	98.8	97.6	98.9	99.9	98.7
塑料包装箱及容器制造	Manufacture of Plastic Packaging Boxes and Containers	87.4	88.9	86.9	85.7	88.3
日用塑料制造	Manufacture of Daily Used Plastic	99.3	102.4	102.7	95.7	96.4
非金属矿物制品业	Manufacture of Non-metallic Products	100.2	107.1	101.5	95.5	96.8
水泥、石灰和石膏的制造	Manufacture of Cement, Lime and Gypsum	100.4	117.7	104.1	88.8	91.0
水泥及石膏制品制造	Manufacture of Cement and Gypsum	97.6	102.5	97.8	94.8	95.3
砖瓦、石材及其他建筑材料制造	Manufacture of Brick, Stone and Other Construction Materials	100.1	101.6	100.5	99.3	98.8
玻璃及玻璃制品制造	Manufacture of Glass and Its Products	97.9	99.9	95.8	96.1	99.8
陶瓷制品制造	Manufacture of Ceramic Products	104.0	103.4	104.8	103.8	103.9
耐火材料制品制造	Manufacture of Refractory Products	103.3	103.5	104.4	101.7	103.6
石墨及其他非金属矿物制品制造	Manufacture of Graphite and Other Non-metallic Mineral Products	98.9	114.5	109.3	85.7	86.1
黑色金属冶炼及压延加工业	Smelting and Pressing of Ferrous Metals	84.1	86.4	77.3	79.8	92.9
炼　铁	Ironmaking	79.0	79.7	72.6	73.5	90.1
炼　钢	Steelmaking	88.1	89.7	84.3	84.1	94.4
钢压延加工	Smelting and Pressing of Steel	83.8	86.5	75.9	79.5	93.0
铁合金冶炼	Smelting of Alloy Iron	82.7	84.9	78.5	79.0	88.6
有色金属冶炼及压延加工业	Smelting and Pressing of Non-ferrous Metals	83.7	72.4	78.0	82.6	101.7
常用有色金属冶炼	Smelting of Frequently Used Non-Ferrous Metal	80.7	72.0	75.7	80.4	94.7

4-3 续表 5 continued

(上年=100) (Preceding Year=100)

类别	Classification	全年平均 Annual Average	一季度 The First Quarter	二季度 The Second Quarter	三季度 The Third Quarter	四季度 The Forth Quarter
贵金属冶炼	Smelting of Precious Metal	107.8	95.3	98.2	107.2	130.6
有色金属合金制造	Non-ferrous Metal Alloy Manufacture	85.5	81.5	88.5	87.7	84.2
有色金属压延加工	Pressing of Non-Ferrous Metal	84.8	72.0	78.7	83.1	105.2
金属制品业	Manufacture of Metal Products	96.8	103.0	95.6	93.6	95.0
结构性金属制品制造	Manufacture of Structural Metal Products	96.1	101.0	93.4	93.6	96.2
金属工具制造	Manufacture of Metal Tools	101.1	102.8	101.5	100.5	99.6
集装箱及金属包装容器制造	Manufacture of Containers and Metal Packaging	102.3	113.8	102.6	97.0	95.7
金属丝绳及其制品的制造	Manufacture of Metal Wire, Ropes and Its Products	95.4	103.4	95.6	89.9	92.7
建筑、安全用金属制品制造	Manufacture of Metal Products for Construction and Safety	93.5	98.9	92.7	91.5	91.1
金属表面处理及热处理加工	Processing of Surface Treatment and Heat Treatment of Metals	89.8	92.3	85.0	88.0	94.0
搪瓷制品制造	Manufacture of Enamel Products	86.5	92.3	85.7	81.2	86.9
不锈钢及类似日用金属制品制造	Manufacture of Stainless Steel and Daily Metal Products	100.7	96.9	101.7	101.1	102.9
其他金属制品制造	Manufature of Other Metal Products	91.9	97.2	90.0	87.3	93.2
通用设备制造业	Manufacture of General Purpose Machinery	99.3	103.8	99.4	96.5	97.5
锅炉及原动机制造	Manufacture of Boilers and Original Motivation	102.0	105.7	101.3	100.4	100.5
金属加工机械制造	Manufacture of Metal Processing Machinery	99.8	102.4	100.6	98.8	97.5
起重运输设备制造	Manufacture of Handling Equipment	102.1	105.7	102.5	101.5	98.8
泵、阀门、压缩机及类似机械的制造	Manufacture of Pumps, Valves, Compressors	99.9	103.1	100.6	98.3	97.6
轴承、齿轮、传动和驱动部件的制造	Manufacture of Bearings, Gears, Transmission and Drive Components	97.2	98.8	96.4	95.7	97.8
风机、衡器、包装设备等通用设备制造	Manufacture of Fans, Weighing, Packaging Equipment and Other General Equipment	98.3	99.6	99.4	94.1	100.0
通用零部件制造及机械修理	Manufacture of General Components and Mechanical Repair	98.0	99.4	98.4	96.8	97.4
金属铸、锻加工	Processing of Metal Casting and Forging	99.4	109.4	98.8	94.5	95.1
专用设备制造业	Manufacture of Special Purpose Machinery	101.9	105.2	102.6	99.8	99.8
矿山、冶金、建筑专用设备制造	Manufacture of Special Equipment for Mining, Metallurgy, Construction	99.2	101.1	98.3	98.2	99.3
化工、木材、非金属加工专用设备制造	Manufacture of Special Equipment for Chemicals, Wood, Non-metallic Processing	95.3	95.1	95.1	94.3	96.7

4-3 续表 6 continued

(上年=100) (Preceding Year=100)

类　别	Classification	全年平均 Annual Average	一季度 The First Quarter	二季度 The Second Quarter	三季度 The Third Quarter	四季度 The Forth Quarter
食品、饮料、烟草及饲料生产专用设备制造	Manufacture of Special Equipment for Food, Beverage, Tobacco and Feed Production	100.9	103.4	101.4	99.2	99.7
印刷、制药、日化生产专用设备制造	Manufacture of Special Equipment for Printing, Pharmaceuticals, Chemicals Production	101.7	102.0	102.3	100.5	102.0
纺织、服装和皮革工业专用设备制造	Manufacture of Special Equipment for Textiles, Clothing and Leather Industry	101.7	102.8	101.6	101.3	100.9
电子和电工机械专用设备制造	Manufacture of Special Equipment for Electronic and Electrical Machinery	100.0	100.0	100.0	100.0	100.0
农、林、牧、渔专用机械制造	Manufacture of Special Equipment for Agriculture, Forestry, Animal Husbandry, Fishery	106.0	112.5	108.4	102.3	100.6
医疗仪器设备及器械制造	Manufacture of Medical Equipment and Instrument	103.8	105.3	105.7	100.3	103.9
环保、社会公共安全及其他专用设备制造	Manufacture of Special Equipment for Environmental, Social Public Safety and Others	100.1	104.6	100.4	97.7	97.7
交通运输设备制造业	Manufacture of Transport Equipment	100.4	101.7	100.4	100.7	98.8
铁路运输设备制造	Manufacture of Equipment for Railway Transport	90.3	96.5	90.5	86.1	88.0
汽车制造	Manufacture of Automobiles	99.5	101.2	99.4	98.0	99.3
摩托车制造	Manufacture of Motorcycles	102.6	104.5	103.4	102.2	100.3
自行车制造	Manufacture of Bicycles	97.0	96.6	96.8	96.8	98.0
船舶及浮动装置制造	Manufacture of Shipping and Floating Devices	114.1	107.1	114.7	139.6	95.0
电气机械及器材制造业	Manufacture of Electrical Machinery and Equipment	95.8	96.3	95.1	93.3	98.4
电机制造	Manufacture of Electrical Motors	95.1	98.0	94.0	94.2	98.1
输配电及控制设备制造	Manufacture of Power Distribution and Control Equipment	97.6	98.8	96.8	97.3	97.4
电线、电缆、光缆及电工器材制造	Manufacture of Wires, Cables,Fiber-optic Cables and Electrical Equipment	87.8	84.6	85.1	86.6	95.0
电池制造	Manufacture of Electric Cells	96.0	94.9	94.0	95.3	99.8
家用电力器具制造	Manufacture of Household Electrical Apparatus	99.1	101.1	99.9	94.8	100.5
非电力家用器具制造	Manufacture of Household Non-electrical Apparatus	97.3	98.2	97.0	97.1	97.0
照明器具制造	Manufacture of Lighting Devices	99.5	100.0	99.7	99.3	99.0
其他电气机械及器材制造	Manufacture of Other Electrical Machinery and Equipment	96.9	97.6	95.6	96.4	98.1
通信设备、计算机及其他电子设备制造业	Manufacture of Communication Equipment,Computers and Other Electronic Equipment	91.3	90.5	90.8	91.0	92.7

4—3 续表 7 continued

(上年=100) (Preceding Year=100)

类　别	Classification	全年平均 Annual Average	一季度 The First Quarter	二季度 The Second Quarter	三季度 The Third Quarter	四季度 The Forth Quarter
通信设备制造	Manufacture of Communication Equipment	90.0	84.7	90.9	91.8	92.4
雷达及配套设备制造	Manufacture of Radar and Auxiliary Equipment	100.0	100.0	100.0	100.0	100.0
电子计算机制造	Manufacture of Computers	97.9	96.2	93.7	101.9	99.7
电子器件制造	Manufacture of Electronic Devices	97.8	97.2	97.5	97.1	99.2
电子元件制造	Manufacture of Electronic Components	88.4	88.0	86.9	86.6	91.9
家用视听设备制造	Manufacture of Household Audio-visual Equipment	87.1	88.9	89.4	84.0	86.2
其他电子设备制造	Manufacture of Other Electronic Equipment	95.3	97.1	94.2	91.6	98.2
仪器仪表及文化、办公用机械制造业	Manufacture of Measuring Instruments and Machinery for Cultural Activity and Office Work	99.1	100.0	98.3	99.3	98.6
通用仪器仪表制造	Manufacture of General Measuring Instruments and Machinery	99.3	100.6	98.8	99.7	98.2
专用仪器仪表制造	Manufacture of Special Measuring Instruments and Machinery	94.8	95.5	94.6	94.6	94.6
钟表与计时仪器制造	Manufacture of Watches and Chronographs	102.6	99.9	100.8	104.3	105.3
光学仪器及眼镜制造	Manufacture of Optical Equipment and Glasses	100.0	100.0	100.0	100.0	100.0
文化、办公用机械制造	Manufacture of Machinery for Cultural Activity and Office Work	97.5	100.8	95.7	95.7	97.6
工艺品及其他制造业	Manufacture of Artwork and Other Manufacturing	100.2	99.2	99.8	100.7	101.0
工艺美术品制造	Manufacture of Artwork	100.3	99.3	99.9	100.8	101.1
日用杂品制造	Manufacture of Groceries for Daily Use	97.7	97.3	97.8	95.9	99.7
废弃资源和废旧材料回收加工业	Recycling and Disposal of Waste	99.7	100.1	97.0	100.1	101.8
非金属废料和碎屑的加工处理	Non-metal Waste and Fragment Treatment and Processing	99.7	100.1	97.0	100.1	101.8
电力、热力的生产和供应业	Production and Supply of Electric Power and Heat Power	104.6	106.1	105.8	104.2	102.4
电力生产	Production of Electric Power	106.4	108.9	108.5	105.9	102.1
电力供应	Supply of Electric Power	102.0	102.4	102.3	101.5	101.8
热力生产和供应	Production and Supply of Heat Power	118.8	123.1	120.9	120.5	110.6
燃气生产和供应业	Production and Supply of Gas	100.7	104.0	99.5	100.4	99.0
燃气生产和供应业	Production and Supply of Gas	100.7	104.0	99.5	100.4	99.0
水的生产和供应业	Production and Supply of Water	100.6	100.6	100.4	100.6	100.6
自来水的生产和供应	Production and Supply of Water	100.6	100.6	100.4	100.6	100.6

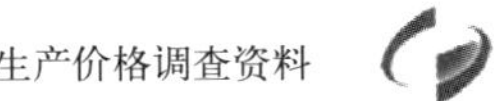

4-4 原材料、燃料、动力购进价格分类指数(2009年)
Indices of Purchasing Classified Prices of Raw Materials，Fuels and Power (2009)

上年=100 Preceding Year=100

类　别	Classification	全年平均 Annual Average	一季度 The First Quarter	二季度 The Second Quarter	三季度 The Third Quarter	四季度 The Forth Quarter
全部原材料	**General Index**	**95.5**	**96.6**	**93.4**	**92.6**	**99.3**
燃料、动力类	Fuels and Energy	91.2	93.1	87.9	84.1	99.6
黑色金属材料类	Ferrous Metals	85.2	92.4	79.0	80.1	89.1
#钢　材	Rolled-steel	87.2	92.8	84.1	83.5	88.6
其　它	Others	83.0	91.9	73.8	76.6	89.6
有色金属材料和电线类	Non Ferrous Metals	87.3	83.1	81.8	85.6	98.9
化工原料类	Chemical Rqw Materials	93.2	94.3	92.0	90.2	96.1
木材及纸浆类	Wood and Paper Materials	95.6	97.9	92.3	94.4	97.7
建筑材料及非金属矿类	Construction Materials	98.5	105.5	98.2	94.8	95.4
其它工业原材料及半成品类	Other Industrical Raw Materials and Semi-products	98.0	98.4	97.0	96.6	99.9
农副产品类	Farm and Sideline Products	99.8	99.0	96.8	98.2	105.4
纺织原料类	Textile Raw Materials	96.5	95.7	95.5	96.2	98.7

4-5 分市工业品出厂价格指数(2009年)

Ex-factory Price Indices of Industrial Products by Every City(2009)

(上年=100) (Preceding Year=100)

类别	Classification	济南 Jinan	青岛 Qingdao	淄博 Zibo	枣庄 Zaozhuang	东营 Dongying	烟台 Yantai	潍坊 Weifang	济宁 Jining
全部工业品	**General Index**	**96.2**	**95.8**	**91.4**	**95.6**	**78.2**	**97.2**	**94.5**	**94.2**
轻工业	Hight Industry	98.8	97.2	96.7	97.1	96.4	97.1	94.2	99.1
以农产品为原料	Using Agricultural Products as Raw Materials	100.2	98.4	94.0	94.8	98.0	98.8	94.0	98.1
以非农产品为原料	Using Non-agricultural Products as Raw Materials	98.1	96.4	98.4	99.6	93.6	95.8	95.0	102.3
重工业	Heavy Industry	94.3	93.5	89.6	93.6	74.9	97.3	95.0	91.4
采掘	Mining Quarrying	93.5	93.4	94.1	87.4	65.1	101.4	84.5	86.5
原料	Raw Materials	95.0	91.1	88.4	97.7	92.7	103.3	90.6	98.8
加工	Manufacturing	94.0	94.5	96.6	93.6	100.6	94.0	97.8	99.9
生产资料	Means of Production	95.4	94.3	90.9	95.5	77.1	97.0	94.1	93.4
采掘	Mining Quarrying	93.5	93.4	91.6	90.6	65.1	101.4	84.5	86.5
原料	Raw Materials	95.1	90.7	88.5	98.9	92.7	102.4	91.1	99.0
加工	Manufacturing	95.6	95.3	96.4	96.9	96.2	95.5	95.1	100.0
生活资料	Consumer Goods	99.2	97.5	100.1	95.9	100.4	97.9	95.9	98.0
食品	Food	100.9	98.2	101.5	98.1	99.1	98.6	92.0	97.3
衣着	Clothing	99.9	102.0	103.1	86.6	102.7	98.5	101.8	100.2
一般日用品	Articles for Daily Use	98.1	99.4	94.8	91.9	103.9	98.5	98.4	100.1
耐用消费品	Durable Consumer Goods	96.0	94.5	93.5	102.3	95.0	93.4	103.4	103.0
按工业部门分	**Classify by Industrid Department**								
冶金工业	Metallurgical Industry	84.8	88.5	79.9	93.5	92.5	95.4	87.8	99.4
电力工业	Power Industry	107.1	105.0	106.1	106.5	102.0	111.0	108.1	101.1
煤炭及炼焦工业	Coal Industry and Coking Industry	95.2	100.0	94.0	88.9		96.2	85.8	86.7
石油工业	Petroleum Industry	93.6	83.6	94.1		69.3	111.3	87.0	94.8
化学工业	Chemical Industry	94.5	92.8	85.9	93.0	94.2	90.8	86.5	97.6
机械工业	Machine Building Industry	98.6	96.4	98.8	96.1	100.8	96.7	101.0	100.8
建筑材料工业	Building Materials Industry	102.2	93.6	100.5	100.1	102.0	100.7	93.4	103.5
森林工业	Timber Industry	101.4	100.3	94.1	100.8	94.0	100.5	95.1	100.0
食品工业	Food Industry	100.4	97.8	103.3	97.7	98.8	98.6	91.5	97.3
纺织工业	Textile Industry	97.9	95.6	94.5	90.3	96.8	100.4	97.0	99.2
缝纫工业	Tailoring Industry	97.9	101.9	103.7	85.6	98.9	98.0	101.7	100.2
皮革工业	Leather Industry	104.6	100.6	88.8	93.9	102.7	99.3	100.2	100.0
造纸工业	Paper Industry	99.8	91.4	87.7	92.8	98.2	97.1	87.6	98.6
文教艺术用品工业	Cultual,Educational Handicrafts Articles	96.4	102.2	96.8	94.3	100.6	98.3	98.4	103.4
其它工业	Other Industry	101.4	99.1	98.1	94.4	102.0	102.3	100.0	92.2

4-5 续表 continued

(上年=100) (Preceding Year=100)

类　　别	Classification	泰安 Taian	威海 Weihai	日照 Rizhao	莱芜 Laiwu	临沂 Linyi	德州 Dezhou	聊城 Liaocheng	滨州 Binzhou	菏泽 Heze
全部工业品	**General Index**	**98.6**	**100.2**	**91.6**	**81.0**	**95.3**	**98.1**	**96.3**	**92.4**	**95.9**
轻工业	Hight Industry	100.3	99.2	90.0	99.9	97.6	98.8	98.9	96.6	98.7
以农产品为原料	Using Agricultural Products as Raw Materials	100.3	102.8	88.1	101.2	96.6	98.3	99.2	97.4	98.6
以非农产品为原料	Using Non-agricultural Products as Raw Materials	100.3	97.4	94.2	96.4	99.5	99.9	97.8	91.2	98.8
重工业	Heavy Industry	97.7	102.2	93.6	79.0	92.9	96.9	94.4	85.4	91.8
采　掘	Mining Quarrying	96.2	110.8	89.1	67.9	91.1	89.4		82.9	85.4
原　料	Raw Materials	96.9	102.6	94.8	86.6	90.1	96.1	89.9	86.6	92.4
加　工	Manufacturing	98.8	101.8	93.1	77.2	96.0	97.9	97.6	83.4	91.7
生产资料	Means of Production	98.2	99.5	92.8	80.0	94.0	97.9	95.3	92.0	93.9
采　掘	Mining Quarrying	95.6	110.8	89.1	68.7	92.0	89.4		82.9	86.7
原　料	Raw Materials	98.8	100.7	91.4	88.5	90.3	96.4	90.1	87.4	92.1
加　工	Manufacturing	99.1	99.2	93.4	78.8	96.3	98.5	97.5	94.1	96.0
生活资料	Consumer Goods	100.6	101.7	88.9	108.4	97.8	98.6	101.1	94.0	99.8
食　品	Food	101.4	103.1	86.1	110.9	97.4	98.0	103.9	92.5	101.8
衣　着	Clothing	99.8	103.5	100.0	104.1	97.9	95.8	100.1	101.3	99.4
一般日用品	Articles for Daily Use	100.1	98.2	99.5	92.1	100.0	99.8	92.3	97.1	97.4
耐用消费品	Durable Consumer Goods	97.3	99.8	96.6		95.6	103.4	109.9	96.6	99.5
按工业部门分	**Classify by Industrid Department**									
冶金工业	Metallurgical Industry	94.8	98.5	77.2	75.0	78.6	97.9	83.5	81.1	90.1
电力工业	Power Industry	104.3	103.6	104.0	106.3	104.0	104.5	106.0	103.6	103.1
煤炭及炼焦工业	Coal Industry and Coking Industry	95.3		79.0	89.0	101.0	89.4	89.5	81.8	86.7
石油工业	Petroleum Industry	100.3	121.9	85.4	97.3	95.5	77.0	100.0	85.5	85.8
化学工业	Chemical Industry	99.5	96.3	101.7	82.5	99.3	96.9	93.1	81.1	90.8
机械工业	Machine Building Industry	99.1	102.5	99.3	99.4	98.4	98.0	103.4	95.9	93.5
建筑材料工业	Building Materials Industry	100.5	93.2	87.9	100.5	99.4	101.4	115.3	100.8	99.5
森林工业	Timber Industry	100.0	100.1	96.5		93.7	99.7	92.7	99.8	97.2
食品工业	Food Industry	101.2	103.7	86.0	110.3	96.7	98.1	102.3	92.6	102.6
纺织工业	Textile Industry	99.7	103.3	99.2	95.6	94.7	98.4	97.1	99.3	97.1
缝纫工业	Tailoring Industry	99.5	101.8	100.0	103.4	96.5	95.9	100.1	101.3	98.4
皮革工业	Leather Industry	103.5	101.1		105.6	100.8	99.5	97.6	101.2	100.1
造纸工业	Paper Industry	97.9	102.7	86.5	92.2	92.3	97.5	92.1	95.2	92.6
文教艺术用品工业	Cultual,Educational Handicrafts Articles	100.2	97.2	100.2	99.8	96.5	99.9	94.2	97.9	99.3
其它工业	Other Industry	100.8	98.9	100.6	94.8	99.2	94.3	99.6	98.2	102.6

4-6 工业品出厂产品价格指数(2009年)
Ex-factory Product Price Indices of Industrial Products(2009)

(上年=100) (Preceding Year=100)

产品名称	Product Name	指数 Index	产品名称	Product Name	指数 Index
无烟煤	Anthracite	105.3	滑石粉	Talc	113.1
烟煤	Bituminous Coal	92.0	金刚石	Diamond	72.2
洗精煤	Washed Coal	84.0	透辉石	Diopside	100.7
洗混煤	Mixed Coal Washing	97.5	大米	Rice	103.8
筛选混末煤	Screened Slackcoal	92.7	小麦粉	Wheat Flour	105.7
筛选块煤	Screening of Lump Coal	98.2	玉米粉	Corn Flour	100.3
褐煤	Lignite	87.6	麦芽	Malt	77.9
天然原油	Natural Oil	61.4	配合饲料	Feed	98.7
天然气	Natural Gas	101.4	混合饲料	Mixed Feed	99.5
炼钢用铁矿石块矿	Steelmaking Block Iron ore Mine	60.1	蛋白饲料	Protein Feed	92.5
炼铁用铁矿石块矿	Iron ore With Iron ore Block	96.1	其他饲料	Other Feed	111.4
铁精矿	Iron Concentrate	82.5	预混饲料	Premix	99.6
球团矿	Pellets	57.8	浓缩饲料	Concentrated Feed	97.2
铜原矿	Copper ore	79.4	花生油	Peanut Oil	70.9
铜精矿	Copper Concentrate	82.1	棉籽油	Cottonseed Oil	87.4
钴精矿	Cobalt Concentrate	73.5	大豆油	Soybean Oil	80.0
金原矿	Gold ore	67.8	色拉油	Salad Oil	76.4
金精矿	Gold Concentrate	103.6	大米油	Rice Oil	100.0
钼精矿	Molybdenum Concentrate	92.8	保健油	Health Oil	100.0
石灰石	Limestone	103.0	毛糠油	Mao Bran Oil	82.0
石膏	Gypsum	94.0	蓖麻油	Castor Oil	96.4
花岗石荒材	Granite Wood Shortage	97.4	机制甘蔗糖	Cane Sugar Mechanism	110.3
玄武岩石料	Marble Wood Shortage	80.0	机制甜菜糖	Beet Sugar Mechanism	99.2
硅石	Silica	97.6	红糖	Brown Sugar	106.4
萤石	Fluorite	99.8	果糖	Fructose	100.0
粘土	Clay	100.0	甜菊糖	Stevioside	108.8
白云石成品矿	Dolomite Mining Products	100.0	鲜猪肉	Fresh Pork	83.2
硅粉	Silica Fume	99.3	鲜冻猪肉	Fresh Frozen Pork	86.7
砂子	Sand	102.5	鲜冻牛肉	Fresh Frozen Beef	102.1
石子	cobblestone	101.0	鲜冻羊肉	Fresh Frozen Lamb	98.6
石粉	Stone Powder	125.7	鲜冻兔肉	Fresh Frozen Rabbit Meat	107.3
硫铁矿	Pyrite	104.5	鲜冻鸡	Fresh and Frozen Chickens	94.6
蛇蚊石矿	Snake Tiny Quarry	104.8	鸭及鸭制品	Duck and Duck Products	90.1
海盐	Sea Salt	89.7	香肠	Sausage	97.1
井盐	Well Salt	99.6	火腿	Ham	100.4
石墨	Graphite	83.6	熟食	Cooked Food	116.2

4-6 续表 1 continued

(上年=100) (Preceding Year=100)

产品名称	Product Name	指 数 Index	产品名称	Product Name	指 数 Index
肠衣	Casing	99.9	花色面包	Flower Color Bread	100.0
其他肉制品	Other Meat Products	100.0	饼干	Biscuits	101.4
虾	Shrimp	106.6	月饼	Moon Cake	100.0
冻带鱼段	Paragraph Freeze Hairtail	104.8	米饼	Rice Cake	107.4
冻鲅鱼	Frozen Strawberries	107.7	膨化小食品	Expanded Small Food	102.9
冻章鱼	Freeze Octopus	102.4	薯片	Potato Chips	107.3
冻昌鱼	Freeze Pacu	133.3	果蔬脆片	Fruit and Vegetable Chips	100.0
冻黄鱼	Freeze Yellow Croaker	88.9	夹心糖果	Sandwich Candy	99.6
冻鱿鱼	Frozen Squid	94.8	牛奶糖果	Milk Candy	107.3
冻蟹	Frozen Crab	101.9	果脯	Preserves	97.5
冻鳕鱼片	Frozen Cod Fillets	105.5	果冻	Jelly	104.7
鱼片干	Fish Dry	103.3	挂面	Noodle	102.5
扇贝	Scallop	99.1	速冻食品	Quick-frozen Food	102.2
鱼丸	Fish Balls	108.9	方便面	Instant Noodles	100.7
烤鳗	Unagi	99.9	奶粉	Milk	100.9
鱿鱼干	Dried Squid	96.5	消毒鲜牛奶	Disinfection of Fresh Milk	100.2
鱼排	Rafts	121.3	纯牛奶	Pure Milk	102.4
速冻蔬菜	Quick-frozen Vegetables	95.8	酸奶	Yogurt	101.0
净菜	Vegetable	114.4	钙奶	Calcium	99.9
腌菜	Pickles	100.3	炼乳	Condensed Milk	112.5
瓜子系列	Melon Seeds Series	100.9	牛肉罐头	Canned Beef	99.4
坚果食品	Nuts Food	82.4	猪肉罐头	Canned Pork	98.4
脱水蔬菜	Dehydrated Vegetables	95.3	鲭鱼罐头	Mackerel Canned	100.4
食用菌	Mushroom	97.7	贻贝罐头	Mussel Canned	100.0
淀粉制品	Starch Products	99.4	牡蛎罐头	Canned Oysters	100.0
粉丝	Fans	94.6	苹果罐头	Apple Canned	97.1
变性淀粉	Modified Starch	94.3	梨罐头	Canned Pear	106.0
麦芽糖	Maltose	102.3	桃罐头	Canned Peaches	104.4
木糖	Xylose	102.0	葡萄罐头	Hawthorn Canned	121.4
豆腐干	Pinch	104.2	蘑菇罐头	Canned Grape	100.0
豆腐乳	Fermented Bean Curd	102.3	大蒜罐头	Canned Mushrooms	138.2
其它豆制品	Other Soybean Products	90.5	笋罐头	Shoot Canned	93.8
豆奶粉	Soybean Milk	97.6	八宝粥	Eight-treasure Porridge	93.3
再制蛋	Re-egg	100.0	味精	MSG	106.5
蜂制品	Bee Products	99.7	酱油	Soy Sauce	103.6
蛋糕	Cake	100.4	酱	Sauce	104.0
桃酥	Crisps	102.2	食醋	Vinegar	102.7
主食面包	Staple Bread	107.8	柠檬酸	Citric Acid	89.3

4-6 续表 2 continued

(上年=100) (Preceding Year=100)

产品名称	Product Name	指 数 Index	产品名称	Product Name	指 数 Index
麦麸酸	Wheat Bran Acid	100.0	粘棉纱	Nien Cotton Yarn	91.4
酵母	Yeast	99.1	棉短绒	Cotton Linter	90.7
曲	Leaven	100.0	色纱	Yarn	100.0
糖化酶	Glucoamylase	97.2	棉布	Cotton Cloth	98.1
糖化酶	Glucoamylase	99.9	混纺交织布	Blended Cross Weaving	94.6
鸡精	Jijing	108.7	纯化纤布	Pure Chemical Fiber Cloth	100.5
其他调味品	Other Spices	99.7	帆布	Canvas	96.9
壮骨粉	Bones Powder	100.1	牛仔布	Denim	102.3
冷冻饮品	Frozen Drinks	99.9	坯布	Fabric	98.5
精制盐	Refined Salt	101.3	涤粘布	Polyester and Viscose Fabrics	99.4
保鲜剂	Preservative	101.8	色织坯布	Dyed Fabric	101.0
色素	Pigment	100.0	缝纫线	Sewing Thread	83.1
添加剂	Additive	84.8	棉线	Thread	93.4
豆糕	Bean Cake	101.4	涤纶线	PET Line	95.7
花生酱	Peanut Butter	86.2	纯化纤纱	Viscose Thread	88.4
酒精	Alcohol	93.8	绒布	Pure Chemical Fiber Yarn	98.5
白酒	Liquor	103.1	棉印染布	Dyeing and Printing of Cotton Cloth	102.3
啤酒	Beer	100.5	混纺印染布	Blended Dyeing Cloth	101.0
黄酒	Rice Wine	105.8	纯化纤印染布	Pure Chemical Fiber Dyeing Cloth	100.6
葡萄酒	Wine	103.2	纯毛毛条	Wool Top	100.0
果酒	Wine	105.3	混纺毛条	Blended Wool Tops	100.8
碳酸饮料	Carbonated Beverages	97.4	毛线	Yarn	95.8
矿泉水	Mineral Water	100.1	毛绒	Lint	100.5
纯净水	Pure Water	99.1	纯毛纱	Pure Wool Yarn	105.1
果汁	Juice	90.0	毛混纺毛织品	Mao Blended Worsted Spinning	97.3
蔬菜汁	Vegetable Juice	102.1			
果粒饮料	Berry Drinks	100.1	纯毛毛织品	Wool Worsted Spinning	95.9
乳酸菌饮料	Lactic Acid Bacteria Beverage	96.8	毛染整加工	Hair Dyeing and Finishing	97.9
含乳饮料	Milk Drink	99.6	苎麻布	Ramie Cloth	93.9
特殊用途饮料	Drink for Special Use	100.0	麻线	Thread	103.1
其他软饮料	Other Soft Drinks	100.8	麻布	Linen	100.1
精制茶	Refining Tea	102.7	麻纱	Flax Yarn	99.0
复烤烟叶	Tobacco Redried	103.7	桑蚕丝	Mulberry Silk	102.9
卷烟	Cigarette	100.0	桑蚕绢丝	Silkworm Silk	94.2
片烟	Lamina	112.8	化纤绸(坯绸)	Chemical Fiber Silk (randgold)	93.8
棉纱	Cotton Yarn	96.0	桑蚕丝绸(成品)	Silkworm Silk (finished)	97.9
混纺纱	Blended Yarn	96.4	化纤绸(成品)	Chemical Fiber Silk (finished)	97.1

4-6 续表 3 continued

(上年=100) (Preceding Year=100)

产品名称	Product Name	指 数 Index	产品名称	Product Name	指 数 Index
印花丝织品	Silk Printing	100.0	亚麻服装	Flax Clothing	95.0
染色丝织品	Silk Dyeing	95.5	布鞋	Shoes	100.7
毛巾	Towel	98.0	帽	Cap	98.3
毛巾被	Towelling Coverlet	100.2	宠物用品	Pet Supplies	102.3
床单	Sheets	100.3	轻革	Light Leather	94.5
枕巾	Pillow	103.4	牛皮	Cow Leather	99.7
浴巾	Bath Towel	98.8	羊兰湿皮(加色)	Wet Sheep-skin (and color)	98.0
浴衣	Bathrobe	101.3	皮鞋	Shoes	100.6
床上用品套件	Bedding Package	99.1	旅游鞋	Trainers	100.0
被套	Bearing	94.7	运动鞋	Sports Shoes	99.1
棉被	Quilt	102.2	跑鞋	Running Shoes	102.5
方巾	Hood	102.1	合成革鞋	Synthetic Leather Shoes	100.0
枕头套	Pillowcases	95.0	休闲皮鞋	Leisure Shoes	96.5
斗蓬	Buffeting Peng	102.0	羊皮夹克	Sheepskin Jackets	99.6
毛毯	Blankets	96.4	裘皮大衣	Fur Coat	111.0
被面(成品)	Bedspread	98.8	皮箱	Suitcase	100.2
真丝领带	Silk Tie.	100.0	牛皮包	Leather Pack	100.4
帘子布	Cord	93.1	公文包	Briefcase	104.7
无纺布	Nonwovens	95.1	旅行包	Bags	102.2
其他纺织制成品	Other Textile Made-ups	93.6	挂包	PTI	100.0
棉针织产品	Knitted Products	99.7	皮手套	Leather Gloves	91.6
针织绒布类衫裤	cotton knitted flannel shirts and trousers	103.3	羊皮包	Sheepskin Packet	103.2
针织单面汗布类衫裤	cotton knitted flannel one-sided shirts and trousers	101.0	绵羊毛皮	Sheep Fur	97.4
袜子	Socks	101.7	貂毛皮	Kolinsky Fur	118.0
短裤	Shorts	111.3	裘皮短外衣	Fur Jackets	100.0
窗帘	Curtains	95.9	皮围巾	Paper Scarf	102.4
手套	Gloves	99.4	座套	Seat Cover	88.2
纯羊毛衫	Pure Cardigan	85.0	羽绒服装	Down Clothing	103.5
混纺羊毛衫	Blended Cardigan	96.2	普通锯材	General Lumber	97.5
真丝上衣	Silk T-shirt	117.8	木片	Wood	100.7
布服装	Cloth Garment	98.3	胶合板	Plywood	96.9
呢绒服装	Wool Clothing	100.8	纤维板	Fibreboard	95.9
大衣	Coat	99.1	刨花板	Particleboard	100.6
T恤	T-shirt	100.6	防火板	Fire Board	97.5
裙子	Skirt	100.0	饰面板	Decorative Panels	98.5
防寒服	Cool Suits	100.5	合成革制品	Synthetic Leather Products	100.0

4-6 续表 4 continued

(上年=100) (Preceding Year=100)

产品名称	Product Name	指 数 Index	产品名称	Product Name	指 数 Index
细木工板	Blockboard	100.0	技术配套纸	Supporting Technical Paper	94.4
防水板	Waterproof Plate	95.5	包装纸板	Wrapping Paper Plate	90.5
木芯板	Block Board	98.9	卷烟纸	Cigarette Paper	100.1
复膜板	Film Board	85.6	衬纸	Backing	93.0
木制门窗	Wooden Doors and Windows	106.2	复写纸	Carbon	92.6
地板	Floor	99.5	铜版纸	Coated Paper	86.5
木模	Wood Die	96.2	瓦楞纸箱	Watts spinulosa Cartons	97.5
木包装箱	Wooden Boxes	104.4	医用包装纸制品	Medical Packaging Products	98.8
木盘	Wooden Tray	103.4	纸管	Paper Tube	100.4
木筷子	Wooden Chopsticks	100.0	卫生巾	Sanitary Napkins	99.6
木制相框	Wooden Frame	97.7	护垫	Pad	106.2
竹凉席	Bamboo Mat	100.0	书籍印刷	Printed Books	98.7
草制品	Grass Products	91.1	报纸印刷	Newspaper Printing	104.5
藤制品	Rattan Products	100.0	期刊印刷	Journal Printing	97.2
柳制品	Liu Products	103.1	课本印刷	The Printing of Textbooks	99.7
桌	Tables	99.7	画册印刷	Pictorial Printing	100.0
床	Bed	100.8	图片印刷	Photo Printing	95.8
柜	Counters	99.3	多色印刷品	Multi-color Print	98.1
组合柜	Portfolio Counters	102.0	单色印刷品	Monochrome Print	97.8
木椅子	Wooden Chairs	94.7	练习本	This Practice	108.6
木沙发	Wood Sofa	102.7	包装装潢用印刷	Tastefully Packaged With Printing	97.1
其他木家俱	Other Wooden Furnitures	94.1	商标标识	Trademark Logo	98.0
藤制家俱	Rattan Furniture	97.2	广告宣传品印刷	Printed Advertising Materials	100.0
桌	Tables	104.0	扑克牌	Poker	102.0
椅	Chairs	100.9	书刊装订	Book Binding	98.7
床	Bed	87.2	制版	Plate	98.7
柜	Counters	112.0	PS版	PS Plate	98.4
席梦思床垫	Mattress Mattress	104.9	光碟	CD	99.1
皮沙发	Pei Sha	96.1	磁带	Tape	100.0
布沙发	Madrid	100.2	具盒	Tool Box	100.0
硫酸盐漂白浆	Bleached Kraft Pulp	80.6	文件夹	Folder	86.8
其他纸浆	Other Pulp	78.3	修正液	Stings	108.8
印刷用纸	Printing Paper	94.6	铅笔	Pencil	101.5
书写用纸	Writing Paper	95.4	圆珠笔	Pen	99.8
生活用纸	Household Paper	97.6	笔芯	Jupiter	99.7

4-6 续表 5 continued

(上年=100) (Preceding Year=100)

产品名称	Product Name	指 数 Index	产品名称	Product Name	指 数 Index
可充气球类	Inflatable Balls	100.7	纯碱(碳酸钠)	Soda Ash (sodium carbonate)	70.0
其他球类	Other Sports	84.2	泡花碱	Sodium	92.4
睡袋	Sleeping Bag	101.0	硫酸盐	Kraft	81.7
健身器材	Fitness Equipment	101.2	硅酸盐	Portland	94.6
各种护具	Various Mob	99.5	氰酸盐	Cyanate	99.1
钓杆	Fishing Rod	90.7	碳酸盐	Carbonate	94.9
铰轮	Hinge Round	90.7	氯化物	Chloride	77.7
鼓	Drum	100.0	氟化物	Fluoride	76.7
钢琴	Piano	99.1	金属氧化物酸盐	Metal Oxides Permanganate	91.9
萨克斯	Sachs	95.0	其他无机盐	Other Inorganic Salt	88.6
电子乐器	The Electronic Musical Instrument	107.3	丙烯	Propylene	86.2
			纯苯	Merrill	77.5
毛绒玩具	Stuffed Toys	98.0	精甲醇	Fine Methanol	72.5
塑料拼装玩具	Assembling Plastic Toys	92.6	甲醛	Formaldehyde	82.4
布玩具	Cloth Toys	96.9	甲苯	Toluene	80.1
汽油	Gasoline	94.8	苯酚	Phenol	91.7
煤油	Kerosene	85.8	甲酸	Formic Acid	92.7
柴油	Diesel	85.8	二甲苯	Xylene	88.2
润滑油	Lubricants	98.0	辛醇	Octanol	101.3
燃料油	Fuel Oil	85.7	苯	Benzene	77.1
石油沥青	Asphalt	93.1	丙烷	Propane	90.7
溶剂油	Solvent Oil	82.2	三氯甲烷	Trichloromethane	78.9
石油液化气	Oil LNG	72.5	糠醇	Furfuralcohol	74.5
石油焦	Petroleum Coke	67.0	糖醛	Uronic	93.3
白色油	White Oil	100.2	聚醚	Polyether	96.6
润滑脂	Grease	88.3	乙酯	Ethyl	98.1
焦炭	Coke	84.0	邻苯二甲酸酐	Phthalic Anhydride	85.3
煤焦油	Coal Tar	81.6	环已酮	Cyclohexanone	82.7
炼焦沥青	Coking Asphalt	90.0	已二胺	Acid Blipid	82.5
煅后焦	Calcined Coke	75.9	二氮杂二环	Divinylbenzene	90.6
硫酸	Sulfate	50.8	二乙烯苯	Acid Blipid	74.5
合成盐酸	Hydrochloric Acid Synthesis	73.8	乙醇	Ethanol	91.9
甲磺酸	Mesylate	100.4	其他有机化学原料	Other Organic Materials	90.4
溴产品	Bromine Products	86.7	乙炔	Acetylene	102.1
烧碱(氢氧化钠)	Caustic Soda (sodium hydroxide)	81.7	氯	Chlorine	102.8
碳酸氢钠	Sodium Bicarbonate	97.0	氧	Oxygen	97.0
氢氧化钾	Potassium Hydroxide	82.2	氮	Nitrogen	106.2

4-6 续表 6 continued

(上年=100) (Preceding Year=100)

产品名称	Product Name	指 数 Index	产品名称	Product Name	指 数 Index
双氧水(过氧化氢)	Hydrogen Peroxide (H2O2)	76.0	天然树脂漆	Natural Resin Paint	100.8
氧化物	Oxides	85.2	酚醛树脂漆	Phenolic Resin Coating	100.0
氩气	Bleaching Powder	100.0	醇酸树脂漆	Alkyd Resin Paint	90.8
硫脲	Thiourea	70.4	硝基纤维漆	Nitro Fiber Paint	89.4
硫酸铵	Ammonium Sulfate	68.1	过氯乙烯漆	The Vinyl Chloride Paint	91.6
尿素	Urea	96.0	丙烯树脂漆	Acrylic Resin Paint	85.8
碳酸氢铵	Ammonium Bicarbonate	101.5	聚氨脂漆	Polyurethane Lacquer	100.1
氯化铵	Ammonium Chloride	71.3	其它漆	Other Chatham	94.6
液氨	Liquid Ammonia	80.0	涂料	Coatings	99.6
硝酸	Nitrate	92.5	涂料用辅助涂料	Assisted Paint Coatings	95.6
硝酸钠	Sodium Nitrate	100.5	水性油墨	Water Color Ink	94.5
亚硝酸钠	Sodium Nitrite	100.3	塑料印刷油墨	Plastic Printing Ink	100.0
三聚氰胺	Melamine	99.2	钛白粉	Titanium Dioxide	77.9
磷肥	Phosphate Fertilizer	70.7	四氧化三铅(红丹)	Lead Tetroxide (Red Lead)	82.9
硫酸钾	Potassium Sulfate	75.7	酞青蓝颜料	Qing-lan Phthalocyanine Pigments	89.8
复混肥料	Compound Fertilizer	91.2	酞箐兰	Phthalocyanine Qing Lan	90.4
腐植酸类肥	Humic Acid Fertilizer	92.4	荧光颜料	Fluorescent Pigment	118.0
农药肥料	Fertilizer Pesticide	100.0	陶瓷颜料	Ceramic Pigment	74.0
微量元素肥料	Trace Elements Fertilizer	92.4	钼铬红	Chromium-Molybdenum	73.3
敌百虫原粉	Trichlorfon Powders	101.3	华兰	Westlands	95.8
乐果	Rogor	97.2	酸性染料	Acid Dye	92.2
甲基一六零五	Methyl 1,605	98.2	碱性染料	Alkaline Dye	85.6
马拉硫磷(马拉松)	Malathion (Marathon)	100.0	活性染料	Reactive Dyes	76.7
甲胺磷	Methamidophos	78.2	分散染料	Disperse Dyes	80.3
草甘膦	Glyphosate	82.5	偶氮染料	Azo Dyes	79.5
达螨虫	Of Mite Pest	91.5	色母粒	Masterbatch	98.6
克百威原粉	Carbofuran Original Powder	98.6	黑碳化硅	Black Silicon Carbide	95.6
乙草胺	Acetochlor	92.7	聚氯乙烯树脂	PVC Resin	89.4
辛硫磷	Phoxim	100.3	聚乙烯树脂	Polyethylene Resin	87.3
水铵硫磷	Water Ammonium Parathion	100.0	环氧树脂	Epoxy Resin	91.8
菊脂杀虫剂	Lipid Insecticide-ju	99.5	聚苯乙烯	Epoxy	74.6
异柳磷乳剂	Liu Different Phosphorus Emulsion	103.6	聚丙烯	Polypropylene	83.2
甲霜灵	Metalaxyl	92.5	有机硅树脂	Silicone Resin	100.0
多菌灵	Carbendazim	96.0	酚醛树脂粉	Phenolic Resin Powder	71.5
达螨灵	Hope of Mites	100.0	磺化酚醛树脂	Sulfonated Phenolic Resin	70.6
阿维菌素	Abamectin	86.0	塑料树脂	Plastic Resin	100.0
立灵水	Li Ling Water	106.3	硬树脂	Hard Resin	82.2
敌敌畏	Dichlorvos	93.2	高压聚乙烯塑料	High-pressure Polyethylene Plastic	96.5
辛硫磷	Phoxim	104.0	醇酸树脂	Alkyd Resin	94.7
农药磷化铝	Pesticide Aluminum Phosphide	102.0	不饱和聚脂树脂	Unsaturated Polyester Resin	73.7
生物原杀虫剂	The Biological Insecticide	98.1	聚脂树脂	Polyester Resin	99.6

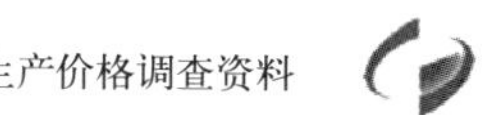

4-6 续表 7 continued

(上年=100) (Preceding Year=100)

产品名称	Product Name	指 数 Index	产品名称	Product Name	指 数 Index
氟利昂	Freon	68.9	导火索	Fuse	148.6
处理剂树脂	Treatment Agent Resin	100.1	弹药	Ammunition	106.7
石油树脂	Petroleum Resin	74.8	激光盘	Laser Disk	96.0
PVB专用树脂	PVB Resin Dedicated	84.0	污水处理药剂	Sewage Treatment Pharmacy	98.2
顺丁橡胶	BR	70.7	骨胶	Bone Glue	94.7
丁苯橡胶	SBR	66.6	明胶	Gelatin	100.4
丙烯酰胺	Acrylamide	67.0	聚胺酯胶粘剂	Polyurethane Adhesives	98.6
离子交换树脂	Ion Exchange Resins	92.4	清洗溶剂	Cleaning Solvent	96.9
尼龙	Nylon	98.7	清洁剂	Cleaner	100.0
聚四氟乙烯	PTFE	90.4	食品添加剂	Food Additives	90.7
脂肪酸	Fatty Acids	100.9	香皂	Soaps	100.5
石油制品催化剂	Petroleum Products Catalyst	97.1	合成洗衣粉	Synthetic Detergent	100.9
其他催化剂	Other Catalysts	83.7	甘油	Glycerol	55.8
塑料增塑剂	Plastic Plasticizer	81.8	洗面奶	Cleansing Facial Milk	100.0
橡胶防老剂	Rubber Antioxidant	73.8	牙膏	Toothpaste	103.6
乳化剂	Emulsifier	95.2	香精	Flavor	107.7
印染助剂	Printing and Dyeing Auxiliaries	87.2	香料	Spices	106.5
印染增白剂	Dyeing Brightener	63.7	火柴	Matches	99.5
粘合剂	Adhesives	99.4	咖啡因	Coffine	97.5
炭黑	Carbon Black	84.9	氢化可的松	Hydrocortisone	102.7
水泥添加剂	Cement Additives	104.7	乙酰螺旋霉素	Acetylspiramycin	100.0
引发剂	Initiator	91.2	葡萄糖酸钙	Calcium Gluconate	116.5
亚甲基二酸	Methylene Acid	100.3	头孢曲松	Ceftriaxone	97.3
稳定剂	Stabilizer	81.1	头孢哌酮	Cefoperazone	104.8
碳纤维	Carbon Fiber	99.7	新诺明	Sulfamethoxazole	102.0
羧甲基纤维素	Carboxymethyl Cellulose	99.7	其他化学药品原药	Other Former Drug Chemicals	94.5
油化学用品	Oil Supplies	98.1	新诺明	Sulfamethoxazole	108.5
皮革化学品	Leather Chemicals	100.0	氨苄青霉素	Ampicillin	101.3
表面剂	Surfactant	100.0	先锋	Vanguard	96.4
有机合成化学品	Synthetic Organic Chemicals	82.9	罗红霉素	Roxithromycin	100.0
建筑防水剂	Construction Waterproofing Agent	90.2	布洛芬	Ibuprofen	100.0
爆剂冻剂	Blasting Agent Freezing Agent	80.1	氟哌酸	Norfloxacin	100.0
卷烟专用增塑剂	Cigarette Dedicated Plasticizer	99.5	氧氟沙星	Ofloxacin	100.0
炸药	Explosives	123.6	丁胺卡那霉素	Amikacin	98.5
雷管	Detonators	130.1	环丙沙星	Ciprofloxacin	99.9

4-6 续表 8 continued

(上年=100) (Preceding Year=100)

产品名称	Product Name	指数 Index	产品名称	Product Name	指数 Index
冻干硫酸妥布霉素	Freeze-dried Tobramycin Sulfate	100.0	葡萄糖氯化钠注射液	Glucose Sodium Chloride Injection	99.0
阿莫西林胶囊	Amoxicillin	87.8	眼鼻滴剂	Nose Drops	100.0
土霉素片	Oxytetracycline Tablets	126.2	钙	Calcium	101.2
依托红霉素片	Relying on Erythromycir Tablets	93.3	虫草菌粉	Cordyceps Sinensis Powder	101.4
			螺旋藻	Spirulina	100.0
诺氟沙星胶囊	Norfloxacin Capsules	99.6	刺五加片	Acanthopanax Tablets	100.7
注射用青霉素钠	Penicillin Sodium for Injection	99.8	六味地黄丸	Liuweidihuang Pill	95.5
注射用庆大霉素	Gentamicin Injection	97.8	心可舒片	Xinkeshu Tablets	100.0
注射用头孢唑啉钠	Cefazolin Sodium Injection	99.6	感冒冲剂	Cold Infusion	104.8
氯化钾注射液	Potassium Chloride Injection	101.6	板蓝根冲剂	Banlangen Granule	100.6
去痛片	CompoundAminopyrineTablets	100.0	排石冲剂	Paishi Granules	100.0
感冒药	Cold Medicine.	100.0	藿香冲剂	Agastache Powder	100.0
硫酸奈替米星	Netilmicin Sulfate	99.8	银翘解毒冲剂	Yinqiaojiedu Granules	98.6
甲硝唑	Dimetridazole	97.5	银屑冲剂	Yinxie Granules	100.0
硫酸庆大霉素	Gentamicin Sulfate	98.6	稳心颗粒	Wenxin Granules	103.2
利巴韦林针剂	Ribavirin Injections	80.8	复方大青叶合剂	Compound Daqingye Mixture	101.0
乙酰螺旋霉素	Acetylspiramycin	87.0	阿胶	Ejiao	111.9
头孢氨苄胶囊	Cephalexin Capsules	98.7	阿胶三宝膏	Plaster Ejiao Treble	100.0
维生素	Vitamin	98.1	胶质药品	Glial Drugs	100.0
复合维生素	Compound Vitamin	94.6	牛黄解毒片	Niuhuangjiedu Tablets	82.0
维生素注射液	Vitamin Injection	95.1	丹参片	Salvia Tablets	105.1
降压药	Antihypertensive Agents	100.2	消食片	Xiaoshi Tablets	122.9
心血管制剂	Cardiovascular Agents	104.9	咽喉含片	Cydiodine Buccal Tabiets	91.5
阿米卡星	Amikacin	99.9	抗炎胶囊	Anti-inflammatory Capsules	135.0
脑血管用药	Cerebral Vascular Drug	105.6	解毒胶囊	Detoxification Capsules	121.7
甘露醇	Mannitol	78.8	溶栓胶囊	Thrombolysis Capsules	107.6
阿斯匹林	Aspirin	88.9	妇炎净胶囊	Fuyanjing Capsules	104.6
安乃近	Analgin	103.8	养阴降压胶囊	Yangyin Buck Capsules	100.0
扑热息痛	Paracetamol	97.2	新复方大青叶药片	New Compound Daqingye Pills	100.0
氨茶碱	Aminophylline	100.0	快胃片	Fast Gastric Tablets	100.0
气雾剂	Aerosol	97.2	养心氏	Yangxinshi	100.0
胃药	Medications	100.0	双黄莲注射液	Double Embarrassment Injection	100.0
肠炎药	Enteritis Medicine	100.9	伤湿止痛膏	Mussels	100.7
利胆酸	Li Acid	95.5	麝香壮骨膏	Muskiness Bone-strengthen Plaster	100.6
盐酸黄连素	Berberine Hydrochloride	101.1	麝香痔疮膏	Musk Hemorrhoids Ointment	100.0
格列齐特	Gliclazide	116.4	霍香正气水	Huoxiang Zhengqi Liquid	86.4
美吡达	Geliebiqinpian	99.7	儿童清肺口服液	Children Qingfei Oral Liquid	100.3
痔疮栓	Hemorrhoids Shuan	99.9	肝泰乐粉	Glucurolactone Powder	91.1
盐酸二甲双胍	Metformin Hydrochlcride	97.6	妇科用药	Gynecological Medicine	103.5
注射用盐水	Brine Injection	101.3	鸡瘟苗	Chicken Vaccine	99.0
葡萄糖	Glucose	89.5	猪瘟苗	Swine Vaccine	100.0

4-6 续表 9 continued

(上年=100) (Preceding Year=100)

产品名称	Product Name	指 数 Index	产品名称	Product Name	指 数 Index
兽用破伤风	Veterinary Tetanus	100.4	轿车外胎	Car Tire	100.5
盐酸强力霉素	Hydrochloric Acid Doxycycline	99.0	农用车轮胎外胎	Agricultural Vehicle Tire Tire	90.6
动物用药粉	Animal Drug Powder	100.4	工程轮胎外胎	Works Tire Tire	94.9
兽用青霉素	Veterinary Penicillin	99.8	载重汽车内胎	Truck Tubeless	97.3
止痢宝	Zhilishen Po	106.9	农用车内胎	Fetal Farm Vehicle	96.3
氯苯胍片	Film Robenidine	100.0	手推车外胎	Trolleys Tire	95.0
动物用安基比林	Animal on Kay Than Lin	105.2	自行车外胎	Bicycle Tire	100.8
流感疫苗	Flu Vaccinations	100.0	自行车内胎	Bicycle Inner Tube	98.6
甲肝疫苗	Hepatitis A Vaccine	100.0	橡胶运输带	Rubber Transport Belt	97.5
白蛋白	Albumin	100.0	橡胶胶管	Rubber Hose	99.1
注射丙球	Injection C	100.0	工业胶板	Industrial Plastic Sheet	98.5
惠尔血	Filgrastim	100.0	橡胶三角带	Rubber Triangle Zone	101.2
胞磷胆碱钠针	Citicoline Sodium Needle	100.0	其它橡胶制品	Other Rubber Products	99.7
甲壳素	Chitin	94.9	多契带	Polywedge Bet	82.0
药棉	Cotton Wool	88.3	橡胶布	Rubber Cloth	106.4
药用胶囊	Drug Capsules	93.8	胶辊	Cots	100.9
医用口罩	Surgical Mask	90.9	橡胶密封件	Rubber Seals	98.5
脱脂棉纱	Skim Cotton Yarn	94.2	其他橡胶件	Other Pieces of Rubber	99.9
脱脂绷带	Skim Bandage	95.6	插接件	Connectors	102.1
医用胶布	Medical Proof Fabric	99.9	橡胶护套	Rubber Sheathing	99.9
过滤线	Filter Line	90.9	胶嘴	Plastic Mouth	74.3
化纤用浆粕	Chemical Fiber With Pulp	90.8	再生胶	Renewable Plastic	99.4
粘胶纤维	Viscose Fiber	94.5	工业手套(普通)	Industrial Gloves (ordinary)	99.2
二醋纤维	Two Vinegar Fiber	108.5	医用手套	Medical Gloves	106.6
纤维素	Cellulose	98.4	避孕套	Condoms	94.8
锦纶长丝	Nylon Filament	100.0	橡胶鞋	Rubber Shoes	100.0
锦纶加弹丝	Polyester Staple	77.5	布面胶鞋	Cloth Shoes	104.8
涤纶短纤维	Polyester Spun	94.4	橡胶水坝	Rubber Dam	95.5
涤纶长丝	Polyester Filament	81.4	其他橡胶制品	Other Rubber Produts	100.0
涤纶全牵伸丝	Polyester FDY	77.9	聚氯乙烯薄膜	PVC Film	96.0
涤纶线	Polyester Thread	85.5	聚乙烯薄膜	Polyethylene Film	88.4
丙纶短纤维	Roy Staple Fiber	96.0	聚丙烯制品	Polypropylene Products	88.9
丙纶长丝	PP Filament	81.0	塑料食品袋	Plastic Bags of Food	101.7
聚丙烯丝束	Polypropylene Fiber	85.4	食品包装用膜	Food Packaging Films	106.8
复合短纤维	Short Fiber Composites	100.2	BOPP薄膜制品	BOPP Film Products	80.0
摩托车外胎	Motorcycle Tire	101.4	塑料增强布	Plastic Enhance Cloth	96.2
载重汽车外胎	Truck Tire	93.8	塑料袋	Plastic Bags	80.1
轻型载重汽车外胎	Light Truck Tire	95.2	塑料门窗	Plastic Windows and Doors	99.9

4-6 续表 10 continued

(上年=100) (Preceding Year=100)

产品名称	Product Name	指 数 Index
聚氯乙烯异型材	PVC Profile	98.3
聚乙烯管材	Polyethylene Pipes	91.6
铝塑板	APCP Board	106.6
PVC制品	PVC Products	93.9
ABS型材	ABS Profile	105.1
PP制品	PP Products	100.0
PPR制品	PPR Products	93.4
聚丙烯型材	Polypropylene Structural Section	76.9
聚氯乙烯管材	PVC Pipe	100.6
PS板材	PS Plate	100.0
排水管件	Drainage Fittings	99.9
PE制品	PE Products	94.9
聚丙烯编织袋	Polypropylene Bags	97.3
聚丙烯打包带	Packaged With Polypropylene	83.9
聚氯乙烯包装	PVC Packing	98.5
聚乙烯编织袋	Polyethylene Bags	92.1
聚乙烯绳	Polyethylene Rope	81.1
聚丙烯编织布	Polypropylene Wcven	88.2
聚乙烯线	Polyethylene Line	92.2
紧密袋	Close Bag	78.8
聚乙烯编织布	PE Woven	83.9
泡沫塑料	Foam	99.2
组合聚醚(海绵)	Combination Polyether (Sponge)	95.0
泡沫板材	Bubble Plates	99.9
人造革	Leatherette	99.0
合成革	Synthetic Leather	94.2
塑料篷布	Plastic Car	100.0
塑料周转箱	Plastic flow Box	70.6
塑料桶	Plastic Barrels	94.6
塑料软包装	Plastic Flexible Package	99.4
塑料瓶	Plastic Bottles	94.0
塑料塞、盖	Plastic Cypriots, Covered	88.1
电子产品用零配件	Machinery Plastic Parts	100.0
其它塑料零配件	Electronic Products With Spare Parts	94.0
塑料窗板、帘具	Plastic Shutters and Curtain Tool	95.7
其它塑料日用杂品	Daily Sundry Other Plastic	99.3
其它制品	Other Products	99.5
普通硅酸盐水泥(回转窑)	Ordinary Portland Cement	102.2
矿渣硅酸盐水泥(回转窑)	Slag Portland Cement	98.5
复合硅酸盐水泥	Portland Cement Composites	95.6
普通硅酸盐水泥(立窑)	Ordinary Portland Cement	97.4
矿渣硅酸盐水泥(立窑)	Portland Slag Cement	89.8
特种水泥	Special Cement	120.0
熟料	Clinker	94.2
石灰	Lime	107.3
钢筋混凝土压力管	Reinforced Concrete Pipe	103.6
钢筋混凝土排水管	Reinforced Concrete Drain	103.0
水泥电杆	Cement Pole	98.9
水泥轨枕	Cement Sleeper	101.9
水泥砖	Cement Block	96.4
水泥瓦	Cement Tile	93.3
混凝土	Concrete	102.3
重型管	high Tube	97.1
水泥预制构件	Cement Prefabricated Units	95.6
石棉水泥瓦	Asbestos-cement Tile	101.4
加气混凝土制品	Aerated Concrete Products	95.0
石膏板	Gypsum Board	100.2
粘土砖	Clay Brick	98.9
页岩砖	Shale Brick	106.3
瓦	Watts	94.4
空心砖	Hollow Brick	99.2
釉面砖	Glazed Tiles	100.0
墙砖	Wall	100.6
地砖	Slabs	104.9
陶瓷管道	Ceramic Pipes	99.4
大理石板材	Marble Plate	91.4
花岗岩板材	Granite Plates	98.9
微晶石	Microcrystal Stone	100.0
人造高分子水晶石	Man-made High Polymer Rockcrystal	58.8
油毡	Felt	100.3
保温材料稀土	Insulation Materials RE	100.0
稀土保温涂料	Rare Earth Heat Insulation Material	98.8
复合保温毡	Composite Thermal Insulation Blankets	109.8
其它隔热和隔音材料	Noise Insulation and Other Materials	107.7
釉土	Glaze Earth	105.9
平板玻璃	Flat Glass	99.4
玻化砖	Vitrified Tile	102.0
压延玻璃	Calendar Glass	93.9

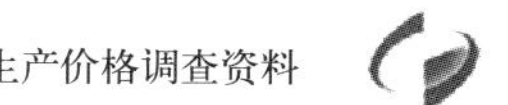

4-6 续表 11 continued

(上年=100)　　(Preceding Year=100)

产品名称	Product Name	指数 Index	产品名称	Product Name	指数 Index
钢化玻璃	Toughened Glass	88.8	石棉橡胶板	Asbestos Rubber Plate	107.1
弯型夹层	Bend-dissection	100.0	石棉刹车片	The Asbestos Brake Pads	92.1
有机玻璃	Plexiglass	99.8	转炉补炉料	Bof Meeting Burden	89.8
中空玻璃	Insulating Glass	97.3	石棉汽缸垫板	Asbestos Cylinder Pad	100.0
其他玻璃制品	Other Glass Products	117.7	电子管云母片	Mica Tablet Tube	100.7
制镜玻璃	System Mirror Glass	100.0	耐火砖	Firebrick	103.7
镀膜玻璃	Coated Glass	102.1	其他耐火材料	Other Refractories	106.4
光学镜片	Optical Lens	100.0	钢包浇注料	Refractory Carstables for Ladles	95.3
药用玻璃瓶	Medicinal Bottles	103.1	坩埚	Crucible	100.0
输液瓶	Infusion Bottle	100.2	陶纤制品	Tao Fiber Products	92.4
试剂瓶	Reagents Bottles	100.0	普通功率石墨电极	Ordinary Power Graphite Electrodes	69.2
玻璃口杯	Glass Cups	98.0	高功率石墨电极	High-power Graphite Electrodes	90.1
玻璃瓶	Bottles	100.7	石墨制品	Graphite Products	101.2
钢化玻璃制品	Toughened Glass Products	101.6	炭素制品	Carbon Products	120.4
玻璃管	Glass Tube	99.5	其他制品	Other Products	88.7
工艺陶瓷	Art Porcelain	106.0	其它炭素制品	Other Carbon Products	60.6
保温瓶	Vacuum Flask	87.0	碳阳极	Carbon Anodes	89.8
玻璃纤维布	Glass Fiber Cloth	98.7	磨料	Abrasive	88.1
玻璃纤维纱	Glass Fiber Yarn	94.6	磨具	Abrasives	105.4
其他玻璃纤维制品	Other Fiberglass Products	94.9	工业硅	Industrial Silicon	83.9
玻璃球	Glass Ball	100.0	硅胶	Silica Gel	89.4
玻璃纤维板	Glass Fibreboard	100.0	石粉	Powder	100.7
玻璃钢管材	Fiberglass Pipe	97.2	人造刚石	Just Artificial Stone	100.0
玻璃钢管道	FRP Pipe	100.0	生铁	Pig Iron	79.0
装饰门玻璃	Decorative Door Glass	91.4	普碳钢坯	Blank Plain Carbon Steel	85.5
大便器	Astool	99.9	优质碳结钢坯	High-quality Carbon Steel Bi-llet end	80.7
小便器	Urinals	100.0	钢锭	Ingot	90.5
洗面器	Wash -Tool	92.6	钢球	Ball	99.7
高压绝缘子	High Voltage Insulator	105.9	重轨	Heavy Rail	61.7
其他工业电气陶瓷	Other Industrial Electrical Ceramics	100.1	普通大型钢材	Ordinary Large Steel	82.1
陶瓷脱水元件	Electric Porcelain Pull rod	93.5	普通中型钢材	Ordinary Medium-sized Steel	80.8
陶瓷碗	Ceramic Bowl	99.7	普通小型钢材	Ordinary Small Steel	85.8
陶瓷盘	Ceramic Disc	109.7	优质型钢材	Quality of Steel	86.2
陶瓷杯	Ceramic Cup	108.1	线材	Wire	81.5
陶瓷酒瓶	Ceramic Bottle	100.0	中厚钢板	In the Thick Plate	80.6
中餐套具	Chinese Meal Kits	105.3	薄钢板	Steel Sheet	90.2
普通石棉布	Plain Asbestos Cloth	99.2	硅钢片	Silicon Steel Sheet	96.0

4-6 续表 12 continued

(上年=100) (Preceding Year=100)

产品名称	Product Name	指数 Index	产品名称	Product Name	指数 Index
钢带	Strip	82.9	H型钢	H-beam	73.1
无缝钢管	Seamless Steel Tube	86.5	各种金属柱、板、杆、	Various Metal Column Plate,	99.7
焊接钢管	Welded Steel Pipe	88.1	棒、架	Rod, Bar	
锰钢铸件	Manganese Steel Castings	102.9	金属模具	Metal Mold	100.0
铁合金	Ferroalloy	82.7	拉线抱箍++拉线抱箍	Guyed Hold Hoop + +	80.9
铜	Copper	73.8		Cable Adopt Hoop	
粗铜	Blister Copper	85.5	钢门	Steel Doors	95.9
锌	Zinc	68.2	铝合金门	Aluminum Doors	109.2
氧化铝	Alumina	76.7	防盗门	Security Doors	115.5
铝	Aluminum	83.1	钢窗	Windows	97.8
镁	Magnesium	97.5	铝合金窗	Aluminum Window	100.5
黄金及冶炼产品	Gold and Smelting Products	108.8	金属栏索	Metal Bar Cable	100.0
白银	Silver	98.8	钻头	Bits	104.3
钨	Tungsten	109.3	铣刀	Cutter	100.0
钼	Molybdenum	66.1	丝锥	Taps	92.9
金属铈	Metal Cerium	110.9	滚刀	Hob	98.4
铜合金	Copper Alloy	81.5	板手	Plate Hand	99.6
铝合金	Aluminium-alloy	85.5	钳	Clamp	93.2
硬质合金	Hard alloy	95.0	锤	Hammer	101.4
紫铜材	Purple Copper	78.8	斧头	Axes	100.8
黄铜材	Copper Huang	85.5	钎具	Abrazing	102.6
铝成品材	Aluminum Finished Wood	80.8	锯	Saw	97.1
铝合金成品材	Aluminum Finished Wood	88.2	剪枝剪	Pruning Shear	100.4
铝箔	Aluminum Foil	94.3	民用剪刀	Civilian Scissors	100.0
铝膜	Aluminum	89.2	集装箱	Container	103.8
铝塑型材	Apcp Profile	90.1	钢制容器	Steel Containers	98.0
铝塑板	Apcp Board	92.9	其它钢制容器	Other Steel Containers	97.1
涂层铝卷	Coating Aluminum Roll	93.6	易拉罐	Apop Can	109.6
钨材	Tungsten Wood	100.5	金属桶	Metal Drums	97.9
钼材	Mo Wood	55.9	金属瓶盖	Metal Bottle	99.8
钢结构屋架	Steel Roof Truss	93.7	无氟压缩机壳体	Shell Fluorine-free	95.1
电缆桥架	Cable Bridge	100.0		Compressors	
线路用钢担	Steel Said Lines	94.4	彩印金属铁及制品	Printing Iron and Metal	94.3
输变电铁塔	The Power Transmission Tower	101.8		Products	
钢构件	Steel Components	87.1	钢丝	Wires	92.9
金属网架	Metal Grid	92.1	钢丝绳	Wire Rope	97.9
钢结构	Steel	101.3	铁丝	Wire	92.2
金属栏网及配件	Network-level Metal Accessories	106.4	元钉	Yuan Nails	93.0
	Column		金属网	Metal	103.0

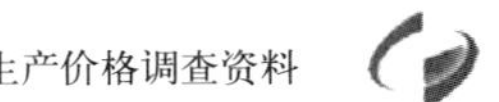

4-6 续表 13 continued

(上年=100) (Preceding Year=100)

产品名称	Product Name	指 数 Index	产品名称	Product Name	指 数 Index
锁制品	Lock Products	97.8	柴油机	Diesel Engine	102.7
合页	Hinge	100.5	汽油机	Diesel Engine	100.5
铸铁管	Cast Iron Pipe	84.4	内燃机零部件及配件	Engine Parts and Accessories	102.0
暖气片	Heating Tablets	100.0	车床	Lathe	102.0
铸铁件	Iron Castings	96.1	铣床	Milling Machine	101.2
弯头管	The Elbow	92.3	磨床	Grinder	100.4
阻火圈	Fire Stopping Collar	112.0	刨床	Planer	101.9
消防栓	Fire Hydrant	116.9	钻床	Driller	99.8
晾衣架	Drying Rack	99.8	镗床	Boring Machine	99.0
金属电镀	Metal Plating	89.8	数控车床	CNC lathe	99.3
金属表面喷涂	Spray Metal Surface	99.9	数控铣床	CNC Milling Machine	99.0
搪瓷反应锅	Enamel Reaction Vessel	93.3	数控加工中心	CNC Machining Center	101.4
搪瓷浴盆	Enamel Bathtub	77.1	金属锯床及刻线机床	Metal Sawing Machine and Groove Machine	104.2
面盆	Sprinkle	93.1			
口杯	Kids	97.1	其它机床	Other Groove Machine	100.7
搪瓷碗盘	Tangciwan Disc	87.9	机械压力机	Mechanical Press	97.4
汤盆	Soup Plate	98.8	剪切机	Shearing Machine	93.3
工作台	Table	97.5	铸造设备	Foundry Equipment	100.0
压力锅	Pressure Cooker	110.3	焊灯	Welding Lights	
不锈钢菜刀	Stainless Steel Kitchen Knife	97.5	机床附件	Machine Annex	99.0
不锈钢勺	Stainless Steel Spoon	98.9	其他金属加工机械制品	Other Metal Processing Machinery Products	100.0
不锈钢加热设备	Stainless Steel Heating Equipment	100.0			
不锈钢西餐具	West Stainless Steel Cutlery	96.6	桥式起重机	Bridge Crane	104.6
不锈钢锅	Poyke Pot	100.0	汽车起重机	Truck Crane	102.3
织针	KN	99.5	千斤顶	Jack	107.2
电焊条	Welding Electrodes	94.5	塔式起重机	Tower Crane	103.6
焊丝	Wire	89.4	履带起重机	Caterpillar Crane	100.0
焊剂	Welding Flux	100.7	电梯	Elevator	96.6
冲压件	Stamping	99.4	叉车	Forklift	98.3
链条炉排锅炉	The Chain Grate Boiler	104.3	各种工矿车	Various Mining Trucks	86.7
热水锅炉	Hot Water Boiler	98.9	输运机械	Transport Machinery	90.6
电站锅炉	Utility Boilers	93.6	搅拌机	Mixer	93.3
锅炉辅机	Auxiliary Boiler	100.5	机械立体仓库、车库	Machinery Warehouse, Garage	114.2
电站锅炉辅助设备	Boiler Auxiliary Equipment	98.5	其它起重设备	Other Lifting Equipment	101.8
微压锅炉	Micro-pressure Boiler	101.0	离心式清水泵	Centrifugal Pump	98.9
自控锅炉	Boiler Controls	100.0	深井泵	Deep Well Pump	100.0
卧式燃油(气)锅炉	Horizontal Fuel (gas) Boilers	112.3	轴流泵	Axial Flow Pump	100.0
工业锅炉辅助设备	Industrial Boiler Auxiliary Equipment	97.4	叶片泵	Vane Pump	92.3

4-6 续表 14 continued

(上年=100) (Preceding Year=100)

产品名称	Product Name	指 数 Index	产品名称	Product Name	指 数 Index
齿轮泵	Gear Pump	104.2	其它电动工具	Other Power Tools	116.5
油泵	Pumps	100.1	焊机	Welder	95.0
液压泵	Hydraulic Pump	99.5	砂轮机	Grinder	72.2
油缸	Fuel Tanks	96.9	气动工具	Pneumatic Tools	96.2
潜水泵	Submersible Pump	93.1	地上衡	Land Value	96.5
专用泵	Special Pump	99.3	地中衡	The Value of	83.5
其它泵	Other Pump	103.5	台秤	Taiwan Scale	101.7
气体压缩机	Gas Compressor	98.8	案秤	Weigh-in	93.6
制冷压缩机	Refrigeration Compressors	93.2	减速机械	Mechanical Slowdown	96.4
阀门	Valves	104.0	真空干燥机	Dryer	100.0
其它阀门	Other Valves	102.7	分离机	Separators	100.0
气缸	Cylinder	100.3	过滤机	Filter	100.0
液压马达	Hydraulic Motors	100.8	滚子	Roller	99.9
气动元件、附件	Pneumatic Components, Annex	93.6	螺钉	Screw	102.2
液压举升机	Hydraulic Lift	102.3	螺栓	Bolt	95.9
法兰盘	Flange	93.5	铆钉	Rivet	93.6
轴承	Bearing	97.9	螺母	Nut	94.0
轴承零配件	Bearing Parts	97.4	弹簧垫	Spring Pad	100.0
工业链条	Industry Chain	99.6	弹簧	Spring	100.9
船用链条	Marine Chain	85.2	机械零部件加工	Mechanical Processing Components	101.3
轻型车齿轮	Light Vehicle Gear	95.9			
摩托车齿轮	Motorcycle Gear	100.0	标准件	Standard Parts	99.1
汽车齿轮	Car Gear	98.7	滚珠丝杠	Ball Screw	100.0
农用车齿轮	Agricultural Vehicles Gear	96.1	其它通用零部件	Other GM Parts	97.7
工程机械齿轮	Engineering Machinery Gear	87.0	油马达	Motor Oil	103.3
内燃机齿轮	Engine Gear	93.1	铸铁件	Iron Castings	99.7
其他齿轮	Other Gears	99.8	铸钢件	Steel Castings	101.1
电炉	EAF	103.9	不锈钢铸件	Stainless Steel Castings	85.7
烘炉	Ovens	100.0	摩擦片	Friction Tablets	95.8
鼓风机	Blower	95.5	锻件	Forging	97.8
离心通风机	Centrifugal Fan	95.3	粉末冶金制品	Powder Metallurgy Products	96.9
冷冻设备	Refrigeration Equipment	104.6	采煤机械	Mining Machinery	98.9
空调机	Air Conditioners.	92.9	刮板运输机	Scraper Transport Planes	101.3
热交换器	Heat Exchanger	101.8	液压支架	Hydraulic Support	113.4
制冷、空调设备零件	Refrigeration, Air-conditioning Parts	99.9	破碎、筛分机械	Broken Screening Machinery	95.2
其他空调机制冷设备	Other Mechanisms Cold air Conditioning Equipment	100.4	选矿设备	Mineral Processing Equipment	99.7
列车空调机组	Train air Conditioning Units	101.8	装载机	Loader	103.3
电钻	Electric Drill	92.5	顶梁	Cap	100.0

4-6 续表 15 continued

(上年=100) (Preceding Year=100)

产品名称	Product Name	指 数 Index
锚杆	Bolting	112.7
采矿机配件	Mining Machine Accessories	96.1
油井设备	Wells Equipment	99.7
抽油机	Pumping Unit	100.8
泥浆泵	Mud Pump	94.0
螺杆钻	Screw Drill	101.0
加重钻杆	Add Drill Pipe	97.0
石油专用设备部件	Oil Special Equipment Components	92.9
挖掘机	Excavator	100.5
压路机	Roller	97.6
推土机	Bulldozers	102.3
混凝土搅拌机	Concrete Mixers	95.4
沥青混凝土摊铺机	Asphalt Paver	100.0
建筑升降机	Construction Lifts	98.5
混凝土配料机	Concrete Batching Machine	97.7
研磨设备	Grinding Equipment	99.6
水泥设备	Cement Equipment	100.9
玻璃机械	Glass Machinery	98.8
炼铁设备	Ironmaking Equipment	86.4
炼钢设备	Steel-making Equipment	104.2
化工专用设备	Chemical Special Equipment	87.4
橡胶加工机械	Rubber Processing Machinery	100.3
塑料注射成型机	Plastic Injection Molding Machine	92.2
塑料挤出机组	Plastics Extrusion Unit	102.1
其它塑料工业设备	Other Plastic Industrial Equipment	103.4
带锯机	Band Saw	99.5
木工刨铣床	Woodworking Shaver Milling Machine	95.3
其它木工加工机械	Other Woodworking Machinery Processing	89.9
人造板加工设备	Panel Processing Equipment	102.2
模具	Mold	92.0
食品蒸煮均质机械	Cooking Food Heterogeneity Machinery	91.3
饮食炊事机械	The Catering Kitchen	101.4
酿酒设备	Brewers Equipment	101.7
碾米机	Milling Machine	100.7
磨粉机	Milling Machine	99.6
榨油机	Press	107.6
清理机械	Cleaning Machinery	101.3

产品名称	Product Name	指 数 Index
其它粮油加工机械	Other Grain and Oil Processing Machinery	94.1
饲料工业机械	Feed Industrial Machinery	98.5
造纸机	Paper Machine	100.4
制浆洗浆设备	Pulp Pulp Washing Equipment	106.0
造纸完成机械	Paper Completed Machinery	107.1
其它造纸设备	Other Papermaking Equipment	102.4
装钉机械	Sewing Machinery	94.7
胶印机	Offset Press	95.3
造纸印刷用切纸机械	Cutter Mechanical Printing Paper Used	101.7
配页机	Allocation of Page	100.0
其他印刷专用设备	Special Equipment Printing	100.6
日用化工设备	Daily Chemical Equipment	103.8
药品制剂机械	Drugs Agents Machinery	107.9
其它制药机械	Other Pharmaceutical Machinery	107.0
玻璃加工设备	Glass Processing Equipment	100.0
棉纺织机械	Textile Machinery	101.8
毛纺织机械	Wool Textile Machinery	101.5
染整机械	Dyeing and Finishing Machine	100.0
制革机械	Tanning Machinery	98.4
清洁、熨烫器具	Clean, Ironing Apparatus	123.3
其他机电专用设备	Other Mechanical and Electrical Appliance	100.0
轮式拖拉机	Wheeled Tractor	112.6
小型拖拉机	Small Tractors	101.2
农用运输车类	Farm Vehicles Category	106.8
机引犁、耙	Machine Primer Plow, Harrow	103.9
机动脱粒机	Mobile Thresher	103.2
收割机	Harvesters	107.8
旋耕机	Rotary Machine	100.0
粉碎机	Disintegrator	101.2
农林机械	Agriculture and Forestry Machinery	103.4
喷雾机	Spray Machine	100.0
饲草收割设备	Forage Harvest Equipment	100.8
拖拉机配件	Sterilization	101.1
割草刀	Cutting Knife	101.0
消毒设备	Disinfection Equipment	105.0
诊断器械	Diagnostic Devices	100.9
注射器	Syringe	100.7
牵引床	Traction Bed	99.9

4-6 续表 16 continued

(上年=100) (Preceding Year=100)

产品名称	Product Name	指数 Index	产品名称	Product Name	指数 Index
假肢	Prosthetics	100.0	船用配套设备	Marine Equipment	91.7
除尘器及净化设备	Precipitator and Purification Equipment	100.8	船舶修理及拆船	Ship Repair and Shipbreaking	92.7
其它环境污染防治设备	Other Environmental Pollution Control Equipment	93.5	飞机制造及修理	Aircraft Manufacturing and Repair	100.0
除铁净水设备	Iron and Water Purification Equipment	96.0	金属标牌	Metal Plate	98.8
污水处理设备	Sewage Treatment Equipment	100.0	手推车	Trolleys	96.2
其它环境污染防治设备	Other Environmental Pollution Control Equipment	96.7	一般交流发电机	General Alternator	105.3
钻机	Drill	101.6	各种发电机组	Various Units	96.1
穿孔机	Piercer	111.9	直流电机	DC Motor	112.5
公安消防设备	Police Fire Equipment	97.2	汽轮发电机	Turbogenerator	99.2
供水设备	Water Supply Equipment	103.7	交流电动	Electric Exchange	98.1
硬席座车	Locomotives	99.3	分马力电机	Sub-hp Motor	98.9
货车(标准轨距)	Lorry (standard gauge)	87.9	其它各种电动机	All Other Motor	96.3
其它车组	Other EMU	100.0	电机配件	Motor Accessories	98.0
铁水车	Hot Metal Cars	100.0	控制、驱动微电机	Control of Micro-motor Drives	89.2
机车配件	Motorcycle Accessories	89.9	油泵电机	Pump Motor	100.0
配件	Accessories	99.9	磁电机	Magneto	88.2
载货汽车	Truck	98.6	洗衣机电机	Washing Machine Motor	86.4
越野汽车	Off-road Vehicle	102.4	变压器	Transformer	96.1
一般自卸汽车	Truck	106.6	互感器、避雷器	Transformers, Surge Arresters	96.7
客车	Off-road Vehicle	101.0	变频器	Inverter	100.5
轿车	Truck	94.9	稳压电源	Regulated Power Supply	109.0
专用汽车	Off-road Vehicle	107.9	变压器配件	Transformer Parts	100.0
改装汽车	Modified Cars	100.7	增压器	Supercharger	94.5
汽车车身	Auto Body	105.6	断路器	Circuit Breaker	98.8
挂车	Trailers	97.6	开关柜	Switchgear	99.4
挂车配件	Trailer Accessories	99.2	开关设备	Switchgear	99.8
车厢	Compartments	102.2	控制、配电箱(台、柜)	Control and Power Distribution Box (Taiwan, counter)	98.5
汽车配件	Auto Parts	99.0	熔断器	Fuse	100.0
汽车修理	Auto Repair	99.2	照明箱	Lighting Boxes	96.1
二轮摩托车	Two Motorcycle	102.6	避雷针	Lightning Rod.	107.5
三轮摩托车	Three-wheeled Motorcycle	102.6	开关板	Switch Plate	108.4
摩托车配件	Motorcycle Accessories	99.8	电度表箱	Meter Box	99.7
自行车	Bicycles	96.7	电源设备	Power Equipment	97.9
电动自行车	Electric Bicycle	97.2	输电与控制设备	Transmission and Control Equipment	101.6
货轮	Freighter	110.1	裸铜线	Bare Copper	82.0
油(气)轮	Oiler	100.0	钢芯铝绞线	Acsr	74.5
客货轮	Passenger and Cargo Ship	100.0	布电线	Cloth Wires	82.2
拖、驳船	Trailers, Barges	105.7	裸铝线	Bare Wire	84.0
其它水面工作船	Other Surface Ship Work	97.7	漆包铜线(电磁线)	Enameling Copper (wire)	72.2
机动渔船	Fishing Vessel	131.5	电力电缆	Power Cable	82.1
			通讯电缆	Communication Cables	89.0

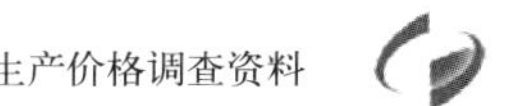

4−6 续表 17 continued

(上年=100) (Preceding Year=100)

产品名称	Product Name	指 数 Index	产品名称	Product Name	指 数 Index
架空电缆	Overhead Power Lines	93.7	汽车扬声器	Car Loudspeaker	108.6
组合电线	Composite Wire	95.2	中频电路	IF Circuit	100.0
安装电线缆	Installation of Electric Cable	78.9	载波通讯设备	Carrier Communication Equipment	82.0
光缆	Optical Cable	92.5	通用无线电通信设备	Universal Radio Communication Equipı	100.0
还阳板	Yang Also Plate	92.8	其它通信设备	Other Communications Equipment	75.9
其它绝缘制品	Other Insulation Products	101.0	数字程控交换机	Digital Program-Controlled Switches	96.8
线圈	Coil	97.1	传真机	Fax	99.8
电力金具	With the Power	90.9	电话单机	Telephone Single	105.3
蓄电池	Battery	93.7	移动通信(网)设备	Mobile Communications (network) Equipment	86.6
原电池(折手电池)	The Original Battery (folded hands battery)	95.4	配线分线设备	Wiring-line Equipment	100.1
锂电池	Lithium Batteries	89.8	移动电话配件	Mobile Phone Accessories	90.8
电池配件	Battery Accessories	148.6	电缆挂钩	Cable Link	109.8
镍镉电池	Nickel-cadmium Batteries	100.0	雷达	Radar	100.0
蓄电池配件	Battery Accessories	85.1	卫星广播电视设备	Satellite Radio and Television Equipment	113.3
家用电冰箱	Household Refrigerators	97.5	扬声器	Loudspeaker	97.7
家用冷藏冷冻箱	Frozen Boxes of Household Refrigeration	97.9	广告机	Advertisementer	92.6
房间空调器	Room Air Conditioner	99.6	电视机荫罩	Television Mask	68.8
中央空调	Central Air conditioning	99.8	计算机	Computer	94.5
电饭锅	Rice Cooker	100.0	PC机	PC	93.8
电烤(蒸)箱	Roast (steamed) Box	98.7	网络终端	Network Terminal	101.2
食品加工机	Food Processing Machine	100.0	计算机显示终端设备	Computer Display Terminal Equipment	102.8
家用洗衣机	Domestic Washing Machines	100.8	打印机	Printers	100.6
电热水器	Electric Water Heaters	107.1	其它计算机外部设备	Other External Computer Equipment	96.7
洗衣机专用配件	Washing Machines Dedicated Accessories	98.3	线揽调制解调器	Line Embrace Modem	97.4
燃气用具	Gas Appliances	98.3	发射管	Launcher Tube	118.3
太阳能热水器	Solar Water Heaters	96.9	半导体二极管	Semiconductor Diode	98.8
普通照明灯泡	General Lighting the Lamp	96.7	半导体三极管	Semiconductor Transistor	89.3
荧光灯	Fluorescent Lamp	99.9	半导体闸流管	Thyristor	99.5
节能灯	Energy-saving Lamps	100.0	集成电路	IC	95.3
灯炮头	Lamp Head	99.4	电子调谐器	Electronic Tuner	95.9
汽车灯泡	Auto Bulb	99.4	LCD点阵	Dot Matrix LCD	100.0
霓虹灯管	Neon Tube	98.8	电阻器	Resistor	97.9
民用灯具	Civilian Lamps	99.9	电容器	Capacitors	107.5
工矿灯具	Mine Lamps	99.7	继电器	Relay	101.4
装饰用灯	Decorative Lights	99.6	电感元件	Inductive Components	95.1
其它灯具	Other Lamps	97.3	磁芯	Cores	97.9
电热管	Immersion Heater	100.0	电连接器	Electrical Connector	100.0
车辆专用照明及电气信号设备	Special Lighting and Electrical Vehicles Signal Equipment	95.4	电路板	Board	81.1
			彩色电视机	Color TV	87.1

4-6 续表 18 continued

(上年=100) (Preceding Year=100)

产品名称	Product Name	指数 Index	产品名称	Product Name	指数 Index
录像机	VCR	103.7	石刻	Rock Carving	100.0
电子系统	Electronic Systems	99.6	竹藤草工艺品	Handicrafts Bamboo Grass	100.6
其他	Other	99.3	其他编制品	Other Preparation Materials	98.2
漏电保护器	Leakage Protection Device	95.3	抽纱绣品	Merchants Kit	101.5
电子锁	Electronic Lock	100.7	刺绣工艺品	Embroidery Handicrafts	101.3
显示及调节仪表	Instrument Display and Conditioning	89.8	羊毛地毯	Wool Carpet	98.9
集中控制装置	Centralized Control Device	100.0	化纤地毯	Chemical Fiber carpet	95.5
调节器	Regulator	99.4	壁挂毯	Wall Tapestry	102.2
流量计	Flowmeter	95.0	丝织地毯	Silk Carpets	100.0
电度表	Power Meter	113.3	黄金首饰	Gold Jewelry	111.1
计量标准器具	Measurement Standards Apparatus	99.8	钻石	Diamonds	99.5
量规	Gauge	100.0	工艺玻璃	Glass Technology	120.1
温度计	Thermometer	114.5	工艺蜡烛	Candle Technology	95.1
电化学分析仪器	Electrochemical analysis Apparatus	95.8	人造花卉	Artificial Flowers	116.9
物位仪表	Level Meter	97.0	皮件工艺品	Leather Products	101.8
物理特性分析仪器	Physical Properties Analytical Instruments	96.1	发制品	Hair Products	95.7
色谱仪	Chromatography	102.8	镜制品	Mirror Products	89.6
天平砝码	Balance Weight	100.0	油漆刷	Paint Brush	99.3
金属材料试验机	Metal Material Testing Machine	102.4	猪鬃刷子	Bristle Brush	100.0
测力传感器	Load Cell	100.2	鬃	Bristle	100.0
动平衡机	Dynamic Balancing Machine	102.8	帐篷	Tents	97.5
水表	Water Meters	95.4	锁、链配件	Lock and Chain Accessories	96.0
汽车仪器仪表	Automobile Instrument	94.8	废生铁	Waste Pigiron	98.2
汽车用计价器	Automotive Meter	110.9	废塑料	Waste Plastics	99.7
安全用仪器	Safe Instrument	100.0	火力发电	Thermal Power	106.4
控制模块	Control Module	101.6	余热发电	Waste Heat Power	109.2
钟	Bell	100.6	电	Electricity	102.0
表	Table	111.1	热	Heat	118.8
钟表配件	Watches Accessories	108.1	蒸汽	Steam	129.7
自动旋光仪	Automatic Polarimeter	85.2	燃气生产	Gas Production	102.1
激光读取器	Laser Reader	100.0	煤气供应	Gas Supply	99.1
成形眼镜	Forming Glasses	100.0	液化气	LNG	102.8
投影仪	Projector	97.3	天然气	Natural Gas	103.2
油印机	Publishing	90.5	自来水	Tap Water	100.6
点钞机	Machines	98.5	污水处理	Sewage Treatment	108.2
商业收款机	Commercial Cash Registers	104.7	中水处理	Water Treatment	100.0

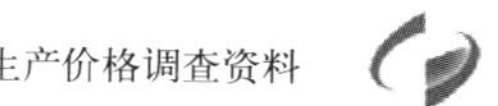

4—7　原材料、燃料、动力购进产品价格指数(2009年)

Indices of Purchasing Product Prices of Raw Materials,Fuels and Power(2009)

(上年=100)　　(Preceding Year=100)

产品名称	Name of Product	指　数 Indice	产品名称	Name of Product	指　数 Indice
水稻	Rice	106.9	猪鬃	Bristles	87.4
小麦	Wheat	108.2	家禽	Poultry	89.6
大麦	Barley	80.2	鸡蛋	Eggs	107.1
玉米	Maize	98.4	鸭蛋	Duck	100.3
谷子	Millet	100.0	活兔	Live Rabbits	117.1
高粱	Sorghum	94.9	兔皮	Rabbit Skin	121.4
黍子	Proso Millet	98.4	驴皮	Donkey Skin	125.0
土豆	Potato	88.5	海产品	Seafood	134.5
红薯	Sweet Potato	97.1	贝类	Shellfish	104.8
木薯	Cassava	84.4	海产品	Seafood	112.1
花生	Peanut	79.6	藻类	Algae	83.1
葵花籽	Sunflower	100.3	鲜鱼	Fresh Fish	112.4
芝麻	Sesame	99.5	羊毛	Wool	100.1
蓖麻	Ricin	94.4	兔毛	Rabbit Hair	97.9
大豆	Soybean	88.4	牛皮	Kraft	92.9
赤豆	Bean	95.1	羽绒	Down	88.9
豌豆	Pea	90.8	羊皮	Sheepskin	100.5
皮棉	Lint	89.2	猪皮	Pigskin	83.4
原棉	Raw Cotton	92.2	杂骨	Miscellaneous Bone	87.6
棉粕	Cottonseed Meal	95.7	棉籽	Cottonseed	90.9
棉短绒	Flax	104.7	菜粕	Rapeseed Meal	92.3
麻	Stevioside Dry Leaves	101.9	麦麸	Wheat Bran	101.4
甜菊干叶	Tobacco	102.5	麦杆	Wheat Straw	99.1
啤酒花	Seeds	70.2	米糠	Rice Bran	100.7
瓜子	Vegetables	96.9	鲜牛奶	Fresh Milk	94.4
蔬菜类	Vegetables	111.3	蚕茧	Cocoon	95.8
食用菌	Edible Fungi	98.2	果壳	Nutshell	94.2
水果	Fruit	106.9	麦秸辫	Wheat Straw Braid	122.6
茶叶	Tea	109.2	柞蚕茧壳	Antheraea Cocoon Shell	99.1
中药材	Chinese Herbal Medicines	98.9	稻壳	Rice Hull	114.0
加工用原木	Processing Logs	98.0	玉米芯	Cob	85.7
竹片	Bamboo Slice	99.9	无烟煤	Anthracite	102.1
橡胶	Rubber	73.7	烟煤	Bituminous Coal	99.1
沙棘果	Sea-buckthorn	99.8	洗精煤	Washed Coal	89.8
柳条	Wicker	97.6	洗粒级煤	Coal-washing Tablets	101.5
松油	Terpineol	122.7	洗混煤	Mixed Coal Washing	91.9
树枝	Branches	87.3	洗中煤	In the Coal Washing	111.8
藤	Vine	89.0	洗块煤	Wash Lump Coal	115.9
活羊	Live Sheep	102.3	筛选混末煤	Screening at the End of Coal Mixed	100.4
活牛	Live Cattle	103.1	筛选块煤	Screening of Lump Coal	92.5
生猪	Pigs	81.7	褐煤	Lignite	102.5

4-7 续表 1 continued

(上年=100) (Preceding Year=100)

产品名称	Name of Product	指数 Indice	产品名称	Name of Product	指数 Indice
煤泥	Slime	112.9	石粉	Powder	110.2
煤矸石	Gangue	103.4	硫铁矿	Pyrite	76.0
天然原油	Natural Oil	68.7	磷矿	Phosphorite	95.4
天然气	Natural Gas	111.4	天然碱	Boron Bromide	62.0
炼钢用铁矿石块	Steelmaking Iron Ore Block	82.3	硼矿	Boron Prospecting	100.0
炼铁用铁矿石块	Ironmaking Block with Iron Ore	83.4	硫精砂	Sulfur Fine Sand	98.8
铁精矿粉	Iron Concentrate Powder	58.1	冰晶石	Cryolite	71.8
锰矿石	Manganese Ore	94.3	海盐	Sea Salt	90.4
锰矿粉	Manganese Powder	59.9	矿盐	Mineral	86.0
铅精粉	Lead Powder	92.9	石棉	Asbestos	95.9
铅原矿	Lead Ore	75.3	石墨	Graphite	96.6
钴精矿	Cobalt Concentrate	83.1	工业原料滑石	Industrial Raw Materials Talc	93.1
镁原矿	Magnesium Ore	91.3	滑石粉	Talc	97.0
铋精矿	Bismuth Concentrate	78.0	硅微粉	Microsilica	100.0
钛原矿	Titanium Ore	73.3	锆英砂	Zircon Sand	93.8
钛铁矿	Ilmenite	68.0	长石	Feldspar	107.2
金精矿	Gold Concentrate	105.7	磁石	Magnetite	105.8
稀土金属	Rare Earth Metals	77.5	白刚玉	White Corundum	77.9
石灰石	Limestone	103.0	地表水	Surface Water	100.0
石膏	Gypsum	95.2	大米	Rice	108.4
花岗石荒材	Granite Wood Shortage	99.1	小麦粉	Wheat Flour	103.3
大理石荒材	Marble Wood Shortage	100.2	玉米粉	Corn Flour	95.5
泽山白荒料	Ze White Stone Mountain	98.7	糯米粉	Glutinous Rice Flour	101.7
樱花红荒料	Cherry Flower Red Quarrystone	100.0	麦芽	Malt	89.6
硅石	Silica	106.2	麦片	Oatmeal	91.1
萤石	Fluorite	96.9	豆粕	Soybean Meal	94.1
耐火粘土成品矿	Clay Finished Refractory Ore	104.8	花生粕	Peanut Meal	90.1
活性膨润土	Activity Bentonite	101.2	花生油	Peanut Oil	82.4
白云石成品矿	Dolomite Mining Products	105.2	大豆油	Soybean Oil	79.2
硅砂	Silica Sand	97.9	粽榄油	Zonglan Oil	104.5
石英砂	Quartz Sand	99.5	棕榈油	Palm Oil	75.8
方解石	Calcite	105.5	桐油	Tung Oil	90.7
石渣	Carbide	118.2	香叶油	Geranium Oil	101.2
砂子	Sand	104.8	机制甘蔗糖	Cane Sugar Mechanism	97.9
膨润土	Bentonite	102.0	机制甜菜糖	Beet Sugar Mechanism	108.4
瓷土	Porcelain Clay	104.4	红糖	Brown Sugar	102.2
熟料	Clinker	98.0	液糖	Liquid Sugar	97.9
粘土	Clay	99.8	鲜猪肉	Fresh Pork	98.8
陶土	Clay	108.8	鲜冻猪肉	Fresh Pork	93.6
高岭土	Kaolin	101.2	鲜冻牛肉	Fresh Frozen Pork	109.1
砂岩	Sandstone	96.9	鲜冻羊肉	Fresh Frozen Beef	107.8

4-7 续表 2 continued

(上年=100) (Preceding Year=100)

产品名称	Name of Product	指数 Indice	产品名称	name of product	指数 Indice
鲜冻鸡	Fresh Frozen Lamb	100.2	缝纫线	Sewing Thread	100.0
其他	Fresh and Frozen Chickens	99.3	棉线	Thread	100.5
活鸭	Fresh Frozen Rabbit Meat	92.7	涤纶线	PET Line	95.1
鲜驴肉	Fresh Donkey Meat	128.2	粘胶丝线	Viscose Thread	100.0
鲜羊肉	Fresh Mutton	100.0	丙纶线	Polypropylene Fiber Thread	108.2
肠衣	Casing	100.1	坯布	Fabric	99.7
油脂	Oil	100.6	防火布	Sharp	93.7
鱼粉	Fishmeal	116.0	涤纶丝	Polyester Filament	95.9
淀粉	Starch	96.9	单面汗布	Single Jersey	90.1
豆豉	Fermented Soya Beans	100.0	晴纶纱	Qingguanmiao	100.6
蜂蜜	Honey	104.1	尼龙布	Nylon Cloth	98.2
奶粉	Milk Powder	90.0	喷胶棉	Spray-bonded Cotton	100.5
消毒鲜牛奶	Disinfection of Fresh Milk	78.9	防绒棉布	Anti-velvet cloth	97.4
味精	MSG	96.7	氨纶复合丝	Spandex Filament	94.5
柠檬酸	Citric Acid	82.7	帘子线	Cord	75.9
酵母	Yeast	100.5	长毛绒	Plush	101.0
糖化酶	Glucoamylase	102.9	腈纶混纺	Acrylic Blended	97.4
谷氨酸	Glutamate	110.6	色纱	Yarn	86.9
精制盐	Refined Salt	103.4	棉印染布	Dyeing and Printing of Cotton Cloth	101.2
其他	Others	104.6	混纺印染布	Blended Dyeing Cloth	95.9
酒精	Alcohol	93.0	纯化纤印染布	Pure chemical fiber dyeing and printing fabric	103.0
白酒	Liquor	100.0			
浓缩液	Concentrated Liquid	100.0	网布	Mesh	102.6
水果汁	Juice	116.6	纯毛毛条	Wool Top	91.4
固体饮料	Solid Beverage	96.0	混纺毛条	Blended Wool Tops	93.9
复烤烟叶、烟梗	Redrying Tobacco, Tobacco Stems	109.0	毛线	Yarn	100.2
			毛绒	Stuffed	100.0
棉纱	Cotton Yarn	97.5	纯毛纱	Pure Wool Yarn	98.0
混纺纱	Blended Yarn	91.4	羊绒	Cashmere	95.8
粘棉纱	Nien Cotton Yarn	100.9	深色毛呢	Deep Colour Wool	99.0
棉短绒	Cotton Linter	86.5	麻线	Thread	100.3
麻纱	Flax Yarn	101.9	亚麻布	Table Linen	100.0
棉布	Cotton Cloth	100.9	桑蚕丝	Mulberry Silk	100.2
混纺交织布	Blended Cross Weaving	98.3	桑蚕丝绸(坯绸)	Silkworm Silk (Randgold)	100.8
纯化纤布	Pure Chemical Fiber Cloth	97.2	化纤绸(坯绸)	Chemical Fiber Silk (Randgold)	99.6
帆布	Canvas	99.0	化纤绸(成品稠)	Chemical Fiber Silk (Finished Thick)	102.0
牛仔布	Denim	98.3	绉缎坯布	Crepe Satin Fabric	94.9
涤粘布	Polyester and Viscose Fabrics	97.6	毛(混纺毛)织品	Mao (Mao Blended) Fabric	99.4
涤纶布	Polyester Cloth	99.7	帘子布	Cord	83.2
色织布	Fabric	102.5	织带	Ribbon	79.8

4-7 续表 3 continued

(上年=100) (Preceding Year=100)

产品名称	Name of Product	指 数 Indice	产品名称	name of product	指 数 Indice
轻革	Light Leather	99.2	煤油	Kerosene	89.2
绵羊毛皮	Sheep Fur	85.6	柴油	Diesel	82.9
狐狸毛皮	Fox Fur	130.4	润滑油	Lubricants	97.9
貂毛皮	Inspector Fur	108.7	燃料油	Fuel Oil	87.4
兔皮	Rabbit Fur	100.0	石蜡	Paraffin	96.8
山羊毛皮	Goat Fur	95.0	溶剂油	Solvent Oil	95.2
鸭绒	Duck's Down	105.8	石油焦	Petroleum Coke	69.8
普通锯材	General Lumber	100.1	焦油	Tar	88.0
坑木	Pit Prop	105.9	炼厂干气	Dry Gas Refinery	100.0
铁路用材	Railway Timber	102.5	基础油	Base Oil	92.2
木屑	Sawdust	90.6	野花石油气	Wildflowers LPG	86.7
铅笔板	Pencil Board	97.2	液压油	Hydraulic Oil	86.4
木薄片	Wood Flakes	84.9	石蜡油	Paraffin Oil	86.7
胶合板	Plywood	99.8	石油树脂	Petroleum Resin	102.5
纤维板	Fibreboard	99.4	硅油	Silicon Oil	83.8
刨花板	Particleboard	104.6	石油沥青	Asphalt	92.2
细木工板	Blockboard	105.7	乙烯焦油	Ethylene Tar	89.5
木芯板	Wood Veneer	106.5	焦炭	Coke	102.9
杨木旋皮	Poplar Xuan Paper	95.3	煤焦油	Coal Tar	82.6
木材干料	Dry Wood Material	98.5	煅后焦	Calcined Coke	63.6
机制纸浆	Pulp Mechanism	80.7	硫酸	Sulfate	44.7
生打纸浆	Pulp Health Fight	100.2	合成盐酸	Hydrochloric Acid Synthesis	72.7
硫酸盐漂白浆	Bleached Kraft Pulp	79.7	硼酸	Boric Acid	111.6
其他纸浆	Other Pulp	85.2	氢氟酸	Hydrofluoric Acid	97.9
印刷用纸	Printing Paper	95.8	氯磺酸	Chlorosulfonic Acid	68.0
包装纸板	Wrapping Paper Plate	93.3	磷酸	Phosphorylation	100.0
卷烟纸	Cigarette Paper	98.7	甲磺酸	Mesylate	87.3
书写纸	Writing Paper	95.4	氟硅酸	Fluosilicate	96.5
彩色包装纸	Color Wrappings	87.6	钾硼氢	Potassium Hydroxide Boron	80.3
普瓦纸	Maciej Paper	84.7	硬脂酸	Stearic Acid	77.0
高瓦纸	Gao W Paper	89.2	烧碱(氢氧化钠)	Caustic Soda (Sodium Hydroxide)	92.6
有光纸	Bright Paper	120.8	氢氧化钾	Potassium Hydroxide	105.9
原纸	Base Paper	110.1	纯碱(碳酸钠)	Soda Ash (Sodium Carbonate)	75.6
版卡纸	Cardboard Edition	108.5	氢氧化铝	Aluminum Hydroxide	82.8
白卡纸	White Card	98.5	碳酸钙	Calcium Carbonate	98.4
挂面纸	Noodle Paper	97.4	泡花碱	Sodium	87.0
复写纸	Transferpaper	85.6	硫酸盐	Kraft	88.9
瓦楞纸箱	Watts Spinulosa Cartons	98.7	磷酸盐	Phosphate	104.3
水泥包装袋	Cement Packaging Bags	100.0	硅酸盐	Portland	80.0
各种制印纸板	All Kinds of Printed Cardboard	95.9	氰酸盐	Cyanate Salt	98.9
纸面胶	Paper Glue	96.9	碳酸盐	Carbonate	95.9
硅油纸	Silicone Paper	94.4	氯化物	Chloride	90.5
汽油	Gasoline	97.4	金属氧化物酸盐	Metal Oxides Permanganate	78.9

4−7 续表 4 continued

(上年=100) (Preceding Year=100)

产品名称	Name of Product	指 数 Indice	产品名称	Name of Product	指 数 Indice
其他无机盐	Other Inorganic Salt	100.0	苯甲酸	Acid	102.5
硝酸铵	Ammonium Nitrate	103.4	异氰酸酯	Isocyanate	101.4
钠盐	Sodium	86.0	聚乙烯	Polyethylene	79.4
溴化物	Bromide	92.6	液氨	Liquid Ammonia	96.9
乙烯	Ethylene	91.2	聚碳酸脂	Polycarbonate	85.4
丙烯	Propylene	83.5	乙氢酸酯	Acetate	65.4
纯苯	Merrill	93.2	乙醇	Ethanol	89.3
精甲醇	Fine Methanol	81.6	氯丙烯	Allyl Chloride	70.1
甲醛	Formaldehyde	84.1	丙酸	Propionic Acid	101.8
冰醋酸(乙酸)	Glacial Acetic Acid(Acid)	88.3	已二醇	Has Diol	83.2
甲苯	Toluene	75.0	乙醛	Acetaldehyde	101.1
苯酚	Phenol	69.6	二甲基甲酰胺	DMF	80.6
丁二烯	Butadiene	65.8	精甲醇	Fine Methanol	73.3
甲酸	Formic Acid	75.1	其他	Other	81.2
二甲苯	Xylene	87.8	电石(碳化钙)	Calcium Carbide (calcium carbide)	91.0
丙酮	Acetone	73.6			
丁醇	Butanol	66.5	乙炔	Acetylene	104.5
辛醇	Octanol	71.6	氯	Chlorine	96.9
烷基苯	Benzene	100.5	黄磷	Phosphorus	92.9
环乙烷	Central Ethane	63.8	赤磷	Red Phosphorous	43.1
苯	Benzene	71.3	硫磺	Sulfur	21.5
丙烷	Propane	95.8	氧	Oxygen	94.9
三氯甲烷	Trichloromethane	79.3	氮	Nitrogen	99.2
甲胺	Methylamine	79.1	双氧水(过氧化氢)	Hydrogen Peroxide (H2O2)	72.5
对硝基甲苯	On Dinitrotoluene	80.3	漂白粉	Bleaching Powder	100.0
硝基氯化苯	Nitro Chlorobenzene	57.1	氢	Hydrogen	100.0
糖醛	Uronic	71.4	过氧化氢	Diclofenac	85.0
聚醚	Polyether	106.6	双氯	Sodium	61.1
季戊四醇	Pentaerythritol	103.2	碳伍	Carbon Kivu	87.3
苯酐	Phthalic Anhydride	88.5	碳玖	Carbon Nine	65.2
醋酸丁酯	Phthalic Anhydride	63.8	气体二氧化碳	Carbon Dioxide Gas	95.8
丙烯酸(酯)	Acrylic (ester)	93.3	氧化物	Oxides	90.3
苯胺	Aniline	84.9	二氧化物	Dioxide	99.9
乙酯	Ethyl	82.3	硝酸	Nitrate	92.3
萘酚	Naphthol	96.3	碳酸铵类	Ammonium Carbonate Type	99.5
邻苯二甲酸酐	Phthalic Anhydride	89.5	液氨	Liquid Ammonia	85.2
二苯甲酮	Benzophenone	75.1	磷酸盐	Potassium Chloride	53.6
环已酮	Cyclohexanone	71.9	硫酸钾	Potassium	90.8
环已醇	Central Has Alcohol	98.7	氯化钾	Potassium Sulfate	89.6
苯乙烯	Styrene	81.9	磷酸铵	Ammonium	71.2
三乙胺	Triethylamine	67.6	克百威原粉	Carbofuran Original Powder	103.0

4-7 续表 5 continued

(上年=100) (Preceding Year=100)

产品名称	Name of Product	指 数 Indice	产品名称	Name of Product	指 数 Indice
异丙威原粉	The Original Powder Isoprocarb	100.1	丁苯橡胶	SBR	76.2
甲拌磷	Phorate	100.0	丁腈橡胶	NBR	91.5
阿维菌素原粉	Abamectin Powders	95.5	氯丁橡胶	Neoprene	96.3
辛硫磷原油	Crude Oil Phoxim	97.1	硅橡胶	Silastic	91.2
阿维菌素	Abamectin	103.1	精炼橡胶	Refining Rubber	94.9
高氯苯油	High Oil Chlorobenzene	97.2	聚丙烯酸脂橡胶	Polyacrylic Acid Resin Rubber	74.9
天然树脂漆	Natural Resin Paint	96.8	树脂胶	Resin	103.3
酚醛树脂漆	Phenolic Resin Paint	105.9	尿醛树脂胶	Urine - formaldehyde Resin Adhesive	101.4
硝基纤维漆	Nitro Fiber Paint	103.5	再生胶	Renewable Plastic	98.7
环氧树脂漆	Epoxy Paint	124.2	丁基胶	Butyl Rubber	100.3
聚氨脂漆	Polyurethane Lacquer	100.5	已内酰胺	Has Lactamase	92.0
其它漆	Other Chatham	101.5	丙烯腈	Acrylonitrile	90.6
涂料用辅助涂料	Assisted Paint Coatings	97.3	聚酯	Polyester	85.9
平版胶印油墨	Lithography Offset Printing Ink	102.1	聚乙烯醇	PVA	70.5
			锦纶切片	Nylon Slices	73.0
水性油墨	Water-based Ink	100.0	精对苯二甲酸	Purified Terephthalic Acid	83.2
复合墨	Compounded Ink	99.2	聚丙烯醇	Polypropylene Alcohol	85.6
钛白粉	Compounded Ink	86.3	PET粒子	PET Particles	
氧化锌	Zinc Oxide	71.7	离子交换树脂	Ion Exchange Resin	99.3
四氧化三铅(红丹)	Lead Oxide (hongdan)	80.3	尼龙	Nylon	95.0
氧化铁红	Iron Oxide Red	91.6	石油制品催化剂	Petroleum Product Catalysts	96.2
活性染料	Reactive	101.8	其他催化剂	Other Catalysts	122.0
分散染料	Disperse Dyes	103.1	塑料增塑剂	Plastics Plasticizers	79.4
聚氯乙烯树脂	PVC Resin	94.9	乳化剂	Emulsifier	97.2
聚乙烯树脂	Polyethylene Resin	85.2	印染助剂	Printing and Dyeing Auxiliaries	92.7
环氧树脂	Epoxy	81.6	粘合剂	Binder	92.5
聚苯乙烯	Polystyrene	78.3	胶粘剂	Adhesive	100.3
聚丙烯	Polypropylene	84.6	炭黑	Carbon Black	96.3
有机硅树脂	Silicone Resin	98.9	选矿药剂	Beneficiation Pharmacy	83.4
酚醛树脂粉	Phenolic Resin Powder	83.1	双面胶半成品	Double-sided Adhesive Semi-finished Products	100.0
交换树脂	Exchange Resin	93.4			
对氨基苯乙醚	The amino Benzene Ether	64.4	凝固剂	Coagulant	100.0
ＡＢＳ树脂	ABS Resin	86.3	增溶剂	Solubilizer	118.2
硬树脂	Hard Resin	80.4	包衣粉	Powder Coating	100.0
高压聚乙烯塑料	High-pressure Polyethylene Plastic	94.1	分散剂	Dispersant	103.9
塑料异型材	Plastics Profile	77.8	混炼胶	Mix	76.3
醇酸树脂	Alkyd Resin	90.3	降粘剂	Viscosity Reducer	100.0
不饱和聚脂树脂	Unsaturated Polyester Resin	78.4	油胶	Oil Glue	93.2
聚脂树脂	Polyester Resin	92.9	碳纤维	Carbon Fiber	139.9
硅单晶片	Monocrystalline Silicon Film	112.1	表面剂	Surface Agent	100.0
顺丁橡胶	BR	77.9	有机合成化学品	Synthetic Organic Chemicals	99.6

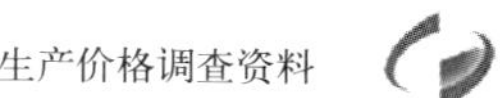

4-7 续表 6 continued

(上年=100) (Preceding Year=100)

产品名称	Name of Product	指 数 Indice
松香	Rosin	94.5
合成樟脑粉	Synthetic Camphor Powder	97.3
松节油	Turpentine	99.4
炸药	Explosives	119.9
雷管	Detonators	118.6
导火索	Fuse	100.6
磁粉	Magnetic Particle	75.8
骨胶	Glue	100.0
明胶	Gelatin	101.6
玻璃用胶片	Glass Film	105.5
尿醛胶	Urea-formalDehyde Glue	86.6
香精	Flavor	96.8
青霉素	Penicillin	98.2
麦白霉素	Meleumycinum	116.4
维生素原粉	Vitamin Original Powder	93.8
咖啡因	Caffeine	100.0
维脑路通针用原药	Weinaolutong Needle With the Medicine	107.5
雷尼替丁	Ranitidine	89.9
扑热息痛	Paracetamol	115.0
抗原	Antigen	92.4
葡萄糖	Glucose	95.3
罗红霉素	NACL Powder for Injection	98.6
注射用NACL粉	Famotidine	100.0
法莫替丁	Clotrimazole	103.0
马血清	Ma Serum	100.0
硫酸阿托品	Atropine Sulfate	86.3
拉氧头孢钠原料	Latamoxef Sodium	100.1
曲松钠	Qusong Sodium	99.2
阿莫西林克拉维	Amoxicillin and Clavulanate	101.8
酸钾原料	Potassium Raw Materials	
乳糖	Lactose	104.1
其它	Other	87.3
粘胶纤维	Viscose Fiber	91.2
醋酸纤维丝束	Cellulose Acetate Tow	86.2
粘胶长丝	Viscose Rayon Filament Yarn	96.4
锦纶长丝	Nylon Filament	90.6
锦纶短纤维	Short Fiber Nylon	83.3
涤纶短纤维	Polyester Staple	83.5
涤纶长丝	Polyester Filament	83.4
腈纶短纤维	Acrylic Staple Fiber	91.4
维纶短纤维	Vinylon Short Fiber	84.3
丙纶短纤维	Polypropylene Staple Fiber	91.7
丙纶长丝	PP Filament	90.2
氨纶丝	Spandex Wire	84.5
低弹丝	DTY	81.7
碳纤维丝	Carbon Fiber	79.2
复合纤维	Composite Fiber	100.0
载重汽车外胎	Truck Tire	97.8
轻型载重汽车外胎	Light Truck Tire	102.8
轿车外胎	Car Tire	99.8
农用车轮胎外胎	Agricultural Vehicle Tire	94.8
载重汽车内胎	Truck Tubeless	97.9
自行车外胎	Bicycle Tyre	101.8
自行车内胎	Bicycle Tube	101.1
工业胶板	Rubber Plate	100.5
其它橡胶制品	Other Rubber Products	100.0
胶辊	Cots	108.3
橡胶密封件	Rubber Airproof	74.7
胶垫	Lining	100.0
橡胶管	Rubber Tube	85.4
聚氯乙烯薄膜	PVC Film	96.0
聚乙烯薄膜	Polyethylene Film	76.7
聚丙烯制品	Polypropylene Products	83.1
聚脂薄膜	Polyester Film	96.3
塑料增强布	Plastic Enhance Cloth	101.1
其他塑料制品	Other Plastics	88.7
聚丙烯薄膜	Polypropylene Film	95.4
聚氯乙烯电缆料	PVC Cable	90.4
聚氯乙烯透明片	Poly Transparent Flat	72.5
聚氯乙烯异型材	PVC Profile	102.9
聚乙烯管材	Polyethylene Pipes	89.7
PVC制品	PVC Products	93.6
ABS	ABS	80.2
聚乙烯电缆护套	Polyethylene Cable Sheathing	93.2
中纤板	MDF	85.5
线型聚已烯	Linear Polyethylene	72.5
塑料粒子	Plastic Particles	91.4
聚丙烯编织袋	Polypropylene Bags	92.1
聚氯乙烯包装袋	PVC Bag	109.0
聚乙烯编织袋	Polyethylene Bags	102.9
泡沫塑料	Foam	96.9
组合聚醚	Combination of Polyether	91.1
泡沫板材	Bubble Plates	94.7
泡沫件	Foam Pieces	91.0

4–7 续表 7 continued

(上年=100) (Preceding Year=100)

产品名称	Name of Product	指 数 Indice	产品名称	Name of Product	指 数 Indice
人造革	Leatherette	97.6	生铁	Pig Iron	78.8
ＰＵＣ人造革布	PUC Artificial Leather Cloth	94.2	铁粉	Iron Powder	91.7
合成革	Synthetic Leather	104.3	铁皮	Hut	88.0
尼龙布PVC	Nylon Cloth PVC	100.2	普碳钢坯	Blank Plain Carbon Steel	76.4
塑料包装品	Plastic Packaging Materials	99.6	优质碳结钢坯	High-quality Carbon Steel Billet end	92.5
普通硅酸盐水泥	Ordinary Portland Cement	106.0	钢锭	Ingot	89.6
矿渣硅酸盐水泥	Slag Portland Cement	110.5	钢球	Ball	92.6
粉煤灰水泥	Fly ash Cement	99.5	合结钢	Astructural Steel	89.7
特种水泥	Special Cement	114.3	炼钢用钢渣	Steelmaking Slag	82.8
混凝土	Suspected Soil Mixed	95.0	普通大型钢材	Ordinary Large Steel	87.3
石灰	Lime	101.0	普通中型钢材	Ordinary Medium-sized Steel	87.7
化学石膏	Chemical Gypsum	102.6	普通小型钢材	Ordinary Small Steel	87.3
釉料	Glaze	104.1	优质型钢材	Quality of Steel	90.7
黄沙	Yellow Sand	104.2	线材	Wire	80.0
平板玻璃	Flat Glass	96.1	中厚钢板	In the Thick Plate	86.2
浮法玻璃	Float Glass	101.8	薄钢板	Steel Sheet	89.7
钢化玻璃	Toughened Glass	100.0	硅钢片	Silicon Steel Sheet	79.6
制镜玻璃	System Mirror Glass	111.0	钢带	Strip	84.4
镜片玻璃	Glass Lenses	97.2	无缝钢管	Seamless Steel Tube	88.7
镀膜玻璃	Coated Glass	101.0	焊接钢管	Welded Steel Pipe	89.8
光学玻璃	Optical Glass	81.6	低合金钢材	Low Alloy Steel	91.4
磨砂灯壳	Frosted Lamp Shell	106.4	钢线	Telegraph	98.4
玻璃瓶	Bottles	99.5	轴承钢	Bearing Steel	88.8
玻璃纤维布	Glass Fiber Cloth	95.3	铁合金	Ferroalloy	87.2
玻璃纤维纱	Glass Fiber Yarn	99.0	铜	Copper	78.0
中碱玻璃棉	In the Alkali Glass Wool	99.2	粗铜	Blister Copper	58.8
玻璃纤维润滑剂	Glass Fiber Lubricants	100.3	铜粉	Copper	76.0
玻璃球	Glass Ball	98.4	阴极铜	Copper Cathode	78.8
其他工业电气陶瓷	Other Industrial Electrical Ceramics	88.2	铜料	Copper Material	73.7
耐火砖	Firebrick	116.2	铜线	Copper Thread	83.1
其他耐火材料	Other Refractories	80.8	铅	Lead	87.4
石墨	Graphite	80.9	锌	Zinc	79.6
炭素制品	Carbon Products	98.0	镍	Nickel	81.7
阳极糊	Anode Paste	58.2	锑	Antimony	81.1
磨料	Abrasive	96.4	锡	Tin	69.7
工业硅	Industrial Silicon	100.1	氧化铝	Alumina	82.0
石英片	Quartz Tablets	98.5	铝	Aluminum	67.1
金红石	Rutile	104.7	镁	Magnesium	81.8
硅石粉	Silica Powder	109.4	汞	Mercury	67.4

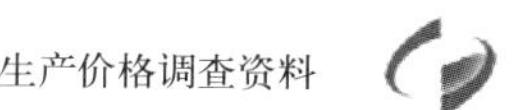

4—7 续表 8 continued

(上年=100) (Preceding Year=100)

产品名称	Name of Product	指 数 Indice	产品名称	Name of Product	指 数 Indice
冷拔丝	Cold Draw Bright Wire	71.4	压缩机	Compressor	99.9
黄金	Gold	108.9	阀门	Valve	101.2
白银	Silver	101.1	其它阀门	Other taps	113.7
钨	W	95.6	电动葫芦	Electric Hoist	99.1
铜合金	Copper Alloy	87.5	轴承	Bearing	100.2
铝合金	Aluminum	84.8	轴承零配件	Bearing Parts	94.7
锡合金	Tin Alloy	95.7	轻型车齿轮	Light Vehicle Gear	73.4
锌合金	Zinc Alloy	82.9	内燃机齿轮	Engine Gear	113.0
镍合金	Nickel Alloy	77.7	空调器用压缩机	Air-conditioner Compressor	92.1
镁合金	Magnesium Alloys	98.1	铸铁	Cast Iron	90.5
紫铜材	Purple Copper	80.8	铸钢	Casting	108.4
黄铜材	Copper Huang	79.0	不锈钢铸件	Stainless Steel Castings	96.6
铅成品材	Lead Finished Wood	100.0	有色铸件	Nonferrous Metal Castings	98.5
锡成品材	Tin Finished Wood	84.7	锻件	Forging	99.8
铝成品材	Aluminum Finished Wood	89.0	机车配件	Motorcycle Accessories	95.6
铝箔	Aluminum Foil	96.0	汽车配件	Auto Parts	102.7
铝膜	Aluminum	86.0	拖拉机配件	tractor parts	98.7
铝塑型材	APCP Profile	95.6	摩托车配件	Motorcycle Accessories	100.6
铝塑管	Aluminum-plastic Tube	100.0	自行车配件	Bicycle Accessories	99.5
铝合金型材	Aluminum Extrusions	84.7	电动自行车	Electric BicycleTurbine Power	100.0
锡青铜带	Tin Bronze Belt	138.3	发电水轮机组	Turbine Power Generation Group	100.0
铝板基	Aluminum Base	98.1			
钕铁硼	Nd-Fe-B	73.6	交流电动机	AC Motor	99.8
铁制容器	Metal Containers	98.1	其它各种电动机	All Other Motor	97.6
钢丝	Wires	87.0	控制、驱动微电机	Control of Micro-motor Drives	95.1
钢丝绳	Wire Rope	93.4	变压器	Transformer	87.8
铁丝	Wire	95.2	互感器	Transformer	98.6
元钉	Nails	100.0	电位器	potentiometer	99.5
钢绞线	Strand	99.5	电容器	Capacitors	98.0
予应力钢丝	stress Wire	99.7	变频器	Inverter	100.8
钢圈	Rim	102.7	断电器	Broken Electrical Appliances	100.3
铝箔纸	Aluminum Foil Paper	88.3	开关插座	Switching Sockets	102.3
油田专用产品	Oilfield Exclusive Products	104.5	配电设备及器	Distribution of Equipment and	96.3
电焊条	Welding Electrodes	92.9	继电器	Relay	99.1
焊丝	Solder	89.3	电子开关电源	Electronic Switching Power Supply	103.7
五金件	Hardware	99.6			
P50炉体	P50 Vessel	101.0	感温元件	Temperature-sensing Fitting	98.3
柴油机	Diesel Engine	104.0	裸铜线	Bare Copper	84.7
内燃机零部件及配件	Engine Parts and Accessories	100.9	布电线	Cloth Wires	92.6
柴油机配件	Diesel Engine Parts	112.0	裸铝线	Bare Aluminium Wire	74.6
汽轮机及辅机	Modification and Perfection of the Turbine Auxiliary	92.0	漆包铜线	Copper Enameling	77.9
			纸包电磁线	Wire Wrap	67.5

4-7 续表 9 continued

(上年=100) (Preceding Year=100)

产品名称	Name of Product	指数 Indice
电表配件	Ammeter Accessories	94.5
电源设备	Power Equipment	100.0
蓄电池	Battery	101.0
洗衣机配件	Washing Machine Parts	100.0
荧光灯	Fluorescent Lamp	100.0
灯头	Lamp	95.9
灯芯	Wick	100.0
信号灯	Signals	97.2
计算机	Computer	87.7
计算机显示终端设备	Computer Display Terminal Equipment	99.2
磁盘机	Disk Drive	99.1
监视(显示)设备	Monitor (Display) Device	100.9
其它计算机外部设备	Other Computer Peripheral Equipment	98.6
显像管	CRT	80.2
晶体管	Transistors	93.2
长方晶片	Rectangular Chip	87.4
半导体二极管	Semiconductor Diode	101.7
半导体器件引线	Semiconductor Devices Lead	79.9
传感器	Sensor	98.6
液晶显示板	LCD Panels	75.5
半导体集成电路	Semiconductor Integrated Circuits	96.7
模块	Module	90.2
芯片	Chip	99.2
电子调谐器	Electronic Tuner	100.0
电阻	Resistivity	100.0
电容器	Capacitors	94.1
继电器	Relay	99.9
石英基座	Quartz Block	99.5
引线(电子元件)	Lead Wire	52.5
电路板	Circuit Board	98.1
基表	Base Table	97.0
数字显示仪	Digital Display Instrument	97.1
废钢	Scrap	85.8
其他	Other	83.1
废塑料	Waste Plastics	88.8
废纸	Waste Paper	71.3
废玻璃	Glass	95.2
废角料	Waste Scraps	114.1
煤灰	PFA	104.5
废油	Waste Oil	101.7
矿渣	Slag	112.0
杂骨	Miscellaneous Bone	134.0
电	Xinhua	103.2
热	Heat	123.1
工业用燃气	Industrial Gas	97.9
工业用天然气	Industrial Gas	105.0
自来水	Tap Water	101.8

4-8 1991-2009年固定资产投资价格指数

Price Index of Investment in Fixed Assets From 1991 to 2009

(上年=100) (Preceding Year=100)

年 份 Year	固定资产投资 The Entire Province Investment in Fixed Assets	建筑安装工程 Constrction and Installation	人工费 Manpower Cost Price Index	材料费 Materials Price Index	钢 材 Rolledsteel	木 材 Wood	水 泥 Cement
1991	112.4	116.6	122.7	120.9	119.6	121.2	118.5
1992	119.4	123.8	118.7	122.4	117.0	109.4	107.8
1993	122.1	124.6	142.9	126.5	127.7	121.6	110.4
1994	115.7	120.1	159.1	119.4	118.9	132.0	107.0
1995	106.6	105.7	111.4	104.2	99.3	100.1	101.9
1996	103.1	103.2	112.8	101.0	99.6	99.9	102.1
1997	100.4	100.7	106.3	100.6	99.3	100.8	101.7
1998	99.2	100.2	104.7	99.0	97.6	100.9	98.3
1999	99.6	101.3	105.8	100.1	98.4	102.1	99.8
2000	102.4	105.1	105.1	106.2	107.4	109.9	98.2
2001	101.4	103.2	106.6	102.7	101.8	111.4	103.8
2002	101.1	102.3	103.3	100.5	100.9	106.1	99.3
2003	102.9	104.7	103.9	106.7	110.9	110.3	101.8
2004	107.4	110.4	108.0	113.2	120.3	106.4	108.6
2005	102.9	103.7	109.5	102.4	101.0	103.3	100.0
2006	101.8	102.1	109.0	100.1	97.2	102.7	101.4
2007	104.0	105.5	110.3	104.7	105.6	106.2	103.2
2008	107.7	110.7	110.5	112.4	116.3	110.4	110.2
2009	96.9	95.4	106.8	91.3	82.2	101.5	101.2

4–8 续表 continued

(上年=100) (Preceding Year=100)

年 份 Year	地方材料 Local Building Materials	化工材料 Chemical Raw Materials	电 料 Electrical Materials and Appliances	其它材料 Other Materials	机 械 使用费 Machinery Fee	设 备 工 器具购置 Purchase of Equipment, Tools and Instruments	其它费用 Other Fee
1991	115.4	103.9	101.9	115.3	105.7	105.3	107.1
1992	110.8	100.4	99.9	113.6	96.5	115.0	106.2
1993	114.8	101.7	99.7	121.8	92.5	118.8	113.5
1994	119.5	102.0	100.5	122.6	100.4	107.6	106.0
1995	111.1	101.4	100.0	107.1	108.2	106.2	113.8
1996	106.9	101.7	100.1	102.0	104.8	101.6	107.2
1997	102.3	103.9	101.9	101.7	96.5	98.7	103.5
1998	101.2	100.4	99.9	100.0	92.5	96.0	102.0
1999	102.4	101.7	99.7	101.0	100.4	96.2	98.3
2000	115.2	106.0	100.0	101.6	102.2	97.2	100.4
2001	106.7	98.7	98.4	98.7	102.2	97.1	102.1
2002	98.1	100.3	100.6	101.0	107.6	97.3	104.1
2003	103.0	101.7	100.0	101.1	101.7	98.5	104.2
2004	108.9	105.1	108.5	104.7	103.4	101.1	106.7
2005	104.2	110.2	104.8	103.2	102.6	100.8	103.5
2006	103.7	107.0	103.7	103.5	103.9	100.6	103.4
2007	103.6	104.2	105.7	103.3	104.2	100.8	104.6
2008	110.0	114.5	102.7	105.8	104.8	102.5	104.4
2009	103.0	97.1	97.3	101.2	101.3	98.0	102.0

4-9 固定资产投资价格分类指数(2009年)
Price Index of Investment in Fixed Assets(2009)

(上年=100) (Preceding Year=100)

类别	Classification	年度平均 Annual Average	一季度 The First Quarter	二季度 The Second Quarter	三季度 The Third Quarter	四季度 The Forth Quarter
固定资产投资	**Investment in Fixed Assets**	**96.9**	**98.5**	**95.4**	**96.2**	**97.4**
建筑安装、装饰工程	**Construction and Installation**	**95.4**	**97.2**	**93.1**	**94.8**	**96.3**
人工费	**Manpower Cost price Index**	**106.8**	**108.2**	**107.1**	**106.7**	**105.3**
工程管理人员	Engineering Management Staff	106.2	105.9	106.0	107.4	105.5
工程技术人员	Engineering Technology Staff	105.3	106.5	104.4	105.1	105.4
普通工人	Common Worker	107.2	108.8	107.7	106.8	105.3
材料费	**Materials Price Index**	**91.3**	**93.5**	**88.0**	**90.6**	**93.2**
钢材	Rolled-steel	82.2	84.2	76.5	81.4	86.6
木材	Wood	101.5	104.6	100.6	99.5	101.4
水泥	Cement	101.2	107.0	99.5	99.7	98.5
地方建筑材料	Local Building Materials	103.0	107.4	103.3	100.6	100.8
化工材料	Chemical Raw Materials	97.1	99.6	95.8	94.2	98.9
电料	Electrical Materials and Appliances	97.3	99.3	96.8	93.0	100.0
其他材料	Other Materials	101.2	102.7	100.7	100.4	100.8
机械费	**Machinery Fee**	**101.3**	**102.1**	**101.3**	**101.1**	**100.9**
土石方及筑路机械	Cubic Meter of Earth and Stone and Road Machinery	101.3	101.4	100.9	102.1	100.8
打桩机械	Piling Machinery	101.2	102.8	97.2	104.0	100.7
起重机械	Hauling-up Machinery	102.2	103.1	103.4	101.4	101.2
运输机械	Transport Machinery	100.8	102.1	100.6	99.9	100.8
混凝土及砂浆机械	Concrete and Mortar Machinery	101.4	102.2	102.0	100.0	101.2
加工机械	Processing Machinery	100.5	101.4	99.6	100.1	100.7
泵类机械	Pump Machinery	97.7	98.6	97.0	99.9	95.3
船舶机械	Shipping Machinery	100.4	104.0	97.9	99.9	100.0
其他机械	Other Machinery	102.4	103.7	103.6	101.1	101.1
设备、工器具购置	**Pruchase of Equipment , Tools and Instruments**	**98.0**	**99.7**	**97.9**	**97.0**	**97.5**
其他费用	**Others**	**102.0**	**102.2**	**101.3**	**101.8**	**102.5**
土地取得费	Land Fee	102.3	102.0	101.8	102.0	103.6
前期工程费	Front-end Engineering Fee	102.4	102.3	101.7	103.7	101.9
施工工作费	Working Fee	102.7	103.2	101.7	102.3	103.5
建设单位其他费用	Other Fee about Units Undertaking Projects	100.4	101.4	99.8	99.3	101.1

4-10 固定资产投资调查产品价格指数(2009年)
Price Index of Investment in Fixed Assets(2009)

(上年=100) (Preceding Year=100)

类别	Classification	年度平均 Annual Average	一季度 The First Quarter	二季度 The Second Quarter	三季度 The Third Quarter	四季度 The Forth Quarter
固定资产投资	**Investment In Fixed Assets**	**96.89**	**98.5**	**95.4**	**96.24**	**97.38**
建筑安装、装饰工程	**Construction And Installation**	**95.36**	**97.2**	**93.1**	**94.79**	**96.32**
人工费	**Manpower Cost Price Index**	**106.81**	**108.2**	**107.1**	**106.68**	**105.34**
工程管理人员	Engineering Management Staff	106.17	105.9	106.0	107.37	105.46
工程技术人员	Engineering Technology Staff	105.34	106.5	104.4	105.08	105.39
普通工人	Common Worker	107.16	108.8	107.7	106.83	105.31
材料费	**Materials Price Index**	**91.34**	**93.5**	**88.0**	**90.58**	**93.18**
钢材	**Rolled-Steel**	**82.18**	**84.2**	**76.5**	**81.36**	**86.6**
重轨	Heavy Rail	100.78			100.78	
重轨	Heavy Rail	100.78			100.78	
轻轨	Light Rail	86.08	98.6	73.5		
轻轨	Light Rail	86.08	98.6	73.5		
其他铁道用钢	Other Railroad Steel	97.1	93.2	99.4	108.72	87.11
垫板	Backing Board					
低合金钢板	Low-alloy Steel Plate	99.98	106.9	102.6	90.48	
花纹钢板	Pattern Plate	90.12	80.5			99.75
钢摸板	Steel Formwork	96.95	93.6	98.8	106.24	89.14
钢结构复合板	Steel Composite Plate	89.39	94.1			84.66
其他	Others	114.53	100.0	123.3	130.38	104.48
螺纹钢	Deformed Steel Bar	80.93	83.0	73.7	80.75	86.23
螺纹钢φ10mm以下	Following Steel φ10mm	84.22	86.5	74.9	86.51	88.93
螺纹钢φ10-15MM	Φ10-15MM Rebar	81.66	82.3	73.2	82.29	88.82
螺纹钢φ16-20MM	Φ16-20MM Rebar	80.47	83.0	74.2	78.23	86.51
螺纹钢φ21-25MM	Φ21-25MM Rebar	76.94	81.5	71.0	76	79.22
螺纹钢φ26-30MM	Φ26-30MM Rebar	79.34	83.2	75.6	77.06	81.44
螺纹钢φ31-35mm	Φ31-35mm Rebar	83.73	78.4	81.2	87	88.3
螺纹钢中型φ36-40mm	Φ36-40mm Rebar Medium	91.74		89.6	93.68	91.95
螺纹钢中型φ40mm以上	Rebar over Medium φ40mm	80.37		67.3	83.04	90.76
其他	Others	83.43	87.6	87.2	69.79	89.11
薄钢板(<=4MM)	Sheet Steel	83.39	85.8	70.6	87.46	89.74
冷扎薄钢板厚度0.2-0.5MM	Cold Rolling Steel Sheet Thickness 0.2-0.5MM	83.39	83.5	56.8	88.14	105.1
冷扎薄钢板厚度0.6-1.0MM	Cold rolling Steel Sheet Thickness 0.6-1.0MM	79.82	88.0	72.9	73.22	85.22
冷扎薄钢板厚度1.1-2.0MM	Cold Rolling Steel Sheet Thickness 1.1-2.0MM	89.03	68.2	87.9	100	100
冷扎薄钢板厚度2.0MM以上	Cold Rolling Steel Sheet Thickness of more than 2.0MM	74.09	76.6	68.9	69.56	81.31
热扎薄钢板厚度2.0MM以上	Hot Bar for more than a Thin Plate Thickness 2.0MM	88.1	92.5	70.3	97.1	92.57
中、厚钢板	Steel Plate	79.31	76.6	62.7	80.69	97.26

4-10 续表 1 continued

(上年=100) (Preceding Year=100)

类别	Classification	年度平均 Annual Average	一季度 The first Quarter	二季度 The second Quarter	三季度 The third Quarter	四季度 The forth Quarter
不锈钢板厚度5-15MM	Stainless Steel Plate Thickness of 5-15MM	79.3	75.5	62.5	79.6	99.6
不锈钢板厚度16-25MM	Stainless Steel Thickness of 16-25MM	81.2	70.4	86.2	78.2	90.0
不锈钢板厚度26-35MM	Stainless Steel Thickness of 26-35MM					
彩色钢板	Color Steel Plate	92.1	102.6	74.7	88.3	102.6
锅炉钢板	Boiler Plate					
其他	Others	80.9	120.0	51.3		71.4
大型钢材	Large-scale Steel	87.6	88.2	78.6	88.9	94.7
角钢(>100MM)	Angle (> 100MM)	89.3	93.3	84.3	87.5	92.0
工字钢(高≥180mm)	I-beam (high ≥ 180mm)	86.9	90.0	71.7	89.9	95.8
槽钢(高≥180mm)	Channel (high ≥ 180mm)	85.3	87.5	73.4	91.4	88.8
圆钢(φ>80mm)	Round (φ> 80mm)	82.9	79.9	73.4	86.8	91.6
方钢(边宽≥90mm)	Square Steel (edge width ≥ 90mm)	91.6	90.5	90.5	90.5	95.0
扁钢(边宽≥120mm)	Flat Steel (edge width ≥ 120mm)	86.9			86.9	
中型钢材	Medium-sized Steel	84.8	93.9	77.0	78.7	89.5
角钢(50-100mm)	Angle (50-100mm)	91.2	98.1	86.9	87.7	92.2
工字钢(高<180mm)	I-beam (high <180mm)	86.3	76.3	81.6	90.5	96.9
异型钢	Shaped Steel	74.1		66.6	67.8	87.8
槽钢(高<180mm)	Channel (high <180mm)	85.2	93.9	77.0	79.6	90.5
圆钢(φ38-80mm)	Bar (φ38-80mm)	87.8	72.6	68.6	100.0	109.9
扁钢(边宽60-120mm)	Flat Steel (edge width 60-120mm)	90.1	96.1	86.4	81.8	96.0
钢支撑	Steel Support	65.9		65.7	66.0	66.1
其他	Others	100.0	100.0	100.0		
小型钢材	Small Steel	87.1	82.6	86.0	86.2	93.4
扁钢(边宽55mm以下)	Flat Steel (55mm wide edge the following)	93.3	91.6	89.8	93.0	98.8
角钢(<50mm)	Angle (<50mm)	88.3	87.8	87.1	90.9	87.5
异型钢	Shaped Steel	90.6	88.6	83.7	84.8	105.4
圆钢(φ<38mm)	Round (φ <38mm)	77.8	71.8	82.1	84.5	72.7
方钢(边宽<25mm)	Square Steel (edge width <25mm)	97.8	99.6		96.0	
其他	Others	95.3	100.0	100.0	81.1	100.0
钢筋	Reinforced	81.7	82.5	77.5	81.9	85.0
钢筋φ6.5mm以内	Φ6.5mm Reinforced Within	82.4	81.7	79.5	80.3	88.1
钢筋φ6.6-10mm	Φ6.6-10mm Reinforced	82.3	81.5	77.3	83.0	87.3
钢筋φ11-15mm	Φ11-15mm Reinforced	82.0	89.8	73.4	80.0	84.7
钢筋φ16-20mm	Φ16-20mm Reinforced	77.3	75.9	76.1	78.2	78.9
钢筋φ20mm以上	Reinforced over φ20mm	83.3	81.7	77.2	97.6	76.8
预应力钢筋	Prestressed Reinforcement	100.1	92.7	107.5		
钢筋连接套筒	Reinforced Connecting Sleeve	99.3	76.0	118.6	102.6	100.0
其他	Others	75.4	88.2		62.5	
优质钢材	High-quality Steel	91.4	100.2	100.0	74.1	91.3
优质结构钢	High-quality Structural Steel	90.9	100.2	100.0	71.2	92.1

4-10 续表 2 continued

(上年=100) (Preceding Year=100)

类　别	Classification	年度平均 Annual Average	一季度 The first Quarter	二季度 The second Quarter	三季度 The third Quarter	四季度 The forth Quarter
钢构件	Steel Components	92.2	85.5	81.7	119.3	82.4
桥架	Bridge	86.1	99.4	63.8	77.2	104.1
钢梯	Ladders	80.0		80.0		
井架	Derrick	122.3			130.3	114.3
钢桁架	Steel Truss	101.1		103.5	103.4	96.6
钢梁	Steel	90.1	83.3		96.9	
塔材	Tower Material					
钢门窗	Steel Doors and Windows	96.6	96.6			
组合钢模板及附件	Combination of Steel Formwork and Accessories	105.8	117.5	100.0	100.0	
其他	Others	69.4		67.7	66.9	73.6
无缝钢管	Seamless Steel Pipe	83.4	84.3	72.8	80.4	96.3
螺旋管	Spiral	80.5	83.2	66.2	73.2	99.5
热镀管	Hot Pipe	90.6	89.1	89.8	87.2	96.4
波纹管	Bellows	101.8			107.1	96.4
普通管	General Control	93.5	95.6	101.2	93.3	83.9
不锈钢管	Stainless Steel Tube	100.2		100.0	100.0	100.5
合金管	Alloy Pipe	106.5				106.5
其他	Others	90.7	82.9			98.5
焊接钢管	Welded Steel Pipe	90.3	93.5	86.1	87.0	94.6
普通管	General Control	88.8	93.4	84.0	85.0	92.7
高压输油(气)管	High-Pressure Oil (gas) Pipe	84.0		88.3	78.6	85.2
低压输油(气)管	Low Oil (gas) Pipe	92.7			92.7	
钢制方管	Steel Square Tube	90.8	82.5	109.1	107.1	64.3
锅炉管	Boiler Tube	101.8				101.8
不锈钢管	Stainless Steel Tube	100.0		100.0	100.0	100.0
衬塑钢管	Lined with Plastic Pipe					
合金管	Alloy Pipe	102.0			102.0	
其他	Others	106.7	100.0	102.7	112.1	112.1
铸铁管	Cast Iron Pipe	93.5	94.5	95.9	88.4	95.2
给水管	Water Distribution	94.5	93.8	87.6	85.1	111.5
排水管	Drain	99.6	97.9	97.7	101.1	101.5
燃气管	Gas Pipe	98.7		98.7		
其他	Others	91.9		94.0	90.4	91.2
钢丝绳	Wire Rope	87.3	103.5	85.7	73.0	87.1
钢丝绳	Wire Rope	101.3	104.9	99.2	101.1	100.0
预应力钢绞线	Prestressed Steel Strand	84.0	100.0	86.7	71.7	77.8
镀锌钢绞线	Galvanized Steel Strand					
钢绞线	Strand	90.1		73.9	95.8	100.6
其他	Others	126.5		126.5	126.5	
钢丝及其制品	Steel Wire and Related Products	90.0	103.9	88.1	78.2	89.9
钢丝	Wire	89.3	99.5	77.0	80.2	100.6
钢丝网	Steel Mesh	102.3	103.4	100.0	95.9	110.0
钢筋焊网	Steel Welding Net	85.3	92.5	87.4	75.6	85.7

4-10 续表 3 continued

(上年=100) (Preceding Year=100)

类　别	Classification	年度平均 Annual Average	一季度 The first Quarter	二季度 The second Quarter	三季度 The third Quarter	四季度 The forth Quarter
钢钎维	Steel Dimensional	100.0	100.0			
其他	Others	105.5	125.0	100.0		91.7
钢带	Strip	76.1	80.1	74.0	77.0	73.2
热轧带钢	Hot Strip	87.5	79.0		95.9	
冷轧带钢	Cold-rolled Strip	93.4	81.4		105.5	
彩钢卷	Color Volume	73.6		74.0	73.5	73.2
其他	Others					
铁丝	Wire	82.4	83.4	79.8	74.9	91.4
8#铁丝	8 # Wire	82.9	90.3	78.0	72.2	90.9
10#铁丝	10 # Wire	84.6	68.7	88.5	85.7	95.2
12#铁丝	12 # Wire	83.6	92.3	82.8	73.9	85.6
14#铁丝	14 # Wire	92.6	82.7	94.0	88.8	104.8
22#铁丝	22 # Wire	83.7	86.8	80.9	76.6	90.5
其他	Others	107.2	116.2	130.0	79.1	103.6
铁及铁制品	Iron and Iron Products	92.0	96.8	90.6	88.9	91.6
铁件(加工)	Iron Castings (Processing)	91.5	97.0	90.8	87.7	90.5
铁皮	Metal	97.3	112.7	90.7	88.9	97.0
铁塔	Tower	89.1	89.1	89.1	89.1	
铁铸井盖井座	Well Block, Iron Covers	97.4	97.4			
预埋铁件	Embedded Iron	98.3	99.9		96.7	
焊接铁件	Soldering Iron	97.1				97.1
机制弯头	Mechanism Elbow	67.8				67.8
其他	Others	115.2	100.0	114.8	131.8	114.3
窗纱	Window Screening	110.3		127.3	103.6	100.0
其他	Others	110.3		127.3	103.6	100.0
螺栓	Bolt	95.6	98.5	90.2	93.1	100.7
普钢螺栓	S & P Steel Bolt	90.3	89.3	90.8	85.7	95.5
合金钢螺栓	Alloy Steel Bolts	106.5				106.5
不锈钢螺栓	Stainless Steel Bolt	108.7			93.3	124.1
对拉螺栓	To Pull Bolt	102.0	100.0	100.0	103.6	104.3
膨胀螺栓	Expansion Bolt	83.7	98.0	66.7	70.0	99.9
穿墙套管	Through-wall Bushing	105.2	98.9		112.3	104.5
其他	Others	113.8		100.0	111.9	129.6
钢制脚手架	Steel Scaffolding	93.3	89.4	97.0	92.3	94.7
脚手架钢材	Steel Scaffolding	90.4	87.8	88.5	90.8	94.6
脚手架扣件	Scaffold Fasteners	104.2	109.6	106.3	103.2	97.5
铁爬梯	Iron Ladder	136.8				136.8
脚手板	Ledger Board	92.2	90.9	101.1	84.6	

4-10 续表 4 continued

(上年=100) (Preceding Year=100)

类 别	Classification	年度平均 Annual Average	一季度 The first Quarter	二季度 The second Quarter	三季度 The third Quarter	四季度 The forth Quarter
其他	Others	105.0	105.0			
不锈钢构件及制品	Stainless Steel Components and Products	100.3	99.2	100.8	101.0	100.1
轻钢小龙骨	Small Light Steel Keel	102.6	95.7	149.0	85.7	80.1
轻钢中龙骨	Light Steel Keel	104.6	109.9	108.7	98.7	101.1
轻钢大龙骨	Large Light Steel Keel	100.7	96.7	93.2	106.3	106.5
龙骨连接件	Keel Connector					
轻钢通贯龙骨	Pass Through Light Steel Keel	100.0			100.0	100.0
钢格栅板	Steel Grating Plate	90.0				90.0
锚具	Anchor	95.2	86.4	98.4	101.8	94.4
其他	Others					
铁及铁艺制品	Iron and Iron Products	95.5	83.1	100.1	97.7	101.0
铁艺(制)楼梯扶手	Iron (system) Staircase Handrail	95.4	83.1	100.0	97.7	101.0
铁艺(制)楼栏杆	Iron (system) Floor Railing	106.7		106.7		
穿钉	Nailing					
铁担	Rail Tam					
其他	Others					
钢铁制门	Iron and Steel Door System	91.3	98.0	81.3	81.3	104.6
钢制卷帘门	Rolling Steel Doors					
钢制防火门	Steel Fire Door	102.9				102.9
普通铁门	Ordinary Steel Doors	89.5	81.3	81.3	81.3	114.3
木材	**Timber**	**101.5**	**104.6**	**100.6**	**99.5**	**101.4**
原木	Logs	99.6	102.4	99.4	97.9	99.0
进口(红松原木)	Imports (Red Pine Logs)	100.1	103.6	102.6	98.7	95.6
进口(白松原木)	Imports (White Pine Logs)	99.6	100.1	98.7	100.3	99.3
进口(落叶松原木)	Imports (Larch Wood)	85.3		89.4	100.0	66.4
国产(红松原木)	Domestic (Korean Pine Logs)	101.4	106.0	104.9	93.4	101.1
国产(白松原木)	Domestic (White Pine Logs)	95.8	93.5	96.5	97.0	96.0
国产(落叶松原木)	China (Larch Wood)	104.5	116.6	97.6	102.7	101.0
硬杂木原木	Hardwood Logs	96.4	100.0		88.9	100.3
其他	Others	104.8	118.4	100.9	99.1	100.8
普通锯材	General Lumber	102.7	107.9	98.8	100.0	104.2
进口(红松板方材)	Imports (Korean Pine Board Quadrate)	96.4	101.4	75.1	103.0	106.1
进口(白松板方材)	Imports (White Pine Board Quadrate)	99.2	102.8	95.7	97.5	100.6
进口(落叶松方材)	Imports (Larix Quadrate)	104.0	115.9	100.0	100.0	100.0
国产(红松板方材)	Domestic (Korean Pine Board Quadrate)	105.9	109.5	105.4	101.4	107.4
国产(白松板方材)	Domestic (White Pine Board Quadrate)	103.6	105.3	105.1	98.6	105.4
国产(落叶松方材)	China (Larix Quadrate)	100.8	97.8	92.1	103.5	109.9
硬杂木板方材	Miscellaneous Quadrate Hardwood	103.3	106.7			100.0
其他	Others	122.7	134.1	134.1		100.0
特种锯材	Specialty Lumber	100.2	102.7	102.3	96.7	99.2

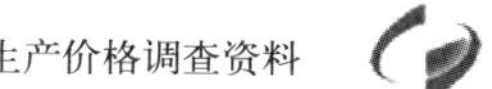

4—10 续表 5 continued

(上年=100) (Preceding Year=100)

类 别	Classification	年度平均 Annual Average	一季度 The first Quarter	二季度 The second Quarter	三季度 The third Quarter	四季度 The forth Quarter
枕木	Crosstie	95.1	100.0	98.3	79.2	102.7
注油枕木	Oiling Sleepers					
方木支撑	Wooden Side Support	102.3	108.2	100.1	100.0	100.7
木龙骨	Wood Keel	102.9	106.7	100.2	104.5	100.0
木脚手板	Wooden Ledger Board	100.8	95.7	90.4	118.5	98.6
模板锯材	Template Lumber	98.9	99.0	101.0	100.0	95.4
模板木材	Template Timber	97.7	87.7	103.2	95.1	105.0
木摸板	Wood Template	103.6	105.3	107.7	101.4	100.0
其他	Others	102.0	109.4	115.2	98.8	84.7
胶合板	Plywood	104.5	100.1	106.0	103.3	108.4
三合板	Plywood	105.2	102.8	109.0	100.3	108.7
五合板	Five plywood	97.1	101.4	94.0	94.4	98.7
七合板	Seven Plywood	105.8	108.2	103.5	103.7	108.0
九合板	Nine Plywood	98.1	93.1	103.2	96.1	99.9
细木工板	Blockboard	108.8	109.5	107.9	110.4	107.2
多层板(九层以上)	MLB (Nine or More)	98.5	102.7	99.4	94.1	97.8
大芯板	Lumber Core	100.1	102.7	99.4	98.0	100.2
构筑板	Building Board	107.3	94.9	112.8	106.2	115.3
其他	Others	95.6	80.9	114.9	90.9	95.5
纤维板	Fibreboard	106.5	104.5	104.0	107.7	109.6
软质	Soft	100.0		100.0		
硬质	Rigid	104.6	104.5	95.9	107.5	110.7
半硬质	Semi-rigid					
其他	Others	107.6		107.8	107.8	107.2
刨花板	Particleboard	96.8	89.9	98.5	98.2	100.7
低密度	Low-density	96.7	89.2	98.6	98.4	100.7
中密度	Medium Density	97.5	97.5	97.5	97.5	
高密度	High-density					
木质装饰品	Wooden Decorations	98.9	102.2	92.8	100.6	100.0
实木地板	Solid Wood Flooring	101.1	103.0	101.0	100.1	100.2
防静电地板	Anti-static Floor	101.2		103.7	100.0	100.0
复合地板	Laminated Flooring	97.8	101.0	89.9	100.2	100.0
竹质地板	Bamboo Texture Plate					
装饰面板	Decoration Panel	99.4	97.4	100.0	100.0	100.0
枕木饰面板	Sleepers veneer	101.7	103.5			100.0
装饰木线	Decorative Wood Line	117.4		112.5	122.2	
碳化板	Carbon Plate					
其他	Others	80.0				80.0
门	Door	98.0	103.7	92.1	98.6	97.7
普通木门	Ordinary Wooden Doors	100.0	103.1	100.0	102.9	93.9
装饰木门	Decorative Wooden Doors	101.0	92.2	101.5	109.6	100.7
实木门	Solid Wood Door	101.0	118.8	90.7	96.7	97.7
其他	Others	100.0	100.0			
竹木及其制品	Wood and Its Products	106.3	114.1	104.0	105.4	101.8
门窗材	Wood Windows and Doors	95.7		99.3	93.0	94.7

4-10 续表 6 continued

(上年=100) (Preceding Year=100)

类 别	Classification	年度平均 Annual Average	一季度 The first Quarter	二季度 The second Quarter	三季度 The third Quarter	四季度 The forth Quarter
竹夹板	Bamboo Plywood	108.1	116.6	104.8	107.4	103.6
竹材	Bamboo	105.1	100.0	97.5	117.9	
其他	Others	103.0	106.0		100.0	
水泥	**Cement**	**101.2**	**107.0**	**99.5**	**99.7**	**98.5**
通用水泥	General Cement	101.1	107.2	99.3	99.4	98.5
矿渣硅酸盐水泥P.S 32.5散装	P.S 32.5 Slag Cement in Bulk	100.0	104.5	96.5	101.1	97.6
矿渣硅酸盐水泥P.S 32.5袋装	P.S 32.5 Slag Cement Bags	99.5	101.9	100.2	98.8	97.1
普通硅酸盐水泥P.O 32.5散装	P.O 32.5 Ordinary Portland Cement in Bulk	100.2	109.0	100.5	97.3	94.0
普通硅酸盐水泥P.O 32.5袋装	P.O 32.5 Ordinary Portland Cement Bags	100.4	104.1	97.5	100.2	100.0
普通硅酸盐水泥P.O 42.5散装	P.O 42.5 Ordinary Portland Cement in Bulk	106.6	118.6	104.7	102.9	100.1
普通硅酸盐水泥P.O 42.5袋装	P.O 42.5 Ordinary Portland Cement Bags	104.7	117.1	104.4	98.4	99.1
普通硅酸盐水泥P.O 42.5散装低碱	P.O 42.5 Ordinary Portland Cement in Bulkand Low-alkali	87.0		81.3	92.6	
普通硅酸盐水泥P.O 42.5袋装低碱	Ordinary Portland Cement of Low Alkali P.O 42.5 Bags	102.0	106.3	105.9	97.3	98.7
其他	Others	100.6		101.4	101.8	98.7
专用水泥	Special Cement	103.4	115.2	93.2	108.5	96.9
油井水泥	Oil well Cement	109.6			109.6	
桥梁水泥	Bridge Cement	112.8			112.8	
大坝水泥	Concrete Dam	101.1	100.0		100.0	103.2
道路硅酸盐水泥	Road Portland Cement	101.0			109.1	92.9
其他	Others	103.3	121.7	93.2	98.1	100.1
特性水泥	Characteristics of Cement	98.9	102.4	96.5	99.0	97.5
白水泥	White Cement	97.6	99.9	92.6	99.6	98.4
快硬水泥	Rapid Hardening Cement	98.7			98.7	
膨胀水泥	Expansive Cement	100.0	100.0	100.0	100.0	
自应力水泥	Self-stressing Cement	101.6	100.0	103.1		
超细水泥	Superfine Cement	101.1			101.1	
其他	Others	96.2	117.2	108.6	88.5	70.4
水泥砖	Cement Brick	100.8	105.0	96.8	105.1	96.4
水泥砖	Cement Brick	103.1	105.3	104.1	106.3	96.8
路缘(沿)石	Curb (Along) Stone	97.0	99.4	100.0	104.1	84.4
平石	Ping Shi	103.6		100.0		107.1
FAS环保水泥砖	AS Green Cement Block	91.7		83.3	100.0	
水泥瓦	Cement Tile	102.7	94.4	108.5	103.7	104.0
普通水泥瓦	Ordinary Cement Tile	88.2	81.8	77.6	92.7	101.0
彩色水泥瓦	Color Cement Tile	100.8			99.2	102.4
玻璃钢波型瓦	FRP-watt Wave	103.6	94.7	109.0	105.3	105.3
水泥板	Cement Board	98.4		101.3	95.1	98.9
房屋建筑用水泥板	Housing Construction Water Clay	99.2		99.2		
水泥聚苯保温板	Cement Polystyrene Insulation Board	97.8		100.0	93.9	99.6
水泥珍珠岩轻质墙板	Perlite Lightweight Cement Wall Panels	97.7			100.0	95.5
普通水泥楼板	Ordinary Cement Floor	114.3		114.3		

4–10 续表 7 continued

(上年=100) (Preceding Year=100)

类别	Classification	年度平均 Annual Average	一季度 The first Quarter	二季度 The second Quarter	三季度 The third Quarter	四季度 The forth Quarter
水泥排水管	Cement Pipes	102.9	107.6	104.6	99.2	100.4
水泥排水管	Cement Pipes	102.9	107.5	104.6	99.2	100.4
管片	Segment	96.9		93.8		100.0
水泥压力管	Cement Pressure Pipes	99.3	100.0		100.0	97.8
水泥压力管	Cement Pressure Pipes	99.3	100.0		100.0	97.8
石棉水泥制品	Asbestos-cement Products	100.0	100.0			100.0
石棉水泥管	Asbestos-cement Pipe	100.0				100.0
石棉水泥瓦	Asbestos-cement Tile	100.0	100.0			
其他水泥制品	Other Cement Products	102.4	98.9	102.6	105.8	102.0
纤维水泥制品	Fiber Cement Products	106.7	106.7	106.7		
水泥珍珠岩板	Cement Perlite Plate	102.9	105.9			100.0
水泥珍珠岩	Perlite Cement	104.5		101.1	107.0	105.4
成品排气道	Finished Exhaust Road	102.0	100.0	103.5	104.4	100.0
其他	Others	100.0	100.0			
地方建筑材料	**Local Building Materials**	**103.0**	**107.4**	**103.3**	**100.6**	**100.8**
砖	Brick	100.5	103.9	99.9	101.4	96.7
页岩砖	Shale Brick	102.7	104.9	100.4	101.2	104.5
空心砖	Hollow Brick	99.0	101.2	99.1	104.7	90.9
煤渣砖	Cinder Blocks	103.3	108.6	99.4	103.4	101.8
轻体砖	Light Brick Body	104.2	117.9	104.0	100.9	93.9
红机砖	Red Brick Machine	97.5	102.2	96.8	97.4	93.7
煤矸石煤结多孔砖	Coal Gangue Brick End	107.0	103.1	123.0	101.0	101.1
透水砖	Permeable Brick	100.4	100.1			100.7
外墙砖	Outside Wall	98.4	96.3	92.3	102.1	102.7
其他	Others	94.7			96.8	92.7
瓦	W	93.1	92.9	94.8	94.4	90.5
粘土瓦	Clay Tile	89.2	91.8	93.1	91.6	80.3
波形瓦	Waveform W	106.1	118.4	100.0	100.0	
混凝土平瓦	Concrete Flat Tile	103.6		104.0	106.7	100.0
小青瓦	Small Grey Tile	118.4			118.4	
红陶瓦	Terracotta Tile	98.0	100.0	90.6	100.0	101.4
其他	Others	100.0	100.0			100.0
石灰	Lime	112.6	129.1	113.3	105.8	102.1

4-10 续表 8 continued

(上年=100) (Preceding Year=100)

类　别	Classification	年度平均 Annual Average	一季度 The first Quarter	二季度 The second Quarter	三季度 The third Quarter	四季度 The forth Quarter
生石灰	Quicklime	105.6	118.5	97.8	103.6	102.6
熟石灰	Hydrated Lime	99.6	98.3	94.2	99.6	106.3
石灰膏	Lime Plaster	104.0	99.5	97.1	109.2	110.3
二灰	Second Gray	120.6	148.2	125.2	107.8	101.3
沙粉	Sand Powder	112.7			112.7	
砂子	Sand	103.9	105.2	104.1	103.5	102.6
粒砂	Grain of Sand	102.7	100.6	99.9	102.0	108.3
粗砂	Coarse Sand	108.8	116.8	106.1	106.5	105.7
中砂	Middle Sand	103.6	104.6	105.3	103.4	101.1
细砂	Fine Sand	104.8	107.7	105.4	101.9	104.1
其他	Others	93.6	99.9	87.3		
石膏制品	Gypsum Products	101.6	102.2	100.9	103.6	99.7
纸面石膏板	Gypsum Plaster Board	104.6	105.7	106.7	100.6	105.2
纤维石膏板	Fiber Gypsum Board	104.1	107.1	99.6	108.0	101.7
布面石膏板	Oil on Gypsum Board	98.0	95.5	96.6	106.6	93.1
石膏隔墙板	Gypsum Wall Board	98.7		100.9	104.7	90.5
石膏线	Gypsum Line	100.0				100.0
石膏粉	Gypsum Powder	105.9	122.2	100.6	100.6	100.0
石材	Stone	98.2	105.0	91.4	101.2	95.3
水磨石板材	Terrazzo Panels	100.1	100.0		100.2	100.0
大理石板材	Marble Plate	96.4	100.8	89.9	101.7	93.3
大理石柱材	Marble Column Material	100.0			100.0	
人造石板材	Artificial Stone Plate	100.9	100.0	100.0	100.0	103.5
花岗岩板材	Granite Plate	99.8	100.0		99.8	99.7
花岗岩边石	Granite Stone Edge	100.0			100.0	
其他	Others	115.3	122.6	122.6	106.3	109.6
混凝土	Concrete	102.9	108.4	103.4	99.2	100.6
普通混凝土	Ordinary Concrete	103.2	108.7	103.2	99.1	101.7
加气混凝土	Aerated Concrete	102.5	102.0	116.8	97.5	93.6
陶粒混凝土	Ceramsite Concrete	99.4			100.6	98.1
沥青混凝土	Asphalt Concrete	100.1		101.5	100.0	98.8
加气混凝土砌块	Aerated Concrete Block	99.6	104.1	102.9	95.7	95.8
泡沫砼砌块	Foam Concrete Blocks	100.0		100.0	100.0	100.0
加气蒸压块	Autoclaved Aerated Blocks	92.2	106.3	93.8	81.3	87.5
空心砌块	Hollow Block	103.3		104.2	102.8	102.8
其他	Others	103.4	110.1	109.6	106.2	87.7
防水卷材	Waterproofing Membrane	107.2	122.9	101.4	99.3	105.3

4-10 续表 9 continued

(上年=100) (Preceding Year=100)

类　别	Classification	年度平均 Annual Average	一季度 The first Quarter	二季度 The second Quarter	三季度 The third Quarter	四季度 The forth Quarter
高聚物改性沥青卷材	Polymer Modified Bitumen Membranes	98.4	103.5	92.7	94.9	102.4
沥青防水卷材	Bitumen Membrane	114.2	112.9	123.8	105.9	114.3
合成高分子郑材	Zheng Synthetic Polymer Material	130.0	160.9	122.8	121.3	114.9
其他	Others					
块片石	Block Kataishi	100.8	96.1	97.0	104.0	106.3
毛石	Mao Shi	101.9	97.4	98.7	104.0	107.5
料石	Liu Shi	107.0	85.4	110.0	97.0	135.4
块石	Rock	113.1	106.0	87.8	133.3	125.1
煤矸石	Gangue	93.3	95.1		84.8	100.0
片石	Riprap	103.1	102.0	103.9	105.4	100.9
硅石	Silica					
条石	Oplegnathus	90.8	83.7	85.8	89.8	104.1
文化石	Culture Stone	100.0			100.0	
其他	Others	103.3	106.7			100.0
粉煤灰及其制品	Fly Ash and Its Products	103.8	103.7	115.6	98.0	98.1
粉煤灰硅酸盐砌块	Portland Fly-ash Blocks	101.5	104.5	100.0	100.0	
粉煤灰	Fly Ash	108.4	103.8	131.3	98.7	100.0
粉煤灰渣	Fly Ash Slag	104.0				104.0
蒸压粉煤灰砖	Autoclaved Fly Ash Brick	95.5	95.8		97.6	93.2
其他	Others					
混凝土制品	Concrete Products	101.8	103.5	101.2	100.5	102.1
混凝土承插管	Concrete for Intubation	102.6	108.7	98.7	100.5	102.5
混凝土桩	Concrete Piles	100.9	91.9	110.0		100.7
混凝土井盖	Concrete Covers	96.9		93.8	100.0	
混凝土预引力大板	Pre-gravity Concrete Slab	100.0				100.0
其他	Others	116.1	127.5	104.7		
腻子	Putty	101.0	105.4	98.1	101.8	98.6
821腻子粉	821 Putty Powder	100.9	90.5	103.7	108.5	
普通腻子粉	Ordinary Putty Powder	97.7	93.8	97.6	100.8	98.6
矿粉腻子粉	Powder Putty Powder	109.0	109.1		108.9	
其他	Others					
砂浆	Mortar	95.8	81.6	103.3	95.5	102.7
干粉砂浆	Dry Mortar	95.8	81.6	104.7	95.5	101.3
商品砂浆	Commodity Mortar	101.5		100.0		102.9
其他	Others					
保温板、管	Insulation Board, Management	100.9	101.1	99.8	101.6	101.2
聚苯乙烯保温板	Polystyrene Insulation Board	102.7	106.0	100.0	102.7	102.0
聚苯乙烯泡沫塑料板	Polystyrene Foam Board	95.6	100.0	86.5	95.4	100.2
聚氨酯保温板	Polyurethane Insulation Board	106.7				106.7

4-10 续表 10 continued

(上年=100) (Preceding Year=100)

类　别	Classification	年度平均 Annual Average	一季度 The first Quarter	二季度 The second Quarter	三季度 The third Quarter	四季度 The forth Quarter
岩棉保温板	Rock Wool Insulation Board	111.4		109.1	113.6	
橡塑保温板	Rubber Insulation Board	100.6		103.8	100.1	97.9
其他	Others	106.4		106.4		
石子	Stone	103.6	107.6	103.9	99.0	104.0
石子	Stone	100.6	103.3	97.3	100.5	101.0
级配沙石	Graded Gravel	99.9	105.4	93.6	100.1	100.4
沙砾石	Sand Stone	105.0	120.0	100.0	100.0	100.2
卵石	Pebble	94.7		87.8		101.6
白石子	White Stone	100.4			100.4	
豆石	Bean Stone	100.0		100.0	100.0	
碎石	Gravel	103.4	97.2	124.4	91.2	100.8
其他	Others	126.3	138.3	135.3	103.6	128.0
合成石材	Synthetic Stone	109.8	102.9		116.7	
人造石成品	Man-made Stone Product	102.9	102.9			
铺路石	Paving Stone	116.7			116.7	
土方	Earthwork	86.5	82.2	60.0	105.2	98.6
黄土	Loess	88.8	75.0		102.9	88.4
土石硝	Debris Glass	82.1	86.2	60.0		100.0
塘渣	Tong Slag	115.4			115.4	
粘土	Clay	150.0				150.0
炉灰渣	Furnace Ash	115.4				115.4
矿渣	Slag	102.3				102.3
其他	Others	110.0			110.0	
化工材料	**Chemical Materials**	**97.1**	**99.6**	**95.8**	**94.2**	**98.9**
清漆	Varnish	100.1	100.2	99.8	97.6	102.6
酚醛漆	Phenolic Paint	100.0	100.0			
醇酸漆	Various Color Alkyd Ready Paint	93.9	100.0	96.8	86.0	92.7
硝基纤维漆	Nitro-cellulose Lacquer	102.8				102.8
醇酸防锈漆	Antirust Paint Alkyd	104.3			103.2	105.3
聚脂漆	polyesters Paint	101.6	100.3	100.9	101.7	103.6
调和漆	Chatham Reconcile	105.8	105.3	111.2	106.6	100.2
酚醛漆	Phenolic Paint	106.2	105.0	113.6		100.0
醇酸漆	Various Color Alkyd Ready Paint	101.4			101.0	101.8
天然树脂漆	Natural Resin Paint	113.6			113.6	
环氧富锌漆	Epoxy Zinc-rich Paint	100.0				100.0
其他	Others	104.4	105.9	105.9	105.9	100.0
磁漆	Enamel	96.6	101.9	100.0	81.4	102.9
醇酸漆	Alkyd	100.0	100.0			
铅油	Lead in Petrol	96.6	102.1	100.0	81.4	102.9
耐热漆	Heat-resistant Paint	103.1		107.1	107.1	95.0
耐热漆	Heat-resistant Paint	103.1		107.1	107.1	95.0
防锈漆	Antirust Paint	98.8	94.0	100.3	101.6	99.5
防锈漆	Antirust Paint	98.8	94.0	100.3	101.6	99.5
沥清漆	Lek Varnish	104.6	107.9	100.7	106.2	103.4
沥清漆	Lek Varnish	104.7	107.9	101.1	106.2	103.4
环氧煤沥清漆	Epoxy Varnish Coal Lek	100.0		100.0		
乳胶漆	Latex	104.7	106.5	101.4	102.0	108.8

4-10 续表 11 continued

(上年=100) (Preceding Year=100)

类 别	Classification	年度平均 Annual Average	一季度 The first Quarter	二季度 The second Quarter	三季度 The third Quarter	四季度 The forth Quarter
乳胶漆	Latex	109.3	114.7	107.5	109.0	105.8
乳胶底漆	Latex Primer	98.2	94.4	99.7	99.6	99.3
环氧树脂漆	Epoxy Paint	94.3		94.3		
内埠乳胶漆	Paint Inside Port	102.3	100.0	99.4	99.4	110.6
外埠乳胶漆	Outside Paint	105.9		87.0		124.9
乳胶面漆	Latex Paint	93.2	93.9	95.4	88.7	94.7
真石漆	True stone Paint	100.0			100.0	
其他	Others	106.7			106.7	
银粉	Silver	105.3	105.6	105.5	105.3	104.8
银粉	Silver	105.3	105.6	105.5	105.3	104.8
防水材料	Waterproof Material	100.7	100.1	100.0	104.1	98.5
防水粉	Waterproof Powder	105.0	112.5	104.7	102.6	100.1
防水布	Tarpaulin	97.5	98.9	96.1		
聚氨乙烯防水卷材	Ethylene Polyurethane Waterproofing Membrane	100.2	99.1		105.0	96.6
聚胺脂防水卷材	Polyurethane Waterproofing Membrane	102.2	100.0	100.0	103.3	105.5
聚氯乙烯(PUC)防水卷材	PVC (PUC) Waterproofing Membrane	102.3	100.0	100.0	109.3	100.0
聚乙烯丙纶双面防水卷材	Polypropylene Double-sided Polyethylene Waterproofing Membrane	99.1			100.0	98.2
其他	Others	103.6	110.9	100.0		100.0
炸药	Explosives	106.6	109.4	103.4	106.6	107.0
水胶炸药	Water-binder Explosive	118.1	125.0	125.0	111.1	111.1
硝铵炸药	Ammonium Nitrate Explosives	104.1	105.5	100.0	105.5	105.5
雷管	Detonators	107.4	114.7	105.0	104.3	105.6
普通雷管(原雷管)	Ordinary Detonators (Formerly Detonator)	100.0	100.0	100.0	100.0	100.0
毫秒雷管	Ms Detonators	108.7	116.7	106.1	106.1	106.1
混凝土外加剂	Concrete Admixtures	95.4	98.4	97.5	91.4	94.1
速凝剂	Quick-setting Agent	94.7	93.3	93.3	92.0	100.0
减水剂	Superplasticizer	105.4	95.7	131.0	97.1	97.9
膨胀剂	Expansive Agent	100.5				100.5
外加剂	Admixture	92.8	100.0	89.7	89.6	91.8
防水剂	Water Repellent	97.7	96.0	109.1	92.9	92.8
混凝土添加剂	Concrete Additives	101.3	101.8	101.8		
其他添加剂	Other Additives	104.3	133.5	92.4	92.6	100.6
脱模剂	Release Agent	84.3	60.0	96.9	97.4	
泵送剂	Pumping Agent	105.1	136.4	91.9	91.5	100.6
防冻剂	Antifreeze	112.5	100.0			125.0
隔离剂	Release Agent	99.6	100.1	96.4	100.7	101.3
其他	Others	100.0				100.0
稀料	Thinner	105.4	104.2	102.8	113.5	101.1
稀料	Thinner	107.3	104.1	103.1	120.9	101.1

4－10 续表 12 continued

(上年=100) (Preceding Year=100)

类　别	Classification	年度平均 Annual Average	一季度 The first Quarter	二季度 The second Quarter	三季度 The third Quarter	四季度 The forth Quarter
油漆溶剂油	Paint Solvent Oil	102.6	105.9	100.0	103.8	100.8
其他	Others	108.3			108.3	
粘合剂	Adhesives	100.2	97.1	100.1	101.5	102.2
107	107	103.6	92.3	119.0	98.4	104.6
108	108	101.4	103.6	94.2	105.1	102.7
401	401	103.5	115.6	102.1	96.2	100.1
801	801	90.7		83.3	84.2	104.5
万能胶	All-purpose Adhesive	103.1	100.6	99.8	105.2	106.7
白胶	White Plastic	100.0	100.0			
结构胶	Structural Adhesive	103.8	97.9	111.1		102.3
嵌缝膏	Caulking Paste	99.1	100.0	96.6	100.0	100.0
强力胶	Glue	100.3	100.7	100.0	100.6	100.0
涂料	Paint	100.2	102.5	100.6	99.9	97.6
内墙	Interior Walls	101.5	102.8	101.0	99.8	102.3
外墙	Wall	99.5	102.5	100.6	100.4	94.3
防水	Waterproof	101.9	100.0	100.0	100.0	107.4
超薄型防火涂料	Ultra-thin Fire Retardant Coating	106.7	100.0			113.3
防腐涂料	Anticorrosion Coating	100.7	102.2		100.0	100.0
聚合物防水涂膜	Polymer Waterproof Coating	91.7			91.7	91.7
石棉粉	Asbestos Powder	100.0		100.0		
石棉粉	Asbestos Powder	100.0		100.0		
汽油	Gasoline	98.4	97.2	98.7	97.7	100.0
90号汽油	No.90 Gasoline	97.3	101.0	100.4	92.8	95.1
93号汽油	93 Petrol	100.2	95.3	94.9	103.5	107.1
97号汽油	97 Petrol	117.7			120.5	114.8
其他	Others	84.1	84.1			
柴油	Diesel	95.0	91.7	101.1	89.6	97.5
−20号柴油	Diesel -20 Diesel	94.9	90.3	111.2	81.0	97.0
−10号柴油	Diesel -10 Diesel	94.0	89.0	77.8	106.4	102.5
0号柴油	No.0 Diesel	91.9	95.5	84.8	91.2	96.0
机油	Oil	97.5	96.8	97.2	99.0	97.2
机油	Oil	97.6	97.1	97.2	99.0	97.2
其他	Others	93.8	93.8			
燃料油	Fuel Oil	95.6	104.2	92.5	93.6	92.3
燃料油	Fuel Oil	95.6	104.2	92.5	93.6	92.3
变压器油	Transformer Oil	97.5	93.8	100.0	96.4	100.0
变压器油	Transformer Oil	97.5	93.8	100.0	96.4	100.0
防腐油	Anti-corrosion Oil	102.4		100.0	100.0	107.1
防腐油	Anti-corrosion Oil	102.0		100.0	100.0	106.0
熟桐油	Mature Tung Oil	101.9				101.9
其他	Others	113.6				113.6
润滑油	Lubricants	99.3	109.1	96.3	96.3	95.7
塑料油膏	Plastic Ointment	100.0				100.0
液压油	Hydraulic Oil	103.5	106.7	104.4	99.4	
黄油	Butter	99.3	110.2	95.7	95.8	95.5

4-10 续表 13 continued

(上年=100) (Preceding Year=100)

类 别	Classification	年度平均 Annual Average	一季度 The first Quarter	二季度 The second Quarter	三季度 The third Quarter	四季度 The forth Quarter
软化水	Softened Water	100.3	101.0		100.0	100.0
软化水	Softened Water	100.3	101.0		100.0	100.0
火碱	sodium Hydroxide	95.6	95.6			
火碱	sodium Hydroxide	95.6	95.6			
塑料管	Plastic Pipe	100.7	101.6	99.2	101.6	100.3
PVC硬塑管	PVC Hard Plastic Tube	102.4	107.4	101.3	100.3	100.5
塑铝管	Plastic Tubes	108.1	109.9	106.8	109.9	105.9
UPVC塑料管	UPVC Plastic Pipe	101.1	100.2	101.2	99.8	103.1
PP-R给水管	PP-R Water Supply	99.4	97.1	98.5	102.0	99.7
PE供水管	PE Water Supply Pipe	99.3	100.0	98.2	93.0	106.0
PB管	PB Pipe	109.3		98.7	120.0	
增强塑料水管	Reinforced Plastic Pipes	99.4		98.8		100.0
PVC半硬塑管	Semi-hard Plastic PVC Pipe	105.3	100.6	98.8	121.2	100.5
其他	Others	99.7	100.0	100.0	98.3	100.7
泡沫塑料制品	Foam Products	98.9	87.3	101.4	108.2	98.8
泡沫塑料	Foam	102.9	102.3	100.9	105.1	103.4
泡沫塑料板	Foam Board	102.0	100.0	108.9	101.6	97.4
泡沫板	Foam Board	101.7	86.6	103.2	119.2	97.7
橡塑海绵	Sponge Rubber	96.6	100.0	98.1	88.2	100.2
胶粉聚苯颗粒	Adhesive Polystyrene	101.2			101.2	
其他	Others	105.3				105.3
塑料编织袋	Plastic Bags	99.3	104.9	81.4	111.1	100.0
塑料编织袋	Plastic Bags	99.1	104.9	81.4	111.1	
其他	Others	100.0	100.0			100.0
塑料编织制品	Plastic Woven Products	91.5	84.7	91.4	98.4	
塑料蓬布	Plastic Sheeting	110.6	125.0	111.8	95.0	
防尘网	Dust-proof Net	100.0			100.0	
地膜	Film	80.0	80.0	80.0	80.0	
黑胶布	Black Plastic Sheets	113.6		113.6		
塑料板	Plastic Plate	101.9	99.3	101.7	105.9	100.7
硬聚乙烯板	Polyethylene Hard Board	103.5				103.5
抗静电贴塑板	Antistatic Plastic Plate Affixed	100.0			100.0	
PVC塑料扣板	PVC Aluminium Plastic Board	107.6	100.0	102.8	116.7	110.8
苯乙烯泡沫板	Styrene Foam	100.1	98.9	103.1	99.3	99.2
挤塑保温板	Extruded Insulation Board	103.1		100.5	108.0	100.6
挤塑聚苯板	Extruded Polystyrene Board	107.0		112.0	109.1	100.0

4−10 续表 14 continued

(上年=100) (Preceding Year=100)

类　别	Classification	年度平均 Annual Average	一季度 The first Quarter	二季度 The second Quarter	三季度 The third Quarter	四季度 The forth Quarter
塑胶产品	Plastic Products	98.1	100.0	99.8	100.0	92.6
塑料胶粘带	Plastic Adhesive Tape	102.8		105.6		100.0
橡胶板	Rubber Board	100.0		100.0		
塑铝装饰板或塑铝扣板	Aluminum Plastic Plate or Aluminium Plastic Board	97.3	100.6	96.7	100.0	91.8
聚胺塑胶	Polyamide Plastic	100.0				100.0
其他	Others	100.0	100.0	100.0		
壁纸(布)	Wallpaper (Brazzaville)	103.7	100.0	103.0	107.9	103.8
塑料壁纸	Plastic Wallpaper	100.0			100.0	
纸(面)壁纸	Paper (face) Wallpapers	104.2	100.0	108.2	108.4	100.0
加丝纺布壁纸	Holes Spinning Cloth Wallpaper	104.2		100.0		108.4
弯头	Elbow	96.2	86.0	97.0	93.1	108.9
塑料存水弯	Plastic Trap	91.2	85.3		97.0	
PVC弯头	PVC Elbow	101.7	100.2	102.3	104.3	100.0
管配件	Pipe Fittings	103.2	88.9	96.6	91.5	135.9
PE管配件	PE Pipe Fittings	90.7	91.4	96.1	84.5	
沥青	Asphalt	92.8	103.2	86.2	90.2	91.5
乳化沥青	Emulsified Asphalt	100.8	106.2	90.1	98.9	108.1
沥青油膏	Asphalt Ointment	96.4		92.9	100.0	
沥青砼	Asphalt Concrete	92.6	93.5	93.4	90.8	
沥清珍珠岩	Perlite Asphalt	171.3				171.3
改性沥青	Modified Asphalt	90.4	104.7	87.0	83.4	86.5
重交道路沥青	Back to Road Asphalt	89.8		83.6	84.4	101.2
乙炔	Acetylene	100.0	98.1	96.3	104.2	101.3
乙炔块	Acetylene Block	102.8	104.2		104.2	100.0
乙炔气	Acetylene Gas	98.7	97.5	96.3	99.5	101.4
氧气	Oxygen	100.2	98.2	101.9	99.5	101.2
氧气	Oxygen	100.2	98.2	101.9	99.5	101.2
其他	Others					
地毯	Carpet	101.7		103.5	100.0	
化纤地毯	Carpet Fiber	103.5		103.5		
其他	Others	100.0			100.0	
氩气	Argon	100.0	100.0	100.0	100.0	100.0
氩气	Argon	100.0	100.0	100.0	100.0	100.0
其他塑料制品	Other Plastic Products	96.7		100.0	90.0	100.0

4-10 续表 15 continued

(上年=100) (Preceding Year=100)

类别	Classification	年度平均 Annual Average	一季度 The first Quarter	二季度 The second Quarter	三季度 The third Quarter	四季度 The forth Quarter
梅花管	Plum Tube	100.0		100.0		100.0
其他	Others	90.0			90.0	
建筑成型材料	Architectural Molding Material	102.4				102.4
屋面保温隔热砖	Roof Insulation Brick	102.4				102.4
密封产品	Sealing Products	104.7	104.4	104.0	101.2	109.4
防腐胶带	Corrosion Tape	106.7		104.0		109.4
防火堵料	Fire Plug	104.4	104.4			
化学螺栓	Chemical Bolts	101.2			101.2	
橡胶制品	Rubber Products	103.9	116.5	99.7	95.5	
橡胶支座	Rubber Bearing	100.0			100.0	
其他	Others	103.8	116.5	99.7	95.2	
电料	**Electrical Materials and Appliances**	**97.3**	**99.3**	**96.8**	**93.0**	**100.0**
绝缘线	Insulated Wire	96.6	98.5	91.1	98.9	97.8
橡胶绝缘线	Rubber Insulated Wire	92.2	97.9	81.1	95.3	94.4
钢芯聚氯乙烯绝缘线	PVC Insulated Steel Wire	96.0			96.0	
塑(料)铜线	Plastic (Material) Copper	99.9	99.3	103.6	104.9	91.8
塑料绝缘材	Plastic Insulation Materials	107.1				107.1
塑料绝缘线铜芯(单股)	Plastic Insulated Copper Wire (Single Strand)	95.4	98.4	86.8	98.0	98.4
塑料绝缘线铜芯(多股)	Plastic Insulated Copper Wire (of Many)	98.9		97.6		100.1
阻燃线	Flame-retardant Line	103.9		98.2	104.3	109.1
裸铝线	Bare Wire	120.7	102.6		156.3	103.2
裸铝线	Bare Wire	125.1	102.6		169.6	103.2
硬母线	Hard Bus	145.0			145.0	
钢芯铝绞线	ACSR	101.5	100.9	103.7	101.2	100.2
钢芯铝绞线	ACSR	101.5	100.9	103.7	101.2	100.2
裸铜线	Bare Copper Wire	99.7	100.1	100.0	99.6	99.0
裸铜线	Bare Copper Wire	100.0		100.0		
其他	Others	99.6	100.1		99.6	99.0
护套线	Line Jacket	100.5	104.8	101.6	97.5	97.9
铜芯	Copper	100.6	104.8	102.7	96.5	98.2
铝芯	Aluminum	116.0		116.0		
铜芯线	Copper Line	99.8		97.9	104.2	97.3
通讯电缆	Communication Cable	102.5	104.7			100.4
长途对称电缆	Long-distance Cable Symmetrical	102.3	104.7			100.0
小同轴电缆	Small Coaxial Cable	105.7				105.7
中同轴电缆	Middle Coaxial Cable	102.6				102.6
橡套电缆	Rubber Cable	100.0				100.0
电缆	Cable	94.0	89.5	97.3	89.1	100.0
电力电缆	Power Cable	94.8	93.5	96.9	88.9	100.1
控制电缆	Control Cable	96.7	83.7	108.0	100.0	95.3
金具	Fittings	90.9	90.9		90.9	90.9
其他	Others	99.1		100.2	96.9	100.1

4-10 续表 16 continued

(上年=100) (Preceding Year=100)

类 别	Classification	年度平均 Annual Average	一季度 The first Quarter	二季度 The second Quarter	三季度 The third Quarter	四季度 The forth Quarter
光缆	Cable	103.2	103.5	100.0		106.2
直埋光缆	Buried Cable	103.4	103.5	100.0		106.6
水底光缆	Underwater Cable	101.5				101.5
管道光缆	Cable Channels	104.2				104.2
低压电缆	Low Voltage Cable	108.3				108.3
灯泡	Bulbs	102.4	100.9	109.0	99.9	99.8
普通灯泡	Ordinary Light Bulbs	100.3	100.7	100.9	99.9	99.7
低压灯泡	Low-voltage Light Bulbs	100.0				100.0
特种灯泡	Special Bulbs	100.0				100.0
节能灯泡	Energy-saving Light Bulbs	105.6		111.1	100.0	
卤化物灯泡	Halide Bulbs	105.9	105.9			
其他	Others	100.0			100.0	100.0
灯管	Lamp	99.7	100.0	95.1	103.9	100.0
灯管	Lamp	100.2	100.0	100.6		100.0
节能灯	Energy-saving Lamps	99.9	100.0	95.8	103.9	100.0
防暴路灯	Riot Lights	95.0		95.0		
其他	Others	100.0				100.0
开关	Switch	100.7	102.3	101.6	97.6	101.3
胶盖闸刀	Knife Plastic Cover	100.4	100.0	100.5	98.3	102.7
普通开关	Ordinary Switch	102.0	103.2	100.8	100.8	103.2
断路器	Circuit Breaker	104.9		108.1	106.5	100.0
漏电开关	GFCI	93.3		106.7	87.5	85.7
空气开关	Air Switch	100.0		100.0		
其他	Others	101.9				101.9
电线连接装置	Wire Connections	102.0	102.3	100.4	100.3	104.9
普通插座	Ordinary Socket	100.4	100.5	100.3	99.8	101.2
网线水晶头	Crystal Cable Head	112.4	105.3	100.0	101.7	142.6
防水插座	Waterproof Socket	108.3	116.7	109.4	103.4	103.8
分户设备	Household Equipment	100.2	97.0	100.4	101.6	102.0
灯头盒	Lamp Box	102.0	102.3	101.8	102.5	101.4
双电源箱	Dual Power Box	103.0		100.0		106.1
电表箱	Meter Box	97.5	93.1	97.7	102.3	97.0
户箱	Households Box	102.1	95.2	101.9	104.8	106.6
配电箱	Distribution box	99.4	98.9	98.4	99.7	100.8
开关箱	Switch Box	99.7	98.2	99.8	101.0	
网线	Cable	93.4			96.9	90.0
五类网线	Five Lines	100.9	100.0	87.3	101.4	114.9
其他	Others	100.8			100.8	
终端设备	Terminal Equipment	101.9	103.7		100.0	102.0
交联电缆终端	XLPE Cable Terminal	101.8	103.5		100.0	
插拔式电缆终端	Plug Cable Terminal	101.0			100.0	102.0
户外终端头	Outdoor Terminal Head	100.0			100.0	
漏电保护器	Leakage Protector	102.1	104.2		100.0	
其他	Others	100.0			100.0	

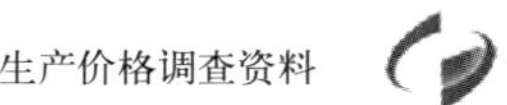

4−10 续表 17 continued

(上年=100) (Preceding Year=100)

类　别	Classification	年度平均 Annual Average	一季度 The first Quarter	二季度 The second Quarter	三季度 The third Quarter	四季度 The forth Quarter
变电亭	Kiosk Substation	105.1		101.7	99.2	114.3
变压器箱	Transformer Box	100.4		101.7	99.2	
重锤片	Heavy Hammer Films	114.3				114.3
通信用配件	Communication Accessories	97.7	95.4	97.0	97.9	100.7
接线盒	Junction Box	97.6	95.4	95.6	97.9	101.5
接续管	Follow-up Control	100.0				100.0
其他	Others	99.7		99.7		
其他材料	**Other Materials**	**101.2**	**102.7**	**100.7**	**100.4**	**100.8**
玻璃产品	Glass Products	99.1	102.3	89.4	101.3	103.4
普通平板玻璃	Ordinary Plate Glass	109.4	110.7	111.0	110.4	105.5
彩色平板玻璃	Color Glass	94.6	92.9	96.3		
磨砂玻璃	Frosted Glass	84.4	95.0	55.8	93.5	93.4
镜子	Mirror	97.9	100.0	100.0	91.7	100.0
中空玻璃	Insulating Glass	99.3	97.9	94.2		105.8
镜面玻璃	Mirror Glass	109.1		109.1		
其他	Others	99.4	100.0	76.5	105.3	115.8
防水材料	Waterproof Material	95.9	100.8	93.0	93.2	96.5
油毡	Linoleum	99.3		105.7	99.2	93.0
SBS防水卷材	SBS Waterproofing Membrane	96.3	100.8	92.9	92.1	99.3
橡胶止水带	Rubber Sealing Strip	99.3			99.3	
其他	Others	100.0		100.0		
密封材料	Sealing Material	96.2	96.6	98.3	98.8	91.1
密封胶	Fluid Sealant	97.9	97.0	90.9	103.9	100.0
密封带	Sealed Belt	99.0	96.0	100.0	100.0	100.0
密目网	Dense mesh	92.1		98.6	97.6	80.2
保温材料	Insulation Materials	104.5	105.4	111.4	113.6	87.4
岩石棉	Rock Cotton	85.7				85.7
玻璃棉	Glass Wool	108.9	106.6	120.0		100.0
CCP复合保温板	CCP Compound Insulation Board	123.2				123.2
EPS胶粉颗粒浆料	EPS Powder Slurry Particles	100.0				100.0
EPS保温板	EPS Insulation Board	109.8	101.7	110.2	113.6	113.6
其他	Others	93.0		116.8		69.2
采暖设备	Heating Equipment	99.0	105.7	92.0	98.2	100.2
普通暖气片	Ordinary Radiator	98.4	105.7	88.2	99.3	100.2

4-10 续表 18 continued

(上年=100) (Preceding Year=100)

类别	Classification	年度平均 Annual Average	一季度 The first Quarter	二季度 The second Quarter	三季度 The third Quarter	四季度 The forth Quarter
地暖	Groud-heating.	99.8		102.9	96.4	100.0
散热器	Radiator	113.4		103.5		123.3
散热器	Radiator	113.4		103.5		123.3
绝缘子	Insulator	99.2	100.5	99.0	97.7	99.8
高压悬垂绝缘子	Hanging High-voltage Insulators	99.8	100.5	99.0		99.8
复合绝缘子	Composite Insulator	97.7	97.7		97.7	
大便器	Stool Browser	100.9	105.3	97.6	99.6	101.2
蹲式	Squatting	100.3	107.7		90.1	103.0
坐式	Sitting	101.3	105.1	97.6	102.0	100.6
其他	Others	100.0				100.0
小便器	Urinal	101.9	103.9			100.0
挂式	Linked	103.9	103.9			
其他	Others	100.0				100.0
洁具	Sanitary Ware	105.7	111.9	103.8	104.3	102.9
洗面器	Face Wash Device	104.6	110.2	101.8	103.6	103.0
自动感应水龙头	Automatic Sensor Faucet	109.7	112.1	108.5	108.5	
其他	Others	100.0				100.0
水箱	Water Tanks	90.9		90.9		
低水箱	Low-water Tank	90.9		90.9		
浴盆	Tub	104.3	102.5	100.3	112.7	101.6
浴盆	Tub	104.3	102.5	100.3	112.7	101.6
洗涤盆	Sink	100.1	100.0		100.0	100.4
洗涤盆	Sink	100.1	100.0		100.0	100.4
釉面砖	Tile	102.7	107.9	99.8	101.2	101.9
彩色	Color	101.4	112.1	93.7	98.8	100.9
白色	White	101.6	106.1	94.8	103.4	102.1
玻璃大理石	Glass Marble	107.5	107.4	107.3	107.4	107.8
其他	Others	74.0				74.0
马赛克	Mosaic	100.4	103.6	96.8	98.6	102.7
马赛克	Mosaic	106.7	103.6	103.6		112.8
玻化砖	Vitrified Tile	98.1		95.7	98.6	100.0
墙地砖	Wall and Floor Tiles	103.3	106.8	103.6	101.9	101.0
地砖	Floor Tiles	103.8	107.3	104.8	101.2	101.9
防滑地砖	Skid Resistant Tile	104.6		105.9	102.9	105.0
广场砖	Square Brick	96.1	98.0	90.4	100.0	
彩色便道砖	Sidewalk Color Bricks	100.0				100.0
通体铺地砖	Quintana Floor Tile	100.0			100.0	
页岩多孔砖	Shale Brick	102.0	106.2	104.5	105.9	91.3

4—10 续表 19 continued

(上年=100) (Preceding Year=100)

类 别	Classification	年度平均 Annual Average	一季度 The first Quarter	二季度 The second Quarter	三季度 The third Quarter	四季度 The forth Quarter
其他	Others	99.6			100.0	99.3
琉璃砖	Glass Brick	95.0		90.0		100.0
琉璃砖	Glass Brick	90.0		90.0		
其他	Others	100.0				100.0
琉璃瓦	Glazed Tile	100.0			100.0	100.0
琉璃瓦	Glazed Tile	100.0			100.0	
其他	Others	100.0				100.0
抛光砖	Polished	99.9			100.1	99.7
抛光砖	Polished	99.9			100.1	99.7
其他	Others					
陶板地面	Terra-cotta Ground	122.2				122.2
陶板地面	Terra-cotta Ground	122.2				122.2
其他	Others					
焦体砖	Jiao Body Brick	106.5			109.4	103.7
焦体砖	Jiao Body Brick	102.0			100.0	104.1
其他	Others	105.6			111.1	100.0
石工砖	Brick Masonry	102.4	101.6	103.1	101.4	103.8
人行道彩块	Color Block Sidewalks	103.0	101.6	103.7	103.1	103.8
其他	Others	87.3		85.6	89.0	
玛钢件	Malleable Iron Pieces	99.2	101.8	100.1	98.3	96.6
弯头	Elbow	99.1	100.7	99.2	97.7	98.6
管箍	Pipe Hoop	101.7	104.1	105.4	105.4	92.1
水嘴	Tap	96.2		92.0		100.4
接头	Joint	101.7		97.0	108.1	100.0
三通	Links	97.0	100.0			94.1
铸铁水斗	Iron Pelton	106.7			106.7	
建筑用小五金	Construction Hardware	103.6	101.2	100.9	99.0	113.2
钉子	Nails	104.6	101.2	101.3	99.3	116.5
陶瓷水嘴	Ceramic Tap	99.0		100.0	93.8	103.3
直角扣件	Right-angle Fastener	105.6		100.0	112.1	104.8
不銹钢合页	Stainless Steel Hinge	120.0	120.0	120.0		120.0
铝合型材	All Aluminum Profiles	102.2	103.6	101.7	100.7	102.9
铝合金窗(推拉)	Aluminum Alloy Window (Sliding)	102.4	103.9	101.4	101.5	102.8
铝合金窗(平开)	Aluminum Alloy Window (Open-ping)	100.1	98.0	103.0	98.5	100.8
铝合金扣板	Aluminum Alloy Fastener	100.0				100.0
铝合金门(推拉)	Aluminum Alloy Door (Sliding)	100.0				100.0
铝合金门(平开)	Aluminum Alloy Door (Open-ping)	99.9	93.8	103.3	100.0	102.7

4−10 续表 20 continued

(上年=100) (Preceding Year=100)

类　别	Classification	年度平均 Annual Average	一季度 The first Quarter	二季度 The second Quarter	三季度 The third Quarter	四季度 The forth Quarter
铝合金格栅	Aluminum Grille	114.2		114.1	114.2	114.1
其他	Others					
塑钢材料	Plastic Materials	106.4	108.8	105.2	107.6	104.1
塑钢窗(推拉)	PVC Window (Sliding)	105.5	108.7	106.3	107.8	99.3
塑钢窗(平开)	PVC window (Side Hang)	107.8		110.4	100.0	112.9
多腔塑钢门窗	Multi-cavity Plastic Steel Door and Window	109.4	100.0	107.1	118.8	111.6
塑钢窗(固定)	PVC Window (Fixed)	110.0	113.6	114.5	115.8	96.1
单扇塑钢全玻地弹门	Single Glass Door All-steel Bomb Doors	115.0				115.0
双扇塑钢全玻地弹门	All-glass Double-leaf Steel Doors Bomb	100.0				100.0
塑钢门(推拉)	PVC Doors (Sliding)	100.0		100.0		
塑钢门(平开)	PVC Door (Side Hang)	105.9		114.9	104.4	98.4
其他	Others					
仪表	Instrumentation	107.8	105.5	105.1	112.9	107.8
水表	Meter	107.0	105.5	104.2	109.3	108.9
电表	Meter	111.8		105.4	124.9	105.1
煤气表	Gas Meter					
压力表	Pressure Gauge	113.8				113.8
液压表	Hydraulic Table					
水流指示器	Flow Indicator	105.1		106.3	101.3	107.7
功率表	Power Meter	111.1				111.1
频率表	Frequency Table					
热力表	Heat Sheet	100.6				100.6
普通阀门	General Valve	106.4	103.2	105.1	107.1	110.3
截止阀(止水螺栓)	Cut-off Valve (Bolt Sealing)	107.7	100.3	102.8	109.3	118.2
闸阀	Valve	103.9	103.7	102.0	103.3	106.5
球阀	Ball	114.1	104.5	130.3	110.0	111.8
止回阀	Check Valve	112.7	115.4	115.4	113.6	106.4
调节阀	Control Valve	109.1				109.1
DE阀门	DE Valve					
底阀	Bottom Valve					
碟阀	Disc Valve	106.0	107.3	106.9	107.9	102.0
其他	Others	105.6			101.3	110.0
安全类阀门	Safety Valve Type	108.3	107.5	108.7	113.4	103.6
安全阀	Safety Valve	108.4	107.8	108.7	113.4	103.6
减压阀	Relief Valve	103.6				103.6
防火防烟阀	Smoke Fire Valve	100.0	100.0			
信号蝶阀	Signal Butterfly Valve	109.5		107.7		111.2
电磁阀	Solenoid Valve	112.5		100.0	125.0	
消防设施	Fire Facilities	107.3	102.0	111.8	110.3	104.9
消火栓箱	Fire Hydrant Boxes	112.0	101.8	118.9	120.9	106.5
水枪	Water	102.2	101.8	102.0	102.9	102.0
消火栓	Fire Hydrant	102.7	101.2	104.4	100.0	105.1
消火栓报警按钮	Fire Alarm Button	105.5	100.0	107.7	107.7	106.5
水泵结合器	Combination Pump Device	122.5	109.1	122.4	136.4	121.9
水带	Water	119.9		113.4	120.0	126.2
感烟探测器	Smoke Detector	110.0	111.5	108.9	110.3	109.4
法兰	Flange	104.5	102.1	100.6	106.0	109.5

4-10 续表 21 continued

(上年=100) (Preceding Year=100)

类 别	Classification	年度平均 Annual Average	一季度 The first Quarter	二季度 The second Quarter	三季度 The third Quarter	四季度 The forth Quarter
平焊法兰	Flat Welding Flange	102.3	100.0	105.4	98.5	105.3
碳钢平焊法兰	Carbon Steel Flat Welding Flange	103.7	110.8	106.1	110.8	87.4
法兰盖	Flange Cover	104.0				104.0
悬塞阀	Hanging Plug Valve	98.9	98.9			
其他	Others	96.7	93.3	100.0		
焊接产品	Welding Products	98.0	102.4	98.7	97.4	93.7
电焊条	Welding Electrode	98.0	102.5	98.6	97.4	93.5
不锈钢焊条	Stainless Steel Electrode	100.2	100.0	100.0	100.0	100.8
焊剂	Flux	100.0				100.0
焊丝	Wire	100.0	100.0	100.0	100.0	100.0
其他	Others	100.0		100.0	100.0	100.0
水、电	Water, Electricity	102.2	103.3	104.3	102.6	98.7
工程用水	Water Works	103.3	100.3	106.1	104.5	102.4
居民用水	Residents of the Water	100.0			100.0	100.0
工程用电	Electricity Projects	102.0	106.5	104.1	102.3	95.3
其他门	Other Doors	99.7		99.3	99.1	100.8
空腹防盗门	Fasting Security Door	96.5		100.0	89.5	100.0
玻璃门	Glass Doors	100.0			100.0	
卷闸门	Rolling Gate	84.6			84.6	
不锈钢管防盗门	Stainless Steel Security Door	104.0				104.0
型钢防盗门	Steel Security Door	100.0		100.0	100.0	100.0
电子对讲门	Electronic Door Intercom	100.0		100.0	100.0	100.0
自动门(玻璃)	Automatic Doors (Glass)	90.0		90.0		
铝材	Aluminum	100.5	103.2			97.8
铝板	Aluminum	103.2	103.2			
铝合金板	Aluminum Alloy Plate	97.8				97.8
铜材	Copper	85.2	82.9		72.5	100.0
铜闸阀	Illustrates Copper Valve	100.0	100.0			
铜排	Copper Row	98.3	96.7			100.0
铜丝	Copper Wire	86.3	100.0		72.5	
铜条	Copper Bars	80.0	80.0			
其他工具	Other Tools	93.6	80.7		100.0	100.0
合金钢钻头	Alloy Steel Drill Bit	100.0			100.0	
梁卡具	Liang Fixtures	100.0	100.0			
其他	Others	93.4	80.1		100.0	100.0
机械费	**Machinery Fee**	**101.3**	**102.1**	**101.3**	**101.1**	**100.9**
土石方及筑路机械	**Cubic Meter Of Earth And**	**101.3**	**101.4**	**100.9**	**102.1**	**100.8**
履带式推土机	Crawler Type Bulldozer	104.7	116.0	101.4	100.9	100.5
自行式铲运机	Motor Scraper Application	101.6	103.1	99.5	100.2	103.6
拖式铲运机	Towed Scraper	92.4	77.8	100.2		99.3

4-10 续表 22 continued

(上年=100) (Preceding Year=100)

类 别	Classification	年度平均 Annual Average	一季度 The first Quarter	二季度 The second Quarter	三季度 The third Quarter	四季度 The forth Quarter
轮胎式装载机	Tyred Loader	99.5	98.2	101.2	99.0	99.7
履带式拖拉机	Caterpillar Tractor	103.5	100.0	104.7	104.7	104.5
履带式单斗挖掘机	Crawler Walking Single-Dipper Excavator	100.8	100.1	100.9	100.8	101.2
拉铲挖掘机	Dragline	103.3	105.1	95.9	107.1	105.3
履带式液压岩石破碎机	Marching Hydraulic Pressure Rock Breaker	113.8	111.1	108.3	126.7	109.1
沥青混凝土摊铺机	Asphalt Paver	101.1	103.3	100.1	101.0	99.9
拖式羊角碾	Towed Claw Grind	100.0	100.0			
光轮压路机	Smooth-Wheel Roller	105.5	99.4	102.8	118.6	101.1
振动压路机	Vibrating Road Roller	106.1	108.4	104.4	108.3	103.4
电动夯实机	Electric Tamper	99.3	102.8	97.6	98.9	98.0
动凿岩机	Hammerdrill	102.8	105.4	102.6	105.1	98.1
强夯机械	Dynamic Consolidation Machine	101.6	100.0	98.4	108.0	100.0
平地机	Road Roller	99.8	95.5	99.5	103.3	100.7
打桩机械	**Piling Machinery**	**101.2**	**102.8**	**97.2**	**104.0**	**100.7**
履带式柴油打柱机	Diesel Pile Hammer with Crawler Carrier	101.1	100.4	100.0	100.0	103.9
轨道式柴油打柱机	Diesel Hit Track Column Machine	98.9	103.5	89.6	102.4	100.0
震拔打拔桩机	Vibro-driver Extractor					
静力压桩机	Static Pile Driver	100.2	100.0	100.7	100.0	
汽车式钻孔机	Waggon Drill					
履带式钻孔机	Crawler Drill	125.0	125.0			
工程钻机	Engineering Machine	106.3	110.0	102.5	112.4	100.3
单轴式深层搅拌机	Single-spindle Deep Mixer	108.9	100.4	100.0	136.0	99.3
双轴式深层搅拌机	Double-spindle Deep Mixer	114.3		114.3		
轻便钻孔机	Portable Electric Drill	100.0	96.3			103.7
锚杆钻孔机	Anchor Drilling Equipment	107.9	109.7	106.2	109.3	106.5
旋挖钻机	Spin Drilling Rig	106.8	109.1		111.2	100.0
起重机械	**Hauling-Up Machinery**	**102.2**	**103.1**	**103.4**	**101.4**	**101.2**
履带式起重机	Crawler Crane	101.0	102.6	100.5	101.2	99.9
桅杆式起重机	Gin Pole Derrick	103.1		111.2	100.4	97.8
汽车式起重机	Autocrane	101.8	108.9	100.7	101.4	96.0
龙门式起重机	Gantry Crane	100.7	100.2	99.4	99.9	103.3
塔式起重机	Tower Crane	103.6	101.2	105.1	104.2	103.7
桥式起重机	Overhead Crane	100.8	100.9	100.3	100.2	101.5
自升式塔式起重机	Self-elevating Tower Crane	101.5	102.9	102.6	100.0	100.6
其他	Others	101.9	101.8	103.6	100.1	102.1
运输机械	**Transport Machinery**	**100.8**	**102.1**	**100.6**	**99.9**	**100.8**
载重汽车	Truck	101.6	105.7	101.7	97.8	101.2
自卸汽车	Dump Truck	100.1	100.8	99.2	100.4	100.0
平板拖车组	Platform Trailer	103.7	105.4	107.1	100.3	102.1
壁板运输车	Panel Transporter	96.3	79.4	99.3	100.1	106.3

4-10 续表 23 continued

(上年=100) (Preceding Year=100)

类　别	Classification	年度平均 Annual Average	一季度 The first Quarter	二季度 The second Quarter	三季度 The third Quarter	四季度 The forth Quarter
机动翻斗车	Powered Tipper	99.2	97.7	99.3	100.9	98.9
洒水汽车	Street Sprinkler	100.3	99.9	100.5	101.2	99.7
轨道平板车	Track Ping Banche	101.1	103.2	103.7	97.4	99.9
电动卷扬机	Electric Winch	104.1	103.8	106.5	101.7	104.4
卷扬机带塔	Winch with Tajikistan	104.5	115.5	100.5	103.0	99.2
皮带运输机	Belt Roller	100.0				100.0
单笼施工电梯	Construction of single-cage elevator	100.6	100.0	100.2	99.7	102.6
双笼施工电梯	Construction of Double-cage elevator	105.7	110.0	105.0	100.1	107.9
提升设备	Lifting Device	103.8	103.2	107.0	103.3	101.7
混凝土及砂浆机械	**Concrete And Mortar Machinery**	**101.4**	**102.2**	**102.0**	**100.0**	**101.2**
混凝土搅拌机	Concrete Mixers	102.1	102.4	103.1	101.0	101.7
灰浆拌和机	Mortar Mill	101.3	102.9	102.3	100.1	99.8
灰浆输送泵、液压注浆泵	Mortar pump, hydraulic injection pump	98.3	101.1	100.3	92.4	99.6
泥浆泵	Sludge Pumps	96.9	94.8	97.3	95.8	99.9
灰浆输送泵	Mortar pump	102.5	106.8	99.4	101.8	102.1
混凝土震动器	Concrete Vibrator	100.5	99.0	101.4	98.0	103.6
混凝土喷射机	Concrete Spraying Machines	104.1	116.2	100.9	99.7	99.5
加工机械	**Processing Machinery**	**100.5**	**101.4**	**99.6**	**100.1**	**100.7**
钢筋调直机	Bar Straightener	101.8	100.2	101.2	102.7	102.9
钢筋切断机	Reinforcing Bar Cutting Machine	99.0	100.9	98.2	96.2	100.7
钢筋弯曲机	Reinforcing Steel Crooking Machine	102.1	102.7	103.1	102.8	99.7
钢筋墩头机	Reinforced Duntou machine	92.5	91.3	80.1	97.6	101.1
预应力钢筋拉伸机	Steel Extension Machine	92.4	97.1	89.6	88.9	93.9
液压挤压机	Hydraulic extrusion	110.8	102.3	120.1	108.3	112.5
木工圆锯机	Woodworking Machine	102.2	105.2	100.3	102.0	101.2
木工平刨床	Wood Milling Machine	99.2	100.4	99.4	100.8	96.1
木工开榫机	Woodworking open-tenon	113.6	105.8	116.2	119.3	113.1
木工打眼机	Dayan woodworking machines	100.8	105.5	100.4	98.9	98.4
木工裁口机	Woodworking Machine	115.5	104.9	132.9	119.3	105.0
剪板机	Cutting plate machine	99.9	99.9	98.9	102.3	98.3
型钢剪断机	Section Shears	103.8	111.8	73.9	116.6	112.9
型钢校正机	Bull Press	100.0		100.0	100.0	100.0
翼缘矫正机	Straightening Machine	98.5	100.9	95.2	98.7	99.3
刨边机	Copy Shaper	101.8	106.0	100.7	100.2	100.4
砂轮切割机	Abrasive Cutting Machine	100.4	100.2	100.8	99.7	100.7
石料切割机	Block Cutting Machine	92.4	99.8	83.1	88.5	98.2
曲线切割机	Curve Cutting Machine	102.3	100.0			104.6
电动切割机	Electric Power Tools	102.6	102.0	102.7	102.7	102.8
氧割设备	Oxygen cutting equipment	100.5	100.0	101.7	103.6	96.5
抛光机	Polishing Machine	97.1	100.4	98.4	96.0	93.6

4−10 续表 24 continued

(上年=100) (Preceding Year=100)

类　别	Classification	年度平均 Annual Average	一季度 The first Quarter	二季度 The second Quarter	三季度 The third Quarter	四季度 The forth Quarter
手提砂轮机	Angle Grinder	97.5	95.1	94.2	99.5	101.3
板料校平机	Sheet Leveling Machine	98.9		96.8	100.0	100.0
泵类机械	**Pump Machinery**	**97.7**	**98.6**	**97.0**	**99.9**	**95.3**
电动单级离心泵	Electrogenic Sinking Pump	102.5	103.5	110.2	98.3	98.0
电动多级离心泵	Electrogenic Multistage Centrifugal Pump	103.2	102.7	106.3	101.4	102.4
单级射流泵	Single Stage Pump	112.3				112.3
潜水泵	Submersible Pumps	97.4	98.5	96.7	99.6	94.8
高压油泵	High Pressure Oil Pump	101.3	103.9		100.0	100.0
船舶机械	**Shipping Machinery**	**100.4**	**104.0**	**97.9**	**99.9**	**100.0**
打柱船	Pile-driver					
拖船	Tug Boat	98.3	95.0	100.0		100.0
驳子	Barge	103.1	116.6	95.8	100.0	100.0
浮吊	Floating Crane	102.8	107.4		98.3	
混凝土搅拌船	Concrete Mixer Vessel	100.0			100.0	
其他机械	**Other Machinery**	**102.4**	**103.7**	**103.6**	**101.1**	**101.1**
交流电焊机	Arcway Welder	103.1	105.2	105.2	101.7	100.2
直流电焊机	Electric Welding Machine	99.2	98.5	98.8	100.3	99.0
对焊机	Welding Machines	101.3	101.2	103.9	97.4	102.7
电渣焊机	Electroslag Surfacing	102.5	102.6	103.7	101.1	102.5
氩弧焊机	Arc Weldimg Machine	102.5	101.6	103.4	101.2	103.7
点焊机	Spot Welding Machine	98.6	97.0	96.4	100.0	101.2
电动空气压缩机	Motor-Operated Air Compressor	104.5	109.0	104.4	103.2	101.5
内燃空气压缩机	Diesel-driven Air Compressor	102.1	105.4	103.2	99.6	100.1
轴流风机	Axial Flow Fan	110.9	100.4	121.3	111.8	110.2
风动锻钎机	Air Forging Machine					
电动修钎机	Electric Dresser	100.0		100.0	100.0	100.0
平面磨石机	Surface Grinder	93.6				93.6
电焊条烘干箱	Electrode Dryer	102.4	109.6	100.0	103.7	96.5
锯缝机	Saw Kerf Machine	98.0	99.7	95.6	100.0	96.7
吹风机	Hair Dryer	100.2	100.0	100.3	99.1	101.2
泥浆拌和机	Clay Slip Blunger	104.5	106.1	105.9	103.2	102.9
灰气联合泵	Gray Joint Gas pump	100.0	100.0	100.0		
电锤	Electric Rotary Hammers	99.3	100.6	98.9	98.2	99.7
液压千斤顶	Hydraulic Jack	103.7	106.3	100.0	108.3	100.3
柴油发电机	Diesel Generator	101.1	104.1	101.0	100.0	99.2
设备、工器具购置	**Pruchase Of Equipment ,Tools And Instruments**	**98.0**	**99.7**	**97.9**	**97.0**	**97.5**
其他费用	**Others**	**102.0**	**102.2**	**101.3**	**101.8**	**102.5**
土地取得费	**Obtaining Land Expenditure**	**102.3**	**102.0**	**101.8**	**102.0**	**103.6**
前期工程费	**Preceding Engineering Expenditure**	**102.4**	**102.3**	**101.7**	**103.7**	**101.9**
施工工作费	**Construction Expenditure**	**102.7**	**103.2**	**101.7**	**102.3**	**103.5**
建设单位其他费用	**Other Expenses Of Construction Unit**	**100.4**	**101.4**	**99.8**	**99.3**	**101.1**

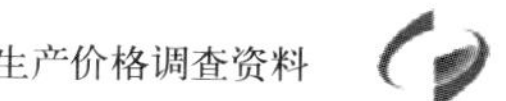

4-11　分市固定资产投资价格指数(2009年)

Price Indices of Investment in Fixed Assets by City(2009)

(上年=100)　(Preceding Year=100)

地区	Area	1季度累计 Accumulative Total in The First Quarter		1-2季度累计 Accumulative Total from the First Quarter to the Second Quarter		1-3季度累计 Accumulative Total from the First Quarter to the Third Quarter		1-4季度累计 Accumulative Total from the First Quarter to the Forth Quarter	
		固定资产投资 Investment in Fixed Assets	#建安工程 Construction and Installation Project	固定资产投资 Investment in Fixed Assets	#建安工程 Construction and Installation Project	固定资产投资 Investment in Fixed Assets	#建安工程 Construction and Installation Project	固定资产投资 Investment in Fixed Assets	#建安工程 Construction and Installation Project
全省	**Whole Province**	**98.5**	**97.2**	**97.0**	**95.2**	**96.7**	**95.0**	**96.9**	**95.4**
济南	Jinan	99.9	99.2	99.1	98.4	98.8	98.4	98.9	98.4
青岛	Qingdao	97.2	95.4	95.1	92.7	94.4	91.8	94.6	92.1
淄博	Zibo	99.5	98.0	98.4	95.9	98.3	96.3	98.6	97.1
枣庄	Zaozhuang	99.8	99.0	97.7	95.6	96.9	94.1	96.9	94.4
东营	Dongying	101.7	100.9	101.6	102.1	101.4	102.4	101.5	102.8
烟台	Yantai	98.8	97.8	96.4	94.2	95.2	92.4	95.6	93.1
潍坊	Weifang	99.4	99.0	97.3	95.8	96.4	94.5	96.1	94.1
济宁	Jining	97.0	94.9	96.9	95.2	98.1	96.7	98.3	97.3
泰安	Taian	101.0	101.5	99.8	99.8	99.5	99.7	99.6	100.0
威海	Weihai	97.2	96.1	96.2	95.0	96.1	95.0	94.8	92.8
日照	Rizhao	99.6	99.0	96.8	95.4	95.9	94.2	96.3	94.7
莱芜	Laiwu	98.9	98.4	96.8	95.5	97.0	95.7	97.7	97.0
临沂	Linyi	97.0	95.5	95.5	92.6	94.6	91.6	94.9	92.3
德州	Dezhou	100.6	99.6	101.3	101.7	101.6	102.8	101.4	102.4
聊城	Liaocheng	93.4	90.1	95.8	95.2	96.8	97.2	97.2	97.9
滨州	Binzhou	97.7	96.1	96.1	94.1	94.4	91.6	95.0	92.7
菏泽	Heze	97.9	94.9	96.4	93.0	96.6	93.7	97.0	94.5

4−12 2001−2009年房地产价格指数

Price Indices for Real Estate from 2001 to 2009

(上年=100) (Preceding Year=100)

类 别	Classification	2001	2002	2003	2004	2005	2006	2007	2008	2009
房屋销售价格总指数	**Selling price indices of houses**	**103.8**	**105.5**	**106.7**	**111.5**	**108.5**	**105.0**	**105.8**	**106.0**	**101.7**
新建房	New Building Houses	104.0	105.2	107.0	112.3	108.5	105.1	106.0	106.1	101.8
住 宅	Residence	104.5	105.4	107.4	112.9	109.0	105.1	106.2	106.3	101.9
经济适用房	Economic Housing	103.0	105.2	105.7	109.3	107.5	104.0	103.6	102.9	100.5
普通住宅	common Residence	104.9	105.3	107.4	113.1	109.2	105.2	106.2	107.1	102.0
多层住宅	Multiayer Buildings	105.1	105.6	107.5	113.6	108.7	105.1	106.3	107.7	102.2
高层住宅	High-grade Building	103.8	104.5	106.6	111.6	110.2	105.2	106.1	106.5	101.6
高档住宅	Luxury Residential Buildings	103.1	106 6	108.6	116.0	109.2	106.0	107.8	103.8	101.9
别 墅	Villas	106.5	109.3	112.5	122.2	110.5	103.6	106.2	103.2	103.4
高档公寓	High-grade Apartment	102.8	106.0	107.9	115.1	108.9	106.7	108.2	104.0	101.6
非住宅	Other Buildings	100.9	104.1	105.0	109.2	106.2	104.3	104.8	104.3	100.5
二手房	Private-owned house	104.0	108.1	107.9	113.1	108.4	104.9	105.2	105.8	101.4
住宅	Residence Buildings	104.1	108.5	107.9	111.5	108.8	105.2	105.3	105.9	102.1
非住宅	Other Buildings	103.0	106.0	107.7	119.3	107.5	103.5	105.0	105.3	98.4
土地交易价格总指数	**Transactions price indices of land**	**105.1**	**103.7**	**105.1**	**106.2**	**106.4**	**104.8**	**105.1**	**103.9**	**103.1**
居住用地	Land for Residential Building Use	104.0	104.0	104.6	110.0	105.7	105.4	104.9	104.4	102.7
普通住宅用地	General Residential buildings	104.0	104.1	104.4	110.1	105.7	105.5	104.8	104.4	102.8
高档住宅用地	Luxury rResidential Building	104.0	103.8	125.1	102.4	104.0	102.9	105.5	114.3	100.6
工业用地	Industrial Land	104.5	102.6	104.2	103.6	104.5	103.8	106.1	103.6	103.2
商业营业用地	Commercial Business Land	105.9	104.4	108.0	105.9	109.2	104.8	104.4	103.2	104.0
其它用地	Land for Other	107.0	104.5	103.6	101.5	108.7	105.5	104.1	101.9	105.0
房屋租赁价格总指数	**Renting price indices of houses**	**101.3**	**99.8**	**98.6**	**100.8**	**101.8**	**101.6**	**102.5**	**102.1**	**101.7**
住 宅	Residence Buildings	105.3	100.5	99.3	99.4	102.6	102.4	104.3	101.9	101.3
办公楼	Office buildings	100.9	98.8	100.5	100.8	101.4	100.5	101.8	104.9	106.8
商业营业用房	Commercial Business Premises	100.2	100.0	96.3	102.1	101.7	102.0	101.8	101.8	99.7
物业管理价格总指数	**Property Management Price Indices**					**100.9**	**100.9**	**101.0**	**100.8**	**100.4**
住 宅	Residential Buildings					101.1	101.4	100.8	101.0	100.1
经济适用房	Economically Affordable Housing					100.0	101.8	102.4	100.1	100.2
普通住宅	General Residential Buildings					101.9	101.6	100.8	101.2	100.1
高档住宅	Luxury Residential Buildings					98.3	100.1	100.2	100.7	100.1
办公楼	Office Buildings					100.3	99.7	100.3	100.6	100.9
商业营业用房	Commercial Business Premises					100.7	100.2	102.1	100.2	100.1

4—13 房屋销售价格月度指数(2009年)

Selling Price Monthly Indices of Houses(2009)

(上年=100) (Preceding Year=100)

类　别	Classification	全年平均 Annual Average	1月 January	2月 February	3月 March	4月 April	5月 May
房屋销售价格总指数	**selling price indices of houses**	**101.7**	**102.0**	**101.5**	**100.7**	**100.3**	**100.4**
新建房	New Building Houses	101.8	101.9	101.5	100.6	100.1	100.5
住　宅	Residence Buildings	101.9	102.0	101.5	100.7	100.2	100.5
经济适用房	Economic Housing	100.5	102.0	101.7	100.4	100.8	100.8
商品住宅	Commercial Residential Buildings	102.0	102.0	101.5	100.7	100.1	100.5
普通住宅	General Residential Buildings	102.0	102.0	101.5	100.6	100.1	100.5
多层住宅	Multiayer Buildings	102.2	102.8	102.3	102.0	101.0	100.8
高层住宅	High-grade Building	101.6	101.4	100.8	99.5	99.2	100.0
其他住宅	Other Buildings	105.2	104.6	104.6	104.7	104.6	104.2
高档住宅	Luxury Residential Buildings	101.9	102.4	102.0	101.7	101.5	101.5
别　墅	Villas	103.4	101.0	100.9	100.0	100.3	100.3
高档公寓	High-grade Apartment	101.6	102.7	102.2	102.0	101.8	101.8
非住宅	Non-Residential Buildings	100.5	100.7	100.5	99.8	99.6	99.8
办公楼	Office buildings	97.8	98.0	97.2	95.9	95.8	96.5
商业营业用房	Commercial Business Premises	102.0	102.5	102.5	101.9	101.8	101.8
其它用房	Other Buildings	100.1	99.3	99.3	99.2	98.8	99.1
二手房	Private-owned House	101.4	102.0	101.5	100.8	100.5	100.2
住宅	Residence Buildings	102.1	102.6	101.9	101.6	101.4	101.0
普通住宅	Ordinary residential Buildings	102.1	102.7	102.0	101.6	101.5	101.0
高档住宅	High-end Residential Buildings	100.4	100.8	101.0	101.0	100.1	100.2
非住宅	Other Buildings	98.4	99.3	99.3	97.2	96.2	96.5

4-13 续表 continued

(上年=100) (Preceding Year=100)

类 别	Classification	6月 June	7月 July	8月 August	9月 September	10月 October	11月 November	12月 December
房屋销售价格总指数	**selling price indices of houses**	**100.5**	**100.6**	**101.4**	**101.9**	**102.6**	**103.5**	**104.9**
新建房	New Building Houses	100.7	101.1	101.7	102.1	102.8	103.5	105.1
住 宅	Residence Buildings	100.8	101.2	101.8	102.2	103.0	103.6	105.2
经济适用房	Economic Housing	100.6	100.3	99.8	99.7	99.6	100.0	100.4
商品住宅	Commercial Residential Buildings	100.8	101.2	101.9	102.3	103.1	103.8	105.5
普通住宅	General Resicential Buildings	100.7	101.2	101.9	102.3	103.2	103.9	105.6
多层住宅	Multiayer Buildings	100.6	101.1	101.6	102.2	103.4	103.9	104.8
高层住宅	High-grade Building	100.6	101.0	102.0	102.2	102.8	103.6	105.8
其他住宅	Other Buildings	104.0	105.0	105.9	105.8	106.0	105.2	107.5
高档住宅	Luxury Residential Buildings	101.5	101.9	102.0	102.0	102.0	102.2	102.5
别 墅	Villas	100.2	106.1	106.4	106.5	106.3	106.9	106.3
高档公寓	High-grade Apartment	101.7	101.0	101.1	101.1	101.1	101.0	101.6
非住宅	Non-Residential Buildings	99.6	99.6	100.0	100.4	100.7	102.1	103.0
办公楼	Office buildings	96.4	96.6	97.5	97.5	98.9	101.4	101.3
商业营业用房	Commercial Business Premises	100.7	101.1	101.1	101.8	101.6	102.9	103.8
其它用房	Other Buildings	100.4	99.7	100.2	100.6	100.9	101.1	102.9
二手房	Private-owned house	100.1	99.7	100.8	101.5	102.2	103.3	104.6
住宅	Residence Buildings	100.8	100.3	101.2	102.1	102.9	103.8	105.1
普通住宅	Ordinary residential Buildings	100.8	100.4	101.3	102.1	103.0	103.9	105.3
高档住宅	High-end Residential Buildings	99.7	99.7	99.8	100.1	100.5	100.5	101.3
非住宅	Other Buildings	96.5	96.5	98.6	98.8	99.1	100.9	101.7

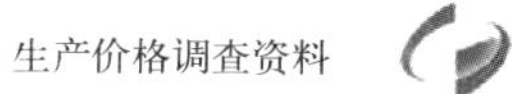

4-14 房地产价格指数(2009年)

Price Indices for Real Estate(2009)

(上年=100) (Preceding Year=100)

类　别	Classification	全年平均 Annual Average	一季度 The first Quarter	二季度 The second Quarter	三季度 The third Quarter	四季度 The forth Quarter
房屋销售价格总指数	**Selling price indices of houses**	**101.7**	**101.4**	**100.4**	**101.3**	**103.7**
新建房	New Building Houses	101.8	101.3	100.4	101.6	103.8
住　宅	Residence Buildings	101.9	101.4	100.5	101.7	103.9
经济适用房	Economic Housing	100.5	101.4	100.7	99.9	100.0
商品住宅	Commercial Residential Buildings	102.0	101.4	100.5	101.8	104.1
普通住宅	General Residential Buildings	102.0	101.4	100.4	101.8	104.2
多层住宅	Multiayer Buildings	102.2	102.4	100.8	101.6	104.0
高层住宅	High-grade Building	101.6	100.6	99.9	101.7	104.1
其他住宅	Other Buildings	105.2	104.6	104.3	105.6	106.2
高档住宅	Luxury Residential Buildings	101.9	102.0	101.5	102.0	102.2
别　墅	Villas	103.4	100.6	100.3	106.3	106.5
高档公寓	High-grade Apartment	101.6	102.3	101.8	101.1	101.2
非住宅	Non-Residential Buildings	100.5	100.3	99.7	100.0	101.9
办公楼	Office buildings	97.8	97.0	96.2	97.2	100.5
商业营业用房	Commercial Business Premises	102.0	102.3	101.4	101.3	102.8
其它用房	Other Buildings	100.1	99.3	99.4	100.2	101.6
二手房	Private-owned house	101.4	101.4	100.3	100.7	103.4
住宅	Residence Buildings	102.1	102.0	101.1	101.2	103.9
普通住宅	General Residential Buildings	102.1	102.1	101.1	101.3	104.1
高档住宅	Luxury Residential Buildings	100.4	100.9	100.0	99.9	100.8
非住宅	Non-Residential Buildings	98.4	98.6	96.4	98.0	100.6
土地交易价格总指数	**Transactions price indices of land**	**103.1**	**102.9**	**102.8**	**103.0**	**103.6**
居住用地	Land for Residential Building Use	102.7	102.8	102.5	102.5	103.0
经济适用房用地	Economic Housing	100.9	101.4	101.4	100.7	100.0
商品住宅用地	Land for Commercial Residential Buildings	102.7	102.9	102.5	102.5	103.0
普通住宅用地	General Residential buildings	102.8	103.0	102.5	102.5	103.0
高档住宅用地	Luxury rResidential Building	100.6	101.6	100.9	100.0	100.0
工业用地	Land for Industry	103.2	102.9	102.8	103.3	103.6
商业营业用地	Land for Commercial Business	104.0	102.9	103.1	103.4	106.6
其它用地	Land for Other	105.0	103.7	105.5	105.2	105.6
房屋租赁价格总指数	**Renting price indices of houses**	**101.7**	**101.7**	**101.7**	**102.0**	**101.4**
住　宅	Residence	101.3	100.1	100.2	102.3	102.6
经济适用房	Common Residence	100.5	100.3	100.6	100.6	100.6
廉租房	Luxury Residential Buildings	118.8	100.0	100.0	137.6	137.6
商品住宅	Commercial Residential Buildings	100.3	100.1	100.2	100.3	100.6
普通住宅	General Residential Buildings	100.3	100.1	100.2	100.3	100.6
高档住宅	Luxury Residential Buildings	101.4	102.4	102.4	100.7	100.0
别　墅	Villas	100.0	100.0	100.0	100.0	100.0
高档公寓	High-grade Apartment	102.0	103.7	103.7	100.7	100.0
非住宅	Non-Residential Buildings	102.0	102.7	102.6	101.9	100.7
办公楼	Office buildings	106.8	108.8	108.8	106.4	103.1
商业营业用房	Commercial Business Premises	99.7	99.8	99.7	99.7	99.6
其它	Other Buildings	100.1	100.2	100.1	100.0	100.1
物业管理价格总指数	**property management price indices**	**100.4**	**100.3**	**100.3**	**100.5**	**100.3**
住　宅	Residence	100.1	100.1	100.1	100.1	100.2
经济适用房	Economic Housing	100.2	100.3	100.3	100.3	100.0
商品住宅	Commercial Residential Buildings	100.1	100.1	100.0	100.0	100.2
普通住宅	General Residential Buildings	100.1	100.1	100.0	100.0	100.3
高档住宅	Luxury Residential Buildings	100.1	100.1	100.1	100.1	100.1
非住宅	Non-Residential Buildings	100.8	100.7	100.7	101.2	100.4
办公楼	Office buildings	100.9	100.8	100.8	101.5	100.4
商业营业用房	Business and Enrertaubnebt Buildings	100.1	100.1	100.1	100.1	100.2
其他	Other Buildings	100.0	100.0	100.0	100.0	100.0

4−15　分市房地产价格指数(2009年)

Price Indices for Real Estate in Each City (2009)

(上年=100) (Preceding Year=100)

类　别	Classification	济南 Jinan	青岛 Qingdao	淄博 Zibo	枣庄 Zaozhuang	东营 Dongying	烟台 Yantai	潍坊 Weifang	济宁 Jining
房屋销售价格总指数	**Selling price indices of houses**	**101.7**	**100.3**	**105.0**	**101.5**	**103.1**	**102.7**	**102.5**	**101.1**
新建房	New Building Houses	101.4	101.2	105.1	101.7	102.2	102.9	102.7	101.5
住　宅	Residence Buildings	101.5	101.2	105.8	101.9	103.0	103.3	103.1	102.4
经济适用房	Economic Housing	100.0	100.0	101.4	100.3		100.0		112.9
商品住宅	Commercial Residential Buildings	101.6	101.3	106.1	102.1	103.0	103.4	103.1	99.5
普通住宅	General Residential Buildings	101.5	101.4	106.7	102.1	102.8	103.2	103.3	99.3
多层住宅	Multiayer Buildings	101.9	100.8	108.0	101.8	102.7	102.5	103.0	99.9
高层住宅	High-grade Building	100.9	101.5	104.4	101.2	103.4	103.2	103.9	100.2
其他住宅	Other Buildings	101.9		103.0		101.3	102.2	101.5	
高档住宅	Luxury Residential Buildings	102.1	100.9	100.9		105.3	104.0	101.7	100.0
别　墅	Villas	99.0	100.1	100.6		115.6		100.9	100.0
高档公寓	High-grade Apartment	102.9	100.9	101.3		100.1	104.0	100.9	
非住宅	Non-Residential Buildings	100.7	101.1	101.3	100.9	100.3	101.0	100.6	98.1
办公楼	Office buildings	100.4	101.0	103.0		100.0	100.2	94.0	95.2
商业营业用房	Commercial Business Premises	101.9	101.1	101.0	100.9	100.4	101.1	101.9	101.5
其它用房	Other Buildings	98.0	100.0				100.0	101.2	
二手房	Private-owned house	102.2	98.8	104.5	101.0	105.7	101.6	101.8	99.2
住宅	Residence Buildings	102.3	99.0	105.0	101.4	105.7	101.6	101.8	99.2
普通住宅	General Residential Buildings	102.7	98.9	105.0	101.4	105.7	102.0	101.4	99.2
高档住宅	Luxury Residential Buildings	101.1	100.0				100.0	104.0	
非住宅	Non-Residential Buildings	101.3	97.5	103.6	99.1				
土地交易价格总指数	**Transactions price indices of land**	**101.9**	**102.4**	**102.7**	**102.2**	**102.9**	**102.6**	**106.5**	**102.6**
居住用地	Land for Residential Building Use	101.9	103.0	103.1	102.3	104.7	102.9	106.9	102.5
经济适用房用地	Economically affordable housing		100.7						98.5
商品住宅用地	Land for Commercial Residential Buildings	101.9	103.0	103.1	102.3	104.7	102.9	106.9	102.6
普通住宅用地	General Residential buildings	101.9	103.0	103.1	102.3	104.7	102.9	106.9	102.6
高档住宅用地	Luxury rResidential Building	100.3	100.7	100.0				100.0	
工业用地	Land for Industry Use	101.7	101.9	103.2	102.2	102.4	102.7	108.6	106.9
商业营业用地	Land for Business Tour and Entertainment	103.0	104.0	101.4	101.9	100.2	101.7	104.0	100.0
其它用地	Land for Other	101.4	101.4	100.2			101.9	107.5	
房屋租赁价格总指数	**Renting price indices of houses**	**100.8**	**103.5**	**100.1**	**100.2**	**102.2**	**103.8**	**101.0**	**104.2**
住　宅	Residence	101.7	101.2	100.0	100.4	100.0	110.4	101.5	105.0
经济适用房	Common Residence	100.0	100.0	100.0					
廉租房	Tenement house	100.0	100.0	100.0	100.0		175.0		100.0
商品住宅	Commercial Residential Buildings	101.7	101.4	100.0	100.4	100.0	99.9	101.5	105.9
普通住宅	Common Residence	101.7	101.5	100.0	100.4	100.0	99.9	101.5	106.6
高档住宅	High-grade Building		100.0						103.2
别　墅	Villas		100.0						
高档公寓	High-grade Apartment		100.0						103.2
非住宅	Non-Residential Buildings	100.2	107.1	100.2	100.1	103.5	100.0	100.8	103.5
办公楼	Office buildings	100.5	112.2	100.5	100.0		100.0	100.2	
商业营业用房	Commercial Business Premises	100.0	96.6	100.1	100.2	104.2	100.1	101.1	103.5
其它	Other Buildings	100.0	100.1	100.0	100.0	100.0	100.0	100.0	
物业管理价格总指数	**property management price indices**	**100.0**	**100.4**	**100.1**	**100.0**	**100.0**	**100.0**	**100.7**	**100.6**
住　宅	Residence	100.0	100.1	100.1	100.0	100.0	100.0	100.6	100.8
经济适用房	Econmic Housing	100.0	100.0	100.0		100.0	100.0		
商品住宅	Commercial Residential Buildings	100.0	100.1	100.1	100.0	100.0	100.0	100.6	100.8
普通住宅	Common Residence	100.0	100.2	100.1	100.0	100.0	100.0	100.0	100.0
高档住宅	High-grade Building	100.0	100.0	100.0		100.0	100.0	102.4	101.5
非住宅	Non-Residential Buildings	100.1	101.0	100.0		100.0	100.0	100.7	100.0
办公楼	Office buildings	100.0	101.6	100.0			100.0	101.7	
商业营业用房	Commercial Business Premises	100.3	100.3	100.0		100.0	100.0	100.3	100.0
其他	Other Buildings	100.0	100.0				100.0		

4-15 续表 continued

(上年=100) (Preceding Year=100)

类别	Classification	泰安 Taian	威海 Weihai	日照 Rizhao	莱芜 Laiwu	临沂 Linyi	德州 Dezhou	聊城 Liaocheng	滨州 Binzhou	菏泽 Heze
房屋销售价格总指数	**Selling price indices of houses**	**101.8**	**104.8**	**100.7**	**99.8**	**100.9**	**102.5**	**104.0**	**102.5**	**104.0**
新建房	New Building Houses	101.7	107.3	100.8	100.2	100.2	100.8	103.5	102.0	103.7
住　宅	Residence Buildings	101.7	109.0	100.7	100.3	100.2	99.4	105.3	102.7	104.0
经济适用房	Economic Housing	101.7	100.7			100.0			100.2	100.0
商品住宅	Commercial Residential Buildings	101.7	109.3	100.7	100.3	100.3	99.4	105.3	102.8	104.1
普通住宅	General Residential Buildings	101.8	109.6	100.7	100.4	100.1	99.4	106.7	103.0	104.2
多层住宅	Multiayer Buildings	101.8	111.5	99.9	100.0	99.9	98.9	103.9	103.4	103.0
高层住宅	High-grade Building	101.5	106.4	101.5	101.1	100.7	103.4	108.3	101.4	106.5
其他住宅	Other Buildings	100.2	101.3			98.9	101.6			
高档住宅	Luxury Residential Buildings	101.4	100.0	100.0	100.0	101.6		100.5	99.9	100.5
别　墅	Villas	100.8	100.0		100.0	100.1		100.5		100.5
高档公寓	High-grade Apartment	101.2	100.0	100.0		101.8		100.0	99.9	
非住宅	Non-Residential Buildings	101.2	98.7	101.7	99.2	100.4	106.2	100.0	101.0	101.8
办公楼	Office buildings	100.7	100.4	102.6	99.7	100.0			100.0	100.0
商业营业用房	Commercial Business Premises	101.4	99.8	101.4	99.2	100.2	106.8	100.0	101.1	101.8
其它用房	Other Buildings	100.5	96.3			101.5	99.9	100.0		
二手房	Private-owned house	102.1	97.5	100.6	99.1	102.9	107.7	105.8	103.9	105.1
住宅	Residence Buildings	102.1	97.5	100.6	99.1	103.1	109.1	107.3	103.9	105.2
普通住宅	General Residential Buildings	102.5	97.5	100.6	99.1	103.4	109.1	107.3	103.9	105.4
高档住宅	Luxury Residential Buildings	100.8		99.5		100.8				100.4
非住宅	Non-Residential Buildings	101.5		100.4		102.2	97.1	100.0		102.6
土地交易价格总指数	**Transactions price indices of land**	**103.3**	**100.6**	**101.0**	**100.7**	**102.0**	**102.8**	**110.4**	**102.7**	**102.2**
居住用地	Land for Residential Building Use	103.3	101.0	101.5	100.8	100.8	103.4	117.5	101.9	101.4
经济适用房用地	Economically affordable housing	101.4				100.8		100.0		100.0
商品住宅用地	Land for Commercial Residential Buildings	103.3	101.0	101.5	100.8	100.7	103.4	117.5	101.9	101.5
普通住宅用地	General Residential buildings	103.3	101.0	101.5	100.8	100.7	103.4	117.5	101.9	101.5
高档住宅用地	Luxury rResidential Building					110.9		100.5		100.0
工业用地	Land for Industry Use	103.6	100.2	99.6	100.7	101.7	102.9	106.7	104.6	102.5
商业营业用地	Land for Business Tour and Entertainment	103.1	100.0	102.1	100.5	104.2	101.4	100.6	101.7	108.6
其它用地	Land for Other			101.2	100.0	100.7		148.3	100.8	99.9
房屋租赁价格总指数	**Renting price indices of houses**	**100.0**	**103.3**	**100.7**	**100.7**	**100.1**	**101.0**	**101.3**	**100.8**	**100.0**
住　宅	Residence	100.0	107.0	100.0	100.0	100.0	100.5	102.4	100.9	99.7
经济适用房	Common Residence		100.0		100.0	100.0	101.5			100.0
廉租房	Tenement house	100.1	100.0							
商品住宅	Commercial Residential Buildings	100.0	107.0	100.0	100.0	100.0	100.4	102.4	100.9	99.7
普通住宅	Common Residence	100.0	107.0	100.0	100.0	100.0	100.4	102.4	100.9	99.7
高档住宅	High-grade Building		100.0							
别　墅	Villas		100.0							
高档公寓	High-grade Apartment		100.0							
非住宅	Non-Residential Buildings	100.0	100.0	101.7	100.8	100.1	101.1	100.2	100.7	100.3
办公楼	Office buildings		100.0	105.0	100.0	100.1	101.5		100.0	100.0
商业营业用房	Commercial Business Premises	100.0	100.0	102.0	101.0	100.2	101.0	100.2	100.7	100.4
其它	Other Buildings		100.0	100.3		100.0	100.2	100.4	100.9	
物业管理价格总指数	**property management price indices**	**100.0**	**100.0**	**100.3**	**100.0**	**100.0**	**100.1**	**100.1**	**100.4**	**100.3**
住　宅	Residence	100.0	100.0	100.4	100.0	100.0	100.1	100.2	100.5	100.5
经济适用房	Econmic Housing	100.0				100.0	101.6	100.0	100.0	100.0
商品住宅	Commercial Residential Buildings	100.0	100.0	100.4	100.0	100.0	100.1	100.2	100.6	100.5
普通住宅	Common Residence	100.0	100.0	100.0	100.0	100.0	100.1	100.3	100.6	100.5
高档住宅	High-grade Building		100.0	102.4		100.0		100.0		
非住宅	Non-Residential Buildings	100.0		100.0	100.0	100.0	100.0	100.0	100.0	100.0
办公楼	Office buildings	100.0		100.0	100.0	100.0		100.0	100.0	100.0
商业营业用房	Business and Enrertaubnebt Buildings	100.0		100.0	100.0	100.0	100.0	100.0		100.0
其他	Other Buildings					100.0				100.0

4-16 各市分季度房地产价格指数(2009年)

Quarter Price Indices for Real Estate in Each City (2009)

(上年=100) (Preceding Year=100)

类 别	Classification	济南Jinan				
		全年平均 Annual Average	一季度 The First Quarter	二季度 The Second Quarter	三季度 The Third Quarter	四季度 The Forth Quarter
房屋销售价格总指数	**Selling price indices of houses**	**101.7**	**101.9**	**100.8**	**101.0**	**103.1**
新建房	New Building Houses	101.4	101.4	100.4	100.9	103.0
住 宅	Residence Buildings	101.5	101.4	100.4	100.9	103.3
经济适用房	Economic Housing	100.0	100.0	100.0	100.0	
商品住宅	Commercial Residential Buildings	101.6	101.6	100.5	101.1	103.3
普通住宅	General Residential Buildings	101.5	101.2	100.2	101.1	103.4
多层住宅	Multiayer Buildings	101.9	102.4	100.7	100.9	103.6
高层住宅	High-grade Building	100.9	100.3	99.5	100.8	102.9
其他住宅	Other Buildings	101.9	101.6	101.0	101.9	102.9
高档住宅	Luxury Residential Buildings	102.1	103.3	101.7	100.9	102.6
别 墅	Villas	99.0	99.7	99.0	98.0	99.1
高档公寓	High-grade Apartment	102.9	103.4	102.3	102.0	103.8
非住宅	Non-Residential Buildings	100.7	101.3	99.9	100.7	100.8
办公楼	Office buildings	100.4	101.1	100.3	100.0	100.0
商业营业用房	Business and Enrertaubnebt Buildings	101.9	103.0	100.7	102.2	101.8
其它用房	Other Buildings	98.0	97.4	97.5	97.8	99.3
二手房	Private-owned house	102.2	102.8	101.7	101.1	103.2
住宅	Residence Buildings	102.3	103.1	101.8	101.1	103.3
普通住宅	General Residential Buildings	102.7	104.2	102.3	101.2	103.3
高档住宅	Luxury Residential Buildings	101.1	100.1	100.4	100.9	103.1
非住宅	Non-Residential Buildings	101.3	100.8	100.7	101.1	102.6
土地交易价格总指数	**Transactions price indices of land**	**101.9**	**101.7**	**101.2**	**101.0**	**103.6**
居住用地	Land for Residential Building Use	101.9	102.3	101.4	101.2	102.5
经济适用房用地	Economically affordable housing					
商品住宅用地	Land for Commercial Residential Buildings	101.9	102.3	101.4	101.2	102.5
普通住宅用地	General Residential buildings	101.9	102.3	101.4	101.2	102.5
高档住宅用地	Luxury rResidential Building	100.3	100.3	100.3		
工业用地	Land for Industry Use	101.7	101.5	101.1	101.0	103.3
商业营业用地	Land for Business Tour and Entertainment	103.0	101.4	101.5	101.2	107.8
其它用地	Land for Other	101.4	100.9	100.5	100.3	104.0
房屋租赁价格总指数	**Renting price indices of houses**	**100.8**	**100.3**	**100.4**	**101.1**	**101.2**
住 宅	Residence	101.7	100.4	100.8	102.6	102.8
经济适用房	Common Residence	100.0	100.0	100.0	100.0	
廉租房	Tenement house	100.0	100.0	100.0	100.0	
商品住宅	Commercial Residential Buildings	101.7	100.4	100.8	102.7	102.8
普通住宅	General Residential Buildings	101.7	100.4	100.8	102.7	102.8
高档住宅	Luxury Residential Buildings					
别 墅	Villas					
高档公寓	High-grade Apartment					
非住宅	Non-Residential Buildings	100.2	100.2	100.2	100.2	100.2
办公楼	Office buildings	100.5	100.5	100.5	100.4	100.4
商业营业用房	Commercial Business Premises	100.0	100.0	100.0	100.0	100.0
其它	Other Buildings	100.0	100.0	100.0	100.0	100.0
物业管理价格总指数	**property management price indices**	**100.0**	**100.0**	**100.0**	**100.0**	**100.0**
住 宅	Residence	100.0	100.0	100.0	100.0	100.0
经济适用房	common Residence	100.0	100.0	100.0	100.0	100.0
商品住宅	High-grade Building	100.0	100.0	100.0	100.0	100.0
普通住宅	General Residential Buildings	100.0	100.0	100.0	100.0	100.0
高档住宅	Luxury Residential Buildings	100.0	100.0	100.0	100.0	100.0
非住宅	Non-Residential Buildings	100.1	100.1	100.1	100.1	100.1
办公楼	Office buildings	100.0	100.0	100.0	100.0	100.0
商业营业用房	Business and Enrertaubnebt Buildings	100.3	100.4	100.3	100.3	100.3
其他	Other Buildings	100.0	100.0	100.0	100.0	100.0

4—16 续表 1 continued

(上年=100) (Preceding Year=100)

类　　别	Classification	青岛Qingdao				
		全年平均 Annual Average	一季度 The First Quarter	二季度 The Second Quarter	三季度 The Third Quarter	四季度 The Forth Quarter
房屋销售价格总指数	**Selling price indices of houses**	**100.3**	**99.2**	**98.8**	**100.3**	**102.8**
新建房	New Building Houses	101.2	100.2	100.0	101.3	103.1
住　宅	Residence Buildings	101.2	100.1	99.9	101.5	103.3
经济适用房	Economic Housing	100.0	100.0	100.0	100.0	100.0
商品住宅	Commercial Residential Buildings	101.3	100.1	99.9	101.6	103.7
普通住宅	General Residential Buildings	101.4	100.0	99.8	101.7	103.9
多层住宅	Multiayer Buildings	100.8	101.5	100.8	100.5	100.2
高层住宅	High-grade Building	101.5	99.6	99.6	102.0	104.8
其他住宅	Other Buildings					
高档住宅	Luxury Residential Buildings	100.9	101.3	101.4	100.4	100.3
别　　墅	Villas	100.1	100.0	100.0	100.0	100.4
高档公寓	High-grade Apartment	100.9	101.5	101.5	100.4	100.3
非住宅	Non-Residential Buildings	101.1	100.9	100.6	100.6	102.0
办公楼	Office buildings	101.0	100.0	100.0	100.9	103.2
商业营业用房	Business and Enrertaubnebt Buildings	101.1	102.3	101.6	100.2	100.3
其它用房	Other Buildings	100.0	100.0	100.0		
二手房	Private-owned house	98.8	97.5	96.8	98.4	102.3
住宅	Residence Buildings	99.0	97.6	97.1	98.6	102.9
普通住宅	General Residential Buildings	98.9	97.3	96.8	98.5	103.1
高档住宅	Luxury Residential Buildings	100.0	100.4	99.7	99.6	100.2
非住宅	Non-Residential Buildings	97.5	97.2	95.5	97.7	99.5
土地交易价格总指数	**Transactions price indices of land**	**102.4**	**102.2**	**102.4**	**102.5**	**102.4**
居住用地	Land for Residential Building Use	103.0	102.9	103.0	103.0	103.0
经济适用房用地	Economically affordable housing	100.7	100.7	100.7	100.7	
商品住宅用地	Land for Commercial Residential Buildings	103.0	102.9	103.0	103.0	103.0
普通住宅用地	General Residential buildings	103.0	103.0	103.0	103.0	103.0
高档住宅用地	Luxury rResidential Building	100.7	100.7			
工业用地	Land for Industry Use	101.9	101.7	102.0	102.0	102.0
商业营业用地	Land for Business Tour and Entertainment	104.0	104.0	104.0	104.0	104.0
其它用地	Land for Other	101.4	100.7	101.5	102.0	101.2
房屋租赁价格总指数	**Renting price indices of houses**	**103.5**	**103.8**	**103.9**	**102.7**	**103.4**
住　宅	Residence	101.2	100.2	100.4	100.2	104.1
经济适用房	Common Residence	100.0	100.0			
廉租房	Tenement house	100.0	100.0	100.0	100.0	100.0
商品住宅	Commercial Residential Buildings	101.4	100.3	100.5	100.2	104.6
普通住宅	General Residential Buildings	101.5	100.3	100.5	100.3	105.0
高档住宅	Luxury Residential Buildings	100.0	100.0	100.0	100.0	100.0
别　　墅	Villas	100.0	100.0	100.0		
高档公寓	High-grade Apartment	100.0	100.0	100.0	100.0	100.0
非住宅	Non-Residential Buildings	107.1	109.6	109.5	106.7	102.5
办公楼	Office buildings	112.2	116.1	116.0	111.6	105.1
商业营业用房	Commercial Business Premises	96.6	96.6	96.6	96.6	96.6
其它	Other Buildings	100.1	100.1	100.1	100.0	100.0
物业管理价格总指数	**property management price indices**	**100.4**	**100.2**	**100.2**	**100.4**	**100.6**
住　宅	Residence	100.1	100.0	100.0	100.0	100.5
经济适用房	common Residence	100.0	100.0	100.0	100.0	100.0
商品住宅	High-grade Building	100.1	100.0	100.0	100.0	100.5
普通住宅	General Residential Buildings	100.2	100.0	100.0	100.0	100.6
高档住宅	Luxury Residential Buildings	100.0	100.0	100.0	100.0	100.0
非住宅	Non-Residential Buildings	101.0	100.9	100.9	101.4	100.9
办公楼	Office buildings	101.6	101.6	101.6	102.5	100.6
商业营业用房	Business and Enrertaubnebt Buildings	100.3	100.0	100.0	100.0	101.3
其他	Other Buildings	100.0	100.0	100.0	100.0	100.0

4-16 续表 2 continued

(上年=100) (Preceding Year=100)

类　别	Classification	淄博Zibo 全年平均 Annual Average	一季度 The First Quarter	二季度 The Second Quarter	三季度 The Third Quarter	四季度 The Forth Quarter
房屋销售价格总指数	**Selling price indices of houses**	**105.0**	**105.9**	**105.0**	**104.2**	**104.9**
新建房	New Building Houses	105.1	106.0	105.0	104.6	104.9
住　宅	Residence Buildings	105.8	107.0	105.8	105.1	105.1
经济适用房	Economic Housing	101.4	103.4	101.5	100.3	100.4
商品住宅	Commercial Residential Buildings	106.1	107.3	106.2	105.6	105.5
普通住宅	General Residential Buildings	106.7	107.9	106.8	106.1	106.1
多层住宅	Multiayer Buildings	108.0	109.9	109.2	107.2	105.5
高层住宅	High-grade Building	104.4	104.8	103.0	104.0	105.9
其他住宅	Other Buildings	103.0	102.0	102.6	102.5	104.9
高档住宅	Luxury Residential Buildings	100.9	102.2	100.3	100.8	100.1
别　墅	Villas	100.6			101.2	100.1
高档公寓	High-grade Apartment	101.3	102.2	100.3	100.7	102.0
非住宅	Non-Residential Buildings	101.3	100.0	100.1	101.3	103.8
办公楼	Office buildings	103.0	100.0	101.0	104.0	106.9
商业营业用房	Business and Enrertaubnebt Buildings	101.0	100.0	99.9	100.8	103.3
其它用房	Other Buildings					
二手房	Private-owned house	104.5	105.5	104.9	102.9	104.8
住宅	Residence Buildings	105.0	105.8	105.2	103.3	105.5
普通住宅	General Residential Buildings	105.0	105.8	105.2	103.3	105.5
高档住宅	Luxury Residential Buildings					
非住宅	Non-Residential Buildings	103.6	105.0	104.1	101.9	103.2
土地交易价格总指数	**Transactions price indices of land**	**102.7**	**101.0**	**101.4**	**103.0**	**105.5**
居住用地	Land for Residential Building Use	103.1	101.4	101.9	103.1	106.0
经济适用房用地	Economically affordable housing					
商品住宅用地	Land for Commercial Residential Buildings	103.1	101.4	101.9	103.1	106.0
普通住宅用地	General Residential buildings	103.1	101.4	101.9	103.1	106.0
高档住宅用地	Luxury rResidential Building	100.0	100.0	100.0	100.0	
工业用地	Land for Industry Use	103.2	101.1	101.3	103.9	106.3
商业营业用地	Land for Business Tour and Entertainment	101.4	100.0	100.8	101.5	103.1
其它用地	Land for Other	100.2	100.2	100.2		
房屋租赁价格总指数	**Renting price indices of houses**	**100.1**	**100.0**	**100.0**	**100.2**	**100.2**
住　宅	Residence	100.0	100.0	100.0	100.0	100.0
经济适用房	Common Residence	100.0	100.0	100.0	100.0	100.0
廉租房	Tenement house	100.0	100.0	100.0	100.0	100.0
商品住宅	Commercial Residential Buildings	100.0	100.0	100.0	100.0	100.0
普通住宅	General Residential Buildings	100.0	100.0	100.0	100.0	100.0
高档住宅	Luxury Residential Buildings					
别　墅	Villas					
高档公寓	High-grade Apartment					
非住宅	Non-Residential Buildings	100.2	100.0	100.0	100.3	100.3
办公楼	Office buildings	100.5	100.0	100.0	101.0	101.0
商业营业用房	Business and Enrertaubnebt Buildings	100.1	100.0	100.0	100.1	100.1
其它	Other Buildings	100.0		100.0	100.0	100.0
物业管理价格总指数	**property management price indices**	**100.1**	**100.0**	**100.0**	**100.1**	**100.1**
住　宅	Residence	100.1	100.0	100.0	100.1	100.1
经济适用房	common Residence	100.0		100.0	100.0	100.0
商品住宅	High-grade Building	100.1	100.0	100.0	100.1	100.1
普通住宅	General Residential Buildings	100.1	100.0	100.0	100.1	100.1
高档住宅	Luxury Residential Buildings	100.0	100.0	100.0	100.0	100.0
非住宅	Non-Residential Buildings	100.0	100.0	100.0	100.0	100.0
办公楼	Office buildings	100.0	100.0	100.0	100.0	100.0
商业营业用房	Business and Enrertaubnebt Buildings	100.0	100.0	100.0	100.0	100.0
其他	Other Buildings					

4-16 续表 3 continued

(上年=100) (Preceding Year=100)

类别	Classification	枣庄 Zaozhuang 全年平均 Annual Average	一季度 The First Quarter	二季度 The Second Quarter	三季度 The Third Quarter	四季度 The Forth Quarter
房屋销售价格总指数	**Selling price indices of houses**	**101.5**	**102.0**	**99.6**	**101.8**	**102.7**
新建房	New Building Houses	101.7	102.0	100.2	102.1	102.6
住宅	Residence Buildings	101.9	102.2	100.3	102.2	103.0
经济适用房	Economic Housing	100.3	99.2	100.6	100.6	100.7
商品住宅	Commercial Residential Buildings	102.1	102.5	100.3	102.4	103.2
普通住宅	General Residential Buildings	102.1	102.5	100.3	102.4	103.2
多层住宅	Multiayer Buildings	101.8	102.4	100.3	101.8	102.7
高层住宅	High-grade Building	101.2	99.5	97.6	102.3	105.5
其他住宅	Other Buildings					
高档住宅	Luxury Residential Buildings					
别墅	Villas					
高档公寓	High-grade Apartment					
非住宅	Non-Residential Buildings	100.9	101.4	99.5	101.6	101.2
办公楼	Office buildings					
商业营业用房	Business and Enrertaubnebt Buildings	100.9	101.4	99.5	101.6	101.2
其它用房	Other Buildings					
二手房	Private-owned house	101.0	102.1	98.0	100.8	103.0
住宅	Residence Buildings	101.4	102.2	98.2	101.3	104.0
普通住宅	General Residential Buildings	101.4	102.2	98.2	101.3	104.0
高档住宅	Luxury Residential Buildings					
非住宅	Non-Residential Buildings	99.1	101.6	97.3	98.6	98.8
土地交易价格总指数	**Transactions price indices of land**	**102.2**	**102.4**	**101.6**	**101.5**	**103.4**
居住用地	Land for Residential Building Use	102.3	102.3	101.6	101.6	103.7
经济适用房用地	Economically affordable housing					
商品住宅用地	Land for Commercial Residential Buildings	102.3	102.3	101.6	101.6	103.7
普通住宅用地	General Residential buildings	102.3	102.3	101.6	101.6	103.7
高档住宅用地	Luxury rResidential Building					
工业用地	Land for Industry Use	102.2	102.8	102.8	101.5	101.5
商业营业用地	Land for Business Tour and Entertainment	101.9	102.5	101.0	101.0	103.1
其它用地	Land for Other					
房屋租赁价格总指数	**Renting price indices of houses**	**100.2**	**100.2**	**100.2**	**100.2**	**100.3**
住宅	Residence	100.4	100.0	100.5	100.5	100.6
经济适用房	Common Residence					
廉租房	Tenement house	100.0	100.0	100.0	100.0	100.0
商品住宅	Commercial Residential Buildings	100.4	100.0	100.5	100.5	100.7
普通住宅	General Residential Buildings	100.4	100.0	100.5	100.5	100.7
高档住宅	Luxury Residential Buildings					
别墅	Villas					
高档公寓	High-grade Apartment					
非住宅	Non-Residential Buildings	100.1	100.4	100.0	100.0	100.0
办公楼	Office buildings	100.0	100.0	100.0	100.0	100.0
商业营业用房	Business and Enrertaubnebt Buildings	100.2	100.8	100.0	100.0	100.0
其它	Other Buildings	100.0	100.0	100.0	100.0	100.0
物业管理价格总指数	**property management price indices**	**100.0**	**100.0**	**100.0**	**100.0**	**100.0**
住宅	Residence	100.0	100.0	100.0	100.0	100.0
经济适用房	common Residence					
商品住宅	High-grade Building	100.0	100.0	100.0	100.0	100.0
普通住宅	General Residential Buildings	100.0	100.0	100.0	100.0	100.0
高档住宅	Luxury Residential Buildings					
非住宅	Non-Residential Buildings					
办公楼	Office buildings					
商业营业用房	Business and Enrertaubnebt Buildings					
其他	Other Buildings					

4-16 续表 4 continued

(上年=100) (Preceding Year=100)

类别	Classification	东营Dongying 全年平均 Annual Average	一季度 The First Quarter	二季度 The Second Quarter	三季度 The Third Quarter	四季度 The Forth Quarter
房屋销售价格总指数	**Selling price indices of houses**	**103.1**	**102.4**	**100.4**	**102.8**	**106.7**
新建房	New Building Houses	102.2	102.3	100.5	102.3	103.6
住宅	Residence Buildings	103.0	103.2	100.5	103.3	105.2
经济适用房	Economic Housing					
商品住宅	Commercial Residential Buildings	103.0	103.2	100.5	103.3	105.2
普通住宅	General Residential Buildings	102.8	103.6	100.4	102.5	104.6
多层住宅	Multiayer Buildings	102.7	102.8	99.4	102.0	106.6
高层住宅	High-grade Building	103.4	105.1	104.1	102.4	101.8
其他住宅	Other Buildings	101.3	100.0	100.0	102.2	102.2
高档住宅	Luxury Residential Buildings	105.3	100.6	101.4	109.5	109.6
别墅	Villas	115.6	100.6	101.5	130.2	130.3
高档公寓	High-grade Apartment	100.1	100.0	100.0	100.1	100.2
非住宅	Non-Residential Buildings	100.3	100.5	100.5	100.2	100.0
办公楼	Office buildings	100.0	100.0	100.0	100.0	100.0
商业营业用房	Business and Enrertaubnebt Buildings	100.4	100.7	100.7	100.2	100.0
其它用房	Other Buildings					
二手房	Private-owned house	105.7	102.4	100.0	104.2	116.4
住宅	Residence Buildings	105.7	102.4	100.0	104.2	116.4
普通住宅	General Residential Buildings	105.7	102.4	100.0	104.2	116.4
高档住宅	Luxury Residential Buildings					
非住宅	Non-Residential Buildings					
土地交易价格总指数	**Transactions price indices of land**	**102.9**	**102.7**	**103.0**	**102.8**	**103.0**
居住用地	Land for Residential Building Use	104.7	104.0	104.9	104.9	104.8
经济适用房用地	Economically affordable housing					
商品住宅用地	Land for Commercial Residential Buildings	104.7	104.0	104.9	104.9	104.8
普通住宅用地	General Residential buildings	104.7	104.0	104.9	104.9	104.8
高档住宅用地	Luxury rResidential Building					
工业用地	Land for Industry Use	102.4	102.8	102.7	102.2	101.9
商业营业用地	Land for Business Tour and Entertainment	100.2	99.9	99.8	99.8	101.3
其它用地	Land for Other					
房屋租赁价格总指数	**Renting price indices of houses**	**102.2**	**103.9**	**100.6**	**100.6**	**103.8**
住宅	Residence	100.0	100.1	100.0	100.0	100.0
经济适用房	Common Residence					
廉租房	Tenement house					
商品住宅	Commercial Residential Buildings	100.0	100.1	100.0	100.0	100.0
普通住宅	General Residential Buildings	100.0	100.1	100.0	100.0	100.0
高档住宅	Luxury Residential Buildings					
别墅	Villas					
高档公寓	High-grade Apartment					
非住宅	Non-Residential Buildings	103.5	106.1	100.9	100.9	106.2
办公楼	Office buildings					
商业营业用房	Business and Enrertaubnebt Buildings	104.2	107.3	101.1	101.1	107.4
其它	Other Buildings	100.0	100.0	100.0	100.0	100.0
物业管理价格总指数	**property management price indices**	**100.0**	**100.0**	**100.0**	**100.0**	**100.0**
住宅	Residence	100.0	100.0	100.0	100.0	100.0
经济适用房	common Residence	100.0	100.0	100.0	100.0	
商品住宅	High-grade Building	100.0	100.0	100.0	100.0	100.0
普通住宅	General Residential Buildings	100.0	100.0	100.0	100.0	100.0
高档住宅	Luxury Residential Buildings	100.0	100.0	100.0	100.0	100.0
非住宅	Non-Residential Buildings	100.0	100.0	100.0	100.0	100.0
办公楼	Office buildings					
商业营业用房	Business and Enrertaubnebt Buildings	100.0	100.0	100.0	100.0	100.0
其他	Other Buildings					

4-16 续表 5 continued

(上年=100) (Preceding Year=100)

类别	Classification	烟台Yantai 全年平均 Annual Average	一季度 The First Quarter	二季度 The Second Quarter	三季度 The Third Quarter	四季度 The Forth Quarter
房屋销售价格总指数	**Selling Price Indices of Houses**	**102.7**	**104.0**	**102.6**	**101.6**	**102.5**
新建房	New Building Houses	102.9	104.1	102.9	102.0	102.7
住宅	Residence Buildings	103.3	104.2	103.1	102.4	103.5
经济适用房	Economic Housing	100.0	100.0	100.0	100.0	100.0
商品住宅	Commercial Residential Buildings	103.4	104.3	103.1	102.4	103.6
普通住宅	General Residential Buildings	103.2	104.2	102.9	102.2	103.6
多层住宅	Multiayer Buildings	102.5	103.5	102.7	101.8	102.2
高层住宅	High-grade Building	103.2	103.8	102.7	102.3	103.9
其他住宅	Other Buildings	102.2	104.0	103.3	100.8	100.4
高档住宅	Luxury Residential Buildings	104.0	105.1	104.0	103.4	103.5
别墅	Villas					
高档公寓	High-grade Apartment	104.0	105.1	104.0	103.4	103.5
非住宅	Non-Residential Buildings	101.0	103.3	101.9	100.1	98.5
办公楼	Office buildings	100.2	101.1	100.8	99.0	100.0
商业营业用房	Business and Enrertaubnebt Buildings	101.1	103.8	102.2	100.3	98.3
其它用房	Other Buildings	100.0	100.0	100.0	100.0	100.0
二手房	Private-owned House	101.6	103.5	101.2	99.9	101.7
住宅	Residence Buildings	101.6	103.5	101.2	99.9	101.7
普通住宅	General Residential Buildings	102.0	104.6	101.7	100.0	101.9
高档住宅	Luxury Residential Buildings	100.0	99.6	99.6	99.6	101.2
非住宅	Non-Residential Buildings					
土地交易价格总指数	**Transactions Price Indices of Land**	**102.6**	**102.6**	**102.7**	**102.5**	**102.6**
居住用地	Land for Residential Building Use	102.9	103.1	102.7	102.9	102.7
经济适用房用地	Economically Affordable Housing					
商品住宅用地	Land for Commercial Residential Buildings	102.9	103.1	102.7	102.9	102.7
普通住宅用地	General Residential Buildings	102.9	103.1	102.7	102.9	102.7
高档住宅用地	Luxury Residential Building					
工业用地	Land for Industry Use	102.7	101.8	102.6	102.7	103.6
商业营业用地	Land for Business Tour and Entertainment	101.7	101.8	102.6	101.2	101.2
其它用地	Land for Other	101.9	101.9			
房屋租赁价格总指数	**Renting Price Indices of Houses**	**103.8**	**100.0**	**100.0**	**107.5**	**107.5**
住宅	Residence	110.4	99.9	99.9	120.9	120.9
经济适用房	Common Residence					
廉租房	Tenement House	175.0	100.0	100.0	250.0	250.0
商品住宅	Commercial Residential Buildings	99.9	99.9	99.9	99.9	99.9
普通住宅	General Residential Buildings	99.9	99.9	99.9	99.9	99.9
高档住宅	Luxury Residential Buildings					
别墅	Villas					
高档公寓	High-grade Apartment					
非住宅	Non-Residential Buildings	100.0	100.0	100.0	100.0	100.0
办公楼	Office Buildings	100.0	100.0	100.0	100.0	100.0
商业营业用房	Business and Enrertaubnebt Buildings	100.1	100.0	100.0	100.1	100.1
其它	Other Buildings	100.0	100.0	100.0	100.0	100.0
物业管理价格总指数	**Property Management Price Indices**	**100.0**	**100.0**	**100.0**	**100.0**	**100.0**
住宅	Residence	100.0	100.0	100.0	100.0	100.0
经济适用房	common Residence	100.0	100.0	100.0	100.0	100.0
商品住宅	High-grade Building	100.0	100.0	100.0	100.0	100.0
普通住宅	General Residential Buildings	100.0	100.0	100.0	100.0	100.0
高档住宅	Luxury Residential Buildings	100.0	100.0	100.0	100.0	100.0
非住宅	Non-Residential Buildings	100.0	100.0	100.0	100.0	100.0
办公楼	Office Buildings	100.0	100.0	100.0	100.0	100.0
商业营业用房	Business and Enrertaubnebt Buildings	100.0	100.0	100.0	100.0	100.0
其他	Other Buildings	100.0	100.0	100.0	100.0	100.0

4-16 续表 6 continued

(上年=100) (Preceding Year=100)

类别	Classification	潍坊Weifang 全年平均 Annual Average	一季度 The First Quarter	二季度 The Second Quarter	三季度 The Third Quarter	四季度 The Forth Quarter
房屋销售价格总指数	**Selling price indices of houses**	**102.5**	**103.3**	**102.1**	**102.0**	**102.4**
新建房	New Building Houses	102.7	103.4	102.4	102.3	102.7
住宅	Residence Buildings	103.1	104.1	102.9	102.6	102.9
经济适用房	Economic Hcusing					
商品住宅	Commercial Residential Buildings	103.1	104.1	102.9	102.6	102.9
普通住宅	General Residential Buildings	103.3	104.2	103.2	102.8	103.1
多层住宅	Multiayer Buildings	103.0	103.0	102.4	103.1	103.4
高层住宅	High-grade Building	103.9	106.8	104.6	102.1	102.0
其他住宅	Other Buildings	101.5				101.5
高档住宅	Luxury Residential Buildings	101.7	103.4	101.1	100.7	101.8
别墅	Villas	100.9	102.1	101.0	100.3	100.3
高档公寓	High-grade Apartment	100.9	101.5	100.1	100.4	101.6
非住宅	Non-Residential Buildings	100.6	100.0	99.7	101.1	101.5
办公楼	Office buildings	94.0	92.9	93.4	94.4	95.2
商业营业用房	Business and Enrertaubnebt Buildings	101.9	101.5	100.9	102.4	102.7
其它用房	Other Buildings	101.2	100.0	100.6	102.0	102.0
二手房	Private-owned house	101.8	103.2	101.2	101.1	101.6
住宅	Residence Buildings	101.8	103.2	101.2	101.1	101.6
普通住宅	General Residential Buildings	101.4	101.3	101.0	101.4	101.9
高档住宅	Luxury Residential Buildings	104.0	114.0	102.5	99.6	99.8
非住宅	Non-Residential Buildings					
土地交易价格总指数	**Transactions price indices of land**	**106.5**	**109.2**	**107.3**	**105.7**	**103.7**
居住用地	Land for Residential Building Use	106.9	111.0	108.6	105.9	102.2
经济适用房用地	Economically affordable housing					
商品住宅用地	Land for Commercial Residential Buildings	106.9	111.0	108.6	105.9	102.2
普通住宅用地	General Residential buildings	106.9	111.0	108.6	105.9	102.2
高档住宅用地	Luxury rResidential Building	100.0				100.0
工业用地	Land for Industry Use	108.6	110.4	108.4	108.0	107.4
商业营业用地	Land for Business Tour and Entertainment	104.0	105.9	104.5	103.4	102.3
其它用地	Land for Other	107.5	106.8	107.9	106.5	108.6
房屋租赁价格总指数	**Renting price indices of houses**	**101.0**	**100.7**	**100.7**	**101.2**	**101.3**
住宅	Residence	101.5	100.1	101.2	102.3	102.5
经济适用房	Common Residence					
廉租房	Tenement house					
商品住宅	Commercial Residential Buildings	101.5	100.1	101.2	102.3	102.5
普通住宅	General Residential Buildings	101.5	100.1	101.2	102.3	102.5
高档住宅	Luxury Residential Buildings					
别墅	Villas					
高档公寓	High-grade Apartment					
非住宅	Non-Residential Buildings	100.8	101.0	100.5	100.7	100.8
办公楼	Office buildings	100.2	100.3	100.3	100.3	100.0
商业营业用房	Business and Enrertaubnebt Buildings	101.1	101.5	100.7	101.0	101.2
其它	Other Buildings	100.0	100.0	100.0	100.0	100.1
物业管理价格总指数	**property management price indices**	**100.7**	**100.8**	**100.5**	**100.6**	**100.7**
住宅	Residence	100.6	100.6	100.6	100.6	100.6
经济适用房	common Residence					
商品住宅	High-grade Building	100.6	100.6	100.6	100.6	100.6
普通住宅	General Residential Buildings	100.0	100.0	100.0	100.0	100.0
高档住宅	Luxury Residential Buildings	102.4	102.4	102.4	102.4	102.4
非住宅	Non-Residential Buildings	100.7	101.1	100.4	100.6	100.8
办公楼	Office buildings	101.7	100.8	101.4	102.0	102.7
商业营业用房	Business and Enrertaubnebt Buildings	100.3	101.3	100.0	100.0	100.0
其他	Other Buildings					

4-16 续表 7 continued

(上年=100) (Preceding Year=100)

类别	Classification	济宁Jining 全年平均 Annual Average	一季度 The First Quarter	二季度 The Second Quarter	三季度 The Third Quarter	四季度 The Forth Quarter
房屋销售价格总指数	**Selling price indices of houses**	**101.1**	**102.6**	**99.8**	**100.0**	**101.9**
新建房	New Building Houses	101.5	103.2	100.8	100.4	101.5
住宅	Residence Buildings	102.4	104.7	102.1	101.3	101.5
经济适用房	Economic Housing	112.9	118.5	117.2	109.5	106.5
商品住宅	Commercial Residential Buildings	99.5	100.8	97.9	99.1	100.0
普通住宅	General Residential Buildings	99.3	101.0	97.5	98.9	100.0
多层住宅	Multiayer Buildings	99.9	103.5	98.8	97.8	99.6
高层住宅	High-grade Building	100.2	99.1	97.8	101.8	102.1
其他住宅	Other Buildings					
高档住宅	Luxury Residential Buildings	100.0	100.0	100.0	100.0	100.0
别墅	Villas	100.0	100.0	100.0	100.0	100.0
高档公寓	High-grade Apartment					
非住宅	Non-Residential Buildings	98.1	97.7	96.0	97.0	101.9
办公楼	Office buildings	95.2	92.3	90.8	94.3	103.5
商业营业用房	Business and Enrertaubnebt Buildings	101.5	103.9	101.9	100.0	100.1
其它用房	Other Buildings					
二手房	Private-owned house	99.2	100.0	95.3	98.1	103.3
住宅	Residence Buildings	99.2	100.0	95.3	98.1	103.3
普通住宅	General Residential Buildings	99.2	100.0	95.3	98.1	103.3
高档住宅	Luxury Residential Buildings					
非住宅	Non-Residential Buildings					
土地交易价格总指数	**Transactions price indices of land**	**102.6**	**103.6**	**102.6**	**102.7**	**101.5**
居住用地	Land for Residential Building Use	102.5	102.8	102.7	102.9	101.6
经济适用房用地	Economically affordable housing	98.5	98.5	98.5		
商品住宅用地	Land for Commercial Residential Buildings	102.6	103.0	102.9	102.9	101.6
普通住宅用地	General Residential buildings	102.6	103.0	102.9	102.9	101.6
高档住宅用地	Luxury rResidential Building					
工业用地	Land for Industry Use	106.9	110.3	106.9	106.9	103.4
商业营业用地	Land for Business Tour and Entertainment	100.0		100.0	100.0	100.0
其它用地	Land for Other					
房屋租赁价格总指数	**Renting price indices of houses**	**104.2**	**103.6**	**104.9**	**103.1**	**105.3**
住宅	Residence	105.0	105.3	105.3	101.7	107.6
经济适用房	Common Residence					
廉租房	Tenement house	100.0	100.0	100.0	100.0	100.0
商品住宅	Commercial Residential Buildings	105.9	106.3	106.3	102.0	109.0
普通住宅	General Residential Buildings	106.6	107.3	107.3	102.6	109.0
高档住宅	Luxury Residential Buildings	103.2	104.4	104.4	100.9	
别墅	Villas					
高档公寓	High-grade Apartment	103.2	104.4	104.4	100.9	
非住宅	Non-Residential Buildings	103.5	102.0	104.5	104.5	103.1
办公楼	Office buildings					
商业营业用房	Business and Enrertaubnebt Buildings	103.5	102.0	104.5	104.5	103.1
其它	Other Buildings					
物业管理价格总指数	**property management price indices**	**100.6**	**101.3**	**101.0**	**100.0**	**100.0**
住宅	Residence	100.8	102.1	101.0	100.0	100.0
经济适用房	common Residence					
商品住宅	High-grade Building	100.8	102.1	101.0	100.0	100.0
普通住宅	General Residential Buildings	100.0	100.0	100.0	100.0	100.0
高档住宅	Luxury Residential Buildings	101.5	103.1	101.5	100.0	
非住宅	Non-Residential Buildings	100.0	100.0			
办公楼	Office buildings					
商业营业用房	Business and Enrertaubnebt Buildings	100.0	100.0			
其他	Other Buildings					

4-16 续表 8 continued

(上年=100) (Preceding Year=100)

类　别	Classification	泰安Taian 全年平均 Annual Average	一季度 The First Quarter	二季度 The Second Quarter	三季度 The Third Quarter	四季度 The Forth Quarter
房屋销售价格总指数	**Selling price indices of houses**	**101.8**	**102.2**	**101.6**	**101.4**	**101.8**
新建房	New Building Houses	101.7	102.1	101.5	101.3	101.7
住　宅	Residence Buildings	101.7	102.2	101.6	101.4	101.8
经济适用房	Economic Housing	101.7	102.0	101.7	101.5	101.6
商品住宅	Commercial Residential Buildings	101.7	102.2	101.5	101.3	101.8
普通住宅	General Residential Buildings	101.8	102.2	101.6	101.4	101.9
多层住宅	Multiayer Buildings	101.8	102.3	101.5	101.4	101.8
高层住宅	High-grade Building	101.5	101.6	101.4	101.3	101.7
其他住宅	Other Buildings	100.2	100.1	100.0	100.3	100.3
高档住宅	Luxury Residential Buildings	101.4	101.8	101.2	101.2	101.3
别　墅	Villas	100.8	100.9	100.7	100.6	101.0
高档公寓	High-grade Apartment	101.2	101.6	101.1	101.0	100.9
非住宅	Non-Residential Buildings	101.2	101.6	101.1	100.9	101.2
办公楼	Office buildings	100.7	100.6	100.6	100.6	100.9
商业营业用房	Business and Enrertaubnebt Buildings	101.4	101.9	101.3	101.0	101.3
其它用房	Other Buildings	100.5	100.9	100.6	100.3	100.3
二手房	Private-owned house	102.1	102.6	101.9	101.6	102.2
住宅	Residence Buildings	102.1	102.7	101.9	101.7	102.3
普通住宅	General Residential Buildings	102.5	103.1	102.3	102.0	102.6
高档住宅	Luxury Residential Buildings	100.8	100.9	100.5	100.6	101.1
非住宅	Non-Residential Buildings	101.5	102.0	101.4	101.0	101.5
土地交易价格总指数	**Transactions price indices of land**	**103.3**	**102.3**	**103.2**	**103.5**	**104.3**
居住用地	Land for Residential Building Use	103.3	102.7	103.4	103.5	103.4
经济适用房用地	Economically affordable housing	101.4	101.4	101.4		
商品住宅用地	Land for Commercial Residential Buildings	103.3	102.7	103.4	103.5	103.4
普通住宅用地	General Residential buildings	103.3	102.7	103.4	103.5	103.4
高档住宅用地	Luxury rResidential Building					
工业用地	Land for Industry Use	103.6	101.8	103.1	103.8	105.6
商业营业用地	Land for Business Tour and Entertainment	103.1	102.6	102.9	102.9	103.8
其它用地	Land for Other					
房屋租赁价格总指数	**Renting price indices of houses**	**100.0**	**100.0**	**100.0**	**100.0**	**100.0**
住　宅	Residence	100.0	100.0	100.0	100.0	100.0
经济适用房	Common Residence					
廉租房	Tenement house	100.1		100.0	100.1	100.1
商品住宅	Commercial Residential Buildings	100.0	100.0	100.0	100.0	100.0
普通住宅	General Residential Buildings	100.0	100.0	100.0	100.0	100.0
高档住宅	Luxury Residential Buildings					
别　墅	Villas					
高档公寓	High-grade Apartment					
非住宅	Non-Residential Buildings	100.0	100.0	100.0	100.0	100.0
办公楼	Office buildings					
商业营业用房	Business and Enrertaubnebt Buildings	100.0	100.0	100.0	100.0	100.0
其它	Other Buildings					
物业管理价格总指数	**property management price indices**	**100.0**	**100.0**	**100.0**	**100.0**	**100.0**
住　宅	Residence	100.0	100.0	100.0	100.0	100.0
经济适用房	common Residence	100.0	100.0	100.0	100.0	100.0
商品住宅	High-grade Building	100.0	100.0	100.0	100.0	100.0
普通住宅	General Residential Buildings	100.0	100.0	100.0	100.0	100.0
高档住宅	Luxury Residential Buildings					
非住宅	Non-Residential Buildings	100.0	100.0	100.0	100.0	100.0
办公楼	Office buildings	100.0	100.0	100.0	100.0	100.0
商业营业用房	Business and Enrertaubnebt Buildings	100.0	100.0	100.0	100.0	100.0
其他	Other Buildings					

4-16 续表 9 continued

(上年=100) (Preceding Year=100)

类别	Classification	威海Weihai				
		全年平均 Annual Average	一季度 The First Quarter	二季度 The Second Quarter	三季度 The Third Quarter	四季度 The Forth Quarter
房屋销售价格总指数	**Selling price indices of houses**	**104.8**	**105.9**	**102.0**	**103.9**	**107.5**
新建房	New Building Houses	107.3	108.1	103.8	106.3	111.1
住宅	Residence Buildings	109.0	110.2	105.0	107.9	113.0
经济适用房	Economic Housing	100.7	100.0	100.3	100.3	101.8
商品住宅	Commercial Residential Buildings	109.3	110.4	105.2	108.2	113.4
普通住宅	General Residential Buildings	109.6	110.7	105.3	108.4	113.8
多层住宅	Multiayer Buildings	111.5	109.7	108.3	111.0	117.0
高层住宅	High-grade Building	106.4	110.9	102.9	105.7	106.2
其他住宅	Other Buildings	101.3	100.0	100.0	101.3	103.8
高档住宅	Luxury Residential Buildings	100.0	100.0	100.0	100.0	100.0
别墅	Villas	100.0	100.0	100.0	100.0	100.0
高档公寓	High-grade Apartment	100.0	100.0	100.0	100.0	100.0
非住宅	Non-Residential Buildings	98.7	97.7	97.7	97.8	101.6
办公楼	Office buildings	100.4	100.5	100.5	100.5	100.0
商业营业用房	Business and Enrertaubnebt Buildings	99.8	98.9	98.9	98.9	102.7
其它用房	Other Buildings	96.3	94.8	94.8	95.5	100.1
二手房	Private-owned house	97.5	99.2	96.9	96.9	96.9
住宅	Residence Buildings	97.5	99.2	96.9	96.9	96.9
普通住宅	General Residential Buildings	97.5	99.2	96.9	96.9	96.9
高档住宅	Luxury Residential Buildings					
非住宅	Non-Residential Buildings					
土地交易价格总指数	**Transactions price indices of land**	**100.6**	**101.2**	**101.1**	**100.1**	**100.0**
居住用地	Land for Residential Building Use	101.0	102.0	102.0	100.0	100.0
经济适用房用地	Economically affordable housing					
商品住宅用地	Land for Commercial Residential Buildings	101.0	102.0	102.0	100.0	100.0
普通住宅用地	General Residential buildings	101.0	102.0	102.0	100.0	100.0
高档住宅用地	Luxury rResidential Building					
工业用地	Land for Industry Use	100.2	100.3	100.3	100.3	100.0
商业营业用地	Land for Business Tour and Entertainment	100.0		100.0	100.0	100.0
其它用地	Land for Other					
房屋租赁价格总指数	**Renting price indices of houses**	**103.3**	**101.8**	**103.8**	**103.8**	**103.8**
住宅	Residence	107.0	103.9	108.0	108.0	108.0
经济适用房	Common Residence	100.0	100.0	100.0	100.0	100.0
廉租房	Tenement house	100.0	100.0	100.0	100.0	100.0
商品住宅	Commercial Residential Buildings	107.0	103.9	108.0	108.0	108.0
普通住宅	General Residential Buildings	107.0	103.9	108.0	108.0	108.0
高档住宅	Luxury Residential Buildings	100.0	100.0	100.0	100.0	100.0
别墅	Villas	100.0	100.0	100.0	100.0	100.0
高档公寓	High-grade Apartment	100.0	100.0	100.0	100.0	100.0
非住宅	Non-Residential Buildings	100.0	100.0	100.0	100.0	100.0
办公楼	Office buildings	100.0	100.0	100.0	100.0	100.0
商业营业用房	Business and Enrertaubnebt Buildings	100.0	100.0	100.0	100.0	100.0
其它	Other Buildings	100.0	100.0	100.0	100.0	100.0
物业管理价格总指数	**property management price indices**	**100.0**	**100.0**	**100.0**	**100.0**	**100.0**
住宅	Residence	100.0	100.0	100.0	100.0	100.0
经济适用房	common Residence					
商品住宅	High-grade Building	100.0	100.0	100.0	100.0	100.0
普通住宅	General Residential Buildings	100.0	100.0	100.0	100.0	100.0
高档住宅	Luxury Residential Buildings	100.0	100.0	100.0	100.0	100.0
非住宅	Non-Residential Buildings					
办公楼	Office buildings					
商业营业用房	Business and Enrertaubnebt Buildings					
其他	Other Buildings					

4-16 续表 10 continued

(上年=100) (Preceding Year=100)

类别	Classification	日照Rizhao 全年平均 Annual Average	一季度 The First Quarter	二季度 The Second Quarter	三季度 The Third Quarter	四季度 The Forth Quarter
房屋销售价格总指数	**Selling price indices of houses**	**100.7**	**100.5**	**100.0**	**100.6**	**101.9**
新建房	New Building Houses	100.8	100.4	99.8	100.6	102.4
住宅	Residence Buildings	100.7	100.2	99.7	100.6	102.3
经济适用房	Economic Housing					
商品住宅	Commercial Residential Buildings	100.7	100.2	99.7	100.6	102.3
普通住宅	General Residential Buildings	100.7	100.2	99.7	100.6	102.3
多层住宅	Multiayer Buildings	99.9	100.4	99.2	98.8	101.2
高层住宅	High-grade Building	101.5	99.8	100.1	102.3	103.6
其他住宅	Other Buildings					
高档住宅	Luxury Residential Buildings	100.0	100.0	100.0		
别墅	Villas					
高档公寓	High-grade Apartment	100.0	100.0	100.0		
非住宅	Non-Residential Buildings	101.7	102.2	100.7	100.9	102.9
办公楼	Office buildings	102.6	104.6	99.1	99.7	106.9
商业营业用房	Business and Enrertaubnebt Buildings	101.4	101.3	101.2	101.3	101.6
其它用房	Other Buildings					
二手房	Private-owned house	100.6	100.8	100.5	100.5	100.6
住宅	Residence Buildings	100.6	100.8	100.6	100.5	100.7
普通住宅	General Residential Buildings	100.6	100.8	100.6	100.5	100.7
高档住宅	Luxury Residential Buildings	99.5	99.2	99.4	99.5	99.9
非住宅	Non-Residential Buildings	100.4	100.7	100.5	100.3	100.0
土地交易价格总指数	**Transactions price indices of land**	**101.0**	**100.5**	**101.1**	**101.1**	**101.4**
居住用地	Land for Residential Building Use	101.5	100.0	101.6	101.8	102.5
经济适用房用地	Economically affordable housing					
商品住宅用地	Land for Commercial Residential Buildings	101.5	100.0	101.6	101.8	102.5
普通住宅用地	General Residential buildings	101.5	100.0	101.6	101.8	102.5
高档住宅用地	Luxury rResidential Building					
工业用地	Land for Industry Use	99.6	101.5	99.2	99.1	98.4
商业营业用地	Land for Business Tour and Entertainment	102.1	100.5	102.7	102.3	102.9
其它用地	Land for Other	101.2	100.0	101.4	101.5	101.8
房屋租赁价格总指数	**Renting price indices of houses**	**100.7**	**100.8**	**100.8**	**101.3**	**100.0**
住宅	Residence	100.0	100.0	100.0	100.0	100.0
经济适用房	Common Residence					
廉租房	Tenement house					
商品住宅	Commercial Residential Buildings	100.0	100.0	100.0	100.0	100.0
普通住宅	General Residential Buildings	100.0	100.0	100.0	100.0	100.0
高档住宅	Luxury Residential Buildings					
别墅	Villas					
高档公寓	High-grade Apartment					
非住宅	Non-Residential Buildings	101.7	101.8	101.8	103.0	100.1
办公楼	Office buildings	105.0	105.0			
商业营业用房	Business and Enrertaubnebt Buildings	102.0	101.6	102.3	103.9	100.1
其它	Other Buildings	100.3	101.2	100.0	100.0	100.0
物业管理价格总指数	**property management price indices**	**100.3**	**100.2**	**100.3**	**100.3**	**100.2**
住宅	Residence	100.4	100.3	100.5	100.5	100.3
经济适用房	common Residence					
商品住宅	High-grade Building	100.4	100.3	100.5	100.5	100.3
普通住宅	General Residential Buildings	100.0	100.0	100.0	100.0	100.0
高档住宅	Luxury Residential Buildings	102.4	102.0	102.8	102.8	101.9
非住宅	Non-Residential Buildings	100.0	100.0	100.0	100.0	100.0
办公楼	Office buildings	100.0	100.0	100.0	100.0	100.0
商业营业用房	Business and Enrertaubnebt Buildings	100.0	100.0	100.0	100.0	100.0
其他	Other Buildings					

4-16 续表 11 continued

(上年=100) (Preceding Year=100)

类别	Classification	莱芜 Laiwu				
		全年平均 Annual Average	一季度 The First Quarter	二季度 The Second Quarter	三季度 The Third Quarter	四季度 The Forth Quarter
房屋销售价格总指数	**Selling price indices of houses**	**99.8**	**99.3**	**99.4**	**99.7**	**100.9**
新建房	New Building Houses	100.2	99.5	99.6	100.0	101.5
住宅	Residence Buildings	100.3	99.8	99.9	100.2	101.2
经济适用房	Economic Housing					
商品住宅	Commercial Residential Buildings	100.3	99.8	99.9	100.2	101.2
普通住宅	General Residential Buildings	100.4	99.8	99.9	100.2	101.5
多层住宅	Multiayer Buildings	100.0	99.6	99.6	99.5	101.5
高层住宅	High-grade Building	101.1	99.8	100.4	101.5	102.6
其他住宅	Other Buildings					
高档住宅	Luxury Residential Buildings	100.0	100.0	100.0	100.0	100.0
别墅	Villas	100.0	100.0	100.0	100.0	100.0
高档公寓	High-grade Apartment					
非住宅	Non-Residential Buildings	99.2	97.5	97.6	99.0	102.8
办公楼	Office buildings	99.7	99.0	99.9	100.0	100.0
商业营业用房	Business and Enrertaubnebt Buildings	99.2	97.2	97.2	98.9	103.3
其它用房	Other Buildings					
二手房	Private-owned house	99.1	99.0	99.0	98.8	99.6
住宅	Residence Buildings	99.1	99.0	99.0	98.8	99.6
普通住宅	General Residential Buildings	99.1	99.0	99.0	98.8	99.6
高档住宅	Luxury Residential Buildings					
非住宅	Non-Residential Buildings					
土地交易价格总指数	**Transactions price indices of land**	**100.7**	**101.3**	**101.3**	**100.0**	**100.0**
居住用地	Land for Residential Building Use	100.8	101.5	101.5	100.0	100.0
经济适用房用地	Economically affordable housing					
商品住宅用地	Land for Commercial Residential Buildings	100.8	101.5	101.5	100.0	100.0
普通住宅用地	General Residential buildings	100.8	101.5	101.5	100.0	100.0
高档住宅用地	Luxury rResidential Building					
工业用地	Land for Industry Use	100.7	101.4	101.4	100.0	100.0
商业营业用地	Land for Business Tour and Entertainment	100.5	100.9	100.9	100.0	100.0
其它用地	Land for Other	100.0			100.0	100.0
房屋租赁价格总指数	**Renting price indices of houses**	**100.7**	**101.1**	**100.8**	**100.7**	**100.2**
住宅	Residence	100.0	100.0	100.0	100.0	100.0
经济适用房	Common Residence	100.0	100.0			
廉租房	Tenement house					
商品住宅	Commercial Residential Buildings	100.0	100.0	100.0	100.0	100.0
普通住宅	General Residential Buildings	100.0	100.0	100.0	100.0	100.0
高档住宅	Luxury Residential Buildings					
别墅	Villas					
高档公寓	High-grade Apartment					
非住宅	Non-Residential Buildings	100.8	101.2	100.9	100.8	100.2
办公楼	Office buildings	100.0	100.0	100.0	100.0	100.0
商业营业用房	Business and Enrertaubnebt Buildings	101.0	101.5	101.1	101.0	100.3
其它	Other Buildings					
物业管理价格总指数	**property management price indices**	**100.0**	**100.0**	**100.0**	**100.0**	**100.0**
住宅	Residence	100.0	100.0	100.0	100.0	100.0
经济适用房	common Residence					
商品住宅	High-grade Building	100.0	100.0	100.0	100.0	100.0
普通住宅	General Residential Buildings	100.0	100.0	100.0	100.0	100.0
高档住宅	Luxury Residential Buildings					
非住宅	Non-Residential Buildings	100.0	100.0	100.0	100.0	100.0
办公楼	Office buildings	100.0	100.0	100.0	100.0	100.0
商业营业用房	Business and Enrertaubnebt Buildings	100.0	100.0	100.0	100.0	100.0
其他	Other Buildings					

4−16 续表 12 continued

(上年=100) (Preceding Year=100)

类 别	Classification	临沂Linyi				
		全年平均 Annual Average	一季度 The First Quarter	二季度 The Second Quarter	三季度 The Third Quarter	四季度 The Forth Quarter
房屋销售价格总指数	**Selling price indices of houses**	**100.9**	**101.8**	**100.5**	**100.2**	**101.0**
新建房	New Building Houses	100.2	100.7	99.8	99.9	100.4
住 宅	Residence Buildings	100.2	100.7	99.8	99.9	100.4
经济适用房	Economic Housing	100.0	100.0	100.0	100.0	100.0
商品住宅	Commercial Residential Buildings	100.3	100.9	99.8	99.9	100.5
普通住宅	General Residential Buildings	100.1	100.6	99.7	99.7	100.4
多层住宅	Multiayer Buildings	99.9	100.6	99.5	99.5	100.0
高层住宅	High-grade Building	100.7	100.7	100.2	100.6	101.4
其他住宅	Other Buildings	98.9	100.0	98.6	98.5	98.5
高档住宅	Luxury Residential Buildings	101.6	103.2	100.7	101.2	101.4
别 墅	Villas	100.1	100.1	99.9	100.3	100.0
高档公寓	High-grade Apartment	101.8	103.2	100.7	101.5	101.8
非住宅	Non-Residential Buildings	100.4	100.5	100.7	100.0	100.2
办公楼	Office buildings	100.0	100.0	100.0	100.0	100.0
商业营业用房	Business and Enrertaubnebt Buildings	100.2	100.3	100.7	99.9	100.0
其它用房	Other Builcings	101.5	101.8	101.8	100.6	101.6
二手房	Private-owned house	102.9	105.1	102.6	101.1	102.9
住宅	Residence Buildings	103.1	105.7	102.9	100.9	102.9
普通住宅	General Residential Buildings	103.4	106.3	103.1	101.0	103.3
高档住宅	Luxury Residential Buildings	100.8	101.9	101.3	100.0	100.0
非住宅	Non-Residential Buildings	102.2	102.2	101.6	102.0	103.0
土地交易价格总指数	**Transactions price indices of land**	**102.0**	**100.0**	**100.5**	**103.2**	**104.2**
居住用地	Land for Residential Building Use	100.8	100.7	101.3	100.1	101.0
经济适用房用地	Economically affordable housing	100.8	101.4	101.4	100.5	100.0
商品住宅用地	Land for Commercial Residential Buildings	100.7	100.6	101.2	100.1	101.0
普通住宅用地	General Residential buildings	100.7	100.6	101.2	100.1	101.0
高档住宅用地	Luxury rResidential Building	110.9	110.9	110.9		
工业用地	Land for Industry Use	101.7	101.6	95.8	103.6	105.8
商业营业用地	Land for Business Tour and Entertainment	104.2	97.2	103.8	107.9	108.0
其它用地	Land for Other	100.7	100.0			101.3
房屋租赁价格总指数	**Renting price indices of houses**	**100.1**	**100.1**	**100.1**	**100.0**	**100.0**
住 宅	Residence	100.0	100.0	100.0	100.0	100.0
经济适用房	Common Residence	100.0		100.0	100.0	100.0
廉租房	Tenement house					
商品住宅	Commercial Residential Buildings	100.0	100.0	100.0	100.0	100.0
普通住宅	General Residential Buildings	100.0	100.0	100.0	100.0	100.0
高档住宅	Luxury Residential Buildings					
别 墅	Villas					
高档公寓	High-grade Apartment					
非住宅	Non-Residential Buildings	100.1	100.2	100.2	100.0	100.1
办公楼	Office buildings	100.1	100.1	100.1	100.0	100.0
商业营业用房	Business and Enrertaubnebt Buildings	100.2	100.3	100.3	100.0	100.1
其它	Other Buildings	100.0	100.0	100.0	100.0	100.0
物业管理价格总指数	**property management price indices**	**100.0**	**100.0**	**100.0**	**100.0**	**100.0**
住 宅	Residence	100.0	100.0	100.0	100.0	100.0
经济适用房	common Residence	100.0	100.0	100.0	100.0	100.0
商品住宅	High-grade Building	100.0	100.0	100.0	100.0	100.0
普通住宅	General Residential Buildings	100.0	100.0	100.0	100.0	100.0
高档住宅	Luxury Residential Buildings	100.0	100.0	100.0	100.0	100.0
非住宅	Non-Residential Buildings	100.0	100.0	100.0	100.0	100.0
办公楼	Office buildings	100.0	100.0	100.0	100.0	100.0
商业营业用房	Business and Enrertaubnebt Buildings	100.0	100.0	100.0	100.0	100.0
其他	Other Buildings	100.0	100.0			

4-16 续表 13 continued

(上年=100) (Preceding Year=100)

类　别	Classification	德州Dezhou 全年平均 Annual Average	一季度 The First Quarter	二季度 The Second Quarter	三季度 The Third Quarter	四季度 The Forth Quarter
房屋销售价格总指数	**Selling price indices of houses**	**102.5**	**103.5**	**102.2**	**102.0**	**102.4**
新建房	New Building Houses	100.8	101.8	100.3	100.4	100.5
住　宅	Residence Buildings	99.4	100.4	98.6	99.1	99.4
经济适用房	Economic Housing					
商品住宅	Commercial Residential Buildings	99.4	100.4	98.6	99.1	99.4
普通住宅	General Residential Buildings	99.4	100.4	98.6	99.1	99.4
多层住宅	Multiayer Buildings	98.9	99.6	97.9	98.8	99.1
高层住宅	High-grade Building	103.4	105.8	104.0	101.8	101.9
其他住宅	Other Buildings	101.6	100.2	100.2	102.5	103.4
高档住宅	Luxury Residential Buildings					
别　墅	Villas					
高档公寓	High-grade Apartment					
非住宅	Non-Residential Buildings	106.2	107.2	107.2	105.4	104.8
办公楼	Office buildings					
商业营业用房	Business and Enrertaubnebt Buildings	106.8	107.9	107.9	105.9	105.2
其它用房	Other Buildings	99.9	100.0	99.7	100.2	99.3
二手房	Private-owned house	107.7	108.5	107.6	106.8	107.8
住宅	Residence Buildings	109.1	110.3	109.3	108.2	108.8
普通住宅	General Residential Buildings	109.1	110.3	109.3	108.2	108.8
高档住宅	Luxury Residential Buildings					
非住宅	Non-Residential Buildings	97.1	95.1	95.9	96.8	100.6
土地交易价格总指数	**Transactions price indices of land**	**102.8**	**103.3**	**103.0**	**102.5**	**101.6**
居住用地	Land for Residential Building Use	103.4	104.7	103.6	102.6	101.8
经济适用房用地	Economically affordable housing					
商品住宅用地	Land for Commercial Residential Buildings	103.4	104.7	103.6	102.6	101.8
普通住宅用地	General Residential buildings	103.4	104.7	103.6	102.6	101.8
高档住宅用地	Luxury rResidential Building					
工业用地	Land for Industry Use	102.9	102.2	102.9	102.9	102.4
商业营业用地	Land for Business Tour and Entertainment	101.4	101.8	101.8	101.8	100.0
其它用地	Land for Other					
房屋租赁价格总指数	**Renting price indices of houses**	**101.0**	**100.9**	**101.2**	**100.6**	**101.2**
住　宅	Residence	100.5	100.6	100.6	100.4	100.2
经济适用房	Common Residence	101.5	100.4	101.8	101.8	101.8
廉租房	Tenement house					
商品住宅	Commercial Residential Buildings	100.4	100.6	100.6	100.4	100.1
普通住宅	General Residential Buildings	100.4	100.6	100.6	100.4	100.1
高档住宅	Luxury Residential Buildings					
别　墅	Villas					
高档公寓	High-grade Apartment					
非住宅	Non-Residential Buildings	101.1	101.0	101.3	100.6	101.4
办公楼	Office buildings	101.5	101.0	102.0	101.6	101.3
商业营业用房	Business and Enrertaubnebt Buildings	101.0	101.0	101.2	100.4	101.4
其它	Other Buildings	100.2	100.2	100.3	100.2	100.2
物业管理价格总指数	**property management price indices**	**100.1**	**100.2**	**100.2**	**100.0**	**100.0**
住　宅	Residence	100.1	100.2	100.2	100.0	
经济适用房	common Residence	101.6	101.8	101.8	101.2	
商品住宅	High-grade Building	100.1	100.2	100.2	100.0	
普通住宅	General Residential Buildings	100.1	100.2	100.2	100.0	
高档住宅	Luxury Residential Buildings					
非住宅	Non-Residential Buildings	100.0	100.0	100.0	100.0	100.0
办公楼	Office buildings					
商业营业用房	Business and Enrertaubnebt Buildings	100.0	100.0	100.0	100.0	100.0
其他	Other Buildings					

4—16 续表 14 continued

(上年=100) (Preceding Year=100)

类别	Classification	聊城Liaocheng 全年平均 Annual Average	一季度 The First Quarter	二季度 The Second Quarter	三季度 The Third Quarter	四季度 The Forth Quarter
房屋销售价格总指数	**Selling price indices of houses**	**104.0**	**104.5**	**102.6**	**103.6**	**105.5**
新建房	New Building Houses	103.5	103.7	101.7	103.0	105.5
住宅	Residence Buildings	105.3	105.7	102.5	104.6	108.3
经济适用房	Economic Housing					
商品住宅	Commercial Residential Buildings	105.3	105.7	102.5	104.6	108.3
普通住宅	General Residential Buildings	106.7	107.4	103.1	105.8	110.4
多层住宅	Multiayer Buildings	103.9	104.9	100.4	103.2	106.9
高层住宅	High-grade Building	108.3	106.7	103.8	107.3	115.6
其他住宅	Other Buildings					
高档住宅	Luxury Residential Buildings	100.5	99.9	100.4	100.6	100.9
别墅	Villas	100.5	99.9	100.4	100.6	100.9
高档公寓	High-grade Apartment	100.0	100.0			
非住宅	Non-Residential Buildings	100.0	100.0	100.0	100.0	100.0
办公楼	Office buikdings					
商业营业用房	Business and Enrertaubnebt Buildings	100.0	100.0	100.0	100.0	100.0
其它用房	Other Buildings	100.0		100.0	100.0	100.0
二手房	Private-owned house	105.8	107.0	105.3	105.4	105.6
住宅	Residence Buildings	107.3	108.8	106.6	106.7	107.0
普通住宅	General Residential Buildings	107.3	108.8	106.6	106.7	107.0
高档住宅	Luxury Residential Buildings					
非住宅	Non-Residential Buildings	100.0	100.0	100.0	100.0	100.0
土地交易价格总指数	**Transactions price indices of land**	**110.4**	**100.4**	**112.6**	**113.8**	**114.6**
居住用地	Land for Residential Building Use	117.5	99.5	123.5	123.0	124.1
经济适用房用地	Economically affordable housing	100.0	100.0	100.0	100.0	100.0
商品住宅用地	Land for Commercial Residential Buildings	117.5	99.5	123.5	123.0	124.1
普通住宅用地	General Residential buildings	117.5	99.5	123.5	123.0	124.1
高档住宅用地	Luxury rResidential Building	100.5	100.5			
工业用地	Land for Industry Use	106.7	102.6	102.1	109.7	112.4
商业营业用地	Land for Business Tour and Entertainment	100.6	100.5	100.0	101.0	101.0
其它用地	Land for Other	148.3		148.3	148.3	148.3
房屋租赁价格总指数	**Renting price indices of houses**	**101.3**	**102.5**	**102.5**	**100.3**	**100.0**
住宅	Residence	102.4	104.8	104.7	100.2	100.0
经济适用房	Common Residence					
廉租房	Tenement house					
商品住宅	Commercial Residential Buildings	102.4	104.8	104.7	100.2	100.0
普通住宅	General Residential Buildings	102.4	104.8	104.7	100.2	100.0
高档住宅	Luxury Residential Buildings					
别墅	Villas					
高档公寓	High-grade Apartment					
非住宅	Non-Residential Buildings	100.2	100.3	100.3	100.3	100.0
办公楼	Office buildings					
商业营业用房	Business and Enrertaubnebt Buildings	100.2	100.3	100.3	100.3	100.0
其它	Other Buildings	100.4	100.5	100.5	100.5	100.0
物业管理价格总指数	**property management price indices**	**100.1**	**100.4**	**100.0**	**100.0**	**100.0**
住宅	Residence	100.2	100.6	100.0	100.0	100.0
经济适用房	common Residence	100.0	100.0	100.0	100.0	
商品住宅	High-grade Building	100.2	100.7	100.0	100.0	100.0
普通住宅	General Residential Buildings	100.3	101.0	100.0	100.0	100.0
高档住宅	Luxury Residential Buildings	100.0	100.0	100.0	100.0	100.0
非住宅	Non-Residential Buildings	100.0	100.0	100.0	100.0	
办公楼	Office buildings	100.0	100.0			
商业营业用房	Business and Enrertaubnebt Buildings	100.0	100.0	100.0	100.0	
其他	Other Buildings					

4-16 续表 15 continued

(上年=100) (Preceding Year=100)

类别	Classification	滨州Binzhou 全年平均 Annual Average	一季度 The First Quarter	二季度 The Second Quarter	三季度 The Third Quarter	四季度 The Forth Quarter
房屋销售价格总指数	**Selling price indices of houses**	**102.5**	**105.1**	**103.3**	**101.2**	**100.5**
新建房	New Building Houses	102.0	104.4	102.7	100.7	100.3
住　宅	Residence Buildings	102.7	105.8	103.8	100.9	100.3
经济适用房	Economic Housing	100.2			99.6	100.7
商品住宅	Commercial Residential Buildings	102.8	105.8	103.8	101.3	100.2
普通住宅	General Residential Buildings	103.0	106.0	104.2	101.4	100.3
多层住宅	Multiayer Buildings	103.4	106.1	104.6	102.1	100.8
高层住宅	High-grade Building	101.4	104.2	102.1	100.0	99.3
其他住宅	Other Buildings					
高档住宅	Luxury Residential Buildings	99.9	100.0	100.0	99.9	99.9
别　墅	Villas					
高档公寓	High-grade Apartment	99.9	100.0	100.0	99.9	99.9
非住宅	Non-Residential Buildings	101.0	102.4	101.0	100.4	100.2
办公楼	Office buildings	100.0		100.0	100.0	100.0
商业营业用房	Business and Enrertaubnebt Buildings	101.1	102.4	101.1	100.6	100.3
其它用房	Other Buildings					
二手房	Private-owned house	103.9	106.9	105.0	102.5	101.3
住宅	Residence Buildings	103.9	106.9	105.0	102.5	101.3
普通住宅	General Residential Buildings	103.9	106.9	105.0	102.5	101.3
高档住宅	Luxury Residential Buildings					
非住宅	Non-Residential Buildings					
土地交易价格总指数	**Transactions price indices of land**	**102.7**	**102.4**	**102.9**	**102.8**	**102.8**
居住用地	Land for Residential Building Use	101.9	101.7	102.4	101.8	101.6
经济适用房用地	Economically affordable housing					
商品住宅用地	Land for Commercial Residential Buildings	101.9	101.7	102.4	101.8	101.6
普通住宅用地	General Residential buildings	101.9	101.7	102.4	101.8	101.6
高档住宅用地	Luxury rResidential Building					
工业用地	Land for Industry Use	104.6	104.9	104.7	104.3	104.6
商业营业用地	Land for Business Tour and Entertainment	101.7	100.0	101.4	102.6	102.6
其它用地	Land for Other	100.8	101.0	101.0	101.0	100.0
房屋租赁价格总指数	**Renting price indices of houses**	**100.8**	**102.0**	**100.3**	**100.4**	**100.4**
住　宅	Residence	100.9	100.0	100.9	101.3	101.3
经济适用房	Common Residence					
廉租房	Tenement house					
商品住宅	Commercial Residential Buildings	100.9	100.0	100.9	101.3	101.3
普通住宅	General Residential Buildings	100.9	100.0	100.9	101.3	101.3
高档住宅	Luxury Residential Buildings					
别　墅	Villas					
高档公寓	High-grade Apartment					
非住宅	Non-Residential Buildings	100.7	102.8	100.0	100.0	100.0
办公楼	Office buildings	100.0			100.0	100.0
商业营业用房	Business and Enrertaubnebt Buildings	100.7	102.6	100.0	100.0	100.0
其它	Other Buildings	100.9	103.6	100.0	100.0	100.0
物业管理价格总指数	**property management price indices**	**100.4**	**100.7**	**100.8**	**100.0**	**100.0**
住　宅	Residence	100.5	101.0	101.1	100.0	100.0
经济适用房	common Residence	100.0	100.0			
商品住宅	High-grade Building	100.6	101.1	101.1	100.0	100.0
普通住宅	General Residential Buildings	100.6	101.1	101.1	100.0	100.0
高档住宅	Luxury Residential Buildings					
非住宅	Non-Residential Buildings	100.0	100.0	100.0	100.0	100.0
办公楼	Office buildings	100.0	100.0	100.0	100.0	100.0
商业营业用房	Business and Enrertaubnebt Buildings					
其他	Other Buildings					

4-16 续表 16 continued

(上年=100) (Preceding Year=100)

类　别	Classification	菏泽Heze				
		全年平均 Annual Average	一季度 The First Quarter	二季度 The Second Quarter	三季度 The Third Quarter	四季度 The Forth Quarter
房屋销售价格总指数	**Selling price indices of houses**	**104.0**	**105.2**	**103.4**	**102.8**	**104.6**
新建房	New Building Houses	103.7	105.1	103.2	102.3	104.3
住　宅	Residence Buildings	104.0	105.8	103.8	102.3	104.2
经济适用房	Economic Housing	100.0	100.0	100.0		
商品住宅	Commercial Residential Buildings	104.1	106.0	103.9	102.3	104.2
普通住宅	General Residential Buildings	104.2	106.1	104.0	102.4	104.2
多层住宅	Multiayer Buildings	103.0	104.3	102.2	101.9	103.7
高层住宅	High-grade Building	106.5	110.3	107.9	102.6	105.3
其他住宅	Other Buildings					
高档住宅	Luxury Residential Buildings	100.5	100.0	100.0	100.0	102.0
别　墅	Villas	100.5	100.0	100.0	100.0	102.0
高档公寓	High-grade Apartment					
非住宅	Non-Residential Buildings	101.8	100.4	99.2	102.3	105.1
办公楼	Office buildings	100.0			100.0	100.0
商业营业用房	Business and Enrertaubnebt Buildings	101.8	100.4	99.2	102.4	105.4
其它用房	Other Buildings					
二手房	Private-owned house	105.1	105.6	104.4	104.8	105.7
住宅	Residence Buildings	105.2	105.6	104.4	105.0	105.9
普通住宅	General Residential Buildings	105.4	105.8	104.5	105.1	106.1
高档住宅	Luxury Residential Buildings	100.4	100.0	100.3	100.6	100.6
非住宅	Non-Residential Buildings	102.6	104.9	102.7	101.3	101.3
土地交易价格总指数	**Transactions price indices of land**	**102.2**	**100.5**	**99.9**	**103.7**	**104.5**
居住用地	Land for Residential Building Use	101.4	99.0	98.7	103.4	104.6
经济适用房用地	Economically affordable housing	100.0	100.0			
商品住宅用地	Land for Commercial Residential Buildings	101.5	99.2	98.7	103.4	104.6
普通住宅用地	General Residential buildings	101.5	99.2	98.7	103.4	104.6
高档住宅用地	Luxury rResidential Building	100.0	100.0	100.0	100.0	
工业用地	Land for Industry Use	102.5	106.9	101.2	101.2	100.5
商业营业用地	Land for Business Tour and Entertainment	108.6	107.1	109.0	110.0	108.2
其它用地	Land for Other	99.9	99.9	99.9	100.0	
房屋租赁价格总指数	**Renting price indices of houses**	**100.0**	**100.1**	**99.9**	**99.9**	**99.9**
住　宅	Residence	99.7	100.0	99.6	99.6	99.6
经济适用房	Common Residence	100.0		100.0	100.0	100.0
廉租房	Tenement house					
商品住宅	Commercial Residential Buildings	99.7	100.0	99.6	99.6	99.6
普通住宅	General Residential Buildings	99.7	100.0	99.6	99.6	99.6
高档住宅	Luxury Residential Buildings					
别　墅	Villas					
高档公寓	High-grade Apartment					
非住宅	Non-Residential Buildings	100.3	100.3	100.3	100.3	100.3
办公楼	Office buildings	100.0	100.0	100.0	100.0	100.0
商业营业用房	Business and Enrertaubnebt Buildings	100.4	100.4	100.4	100.4	100.4
其它	Other Buildings					
物业管理价格总指数	**property management price indices**	**100.3**	**100.3**	**100.3**	**100.3**	**100.3**
住　宅	Residence	100.5	100.5	100.5	100.5	100.5
经济适用房	common Residence	100.0	100.0	100.0		
商品住宅	High-grade Building	100.5	100.5	100.5	100.5	100.5
普通住宅	General Residential Buildings	100.5	100.5	100.5	100.5	100.5
高档住宅	Luxury Residential Buildings					
非住宅	Non-Residential Buildings	100.0	100.0	100.0	100.0	100.0
办公楼	Office buildings	100.0	100.0	100.0	100.0	
商业营业用房	Business and Enrertaubnebt Buildings	100.0	100.0	100.0	100.0	100.0
其他	Other Buildings	100.0	100.0	100.0		

4-17 农产品生产价格总指数(2009年)
Price Index of Farm Products(2009)

类　　别	Classification	一季度 The First Quarter	上半年 The Firt Half Year	前三季度 The Firt Three Quarters	全　年 Annual
农产品生产价格总指数	**General Price Index Of Farm Products**	**88.75**	**95.09**	**97.41**	**101.23**
一、农业产品	**Agricultural Products**	**84.49**	**97.87**	**101.6**	**105.4**
谷物及其他作物	Grain And Other Crops	83.52	92.4	92.21	97.95
谷物(原粮)	Grain	89.01	97.62	100.73	102.04
小　麦	Wheat	105.05	108.77	109.81	110.89
稻　谷	Rice	100	100.91	98.96	98.71
玉　米	Corn	83.16	87.35	90.96	95.04
薯　类	Potato	98.49	100.4	100.56	101.29
油　料	Oil Bearing Crops	60.85	60.1	61.52	81.32
豆　类	Beans	75.78	78.7	79.45	85.6
棉花(籽棉)	Cotton	79.14	83.77	84.51	101.57
蔬菜、园艺作物	Vegetables And Garden Crop	84.41	98.63	106.31	112.09
蔬　菜	Vegetables	81.5	95.99	104.54	110.77
水果、坚果、饮料和香料	Fruit, Nut ,Drink And Perfume	89.52	106.88	109.92	107.73
水果、坚果	Fruit, Nut	89.52	106.88	111.46	106.31
中药材	Traditional Chinese Medicine	102.28	103.69	141.42	136.53
二、林业产品	**Forestry Products**	**70.72**	**80.47**	**83.27**	**90.08**
竹木采运	Bamboo Harvesting	56.58	67.41	68.49	73.43
林产品的采集	Forestry Products Collecting	102.68	104.07	103.41	103.5
三、牧业(畜产品)	**Animal Husbandry Products**	**90.83**	**89.84**	**90.68**	**95.08**
牲畜的饲养	Penkeeping	100.56	99.72	99.95	100.28
牛的饲养	Cattle Feeding	105.69	104.39	104.16	104.08
羊的饲养	Sheep Feeding	95.99	96.21	99.15	98.9
奶产品	Milk Products	90.82	88.82	82.93	85.07
猪的饲养	Pig Feeding	79.15	72.71	75.01	81.55
家禽	Poultry	98.39	102.54	101.55	102.5
肉禽(毛重)	Poultry For Eating Meat	97.47	100.5	100.32	102.34
禽　蛋	Eggs	99.21	104.36	103.12	103.87
四、渔业	**Fishery Industry**	**103.31**	**100.44**	**98.83**	**100**
海水水产品	Seawater Aquatic Product	108.62	102.17	99.84	100.48
海水鱼类	Seawater Fish	94.74	96.21	95.58	99.39
海水虾蟹类	Seawater Shrimp And Crab	91.60	106.4	103.25	104.53
海水贝类	Seawater Cowry	136.39	106.89	103.11	99.83
内陆水域水产品	Endorheism Aquatic Product	92.5	93.08	94.92	97.84
淡水鱼类	Freshwater Fish	92.5	93.08	94.92	97.84

4-18 1987-2009年全国各省(市、区)工业品出厂价格总指数
Ex-factory Price Indices of Industrial Products of Various Provinces (cities, areas) from 1987 to 2009

(上年=100) (Preceding Year=100)

地 区	Area	1987	1988	1989	1990	1991	1992	1993	1994	1995	1996	1997
全 国	**National Country**	**107.9**	**115.0**	**118.6**	**104.1**	**106.2**	**106.8**	**124.0**	**119.5**	**114.9**	**102.9**	**99.7**
北 京	Beijing				107.9	105.8	107.8	128.3	111.8	116.7	103.2	100.6
天 津	Tianjin						105.2	126.3	120.4	110.2	102.8	98.3
河 北	Hebei						108.6	129.1	119.1	111.4	101.1	98.8
山 西	Shaanxi				106.4	106.8	114.2	132.5	120.1	113.5	106.4	102.2
内蒙古	Inner Mongolia	107.9	110.7	121.5	105.2	108.7	109.8	133.2	112.1	109.1	101.7	101.5
辽 宁	Liaoning		122.4	121.2	103.8	119.2	111.8	138.4	119.9	109.9	102.1	100.1
吉 林	Jilin		112.9	121.5	104.5	106.4	111.4	127.9	115.7	115.0	103.8	101.4
黑龙江	Heilongjiang						111.6	141.3	127.7	116.0	104.6	102.3
上 海	Shanghai						111.4	128.1	118.1	111.5	98.6	98.9
江 苏	Jiangsu					103.2	103.6	118.5	121.4	114.1	100.7	97.9
浙 江	Zhejiang				100.4	101.8	104.8	117.3	117.5	112.3	99.5	99.2
安 徽	Anhui						108.7	125.3	120.9	117.1	101.6	99.4
福 建	Fujian						102.7	117.1	116.9	115.7	101.8	100.3
江 西	Jiangxi							115.3	124.7	114.8	104.1	101.7
山 东	**Shandong**			**123.8**	**104.7**	**103.0**	**109.5**	**123.0**	**124.2**	**117.0**	**104.2**	**101.1**
河 南	Henan			119.7	105.5	104.3	106.2	118.1	124.1	115.0	104.1	100.6
湖 北	Hubei			116.7	109.0	108.1	111.0	126.3	126.2	113.1	102.7	98.6
湖 南	Hunan			118.1	100.6	104.7	111.1	128.9	117.6	121.4	105.7	99.2
广 东	Guangdong							124.1	126.0	112.3	101.8	100.1
广 西	Guangxi	106.4			101.5	103.3	112.5	121.1	118.8	117.2	102.6	97.7
海 南	Hainan											
重 庆	Chongqing				103.4	105.1	117.2	118.4	113.4	112.4	104.1	98.0
四 川	Sichuan			117.9	103.5	105.9	106.1	127.4	114.7	112.2	102.2	101.2
贵 州	Guizhou						101.6	118.1	113.3	113.1	104.9	101.2
云 南	Yunnan					106.3	105.3	125.0	116.7	110.2	101.4	100.7
西 藏	Xizang											
陕 西	Shaanxi						107.9	119.8	119.9	112.6	104.2	103.7
甘 肃	Gansu			122.0	110.7	104.2	112.1	125.3	121.2	114.9	104.4	104.9
青 海	Qinghai			112.7	109.5	108.7	102.6	124.4	124.9	114.6	106.7	104.3
宁 夏	Ningxia											100.3
新 疆	Xinjiang						107.5	126.2	118.4	117.2	104.9	104.9

4-18 续表 continued

(上年=100) (Preceding Year=100)

地 区	Area	1998	1999	2000	2001	2002	2003	2004	2005	2006	2007	2008	2009
全 国	**National Country**	**95.9**	**97.6**	**102.8**	**98.7**	**97.8**	**102.3**	**106.1**	**104.9**	**103.0**	**103.1**	**106.9**	**94.6**
北 京	Beijing	95.1	97.8	102.5	99.4	96.6	101.5	103.0	101.3	99.1	99.7	103.3	94.4
天 津	Tianjin	94.7	96.4	102.8	95.9	95.9	102.5	104.1	100.1	100.6	101.5	104.1	92.5
河 北	Hebei	94.4	95.9	105.3	99.9	99.4	107.1	111.6	104.4	100.8	106.9	116.7	89.1
山 西	Shaanxi	97.5	95.3	100.9	100.3	103.6	112.2	116.1	110.2	101.0	107.4	122.4	92.0
内蒙古	Inner Mongolia	98.0	100.4	102.8	100.1	99.3	103.2	105.1	105.1	103.0	105.6	112.5	96.2
辽 宁	Liaoning	95.8	102.0	108.8	98.6	97.8	103.6	107.1	105.1	104.1	104.4	110.9	94.0
吉 林	Jilin	96.9	100.1	105.1	100.3	98.6	102.5	105.0	104.3	101.7	102.7	104.9	96.1
黑龙江	Heilongjiang	97.7	107.4	122.9	95.9	97.8	111.9	113.1	116.7	109.9	105.3	114.0	87.4
上 海	Shanghai	93.9	97.6	102.5	96.7	96.4	101.4	103.6	101.7	100.6	101.2	102.2	93.8
江 苏	Jiangsu	94.5	96.1	101.1	99.1	97.6	102.3	106.5	102.6	101.5	102.6	104.6	95.2
浙 江	Zhejiang	96.0	96.8	101.1	98.3	96.9	100.6	105.0	102.3	103.8	102.4	104.3	94.9
安 徽	Anhui	96.4	92.9	98.9	98.6	99.8	103.5	108.2	103.3	103.1	103.6	108.4	92.8
福 建	Fujian	95.7	96.6	100.5	98.1	97.2	100.7	102.6	100.2	99.2	100.8	102.7	95.5
江 西	Jiangxi	98.4	96.1	101.0	98.1	98.5	104.0	109.7	108.8	109.7	106.2	106.4	93.0
山 东	**Shandong**	**96.0**	**97.2**	**105.9**	**99.1**	**98.8**	**103.5**	**106.4**	**103.7**	**102.3**	**103.3**	**108.6**	**94.1**
河 南	Henan	95.3	95.4	104.0	100.5	98.6	105.0	110.2	106.1	104.3	105.2	112.1	94.9
湖 北	Hubei	96.2	97.8	101.7	99.0	98.2	103.5	105.7	104.5	102.9	103.8	106.1	95.6
湖 南	Hunan	95.9	98.5	102.9	99.8	99.2	102.6	108.0	106.0	104.3	106.1	109.3	94.3
广 东	Guangdong	94.8	97.7	103.4	98.5	96.5	99.3	101.7	101.5	101.4	101.3	103.1	95.8
广 西	Guangxi	95.4	95.6	105.5	106.3	95.6	102.8	109.7	104.9	109.6	104.5	109.0	93.5
海 南	Hainan					98.7	99.5	100.0	99.5	100.8	102.7	105.9	90.6
重 庆	Chongqing	94.6	97.7	98.6	98.1	97.6	100.6	103.3	103.0	102.2	103.5	105.8	95.5
四 川	Sichuan	97.3	97.0	98.1	100.4	97.7	100.5	105.4	104.0	101.9	103.9	109.3	96.5
贵 州	Guizhou	98.2	99.7	100.4	102.2	98.9	103.4	108.0	107.2	104.3	105.0	112.4	95.1
云 南	Yunnan	97.2	98.2	101.2	99.9	98.2	101.4	108.8	104.5	104.6	105.7	105.8	91.5
西 藏	Xizang									106.0	101.1	105.6	98.2
陕 西	Shaanxi	96.6	97.9	101.5	100.4	100.7	105.7	107.3	110.4	109.6	102.9	108.4	96.1
甘 肃	Gansu	95.2	98.1	107.2	98.5	97.9	110.0	114.3	109.6	109.8	105.5	104.9	91.0
青 海	Qinghai	100.7	102.8	108.1	93.7	97.6	105.5	111.2	110.2	109.5	104.2	107.6	91.3
宁 夏	Ningxia	97.7	98.4	103.6	100.3	99.7	103.9	110.0	106.2	106.2	103.7	112.9	93.9
新 疆	Xinjiang	95.8	100.2	129.4	96.3	97.3	115.1	116.4	116.6	114.4	106.3	116.4	85.5

4–19 1987–2009年全国各省(市、区)原材料、燃料、动力购进价格总指数

Indices of Purchasing Prices of Raw Material,Fuel and Power of Various Provinces (cities, areas) from 1987 to 2009

(上年=100) (Preceding Year=100)

地 区	Area	1987	1988	1989	1990	1991	1992	1993	1994	1995	1996	1997
全 国	**National Country**	**111.0**	**120.2**	**126.4**	**105.6**	**109.1**	**111.0**	**135.1**	**118.2**	**115.3**	**103.9**	**101.3**
北 京	Beijing				114.8	111.7	114.2	142.7	123.8	119.8	104.2	103.4
天 津	Tianjin						108.4	139.1	121.7	112.8	101.9	99.0
河 北	Hebei						111.4	134.9	119.9	110.9	106.3	102.0
山 西	Shaanxi				107.4	108.0	111.9	135.9	115.1	113.1	104.8	102.0
内蒙古	Inner Mongolia	114.9	118.2	124.4	108.3	111.2	112.1	132.6	116.8	112.8	100.8	100.9
辽 宁	Liaoning		133.9	133.3	117.5	108.1	121.2	149.9	118.2	114.2	104.8	103.1
吉 林	Jilin		115.7	131.5	102.8	114.1	127.1	173.9	113.9	113.8	102.4	103.9
黑龙江	Heilongjiang						112.9	139.6	117.6	112.7	104.2	104.4
上 海	Shanghai						113.1	129.2	121.4	114.8	101.6	97.8
江 苏	Jiangsu					107.0	110.3	125.8	120.1	117.6	104.3	98.0
浙 江	Zhejiang				104.7	102.7	106.3	126.4	124.8	119.2	101.5	96.5
安 徽	Anhui						113.9	128.8	122.3	117.9	109.9	101.7
福 建	Fujian						109.3	129.6	115.2	119.6	104.3	98.6
江 西	Jiangxi							129.4	123.4	114.7	105.8	100.4.
山 东	**Shandong**			**136.7**	**105.4**	**107.0**	**111.0**	**134.7**	**120.1**	**113.2**	**105.7**	**100.6**
河 南	Henan			130.0	105.5	104.4	110.0	133.0	122.0	114.1	105.3	100.7
湖 北	Hubei			126.1	108.4	113.1	110.2	135.5	116.5	118.2	108.4	101.5
湖 南	Hunan			122.5	103.3	110.4	116.2	139.7	119.6	117.6	105.9	100.1
广 东	Guangdong							134.3	121.1	118.7	104.6	97.3
广 西	Guangxi	112.0			102.2	107.8	105.2	141.7	117.8	112.9	103.4	99.3
海 南	Hainan											
重 庆	Chongqing				103.7	109.2	123.8	124.5	124.6	111.6	106.3	100.1
四 川	Sichuan			129.4	106.4	103.6	112.5	137.2	119.1	113.5	106.1	101.6
贵 州	Guizhou						113.5	144.6	115.0	114.9	108.1	101.9
云 南	Yunnan					108.2	115.2	138.1	110.3	113.2	110.3	102.9
西 藏	Xizang											
陕 西	Shaanxi						111.5	138.4	115.6	114.3	109.1	106.8
甘 肃	Gansu			129.8	114.1	112.4	122.2	139.4	118.3	113.7	107.4	102.2
青 海	Qinghai			123.8	113.9	112.8	105.3	138.9	112.3	110.2	108.3	110.7
宁 夏	Ningxia											103.5
新 疆	Xinjiang						121.1	136.4	110.9	116.8	107.0	104.5

4-19 续表 continued

(上年=100) (Preceding Year=100)

地 区	Area	1998	1999	2000	2001	2002	2003	2004	2005	2006	2007	2008	2009
全 国	**National Country**	**95.8**	**96.7**	**105.1**	**99.8**	**97.7**	**104.8**	**111.4**	**108.3**	**106.0**	**104.4**	**110.5**	**92.1**
北 京	Beijing	98.1	95.8	100.0	100.5	97.1	104.7	114.2	111.4	105.5	105.0	115.8	88.6
天 津	Tianjin	95.9	96.3	104.5	98.8	95.9	108.7	115.4	104.9	104.7	105.7	112.9	90.2
河 北	Hebei	96.2	95.4	103.3	101.0	97.3	109.4	118.4	107.0	105.0	107.8	115.9	93.5
山 西	Shaanxi	97.3	97.0	102.0	101.8	102.6	107.8	114.5	108.2	102.6	105.3	118.3	96.6
内蒙古	Inner Mongolia	98.1	96.8	106.5	101.3	99.9	102.9	109.2	109.9	105.9	104.8	111.7	99.1
辽 宁	Liaoning	99.3	99.1	103.9	99.9	98.3	105.1	112.1	108.1	104.2	104.8	111.5	93.3
吉 林	Jilin	96.6	100.5	106.8	101.8	97.8	104.8	110.5	107.0	103.8	105.2	111.3	95.3
黑龙江	Heilongjiang	98.6	98.2	108.6	99.5	99.3	107.6	115.2	111.8	105.6	105.0	114.1	93.4
上 海	Shanghai	94.1	97.1	107.1	98.7	97.7	106.4	116.4	106.8	104.8	104.1	110.3	89.8
江 苏	Jiangsu	91.5	94.4	107.1	99.5	98.6	106.5	116.3	107.6	106.4	105.0	114.9	91.9
浙 江	Zhejiang	92.6	96.2	107.2	99.6	97.5	105.8	113.4	105.4	105.6	105.3	110.6	92.6
安 徽	Anhui	96.0	94.5	102.6	101.2	98.2	106.7	115.0	107.1	103.9	105.1	112.4	95.3
福 建	Fujian	92.5	97.9	112.4	96.7	97.6	106.3	113.3	108.1	103.9	104.3	110.2	93.2
江 西	Jiangxi	95.4	96.9	101.2	99.3	98.6	106.5	114.5	110.0	108.6	107.9	114.2	90.7
山 东	**Shandong**	**93.4**	**93.4**	**104.7**	**100.0**	**98.7**	**105.7**	**113.4**	**105.9**	**104.3**	**104.8**	**113.1**	**95.5**
河 南	Henan	94.8	94.3	105.1	101.9	97.6	107.8	115.7	108.3	105.3	106.4	111.9	97.1
湖 北	Hubei	95.2	95.6	105.6	100.2	97.7	108.2	113.1	107.0	104.9	104.5	110.9	93.4
湖 南	Hunan	94.8	96.2	106.7	101.1	99.3	106.7	114.4	109.4	106.5	106.1	112.0	92.6
广 东	Guangdong	91.4	97.8	110.9	99.1	96.3	104.1	110.7	105.0	103.6	103.3	107.9	93.8
广 西	Guangxi	95.3	93.6	100.9	103.7	95.6	101.2	116.3	108.2	111.4	106.1	110.6	95.1
海 南	Hainan					101.5	102.2	105.9	104.2	101.5	105.0	111.6	85.3
重 庆	Chongqing	95.1	96.9	105.6	99.5	99.1	104.9	113.0	108.2	104.8	106.2	112.2	95.0
四 川	Sichuan	95.3	96.8	101.7	98.5	99.2	101.7	110.3	109.3	104.3	105.7	112.4	95.3
贵 州	Guizhou	95.7	97.0	102.6	100.2	97.6	106.0	112.0	107.4	107.3	107.5	112.5	93.5
云 南	Yunnan	100.7	98.8	101.5	99.4	97.6	102.7	109.6	106.5	107.6	108.2	111.6	95.0
西 藏	Xizang												
陕 西	Shaanxi	97.1	95.5	100.0	100.5	98.8	104.8	110.4	107.5	106.7	106.3	111.2	98.4
甘 肃	Gansu	96.4	98.3	111.8	101.4	98.4	105.6	112.5	109.9	108.8	104.3	110.2	90.5
青 海	Qinghai	101.3	99.1	98.9	99.1	102.8	101.8	108.5	105.3	102.8	104.4	110.4	99.8
宁 夏	Ningxia	101.1	97.0	105.8	102.5	97.8	106.8	117.3	109.7	108.5	107.1	121.8	94.7
新 疆	Xinjiang	95.6	98.2	115.2	98.9	94.9	114.8	118.2	110.7	111.1	103.8	117.8	90.6

4-20 1991-2009年全国各省(市、区)固定资产投资价格指数

Price Indices of Investment in Fixed Assets of Various Provinces (cities, areas) from 1991 to 2009

(上年=100) (Preceding Year=100)

地 区	Area	1991	1992	1993	1994	1995	1996	1997	1998	1999
全 国	**National Country**	**109.5**	**115.3**	**126.6**	**110.4**	**105.9**	**104.0**	**101.7**	**99.8**	**99.6**
北 京	Beijing	107.3	112.2	126.6	116.2	113.9	108.2	102.7	100.8	99.9
天 津	Tianjin		119.4	122.9	111.9	107.6	102.5	100.8	98.9	99.2
河 北	Hebei	106.8	129.3	124.8	110.0	106.9	103.9	101.5	97.8	99.4
山 西	Shaanxi	107.8	116.8	124.8	108.3	106.8	104.9	101.5	98.8	99.7
内蒙古	Inner Mongolia	107.1	109.3	124.5	106.7	103.9	105.3	99.7	101.7	101.9
辽 宁	Liaoning	108.2	121.0	136.4	117.4	104.9	102.2	102.3	99.8	100.0
吉 林	Jilin	111.9	116.4	128.8	107.3	109.6	102.9	104.4	100.8	102.2
黑龙江	Heilongjiang	107.6	113.5	127.9	109.0	106.5	103.4	102.7	100.8	99.7
上 海	Shanghai	107.3	113.0	131.4	108.8	103.1	106.9	100.5	98.4	98.1
江 苏	Jiangsu	104.5	112.1	138.8	114.6	107.4	103.2	99.2	98.4	98.3
浙 江	Zhejiang			138.8	112.4	107.2	101.3	99.5	97.6	98.2
安 徽	Anhui	114.8	119.8	123.0	120.1	106.5	103.4	101.3	100.0	99.3
福 建	Fujian	108.6	114.9	134.1	107.3	104.8	104.7	101.1	98.0	98.5
江 西	Jiangxi	110.4	110.1	129.8	114.6	107.2	105.8	101.4	102.1	98.6
山 东	**Shandong**	**112.4**	**119.4**	**122.1**	**115.8**	**106.6**	**103.1**	**100.4**	**99.2**	**99.6**
河 南	Henan	109.4	119.8	126.7	106.0	105.9	103.9	102.9	98.7	98.0
湖 北	Hubei	108.3	117.0	127.4	107.9	105.0	104.0	102.1	100.5	99.5
湖 南	Hunan	108.1	116.4	129.5	113.5	109.5	104.9	101.8	102.7	100.5
广 东	Guangdong									
广 西	Guangxi	101.7	117.9	131.2	112.3	1034.0	103.6	100.3	99.9	96.1
海 南	Hainan									
重 庆	Chongqing							101.7	98.7	100.5
四 川	Sichuan	108.1	113.9	133.2	107.3	101.2	104.8	102.2	97.5	100.5
贵 州	Guizhou	110.6	120.2	126.9	113.1	107.6	105.4	101.4	100.0	99.4
云 南	Yunnan	112.2	117.6	135.4	113.6	104.0	104.3	105.4	101.8	100.7
西 藏	Xizang									
陕 西	Shaanxi	112.9	119.1	129.5	111.7	107.9	107.8	105.3	101.8	101.2
甘 肃	Gansu	116.5	117.4	126.2	112.6	109.4	104.9	102.7	100.3	101.0
青 海	Qinghai		115.1	125.9	108.4	105.3	103.5	103.0	98.5	100.1
宁 夏	Ningxia	110.4	117.3	123.0	112.6	109.3	107.4	102.2	102.1	99.7
新 疆	Xinjiang	114.8	117.0	126.5	112.3	106.3	105.6	103.2	102.0	99.0

4-20 续表 continued

(上年=100) (Preceding Year=100)

地 区	Area	2000	2001	2002	2003	2004	2005	2006	2007	2008	2009
全 国	**National Country**	**101.1**	**100.4**	**100.2**	**102.2**	**105.6**	**101.6**	**101.5**	**103.9**	**108.9**	**97.6**
北 京	Beijing	101.0	100.6	100.4	102.2	104.3	100.7	100.4	102.8	107.8	97.1
天 津	Tianjin	99.9	99.7	99.5	102.6	107.3	101.2	100.7	102.6	109.2	97.6
河 北	Hebei	101.1	99.9	99.5	102.3	107.0	101.9	101.7	103.8	109.6	96.5
山 西	Shaanxi	101.8	101.7	100.5	102.9	105.2	103.0	101.5	104.1	113.3	98.1
内蒙古	Inner Mongolia	101.9	100.8	101.0	102.6	105.0	103.7	103.3	103.8	108.1	98.5
辽 宁	Liaoning	101.1	100.4	100.7	102.5	104.8	102.8	102.1	104.3	109.1	97.0
吉 林	Jilin	102.0	101.1	101.2	101.1	104.1	102.0	102.2	103.9	107.3	99.4
黑龙江	Heilongjiang	101.5	100.1	100.2	102.3	105.0	102.2	102.1	104.5	109.0	97.6
上 海	Shanghai	100.0	100.7	100.3	102.4	106.7	100.8	100.1	103.5	107.9	97.0
江 苏	Jiangsu	101.1	100.8	101.7	104.3	109.4	100.9	101.2	104.9	110.0	97.7
浙 江	Zhejiang	100.3	100.4	100.5	103.5	105.9	100.3	101.5	104.4	109.3	96.7
安 徽	Anhui	101.6	99.5	101.1	103.5	106.1	101.0	101.9	105.4	109.4	96.0
福 建	Fujian	100.2	99.5	99.7	101.4	103.4	100.7	102.0	105.9	105.9	98.0
江 西	Jiangxi	101.4	98.9	100.0	105.1	107.4	100.5	103.2	105.4	110.4	96.1
山 东	**Shandong**	**102.4**	**101.4**	**101.1**	**102.9**	**107.4**	**102.9**	**101.8**	**104.0**	**107.7**	**96.9**
河 南	Henan	102.9	100.4	98.7	103.8	110.1	101.4	101.6	104.6	109.0	96.4
湖 北	Hubei	101.7	100.1	99.8	103.3	106.0	102.2	101.8	104.1	109.4	98.8
湖 南	Hunan	102.3	101.3	100.3	102.8	105.5	103.6	103.1	105.8	109.9	99.7
广 东	Guangdong		100.2	99.7	102.2	106.4	101.6	100.7	102.4	108.6	96.7
广 西	Guangxi	101.4	102.0	100.3	101.8	104.6	101.4	101.2	102.3	107.9	97.9
海 南	Hainan	101.8	100.3	98.2	103.2	105.6	101.2	101.0	106.1	113.3	97.7
重 庆	Chongqing	102.5	100.8	100.7	102.9	105.1	102.3	101.7	105.5	110.2	97.8
四 川	Sichuan	100.9	101.5	100.5	102.2	106.8	103.9	102.9	104.7	112.5	98.3
贵 州	Guizhou	102.2	100.4	100.2	102.3	104.9	101.4	101.1	103.5	108.9	100.5
云 南	Yunnan	101.6	101.0	100.0	102.2	108.0	104.6	101.8	104.2	107.4	98.1
西 藏	Xizang										
陕 西	Shaanxi	103.6	103.6	102.0	101.7	104.5	103.7	102.6	104.0	109.5	99.3
甘 肃	Gansu	103.3	102.0	100.2	101.7	105.5	102.2	104.1	102.8	106.7	101.5
青 海	Qinghai	101.6	100.3	103.2	102.0	102.8	102.1	102.4	104.2	110.5	100.9
宁 夏	Ningxia	104.5	101.5	100.7	102.3	104.9	102.1	101.3	103.2	109.0	100.2
新 疆	Xinjiang	103.6	102.5	100.2	103.4	104.5	102.8	102.2	104.4	111.2	98.0

4–21　1998–2009年全国70个大中城市房地产价格指数

Price Indices of Real Estate in 70 Large and Medium-sized Cities by region from 1998 to 2009

(上年=100)　　　　(Preceding Year=100)

地　区	Area	房屋销售价格指数 Selling Price Indices of Houses											
		1998	1999	2000	2001	2002	2003	2004	2005	2006	2007	2008	2009
全　国	**National Country**	**101.4**	**100.0**	**101.1**	**102.2**	**103.7**	**104.8**	**109.7**	**107.6**	**105.5**	**107.6**	**106.5**	**101.5**
北　京	Beijing	100.9	100.1	99.5	101.3	100.3	100.3	103.7	106.7	108.8	111.4	109.5	101.4
天　津	Tianjin	100.6	100.0	100.0	101.2	101.6	104.1	113.5	106.0	106.7	106.9	105.8	103.2
石家庄	Shijiazhuang	100.7	103.7	101.8	103.9	101.4	100.3	103.6	105.6	104.3	107.6	105.8	96.4
太　原	Taiyuan	103.4	97.8	101.1	100.2	103.3	102.8	106.4	105.6	103.9	104.4	105.7	100.6
呼和浩特	Hohhot	103.3	98.2	102.0	102.4	102.3	100.7	105.2	111.8	109.5	104.4	101.2	100.1
沈　阳	Shenyang	102.3	101.8	103.0	102.6	100.1	107.6	115.9	107.5	106.6	106.1	104.6	101.5
大　连	Dalian	99.5	102.4	100.2	99.6	98.4	100.7	104.6	109.2	110.9	107.2	104.8	101.2
长　春	Changchun	100.4	104.6	106.6	102.6	97.2	100.2	100.2	101.9	101.6	106.4	107.0	101.1
哈尔滨	Harbin	99.3	100.2	101.8	101.9	101.1	100.2	104.7	104.6	103.3	106.8	106.4	102.8
上　海	Shanghai	95.7	96.2	98.6	104.4	107.3	120.1	115.9	109.7	98.7	103.4	105.9	100.8
南　京	Nanjing	105.2	101.6	101.6	100.5	103.0	109.8	115.3	108.1	104.3	106.6	102.7	101.0
杭　州	Hangzhou	102.6	103.0	104.9	105.8	106.9	106.1	111.7	109.7	102.6	107.3	108.6	102.8
宁　波	Ningbo	99.7	100.6	105.5	107.2	116.4	116.6	113.9	106.4	102.2	108.6	109.2	103.4
合　肥	Hefei	101.7	99.4	100.0	100.5	104.0	104.1	105.6	106.2	101.3	101.8	108.4	100.0
福　州	Fuzhou	101.1	99.9	100.3	101.0	101.1	101.1	103.6	104.4	106.7	106.8	103.9	100.2
厦　门	Xiamen	100.6	100.5	100.1	102.2	103.0	102.8	107.3	108.0	107.0	107.0	102.7	99.8
南　昌	Nanchang	100.5	101.6	103.2	104.0	111.6	104.8	107.3	108.3	106.2	106.8	104.2	101.6
济　南	**Jinan**	**101.5**	**101.5**	**102.8**	**101.8**	**102.5**	**103.1**	**110.3**	**107.6**	**104.3**	**105.2**	**107.2**	**101.7**
青　岛	**Qingdao**	**100.1**	**103.7**	**102.3**	**104.1**	**107.6**	**114.6**	**115.3**	**110.9**	**106.9**	**106.5**	**105.1**	**100.3**
郑　州	Zhengzhou	106.6	101.1	99.5	100.6	101.9	102.0	104.0	107.0	105.7	106.3	103.3	102.1
武　汉	Wuhan	102.7	98.6	101.5	106.1	101.9	103.8	108.4	106.8	103.0	105.2	104.9	98.9
长　沙	Changsha	102.9	98.5	99.6	102.1	101.1	100.5	103.3	102.8	105.3	108.4	106.7	101.1
广　州	Guangzhou	97.9	95.1	97.3	100.3	99.6	99.3	102.7	104.7	106.2	106.6	99.8	100.2
深　圳	Shenzhen	99.6	97.8	99.2	101.0	100.4	102.2	104.6	107.2	112.3	116.3	98.1	100.8
南　宁	Nanning	98.5	97.9	99.3	101.6	102.5	102.1	105.7	104.9	104.1	107.6	108.2	100.5
海　口	Haikou	101.5	95.9	99.4	99.8	101.9	102.7	105.9	102.5	102.8	106.6	110.4	102.3
重　庆	Chongqing	106.4	103.3	101.8	101.4	102.1	106.1	113.9	107.2	103.0	106.9	106.3	101.1
成　都	Chengdu	104.6	103.3	101.3	100.3	101.3	102.9	107.9	109.8	107.1	107.6	103.4	100.4
贵　阳	Guiyang	108.1	103.3	103.9	100.8	101.6	101.3	102.6	102.6	104.4	106.9	106.6	103.6
昆　明	Kunming	101.4	102.3	100.2	99.7	100.0	99.1	102.3	102.9	101.3	103.5	103.2	101.0
西　安	Xi'an	100.5	100.4	101.3	101.9	101.1	101.4	105.0	104.3	103.6	106.4	108.1	100.5
兰　州	Lanzhou	98.5	101.5	100.5	102.6	104.3	101.8	108.7	105.6	104.7	106.0	109.8	104.1
西　宁	Xining	101.5	101.0	101.1	100.5	102.2	101.9	104.0	103.4	102.8	103.8	107.5	104.4
银　川	Yinchuan	111.2	106.1	102.2	104.2	103.6	102.1	104.4	102.7	102.3	103.9	111.8	106.1
乌鲁木齐	Urumqi	103.1	101.4	102.4	101.0	99.2	99.9	100.7	100.9	101.2	109.0	115.5	102.4

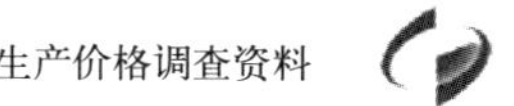

4-21 续表 1 continued

(上年=100) (Preceding Year=100)

地 区	Area	房屋销售价格指数 Selling Price Indices of Houses											
		1998	1999	2000	2001	2002	2003	2004	2005	2006	2007	2008	2009
唐 山	Tangshan									106.5	106.4	105.9	98.0
秦皇岛	Qinhuangdao									105.5	105.8	104.0	101.3
包 头	Baotou									107.5	105.5	102.0	101.4
丹 东	Dandong									103.0	102.5	104.4	99.7
锦 州	Jinzhou									100.9	103.6	104.2	103.2
吉 林	Jilin									104.0	104.9	107.6	95.9
牡丹江	Mudanjiang									102.4	105.4	106.5	103.3
无 锡	Wuxi									103.9	105.9	105.5	100.7
扬 州	Yangzhou									104.2	105.5	104.9	101.5
徐 州	Xuzhou									105.5	106.2	103.3	97.9
温 州	Wenzhou									100.7	107.0	103.5	104.7
金 华	Jinhua									100.7	101.1	105.9	105.8
蚌 埠	Bengbu									104.3	108.9	109.1	101.1
安 庆	Anqing									105.8	104.8	103.7	102.3
泉 州	Quanzhou									105.8	106.7	102.6	99.0
九 江	Jiujiang									105.2	106.0	105.0	100.8
赣 州	Ganzhou									105.3	105.9	104.6	100.4
烟 台	**Yantai**									**105.5**	**106.2**	**107.3**	**102.7**
济 宁	**Jining**									**105.4**	**105.0**	**104.9**	**101.1**
洛 阳	Luoyang									102.7	103.5	104.1	103.8
平顶山	Pingdingshan									103.8	105.1	105.7	101.5
宜 昌	Yichang									105.3	106.4	108.8	101.4
襄 樊	Xiangfan									105.6	107.4	105.9	101.4
岳 阳	Yueyang									104.1	107.1	107.6	97.6
常 德	Changde									103.6	106.7	106.2	100.5
惠 州	Huizhou									103.4	108.1	103.3	99.8
湛 江	Zhanjiang									104.4	105.3	108.6	101.9
韶 关	Shaoguan									104.9	106.5	104.9	99.8
桂 林	Guilin									103.7	104.4	103.7	98.3
北 海	Beihai									101.2	113.3	108.1	102.7
三 亚	Sanya									101.9	103.4	110.4	103.1
泸 州	Luzhou									107.1	106.7	102.3	100.2
南 充	Nanchong									106.6	107.0	102.6	99.5
遵 义	Zunyi									102.5	103.1	103.7	101.6
大 理	Dali									104.5	107.0	105.3	100.6

4–21 续表 2 continued

(上年=100) (Preceding Year=100)

地区	Area	房屋租赁价格指数 Renting price indices of houses											
		1998	1999	2000	2001	2002	2003	2004	2005	2006	2007	2008	2009
全国	**National Country**	**102.4**	**98.5**	**102.4**	**102.8**	**100.8**	**101.9**	**101.4**	**101.9**	**101.4**	**102.6**	**101.4**	**99.4**
北京	Beijing	99.8	98.5	166.6	125.5	107.6	108.5	103.4	102.4	102.9	102.7	101.8	98.9
天津	Tianjin	102.4	99.0	100.1	110.1	106.0	100.7	101.2	101.3	100.2	100.3	100.4	102.4
石家庄	Shijiazhuang	100.9	108.6	102.2	104.8	100.4	99.3	100.1	100.6	100.5	100.6	102.9	107.5
太原	Taiyuan	104.0	99.5	105.6	115.5	106.1	102.3	99.6	107.5	105.4	105.6	104.2	101.6
呼和浩特	Hohhot	100.0	99.0	97.1	102.0	102.7	98.5	101.5	104.7	105.6	105.4	104.2	102.4
沈阳	Shenyang	105.2	102.6	102.3	100.1	99.5	101.4	99.0	101.5	102.3	101.8	100.9	100.0
大连	Dalian	101.7	96.8	105.4	101.9	98.1	100.0	98.2	99.0	99.7	99.8	101.2	103.0
长春	Changchun	106.7	106.2	106.4	111.2	104.6	104.0	100.9	100.5	100.3	100.0	102.6	100.0
哈尔滨	Harbin	99.3	99.9	101.0	100.2	100.0	98.6	100.6	103.6	102.7	100.2	102.2	103.7
上海	Shanghai	92.2	89.9	95.8	104.9	99.0	102.2	105.5	103.6	104.0	105.1	104.6	100.6
南京	Nanjing	99.1	101.3	101.1	104.7	100.6	104.4	105.0	100.0	100.4	101.8	102.0	100.8
杭州	Hangzhou	97.2	95.5	103.3	103.1	103.0	106.7	107.6	102.4	101.1	102.7	102.5	101.8
宁波	Ningbo	95.4	96.6	92.5	99.0	102.8	106.0	104.3	104.1	103.4	103.8	106.7	101.1
合肥	Hefei	109.2	104.3	99.1	98.6	102.0	102.3	100.7	100.3	101.7	100.6	100.5	101.2
福州	Fuzhou	107.6	102.8	99.5	101.7	98.6	98.7	99.6	101.4	101.7	102.6	101.7	101.0
厦门	Xiamen	102.6	98.6	96.2	94.0	98.0	100.3	102.3	104.2	102.5	103.8	102.6	102.3
南昌	Nanchang	99.5	111.2	113.2	102.7	104.2	103.3	101.4	102.5	101.3	101.3	100.8	100.6
济南	**Jinan**	**100.8**	**100.8**	**101.6**	**101.8**	**103.2**	**100.0**	**103.4**	**101.0**	**101.2**	**101.2**	**100.8**	**100.8**
青岛	**Qingdao**	**94.0**	**104.3**	**95.8**	**107.0**	**94.4**	**99.4**	**98.6**	**103.3**	**110.1**	**108.3**	**106.5**	**103.5**
郑州	Zhengzhou	106.1	98.7	103.7	107.2	103.0	99.1	99.7	100.1	100.5	100.9	101.4	100.5
武汉	Wuhan	98.7	95.8	97.3	98.2	98.6	98.5	100.7	100.2	100.3	100.3	100.1	100.0
长沙	Changsha	103.3	94.8	99.1	102.5	101.6	101.0	103.1	101.7	102.8	102.5	100.6	100.5
广州	Guangzhou	99.6	94.9	98.0	99.6	102.0	99.9	101.6	103.0	102.2	102.8	100.1	96.0
深圳	Shenzhen	94.7	91.3	95.7	99.6	100.2	100.0	100.0	101.0	102.5	104.8	102.2	100.0
南宁	Nanning	106.7	97.8	102.1	102.5	99.5	102.3	100.6	101.6	103.6	99.6	103.4	101.8
海口	Haikou	92.6	89.8	92.7	99.3	94.6	92.6	96.1	101.9	100.7	100.6	101.4	102.3
重庆	Chongqing	106.9	106.4	95.1	95.4	97.5	100.3	105.9	103.6	102.8	104.2	104.2	100.5
成都	Chengdu	99.8	100.0	99.3	96.6	100.9	100.3	102.4	100.4	101.1	100.9	103.8	102.1
贵阳	Guiyang	106.0	99.0	104.1	97.1	98.0	101.6	99.9	102.5	101.7	101.1	101.5	101.5
昆明	Kunming	103.0	111.1	97.8	101.9	98.4	100.4	104.2	101.4	100.1	100.4	100.0	103.8
西安	Xi'an	102.5	100.6	101.2	100.3	100.6	98.9	103.2	100.7	101.2	106.4	106.9	100.3
兰州	Lanzhou	99.7	98.3	100.0	101.0	100.3	97.8	97.8	100.0	99.7	100.4	101.5	102.7
西宁	Xining	117.9	100.5	114.3	112.2	107.3	103.1	100.4	99.8	101.1	104.2	102.4	101.9
银川	Yinchuan	110.0	117.7	118.0	105.1	106.4	99.8	106.1	104.3	101.7	101.3	101.3	101.3
乌鲁木齐	Urumqi	98.9	97.9	99.2	98.8	100.1	99.9	104.2	100.4	100.3	100.8	101.1	105.0

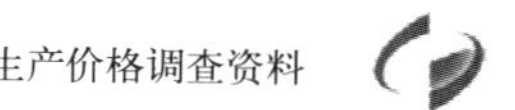

4-21 续表 3 continued

(上年=100) (Preceding Year=100)

地区	Area	1998	1999	2000	2001	2002	2003	2004	2005	2006	2007	2008	2009
		房屋租赁价格指数 Renting price indices of houses											
唐山	Tangshan									101.3	102.3	103.1	99.8
秦皇岛	Qinhuangdao									102.3	101.0	101.3	105.0
包头	Baotou									101.6	103.2	101.7	101.2
丹东	Dandong									101.4	100.5	100.2	100.1
锦州	Jinzhou									100.5	101.6	100.8	99.9
吉林	Jilin									100.2	100.3	100.0	100.2
牡丹江	Mudanjiang									100.9	102.5	100.0	100.0
无锡	Wuxi									99.5	105.5	103.5	100.7
扬州	Yangzhou									100.8	101.4	101.9	100.6
徐州	Xuzhou									104.4	101.3	102.1	101.3
温州	Wenzhou									101.2	109.9	102.6	100.5
金华	Jinhua									100.2	100.1	100.0	101.3
蚌埠	Bengbu									100.1	100.5	116.1	100.2
安庆	Anqing									104.9	102.8	100.6	101.2
泉州	Quanzhou									101.5	106.3	104.6	102.3
九江	Jiujiang									101.6	102.2	102.9	104.0
赣州	Ganzhou									101.3	100.9	101.6	100.3
烟台	**Yantai**									**100.2**	**101.4**	**100.3**	**103.8**
济宁	**Jining**									**101.5**	**101.9**	**105.1**	**104.2**
洛阳	Luoyang									100.2	100.1	102.0	100.6
平顶山	Pingdingshan									101.7	104.5	100.9	100.7
宜昌	Yichang									100.3	101.8	104.6	114.4
襄樊	Xiangfan									100.4	100.0	100.0	100.0
岳阳	Yueyang									101.0	104.4	100.4	100.3
常德	Changde									100.8	100.3	100.2	100.1
惠州	Huizhou									99.2	102.3	99.3	100.3
湛江	Zhanjiang									100.0	103.4	112.1	100.2
韶关	Shaoguan									101.1	103.5	101.1	100.1
桂林	Guilin									101.9	102.6	101.1	101.2
北海	Beihai									99.1	102.2	104.4	117.8
三亚	Sanya									103.2	103.9	100.7	100.5
泸州	Luzhou									98.5	100.8	102.1	101.1
南充	Nanchong									101.6	103.1	110.1	107.8
遵义	Zunyi									101.2	101.8	101.4	100.1
大理	Dali									100.0	100.4	101.3	99.1

4-21 续表 4 continued

(上年=100) (Preceding Year=100)

地 区	Area	土地交易价格指数 Transactions Price Indices of Land											
		1998	1999	2000	2001	2002	2003	2004	2005	2006	2007	2008	2009
全 国	**National Country**	**102.0**	**100.0**	**100.2**	**101.7**	**106.9**	**108.3**	**110.1**	**109.1**	**105.8**	**112.3**	**109.4**	**105.4**
北 京	Beijing	101.1	100.2	100.0	100.0	100.0	100.6	102.5	103.8	105.2	109.4	111.6	104.0
天 津	Tianjin	102.0	101.3	100.5	101.2	102.2	103.0	116.3	103.9	103.9	122.1	111.1	107.0
石家庄	Shijiazhuang	115.0	103.9	107.7	97.3	99.7	99.4	100.3	100.2	100.3	101.6	100.6	100.0
太 原	Taiyuan	100.0	100.0	100.0	113.2	126.7	121.9	100.7	102.8	102.6	102.2	102.1	102.0
呼和浩特	Hohhot	104.1	104.3	102.5	102.8	103.4	102.4	104.1	114.7	112.8	108.7	107.0	100.9
沈 阳	Shenyang	100.0	99.0	101.8	101.7	110.8	116.1	116.2	111.4	107.3	106.6	105.3	101.5
大 连	Dalian	100.0	100.0	100.0	99.9	100.0	103.5	112.9	124.7	103.8	105.9	104.2	101.7
长 春	Changchun	100.0	100.0	100.2	115.5	113.7	103.7	104.6	103.9	112.1	100.7	100.0	100.0
哈尔滨	Harbin	100.0	101.0	101.1	100.0	100.0	101.6	100.0	107.8	106.7	108.2	104.6	98.4
上 海	Shanghai	95.5	93.3	91.9	97.2	106.3	115.1	120.3	106.9	101.2	107.9	107.9	102.2
南 京	Nanjing	104.4	103.5	101.9	102.6	103.9	104.7	103.0	102.8	103.0	103.9	103.6	102.6
杭 州	Hangzhou	99.7	100.0	103.2	105.4	125.0	138.1	139.4	124.8	107.1	155.2	127.8	129.7
宁 波	Ningbo	99.2	100.0	100.4	100.8	109.2	113.2	108.3	115.9	109.2	138.3	149.5	104.4
合 肥	Hefei	102.2	100.7	100.3	100.4	103.7	107.0	105.4	110.6	101.4	104.1	104.9	100.6
福 州	Fuzhou	100.2	100.6	100.0	107.3	106.0	107.7	108.8	118.6	107.9	117.1	107.7	110.4
厦 门	Xiamen	100.0	100.0	100.0	101.1	101.7	102.3	110.2	108.5	108.3	111.3	104.2	108.8
南 昌	Nanchang	103.6	102.0	103.0	108.0	125.2	110.1	118.8	104.2	105.1	103.9	109.4	107.2
济 南	**Jinan**	**103.3**	**101.8**	**102.3**	**101.9**	**102.1**	**103.5**	**104.4**	**105.9**	**104.9**	**105.0**	**102.7**	**101.9**
青 岛	**Qingdao**	**101.0**	**100.0**	**100.4**	**102.2**	**104.3**	**101.8**	**101.8**	**103.4**	**103.2**	**101.8**	**102.1**	**102.4**
郑 州	Zhengzhou	101.2	103.9	102.1	101.1	101.4	101.0	103.9	110.9	104.0	105.3	100.3	102.0
武 汉	Wuhan	100.8	99.9	101.1	99.8	100.7	103.7	102.9	102.6	101.5	100.9	101.3	100.0
长 沙	Changsha	103.2	102.4	102.7	103.8	101.4	100.9	102.1	105.4	118.6	122.1	109.0	102.6
广 州	Guangzhou	100.0	99.7	99.9	100.0	100.0	100.0	100.0	100.0	100.0	100.0	100.0	100.0
深 圳	Shenzhen	100.0	99.8	101.5	99.7	100.0	102.0	103.9	118.1	100.3	100.1	100.0	100.0
南 宁	Nanning	105.5	99.7	88.9	101.6	106.0	101.4	100.0	103.6	102.6	121.5	110.6	100.1
海 口	Haikou	90.7	90.6	97.1	101.4	100.5	100.4	102.7	110.0	115.1	118.5	120.9	108.8
重 庆	Chongqing	100.0	101.1	100.0	100.9	101.7	115.5	105.3	102.9	100.6	109.7	109.5	101.7
成 都	Chengdu	107.7	103.8	101.9	104.6	106.4	109.1	116.3	107.8	106.2	110.2	104.8	98.1
贵 阳	Guiyang	99.8	99.4	100.3	100.0	100.6	100.3	100.6	101.5	101.6	109.9	108.3	108.1
昆 明	Kunming	104.5	100.1	100.0	100.0	100.0	100.0	100.0	103.7	100.6	101.3	102.6	101.4
西 安	Xi'an	100.1	100.3	100.0	100.0	100.5	100.7	102.8	105.9	104.5	106.8	109.0	101.2
兰 州	Lanzhou	100.0	100.0	100.0	100.0	100.0	100.0	100.0	100.0	100.0	100.0	100.0	100.0
西 宁	Xining	99.4	94.4	100.4	99.7	102.7	106.2	106.1	102.9	102.5	103.2	103.2	104.0
银 川	Yinchuan	125.7	108.0	103.6	103.2	102.9	103.4	105.8	103.4	103.1	105.7	106.0	106.1
乌鲁木齐	Urumqi	103.8	101.3	99.4	102.6	102.3	101.0	102.1	101.4	100.2	102.6	106.5	112.1

4-21 续表 5 continued

(上年=100) (Preceding Year=100)

地 区	Area	土地交易价格指数 Transactions Price Indices of Land											
		1998	1999	2000	2001	2002	2003	2004	2005	2006	2007	2008	2009
唐 山	Tangshan									105.8	107.8	107.1	106.6
秦皇岛	Qinhuangdao									98.8	111.1	113.7	105.1
包 头	Baotou									104.2	106.0	105.2	100.1
丹 东	Dandong									104.9	104.5	101.0	100.0
锦 州	Jinzhou									101.5	104.5	102.5	100.4
吉 林	Jilin									131.0	131.0	100.0	100.0
牡丹江	Mudanjiang									99.6	117.0	115.5	109.1
无 锡	Wuxi									105.6	117.3	106.1	95.9
扬 州	Yangzhou									104.2	102.9	105.0	103.4
徐 州	Xuzhou									104.8	105.7	101.9	102.7
温 州	Wenzhou									105.6	145.3	122.0	112.3
金 华	Jinhua									107.2	108.6	109.0	104.8
蚌 埠	Bengbu									105.9	106.8	104.0	100.3
安 庆	Anqing									105.6	106.0	104.5	104.1
泉 州	Quanzhou									110.8	117.1	105.4	97.6
九 江	Jiujiang									104.8	106.1	105.0	102.5
赣 州	Ganzhou									104.9	105.3	106.3	103.1
烟 台	**Yantai**									**105.1**	**104.6**	**102.6**	**102.6**
济 宁	**Jining**									**103.2**	**103.9**	**105.5**	**102.6**
洛 阳	Luoyang									109.2	109.6	109.1	101.3
平顶山	Pingdingshan									108.4	110.8	104.6	103.1
宜 昌	Yichang									106.6	104.3	114.7	101.4
襄 樊	Xiangfan									108.6	110.6	114.5	122.1
岳 阳	Yueyang									105.7	109.7	112.8	105.6
常 德	Changde									117.7	122.6	112.5	102.7
惠 州	Huizhou									100.0	100.0	100.0	99.8
湛 江	Zhanjiang									100.0	100.0	100.0	100.0
韶 关	Shaoguan									112.8	113.3	104.4	100.1
桂 林	Guilin									106.1	112.2	110.2	101.3
北 海	Beihai									106.9	139.5	115.8	101.1
三 亚	Sanya									102.8	100.8	111.9	111.5
泸 州	Luzhou									115.8	115.8	109.3	106.3
南 充	Nanchong									108.4	126.9	111.7	100.5
遵 义	Zunyi									102.4	104.7	103.7	101.1
大 理	Dali									102.8	102.7	100.0	101.7

4-21 续表 6 continued

(上年=100) (Preceding Year=100)

地 区	Area	物业管理价格指数 Property Management Price Indices											
		1998	1999	2000	2001	2002	2003	2004	2005	2006	2007	2008	2009
全 国	**National Country**								**100.0**	**100.3**	**100.5**	**100.5**	**100.4**
北 京	Beijing								100.5	100.8	100.1	100.2	100.0
天 津	Tianjin								100.2	100.0	100.0	100.0	100.0
石家庄	Shijiazhuang								100.2	100.0	100.0	100.0	100.0
太 原	Taiyuan								100.0	101.6	102.6	101.1	100.4
呼和浩特	Hohhot								100.0	100.0	100.0	100.0	100.0
沈 阳	Shenyang								100.5	100.5	100.2	99.7	100.0
大 连	Dalian								98.4	100.9	100.3	100.5	100.5
长 春	Changchun								100.0	100.0	99.5	108.2	103.9
哈尔滨	Harbin								100.0	100.0	100.0	100.0	103.5
上 海	Shanghai								100.5	100.0	100.0	100.0	100.0
南 京	Nanjing								101.0	100.3	101.4	100.3	99.6
杭 州	Hangzhou								100.4	100.1	100.4	101.9	100.9
宁 波	Ningbo								100.5	102.3	102.3	100.2	100.1
合 肥	Hefei								102.5	100.0	100.0	101.1	100.1
福 州	Fuzhou								100.3	100.0	100.1	100.0	100.2
厦 门	Xiamen								100.4	100.1	100.0	101.5	100.5
南 昌	Nanchang								100.3	100.4	101.8	100.2	100.6
济 南	**Jinan**								**100.0**	**100.1**	**100.1**	**100.1**	**100.0**
青 岛	**Qingdao**								**100.2**	**99.8**	**100.4**	**100.3**	**100.4**
郑 州	Zhengzhou								100.2	100.1	100.6	100.0	100.0
武 汉	Wuhan								98.9	100.0	100.1	100.0	100.1
长 沙	Changsha								99.9	100.0	100.1	100.3	100.0
广 州	Guangzhou								102.1	100.5	100.5	101.0	100.7
深 圳	Shenzhen								99.2	100.0	100.2	100.7	100.4
南 宁	Nanning								100.2	100.1	100.0	101.1	100.2
海 口	Haikou								100.0	100.0	100.0	100.0	100.0
重 庆	Chongqing								100.1	100.7	99.7	100.3	103.2
成 都	Chengdu								101.2	100.4	100.2	100.2	100.1
贵 阳	Guiyang								99.5	103.1	100.2	100.3	100.1
昆 明	Kunming								100.0	100.0	100.0	100.0	100.0
西 安	Xi'an								100.4	100.2	100.7	102.6	100.2
兰 州	Lanzhou								101.4	100.2	102.0	100.1	101.4
西 宁	Xining								100.0	100.0	100.8	101.9	100.7
银 川	Yinchuan								100.0	100.0	99.8	103.0	101.7
乌鲁木齐	Urumqi								99.8	100.1	100.1	101.0	101.0

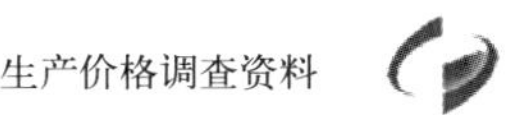

4-21 续表 7 continued

(上年=100) (Preceding Year=100)

地 区	Area	物业管理价格指数 Property Management Price Indices											
		1998	1999	2000	2001	2002	2003	2004	2005	2006	2007	2008	2009
唐 山	Tangshan									100.0	100.0	100.0	100.2
秦皇岛	Qinhuangdao									100.1	100.3	100.6	100.7
包 头	Baotou									113.3	100.3	100.0	100.1
丹 东	Dandong									100.0	100.0	100.0	100.1
锦 州	Jinzhou									100.0	103.2	100.0	112.1
吉 林	Jilin									100.0	100.0	100.0	100.0
牡丹江	Mudanjiang									100.0	96.9	100.0	100.0
无 锡	Wuxi									99.9	100.0	100.0	100.1
扬 州	Yangzhou									100.0	100.0	100.0	100.0
徐 州	Xuzhou									105.8	101.3	101.3	100.0
温 州	Wenzhou									99.2	99.9	101.9	100.3
金 华	Jinhua									100.6	100.0	100.0	100.0
蚌 埠	Bengbu									100.0	100.0	100.0	100.0
安 庆	Anqing									103.5	100.0	100.8	100.3
泉 州	Quanzhou									99.9	100.2	100.2	100.9
九 江	Jiujiang									100.0	100.1	100.6	100.5
赣 州	Ganzhou									101.7	103.3	101.6	100.6
烟 台	**Yantai**									**100.0**	**100.2**	**100.1**	**100.0**
济 宁	**Jining**									**100.0**	**100.1**	**100.9**	**100.6**
洛 阳	Luoyang									100.1	100.0	100.1	100.1
平顶山	Pingdingshan									100.5	102.0	102.0	101.1
宜 昌	Yichang									100.5	103.3	103.8	101.3
襄 樊	Xiangfan									110.3	103.0	101.8	100.0
岳 阳	Yueyang									100.0	99.9	102.4	100.0
常 德	Changde									100.7	100.1	101.1	100.4
惠 州	Huizhou									100.2	103.8	100.6	100.9
湛 江	Zhanjiang									100.0	100.2	100.6	100.5
韶 关	Shaoguan									100.0	100.0	100.1	105.6
桂 林	Guilin									100.2	100.6	100.9	101.4
北 海	Beihai									100.0	108.8	100.0	100.1
三 亚	Sanya									100.0	100.0	100.2	100.1
泸 州	Luzhou									104.2	100.2	100.5	100.1
南 充	Nanchong									100.0	100.2	100.0	100.0
遵 义	Zunyi									100.2	99.8	101.8	103.1
大 理	Dali									100.1	100.0	100.0	100.9

主要指标解释

工业品出厂价格指数　是反映一定时期内全部工业产品出厂价格总水平的变动趋势和程度的相对数，包括工业企业售给本企业以外所有单位的各种产品和直接售给居民用于生活消费的产品。该指数可以观察出厂价格变动对工业总产值及增加值的影响。

原材料、燃料和动力购进价格指数　是反映工业企业作为生产投入，而从物资交易市场和能源、原材料生产企业购买原材料、燃料和动力产品时，所支付的价格水平变动趋势和程度的统计指标，是扣除工业企业物质消耗成本中的价格变动影响的重要依据。

目前，我国编制的原材料、燃料和动力购进价格指数所调查的产品包括燃料动力、黑色金属、有色金属、化工、建材等九大类的近 1800 种产品。

固定资产投资价格指数　是反映一定时期内固定资产投资品及项目的价格变动趋势和程度的相对数。固定资产投资额是由建筑安装工程投资完成额、设备工器具购置投资完成额和其他费用投资完成额三部分组成的。编制固定资产投资价格指数应首先分别编制上述三部分投资的价格指数，然后采用加权算术平均法求出固定资产投资价格总指数。

该指数可以准确地反映固定资产投资中涉及的各类投资品和取费项目价格变动趋势和变动幅度，消除按现价计算的固定资产投资指标中的价格变动因素，真实地反映固定资产投资的规模、速度、结构和效益，为国家科学地制定、检查固定资产投资计划并提高宏观调控水平，为完善国民经济核算体系提供科学的、可靠的依据。

房地产价格指数　是反映一定时期内房地产价格变动趋势和程度的相对数，包括房屋销售价格指数、房屋租赁价格指数、土地交易价格指数和物业管理价格指数。这四套指数的计算方法相似，均采用由下到上逐级汇总的方法。

农产品生产价格指数　是反映一定时期内，农产品生产者出售农产品价格水平变动趋势及幅度的相对数。该指数可以客观反映全国农产品生产价格水平和结构变动情况，满足农业与国民经济核算需要。其中某代表品生产价格指数是通过对全部有出售该产品行为的调查单位的个体指数进行几何平均求得的，类价格指数是通过对其所属的类（或代表品）的价格指数进行加权平均求得的。季度累计价格指数的计算方法与分季指数的计算方法相同。

Explanatory Notes on Main Indicators

Ex-factory Price Indices of Industrial Products reflect the trend and degree of changes in general ex-factory prices of all industrial products during a given period, including sales of industrial products by an industrial enterprise to all units outside the enterprise, as well as sales of consumer goods to residents. It can be used to analyze the impact of ex-factory prices on gross output value and value-added of the industrial sector.

Purchasing Prices Indices of Raw Materials, Fuels and Power reflect changes in the level and degree of prices paid by industrial enterprises when they purchase production input such as raw materials, fuels and power from the market or from other energy or raw materials producing enterprises. These indices provide an important basis for measuring the material consumption of industrial enterprises after removing the influence of price changes.

At present, close to 1,800 products in 9 categories, including fuels and power, ferrous metals, non-ferrous metals, chemicals, building materials, are covered in China for the survey to produce indices of purchasing prices of raw materials, fuels and power.

Price Indices of Investment in Fixed Assets reflect the trend and degree of changes in prices of investment goods and projects in fixed assets during a given period. The investment in fixed assets consists of three components, namely the investment in construction and installation, the investment in purchases of equipment and instrument, and the investment in other items. Price indices of investment in fixed assets are calculated as the weighted arithmetic mean of the price indices of the three components of investment in fixed assets. Removing the factor of price change in the aggregates of investment at current prices, this indicator shows the changes in the prices of commodities and fees involved in the investment of fixed assets, and can be used to observe the actual size, growth, structure, and efficiency of investment in fixed assets and provides reliable and scientific data for government planning, management, decision-making, and further improving the current national accounting system.

Price Indices of Real Estate reflect the trend and degree of changes in prices of real estate during a given period, including sale price indices of houses, price indices for renting houses, price indices for land transactions and price indices for management of properties. The methods for the compilation of these four sets of indices are similar in that they all use the bottom-up approach under which data are reported from lower level to higher level.

Producers' Prices Indices of Farm Products reflect the trend and degree of changes in producers' prices received by farmers when they sell farm products during a given period. These indices depict the change in the level and structure of producers' prices of farm products of the country and meet the needs of agricultural statistics and national accounts statistics. The producers' price index of a given product is calculated as the geometrical mean of individual indices of all surveyed units which sell such product, and the indices of a product category is obtained as the weighted mean of price indices of all products in the category. Method for calculating accumulative quarterly indices is the same as for calculating the individual quarterly indices.

5

消费价格调查资料

Investigation Material of Consumer Price

编辑单位：消费价格调查处
编　　委：宋义贵
责任编辑：赵学功　朱盈盈
校　　对：赵学功　朱盈盈
电　　话：81772055

Editorial Unit: the Consumption Price Investigation Office
Editorial Board: Song Yigui
Executive Editor-in-Chief: Zhao Xuegong Zhu Yingying
Proofreader: Zhao Xuegong Zhu Yingying
Telephone: 81772055

简 要 说 明

一、目前，山东在流通和消费领域编制的价格指数主要包括居民消费价格指数、商品零售价格指数和农业生产资料价格指数。

二 、价格指数统计由国家统计局山东调查总队组织实施，各抽中市县依据国家统计局统一制定的价格统计调查制度向基层采集原始数据汇总后上报。

三、编制居民消费价格、商品零售价格和农业生产资料价格指数采用分层抽样调查方法，即在全省选取不同经济区域以及有代表性的商品作为样本，对市场价格进行经常性的调查，以样本推断总体。目前，全省抽选出调查市、县 27 个。编制过程分几个步骤：

1．调查市、县和调查点的选择。按照大中小兼顾以及地区分布合理原则，采用划类选择法抽选价格调查市、县。价格调查点的选定是以代表性为原则选择品种齐全、零售额较大的中心市场、农贸市场和服务网点作为价格调查点。

2．代表商品和代表规格品的选择。代表商品是选择那些消费量大、价格变动有代表性的商品，商品集团和服务项目基本上是国家统一规定。代表规格品的确定：一是消费量大；二是价格变动趋势和变动程度有较强的代表性，即选中规格品的价格变动特征与未选中规格品之间价格变动的相关性愈高愈好；三是选中的规格品之间，性质相隔愈远愈好，价格变动特征的相关性愈低愈好；四是选中的工业消费品必须是合格产品，产品包装上有注册商标、产地、规格 等级等标识。

3．价格调查方法。采用定点、定时、定人直接到调查点登记调查，同时聘用辅助调查员协助登记调查。对价格变动频繁的每月必须正式调查登记 6 次，价格比较稳定的每月调查 1 － 2 次。

4．权数的确定。居民消费价格指数的计算权数是根据城乡居民家庭消费支出，商品零售价格指数的计算权数是根据全社会商品零售额统计确定的。

Brief Introduction

Ⅰ. At present，Shandong price index in the circulation and the consume domain mainly includes the inhabitant consume price index，the commodity retail price index and the agricultural means of production price index.

Ⅱ. The price index statistics is organized by NBC Survey Office in Shandong, the city(county) that were pulled out gathers primary data after the basic unit and reports based on the price statistics investigation system compiled by NBC.

Ⅲ. Establishes of the inhabitant consumer price index, the commodity retail price index and the agricultural means of production price index use the stratified sampling investigation method, namely as well as select different economic region to take the typical commodity as sample in the entire province, carry on the regular investigation to the market price, deduce overall by sample inference. At present, 27 cities (counties) are the investigation samples in the entire province. The establishment process is divided several steps:

1. Choice of investigation city, county and investigation spot. According to proper attention of the major medium and small both as well as the local distribution reasonable principle, use a kind of trial-and-error method to sample the price investigation city (county).The price investigation spot designation is selecting market centre, the agricultural market fair and servicing point whose commodity are complete and whose retail turnover is big by representation as principle.

2. Choice of typical commodity and represents commodity. Choice of typical commodity is chooses these commodity whose consumption quantities is big and whose price changing is representative, the commodity group and the service project basically are the national unification stipulation. Determination of typical represents commodity: One, the consumption quantity is big; Two, the price changing tendency and the change degree have the strong representation; Three, Select of typical represents commodity, the distance of quality must be far, the characteristic relevance of price changing must be friend with; Four, the selected industry consumable commodity must be the certified product, There are registered trademark, place of production, habitat, specification and rank on the product packing.

3. Price investigation method. Decide the people directly to the investigation spot register and investigate by the fixed point, fixed time and fixed people, simultaneously hire the assists investigator to assist to register and investigate. Must register and investigate 6 times each month officially to commodity whose price changing is frequent, Must register and investigate 1-2 time each month to commodity whose price is quite stable.

4. Weight determination. The computation weight of the inhabitant consume price index is determined according to the city and countryside inhabitant family consume disbursement, computation weight of the commodity retail price index is determined accordind to the entire society retail commodity turnover.

5-1 历年居民消费价格总指数

General Consumer Price Indices over the Years

年 份 Year	以1950年 为100 1950=100	以1952年 为100 1952=100	以1978年 为100 1978=100	以1990年 为100 1990=100	以1995年 100 1995=100	以上年 为100 Preceding Year=100
1951	110.8					110.8
1952	113.2					102.2
1953	116.9	103.3				103.3
1954	120.9	106.8				103.4
1955	120.8	106.7				99.9
1956	121.7	107.5				100.7
1957	122.9	108.6				101.0
1958	122.4	108.2				99.6
1959	123.1	108.9				100.6
1960	123.7	109.4				100.5
1961	131.5	116.3				106.3
1962	132.2	116.9				100.5
1963	130.5	115.4				98.7
1964	127.6	112.9				97.8
1965	124.8	110.4				97.8
1966	123.2	109.0				98.7
1967	123.3	109.1				100.1
1968	123.1	108.9				99.8
1969	123.0	108.8				99.9
1970	121.7	107.6				98.9
1971	121.6	107.5				99.9
1972	121.6	107.5				100.0
1973	121.4	107.3				99.8
1974	121.3	107.2				99.9
1975	121.5	107.4				100.2
1976	121.7	107.6				100.2
1977	121.5	107.4				99.8
1978	121.9	107.7				100.3
1979	122.8	108.5	100.7			100.7
1980	128.9	113.9	105.7			105.0
1981	131.2	116.0	107.6			101.8
1982	132.4	117.0	108.6			100.9
1983	135.6	119.8	111.2			102.4
1984	137.6	121.6	112.9			101.5
1985	149.6	132.2	122.7			108.7
1986	156.3	138.1	128.2			104.5
1987	169.1	149.5	138.7			108.2
1988	200.7	177.4	164.7			118.7
1989	235.5	208.1	199.1			117.3
1990	243.5	215.2	199.7			103.4
1991	255.4	225.7	209.5	104.9		104.9
1992	272.8	241.1	223.7	112.0		106.8
1993	307.4	271.7	252.2	126.3		112.7
1994	379.4	335.3	311.2	155.8		123.4
1995	446.1	394.3	365.9	183.2		117.6
1996	489.0	432.1	401.1	200.8	109.6	109.6
1997	502.6	443.2	412.3	206.4	112.7	102.8
1998	499.6	440.5	409.8	205.2	112.0	99.4
1999	496.1	437.4	406.9	203.8	111.2	99.3
2000	497.1	438.3	407.7	204.2	111.4	100.2
2001	506.0	446.2	415.0	207.9	113.4	101.8
2002	502.5	443.1	412.1	206.4	112.6	99.3
2003	508.0	448.0	416.6	208.7	113.8	101.1
2004	526.3	464.1	431.6	216.2	117.9	103.6
2005	535.2	472.0	439.0	219.9	119.9	101.7
2006	540.6	476.7	443.4	222.1	121.1	101.0
2007	564.4	497.7	462.9	231.9	126.4	104.4
2008	594.3	524.1	487.4	244.2	133.1	105.3
2009	594.3	524.0	487.4	244.2	133.1	100.0

5–2 历年城市居民消费价格总指数

General Urban Consumer Price Indices over the Years

年份 Year	以1930–1936年平均价格为100 Average Price(1930-1936)=100	以1952年为100 1952=100	以1978年为100 1978=100	以1980年为100 1980=100	以1990年为100 1990=100	以1995年为100 1995=100	以上年为100 Preceding Year=100
1949	260.9						
1950	266.9						102.3
1951	295.7						110.8
1952	302.2						102.2
1953	312.2	103.3					103.3
1954	322.8	106.8					103.4
1955	322.5	106.7					99.9
1956	324.8	107.4					100.7
1957	328.0	108.5					101.0
1958	326.7	108.1					99.6
1959	328.7	108.7					100.6
1960	330.3	109.2					100.5
1961	351.2	116.2					106.3
1962	352.9	116.8					100.5
1963	348.3	115.2					98.7
1964	341.0	112.8					97.8
1965	333.5	110.3					97.8
1966	329.2	108.9					98.7
1967	329.5	109.0					100.1
1968	328.8	108.8					99.8
1969	328.5	108.7					99.9
1970	324.9	107.4					98.9
1971	324.6	107.4					99.9
1972	324.6	107.4					100.0
1973	323.9	107.2					99.8
1974	323.6	107.1					99.9
1975	324.2	107.3					100.2
1976	324.9	107.5					100.2
1977	324.3	107.3					99.8
1978	325.2	107.6					100.3
1979	329.7	109.1	101.4				101.4
1980	339.3	112.3	104.3				102.9
1981	346.4	114.6	106.5	102.1			102.1
1982	347.4	115.0	106.9	102.4			100.3
1983	345.3	114.3	106.2	101.8			99.4
1984	350.5	116.0	107.8	103.3			101.5
1985	381.4	126.2	117.3	112.4			108.8
1986	400.5	132.5	123.2	118.0			105.0
1987	436.9	144.6	134.4	128.8			109.1
1988	526.9	174.4	162.1	155.3			120.6
1989	609.6	201.7	187.5	179.7			115.7
1990	625.5	207.0	192.4	184.4			102.6
1991	664.3	219.8	204.3	195.8	106.2		106.2
1992	721.4	238.7	221.9	212.6	115.3		108.6
1993	826.7	273.6	254.3	243.7	132.1		114.6
1994	1036.7	343.1	318.9	305.6	165.7		125.4
1995	1210.9	400.7	372.5	356.9	193.6		116.8
1996	1338.0	442.8	411.6	394.4	213.9	110.5	110.5
1997	1380.8	457.0	424.8	407.0	220.7	114.0	103.2
1998	1376.7	455.6	423.5	405.8	220.0	113.7	99.7
1999	1376.7	455.6	423.5	405.8	220.0	113.7	100.0
2000	1393.2	461.1	428.6	410.7	222.6	115.1	101.2
2001	1408.5	466.2	433.3	415.2	225.0	116.4	101.1
2002	1390.2	460.1	427.7	409.8	222.1	114.9	98.7
2003	1399.9	463.3	430.7	412.7	223.7	115.7	100.7
2004	1439.1	476.3	442.7	424.2	230.0	118.9	102.8
2005	1454.9	481.5	447.6	428.9	232.5	120.2	101.1
2006	1469.5	486.3	452.1	433.2	234.8	121.4	101.0
2007	1525.3	504.8	469.3	449.7	243.7	126.0	103.8
2008	1597.0	528.5	491.3	470.8	255.2	131.9	104.7
2009	1596.1	528.2	491.1	470.5	255.0	131.9	99.9

5-3 历年农村居民消费价格总指数

General Rural Consumer Price Indices over the Years

年份 Year	以1978年为100 1978=100	以1980年为100 1980=100	以1985年为100 1952=100	以1990年为100 1990=100	以1995年为100 1995=100	以上年为100 Preceding Year=100
1978						100.3
1979	100.4					100.4
1980	106.2					105.8
1981	107.9	101.6				101.6
1982	109.1	102.7				101.1
1983	113.0	106.4				103.6
1984	114.7	108.0				101.5
1985	124.7	117.4				108.7
1986	129.8	122.2	104.1			104.1
1987	139.4	131.2	111.8			107.4
1988	163.1	153.5	130.8			117.0
1989	194.0	182.5	155.5			118.9
1990	201.7	189.8	161.7			104.0
1991	209.8	197.4	168.2	104.0		104.0
1992	219.5	206.5	175.9	108.8		104.6
1993	242.9	228.6	194.7	120.4		110.7
1994	295.7	278.2	236.9	146.5		121.7
1995	348.6	328.0	279.3	172.7		117.9
1996	379.9	357.5	304.4	188.2	109.0	109.0
1997	389.1	366.1	311.7	192.7	111.6	102.4
1998	385.2	362.4	308.6	190.8	110.5	99.0
1999	379.8	357.3	304.3	188.1	109.0	98.6
2000	377.1	354.8	302.2	186.8	108.2	99.3
2001	386.2	363.3	309.5	191.3	110.8	102.4
2002	385.8	362.9	309.2	191.1	110.7	99.9
2003	391.6	368.3	313.8	194.0	112.4	101.5
2004	409.6	385.2	328.2	202.9	117.5	104.6
2005	419.4	394.5	336.1	207.8	120.3	102.4
2006	423.6	398.4	339.5	209.9	121.6	101.0
2007	446.1	419.5	357.5	221.0	128.0	105.3
2008	473.7	445.6	379.6	234.7	135.9	106.2
2009	474.1	445.9	379.9	234.9	136.0	100.1

5−4 历年商品零售价格总指数

General Retail Price Indices over the Years

年份 Year	以1930—1936年平均价格为100 Average Price (1930-1936)=100	以1952年为100 1952=100	以1978年为100 1978=100	以1980年为100 1980=100	以1990年为100 1990=100	以1995年为100 1995=100	以上年为100 Preceding Year=100
1953	315.2	103.8					103.8
1954	325.0	107.0					103.1
1955	325.6	107.2					100.2
1956	327.9	108.0					100.7
1957	333.5	109.8					101.7
1958	333.8	109.9					100.1
1959	337.1	111.0					101.0
1960	338.8	111.6					100.5
1961	358.4	118.1					105.8
1962	359.9	118.5					100.4
1963	362.7	119.5					100.8
1964	358.0	117.9					98.7
1965	349.4	115.1					97.6
1966	347.7	114.5					99.5
1967	348.0	114.7					100.1
1968	348.0	114.7					100.0
1969	346.6	114.2					99.6
1970	343.8	113.3					99.2
1971	343.5	113.2					99.9
1972	342.5	112.8					99.7
1973	342.2	112.7					99.9
1974	341.8	112.6					99.9
1975	342.2	112.7					100.1
1976	342.5	112.8					100.1
1977	342.2	112.7					99.9
1978	343.5	113.2					100.4
1979	349.0	115.0	101.6				101.6
1980	359.5	118.5	104.6				103.0
1981	365.6	120.5	106.4	101.7			101.7
1982	367.8	121.2	107.1	102.3			100.6
1983	363.0	119.7	105.6	101.0			98.7
1984	367.0	121.0	106.8	102.1			101.1
1985	398.2	131.3	115.9	110.8			108.5
1986	416.1	137.2	121.1	115.8			104.5
1987	450.6	148.6	131.2	125.4			108.3
1988	536.3	176.8	156.1	149.2			119.0
1989	626.9	206.7	182.5	174.4			116.9
1990	636.9	210.0	185.4	177.2			101.6
1991	668.1	220.3	194.5	185.9	104.9		104.9
1992	709.5	233.9	206.6	197.4	111.4		106.2
1993	782.6	258.0	227.8	217.7	122.9		110.3
1994	941.5	310.4	274.1	261.9	147.8		120.3
1995	1075.2	354.5	313.0	299.1	168.8		114.2
1996	1150.6	378.9	334.9	320.1	180.6	107.0	107.0
1997	1159.8	381.9	337.6	322.7	182.0	107.9	100.8
1998	1126.2	370.8	327.8	313.3	176.7	104.8	97.1
1999	1093.5	360.0	318.3	304.2	171.6	101.8	97.1
2000	1078.2	355.0	313.8	299.9	169.2	100.4	98.6
2001	1078.2	355.0	313.8	299.9	169.2	100.4	100.0
2002	1065.3	350.7	310.0	296.3	167.2	99.2	98.8
2003	1067.4	351.4	310.7	296.9	167.5	99.4	100.2
2004	1097.3	361.3	319.4	305.2	172.2	102.2	102.8
2005	1103.9	363.4	321.3	307.0	173.2	102.8	100.6
2006	1110.5	365.6	323.2	308.9	174.3	103.4	100.6
2007	1150.5	378.8	334.8	320.0	180.6	107.1	103.6
2008	1206.9	397.3	351.2	335.7	189.4	112.4	104.9
2009	1199.3	394.8	349.0	333.6	188.2	111.7	99.4

注：本表已根据现行价格调查统计制度予以调整，均不包括农业生产资料部分。

Note:The data in this form have been adjusted according to current statistical system of price survey.Means of agricultural production are excluded.

5−5 历年城市商品零售价格总指数

Urban Retail Price Index over the years

年份 year	以1950年为100 1950=100	以1952年为100 1952=100	以1978年为100 1978=100	以1990年为100 1990=100	以1995年为100 1995=100	以上年为100 preceding year=100
1951	110.2					
1952	110.8					100.5
1953	114.9	103.7				103.7
1954	119.3	107.6				103.8
1955	118.8	107.2				99.6
1956	120.0	108.3				101.0
1957	121.7	109.8				101.4
1958	121.0	109.1				99.4
1959	121.7	109.8				100.6
1960	122.4	110.5				100.6
1961	129.6	117.0				105.9
1962	130.2	117.6				100.5
1963	129.5	117.0				99.5
1964	130.7	114.6				98.0
1965	128.1	112.3				98.0
1966	126.4	110.9				98.7
1967	126.4	110.9				100.0
1968	126.1	110.7				99.8
1969	126.0	110.5				99.9
1970	124.6	109.3				98.9
1971	124.6	109.3				100.0
1972	124.6	109.3				100.0
1973	124.5	109.2				99.9
1974	124.4	109.1				99.9
1975	124.6	109.3				100.2
1976	124.8	109.5				100.2
1977	124.6	109.3				99.8
1978	125.0	109.7				100.3
1979	126.8	111.2	101.4			101.4
1980	130.7	114.6	104.5			103.1
1981	133.6	117.2	106.8			102.2
1982	134.0	117.5	107.1			100.3
1983	133.1	116.7	106.4			99.3
1984	134.7	118.1	107.7			101.2
1985	146.7	128.6	117.3			108.9
1986	153.9	134.9	123.0			104.9
1987	168.4	147.6	134.6			109.4
1988	204.1	178.9	163.1			121.2
1989	235.1	206.1	187.9			115.2
1990	238.9	209.3	190.9			101.6
1991	253.5	222.1	202.5	106.1		106.1
1992	274.0	240.1	218.9	114.7		108.1
1993	307.7	269.6	245.8	128.8		112.3
1994	371.1	325.2	296.4	155.3		120.6
1995	420.1	368.1	335.5	175.8		113.2
1996	448.2	392.8	358.0	187.6	106.7	106.7
1997	451.8	395.9	360.9	189.1	107.6	100.8
1998	438.7	384.4	350.4	183.6	104.4	97.1
1999	426.0	373.3	340.2	178.3	101.4	97.1
2000	420.9	368.8	336.1	176.2	100.2	98.8
2001	418.8	367.0	334.4	175.3	99.7	99.5
2002	412.5	361.5	329.4	172.7	98.2	98.5
2003	410.9	360.0	328.1	172.0	97.8	99.6
2004	420.3	368.3	335.6	175.9	100.0	102.3
2005	422.0	369.8	337.0	176.6	100.4	100.4
2006	424.1	371.7	338.6	177.5	100.9	100.5
2007	437.3	383.2	349.1	183.0	104.1	103.1
2008	456.9	400.4	364.8	191.3	108.8	104.5
2009	453.9	397.8	362.5	190.0	108.0	99.3

5–6 历年农村商品零售价格总指数

Rural Retail Price Index over the Years

年份 Year	以1952年为100 1952=100	以1978年为100 1978=100	以1990年为100 1990=100	以1995年为100 1995=100	以上年为100 preceding year=100
1952					100.3
1953	103.9				103.9
1954	106.4				102.4
1955	106.6				100.2
1956	107.1				100.5
1957	109.1				101.9
1958	109.2				100.1
1959	110.7				101.4
1960	111.1				100.4
1961	116.1				104.5
1962	116.4				100.3
1963	118.3				101.6
1964	116.9				98.8
1965	114.1				97.6
1966	113.6				99.6
1967	113.7				100.1
1968	113.7				100.0
1969	113.1				99.4
1970	112.4				99.4
1971	112.3				99.9
1972	111.9				99.6
1973	111.8				99.9
1974	111.7				99.9
1975	111.7				100.0
1976	111.7				100.0
1977	111.7				100.0
1978	112.1				100.4
1979	114.0	101.7			101.7
1980	117.3	104.6			102.9
1981	118.7	105.9			101.2
1982	119.6	106.7			100.8
1983	117.8	105.1			98.5
1984	119.1	106.3			101.1
1985	129.0	115.1			108.3
1986	134.5	120.0			104.3
1987	144.5	128.9			107.4
1988	169.4	151.1			117.2
1989	200.7	179.1			118.5
1990	203.9	181.9			101.6
1991	212.3	189.4	104.1		104.1
1992	220.4	196.6	108.1		103.8
1993	238.7	212.9	117.1		108.3
1994	286.4	255.5	140.5		120.0
1995	332.8	296.9	163.3		116.2
1996	357.4	318.9	175.4	107.4	107.4
1997	359.9	321.1	176.6	108.2	100.7
1998	349.8	312.1	171.7	105.2	97.2
1999	340.0	303.0	166.7	102.1	97.1
2000	334.2	297.8	163.9	100.4	98.3
2001	336.5	299.9	165.0	101.1	100.7
2002	335.5	299.0	164.5	100.8	99.7
2003	338.8	302.0	166.2	101.8	101.0
2004	351.4	313.2	172.3	105.6	103.7
2005	355.6	316.9	174.4	106.8	101.2
2006	358.8	319.8	175.9	107.8	100.9
2007	375.3	334.5	184.0	112.8	104.6
2008	397.1	353.9	194.7	119.3	105.8
2009	394.7	351.8	193.6	118.6	99.4

5-7 历年农业生产资料价格总指数

General Price Indices of Means of Agricultural Production over the Years

年份 Year	以1950年为100 1950=100	以1952年为100 1952=100	以1978年为100 1978=100	以1990年为100 1990=100	以1995年为100 1995=100	以上年为100 Preceding Year=100
1951	94.9					94.9
1952	97.0					102.2
1953	99.5	102.6				102.6
1954	110.3	113.7				110.8
1955	103.8	107.0				94.1
1956	103.7	107.0				100.0
1957	103.4	106.7				99.7
1958	100.2	103.4				96.9
1959	100.0	103.2				99.8
1960	100.9	104.1				100.9
1961	107.5	110.9				106.5
1962	106.8	110.1				99.3
1963	100.4	103.5				94.0
1964	95.8	98.7				95.4
1965	92.7	95.5				96.8
1966	90.8	93.5				97.9
1967	85.6	88.2				94.3
1968	85.1	87.7				99.4
1969	84.3	86.9				99.1
1970	84.2	86.8				99.9
1971	80.9	83.4				96.1
1972	80.3	82.7				99.2
1973	79.9	82.2				99.5
1974	79.2	81.6				99.1
1975	79.2	81.6				100.0
1976	79.2	81.6				100.0
1977	79.2	81.6				100.0
1978	78.5	80.9				99.1
1979	78.6	81.0	100.1			100.1
1980	78.6	81.0	100.1			100.0
1981	79.9	82.4	101.8			101.7
1982	80.8	83.3	102.9			101.1
1983	82.9	85.5	105.6			102.6
1984	88.9	91.7	113.2			107.2
1985	92.5	95.5	117.8			104.1
1986	94.4	97.5	120.3			102.1
1987	99.9	103.2	127.3			105.8
1988	114.6	118.4	146.0			114.7
1989	135.5	139.9	172.6			118.2
1990	139.8	144.4	178.1			103.2
1991	142.6	147.3	181.7	102.0		102.0
1992	144.6	149.4	184.2	103.4		101.4
1993	161.4	166.7	205.6	115.4		111.6
1994	200.3	206.9	255.1	143.2		124.1
1995	267.0	275.8	340.1	190.9		133.3
1996	281.7	291.0	358.8	201.4	105.5	105.5
1997	272.1	281.1	346.6	194.6	101.9	96.6
1998	261.8	270.4	336.5	187.2	98.0	96.2
1999	249.0	257.2	320.0	178.0	93.2	95.1
2000	245.8	253.9	315.8	175.7	92.0	98.7
2001	250.2	258.5	321.5	178.9	93.7	101.8
2002	251.0	259.3	322.5	179.4	94.0	100.3
2003	257.0	265.5	330.2	183.7	96.2	102.4
2004	283.2	292.6	363.9	202.5	106.0	110.2
2005	300.7	310.7	386.4	215.0	112.6	106.2
2006	309.8	320.0	398.0	221.5	116.0	103.0
2007	331.8	342.7	426.3	237.2	124.2	107.1
2008	395.8	408.9	508.5	283.0	148.2	119.3
2009	381.2	393.7	489.7	272.5	142.7	96.3

5-8 全省居民消费价格指数(2009年)

商品类别及品名	Commodity Category and Commodity Name	全省 whole province	1 月 January	2 月 February
居民消费价格总指数	**General Consumer Price Index**	**100.0**	**101.2**	**99.9**
非食品价格指数	**No-food**	**99.5**	**100.9**	**100.7**
服务项目价格指数	**Services**	**101.2**	**102.0**	**101.8**
工业品价格指数	**Industrial Products**	**98.8**	**100.5**	**100.2**
扣除食品和能源价格指数	**Deducting Foods and Energy**	**99.7**	**100.9**	**100.7**
扣除鲜菜鲜果总指数	**Deducting Fresh,Vegetables and Fruits**	**99.3**	**101.2**	**100.3**
消费品价格指数	**Consumer Goods**	**99.7**	**101.1**	**99.4**
一、食　品	**Food**	**101.3**	**102.1**	**98.3**
1.粮　食	Grain	104.4	100.6	102.0
大　米	Rice	104.2	95.4	97.0
面　粉	Flour	107.2	101.0	103.3
粮食制品	Grain Products	102.4	102.4	103.4
其　他	Others	103.0	106.3	104.7
2.淀　粉	Starches	105.9	105.2	104.7
淀　粉	Starches	105.9	105.2	104.7
3.干豆类及豆制品	Beans and Beans Products	95.6	107.5	103.7
干　豆	Beans	90.7	92.9	91.9
豆制品	Beans Products	97.5	113.8	108.7
4.油　脂	Oil and Fat	86.2	90.1	87.0
食用植物油	Edible Vegetable Oil	86.8	90.7	87.6
植物油制品	Plant Oil Products	83.5	87.2	83.9
其　他	Others	84.5	89.0	85.0
5.肉禽及其制品	Meal,Poultry and Their Products	91.2	96.2	91.1
(1)食用畜肉及副产品	Edible Livestock Meat and Their By-products	86.4	91.2	85.7
猪　肉	Pork	79.9	84.7	79.1
牛　肉	Beef	101.8	108.5	102.3
羊　肉	Mutton	103.5	107.2	102.7
畜肉副产品	Livestock Meat By-products	90.7	99.2	92.8
其　他	Others	96.6	97.7	95.0
(2)禽	Poultry	98.3	104.2	96.9
鸡	Chicken	98.4	104.7	96.0
鸭	Duck	99.7	103.4	101.5
其　他	Others	97.1	101.6	98.9
(3)加工肉禽	Meal and Poultry Processing Products	99.2	106.1	103.4
畜肉制品	Livestock Meat Products	98.3	106.6	103.5
禽 制 品	Poultry Products	100.7	105.1	103.3
6.蛋	Eggs	100.8	100.1	97.8
鲜　蛋	Fresh Eggs	100.7	99.9	97.5
蛋制品	Egg Products	101.0	101.3	100.1
7.水产品	Aquatic Product	102.3	108.3	103.8
(1)鱼	Fish	100.5	108.3	102.8
淡水鱼	Freshwater Fish	96.7	107.5	100.7
海水鱼	Seawater Fish	104.8	109.0	105.0
(2)其他水产品	Other Aquatic Product	104.8	108.0	104.6
虾蟹类	Shrimp and Crab	106.3	108.7	105.1
其　他	Others	100.9	106.2	103.1
8.菜	Vegetable	116.7	105.3	91.1
鲜　菜	Fresh Vegetable	119.2	106.4	90.3
干菜及菜制品	Dried Vegetable and Vegetable Products	98.7	98.7	98.7
薯　类	Potato	105.8	95.1	97.1

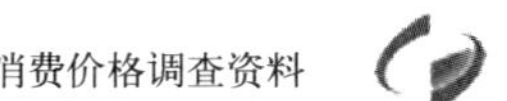

Entire Province Consumer Price Indices(2009)

3 月 March	4 月 April	5 月 May	6 月 June	7 月 July	8 月 August	9 月 September	10 月 October	11月 November	12月 December
99.8	**99.7**	**99.8**	**99.3**	**99.2**	**99.3**	**99.6**	**99.7**	**100.5**	**102.0**
100.4	**100.1**	**99.6**	**99.0**	**98.9**	**98.8**	**98.5**	**98.6**	**98.9**	**99.5**
101.8	**101.7**	**101.5**	**101.4**	**101.5**	**101.3**	**100.2**	**100.2**	**100.2**	**100.5**
99.8	**99.4**	**98.7**	**98.1**	**97.8**	**97.8**	**97.8**	**98.0**	**98.3**	**99.0**
100.5	**100.3**	**99.9**	**99.5**	**99.4**	**99.3**	**98.9**	**98.9**	**99.0**	**99.3**
99.8	**99.3**	**98.7**	**98.3**	**98.2**	**98.4**	**98.4**	**99.0**	**99.5**	**100.3**
99.3	**99.2**	**99.4**	**98.8**	**98.6**	**98.7**	**99.4**	**99.5**	**100.6**	**102.4**
98.6	**99.1**	**100.5**	**100.1**	**100.0**	**100.3**	**102.1**	**102.2**	**104.4**	**108.1**
102.7	102.6	103.2	103.4	103.5	103.6	104.9	106.7	108.8	111.0
98.7	99.4	100.3	102.1	102.9	104.5	106.9	109.9	114.6	120.1
105.3	105.8	107.4	107.4	107.1	107.2	108.4	109.9	111.6	112.2
103.0	102.3	102.3	101.8	101.8	101.1	101.7	102.6	102.9	103.6
103.0	100.5	100.1	99.7	99.3	98.4	100.4	104.0	107.5	112.4
106.0	106.0	106.0	105.1	105.2	104.5	105.0	107.2	107.8	108.1
106.0	106.0	106.0	105.1	105.2	104.5	105.0	107.2	107.8	108.1
96.4	92.7	92.4	91.1	90.5	90.6	91.5	93.8	98.3	101.7
85.9	83.0	83.8	84.0	83.9	85.1	88.9	95.7	104.6	113.5
100.9	96.7	95.9	93.9	93.2	92.7	92.4	92.9	95.6	97.0
82.3	81.4	82.6	82.6	82.7	84.1	84.9	87.4	93.0	99.3
83.1	82.3	83.9	83.6	83.4	84.9	85.1	87.8	93.3	98.0
78.8	78.2	78.1	79.0	79.3	79.4	82.2	83.2	90.0	107.8
79.4	76.8	75.5	75.6	81.3	83.5	88.3	92.5	95.0	98.0
88.0	85.1	83.3	84.5	87.2	90.4	93.8	97.4	99.7	100.3
80.6	77.0	75.1	76.7	81.2	86.2	91.8	97.4	100.4	100.6
71.8	66.9	64.8	66.8	73.2	80.7	88.4	96.0	100.6	100.0
102.7	102.4	100.8	100.8	100.5	100.5	101.0	100.1	100.6	101.7
104.6	103.7	103.3	103.5	103.5	102.7	102.1	103.2	102.3	103.2
89.7	88.2	84.1	84.0	85.4	85.7	89.8	94.8	97.3	98.8
93.9	92.4	90.3	92.7	94.5	95.5	98.2	102.3	103.0	104.6
99.3	97.1	96.1	98.4	97.3	97.1	96.5	96.8	98.9	102.1
99.5	96.9	95.9	99.1	97.6	97.0	96.4	96.8	98.9	102.2
100.7	99.6	98.9	99.0	98.3	98.4	99.5	99.4	97.4	101.1
97.2	96.8	95.5	94.0	94.7	96.2	94.6	94.5	100.3	101.9
102.2	99.6	97.4	96.9	96.9	97.0	96.9	97.4	98.2	98.7
101.6	98.6	95.8	95.1	95.3	95.6	95.9	96.7	97.6	98.2
103.1	101.6	100.2	100.1	99.8	99.5	98.9	98.8	99.1	99.5
101.3	104.6	101.9	98.5	97.8	100.4	98.9	101.1	102.4	105.0
101.5	105.0	102.0	98.2	97.4	100.2	98.6	100.9	102.4	105.3
99.9	100.5	100.7	100.6	100.5	101.0	101.6	101.7	102.2	102.0
105.2	104.0	102.6	100.7	99.1	99.0	98.2	101.3	102.7	103.5
104.6	102.5	99.1	96.3	95.6	95.8	97.7	100.2	101.6	103.2
102.3	99.0	94.6	90.1	89.9	91.2	94.7	96.4	98.3	100.6
107.0	106.6	104.9	104.3	102.8	101.2	101.3	104.7	105.3	105.9
105.4	105.7	107.3	107.1	104.3	104.3	99.1	103.0	104.4	103.8
106.0	106.4	109.1	109.3	106.6	106.9	99.4	105.0	107.1	106.6
103.8	103.8	102.5	101.6	98.9	98.5	98.2	98.4	98.5	97.5
98.4	113.4	123.4	122.0	120.5	118.5	130.4	116.3	134.5	156.2
98.0	115.1	128.0	126.3	124.6	122.1	136.0	119.1	140.4	164.2
98.9	98.0	97.4	98.2	98.4	97.9	98.2	98.5	99.7	102.4
108.1	109.6	102.1	111.8	105.2	101.2	103.3	104.9	109.4	125.6

5-8 续表 1

商品类别及品名	Commodity Category and Commodity Name	全省 whole province	1 月 January	2 月 February
9.调味品	Flavoring	102.4	103.5	103.5
盐	Salt	100.1	100.1	100.2
酱 油	Soy Sauce	102.9	105.9	105.1
醋	Vinegar	104.2	105.0	104.8
味 精	Aginomoto	104.1	103.8	104.8
其 他	Others	101.3	102.8	103.2
10.糖	Carbohydrate	102.2	101.9	102.1
食 糖	Sugar	101.0	98.8	99.2
糖 果	Sweet	103.3	103.3	103.8
巧克力制品	Chocolate Products	102.4	104.2	103.4
糖类小食品	Little Carbohydr- ate Food	101.9	103.6	103.3
11.茶及饮料	Tea and Beverages	100.7	102.6	101.9
(1)茶 叶	Tea	99.6	100.2	100.1
茶 叶	Tea	99.6	100.2	100.1
(2)饮 料	Beverages	101.4	104.3	103.1
固体饮料	Solid Beverages	102.5	105.4	104.5
液体饮料	Liquid Beverages	100.9	103.2	102.4
冷冻饮品	Frozen Beverages	101.6	106.0	103.6
12.干鲜瓜果	Dried and Fresh Melons and Fruits	106.8	98.2	97.6
鲜 瓜 果	Fresh Fruits	107.3	95.8	95.8
干(坚)果	Dried Fruits	104.7	106.3	103.9
13.糕点饼干	Cake,Biscuit and Bread	102.4	105.2	104.5
糕 点	Cake	101.9	103.7	103.4
饼 干	Biscuit	100.9	103.1	101.5
面 包	Bread	105.4	110.9	110.8
14.液体乳及乳制品	Liquid Milk and Their Products	101.0	107.0	103.6
巴氏杀菌奶或消毒奶	Pasteurization Milk or Disinfection Milk	99.7	105.8	101.5
酸 奶	Leben	99.7	103.3	100.3
奶 粉	Milk Powder	106.6	115.5	114.4
其 他	Others	101.4	106.8	104.5
15.在外用膳食品	Outward Dinner	102.1	107.3	106.3
主 食	Staple Food	102.2	107.4	106.2
炒 菜	Hot Dish	101.4	106.7	105.5
地方小吃	Local Snack	104.0	108.8	108.6
16.其他食品	Other Foods	102.3	104.5	104.3
其他食品	Other Foods	102.3	104.5	104.3
二、烟酒及用品	**Tobacco,Liquor and Their Appliances**	**102.4**	**103.8**	**103.3**
1.烟 草	Tobacco	100.4	100.5	100.5
国产卷烟	Domestic Cigarette	100.6	100.7	100.7
进口卷烟	Import Cigarette	99.2	98.6	98.6
其 他	Others	99.6	100.3	100.3
2.酒	Liquor	104.2	106.8	105.8
白 酒	White Spirit	105.0	107.8	106.5
葡萄酒	Grape	100.8	102.0	101.5
啤 酒	Beer	103.6	106.4	106.0
其 他	Others	103.7	104.6	102.1
3.吸烟、饮酒用品	Appliances for Sm- oking and Drinking	100.0	100.0	99.7
吸烟用品	Appliances for Smoking	99.8	100.1	99.6
饮酒用品	Appliances for Drinking	100.1	99.9	99.8
三、衣 着	**Clothing**	**97.2**	**97.6**	**97.9**
1.服 装	Garments	96.7	96.8	97.1
(1)男式服装	Men's Garments	97.3	97.2	97.8

continued

3 月 March	4 月 April	5 月 May	6 月 June	7 月 July	8 月 August	9 月 September	10 月 October	11月 November	12月 December
103.5	103.0	102.4	102.1	102.3	101.7	101.5	101.4	101.5	102.0
100.1	100.1	100.2	100.3	100.2	100.1	100.1	99.8	99.8	100.3
105.4	104.0	102.4	101.6	102.1	101.6	101.6	101.5	101.7	101.8
104.9	104.5	104.7	104.6	104.9	103.9	103.3	103.4	103.5	103.1
105.2	104.4	103.4	102.7	102.7	103.1	103.9	104.6	104.6	105.9
102.3	102.9	102.5	101.8	102.1	100.1	99.5	98.9	99.1	101.0
101.7	102.1	102.2	102.1	102.2	102.1	102.2	102.3	102.4	103.2
99.0	100.0	100.7	100.9	100.8	100.4	101.1	102.4	103.3	105.8
103.1	103.4	103.4	103.2	103.5	103.6	103.5	103.4	102.6	102.7
102.7	102.4	103.3	102.5	102.7	102.9	101.9	100.6	101.4	101.3
103.3	103.2	101.6	101.6	101.5	101.0	101.8	100.9	100.7	100.0
101.7	101.2	100.8	100.4	100.1	99.9	99.9	99.7	99.8	100.1
100.3	99.9	99.4	98.7	98.7	98.9	99.1	99.4	99.9	100.4
100.3	99.9	99.4	98.7	98.7	98.9	99.1	99.4	99.9	100.4
102.6	102.1	101.7	101.5	101.0	100.6	100.4	99.9	99.7	99.8
103.4	103.1	103.0	102.4	102.5	103.0	101.6	100.7	100.5	100.1
102.2	101.0	100.9	101.0	100.5	100.2	100.1	99.8	99.6	99.6
102.8	103.4	102.3	102.0	100.8	99.3	100.1	99.5	99.3	100.1
100.0	98.3	114.8	119.5	116.6	111.2	109.4	109.3	102.9	107.8
99.0	96.8	117.5	124.4	120.9	113.7	110.9	111.0	102.2	107.3
103.0	103.4	103.8	103.5	103.6	104.6	105.2	104.9	105.4	109.4
104.0	103.2	102.3	101.5	101.8	101.7	101.5	101.2	101.2	101.2
103.5	102.5	101.7	101.1	101.3	101.1	101.1	100.6	101.2	101.3
101.0	100.9	100.6	100.7	100.9	100.7	100.4	100.6	100.5	100.3
108.9	107.5	105.9	103.3	104.1	103.9	103.7	102.8	102.0	102.0
101.9	100.2	100.2	99.8	99.8	99.9	99.7	99.9	99.9	100.4
99.6	98.5	98.8	98.3	98.1	98.6	98.2	99.7	99.6	99.8
99.4	97.8	98.9	99.5	99.6	99.4	99.4	99.6	99.6	100.1
112.1	107.4	105.2	104.2	104.9	105.2	105.1	101.6	102.1	103.5
103.6	102.8	102.5	102.1	101.2	99.8	99.2	98.3	98.3	98.6
104.4	103.1	102.0	101.5	100.6	100.1	100.0	100.0	100.3	100.6
104.3	103.2	102.5	101.5	100.7	100.0	100.0	100.3	100.6	100.9
103.6	102.2	101.2	100.8	99.8	99.3	99.5	99.3	99.6	99.9
106.8	105.6	103.3	103.4	103.0	102.5	101.7	101.2	101.7	102.2
105.0	103.8	103.5	102.4	100.7	100.7	100.2	100.7	100.8	101.6
105.0	103.8	103.5	102.4	100.7	100.7	100.2	100.7	100.8	101.6
102.6	**102.2**	**102.0**	**101.8**	**102.1**	**102.4**	**102.4**	**102.0**	**102.0**	**102.2**
100.6	100.5	100.2	100.0	100.1	100.4	100.4	100.4	100.4	100.3
100.8	100.7	100.4	100.1	100.2	100.6	100.6	100.6	100.6	100.5
98.6	98.5	98.6	99.2	99.5	99.8	99.9	99.9	99.3	99.5
100.3	100.2	100.1	99.4	99.3	99.1	98.9	98.9	98.9	98.9
104.4	103.7	103.5	103.4	103.8	104.1	104.1	103.5	103.5	103.8
105.7	105.0	104.6	104.3	104.5	104.6	104.7	104.0	103.9	104.7
101.2	101.1	100.7	100.8	100.5	100.6	100.9	100.1	100.1	100.0
102.8	102.1	102.4	102.3	103.2	104.0	103.8	103.4	103.7	103.1
102.4	102.5	102.2	103.0	104.7	104.9	104.1	104.1	104.2	105.7
100.0	100.1	100.0	99.8	100.1	100.0	100.0	99.9	99.9	100.2
99.6	99.9	99.8	99.9	100.0	99.9	99.8	99.6	99.6	100.3
100.3	100.3	100.3	99.8	100.1	100.2	100.1	100.1	100.1	100.1
98.2	**97.4**	**97.0**	**97.0**	**96.8**	**96.9**	**96.8**	**96.9**	**97.0**	**97.4**
97.5	96.9	96.4	96.3	96.4	96.4	96.3	96.4	96.5	97.1
98.0	97.4	96.6	96.8	97.3	97.3	97.0	97.1	97.2	97.5

5-8 续表 2

商品类别及品名	Commodity Category and Commodity Name	全省 whole province	1 月 January	2 月 February
大　衣	Topcoat	95.4	93.3	94.2
毛线衣	Woollen Sweater	99.9	98.8	99.5
夹克衫	Jacket	97.2	98.0	98.3
衬　衫	Shirt	95.5	97.3	96.5
T 恤衫	T-shirt	96.6	95.6	96.1
裤　子	Trousers	95.4	97.0	95.7
西　服	Western-style Clothes	96.7	95.8	98.2
运动衫裤	Gym Suit	100.1	97.0	98.0
内　衣	Underwaist	96.8	98.3	99.4
羽绒衣	Eider Down Outerwear	99.7	100.2	101.8
其　他	Others	98.3	99.2	98.7
(2)女式服装	Women's Garments	96.2	96.2	96.5
大　衣	Topcoat	91.6	91.0	90.2
毛线衣	Woollen Sweater	97.3	96.2	96.5
羽绒衣	Eider Down Outerwear	96.3	97.5	98.9
套　装	Coordinates	96.1	96.1	96.4
衬　衫	Shirt	98.4	97.8	98.7
T 恤衫	T-shirt	96.8	97.2	96.8
裙　子	Skirt	93.5	95.7	95.3
裤　子	Trousers	96.8	97.7	98.5
运动衫裤	Gym Suit	102.9	97.8	98.8
内　衣	Underwaist	95.5	97.4	97.9
其　他	Others	95.8	97.0	96.9
(3)儿童服装	Children's Garments	97.0	97.7	97.5
套　装	Coordinates	95.7	96.6	96.2
裤　子	Trousers	97.0	97.4	97.3
裙　子	Skirt	98.5	100.0	100.0
其　他	Others	99.2	98.0	98.4
2.衣着材料	Clothing Materials	100.4	100.6	100.9
棉　布	Cotton Cloth	101.0	102.0	101.9
棉混纺布	Cotton Textiles Cloth	100.1	100.3	100.1
化纤布	Chemical Fiber Cloth	100.5	99.7	101.1
毛　线	Knitting Wool	100.0	100.6	100.3
3.鞋袜帽	Shoes,Socks and Hats	97.4	98.6	98.8
(1)鞋	Shoes	97.1	98.6	98.7
男　鞋	Men's Shoes	97.0	98.9	98.9
女　鞋	Women's Shoes	96.9	98.4	98.7
童　鞋	Children's Shoes	98.0	98.3	98.6
(2)袜子	Socks	99.1	98.9	98.9
男　袜	Men's Socks	99.4	98.5	98.4
女　袜	Women's Socks	98.7	99.3	99.3
(3)帽子	Hats	100.6	99.1	99.9
男　帽	Men's Hats	100.5	97.8	98.9
女　帽	Women's Hats	100.6	100.0	100.4
4.衣着加工服务费	Clothing Manufact-uring Services	107.3	104.4	103.7
缝　纫	Sewing	103.2	106.2	105.3
清　洗	Washing	112.1	102.2	101.8
四、家庭设备用品及维修服务	**Household Facilities,Articles and Services**	**100.1**	**101.9**	**101.4**
1.耐用消费品	Durable Consumer Goods	99.1	101.3	100.8
(1)家　具	Furniture	99.2	101.9	101.2

continued

3 月 March	4 月 April	5 月 May	6 月 June	7 月 July	8 月 August	9 月 September	10 月 October	11月 November	12月 December
95.5	94.3	95.1	95.6	95.8	96.1	96.0	96.5	96.2	96.6
99.8	99.9	99.6	99.8	100.8	100.9	101.0	100.2	99.6	99.5
99.1	97.0	96.2	96.4	96.6	96.6	96.4	96.6	97.9	97.3
96.8	96.2	95.5	95.4	94.8	95.4	93.7	94.6	95.1	94.8
97.3	97.7	96.3	96.8	96.6	96.1	96.3	96.6	96.7	96.7
96.1	95.5	94.6	94.9	95.7	95.7	94.8	95.2	94.4	94.7
98.5	98.1	95.4	95.9	97.0	97.5	95.5	96.4	95.5	96.1
99.6	100.0	100.7	100.6	98.9	99.3	101.5	101.9	101.7	101.6
97.8	96.5	94.8	95.4	97.3	95.9	96.7	97.0	95.8	96.1
99.3	98.1	98.2	98.1	98.4	98.8	98.9	97.6	102.1	104.4
99.2	98.7	98.6	98.9	99.1	98.2	98.3	97.3	96.4	96.9
96.9	96.4	96.0	95.7	95.7	95.8	95.8	95.9	96.1	96.9
91.3	91.0	91.1	91.2	91.5	91.8	92.0	92.1	92.8	93.6
98.0	97.7	97.4	97.4	98.2	98.2	97.4	96.7	96.0	97.5
96.3	94.8	94.5	94.6	95.2	95.7	96.1	95.3	97.6	99.7
97.0	95.5	95.1	95.0	95.1	95.3	95.6	96.5	97.4	97.7
98.9	98.7	98.6	97.6	98.0	98.6	98.2	98.8	98.5	98.3
97.8	98.5	98.0	97.7	96.9	94.8	95.4	96.4	96.2	95.9
97.0	96.3	94.7	92.6	91.5	91.6	91.5	91.5	91.9	92.0
98.6	98.3	97.3	97.5	96.0	95.7	95.5	95.1	95.1	95.9
99.9	101.7	103.0	103.6	102.6	103.7	105.1	106.2	106.0	106.3
96.8	95.5	94.2	94.3	95.3	94.9	95.2	95.1	94.1	95.4
97.7	95.6	94.7	94.7	96.0	96.1	95.8	95.7	94.1	95.8
98.7	97.7	97.3	97.2	96.3	96.0	96.2	95.8	96.0	97.1
97.1	95.5	95.0	95.0	94.6	95.3	95.8	95.4	95.4	96.9
98.9	98.5	98.0	97.3	96.0	95.5	95.6	95.4	96.2	97.8
100.9	100.0	100.0	100.1	99.0	97.1	96.7	96.1	96.2	96.2
100.0	100.2	100.3	100.3	99.4	99.4	99.5	98.7	98.2	98.3
100.8	100.6	100.6	100.6	100.6	100.4	100.2	100.0	100.0	100.0
101.9	101.8	101.0	100.8	100.8	100.5	100.3	100.4	100.4	100.4
100.1	100.0	100.1	100.3	100.2	100.1	100.0	100.1	100.1	100.1
100.9	100.6	100.7	100.8	100.8	100.7	100.5	100.0	100.0	100.2
100.3	99.9	100.6	100.4	100.3	100.4	99.5	99.3	99.1	99.2
98.8	97.4	97.3	97.3	96.4	96.7	96.8	97.1	96.9	97.0
98.7	97.1	96.8	96.9	95.8	96.2	96.3	96.7	96.5	96.6
99.2	97.6	96.2	96.4	95.6	96.1	96.2	96.5	96.1	96.2
98.1	96.5	96.8	96.9	95.5	96.0	95.9	96.6	96.4	96.5
99.4	97.9	98.4	97.7	97.4	97.4	97.6	97.4	97.7	97.8
99.2	98.8	99.5	99.3	98.9	98.9	99.1	99.0	99.0	99.1
99.5	99.1	99.8	99.6	99.6	99.6	99.9	99.8	99.8	99.9
98.9	98.6	99.3	99.1	98.3	98.3	98.5	98.4	98.4	98.4
101.0	100.7	101.2	101.1	101.2	100.8	101.1	100.6	100.1	100.2
101.2	101.1	101.5	101.2	101.3	100.6	100.9	100.6	100.8	100.6
100.8	100.4	101.0	101.1	101.2	100.8	101.2	100.6	99.6	100.0
105.1	105.3	110.2	110.0	109.9	107.9	108.1	107.7	107.7	107.0
105.2	105.2	104.4	103.8	103.8	101.1	101.1	101.1	101.4	100.3
104.9	105.3	117.1	117.4	117.1	116.2	116.5	115.7	115.3	115.3
101.0	**100.8**	**100.4**	**100.2**	**99.9**	**99.4**	**99.2**	**99.0**	**98.9**	**98.8**
99.8	99.6	99.4	99.2	98.8	98.3	98.2	98.2	98.0	98.1
99.2	99.5	99.4	99.0	98.7	98.5	98.4	98.2	97.9	98.2

5-8 续表 3

商品类别及品名	Commodity Category and Commodity Name	全省 whole province	1 月 January	2 月 February
柜	Cabinet	99.1	102.6	100.9
床	Bed	99.1	102.9	102.3
桌	Desk	99.2	101.5	100.9
椅	Chair	99.2	100.8	100.1
沙　发	Sofa	99.1	101.1	101.1
其　他	Others	99.9	101.1	100.9
(2)家庭设备	Household Appliances	99.1	100.9	100.6
洗 衣 机	Washing Machine	97.9	100.9	99.9
电 风 扇	Electric Fan	100.1	104.5	104.5
电冰箱(柜)	Refrigerator	99.3	100.5	100.0
吸排油烟机	Kitchen Ventilato	101.8	102.9	102.7
空 调 器	Air-conditioning	98.7	100.5	100.4
热 水 器	Water Heater	99.7	101.3	101.1
微 波 炉	Microwave Oven	98.0	98.9	99.5
电 炊 具	Electric Cooking Appliance	98.7	99.2	99.1
2.室内装饰品	Interior Decorations	99.4	100.1	99.9
纺织装饰品	Textile Process Decorations	99.5	100.0	99.7
装饰灯具	Architectural Lamps and Lanterns	99.7	100.6	100.5
其　他	Others	98.8	99.4	99.1
3.床上用品	Bedclothes	98.6	97.9	97.9
毛　毯	Woollen Blanket	98.8	98.5	97.4
被　子	Quilt	98.4	96.6	97.2
床上套件	Bed Articcles	98.2	98.0	98.2
其　他	Others	100.0	99.5	98.8
4.家庭日用杂品	Sundry Articles	102.0	104.5	103.6
茶　具	Tea Set	98.9	101.0	99.8
餐　具	Tableware	101.1	100.8	99.7
厨　具	Kitchen Utensils	101.5	102.5	102.3
家用手工工具	Domestic Handwork Tools	99.3	101.5	99.8
洗涤用品	Washing Articles	104.2	110.1	108.8
其　他	Others	101.7	102.9	102.6
5.家庭服务及加工维修服务	Household Srvice and Manufacturing Upkeep	103.0	104.8	104.5
家庭服务	Household Srvice	103.1	103.6	102.5
加工维修服务	Manufacturing Upkeep	102.9	105.9	106.3
五、医疗保健和个人用品	**Health Care and Personal Articles**	**101.3**	**101.2**	**101.4**
1.医疗保健	Health Care	101.6	101.0	101.5
(1)医疗器具及用品	Medical Facilities and Goods	98.6	97.2	97.1
医疗器具及用品	Medical Facilities and Goods	98.6	97.2	97.1
(2)中药材及中成药	Herbs and Ready-made Traditional Chinese Medicine	101.8	100.8	101.4
中 药 材	Herbs	103.1	101.1	101.9
中 成 药	Ready- made Tr-aditional Chin-ese Medicine	100.8	100.5	100.8
(3)西药	Western Medicine	100.8	101.4	101.3
抗微生物药	Anti-microorga-nism Medicine	100.7	102.3	101.6
消化系统用药	Alimentary Sys- tem Medicine	98.1	101.0	100.4
呼吸系统用药	Respiratory System Medicine	99.8	99.8	100.3
解热镇痛及非甾体抗炎药	Allays a Fever the Analgesia and the Non-steroid Body Anti-inflammatory Agent	103.8	102.6	102.6
抗肿瘤药	Antineoplastic Drug	100.5	100.1	100.3
激素及调节内分泌功能药	Hormone and Adjustment Internal Secretion Function Medicine	101.4	102.1	102.4
循环系统用药	Circulating System Medicine	100.8	100.6	100.6
神经系统用药	Nerve System Medicine	98.6	100.3	99.6
专科用药	Junior Medicine	100.3	102.4	103.6

continued

3 月 March	4 月 April	5 月 May	6 月 June	7 月 July	8 月 August	9 月 September	10 月 October	11月 November	12月 December
98.4	99.2	99.0	98.7	98.6	98.7	98.6	98.2	97.8	98.4
99.1	99.0	99.0	99.0	98.5	98.4	98.1	97.8	97.3	97.5
99.0	99.8	99.6	99.3	98.8	98.7	98.7	98.3	97.9	98.3
99.1	98.9	99.0	98.6	98.6	98.5	98.7	99.2	99.3	99.2
99.8	100.1	99.9	99.1	98.6	98.4	98.1	97.9	97.8	98.0
100.5	100.5	100.7	100.1	100.2	98.9	99.0	99.2	98.9	99.2
100.1	99.7	99.4	99.3	98.8	98.1	98.1	98.2	98.1	98.1
99.6	98.1	98.0	97.8	97.2	96.8	96.7	96.6	96.5	96.7
103.3	101.9	100.7	100.3	98.7	97.8	97.7	97.9	97.4	97.6
99.9	99.7	99.2	99.1	99.2	98.7	98.9	98.9	98.7	98.7
102.1	102.1	102.4	103.3	102.3	101.4	101.0	101.0	100.5	100.4
99.5	99.3	99.0	98.5	98.6	97.6	97.8	97.7	97.7	97.6
101.0	100.9	100.6	100.7	99.3	98.6	98.2	98.4	98.7	98.2
99.2	98.5	97.8	97.9	97.5	97.4	97.4	97.3	97.6	97.3
98.9	99.0	98.9	98.6	98.4	97.7	97.7	99.1	98.8	99.2
99.6	99.7	99.6	99.7	99.8	98.8	98.8	98.8	99.1	99.2
99.5	99.3	99.6	99.6	99.6	99.1	99.1	99.4	99.6	99.7
100.1	100.7	100.4	100.6	100.8	98.7	98.6	98.2	98.6	98.6
99.1	99.2	98.5	98.5	98.8	98.3	98.5	98.6	98.8	98.9
99.6	98.9	98.7	98.8	98.8	98.7	98.7	98.6	98.6	98.4
99.7	99.5	99.1	98.7	98.9	99.2	99.5	99.1	98.5	98.1
99.4	98.2	97.7	98.1	97.8	99.2	98.7	98.5	99.9	99.0
99.6	98.9	98.6	98.8	98.7	97.5	97.6	97.6	97.1	97.6
99.8	99.5	99.9	100.3	100.5	100.2	100.6	100.5	100.1	100.2
103.8	103.5	102.7	102.4	101.9	101.4	100.8	100.1	99.8	99.4
100.9	100.7	100.0	99.1	98.7	98.2	98.2	97.6	96.7	95.9
100.6	100.9	101.0	102.5	101.6	101.4	100.9	102.3	101.7	99.5
102.4	102.3	101.7	101.8	101.9	101.9	100.7	100.6	100.3	100.2
99.4	99.4	99.4	99.1	99.3	99.1	98.6	98.6	98.5	98.6
108.9	107.8	105.9	104.6	103.6	102.7	101.6	99.4	99.3	99.2
102.4	102.4	102.1	102.2	101.8	101.4	101.3	100.6	100.5	100.5
103.8	103.7	102.7	102.8	102.9	102.7	102.1	102.1	102.2	101.7
102.5	103.1	102.8	102.8	103.3	103.3	103.5	103.8	103.7	102.5
105.1	104.2	102.6	102.7	102.5	102.1	100.9	100.7	100.8	101.0
101.4	**101.5**	**101.2**	**101.3**	**101.1**	**101.1**	**101.3**	**101.3**	**101.5**	**101.8**
101.6	101.9	101.8	101.8	101.5	101.4	101.6	101.6	101.6	102.0
97.6	97.6	97.3	97.7	98.8	98.5	98.4	99.7	101.1	102.6
97.6	97.6	97.3	97.7	98.8	98.5	98.4	99.7	101.1	102.6
101.2	101.3	100.9	101.9	100.8	101.1	101.7	101.9	104.2	105.0
101.7	101.3	100.6	102.4	100.8	101.6	102.6	103.6	108.7	110.4
100.7	101.1	101.0	101.4	100.8	100.6	100.9	100.4	100.4	100.4
101.0	101.7	101.7	101.2	100.9	100.6	100.4	100.3	99.3	99.6
101.4	101.8	101.8	101.4	100.8	100.8	100.2	100.5	97.6	98.4
98.4	99.0	98.8	97.8	98.0	98.0	97.9	97.7	94.6	95.9
100.5	101.1	100.1	99.4	99.5	99.4	100.2	100.0	99.0	98.7
102.1	106.1	106.5	106.0	104.0	104.1	103.3	103.3	102.0	102.5
100.5	100.7	100.6	101.5	101.4	101.5	100.8	100.1	99.7	99.0
101.1	100.7	101.0	101.9	101.8	101.3	101.2	101.5	101.0	101.1
101.3	101.4	102.4	101.3	101.8	100.6	99.9	99.6	100.3	100.5
99.6	99.1	99.1	99.0	98.1	97.6	97.6	97.1	97.8	97.8
101.8	98.9	99.4	98.2	98.6	98.5	99.4	99.2	102.3	101.3

5-8 续表 4

商品类别及品名	Commodity Category and Commodity Name	全省 whole province	1 月 January	2 月 February
其　他	Others	106.0	102.4	102.8
(4)保健器具及用品	Healthcare Equip-ment	100.6	100.0	100.2
保健器具	Health Protection Equipment	100.1	99.8	99.8
滋补保健用品	Tonic and Health Products	100.8	100.1	100.4
(5)医疗保健服务	Health Care Services	102.9	101.1	102.3
挂 号 费	Registration	100.2	100.1	100.0
注 射 费	Injection Expenses	102.4	101.3	102.9
检 查 费	Examination Expenses	101.1	101.8	100.9
手 术 费	Operation Exp-enses	106.0	101.2	103.5
住 院 费	Hospitalization Expenses	101.6	101.1	102.2
理 疗 费	Physiotherapy Expenses	104.4	100.9	104.3
化 验 费	Analysis Expenses	103.1	100.2	101.4
其　　他	Others	103.4	100.0	102.9
2.个人用品及服务	Personal Articles and Services	100.8	101.6	101.3
(1)化妆美容用品	Cosmetics	100.4	101.6	101.3
化妆美容器具	Cosmetics App-liances	100.7	101.0	101.1
美容化妆品	Facial Beautifiers	100.6	102.0	101.7
护肤品	Protects Skin Products	100.2	101.3	101.3
护发美容品	Protects Sends the Beauty Products	100.3	101.6	100.9
(2)清洁化妆用品	Cleaning Toiletw- are	101.0	102.5	102.2
洗发用品	Hairdressing Articles	100.1	100.8	100.7
洗浴用品	Bathing Articles	102.1	104.1	103.6
其　　他	Others	100.6	102.6	102.6
(3)个人饰品	Personal Decoraions	99.8	99.0	98.9
首　　饰	Ornaments	101.1	97.5	97.6
皮　　件	Leather Appliance	98.5	101.3	100.4
手　　表	Watch	100.1	101.4	100.9
领　　带	Necktie	98.2	99.2	100.6
其　　他	Others	99.0	99.9	99.5
(4)个人服务	Personal Services	101.9	103.2	102.7
美　　容	Cosmetology	100.8	101.4	100.8
理(烫)发	Haircut (perm-naent wave)	102.5	104.3	103.3
洗　　浴	Bathe	102.6	104.2	104.5
其　　他	Others	101.6	102.2	102.2
六、交通和通信	**Transportation and Communication**	**98.1**	**99.1**	**98.8**
1.交通	Transportation	99.5	100.9	100.5
(1)交通工具	Transportation Facility	100.8	102.7	102.7
摩 托 车	Motorcycle	101.7	105.6	105.1
自 行 车	Bicycle	101.9	103.9	104.5
轿　　车	Car	99.3	99.3	99.3
其　　他	Others	99.6	101.3	101.0
(2)车用燃料及零配件	Fuels and Parts	90.0	89.4	87.8
汽　　油	Gasoline	87.9	84.7	83.7
柴　　油	Diesel Oil	84.7	85.4	81.9
零 配 件	Parts	101.1	102.3	102.0
其　　他	Others	100.4	103.8	103.4
(3)车辆使用及维修费	Using and Upkeep Fare	100.0	99.8	100.0
驾 驶 证	Driving License	97.3	99.2	98.9
保 险 费	Insurance Exp-enses	98.9	97.4	98.5
停 车 费	Parking Expen-ses	101.5	102.0	101.7

continued

3 月 March	4 月 April	5 月 May	6 月 June	7 月 July	8 月 August	9 月 September	10 月 October	11月 November	12月 December
105.1	110.9	109.3	107.9	106.4	105.3	105.2	105.5	105.5	106.1
100.5	100.6	100.5	100.2	100.2	100.4	100.7	100.9	101.1	101.9
99.7	100.1	100.0	100.3	100.2	100.1	100.3	100.2	100.2	100.3
100.8	100.8	100.7	100.2	100.2	100.5	100.9	101.2	101.4	102.6
103.1	102.9	102.9	102.9	103.0	103.1	103.7	103.5	103.1	103.1
99.9	99.9	99.9	99.9	99.9	100.6	100.6	100.5	100.5	100.5
101.8	101.8	101.8	101.8	103.2	103.2	103.2	103.2	102.2	102.2
101.0	100.6	100.6	100.6	100.6	100.6	102.3	101.4	101.4	101.4
106.5	106.7	106.7	106.7	106.7	106.7	107.7	107.6	106.1	106.0
102.2	101.6	101.6	101.5	101.5	101.5	101.5	101.5	101.5	101.5
105.2	105.1	104.9	104.7	104.6	104.4	104.4	104.4	104.4	105.2
103.1	103.1	103.1	103.1	103.1	103.1	103.9	103.7	104.4	104.3
103.6	103.6	103.6	103.6	103.6	103.6	103.9	104.0	104.0	104.0
101.0	100.7	100.0	100.3	100.4	100.5	100.5	100.6	101.2	101.5
101.2	100.8	100.3	100.4	100.2	100.3	100.0	99.6	99.6	99.8
101.5	101.4	101.0	100.6	100.6	100.3	100.4	100.1	100.3	100.3
101.7	101.1	100.1	100.5	100.0	100.2	99.8	99.7	99.7	100.5
101.1	100.9	100.6	100.5	100.4	100.1	99.7	99.1	99.1	98.8
100.3	100.1	99.7	100.0	100.2	100.7	100.6	99.8	99.7	99.9
102.0	101.3	101.0	100.7	101.6	100.9	100.3	100.0	99.8	99.7
100.9	99.9	99.6	100.1	100.8	100.3	99.3	99.0	99.6	99.9
103.3	102.7	102.1	102.1	102.8	102.8	101.7	101.0	99.8	99.3
101.7	101.3	101.9	98.8	101.0	98.2	99.6	99.9	100.1	100.2
97.8	97.6	97.0	98.3	98.0	99.3	100.4	101.6	104.9	105.5
96.4	96.3	96.1	98.5	98.0	100.4	102.8	105.2	112.3	113.5
98.2	97.7	97.3	98.2	98.1	98.4	98.2	98.0	98.2	97.9
100.9	100.7	100.6	100.5	100.0	99.6	98.9	98.9	99.1	99.5
100.3	100.1	96.5	96.4	96.6	97.4	97.7	98.8	97.4	97.5
99.2	99.3	98.8	99.0	99.1	99.3	98.5	98.3	98.3	98.7
102.7	102.9	101.7	101.6	101.6	101.5	101.4	101.2	100.9	101.2
100.8	100.8	100.6	100.6	100.6	100.6	100.7	100.7	100.7	100.9
104.1	104.8	101.8	101.8	101.8	101.6	101.5	101.4	101.4	101.9
103.3	103.2	102.8	102.7	102.7	102.1	102.1	102.1	100.6	100.6
102.2	102.2	101.9	101.9	101.9	101.9	101.9	100.2	100.3	100.4
98.6	**98.6**	**98.5**	**98.0**	**97.9**	**97.5**	**97.6**	**97.4**	**97.4**	**98.3**
100.3	100.3	100.2	99.4	99.1	98.4	98.6	98.2	98.5	99.8
102.4	102.1	101.7	100.9	100.5	99.9	99.8	99.3	99.0	99.3
104.8	104.2	102.6	100.8	100.9	100.7	100.8	98.9	98.2	98.6
104.2	103.8	103.6	102.6	101.4	100.5	100.1	99.8	99.4	99.4
99.1	99.1	99.4	99.3	99.3	99.0	99.0	99.1	99.6	100.0
101.0	100.6	100.4	99.9	99.2	98.3	98.3	98.3	98.3	98.5
87.6	89.2	89.9	88.8	90.0	88.3	89.9	88.6	91.2	99.2
85.6	87.7	87.9	85.7	87.7	85.9	88.2	86.3	90.6	101.1
78.5	80.8	83.4	84.4	86.6	83.5	85.4	84.4	86.1	95.3
102.0	101.6	100.8	100.8	100.8	100.7	100.8	100.3	100.2	100.4
102.0	102.4	101.6	99.8	99.6	99.3	99.3	97.9	97.8	98.2
99.7	99.3	99.1	99.3	99.9	100.5	100.8	100.8	100.7	100.6
97.6	96.0	94.2	94.6	95.3	97.8	98.4	98.7	98.8	97.8
98.5	98.4	98.8	98.8	98.8	99.5	99.7	99.7	99.7	99.7
101.5	101.5	101.5	102.5	101.7	101.1	101.1	101.1	101.0	101.0

5-8 续表 5

商品类别及品名	Commodity Category and Commodity Name	全省 whole province	1 月 January	2 月 February
车辆修理服务费	Vehicle Upkeep Service fare	101.7	101.1	101.0
其　他	Others	100.3	100.7	100.7
(4)市区公共交通费	Incity Traffic Fare	100.4	100.2	99.9
公共汽车票	Bus Ticket	100.3	99.9	100.0
出租汽车	Taxi	100.1	100.4	100.3
其　他	Others	104.1	100.4	95.8
(5)城市间交通费	ntercity Traffic Fare	102.1	105.8	104.5
飞 机 票	Airplane Ticket	99.8	94.6	89.3
火 车 票	Train Ticket	100.2	100.3	100.2
长途汽车	Intertown Bus	102.9	109.1	107.4
其　他	Others	102.8	103.6	103.6
2.通　信	Communication	96.4	96.8	96.5
(1)通信工具	Communication Facility	87.0	88.6	87.7
固定电话机	Telephone	98.6	97.4	98.1
移动电话机	Mobile Phone	83.1	85.3	84.0
其　他	others	93.2	95.4	94.6
(2)通信服务	Communication Service	99.7	99.5	99.5
移动通信费	Mobile Comm-unication Fee	98.8	97.9	97.9
市内电话费	Incity Telephone Fee	100.0	100.0	100.0
长途电话费	Long Distance Call Fee	99.9	100.0	100.0
月租费	Month Hiring Fee	100.0	100.0	100.0
上网费	Net Play Fee	100.4	101.4	101.4
信件邮寄	Letter Post	100.0	100.0	100.0
包裹邮寄	Package Post	100.1	100.1	100.1
其　他	Others	98.3	100.0	100.0
七、娱乐教育文化用品及服务	**Recreation,Education and Culture Articles**	**100.8**	**101.8**	**101.5**
1.文娱用耐用消费品及服务	Durable Consumer Goods for Cultural and Recreational Use and Service	96.0	96.1	96.3
电 视 机	Television	93.0	94.3	94.7
激光视盘机	Laser Video Disc Machine	99.5	98.2	98.3
摄 像 机	Pickup Camera	97.1	97.9	96.8
照 相 机	Camera	95.9	97.3	97.1
家用音响	Acoustic Equipment	100.6	101.2	101.2
便携式音响	Portable Acoustics	96.2	97.5	96.4
电　脑	Computer	96.5	94.9	95.3
修理服务	Repair Service	102.3	103.6	104.0
其　他	Others	96.8	96.1	96.2
2.教育	Education	102.9	104.2	104.5
(1)教材及参考书	Teaching Materials and Reference	101.8	102.1	102.2
工 具 书	Tool Book	100.8	101.5	101.5
教　材	Teaching Material	102.2	102.4	102.5
参 考 书	Reference Book	102.3	102.7	102.8
教育软件	Educational Software	99.6	99.5	99.6
(2)学杂托幼费	Tuition and Child Care	103.1	104.6	104.9
义务教育杂费	Incidental Expe- nses of Compul-cory Education			
非义务教育学杂费	Tuition of Non- compulsory Education	100.0	100.1	100.1
技能培训学费	Skill Train Tuition	100.7	103.0	102.9
托 幼 费	Child Care	115.9	122.8	124.7
其　他	Others	99.9	98.9	98.8
3.文化娱乐类	Recreation and Culture	101.4	101.1	101.4
(1)文化娱乐用品	Culture Articles	100.8	100.4	100.7

continued

3 月 March	4 月 April	5 月 May	6 月 June	7 月 July	8 月 August	9 月 September	10 月 October	11月 November	12月 December
100.9	100.9	100.8	100.9	102.4	102.4	102.6	102.6	102.3	102.5
100.7	100.6	100.6	100.6	100.0	100.0	100.1	100.1	100.1	100.1
100.2	100.1	100.4	100.4	100.6	100.6	100.6	100.6	100.6	100.6
100.0	100.0	100.7	100.7	100.4	100.3	100.3	100.3	100.3	100.3
100.4	100.1	100.1	100.1	100.1	100.0	100.0	100.0	100.0	100.0
100.4	100.4	100.4	100.4	108.8	108.9	108.5	108.5	108.5	108.5
104.1	103.7	103.9	102.8	101.5	100.0	99.8	99.7	100.1	100.1
103.4	98.9	100.2	97.6	98.1	97.1	94.9	102.1	111.4	112.8
100.2	100.2	100.2	100.2	100.2	100.2	100.3	100.3	100.2	100.1
105.7	105.4	105.5	104.0	102.0	99.8	99.6	99.1	99.2	99.1
103.6	103.7	103.7	104.2	103.5	102.5	103.2	101.3	100.4	101.1
96.4	96.4	96.3	96.2	96.2	96.3	96.3	96.3	96.1	96.4
87.6	87.7	87.2	86.9	86.5	86.1	86.3	86.4	85.6	86.9
98.5	98.2	98.3	98.2	97.7	98.1	98.6	100.2	100.2	100.1
83.8	83.8	83.2	82.9	82.4	82.2	82.3	81.9	81.3	83.1
95.2	96.9	95.4	95.0	95.0	90.6	91.8	91.9	88.2	87.6
99.5	99.5	99.5	99.5	99.7	99.9	99.8	99.8	99.8	99.8
98.0	98.2	98.2	98.4	99.0	99.8	99.7	99.7	99.7	99.6
100.0	100.0	100.0	100.0	100.0	100.0	100.0	100.0	100.0	100.0
100.0	100.0	100.0	100.0	100.0	100.0	99.8	99.8	99.8	99.8
100.0	100.0	100.0	100.0	100.0	100.0	100.0	100.0	100.0	100.0
101.0	100.3	100.2	100.2	100.2	100.2	100.2	100.2	100.2	99.9
100.0	100.0	100.0	100.0	100.0	100.0	100.0	100.0	100.0	100.0
100.1	100.1	100.1	100.1	100.1	100.1	100.1	100.1	100.1	100.1
97.9	97.9	97.9	97.9	97.9	97.9	97.9	97.9	97.9	97.9
101.5	**101.5**	**101.4**	**101.4**	**101.5**	**101.4**	**99.4**	**99.5**	**99.5**	**99.8**
95.9	95.9	95.8	95.9	96.1	96.1	95.5	95.9	96.0	96.3
93.3	93.3	92.7	92.9	92.4	92.2	92.3	92.2	92.5	93.3
98.3	99.7	99.7	100.2	101.7	100.7	99.5	99.2	99.5	99.7
96.5	97.1	97.2	97.0	96.8	96.8	96.9	97.4	97.4	97.5
97.2	96.7	96.5	96.1	95.8	94.9	94.8	94.9	94.5	94.4
101.0	101.5	101.5	101.6	101.1	100.6	99.7	99.1	99.1	99.4
96.2	95.9	96.2	95.8	96.2	96.0	96.0	95.9	96.1	95.7
95.6	95.6	95.9	96.0	96.9	97.7	96.3	97.8	97.8	97.9
103.2	103.5	103.5	102.6	102.7	102.5	101.6	99.8	100.0	100.7
95.8	95.4	95.9	95.9	96.0	96.1	96.9	99.4	99.4	99.5
104.2	103.9	103.8	103.8	103.8	103.5	100.9	100.7	100.7	100.7
102.2	102.3	102.3	102.3	102.4	102.4	100.8	100.8	100.8	100.8
101.4	101.4	101.7	101.7	101.2	100.4	99.9	99.7	99.6	99.6
102.7	102.9	102.9	102.9	103.0	103.1	100.8	101.1	101.1	101.1
102.7	102.7	102.9	102.9	103.2	103.4	101.6	101.1	101.1	101.1
99.5	99.6	98.6	98.6	99.1	99.4	100.2	100.4	100.4	100.4
104.5	104.2	104.1	104.1	104.1	103.7	100.9	100.7	100.7	100.7
100.1	100.1	100.1	100.1	100.1	100.1	100.0	100.0	100.0	100.0
102.4	100.8	100.8	100.8	100.8	99.8	99.9	99.3	99.3	99.3
122.4	122.9	122.3	122.0	122.2	121.0	104.8	104.7	104.4	104.4
100.1	100.1	100.1	100.1	100.2	100.0	100.0	100.2	100.2	100.2
101.4	101.4	101.5	101.7	101.7	101.4	101.5	101.5	101.2	101.3
100.7	101.0	101.2	101.1	101.1	100.9	100.9	100.8	100.3	100.5

5-8 续表 6

商品类别及品名	Commodity Category and Commodity Name	全省 whole province	1 月 January	2 月 February
乐 器	Musical Instru-ment	101.1	99.8	100.7
音响光盘和磁带	Audio,Disk and Tape	100.7	100.7	101.1
照相胶卷和存储卡	Roll Film and M-emorizing Card	98.1	98.1	98.0
录像磁带和视盘	Video Tape and Disk	100.1	99.8	99.8
儿童玩具	Children's Toy	101.3	100.0	100.7
纸张本册	Paper and Volume	101.8	102.2	102.2
文 具	Stationery	100.9	101.2	101.3
体育用品	Sports Goods	101.7	101.3	101.4
其 他	Others	100.9	100.4	100.7
(2)书报杂志	Books,Newspapers,Magazines	103.1	103.0	103.2
书 籍	Books	100.1	100.0	100.0
报 纸	Newspapers	104.2	105.3	105.4
杂 志	Magazines	107.0	105.2	105.9
(3)文娱费	Expenditure of Culture and Rec- reation	100.8	100.2	100.6
电 影 票	Film Ticket	101.4	99.6	100.7
景点门票	Scene Spot ticket	100.7	101.6	102.0
有线电视	Cable Television	100.7	100.2	100.2
健身活动	Exercise	101.2	99.4	100.4
其 他	Others	99.8	99.9	99.9
4.旅 游	Tourism	97.5	100.4	94.4
旅行社收费	Travel Agency Charge	96.2	100.1	91.5
宾馆住宿	Guesthouse Stay	100.2	100.5	100.0
其他住宿	Other Stay	99.3	101.7	101.6
八、居 住	**Residence**	**98.8**	**102.8**	**102.2**
1.建房及装修材料	Building and Building Decoration Materials	99.3	105.4	104.3
木 材	Wood	98.8	101.3	100.7
木 地 板	Wood Floor	97.3	101.6	99.5
砖	Brick	102.4	110.8	111.3
水 泥	Cement	98.0	113.0	109.7
涂 料	Coating Material	99.0	103.0	101.7
胶 合 板	Plywood	98.7	103.3	101.9
玻 璃	Glass	96.5	100.4	97.0
粘 胶	Rayon	99.4	101.7	101.9
油 漆	Paint	98.7	102.1	101.7
其 他	Others	101.2	104.4	104.4
2.租房	Renting	100.7	101.3	101.8
公房房租	Public House Rent	101.6	100.3	101.9
私房房租	Private House Rent	100.2	101.7	101.9
其他费用	Other Fare	100.8	101.3	101.3
3.自有住房	Private Housing	95.4	96.9	96.3
房屋贷款利率	Houses Loans Int-erest Rate	82.7	81.4	81.1
物业管理费用	Property Manage-ment Fee	101.1	101.7	101.4
维护修理费用	Upkeep and Repair Fee	100.3	105.4	104.2
其 他	Others	108.5	109.8	109.9
4.水、电、燃料	Water,Electricity and Fuels	98.9	102.3	101.9
水	Water	100.7	100.5	100.5
电	Electricity	99.9	100.0	100.0
液化石油气	Liquefiled Petrol-eum Gas	80.2	81.7	79.6
管道燃气	Pipelined Gas	99.8	100.1	100.1
其他燃料	Other Fuels	105.8	123.7	122.5

continued

3 月 March	4 月 April	5 月 May	6 月 June	7 月 July	8 月 August	9 月 September	10 月 October	11月 November	12月 December
100.7	101.0	101.1	102.1	101.9	101.4	101.3	101.3	101.1	101.2
100.9	100.7	100.7	100.7	100.8	100.6	100.7	100.6	100.4	100.1
98.0	98.0	97.8	97.7	97.7	97.4	97.8	98.5	99.3	99.6
99.9	100.0	100.0	100.1	100.9	100.6	100.7	100.2	99.8	99.8
100.9	102.1	102.1	101.7	102.0	102.0	101.7	101.3	99.9	101.0
102.3	102.4	102.6	102.3	102.2	101.6	101.8	101.6	100.5	100.5
101.2	101.3	101.5	101.1	101.1	100.9	100.8	100.6	100.1	100.2
100.9	101.8	102.8	102.3	101.9	101.7	102.0	101.8	101.4	101.3
100.3	100.5	101.2	101.2	101.2	101.3	101.3	101.2	100.6	100.7
103.2	103.2	103.8	103.8	103.1	103.1	102.9	102.8	102.5	102.5
100.0	100.0	100.1	100.2	100.1	100.2	100.2	100.2	100.2	100.2
105.6	105.6	105.6	105.6	103.5	103.5	103.5	102.9	102.0	102.0
105.9	105.8	108.1	108.1	108.1	108.1	107.2	107.2	107.2	107.2
100.6	100.3	100.0	100.7	101.1	100.6	101.0	101.4	101.4	101.4
100.8	100.7	97.1	101.8	102.3	99.5	102.9	103.9	103.5	104.0
102.0	100.3	100.2	100.2	99.9	100.0	100.0	100.5	101.0	101.0
100.2	100.2	101.0	101.0	101.0	101.0	100.8	100.8	100.8	100.8
100.4	100.4	100.4	100.4	102.3	102.3	101.6	102.6	102.4	101.6
99.9	99.7	99.7	99.7	99.7	99.7	99.7	100.0	100.0	100.0
96.7	98.7	97.5	97.3	98.4	99.3	95.6	95.8	96.7	99.1
95.3	97.5	96.6	96.8	97.7	97.0	94.0	94.0	95.4	99.4
98.8	101.8	99.7	98.6	100.5	104.7	99.1	99.5	99.6	99.5
100.2	99.6	98.0	97.5	98.2	102.0	98.4	99.3	98.7	96.9
101.2	**100.1**	**98.6**	**96.6**	**96.1**	**96.4**	**96.6**	**97.4**	**98.4**	**100.0**
102.7	101.8	99.9	96.5	95.9	96.0	96.4	97.2	97.9	98.7
100.1	99.2	98.5	97.7	97.6	97.6	97.7	97.8	97.9	99.6
98.6	98.3	96.4	95.9	95.4	95.4	95.6	96.7	97.4	97.3
108.1	106.3	103.3	100.1	98.2	97.7	97.6	97.9	99.5	100.2
106.9	104.9	100.2	89.0	89.2	91.0	93.1	95.1	95.6	95.2
101.2	100.6	99.7	97.9	97.5	97.2	96.8	97.3	97.6	98.0
99.8	99.0	98.9	98.0	97.8	97.2	96.7	97.4	97.2	97.5
96.2	97.1	96.4	94.4	93.1	94.3	94.9	96.1	97.8	101.0
101.7	100.9	100.5	98.1	97.7	97.4	96.9	97.6	97.9	100.4
101.0	100.8	100.2	97.9	97.0	96.5	95.9	96.4	97.1	98.5
103.3	103.2	100.7	98.3	98.1	98.1	99.8	101.5	101.5	101.6
101.7	102.2	101.2	100.5	100.3	99.8	99.8	99.9	99.7	99.8
101.9	101.9	101.8	101.6	101.6	101.6	101.6	101.6	101.6	101.6
101.7	102.6	100.9	99.8	99.5	98.7	98.7	99.1	98.9	98.9
101.3	101.3	101.3	100.9	100.9	100.5	100.5	100.5	100.1	100.2
95.8	95.3	94.9	94.4	94.1	93.9	94.2	94.8	95.8	98.1
81.1	81.1	81.1	80.7	80.7	80.7	81.6	83.1	86.8	95.0
101.4	101.2	101.2	101.6	101.3	101.3	100.7	100.7	100.7	100.4
103.1	101.6	100.5	99.3	98.7	97.9	98.2	98.4	98.6	98.5
110.0	110.4	110.4	109.5	109.5	110.0	110.0	110.2	103.4	100.0
101.1	99.5	98.1	96.6	96.2	96.8	97.0	97.7	99.1	101.4
100.5	100.9	100.9	101.0	100.9	100.8	100.6	100.6	100.6	100.4
100.0	99.9	99.9	99.9	99.9	99.9	99.9	99.9	99.9	99.9
76.6	75.3	70.7	68.7	68.4	73.6	79.8	86.5	98.3	110.8
100.0	100.0	100.0	100.0	99.6	99.6	99.6	99.6	99.6	99.6
120.3	112.2	107.7	101.8	100.3	99.8	97.4	96.9	96.9	101.1

5-9 城市居民消费价格指数(2009年)

商品类别及品名	Commodity Categoryand Commodity Name	全年 Annural	1月 January	2月 February
居民消费价格总指数	**General Consumer Price Index**	**99.9**	**100.8**	**99.6**
非食品价格指数	**No-food**	**99.2**	**99.9**	**99.8**
服务项目价格指数	**Services**	**100.5**	**100.7**	**100.4**
工业品价格指数	**Industrial Products**	**98.6**	**99.5**	**99.5**
扣除食品和能源价格指数	**Deducting Foods and Energy**	**99.3**	**100.0**	**99.9**
扣除鲜菜鲜果总指数	**Deducting Fresh,Vegetables and Fruits**	**99.2**	**100.6**	**99.9**
消费品价格指数	**Consumer Goods**	**99.8**	**100.8**	**99.4**
一、食　品	**Food**	**101.7**	**102.8**	**99.4**
1.粮　食	Grain	103.5	100.8	101.6
大　米	Rice	103.4	94.5	95.7
面　粉	Flour	106.4	100.9	102.3
粮食制品	Grain Products	101.9	102.7	103.4
其　他	Others	102.3	108.3	106.5
2.淀　粉	Starches	105.5	106.6	105.3
淀　粉	Starches	105.5	106.6	105.3
3.干豆类及豆制品	Beans and Beans Products	96.8	109.2	104.7
干　豆	Beans	91.2	93.7	92.0
豆制品	Beans Products	98.5	114.6	109.0
4.油　脂	Oil and Fat	87.7	92.6	89.0
食用植物油	Edible Vegetable Oil	88.7	93.5	90.2
植物油制品	Plant Oil Products	84.0	90.8	85.5
其　他	Others	79.0	79.4	75.2
5.肉禽及其制品	Meal,Poultry and Their Products	91.0	95.9	91.8
(1)食用畜肉及副产品	Edible Livestock Meat and Their By-products	85.7	90.7	86.5
猪　肉	Pork	78.4	84.0	79.4
牛　肉	Beef	101.5	106.1	100.3
羊　肉	Mutton	102.4	105.3	102.7
畜肉副产品	Livestock Meat By-products	89.9	98.0	95.7
其　他	Others	98.2	100.0	99.0
(2)禽	Poultry	98.6	101.5	94.9
鸡	Chicken	98.1	100.7	93.0
鸭	Duck	100.4	103.7	101.2
其　他	Others	101.4	105.9	104.4
(3)加工肉禽	Meal and Poultry Processing Products	99.4	106.4	103.8
畜肉制品	Livestock Meat Products	98.5	106.7	104.0
禽制品	Poultry Products	101.6	105.5	103.2
6.蛋	Eggs	100.4	99.7	97.6
鲜　蛋	Fresh Eggs	100.4	99.4	97.4
蛋制品	Egg Products	99.8	101.9	99.4
7.水产品	Aquatic Product	103.3	108.3	104.4
(1)鱼	Fish	101.7	107.9	103.2
淡水鱼	Freshwater Fish	97.2	105.7	99.9
海水鱼	Seawater Fish	105.7	109.5	105.8
(2)其他水产品	Other Aquatic Product	105.1	108.5	105.3
虾蟹类	Shrimp and Crab	106.7	108.7	105.5
其　他	Others	100.9	107.7	104.2
8.菜	Vegetable	116.5	106.3	93.1
鲜　菜	Fresh Vegetable	118.8	107.2	92.3
干菜及菜制品	Dried Vegetable and Vegetable Products	96.9	97.8	98.0
薯　类	Potato	106.8	96.5	103.8

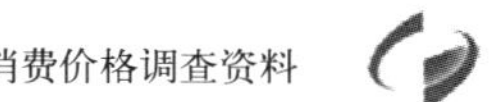

Urban Consumer Price Indices(2009)

(以上年同期价格为100　preceding year=100)

3 月 March	4 月 April	5 月 May	6 月 June	7 月 July	8 月 August	9 月 September	10 月 October	11月 November	12月 December
99.6	**99.5**	**99.7**	**99.5**	**99.3**	**99.4**	**99.7**	**99.7**	**100.6**	**102.0**
99.7	**99.4**	**99.1**	**98.9**	**98.7**	**98.7**	**98.5**	**98.7**	**99.0**	**99.5**
100.8	**100.7**	**100.5**	**100.5**	**100.5**	**100.4**	**100.1**	**100.1**	**100.3**	**100.7**
99.2	**98.9**	**98.5**	**98.2**	**97.9**	**97.9**	**97.9**	**98.0**	**98.4**	**99.0**
99.9	**99.7**	**99.3**	**99.2**	**99.1**	**99.0**	**98.8**	**98.9**	**99.0**	**99.4**
99.5	**99.0**	**98.5**	**98.3**	**98.3**	**98.4**	**98.5**	**99.0**	**99.6**	**100.3**
99.3	**99.2**	**99.5**	**99.2**	**99.0**	**99.1**	**99.6**	**99.6**	**100.6**	**102.3**
99.6	**99.9**	**101.2**	**100.9**	**100.7**	**100.9**	**102.2**	**102.1**	**104.1**	**107.5**
102.0	101.6	102.1	102.5	102.5	102.5	103.7	105.2	107.6	110.2
97.4	98.0	98.5	100.8	101.4	103.5	106.6	109.4	114.7	121.5
104.3	104.9	105.9	106.2	106.5	106.1	107.7	109.0	110.8	111.8
102.9	102.0	102.4	101.9	101.7	100.7	100.5	101.1	101.8	102.3
103.7	100.0	99.0	98.6	97.8	97.0	98.2	101.9	105.8	111.3
105.2	104.9	104.9	104.0	104.5	104.0	104.8	107.5	107.1	107.6
105.2	104.9	104.9	104.0	104.5	104.0	104.8	107.5	107.1	107.6
98.5	94.8	94.4	93.5	92.5	91.9	92.1	94.1	97.7	100.8
86.9	83.6	84.7	84.9	84.8	85.6	88.0	95.0	105.6	114.9
102.4	98.6	97.7	96.3	95.0	93.8	93.3	93.6	95.1	96.3
85.7	84.0	84.2	84.7	84.7	85.8	85.1	86.3	91.9	100.4
87.0	85.9	86.1	86.4	86.2	87.3	86.0	87.2	92.8	97.3
82.2	77.5	77.3	78.7	79.0	78.0	78.8	79.9	85.6	118.8
69.6	67.4	67.7	69.8	73.9	81.5	88.7	93.6	96.5	100.0
88.2	85.1	83.1	84.2	86.8	90.0	93.1	96.3	99.4	100.0
81.0	76.6	74.2	75.8	80.1	84.9	90.2	95.1	99.4	99.6
71.5	65.6	62.5	64.7	71.0	78.6	86.0	92.5	99.1	98.8
101.8	101.0	100.5	101.3	100.5	100.2	101.0	101.3	101.9	102.1
103.3	102.5	101.8	101.8	101.7	101.1	101.0	102.0	102.8	103.4
90.5	86.7	83.9	82.9	84.6	85.5	88.2	92.9	94.9	96.1
97.8	95.8	92.7	94.7	95.3	96.2	98.0	102.0	103.2	103.9
96.4	96.0	95.9	98.1	98.3	99.6	98.6	99.2	101.1	104.8
95.1	94.5	95.1	97.6	97.9	99.7	98.4	99.1	101.0	105.8
101.2	101.9	100.7	100.7	99.0	99.4	98.5	99.3	98.6	100.6
102.5	102.5	98.4	99.6	99.9	99.4	99.7	100.2	103.5	101.7
102.1	100.2	97.8	97.1	97.2	97.2	97.1	97.4	98.3	98.8
101.6	99.5	96.3	95.4	95.5	95.5	95.8	96.5	97.3	98.1
103.3	102.0	101.3	101.3	101.2	101.0	100.1	99.7	100.5	100.4
101.3	104.2	101.4	98.5	97.6	100.1	98.4	100.4	101.6	104.5
101.6	104.6	101.5	98.4	97.4	100.0	98.3	100.3	101.7	104.9
99.0	99.7	99.3	99.0	99.3	100.1	99.4	100.3	100.3	100.3
105.1	105.0	103.6	102.6	100.8	100.5	99.0	102.3	104.0	104.4
104.8	103.7	99.4	98.7	97.7	97.7	99.2	101.4	103.2	105.2
102.4	100.3	93.8	90.9	90.6	91.3	95.9	98.2	100.2	101.8
106.6	106.6	104.9	106.8	104.9	103.8	102.3	104.2	105.6	107.9
105.0	106.2	108.1	107.2	104.7	104.3	99.2	103.6	105.1	103.5
104.9	106.5	110.1	109.4	107.2	107.0	99.7	105.8	108.3	106.7
104.6	104.7	102.6	101.2	98.3	98.2	97.7	98.1	97.9	96.2
100.0	113.6	123.2	121.7	118.3	119.1	128.3	116.4	131.9	151.8
99.7	115.3	127.0	126.1	121.8	122.9	133.4	119.2	136.8	158.4
96.6	95.6	95.0	96.6	96.5	95.8	95.9	95.9	97.7	101.4
112.9	110.3	110.1	107.7	105.4	96.9	99.3	105.8	112.2	124.0

5-9 续表 1

商品类别及品名	Commodity Categoryand Commodity Name	全年 Annural	1 月 January	2 月 February
9.调味品	Flavoring	102.4	103.3	103.1
盐	Salt	99.5	99.8	99.5
酱 油	Soy Sauce	104.0	107.1	105.7
醋	Vinegar	104.7	104.2	103.9
味 精	Aginomoto	102.7	101.8	102.7
其 他	Others	100.5	101.7	102.4
10.糖	Carbohydrate	102.6	104.0	103.8
食 糖	Sugar	99.7	99.8	99.0
糖 果	Sweet	104.4	107.0	106.8
巧克力制品	Chocolate Products	103.4	104.4	104.7
糖类小食品	Little Carbohydr-ate Food	103.0	104.7	104.5
11.茶及饮料	Tea and Beverages	100.8	102.0	101.6
(1)茶 叶	Tea	99.5	100.2	100.0
茶 叶	Tea	99.5	100.2	100.0
(2)饮 料	Beverages	101.7	103.2	102.8
固体饮料	Solid Beverages	102.2	104.8	103.2
液体饮料	Liquid Beverages	101.6	103.2	103.3
冷冻饮品	Frozen Beverages	101.2	101.6	101.4
12.干鲜瓜果	Dried and Fresh Melons and Fruits	107.1	99.5	99.3
鲜 瓜 果	Fresh Fruits	107.9	97.4	97.9
干(坚)果	Dried Fruits	104.3	106.9	103.5
13.糕点饼干	Cake,Biscuit and Bread	102.8	106.0	105.1
糕 点	Cake	102.0	104.0	103.6
饼 干	Biscuit	101.4	104.3	101.9
面 包	Bread	105.9	111.6	111.4
14.液体乳及乳制品	Liquid Milk and Their Products	100.4	106.3	102.4
巴氏杀菌奶或消毒奶	Pasteurization Milk or Disinfection Milk	99.5	106.1	101.5
酸 奶	Leben	99.9	103.3	100.4
奶 粉	Milk Powder	106.1	111.8	109.8
其 他	Others	101.4	107.9	104.7
15.在外用膳食品	Outward Dinner	101.9	106.9	105.8
主 食	Staple Food	101.6	105.9	104.6
炒 菜	Hot Dish	101.6	106.6	105.3
地方小吃	Local Snack	103.3	109.1	109.0
16.其他食品	Other Foods	102.6	104.8	104.5
其他食品	Other Foods	102.6	104.8	104.5
二、烟酒及用品	**Tobacco,Liquor and Their Appliances**	**102.5**	**103.3**	**102.9**
1.烟草	Tobacco	100.0	100.0	100.0
国产卷烟	Domestic Cigarette	100.3	100.3	100.3
进口卷烟	Import Cigarette	98.6	98.2	98.0
其 他	Others	99.8	101.1	101.1
2.酒	Liquor	104.6	106.3	105.7
白 酒	White Spirit	106.0	107.7	106.7
葡 萄 酒	Grape	99.6	100.9	100.0
啤 酒	Beer	103.7	105.4	105.3
其 他	Others	102.6	103.0	102.8
3.吸烟、饮酒用品	Appliances for Sm- oking and Drinking	100.0	99.9	99.4
吸烟用品	Appliances for Smoking	99.8	100.0	99.3
饮酒用品	Appliances for Drinking	100.1	99.8	99.5
三、衣 着	**Clothing**	**97.6**	**97.8**	**98.3**
1.服 装	Garments	97.1	96.9	97.6
(1)男式服装	Men's Garments	97.6	97.5	98.3

continued

(以上年同期价格为100 preceding year=100)									
3 月 March	4 月 April	5 月 May	6 月 June	7 月 July	8 月 August	9 月 September	10 月 October	11月 November	12月 December
102.9	102.5	102.1	101.8	102.4	102.0	101.9	101.9	102.4	102.8
99.6	99.5	99.7	99.8	99.5	99.3	99.3	99.5	99.6	99.3
106.0	104.3	103.4	102.9	103.8	102.4	102.6	102.7	103.5	103.4
103.9	103.9	104.3	105.1	106.3	105.0	104.6	104.8	105.2	104.6
102.3	102.2	101.0	99.8	100.2	102.8	104.1	104.6	105.0	105.8
100.9	101.8	101.2	100.0	100.5	100.0	99.0	98.1	98.5	101.7
103.2	103.2	102.8	102.6	102.6	102.4	102.3	102.1	101.4	101.0
98.9	98.9	98.8	99.4	99.9	99.2	99.4	100.6	101.2	101.1
105.9	105.8	104.7	104.5	104.0	104.0	104.0	103.9	101.2	100.8
103.8	103.6	104.4	103.3	103.7	104.0	103.3	101.7	102.4	101.9
104.6	104.4	103.6	103.6	103.3	102.9	102.3	101.1	100.9	99.9
101.6	101.4	101.2	100.7	100.0	100.1	100.1	100.0	100.4	100.4
99.6	99.4	99.5	98.4	98.5	98.8	99.1	99.5	100.4	100.9
99.6	99.4	99.5	98.4	98.5	98.8	99.1	99.5	100.4	100.9
103.0	102.7	102.3	102.3	101.0	101.0	100.7	100.4	100.4	100.1
103.1	102.8	102.6	102.6	102.1	102.8	101.4	100.6	100.5	100.1
103.3	102.6	102.4	102.6	101.2	101.0	100.7	100.0	99.8	99.5
102.3	103.0	101.8	101.5	99.5	99.4	100.3	100.9	101.6	101.2
101.3	98.4	115.2	119.7	118.6	110.7	110.9	108.6	102.5	105.8
100.7	97.0	118.1	124.8	123.7	113.4	113.4	110.4	101.7	105.0
102.5	102.8	103.2	103.3	103.6	103.6	104.3	104.2	105.4	108.4
104.9	104.1	102.9	102.1	102.0	101.7	101.5	101.4	101.5	101.1
103.9	103.3	102.1	101.6	101.3	101.0	100.9	100.4	101.3	100.9
101.7	101.2	100.8	101.2	101.2	100.9	100.8	101.3	101.0	100.3
110.4	108.8	106.6	103.9	103.9	103.6	103.4	103.4	102.3	102.2
101.1	99.3	99.5	99.2	99.1	99.6	99.2	99.9	99.8	100.3
99.6	98.2	98.5	97.9	97.7	98.5	98.3	99.6	99.4	99.4
99.9	97.8	99.4	99.7	99.7	99.6	99.6	99.7	99.7	100.2
110.9	105.7	103.7	104.1	104.8	105.4	104.0	103.3	103.9	106.8
103.5	102.7	102.3	101.9	101.1	99.9	99.3	98.0	98.0	98.3
103.7	103.2	101.5	101.4	100.6	100.1	100.0	100.1	100.2	100.5
103.1	102.9	101.7	101.2	100.6	99.8	99.6	99.9	100.1	100.3
103.0	102.7	101.1	101.1	100.2	100.0	100.0	100.0	100.1	100.3
106.9	105.1	102.3	102.4	101.9	101.1	100.6	100.4	100.7	101.3
104.7	103.3	103.1	102.7	101.8	101.6	100.7	101.5	101.0	101.9
104.7	103.3	103.1	102.7	101.8	101.6	100.7	101.5	101.0	101.9
102.5	**102.3**	**102.2**	**102.3**	**102.6**	**102.6**	**102.3**	**102.1**	**102.2**	**102.4**
100.0	99.9	99.8	99.9	100.2	100.1	100.1	100.1	100.0	99.9
100.3	100.2	100.1	100.2	100.4	100.4	100.4	100.3	100.3	100.2
98.0	97.9	98.0	98.6	99.1	99.1	99.4	99.4	98.6	98.7
101.1	100.6	100.2	100.5	100.1	99.1	98.4	98.4	98.4	98.4
104.7	104.3	104.2	104.3	104.7	104.7	104.2	103.9	104.1	104.6
106.2	106.2	105.7	105.5	105.9	105.8	105.4	105.4	105.3	106.2
99.3	99.4	99.0	99.1	98.8	99.2	99.6	99.6	99.8	100.1
103.6	102.3	102.9	103.5	104.2	104.4	103.6	102.8	103.3	102.9
103.3	103.3	102.7	102.8	102.7	101.0	100.6	101.2	101.3	106.5
99.9	100.1	100.0	99.9	100.2	100.1	100.1	100.0	100.0	99.9
99.5	99.9	99.8	99.9	100.1	99.9	100.0	99.8	99.8	99.8
100.3	100.2	100.2	99.8	100.2	100.3	100.2	100.2	100.2	100.1
98.2	**97.7**	**97.2**	**97.3**	**97.1**	**97.3**	**97.2**	**97.4**	**97.4**	**98.1**
97.8	97.4	96.7	96.6	96.8	96.9	96.8	96.9	97.0	97.9
98.4	97.9	96.9	97.2	97.6	97.7	97.3	97.5	97.5	98.0

5-9 续表 2

商品类别及品名	Commodity Categoryand Commodity Name	全年 Annural	1 月 January	2 月 February
大　衣	Topcoat	96.1	95.1	95.8
毛线衣	Woollen Sweater	101.7	99.9	100.2
夹克衫	Jacket	98.6	99.1	100.1
衬　衫	Shirt	96.5	98.9	99.0
T 恤衫	T-shirt	95.4	94.5	95.2
裤　子	Trousers	94.7	96.5	95.0
西　服	Western-style Clothes	96.3	94.7	97.6
运动衫裤	Gym Suit	100.5	98.1	98.6
内　衣	Underwaist	97.0	98.1	100.0
羽绒衣	Eider Down Outerwear	100.1	101.0	102.8
其　他	Others	98.6	99.2	98.7
(2)女式服装	Women's Garments	96.8	96.4	97.2
大　衣	Topcoat	91.8	90.2	90.3
毛线衣	Woollen Sweater	97.2	96.1	96.2
羽绒衣	Eider Down Outerwear	98.2	99.3	101.1
套　装	Coordinates	98.1	98.1	99.2
衬　衫	Shirt	98.1	97.2	98.2
T 恤衫	T- Shirt	96.6	97.3	97.3
裙　子	Skirt	96.2	96.9	98.3
裤　子	Trousers	97.2	97.7	98.9
运动衫裤	Gym Suit	101.4	98.1	98.5
内　衣	Underwaist	96.2	96.8	98.7
其　他	Others	96.6	96.5	96.8
(3)儿童服装	Children's Garments	96.3	96.7	96.3
套　装	Coordinates	94.0	93.4	92.7
裤　子	Trousers	95.8	96.4	96.1
裙　子	Skirt	99.6	101.4	101.4
其　他	Others	100.0	99.1	98.9
2.衣着材料	Clothing Materials	100.1	100.7	100.6
棉　布	Cotton Cloth	101.1	101.3	101.2
棉混纺布	Cotton Textiles Cloth	100.1	100.6	100.2
化纤布	Chemical Fiber Cloth	99.3	100.5	100.3
毛　线	Knitting Wool	100.2	100.6	100.7
3.鞋袜帽	Shoes,Socks and Hats	97.9	99.9	99.7
(1)鞋	Shoes	97.5	99.6	99.4
男　鞋	Men's Shoes	97.9	101.0	100.5
女　鞋	Women's Shoes	96.7	99.1	98.8
童　鞋	Children's Shoes	99.0	97.6	98.3
(2)袜子	Socks	100.5	101.5	101.4
男　袜	Men's Socks	99.8	100.5	100.2
女　袜	Women's Socks	101.2	102.4	102.4
(3)帽子	Hats	101.5	101.4	101.8
男　帽	Men's Hats	101.5	102.1	102.0
女　帽	Women's Hats	101.5	101.0	101.8
4.衣着加工服务费	Clothing Manufact-uring Services	107.4	101.9	100.9
缝　纫	Sewing	100.5	102.5	100.9
清　洗	Washing	113.6	101.3	100.8
四、家庭设备用品及维修服务	**Household Facilities,Articles and Services**	**100.3**	**102.0**	**101.8**
1.耐用消费品	Durable Consumer Goods	99.3	100.9	100.8
(1)家　具	Furniture	99.7	100.9	101.0

continued

(以上年同期价格为100 preceding year=100)

3 月 March	4 月 April	5 月 May	6 月 June	7 月 July	8 月 August	9 月 September	10 月 October	11月 November	12月 December
96.4	95.7	95.8	96.0	95.8	96.2	96.2	96.7	96.4	96.9
101.6	102.5	101.4	101.6	103.0	103.1	103.3	102.1	101.1	100.9
100.8	98.6	97.5	97.8	98.1	97.8	97.6	97.8	99.5	98.7
98.2	98.1	96.8	96.6	95.4	96.0	93.7	94.9	95.7	95.3
96.7	96.6	94.7	95.4	95.3	94.8	95.0	95.6	95.8	95.7
95.4	94.8	93.9	94.6	94.9	95.4	94.2	94.5	93.6	94.0
97.9	97.5	95.0	95.6	97.2	97.9	95.2	96.3	95.2	96.1
99.7	100.0	101.1	101.1	99.1	99.6	102.1	102.6	102.3	102.2
98.1	96.8	94.7	95.4	97.9	96.1	97.2	97.5	95.9	96.4
99.5	98.2	98.2	98.0	98.5	99.0	99.1	97.5	103.1	106.1
99.7	99.4	99.2	99.5	99.8	98.6	98.7	97.4	96.4	97.0
97.5	97.2	96.6	96.2	96.3	96.5	96.5	96.7	96.8	97.8
91.4	91.3	91.3	91.3	91.7	92.1	92.4	92.5	93.3	94.1
97.9	98.2	97.4	97.3	98.3	98.3	97.4	96.6	95.6	97.5
97.4	96.2	95.8	95.8	96.8	97.6	98.1	96.9	100.1	102.9
98.4	97.3	96.8	96.7	96.8	97.1	97.5	98.8	100.2	100.7
98.5	98.5	98.2	97.1	97.7	98.4	98.0	98.7	98.3	98.1
97.6	98.3	97.8	97.6	96.5	94.1	94.8	96.2	95.9	95.5
99.3	98.8	98.1	95.2	94.1	94.6	94.4	94.5	95.0	95.1
99.6	99.2	97.8	98.0	96.4	96.1	95.8	95.3	95.3	96.5
99.5	100.4	100.6	101.5	100.2	101.5	103.1	104.7	104.2	104.8
96.8	95.9	94.3	94.5	96.8	96.0	96.5	96.3	95.0	96.8
98.1	96.7	95.6	95.6	97.4	97.1	96.9	96.6	94.6	96.8
97.1	96.9	96.9	96.6	96.0	95.6	95.8	95.0	95.6	97.5
93.5	93.4	94.0	94.1	93.4	93.6	94.6	93.9	93.9	97.1
97.3	97.3	96.5	95.3	94.5	94.1	94.3	93.8	95.7	98.1
101.4	100.8	100.7	100.7	100.5	98.9	98.0	97.1	97.3	97.3
100.2	100.8	101.1	101.0	101.0	101.0	101.2	99.4	98.1	98.3
100.3	100.0	100.0	100.3	100.3	100.0	99.7	99.7	99.6	99.8
101.2	101.2	101.3	101.4	101.4	100.9	100.7	101.0	100.9	100.8
100.0	99.8	100.0	100.4	100.2	99.9	100.0	100.1	100.0	100.1
99.9	99.3	99.1	99.2	99.3	99.0	98.7	98.7	98.8	98.9
100.6	99.9	99.9	100.8	100.7	100.8	100.0	99.5	99.2	99.7
98.9	97.9	97.6	97.8	96.6	97.2	97.2	97.7	97.5	97.6
98.5	97.4	97.0	97.2	95.9	96.6	96.6	97.2	97.0	97.1
99.9	98.5	96.7	97.3	96.1	96.9	97.0	97.5	96.9	97.1
97.3	96.1	96.5	96.8	95.0	95.8	95.5	96.5	96.2	96.4
99.3	99.0	99.5	98.5	98.6	98.9	99.7	99.2	99.9	99.8
101.0	100.4	100.9	100.6	100.0	100.0	100.3	100.1	100.1	100.2
99.9	99.3	99.8	99.5	99.6	99.6	100.0	99.9	99.9	100.0
101.9	101.4	101.9	101.5	100.4	100.3	100.6	100.3	100.3	100.3
101.7	101.4	102.1	101.9	102.1	101.5	101.9	101.1	100.4	100.6
101.8	101.6	102.2	101.6	101.9	100.9	101.4	100.8	101.1	100.8
101.7	101.2	102.0	102.0	102.2	101.8	102.2	101.3	100.0	100.5
102.8	102.9	110.2	110.4	110.4	110.1	110.3	109.7	109.7	109.7
100.7	100.8	100.4	100.4	100.4	99.9	100.0	99.9	99.9	99.9
104.6	104.8	119.0	119.4	119.3	119.1	119.6	118.4	118.3	118.3
101.6	**101.2**	**100.6**	**100.4**	**100.0**	**99.6**	**99.5**	**99.2**	**99.1**	**99.0**
100.6	100.0	99.7	99.5	98.9	98.3	98.4	98.3	98.3	98.2
101.0	100.2	100.0	99.9	99.4	99.1	98.9	98.9	98.8	98.8

5–9 续表 3

商品类别及品名	Commodity Categoryand Commodity Name	全年 Annural	1 月 January	2 月 February
柜	Cabinet	99.6	101.7	100.4
床	Bed	99.2	100.7	100.9
桌	Desk	99.0	100.0	100.0
椅	Chair	99.3	99.1	99.6
沙 发	Sofa	100.4	101.2	102.5
其 他	Others	101.7	102.5	102.5
(2)家庭设备	Household Appliances	99.1	100.9	100.7
洗 衣 机	Washing Machine	98.7	100.9	100.8
电 风 扇	Electric Fan	98.8	101.8	101.8
电冰箱(柜)	Refrigerator	99.1	100.8	100.3
吸排油烟机	Kitchen Ventilato	101.7	104.6	104.0
空 调 器	Air-conditioning	98.5	100.3	100.1
热 水 器	Water Heater	100.1	101.8	101.5
微 波 炉	Microwave Oven	97.0	97.8	98.5
电 炊 具	Electric Cooking Appliance	99.8	100.5	100.6
2.室内装饰品	Interior Decorations	99.6	100.0	100.1
纺织装饰品	Textile Process Decorations	99.9	100.0	100.4
装饰灯具	Architectural Lamps and Lanterns	99.9	100.5	100.3
其 他	Others	98.5	99.2	98.9
3.床上用品	Bedclothes	99.8	99.6	100.8
毛 毯	Woollen Blanket	100.2	100.6	101.0
被 子	Quilt	98.8	98.4	100.2
床上套件	Bed Articcles	99.9	99.9	101.7
其 他	Others	100.7	99.8	99.7
4.家庭日用杂品	Sundry Articles	102.1	105.0	104.2
茶 具	Tea Set	99.8	100.4	100.4
餐 具	Tableware	100.8	100.7	100.4
厨 具	Kitchen Utensils	101.0	102.5	102.2
家用手工工具	Domestic Handwork Tools	100.6	101.7	101.7
洗涤用品	Washing Articles	104.2	111.5	109.3
其 他	Others	102.0	103.6	103.2
5.家庭服务及加工维修服务	Household Srvice and Manufacturing Upkeep	103.4	105.8	104.8
家庭服务	Household Srvice	104.5	105.7	104.0
加工维修服务	Manufacturing Upkeep	102.5	105.9	105.5
五、医疗保健和个人用品	**Health Care and Personal Articles**	**101.1**	**100.9**	**101.2**
1.医疗保健	Health Care	101.3	100.7	101.3
(1)医疗器具及用品	Medical Facili- ties and Goods	98.6	98.9	98.4
医疗器具及用品	Medical Facili- ties and Goods	98.6	98.9	98.4
(2)中药材及中成药	Herbs and Ready-made Traditional Chinese Medicine	100.9	100.7	101.2
中 药 材	Herbs	101.9	101.6	102.1
中 成 药	Ready-made Tr- aditional Chin-ese Medicine	100.1	100.0	100.4
(3)西药	Western Medicine	100.2	100.8	100.6
抗微生物药	Anti-microorga-nism Medicine	100.0	102.2	100.7
消化系统用药	Alimentary Sys- tem Medicine	99.7	101.8	100.9
呼吸系统用药	Respiratory System Medicine	99.4	99.0	99.5
解热镇痛及非甾体抗炎药	Allays Fever the Analgesia and the Non-steroid Body Anti-inflam Matory	101.0	101.1	101.2
抗肿瘤药	Antineoplastic Drug	101.0	100.2	100.3
激素及调节内分泌功能药	Hormone and Adjustment Internal Secretion Function Medicine	102.1	101.1	101.6
循环系统用药	Circulating System Medicine	100.1	100.5	100.5
神经系统用药	Nerve System Medicine	99.7	100.5	100.3
专科用药	Junior Medicine	99.2	98.6	100.0

continued

(以上年同期价格为100 preceding year=100)									
3 月 March	4 月 April	5 月 May	6 月 June	7 月 July	8 月 August	9 月 September	10 月 October	11月 November	12月 December
99.9	99.5	99.4	99.3	99.3	99.3	99.2	99.1	99.0	99.3
101.1	99.4	99.5	99.6	98.8	98.4	98.1	98.2	98.0	97.9
100.2	99.9	99.4	99.2	98.4	98.2	98.2	98.1	98.1	98.4
99.6	99.0	99.1	99.1	99.1	99.0	99.3	99.7	99.4	99.5
102.5	101.6	101.2	100.8	100.0	99.7	99.1	98.9	98.9	98.8
102.5	102.5	102.8	102.5	102.6	100.4	100.5	100.8	100.4	100.3
100.4	99.9	99.5	99.3	98.7	98.0	98.1	98.0	98.0	97.9
101.2	99.1	99.3	98.9	97.7	97.2	97.6	97.2	97.2	97.3
101.8	101.9	100.2	99.6	96.4	96.0	95.6	96.6	96.7	97.3
100.0	99.6	99.0	98.7	98.8	98.3	98.6	98.6	98.5	98.4
102.4	101.9	102.5	103.2	101.5	100.8	100.4	100.2	99.5	99.3
99.5	99.3	98.8	98.2	98.5	97.3	97.7	97.5	97.6	97.4
101.7	101.6	101.2	101.3	99.7	99.1	98.7	98.5	98.6	98.3
98.4	97.5	96.4	96.8	96.1	96.3	96.2	96.5	97.0	96.2
100.5	100.7	100.4	100.0	99.8	98.4	98.9	99.0	98.9	99.3
99.7	99.8	99.7	99.8	100.0	99.2	99.2	99.1	99.5	99.6
100.1	99.8	100.2	100.2	100.2	99.5	99.5	99.6	99.9	100.0
99.6	100.4	99.9	100.3	100.6	99.7	99.5	99.0	99.5	99.5
98.9	99.1	98.1	98.1	98.5	97.9	98.1	98.3	98.5	98.7
100.7	99.5	99.3	99.6	99.5	99.6	99.7	99.7	99.6	99.6
101.0	100.7	100.1	99.3	99.7	100.3	100.7	100.5	99.5	99.1
99.6	97.8	97.4	98.3	97.7	99.0	98.4	98.8	100.1	99.5
101.5	99.9	99.7	100.1	99.9	99.2	99.6	99.3	98.6	99.4
100.4	100.0	100.5	101.0	101.3	100.9	101.4	101.3	100.7	100.8
104.0	103.9	102.4	102.0	101.7	101.5	101.2	100.2	99.9	99.6
100.4	100.3	99.9	99.9	99.3	100.0	100.1	99.0	99.0	98.8
100.3	100.5	100.7	100.9	101.7	101.3	101.1	101.5	100.5	99.8
102.3	102.3	100.6	100.4	100.5	100.5	100.4	100.3	99.7	99.7
100.9	100.7	100.6	100.0	100.5	100.1	100.2	100.2	100.2	100.2
109.1	108.9	105.0	103.5	102.6	102.5	101.9	99.6	99.4	98.7
102.9	102.9	102.4	102.5	102.1	101.6	101.4	100.6	100.5	100.5
104.4	104.8	103.3	103.0	103.2	103.0	102.4	102.5	102.4	101.5
103.7	104.7	104.2	104.2	104.8	104.8	105.1	105.5	105.1	102.6
105.0	105.0	102.6	102.1	101.9	101.7	100.2	100.1	100.3	100.6
101.3	**101.2**	**100.9**	**101.0**	**100.9**	**100.9**	**100.9**	**100.9**	**101.3**	**101.5**
101.6	101.5	101.4	101.5	101.3	101.2	101.3	101.2	101.3	101.6
98.7	98.3	97.7	98.1	98.7	98.2	98.3	98.9	99.2	99.4
98.7	98.3	97.7	98.1	98.7	98.2	98.3	98.9	99.2	99.4
100.5	100.3	100.0	101.1	100.2	99.9	100.6	100.6	102.4	103.6
100.9	100.5	100.1	101.5	100.1	99.7	100.6	101.2	106.2	108.7
100.2	100.0	99.9	100.8	100.2	100.1	100.5	100.1	99.7	99.8
100.7	100.9	100.8	100.6	100.3	100.2	100.0	99.8	99.2	99.2
100.7	101.2	101.1	100.1	100.0	100.1	99.3	99.4	97.8	97.8
100.1	100.3	100.0	100.1	99.5	99.3	99.1	98.8	98.2	98.5
99.5	100.3	98.9	98.2	98.9	99.0	100.1	99.9	100.1	99.8
102.0	102.3	102.9	103.1	101.5	101.1	100.1	100.1	98.3	98.6
100.3	100.9	100.7	101.9	101.7	101.6	101.6	101.6	101.0	99.7
101.6	101.9	102.0	102.7	103.1	102.6	102.6	102.4	101.9	101.7
100.8	100.4	100.7	100.7	100.2	100.3	99.6	99.2	99.5	99.6
100.3	100.1	100.3	100.2	99.8	99.1	99.1	98.7	99.3	99.3
100.5	98.6	99.4	98.3	98.3	99.2	99.6	99.5	99.3	99.3

5-9 续表 4

商品类别及品名	Commodity Categoryand Commodity Name	全年 Annural	1 月 January	2 月 February
其　他	Others	100.2	100.8	101.4
(4)保健器具及用品	Healthcare Equip-ment	100.6	100.0	100.3
保健器具	Health Protection Equipment	99.6	99.6	99.3
滋补保健用品	Tonic and Health Products	100.9	100.2	100.6
(5)医疗保健服务	Health Care Services	103.7	100.6	102.8
挂号费	Registration	99.8	100.0	99.7
注射费	Injection Expenses	102.5	100.0	102.8
检查费	Examination Expenses	99.3	101.1	99.6
手术费	Operation Exp-enses	108.0	99.6	103.7
住院费	Hospitalization Expenses	103.3	102.2	104.4
理疗费	Physiotherapy Expenses	107.0	100.6	106.5
化验费	Analysis Expenses	104.9	100.4	102.6
其　他	Others	107.0	100.0	106.0
2.个人用品及服务	Personal Articles and Services	100.6	101.4	101.1
(1)化妆美容用品	Cosmetics	100.2	101.5	101.3
化妆美容器具	Cosmetics App- liances	100.2	101.1	101.0
美容化妆品	Facial Beautifiers	100.9	102.6	102.2
护肤品	Protects Skin Products	99.6	100.6	101.0
护发美容品	Protects Sends the Beauty Products	99.8	101.1	100.5
(2)清洁化妆用品	Cleaning Toiletw-are	101.0	102.5	102.2
洗发用品	Hairdressing Articles	99.7	100.6	100.6
洗浴用品	Bathing Articles	102.6	105.1	104.5
其　他	Others	100.4	101.0	101.0
(3)个人饰品	Personal Decoraions	99.9	99.0	98.8
首　饰	Ornaments	101.0	98.1	97.7
皮　件	Leather Appliance	98.6	102.0	101.4
手　表	Watch	98.8	99.7	99.4
领　带	Necktie	99.7	98.5	100.9
其　他	Others	98.4	99.9	99.2
(4)个人服务	Personal Services	101.4	102.7	102.3
美　容	Cosmetology	101.1	101.3	101.2
理(烫)发	Haircut (perm-naent wave)	102.6	105.8	104.5
洗　浴	Bathe	100.9	101.2	101.3
其　他	Others	100.5	100.7	100.7
六、交通和通信	**Transportation and Communication**	**97.7**	**98.5**	**98.1**
1.交　通	Transportation	99.0	99.6	99.4
(1)交通工具	Transportation Facility	99.8	100.4	100.5
摩托车	Motorcycle	99.8	100.5	100.5
自行车	Bicycle	101.0	102.6	102.6
轿　车	Car	99.5	99.5	99.5
其　他	Others	97.7	99.7	99.7
(2)车用燃料及零配件	Fuels and Parts	88.9	87.1	85.9
汽　油	Gasoline	87.8	84.1	83.5
柴　油	Diesel Oil	82.8	82.1	78.4
零配件	Parts	100.4	100.7	100.7
其　他	Others	99.2	102.5	102.1
(3)车辆使用及维修费	Using and Upkeep Fare	100.1	100.1	100.2
驾驶证	Driving License	98.4	98.7	98.8
保险费	Insurance Exp-enses	100.2	99.2	100.2
停车费	Parking Expen-ses	100.2	100.7	100.2

continued

(以上年同期价格为100 preceding year=100)									
3 月 March	4 月 April	5 月 May	6 月 June	7 月 July	8 月 August	9 月 September	10 月 October	11月 November	12月 December
101.6	102.0	101.6	100.1	99.7	98.8	98.8	99.1	99.0	99.8
100.6	100.8	100.7	100.3	100.3	100.3	100.7	100.8	101.0	101.4
99.3	99.8	99.7	99.9	99.8	99.7	99.7	99.6	99.6	99.7
101.1	101.2	101.0	100.4	100.4	100.5	101.1	101.2	101.5	102.1
104.3	103.9	103.9	103.9	104.2	104.2	104.2	104.2	104.2	104.1
99.8	99.8	99.8	99.8	99.8	99.8	99.8	99.8	99.8	99.8
100.9	100.9	100.9	100.9	103.9	103.9	103.9	103.9	103.9	103.9
99.8	99.1	99.1	99.1	99.1	99.0	99.0	98.9	98.9	98.9
109.1	109.3	109.3	109.3	109.3	109.3	109.3	109.2	109.2	109.2
104.4	103.3	103.3	103.1	103.1	103.1	103.1	103.1	103.1	103.1
108.1	107.8	107.8	107.6	107.6	107.6	107.6	107.6	107.6	107.6
105.7	105.7	105.7	105.7	105.7	105.7	105.7	105.3	105.3	105.2
107.5	107.5	107.5	107.5	107.5	107.5	108.1	108.5	108.5	108.5
100.8	100.6	99.8	100.0	100.0	100.3	100.3	100.5	101.3	101.4
101.1	100.5	99.9	99.9	99.9	100.0	99.9	99.4	99.4	99.3
101.1	100.8	100.4	99.7	99.9	99.7	99.9	99.4	99.7	99.7
102.2	101.2	100.4	100.5	100.3	100.5	100.2	100.2	100.2	100.3
100.6	100.2	99.8	99.6	99.5	99.1	99.3	98.6	98.6	98.1
99.9	99.5	99.0	99.4	99.9	100.4	100.2	99.1	99.1	99.3
102.0	101.6	101.0	100.9	101.3	100.9	100.2	99.9	99.9	99.7
100.4	99.6	99.0	99.0	100.1	99.7	99.0	98.8	99.8	99.9
103.9	103.9	103.5	103.2	102.7	102.8	101.6	101.0	99.8	99.2
101.3	100.9	100.2	100.2	100.7	99.4	99.9	100.0	100.3	100.5
97.8	97.6	97.3	98.3	98.0	99.5	100.3	101.9	105.3	105.6
96.8	96.8	96.6	98.4	97.8	100.4	102.3	105.1	111.6	111.7
98.9	98.2	97.6	98.0	97.9	98.4	98.1	97.7	98.0	97.7
99.3	99.1	98.9	98.6	98.3	98.0	98.1	98.1	98.8	99.7
100.4	99.9	99.1	99.0	99.4	99.5	98.7	100.5	99.7	101.0
98.8	98.8	98.0	98.4	98.6	98.9	97.5	97.2	97.2	97.8
102.2	102.6	100.9	100.9	100.9	100.9	100.9	100.8	101.0	101.3
101.2	101.2	101.0	101.0	101.0	101.0	101.0	101.0	101.0	101.1
104.6	105.8	101.4	101.3	101.3	101.2	101.2	101.1	101.1	101.9
101.1	101.1	100.7	100.9	100.9	100.6	100.6	100.6	101.0	101.0
100.7	100.7	100.3	100.3	100.3	100.3	100.3	100.1	100.4	100.6
98.1	**98.0**	**98.1**	**97.6**	**97.4**	**97.0**	**97.1**	**96.9**	**97.2**	**98.0**
99.5	99.5	99.7	98.9	98.8	98.1	98.3	98.1	98.6	99.9
100.2	100.2	100.3	99.9	99.8	99.2	99.3	99.2	99.2	99.5
100.3	100.2	100.0	99.7	99.7	99.4	99.4	99.3	99.2	99.6
102.2	102.2	102.1	101.0	101.0	100.5	100.3	99.7	99.0	99.0
99.3	99.4	99.6	99.5	99.6	99.1	99.2	99.4	99.8	100.2
99.8	99.4	99.4	98.8	97.4	95.7	95.7	95.8	95.8	95.6
86.3	87.9	88.3	86.3	88.5	87.5	89.3	87.8	91.2	100.8
85.7	87.2	87.3	84.2	87.2	86.3	88.3	86.3	91.0	102.4
75.4	78.6	80.4	80.9	83.7	81.7	84.3	83.0	86.1	98.2
100.7	100.6	100.1	100.3	100.3	100.1	100.2	100.2	100.2	100.2
102.0	101.3	101.0	97.5	97.6	97.5	97.5	97.5	97.5	97.3
100.2	100.0	99.8	100.0	100.0	100.0	100.2	100.2	100.2	100.4
98.9	98.6	97.3	98.2	98.2	97.7	97.7	98.3	99.2	99.1
100.2	100.1	100.2	100.1	100.1	100.1	100.5	100.5	100.5	100.5
100.0	100.0	100.0	100.2	100.2	100.2	100.2	100.2	100.2	100.2

5-9 续表 5

商品类别及品名	Commodity Categoryand Commodity Name	全年 Annural	1 月 January	2 月 February
车辆修理服务费	Vehicle Upkeep Service fare	100.7	100.9	100.8
其　他	Others	100.1	100.2	100.2
(4)市区公共交通费	Incity Traffic Fare	100.0	99.8	99.9
公共汽车票	Bus Ticket	100.0	99.6	99.7
出租汽车	Taxi	100.0	100.0	100.0
其　他	Others	100.7	100.9	100.9
(5)城市间交通费	Intercity Traffic Fare	102.0	104.7	103.7
飞 机 票	Airplane Ticket	100.2	95.6	90.0
火 车 票	Train Ticket	100.3	100.3	100.3
长途汽车	Intertown Bus	103.0	108.7	107.6
其　他	Others	104.2	105.0	105.0
2.通　信	Communication	96.0	96.9	96.5
(1)通信工具	Communication Facility	83.9	87.3	85.5
固定电话机	Telephone	100.3	100.8	100.7
移动电话机	Mobile Phone	81.4	85.1	83.3
其　他	others	95.3	95.4	93.7
(2)通信服务	Communication Service	99.8	99.9	99.9
移动通信费	Mobile Comm-unication Fee	99.5	99.3	99.3
市内电话费	Incity Telephone Fee	100.0	100.0	100.0
长途电话费	Long Distance Call Fee	99.9	100.0	100.0
月租费	Month Hiring Fee	100.0	100.0	100.0
上网费	Net Play Fee	100.2	101.0	101.0
信件邮寄	Letter Post	100.0	100.0	100.0
包裹邮寄	Package Post	100.0	100.0	100.0
其　他	Others	96.5	100.0	100.0
七、娱乐教育文化用品及服务	**Recreation,Education and Culture Articles**	**99.7**	**99.9**	**99.5**
1.文娱用耐用消费品及服务	Durable Consumer Goods for Cultural and Recreational Use and Service	94.8	93.8	94.2
电 视 机	Television	90.4	89.8	90.3
激光视盘机	Laser Video Disc Machine	98.4	96.2	97.2
摄 像 机	Pickup Camera	97.6	96.9	97.1
照 相 机	Camera	93.2	94.2	94.2
家用音响	Acoustic Equipment	99.0	99.0	99.3
便携式音响	Portable Acoustics	96.7	96.3	97.0
电　脑	Computer	95.8	94.0	94.5
修理服务	Repair Service	100.1	101.0	101.0
其　他	Others	96.3	95.5	95.5
2.教　育	Education	102.1	102.5	103.0
(1)教材及参考书	Teaching Materials and Reference Books	102.3	103.0	103.0
工 具 书	Tool Book	101.1	102.1	102.1
教　材	Teaching Material	101.5	101.5	101.5
参 考 书	Reference Book	105.0	106.8	106.8
教育软件	Educational Software	100.0	100.1	100.1
(2)学杂托幼费	Tuition and Child Care	102.0	102.4	103.0
义务教育杂费	Incidental Expe- nses of Compul-cory Education			
非义务教育学杂费	Tuition of Non-compulsory Education	100.1	100.2	100.2
技能培训学费	Skill Train Tuition	101.7	106.4	106.1
托 幼 费	Child Care	108.8	105.4	108.9
其　他	Others	99.8	98.0	97.9
3.文化娱乐类	Recreation and Culture	101.3	100.8	101.2
(1)文化娱乐用品	Culture Articles	100.6	100.1	100.4

continued

(以上年同期价格为100 preceding year=100)									
3 月 March	4 月 April	5 月 May	6 月 June	7 月 July	8 月 August	9 月 September	10 月 October	11月 November	12月 December
100.7	100.6	100.5	100.6	100.6	100.6	100.9	100.8	100.3	100.8
100.2	100.0	100.0	100.0	100.0	100.0	100.1	100.1	100.1	100.1
99.9	99.9	100.3	100.3	100.1	100.1	100.1	100.1	100.1	100.1
99.7	99.7	100.5	100.5	100.1	100.1	100.1	100.1	100.1	100.1
100.0	100.0	100.0	100.0	100.0	100.0	100.0	100.0	100.0	100.0
100.9	100.9	100.9	100.9	100.9	101.1	100.2	100.2	100.2	100.2
104.7	104.0	104.2	102.7	101.4	99.6	99.5	99.4	100.0	99.9
104.8	100.1	100.2	97.5	98.1	97.0	94.8	102.2	111.9	113.4
100.3	100.3	100.3	100.3	100.3	100.2	100.3	100.3	100.2	100.1
107.4	106.8	107.1	104.7	102.1	99.0	99.1	98.1	98.4	97.9
105.0	105.2	105.2	106.0	105.7	104.0	105.2	102.0	100.6	101.8
96.4	96.2	96.1	95.9	95.7	95.6	95.6	95.5	95.4	95.7
85.5	84.9	84.6	83.4	82.8	82.4	82.5	82.2	82.0	83.2
100.8	100.7	100.9	100.9	99.7	99.8	99.7	99.7	99.8	99.7
83.1	82.4	82.0	80.8	80.2	79.7	79.9	79.4	79.1	80.5
95.8	95.5	95.5	94.5	94.5	94.8	94.8	95.1	97.9	96.1
99.8	99.8	99.7	99.8	99.8	99.8	99.7	99.7	99.7	99.7
99.1	99.4	99.4	99.7	99.7	99.7	99.6	99.6	99.6	99.4
100.0	100.0	100.0	100.0	100.0	100.0	100.0	100.0	100.0	100.0
100.0	100.0	100.0	100.0	100.0	100.0	99.7	99.7	99.7	99.7
100.0	100.0	100.0	100.0	100.0	100.0	100.0	100.0	100.0	100.0
101.0	100.0	99.9	99.9	99.9	99.9	99.9	99.9	99.9	99.9
100.0	100.0	100.0	100.0	100.0	100.0	100.0	100.0	100.0	100.0
100.0	100.0	100.0	100.0	100.0	100.0	100.0	100.0	100.0	100.0
95.7	95.7	95.7	95.7	95.7	95.7	95.7	95.7	95.7	95.7
99.8	**99.8**	**99.7**	**99.8**	**100.0**	**100.0**	**99.2**	**99.4**	**99.5**	**99.9**
94.2	94.3	94.3	94.5	94.8	95.1	94.6	95.6	95.7	96.1
90.3	90.2	89.9	90.4	90.1	90.0	90.3	90.5	91.0	92.2
97.3	97.7	98.3	98.7	99.0	98.9	99.4	99.4	99.3	99.7
96.8	97.7	97.8	97.6	97.2	97.2	97.5	98.5	98.4	98.7
93.4	93.5	93.2	93.2	92.8	92.4	92.7	93.2	92.8	92.4
99.1	99.6	99.4	99.6	98.7	98.6	98.5	98.6	98.8	99.3
97.6	96.6	97.4	96.9	96.8	96.5	96.3	96.2	96.5	96.5
94.9	94.9	95.1	95.2	96.3	97.2	95.6	97.5	97.5	97.6
99.9	100.2	99.9	99.9	99.9	99.9	99.9	99.9	99.9	100.0
95.0	94.4	95.1	95.1	95.2	95.6	95.8	99.5	99.5	99.7
102.9	102.4	102.3	102.3	102.2	101.8	101.6	101.3	101.3	101.3
103.0	103.0	102.9	102.9	102.8	102.5	101.0	101.2	101.2	101.2
102.0	102.0	102.5	102.5	102.1	100.6	99.5	99.5	99.4	99.4
101.5	101.6	101.6	101.6	101.6	101.5	100.7	101.7	101.7	101.7
106.8	106.8	106.8	106.8	106.5	106.3	102.5	101.5	101.5	101.5
100.0	100.0	97.9	97.9	98.8	99.6	101.1	101.5	101.5	101.5
102.9	102.3	102.1	102.1	102.1	101.7	101.7	101.3	101.3	101.3
100.1	100.1	100.1	100.1	100.1	100.1	100.0	100.0	100.0	100.0
105.1	101.7	101.7	101.7	101.7	99.9	100.1	98.9	98.9	98.9
108.9	109.9	109.3	109.3	109.1	109.5	109.3	108.9	108.6	108.6
100.1	100.1	100.1	100.1	100.1	100.0	100.0	100.3	100.3	100.3
101.2	101.2	101.4	101.8	101.7	101.3	101.5	101.5	101.3	101.3
100.3	100.7	101.0	101.1	101.1	100.7	100.8	100.7	100.3	100.4

5-9 续表 6

商品类别及品名	Commodity Categoryand Commodity Name	全年 Annural	1 月 January	2 月 February
乐　　器	Musical Instru-ment	100.0	99.2	99.2
音响光盘和磁带	Audio,Disk and Tape	101.0	101.0	101.6
照相胶卷和存储卡	Roll Film and M-emorizing Card	97.5	97.5	97.3
录像磁带和视盘	Video Tape and Disk	100.2	99.7	99.8
儿童玩具	Children's Toy	102.7	101.0	102.0
纸张本册	Paper and Volume	100.6	100.6	100.8
文　　具	Stationery	100.5	100.4	100.5
体育用品	Sports Goods	101.6	100.8	100.9
其　　他	Others	100.5	100.5	100.9
(2)书报杂志	Books,Newspapers,Magazines	103.1	102.9	103.2
书　　籍	Books	100.1	99.8	99.9
报　　纸	Newspapers	104.1	105.8	105.9
杂　　志	Magazines	106.7	104.1	105.1
(3)文娱费	Expenditure of Culture and Rec-reation	100.9	100.1	100.6
电 影 票	Film Ticket	101.6	99.5	100.8
景点门票	Scene Spot ticket	100.6	101.5	101.9
有线电视	Cable Television	100.7	100.0	100.0
健身活动	Exercise	101.4	99.6	100.7
其　　他	Others	99.8	99.8	99.8
4.旅　游	Tourism	96.4	99.3	92.3
旅行社收费	Travel Agency Charge	95.6	99.4	90.2
宾馆住宿	Guesthouse Stay	99.4	98.7	98.4
其他住宿	Other Stay	97.4	99.7	99.5
八、居　住	**Residence**	**98.8**	**100.5**	**100.2**
1.建房及装修材料	Building and Building Decoration Materials	100.0	104.6	103.2
木　　材	Wood	99.0	104.5	101.6
木 地 板	Wood Floor	98.8	102.6	101.4
砖	Brick	103.3	110.8	109.7
水　　泥	Cement	102.3	112.0	111.4
涂　　料	Coating Material	100.1	103.1	101.2
胶 合 板	Plywood	98.5	101.9	101.3
玻　　璃	Glass	98.8	100.0	98.3
粘　　胶	Rayon	100.3	102.7	102.0
油　　漆	Paint	99.2	102.5	100.8
其　　他	Others	97.3	101.3	101.7
2.租　　房	Renting	101.5	101.7	102.4
公房房租	Public House Rent	101.9	100.2	102.2
私房房租	Private House Rent	101.6	102.6	103.0
其他费用	Other Fare	100.8	101.1	101.1
3.自有住房	Private Housing	93.5	92.9	92.7
房屋贷款利率	Houses Loans Int-erest Rate	81.2	79.9	79.2
物业管理费用	Property Manage- ment Fee	101.1	101.5	101.4
维护修理费用	Upkeep and Repair Fee	100.7	100.2	100.5
其　　他	Others	108.1	109.1	109.2
4.水、电、燃料	Water,Electricity and Fuels	99.0	100.4	100.2
水	Water	100.2	100.2	100.2
电	Electricity	99.9	100.0	100.0
液化石油气	Liquefiled Petrol-eum Gas	83.0	81.6	80.4
管道燃气	Pipelined Gas	99.8	100.0	100.0
其他燃料	Other Fuels	110.0	128.9	127.0

continued

(以上年同期价格为100 preceding year=100)									
3 月 March	4 月 April	5 月 May	6 月 June	7 月 July	8 月 August	9 月 September	10 月 October	11月 November	12月 December
99.1	99.5	99.6	100.9	101.0	100.5	100.4	100.3	100.3	100.3
101.4	101.1	101.1	101.1	101.3	101.0	101.2	100.9	100.7	100.2
97.3	97.3	97.0	96.9	96.9	96.4	97.0	98.0	99.1	99.1
99.8	100.0	100.0	100.2	101.3	100.9	101.0	100.2	99.7	99.7
102.1	103.8	103.9	103.8	103.7	103.6	103.3	102.8	100.7	101.3
100.8	100.7	101.0	101.2	101.0	99.7	100.2	100.2	100.2	100.5
100.4	100.4	100.7	100.6	100.8	100.5	100.7	100.4	100.0	100.0
100.3	101.5	103.0	102.7	102.0	101.4	101.8	101.6	101.6	101.5
100.4	100.2	100.7	100.7	100.7	100.9	100.8	100.7	99.9	100.0
103.3	103.3	104.1	104.1	103.1	103.1	102.9	102.6	102.2	102.1
99.9	99.9	100.1	100.1	100.1	100.2	100.2	100.2	100.2	100.2
106.2	106.2	106.2	106.2	103.1	103.1	103.1	102.3	101.0	101.0
105.1	105.1	108.1	108.1	108.1	108.1	107.0	107.0	107.0	106.9
100.6	100.2	99.9	100.8	101.2	100.6	101.2	101.7	101.7	101.7
100.9	100.8	96.4	102.2	102.7	99.4	103.5	104.7	104.2	104.8
101.9	100.2	100.2	100.2	99.8	99.9	99.9	100.4	101.0	101.0
100.0	100.0	101.1	101.1	101.1	101.1	101.1	101.1	101.1	101.1
100.6	100.6	100.6	100.6	102.5	102.5	101.8	102.8	102.6	101.7
99.8	99.7	99.7	99.7	99.7	99.7	99.7	100.0	100.0	100.0
94.9	97.5	96.0	96.2	97.7	99.2	94.7	94.9	96.0	98.9
94.2	96.8	95.8	96.0	97.2	97.0	93.5	93.5	95.1	99.4
96.6	100.9	97.9	97.7	100.3	106.4	98.4	99.0	99.2	99.1
97.2	96.1	93.5	94.9	96.5	102.7	97.0	98.6	97.7	94.5
99.7	**99.1**	**98.5**	**97.6**	**97.2**	**97.4**	**97.4**	**98.2**	**99.4**	**100.4**
102.3	101.7	100.7	98.7	98.0	97.6	97.2	98.1	98.7	99.3
100.6	99.6	98.7	97.6	97.2	97.4	97.3	97.7	97.0	98.8
100.4	99.9	98.6	97.5	96.6	96.7	96.5	97.8	99.2	99.1
107.9	107.2	104.5	100.6	99.7	99.4	98.9	100.7	100.6	101.5
110.4	110.2	106.4	99.9	98.5	96.3	96.2	96.5	97.0	97.6
100.8	100.7	100.6	99.4	99.3	99.2	99.0	98.9	99.6	99.2
100.0	98.7	99.0	99.0	98.0	96.7	95.5	96.9	97.7	97.9
97.6	98.3	97.6	97.0	97.1	98.3	98.4	99.7	100.7	102.8
101.9	100.6	99.9	99.9	98.7	98.4	97.9	99.7	100.6	101.1
100.6	100.0	100.1	99.1	98.1	97.7	96.2	96.6	98.9	99.7
101.0	100.5	100.4	95.0	94.7	94.6	94.5	94.6	94.6	94.6
102.2	102.9	101.7	100.9	101.1	101.0	101.0	101.2	101.0	101.0
102.2	102.2	102.2	102.0	102.0	102.0	102.0	102.0	102.0	102.0
102.7	103.8	101.7	100.3	100.8	100.8	100.8	101.2	100.9	100.9
101.1	101.1	101.1	101.1	101.1	100.6	100.6	100.6	100.1	100.1
92.7	92.6	92.6	92.7	92.6	92.7	93.0	93.8	95.2	98.5
79.3	79.3	79.3	79.2	79.2	79.2	80.2	81.9	85.8	94.5
101.4	101.3	101.3	101.6	101.3	101.3	100.7	100.7	100.7	100.4
100.3	100.4	100.4	100.5	100.5	100.7	100.7	101.1	101.0	101.5
109.4	110.0	110.0	108.6	108.6	109.4	109.4	109.8	104.3	100.0
99.8	99.0	98.3	97.6	97.2	97.8	97.8	98.7	100.3	101.2
100.2	100.2	100.2	100.2	100.2	100.2	100.2	100.2	100.2	100.0
100.0	99.8	99.8	99.8	99.8	99.8	99.8	99.8	99.8	99.8
79.3	76.6	73.3	71.2	70.7	77.6	83.8	91.0	106.0	113.9
100.0	100.0	100.0	100.0	99.5	99.5	99.5	99.5	99.5	99.5
122.9	117.6	115.3	111.0	108.0	104.7	98.5	98.3	98.7	100.2

5-10 农村居民消费价格指数(2009年)

商品类别及品名	Commodity Category and Commodity Name	全省 whole province	1 月 January	2 月 February
居民消费价格总指数	**General Consumer Price Index**	**100.1**	**102.0**	**100.3**
非食品价格指数	**No-food**	**100.0**	**102.5**	**102.1**
服务项目价格指数	**Services**	**102.2**	**104.1**	**103.9**
工业品价格指数	**Industrial Products**	**99.1**	**101.8**	**101.4**
扣除食品和能源价格指数	**Deducting Foods and Energy**	**100.3**	**102.3**	**102.0**
扣除鲜菜鲜果总指数	**Deducting Fresh,Vegetables and Fruits**	**99.5**	**102.0**	**101.0**
消费品价格指数	**Consumer Goods**	**99.5**	**101.4**	**99.4**
一、食　品	**Food**	**100.5**	**100.9**	**96.5**
1.粮　食	Grain	105.8	100.4	102.6
大　米	Rice	105.6	96.7	99.0
面　粉	Flour	108.1	101.0	104.4
粮食制品	Grain Products	103.5	101.6	103.4
其　他	Others	104.0	103.4	101.9
2.淀　粉	Starches	106.5	103.0	103.6
淀　粉	Starches	106.5	103.0	103.6
3.干豆类及豆制品	Beans and Beans Products	93.5	104.4	102.0
干　豆	Beans	90.0	91.9	91.8
豆制品	Beans Procucts	95.4	112.2	108.2
4.油　脂	Oil and Fat	85.0	88.1	85.3
食用植物油	Edible Vegetable Oil	85.1	88.3	85.4
植物油制品	Plant Oil Products	83.2	84.0	82.7
其　他	Others	86.6	92.9	89.0
5.肉禽及其制品	Meal,Poultry and Their Products	91.5	96.6	90.2
(1)食用畜肉及副产品	Edible Livestock Meat and Their By-products	87.3	91.8	84.7
猪　肉	Pork	81.6	85.5	78.9
牛　肉	Beef	102.2	112.0	105.4
羊　肉	Mutton	104.9	109.9	102.7
畜肉副产品	Livestock Meat By-products	91.9	101.0	89.0
其　他	Others	94.3	94.5	89.6
(2)禽	Poultry	98.0	106.6	98.7
鸡	Chicken	98.6	108.7	98.9
鸭	Duck	99.3	103.1	101.7
其　他	Others	94.5	99.2	95.6
(3)加工肉禽	Meal and Poultry Processing Products	98.7	105.6	102.8
畜肉制品	Livestock Meat Products	98.0	106.4	102.3
禽制品	Poultry Products	99.7	104.7	103.3
6.蛋	Eggs	101.1	100.5	97.9
鲜　蛋	Fresh Eggs	101.0	100.4	97.5
蛋制品	Egg Products	101.8	101.0	100.6
7.水产品	Aquatic Product	99.9	108.2	102.1
(1)鱼	Fish	98.4	109.0	102.0
淡水鱼	Freshwater Fish	96.2	109.8	101.6
海水鱼	Seawater Fish	102.4	107.7	102.7
(2)其他水产品	Other Aquatic Product	103.6	106.0	101.9
虾蟹类	Shrimp and Crab	105.0	108.5	103.1
其　他	Others	100.6	100.7	99.4
8.菜	Vegetable	117.1	103.8	87.8
鲜　菜	Fresh Vegetable	120.0	104.8	87.0
干菜及菜制品	Dried Vegetable and Vegetable Products	101.2	100.0	99.7
薯　类	Potato	104.1	92.9	86.7

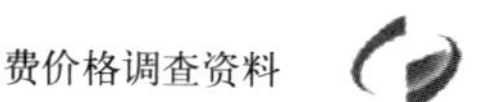

Rural Consumer Price Indices(2009)

(以上年同期价格为100 preceding year=100)

3 月 March	4 月 April	5 月 May	6 月 June	7 月 July	8 月 August	9 月 September	10 月 October	11月 November	12月 December
100.1	**100.0**	**100.0**	**99.1**	**99.0**	**99.1**	**99.4**	**99.6**	**100.4**	**102.1**
101.5	**101.0**	**100.3**	**99.3**	**99.1**	**99.0**	**98.5**	**98.5**	**98.6**	**99.4**
103.4	**103.2**	**103.1**	**102.8**	**102.9**	**102.6**	**100.4**	**100.3**	**100.2**	**100.2**
100.7	**100.1**	**99.2**	**97.9**	**97.6**	**97.6**	**97.7**	**97.8**	**98.0**	**99.1**
101.5	**101.2**	**100.7**	**100.0**	**99.8**	**99.7**	**99.0**	**99.0**	**99.0**	**99.3**
100.3	**99.6**	**99.0**	**98.2**	**98.1**	**98.4**	**98.4**	**99.0**	**99.4**	**100.3**
99.2	**99.2**	**99.2**	**98.1**	**98.0**	**98.2**	**99.2**	**99.4**	**100.4**	**102.6**
97.0	**97.9**	**99.4**	**98.6**	**98.7**	**99.4**	**101.8**	**102.2**	**104.9**	**109.2**
103.8	104.0	104.9	104.9	105.0	105.2	106.7	108.9	110.7	112.3
100.8	101.7	103.3	104.1	105.3	106.1	107.4	110.7	114.4	117.8
106.3	106.7	108.8	108.7	107.8	108.3	109.2	110.8	112.5	112.6
103.3	103.1	102.2	101.7	102.1	102.1	104.3	105.9	105.4	106.6
101.8	101.3	101.7	101.4	101.6	100.3	103.3	106.9	110.2	113.9
107.5	107.8	107.8	107.0	106.3	105.2	105.3	106.8	109.0	108.9
107.5	107.8	107.8	107.0	106.3	105.2	105.3	106.8	109.0	108.9
92.8	89.0	88.9	87.0	87.1	88.3	90.4	93.4	99.4	103.4
84.6	82.4	82.8	82.9	82.8	84.5	90.1	96.7	103.5	111.9
97.7	92.9	92.4	89.1	89.5	90.3	90.5	91.5	96.8	98.5
79.6	79.4	81.3	80.8	81.1	82.8	84.7	88.4	93.9	98.3
79.8	79.4	82.0	81.3	81.0	83.0	84.3	88.3	93.7	98.6
76.2	79.0	79.0	79.5	79.8	80.8	85.5	86.5	94.3	97.0
83.3	80.4	78.5	77.8	84.0	84.2	88.2	92.1	94.5	97.4
87.7	85.0	83.6	85.0	87.7	90.8	94.5	98.7	100.0	100.7
80.1	77.5	76.1	77.7	82.6	87.8	93.8	100.3	101.6	101.8
72.2	68.3	67.3	69.1	75.7	83.2	91.1	100.2	102.3	101.3
103.9	104.5	101.3	100.0	100.6	100.8	100.8	98.5	98.8	101.1
106.5	105.4	105.5	105.8	105.9	105.0	103.7	104.7	101.6	103.1
88.8	90.5	84.6	85.7	86.5	86.0	92.1	97.7	101.1	103.0
88.3	87.6	86.9	89.9	93.4	94.4	98.5	102.7	102.7	105.7
101.8	98.1	96.3	98.6	96.4	94.9	94.6	94.7	97.1	99.7
103.8	99.1	96.6	100.5	97.2	94.6	94.5	94.7	96.9	98.9
100.2	98.0	97.8	97.8	97.8	97.8	100.2	99.4	96.7	101.6
94.1	93.4	93.7	90.6	91.5	94.2	91.4	90.9	98.3	102.0
102.3	98.7	96.6	96.4	96.4	96.6	96.6	97.4	97.9	98.4
101.8	96.8	94.8	94.6	95.0	95.8	95.9	97.2	98.2	98.4
102.9	101.1	98.9	98.7	98.2	97.6	97.5	97.7	97.6	98.4
101.2	104.9	102.5	98.4	98.0	100.6	99.4	101.7	103.2	105.5
101.3	105.4	102.6	97.9	97.5	100.4	98.9	101.5	103.2	105.8
100.5	101.1	101.6	101.6	101.3	101.5	103.0	102.6	103.4	103.1
105.3	101.7	100.2	96.2	95.2	95.7	96.2	99.1	99.9	101.5
104.2	100.6	98.7	92.4	92.1	92.4	95.1	98.2	98.9	100.0
102.2	97.4	95.6	89.1	89.0	91.0	93.3	94.2	96.0	99.3
107.8	106.4	104.9	98.6	97.8	95.0	98.7	105.9	104.3	101.1
107.3	104.0	104.2	106.6	103.2	104.4	98.6	101.0	101.9	104.8
110.3	105.8	105.1	108.6	104.3	106.7	98.2	101.8	102.7	106.1
100.7	100.3	102.1	102.4	100.8	99.5	99.6	99.2	100.3	101.8
95.7	113.0	123.8	122.6	124.4	117.4	134.4	116.0	139.2	164.0
95.1	114.8	129.9	126.8	129.9	120.5	141.1	118.9	147.2	175.1
101.9	101.1	100.6	100.3	100.9	100.9	101.1	102.0	102.5	103.8
100.6	108.6	91.5	118.8	104.8	108.2	109.8	103.6	105.0	128.1

5-10 续表 1

商品类别及品名	Commodity Category and Commodity Name	全省 whole province	1 月 January	2 月 February
9.调味品	Flavoring	102.3	103.8	104.0
盐	Salt	100.6	100.5	100.8
酱 油	Soy Sauce	101.7	104.4	104.4
醋	Vinegar	103.6	106.0	106.0
味 精	Aginomoto	105.9	106.5	107.5
其 他	Others	102.6	104.5	104.5
10.糖	Carbohydrate	101.7	99.5	100.2
食 糖	Sugar	102.2	97.9	99.3
糖 果	Sweet	102.1	99.6	100.8
巧克力制品	Chocolate Products	99.8	103.7	100.1
糖类小食品	Little Carbohydr-ate Food	99.9	101.6	101.1
11.茶及饮料	Tea and Beverages	100.4	104.1	102.5
(1)茶 叶	Tea	99.7	100.0	100.5
茶 叶	Tea	99.7	100.0	100.5
(2)饮 料	Beverages	100.9	106.8	103.8
固体饮料	Solid Beverages	103.2	106.6	107.4
液体饮料	Liquid Beverages	99.1	103.0	100.3
冷冻饮品	Frozen Beverages	102.1	113.3	107.1
12.干鲜瓜果	Dried and Fresh Melons and Fruits	105.9	95.1	93.8
鲜 瓜 果	Fresh Fruits	105.9	92.2	90.6
干(坚)果	Dried Fruits	105.7	104.8	104.8
13.糕点饼干	Cake,Biscuit and Bread	101.6	103.5	103.4
糕 点	Cake	101.5	103.1	103.1
饼 干	Biscuit	100.2	101.1	100.9
面 包	Bread	104.2	109.2	109.2
14.液体乳及乳制品	Liquid Milk and Their Products	102.7	109.3	107.4
巴氏杀菌奶或消毒奶	Pasteurization Milk or Disinfection Milk	100.5	104.5	101.4
酸 奶	Leben	99.1	103.2	100.0
奶 粉	Milk Powder	107.0	119.2	119.1
其 他	Others	101.5	103.7	103.8
15.在外用膳食品	Outward Dinner	102.5	108.3	107.4
主 食	Staple Food	103.5	110.4	109.3
炒 菜	Hot Dish	100.8	106.9	106.1
地方小吃	Local Snack	105.9	107.9	107.6
16.其他食品	Other Foods	102.0	104.0	104.0
其他食品	Other Foods	102.0	104.0	104.0
二、烟酒及用品	**Tobacco,Liquor and Their Appliances**	**102.3**	**104.3**	**103.7**
1.烟草	Tobacco	100.7	100.9	101.0
国产卷烟	Domestic Cigarette	100.8	101.0	101.0
进口卷烟	Import Cigarette	101.6	100.3	101.1
其 他	Others	99.5	100.0	100.0
2.酒	Liquor	103.8	107.3	106.0
白 酒	White Spirit	104.1	107.8	106.3
葡 萄 酒	Grape	102.0	103.1	103.1
啤 酒	Beer	103.5	107.4	106.6
其 他	Others	104.4	105.7	101.6
3.吸烟、饮酒用品	Appliances for Sm-oking and Drinking	100.1	100.6	100.6
吸烟用品	Appliances for Smoking	99.9	100.7	100.7
饮酒用品	Appliances for Drinking	100.1	100.5	100.5
三、衣 着	**Clothing**	**96.1**	**97.1**	**96.8**
1.服 装	Garments	95.1	96.6	95.8
(1)男式服装	Men's Garments	95.9	96.5	96.4

continued

(以上年同期价格为100 preceding year=100)									
3 月 March	4 月 April	5 月 May	6 月 June	7 月 July	8 月 August	9 月 September	10 月 October	11月 November	12月 December
104.2	103.6	102.8	102.3	102.2	101.4	101.1	100.9	100.6	101.2
100.6	100.6	100.6	100.7	100.8	100.8	100.8	100.1	99.9	101.1
104.8	103.8	101.3	100.3	100.4	100.8	100.5	100.2	99.7	99.9
106.3	105.5	105.2	104.0	103.1	102.6	101.7	101.5	101.3	101.1
108.9	107.2	106.4	106.5	106.0	103.6	103.6	104.6	104.2	106.0
104.3	104.5	104.5	104.5	104.5	100.2	100.2	100.1	100.1	99.9
99.9	100.8	101.6	101.5	101.6	101.6	102.1	102.6	103.6	105.8
99.1	100.9	102.3	102.1	101.6	101.4	102.5	103.9	105.1	109.9
100.3	100.9	101.9	101.9	102.9	103.2	102.9	102.9	103.9	104.6
100.0	99.3	100.2	100.4	100.1	99.9	98.4	97.7	98.8	99.6
101.1	101.2	98.0	98.0	98.3	97.8	100.7	100.5	100.5	100.3
101.9	100.9	100.0	99.7	100.3	99.5	99.6	99.0	98.7	99.3
101.9	100.9	99.2	99.2	99.2	99.2	99.2	99.2	99.0	99.2
101.9	100.9	99.2	99.2	99.2	99.2	99.2	99.2	99.0	99.2
101.8	100.8	100.5	99.9	101.1	99.7	99.8	98.9	98.5	99.3
104.0	103.9	103.8	102.1	103.4	103.6	102.2	100.7	100.6	100.0
99.8	97.5	97.5	97.3	99.0	98.5	99.0	99.2	99.2	99.6
103.6	104.2	103.2	102.9	103.0	99.2	99.5	97.3	96.0	98.4
97.1	98.4	113.9	119.0	112.0	112.2	105.9	110.6	103.9	112.6
94.9	96.4	116.0	123.4	114.7	114.2	105.5	112.1	103.4	113.0
104.1	104.9	105.2	104.0	103.4	106.5	107.1	106.4	105.5	111.4
102.2	101.4	101.3	100.3	101.6	101.6	101.5	100.6	100.6	101.4
102.7	100.8	100.8	100.0	101.3	101.3	101.4	101.0	100.9	102.3
100.0	100.5	100.2	99.9	100.3	100.3	99.8	99.7	99.6	100.2
105.1	104.3	104.3	101.6	104.6	104.6	104.6	101.4	101.3	101.3
104.6	103.2	102.4	101.7	101.9	101.0	101.1	99.9	100.1	100.6
100.0	100.0	100.6	100.2	100.3	98.7	98.0	100.3	100.5	101.7
97.7	98.3	96.7	98.7	99.2	98.8	98.9	99.2	99.4	99.4
113.2	109.1	106.5	104.2	104.9	104.9	106.2	99.9	100.3	100.3
104.0	103.2	103.1	102.7	101.3	99.4	98.9	99.3	99.3	99.3
106.1	102.9	103.1	101.8	100.6	100.0	100.2	99.8	100.3	100.9
106.9	103.7	104.3	102.0	100.8	100.4	100.8	101.3	101.6	102.3
105.4	101.0	101.4	100.3	98.8	97.7	98.3	97.6	98.1	98.8
106.5	107.1	106.0	106.0	106.0	106.7	104.7	103.4	104.4	104.5
105.3	104.4	104.0	102.0	99.4	99.8	99.6	99.8	100.5	101.2
105.3	104.4	104.0	102.0	99.4	99.8	99.6	99.8	100.5	101.2
102.7	**102.2**	**101.9**	**101.4**	**101.6**	**102.2**	**102.4**	**102.0**	**101.9**	**102.0**
101.1	101.0	100.6	100.0	100.0	100.7	100.7	100.7	100.7	100.7
101.2	101.1	100.7	100.1	100.0	100.8	100.8	100.8	100.8	100.8
101.3	101.2	101.3	101.3	101.3	102.2	102.2	102.2	102.2	102.2
100.0	100.0	100.0	99.1	99.1	99.1	99.1	99.1	99.1	99.1
104.0	103.2	102.9	102.5	102.9	103.6	104.0	103.1	103.0	103.1
105.3	104.0	103.5	103.2	103.2	103.5	104.1	102.8	102.6	103.4
103.1	102.7	102.4	102.5	102.3	102.1	102.1	100.5	100.3	100.0
102.1	101.9	101.9	101.2	102.4	103.6	103.9	104.0	104.0	103.2
101.8	101.9	101.9	103.1	106.0	107.5	106.4	105.9	106.1	105.3
100.2	100.2	100.2	99.8	99.8	99.8	99.5	99.5	99.5	101.1
99.7	99.7	99.7	99.7	99.7	99.7	98.9	98.9	98.9	102.9
100.5	100.5	100.5	99.8	99.8	99.9	99.9	99.9	99.9	100.1
97.7	**96.2**	**96.0**	**96.0**	**95.8**	**95.5**	**95.6**	**95.5**	**95.4**	**95.5**
96.5	95.1	94.9	94.9	94.7	94.6	94.7	94.6	94.5	94.6
96.7	95.7	95.4	95.5	96.0	95.9	95.8	95.8	95.8	95.8

5-10 续表 2

商品类别及品名	Commodity Category and Commodity Name	全省 whole province	1 月 January	2 月 February
大　　衣	Topcoat	93.1	87.9	89.2
毛 线 衣	Woollen Sweater	94.8	96.8	98.4
夹 克 衫	Jacket	93.6	96.0	94.2
衬　　衫	Shirt	92.1	93.3	89.6
T 恤 衫	T-shirt	99.8	98.3	98.4
裤　　子	Trousers	97.7	98.4	98.5
西　　服	Western-style Clothes	97.4	98.9	100.0
运动衫裤	Gym Suit	96.7	91.4	94.4
内　　衣	Underwaist	95.6	99.1	96.9
羽 绒 衣	Eider Down Outerwear	98.1	98.0	99.2
其　　他	Others	96.9	99.4	98.6
(2)女式服装	Women's Garments	93.4	95.7	93.8
大　　衣	Topcoat	90.7	95.0	90.0
毛 线 衣	Woollen Sweater	98.0	97.5	98.4
羽 绒 衣	Eider Down Outerwear	91.6	94.0	94.3
套　　装	Coordinates	89.9	91.9	89.4
衬　　衫	Shirt	100.1	101.0	101.0
T 恤 衫	T-Shiet	97.4	96.5	94.6
裙　　子	Skirt	82.3	91.3	83.5
裤　　子	Trousers	95.3	97.8	97.3
运动衫裤	Gym Suit	109.5	96.9	99.6
内　　衣	Underwaist	93.0	98.8	95.5
其　　他	Others	92.5	98.2	96.3
(3)儿童服装	Children's Garments	97.6	99.0	99.1
套　　装	Coordinates	97.4	99.9	99.9
裤　　子	Trousers	98.5	98.7	99.0
裙　　子	Skirt	96.6	97.9	97.9
其　　他	Others	98.7	97.2	98.2
2.衣着材料	Clothing Materials	100.8	100.4	101.2
棉　　布	Cotton Cloth	100.9	102.3	102.3
棉混纺布	Cotton Textiles Cloth	100.2	100.1	100.1
化 纤 布	Chemical Fiber Cloth	101.5	99.1	101.7
毛　　线	Knitting Wool	99.7	100.6	99.8
3.鞋袜帽	Shoes,Socks and Hats	96.1	96.2	96.9
(1)鞋	Shoes	96.0	96.5	97.3
男　鞋	Men's Shoes	94.3	94.3	94.9
女　鞋	Women's Shoes	97.4	97.0	98.5
童　鞋	Children's Shoes	95.9	99.1	98.7
(2)袜　子	Socks	95.8	94.2	94.4
男　袜	Men's Socks	98.7	94.6	95.0
女　袜	Women's Socks	93.5	93.9	93.9
(3)帽　子	Hats	98.3	94.0	95.3
男　帽	Men's Hats	98.5	89.9	93.2
女　帽	Women's Hats	98.0	97.1	96.8
4.衣着加工服务费	Clothing Manufact- uring Services	105.8	108.9	108.9
缝　纫	Sewing	106.2	110.3	110.3
清　洗	Washing	104.5	105.3	105.3
四、家庭设备用品及维修服务	**Household Facilities, Articles and Services**	**99.6**	**101.7**	**100.7**
1.耐用消费品	Durable Consumer Goods	98.8	101.9	100.9
(1)家　具	Furniture	98.3	103.1	101.2

continued

(以上年同期价格为100 preceding year=100)									
3 月 March	4 月 April	5 月 May	6 月 June	7 月 July	8 月 August	9 月 September	10 月 October	11月 November	12月 December
92.6	89.8	92.4	94.4	95.7	95.7	95.2	95.2	95.3	95.3
94.8	92.7	94.5	94.5	94.6	94.6	94.5	94.1	94.0	94.4
94.5	92.6	92.6	92.6	92.6	93.4	93.4	93.5	93.7	93.7
92.3	90.4	91.0	91.1	93.0	93.0	93.0	93.1	93.0	92.9
98.4	100.4	100.4	100.5	100.2	100.3	100.2	100.1	100.1	100.1
98.5	98.0	97.2	96.4	98.5	97.3	97.1	97.5	97.5	97.5
100.0	100.0	96.5	96.5	96.4	96.3	96.2	96.1	96.1	96.1
98.6	99.7	97.3	97.3	97.4	97.3	97.3	96.9	96.9	96.9
96.5	94.9	94.9	94.9	94.9	94.9	94.9	94.7	95.2	95.0
98.6	97.6	98.1	98.3	98.1	98.2	98.2	97.8	97.5	97.3
97.7	96.0	96.0	96.1	96.1	96.4	96.5	96.5	96.5	96.5
94.6	93.1	93.4	93.3	92.9	92.9	92.9	92.8	92.8	92.9
90.7	89.4	90.1	90.2	90.3	90.2	90.2	90.2	90.2	91.1
99.1	96.4	98.2	98.2	98.2	98.2	98.1	97.7	97.7	97.7
93.1	90.6	90.7	90.8	90.8	90.8	90.8	90.8	90.8	91.3
92.6	89.4	89.4	89.4	89.4	89.4	89.4	89.4	89.3	89.3
101.0	99.9	100.4	100.0	99.6	99.6	99.6	99.6	99.6	99.6
98.2	98.3	97.8	97.8	97.8	97.6	97.8	97.6	97.6	97.6
86.4	84.6	80.9	80.8	80.3	79.8	80.0	80.1	80.2	80.2
95.3	95.6	95.9	95.9	94.5	94.3	94.5	94.0	94.0	94.0
101.1	107.4	113.5	113.5	113.5	114.3	114.3	113.4	114.3	113.4
96.3	93.4	93.4	93.4	91.0	91.0	91.0	91.0	90.7	91.0
95.7	90.6	90.6	90.6	90.6	91.6	91.6	91.6	91.6	91.6
100.6	98.4	97.6	97.6	96.5	96.4	96.5	96.4	96.3	96.4
100.8	97.3	95.6	95.5	95.5	96.9	96.8	96.7	96.7	96.7
101.0	99.9	99.9	99.9	97.8	97.0	97.2	97.2	96.8	97.3
100.0	98.5	98.6	98.7	96.6	94.0	94.4	94.0	94.0	94.0
100.0	100.0	100.0	100.0	98.2	98.2	98.2	98.2	98.2	98.2
101.2	101.1	101.2	100.9	100.9	100.8	100.6	100.3	100.2	100.3
102.3	102.1	100.8	100.5	100.4	100.2	100.1	100.0	100.0	100.0
100.2	100.2	100.2	100.2	100.2	100.1	100.1	100.1	100.1	100.2
101.7	101.7	102.1	102.1	102.1	102.1	102.1	101.2	101.2	101.3
99.9	99.9	101.0	99.9	99.9	99.9	99.1	99.1	98.9	98.7
98.7	96.3	96.1	95.9	95.7	95.4	95.6	95.4	95.3	95.4
99.1	96.3	95.9	95.7	95.5	95.1	95.3	95.1	95.0	95.1
97.5	94.9	94.0	93.9	93.9	93.5	93.7	93.5	93.5	93.5
100.2	97.6	97.2	97.1	97.1	96.7	97.2	97.0	96.7	96.8
99.3	95.8	96.1	95.8	94.9	94.4	93.8	94.0	94.0	94.4
95.3	95.3	96.4	96.4	96.2	96.3	96.3	96.3	96.3	96.3
98.8	98.8	99.9	99.9	99.6	99.6	99.6	99.6	99.6	99.7
92.5	92.5	93.6	93.6	93.5	93.6	93.6	93.6	93.6	93.6
98.9	98.9	98.9	99.1	99.1	98.8	99.1	99.1	99.1	99.1
100.1	100.1	100.1	100.1	100.1	100.1	100.1	100.1	100.1	100.1
98.0	98.0	98.0	98.4	98.4	97.9	98.4	98.4	98.4	98.4
108.9	109.4	108.4	107.4	107.1	102.5	102.5	102.5	102.8	101.0
110.3	110.3	109.0	107.6	107.6	102.4	102.4	102.4	103.2	100.8
105.2	106.9	106.9	106.9	105.6	102.9	102.9	102.9	101.6	101.6
99.9	**100.1**	**100.0**	**99.9**	**99.6**	**99.0**	**98.6**	**98.5**	**98.3**	**98.3**
98.3	99.0	98.9	98.6	98.5	98.2	98.0	98.0	97.7	98.0
96.7	98.5	98.5	97.8	97.8	97.8	97.7	97.3	96.8	97.4

5-10 续表 3

商品类别及品名	Commodity Category and Commodity Name	全省 whole province	1 月 January	2 月 February
柜	Cabinet	98.4	103.4	101.3
床	Bed	98.7	105.5	103.8
桌	Desk	99.5	103.9	102.1
椅	Chair	98.9	103.1	100.6
沙 发	Sofa	97.4	100.9	99.3
其 他	Others	97.2	98.9	98.3
(2)家庭设备	Household Appliances	99.2	100.9	100.5
洗 衣 机	Washing Machine	96.4	100.9	98.2
电 风 扇		100.7	105.5	105.5
电冰箱(柜)	Refrigerator	99.6	99.7	99.6
吸排油烟机	Kitchen Ventilato	102.2	100.4	100.8
空 调 器	Air-conditioning	99.3	101.5	101.3
热 水 器	Water Heater	98.6	100.0	99.9
微 波 炉	Microwave Oven	100.1	100.9	101.4
电 炊 具	Electric Cooking Appliance	97.6	97.8	97.5
2.室内装饰品	Interior Decorations	98.8	100.3	99.2
纺织装饰品	Textile Process Decorations	97.9	99.9	97.3
装饰灯具	Architectural Lamps and Lanterns	99.2	100.9	100.9
其 他	Others	99.8	100.0	99.8
3.床上用品	Bedclothes	96.5	95.1	92.8
毛 毯	Woollen Blanket	97.0	95.9	92.8
被 子	Quilt	97.5	93.0	91.5
床上套件	Bed Articcles	95.5	95.2	93.1
其 他	Others	97.5	98.4	95.7
4.家庭日用杂品	Sundry Articles	101.7	103.6	102.5
茶 具	Tea Set	97.2	101.9	98.5
餐 具	Tableware	101.5	101.0	98.5
厨 具	Kitchen Utensils	102.2	102.4	102.4
家用手工工具	Domestic Handwork Tools	97.8	101.3	97.7
洗涤用品	Washing Articles	104.2	108.2	108.1
其 他	Others	100.7	100.2	100.3
5.家庭服务及加工维修服务	Household Srvice and Manufacturing Upkeep	102.2	102.9	103.9
家庭服务	Household Srvice	100.9	100.3	100.3
加工维修服务	Manufacturing Upkeep	103.6	105.8	107.9
五、医疗保健和个人用品	**Health Care and Personal Articles**	**101.8**	**101.7**	**101.8**
1.医疗保健	Health Care	102.0	101.6	101.8
(1)医疗器具及用品	Medical Facilities and Goods	98.7	95.6	96.0
医疗器具及用品	Medical Facili- ties and Goods	98.7	95.6	96.0
(2)中药材及中成药	Herbs and Ready- made Traditional Chinese Medicine	103.5	100.9	101.7
中 药 材	Herbs	104.7	100.4	101.7
中 成 药	Ready-made Tr-aditional Chin-Medicine	102.1	101.5	101.7
(3)西药	Western Medicine	101.8	102.4	102.6
抗微生物药	Anti-microorga-nism Medicine	102.1	102.6	103.5
消化系统用药	Alimentary Sys- tem Medicine	94.7	99.3	99.5
呼吸系统用药	Respiratory System Medicine	100.7	101.6	102.1
解热镇痛及非甾体抗炎药	Allays a Fever the Analgesia and the Non-steroid Body Ar	108.2	104.9	104.7
抗肿瘤药	Antineoplastic Drug	99.6	99.8	100.3
激素及调节内分泌功能药	Hormone and Adjustment Internal Secretion Function Medicine	99.9	104.3	104.1
循环系统用药	Circulating System Medicine	102.0	100.8	100.9
神经系统用药	Nerve System Medicine	96.3	99.9	98.2
专科用药	Junior Medicine	102.2	109.4	109.9

continued

(以上年同期价格为100 preceding year=100)									
3 月 March	4 月 April	5 月 May	6 月 June	7 月 July	8 月 August	9 月 September	10 月 October	11月 November	12月 December
96.5	98.7	98.6	97.8	97.8	97.8	97.8	97.1	96.4	97.3
96.5	98.3	98.3	98.2	98.2	98.2	98.1	97.2	96.4	96.9
96.6	99.6	99.6	99.4	99.4	99.4	99.4	98.5	97.6	98.3
98.3	98.7	98.8	97.9	97.9	97.9	97.9	98.5	99.0	98.8
96.0	98.1	98.1	97.0	96.7	96.7	96.7	96.4	96.3	96.8
97.5	97.5	97.5	96.5	96.5	96.5	96.6	96.6	96.6	97.5
99.6	99.4	99.2	99.3	99.0	98.4	98.1	98.6	98.3	98.5
96.5	96.3	95.7	95.8	96.1	96.0	94.9	95.4	95.2	95.6
103.8	101.9	100.8	100.7	99.6	98.5	98.6	98.4	97.7	97.7
99.7	99.8	99.8	99.9	100.1	99.4	99.4	99.4	99.0	99.4
101.8	102.3	102.1	103.6	103.5	102.5	102.1	102.3	102.2	102.3
99.4	99.4	99.6	99.6	98.9	98.7	98.2	98.4	98.2	98.1
99.2	98.8	98.9	99.0	98.5	97.1	96.8	98.3	98.9	98.1
100.6	100.5	100.8	100.1	100.1	99.6	99.8	99.1	98.8	99.8
97.1	97.3	97.3	97.1	97.0	96.9	96.5	99.2	98.6	99.1
99.2	99.5	99.5	99.5	99.4	97.5	97.5	98.0	97.9	97.9
97.3	97.4	97.4	97.4	97.4	97.4	97.4	98.6	98.5	98.5
100.9	101.4	101.4	101.4	101.2	96.7	96.6	96.6	96.6	96.6
99.8	99.8	99.8	99.8	99.8	99.8	99.8	99.8	99.8	99.8
97.6	97.9	97.5	97.3	97.4	96.9	96.8	96.4	96.6	96.2
97.8	97.8	97.8	97.8	97.8	97.8	97.8	97.2	97.0	96.7
99.1	99.1	98.3	97.6	98.0	99.7	99.3	97.9	99.5	97.9
96.7	97.4	96.8	96.8	96.8	94.7	94.4	94.7	94.4	94.6
97.6	97.6	97.6	97.6	97.6	97.6	97.6	97.6	97.6	97.6
103.4	102.7	103.1	103.1	102.2	101.2	100.0	99.8	99.6	98.9
101.4	101.4	100.0	97.6	97.5	94.7	94.7	95.0	92.6	91.1
101.0	101.5	101.5	104.8	101.5	101.4	100.6	103.7	103.4	99.0
102.4	102.4	102.9	103.3	103.3	103.3	101.0	100.9	100.9	100.8
97.7	97.9	98.0	98.0	97.9	97.9	96.8	96.8	96.7	96.7
108.7	106.1	107.3	106.1	105.1	102.9	101.2	99.2	99.3	100.1
100.4	100.6	101.0	101.1	100.8	100.8	100.8	100.7	100.6	100.6
102.8	101.6	101.6	102.3	102.4	102.0	101.7	101.5	101.7	102.0
100.6	100.6	100.6	100.6	101.0	101.0	101.0	101.0	101.5	102.2
105.3	102.7	102.7	104.0	103.9	103.2	102.5	102.0	102.0	101.8
101.5	**102.0**	**101.8**	**101.8**	**101.5**	**101.5**	**101.9**	**101.9**	**101.7**	**102.3**
101.6	102.4	102.3	102.2	101.7	101.8	102.2	102.3	102.0	102.6
96.5	96.9	96.9	97.4	98.9	98.8	98.6	100.6	103.0	105.7
96.5	96.9	96.9	97.4	98.9	98.8	98.6	100.6	103.0	105.7
102.3	103.0	102.3	103.2	102.0	103.1	103.6	104.3	107.4	107.5
102.8	102.5	101.3	103.6	101.7	104.3	105.4	107.2	112.4	112.8
101.7	103.5	103.5	102.7	102.3	101.7	101.6	101.1	101.8	101.7
101.5	103.4	103.5	102.6	102.0	101.5	101.2	101.2	99.5	100.4
102.9	103.1	103.1	104.1	102.4	102.3	102.0	102.7	97.1	99.8
95.0	96.5	96.5	93.0	94.7	95.0	95.4	95.5	86.6	90.1
102.8	102.8	102.6	102.2	101.0	100.3	100.2	100.3	96.5	96.3
102.4	112.4	112.4	110.6	108.0	109.1	108.5	108.5	108.1	108.9
101.0	100.4	100.4	100.6	100.8	101.2	99.0	97.1	97.1	97.5
99.9	98.3	98.8	100.2	98.9	98.5	98.1	99.5	98.8	99.7
102.3	102.9	105.1	102.4	104.5	101.1	100.4	100.3	101.6	102.0
98.4	97.2	96.7	96.7	94.8	94.8	94.8	94.0	95.0	95.0
103.9	99.5	99.5	98.1	99.4	97.4	99.2	98.6	107.9	105.0

5-10 续表 4

商品类别及品名	Commodity Category and Commodity Name	全省 whole province	1 月 January	2 月 February
其　　他	Others	115.5	104.9	104.9
(4)保健器具及用品	Healthcare Equip-ment	100.7	100.1	100.1
保健器具	Health Protection Equipment	100.9	100.2	100.6
滋补保健用品	Tonic and Health Products	100.5	100.0	99.9
(5)医疗保健服务	Health Care Services	101.8	101.7	101.7
挂 号 费	Registration	100.7	100.4	100.4
注 射 费	Injection Expenses	102.1	102.7	102.7
检 查 费	Examination Expenses	104.0	103.0	103.0
手 术 费	Operation Exp- enses	103.4	103.2	103.2
住 院 费	Hospitalization Expenses	100.0	100.0	100.0
理 疗 费	Physiotherapy Expenses	100.8	101.3	101.3
化 验 费	Analysis Expenses	100.8	100.0	100.0
其　　他	Others	100.0	100.0	100.0
2.个人用品及服务	Personal Articles and Services	101.2	102.0	101.7
(1)化妆美容用品	Cosmetics	101.0	101.8	101.5
化妆美容器具	Cosmetics App- liances	101.5	100.7	101.3
美容化妆品	Facial Beautifiers	99.9	100.7	100.7
护肤品	Protects Skin Products	101.7	102.9	102.0
护发美容品	Protects Sends the Beauty Products	101.7	102.8	102.2
(2)清洁化妆用品	Cleaning Toiletw-are	100.9	102.4	102.1
洗发用品	Hairdressing Articles	100.9	101.2	101.2
洗浴用品	Bathing Articles	100.8	101.7	101.2
其　　他	Others	101.0	105.7	105.6
(3)个人饰品	Personal Decoraions	99.6	99.0	99.1
首　　饰	Ornaments	101.5	95.7	97.3
皮　　件	Leather Appliance	98.2	100.1	98.4
手　　表	Watch	101.8	103.7	103.0
领　　带	Necktie	95.6	100.2	100.2
其　　他	Others	100.0	100.0	100.0
(4)个人服务	Personal Services	102.6	103.9	103.3
美　　容	Cosmetology	100.2	101.7	100.0
理(烫)发	Haircut (perm-naent wave)	102.4	102.6	101.9
洗　　浴	Bathe	105.2	109.2	110.0
其　　他	Others	104.2	105.7	105.7
六、交通和通信	**Transportation and Communication**	**98.9**	**100.2**	**99.8**
1.交通	Transportation	100.2	102.9	102.2
(1)交通工具	Transportation Facility	102.1	105.4	105.4
摩 托 车	Motorcycle	102.8	108.8	107.9
自 行 车	Bicycle	102.5	104.7	105.7
轿　　车	Car	97.6	97.7	97.5
其　　他	Others	101.4	102.9	102.2
(2)车用燃料及零配件	Fuels and Parts	91.2	91.9	90.0
汽　　油	Gasoline	88.1	85.8	83.9
柴　　油	Diesel Oil	86.3	88.2	84.9
零 配 件	Parts	101.6	103.5	103.0
其　　他	Others	101.3	104.8	104.5
(3)车辆使用及维修费	Using and Upkeep Fare	100.0	99.4	99.6
驾 驶 证	Driving License	96.3	99.6	98.9
保 险 费	Insurance Exp-enses	97.4	95.0	96.4
停 车 费	Parking Expen-ses	105.9	106.7	106.7

continued

(以上年同期价格为100 preceding year=100)

3 月 March	4 月 April	5 月 May	6 月 June	7 月 July	8 月 August	9 月 September	10 月 October	11月 November	12月 December
110.8	125.6	121.9	120.9	117.3	115.7	115.6	115.6	116.0	116.1
100.2	100.2	100.0	100.1	100.1	100.6	100.8	101.2	101.3	103.2
100.6	100.6	100.6	101.0	101.0	101.0	101.4	101.4	101.4	101.4
99.9	99.9	99.7	99.6	99.6	100.4	100.4	101.1	101.2	104.2
101.6	101.6	101.6	101.6	101.5	101.6	102.9	102.6	101.7	101.8
100.0	100.0	100.0	100.0	100.0	101.7	101.7	101.5	101.5	101.5
102.7	102.7	102.7	102.7	102.1	102.1	102.1	102.1	100.0	100.0
103.0	103.0	103.0	103.0	103.1	103.1	107.7	105.5	105.5	105.5
103.2	103.2	103.2	103.2	103.2	103.2	105.4	105.4	102.2	102.2
100.0	99.9	99.9	99.9	99.9	99.9	99.9	99.9	100.0	100.0
101.3	101.3	101.0	100.8	100.6	100.1	100.1	100.1	100.1	102.1
100.0	100.0	100.0	100.0	100.0	100.0	101.8	101.8	103.3	103.3
100.0	100.0	100.0	100.0	100.0	100.0	100.0	100.0	100.0	100.0
101.4	101.1	100.5	100.8	101.2	100.9	101.1	100.8	101.0	101.6
101.5	101.7	101.1	101.4	100.9	100.9	100.2	100.0	100.0	100.9
102.3	102.3	101.9	102.0	101.6	101.3	101.3	101.3	101.2	101.2
100.7	100.9	99.5	100.3	99.4	99.4	98.9	98.6	98.5	101.0
102.1	102.4	102.4	102.4	102.2	102.1	100.5	100.2	100.4	100.4
101.5	101.7	101.7	101.5	101.1	101.8	101.8	101.6	101.4	101.3
102.0	100.6	101.0	100.1	102.4	100.7	100.6	100.2	99.5	99.7
102.1	100.7	101.0	102.7	102.4	101.6	100.1	99.5	99.2	99.8
101.6	99.6	98.4	99.5	102.9	102.7	102.0	101.3	99.8	99.6
102.3	102.1	105.3	96.3	101.4	95.8	99.1	99.7	99.7	99.7
97.9	97.7	96.3	98.3	98.1	99.0	100.6	101.0	103.9	105.1
95.6	95.0	94.8	98.9	98.8	100.4	104.6	105.7	114.8	119.2
96.8	96.8	96.8	98.5	98.5	98.6	98.5	98.5	98.5	98.5
103.0	103.0	103.0	103.0	102.4	101.8	100.0	100.0	99.6	99.3
100.2	100.2	92.1	92.1	92.1	93.7	95.8	95.8	93.6	91.9
100.0	100.0	100.0	100.0	100.0	100.0	100.0	100.0	100.0	100.0
103.6	103.5	102.9	102.8	102.8	102.4	102.3	101.8	100.8	101.0
100.0	100.0	100.0	100.0	100.0	100.0	100.0	100.0	100.0	100.6
103.6	103.6	102.4	102.4	102.4	102.1	101.8	101.8	101.8	101.8
106.9	106.6	106.2	105.8	105.8	104.5	104.5	104.5	99.8	99.8
105.7	105.7	105.7	105.7	105.7	105.7	105.7	100.2	100.0	100.0
99.5	**99.5**	**99.1**	**98.7**	**98.6**	**98.3**	**98.4**	**98.0**	**97.8**	**98.7**
101.6	101.4	100.9	100.1	99.7	98.9	99.0	98.3	98.3	99.5
105.2	104.5	103.5	102.0	101.2	100.6	100.4	99.3	98.8	99.1
107.5	106.6	104.0	101.5	101.5	101.3	101.6	98.7	97.5	98.0
105.5	104.8	104.7	103.6	101.8	100.5	99.9	99.9	99.7	99.7
97.4	97.6	97.5	97.5	97.5	98.1	97.4	97.0	97.7	98.6
102.2	101.7	101.3	100.9	100.9	100.9	100.9	100.9	100.9	101.4
89.1	90.7	91.7	91.6	91.8	89.1	90.6	89.4	91.0	97.3
85.3	88.3	88.7	88.2	88.3	85.2	87.9	86.2	90.0	98.9
81.1	82.6	85.9	87.3	88.9	85.0	86.2	85.5	85.9	93.0
103.0	102.5	101.3	101.2	101.2	101.2	101.2	100.4	100.2	100.6
102.0	103.2	102.2	101.7	101.3	100.8	100.8	98.3	98.1	99.0
99.1	98.4	98.1	98.3	99.8	101.3	101.5	101.5	101.4	101.0
96.5	93.6	91.6	91.4	92.6	97.9	99.1	99.1	98.6	96.6
96.4	96.4	97.1	97.1	97.1	98.6	98.6	98.6	98.6	98.6
106.7	106.7	106.7	110.9	107.0	103.9	103.9	103.9	103.9	103.9

5-10 续表 5

商品类别及品名	Commodity Category and Commodity Name	全省 whole province	1 月 January	2 月 February
车辆修理服务费	Vehicle Upkeep Service fare	103.0	101.2	101.2
其　　他	Others	100.8	101.6	101.6
(4)市区公共交通费	Incity Traffic Fare	102.8	102.5	100.4
公共汽车票	Bus Ticket	102.2	102.4	102.0
出租汽车	Taxi	101.2	103.9	103.2
其　　他	Others	107.0	100.0	92.0
(5)城市间交通费	Intercity Traffic Fare	102.4	107.7	105.6
飞 机 票	Airplane Ticket	90.3	75.5	75.5
火 车 票	Train Ticket	100.0	100.0	100.0
长途汽车	Intertown Bus	102.9	109.5	107.0
其　　他	Others	100.6	101.3	101.3
2.通信	Communication	97.0	96.5	96.5
(1)通信工具	Communication Facility	91.3	90.5	90.8
固定电话机	Telephone	98.0	96.0	97.1
移动电话机	Mobile Phone	86.8	85.7	85.6
其　　他	others	92.0	95.4	95.2
(2)通信服务	Communication Service	99.5	98.9	98.9
移动通信费	Mobile Comm-unication Fee	97.5	94.9	94.9
市内电话费	Incity Telephone Fee	100.0	100.0	100.0
长途电话费	Long Distance Call Fee	100.0	100.0	100.0
月租费	Month Hiring Fee	100.0	100.0	100.0
上网费	Net Play Fee	101.2	102.8	102.8
信件邮寄	Letter Post	100.0	100.0	100.0
包裹邮寄	Package Post	100.1	100.1	100.1
其　　他	Others	100.0	100.0	100.0
七、娱乐教育文化用品及服务	**Recreation,Education and Culture Articles**	**102.3**	**104.2**	**104.2**
1.文娱用耐用消费品及服务	Durable Consumer Goods for Cultural and Recreational Use and Service	97.8	99.6	99.4
电 视 机	Television	95.3	98.2	98.6
激光视盘机	Laser Video Disc Machine	100.2	99.3	98.9
摄 像 机	Pickup Camera	95.9	100.3	95.9
照 相 机	Camera	100.6	102.9	102.3
家用音响	Acoustic Equipment	101.7	102.8	102.4
便携式音响	Portable Acoustics	95.8	98.2	96.0
电　　脑	Computer	99.8	99.9	99.4
修理服务	Repair Service	105.5	107.3	108.3
其　　他	Others	98.0	97.4	97.6
2.教育	Education	103.5	105.8	105.8
(1)教材及参考书	Teaching Materials and Reference Books	101.3	101.3	101.4
工 具 书	Tool Book	100.4	100.7	100.7
教　　材	Teaching Material	102.6	102.9	103.2
参 考 书	Reference Book	99.6	98.6	98.7
教育软件	Educational Software	99.2	98.9	99.1
(2)学杂托幼费	Tuition and Child Care	103.9	106.6	106.6
义务教育杂费	Incidental Expe- nses of Compul-cory Education	100.0	100.0	100.0
非义务教育学杂费	Tuition of Non-compulsory Education	100.0	100.0	100.0
技能培训学费	Skill Train Tuition	99.9	100.0	100.0
托 幼 费	Child Care	121.0	139.0	139.0
其　　他	Others	100.3	101.2	101.2
3.文化娱乐类	Recreation and Culture	101.6	101.7	101.8
(1)文化娱乐用品	Culture Articles	101.2	101.2	101.4

continued

(以上年同期价格为100 preceding year=100)

3 月 March	4 月 April	5 月 May	6 月 June	7 月 July	8 月 August	9 月 September	10 月 October	11月 November	12月 December
101.2	101.2	101.2	101.2	104.8	104.8	104.8	104.8	104.8	104.8
101.6	101.6	101.6	101.6	100.0	100.0	100.0	100.0	100.0	100.0
102.5	101.6	101.3	101.3	104.3	103.9	103.9	103.9	103.9	103.9
102.4	102.4	102.4	102.4	102.4	102.0	102.0	102.0	102.0	102.0
103.9	101.4	100.7	100.7	100.7	100.0	100.0	100.0	100.0	100.0
100.0	100.0	100.0	100.0	115.6	115.6	115.6	115.6	115.6	115.6
103.1	103.1	103.2	102.9	101.6	100.7	100.2	100.2	100.2	100.6
75.5	75.5	100.0	100.0	100.0	100.0	100.0	100.0	100.0	100.0
100.0	100.0	100.0	100.0	100.0	100.0	100.0	100.0	100.0	100.0
103.8	103.8	103.8	103.4	101.9	100.9	100.3	100.3	100.3	100.7
101.3	101.3	101.3	101.3	100.0	100.0	100.0	100.0	100.0	100.0
96.5	96.9	96.6	96.8	97.1	97.4	97.5	97.8	97.3	97.6
90.7	91.7	90.9	91.7	91.5	91.1	91.6	92.3	90.8	92.0
97.6	97.3	97.3	97.2	96.9	97.4	98.2	100.4	100.4	100.2
85.2	86.8	85.7	87.5	87.4	87.6	87.6	87.6	86.2	88.6
94.9	97.8	95.4	95.2	95.2	88.2	90.0	90.0	82.7	82.7
99.0	99.0	99.0	99.0	99.5	100.1	100.1	100.1	100.1	100.0
95.7	95.7	95.7	95.7	97.7	100.0	100.0	100.0	100.0	100.0
100.0	100.0	100.0	100.0	100.0	100.0	100.0	100.0	100.0	100.0
100.0	100.0	100.0	100.0	100.0	100.0	100.0	100.0	100.0	100.0
100.0	100.0	100.0	100.0	100.0	100.0	100.0	100.0	100.0	100.0
101.0	101.0	101.0	101.0	101.0	101.0	101.0	101.0	101.0	100.0
100.0	100.0	100.0	100.0	100.0	100.0	100.0	100.0	100.0	100.0
100.1	100.1	100.1	100.1	100.1	100.1	100.1	100.1	100.1	100.1
100.0	100.0	100.0	100.0	100.0	100.0	100.0	100.0	100.0	100.0
103.6	**103.6**	**103.5**	**103.3**	**103.4**	**103.0**	**99.7**	**99.6**	**99.5**	**99.6**
98.2	98.3	98.1	97.9	97.9	97.4	96.8	96.3	96.4	96.7
95.9	96.1	95.2	94.9	94.4	94.0	93.9	93.7	93.8	94.2
98.9	100.8	100.4	101.1	103.3	101.8	99.6	99.0	99.6	99.7
95.9	95.6	95.7	95.6	96.0	95.7	95.5	94.7	94.8	94.7
104.0	102.4	102.3	101.3	101.1	99.5	98.6	97.9	97.4	98.0
102.4	103.0	103.0	103.0	102.8	102.1	100.6	99.5	99.3	99.5
95.4	95.4	95.6	95.1	95.8	95.8	95.8	95.6	95.9	95.2
99.5	98.8	100.1	100.2	100.3	100.2	99.7	99.7	99.7	99.7
108.2	108.5	109.0	106.6	107.1	106.5	104.2	99.7	100.2	101.8
97.6	97.6	97.6	97.6	97.6	97.1	99.0	99.0	99.0	99.0
105.2	105.3	105.2	105.1	105.2	104.9	100.2	100.2	100.1	100.1
101.6	101.7	101.8	101.8	102.0	102.3	100.5	100.5	100.5	100.5
100.7	100.7	100.7	100.7	100.1	100.3	100.3	99.9	99.9	99.9
103.5	103.7	103.7	103.7	103.9	104.1	100.8	100.8	100.8	100.8
98.5	98.5	98.9	98.9	99.9	100.5	100.7	100.7	100.7	100.7
99.1	99.3	99.3	99.3	99.3	99.3	99.3	99.3	99.3	99.3
105.9	105.9	105.8	105.7	105.8	105.4	100.1	100.1	100.1	100.1
100.0	100.0	100.0	100.0	100.0	100.0	100.0	100.0	100.0	100.0
100.0	100.0	100.0	100.0	100.0	100.0	100.0	100.0	100.0	100.0
100.0	100.0	100.0	100.0	100.0	99.7	99.7	99.7	99.7	99.7
134.1	134.1	133.4	132.8	133.4	130.6	100.9	100.9	100.7	100.7
100.0	100.0	100.0	100.0	100.2	100.2	100.2	100.2	100.2	100.2
101.8	101.9	101.9	101.6	101.6	101.7	101.5	101.5	101.1	101.4
101.5	101.6	101.6	101.1	101.2	101.2	101.1	101.0	100.3	100.8

5-10 续表 6

商品类别及品名	Commodity Category and Commodity Name	全省 whole province	1 月 January	2 月 February
乐 器	Musical Instru-ment	105.6	102.2	107.1
音响光盘和磁带	Audio,Disk and Tape	100.1	100.3	100.3
照相胶卷和存储卡	Roll Film and M-emorizing Card	99.8	99.7	99.7
录像磁带和视盘	Video Tape and Disk	100.0	100.0	100.0
儿童玩具	Children's Toy	97.8	97.7	97.7
纸张本册	Paper and Volume	103.2	103.8	103.7
文 具	Stationery	101.8	102.7	102.7
体育用品	Sports Goods	101.9	102.2	102.2
其 他	Others	101.8	100.0	100.0
(2)书报杂志	Books,Newspapers,Magazines	103.2	103.3	103.3
书 籍	Books	100.2	100.2	100.2
报 纸	Newspapers	104.5	104.5	104.5
杂 志	Magazines	107.9	108.3	108.2
(3)文娱费	Expenditure of Culture and Rec-reation	100.3	100.5	100.5
电 影 票	Film Ticket	100.0	100.0	100.0
景点门票	Scene Spot ticket	101.2	103.1	102.9
有线电视	Cable Television	100.4	100.7	100.7
健身活动	Exercise	99.2	98.4	98.4
其 他	Others	100.0	100.0	100.0
4.旅游	Tourism	102.0	105.1	104.4
旅行社收费	Travel Agency Charge	102.8	108.0	106.4
宾馆住宿	Guesthouse Stay	101.6	103.8	103.2
其他住宿	Other Stay	101.7	104.1	104.1
八、居住	**Residence**	**99.0**	**105.7**	**104.8**
1.建房及装修材料	Building and Building Decoration Materials	99.1	105.9	104.9
木 材	Wood	98.7	100.0	100.3
木 地 板	Wood Floor	96.2	101.1	98.3
砖	Brick	102.1	110.8	111.7
水 泥	Cement	97.1	113.2	109.4
涂 料	Coating Material	98.6	103.1	102.3
胶 合 板	Plywood	99.0	104.7	102.8
玻 璃	Glass	95.8	100.7	96.8
粘 胶	Rayon	99.0	101.2	101.9
油 漆	Paint	98.6	102.1	102.5
其 他	Others	103.0	106.2	106.0
2.租房	Renting	98.1	100.6	100.6
公房房租	Public House Rent	100.3	100.7	100.7
私房房租	Private House Rent	96.3	99.9	99.9
其他费用	Other Fare	101.0	102.2	102.2
3.自有住房	Private Housing	99.2	105.1	103.8
房屋贷款利率	Houses Loans Int-erest Rate	89.5	88.1	89.6
物业管理费用	Property Manage- ment Fee	100.5	106.5	100.0
维护修理费用	Upkeep and Repair Fee	100.3	108.3	106.4
其 他	Others	109.3	111.1	111.1
4.水、电、燃料	Water,Electricity and Fuels	99.0	105.8	105.0
水	Water	102.7	102.0	102.0
电	Electricity	100.0	100.0	100.0
液化石油气	Liquefiled Petrol-eum Gas	77.3	82.0	78.7
管道燃气	Pipelined Gas	100.3	102.4	101.2
其他燃料	Other Fuels	104.3	121.9	121.0

continued

(以上年同期价格为100 preceding year=100)

3 月 March	4 月 April	5 月 May	6 月 June	7 月 July	8 月 August	9 月 September	10 月 October	11月 November	12月 December
106.9	106.9	106.9	106.9	105.4	105.3	105.3	105.3	104.3	104.9
100.3	100.3	100.3	100.2	100.1	100.0	100.0	100.0	100.0	100.0
99.7	99.7	99.7	99.7	99.7	99.7	99.7	99.7	99.7	100.9
100.0	100.0	100.0	100.0	100.0	100.0	100.0	100.0	100.0	100.0
97.7	97.7	97.7	96.4	97.8	97.8	97.8	97.8	97.9	100.2
103.9	104.2	104.2	103.5	103.5	103.5	103.5	103.0	100.7	100.5
102.7	103.0	102.7	101.8	101.8	101.5	101.1	101.0	100.3	100.5
102.2	102.3	102.2	101.5	101.5	102.3	102.3	102.2	101.1	101.0
100.0	101.3	102.6	102.6	102.6	102.6	102.6	102.6	102.6	102.6
103.3	103.3	103.3	103.3	103.2	103.2	103.2	103.2	103.2	103.2
100.2	100.2	100.2	100.3	100.1	100.1	100.1	100.2	100.2	100.2
104.5	104.5	104.5	104.5	104.5	104.5	104.5	104.5	104.5	104.5
108.1	107.9	107.9	107.9	107.9	107.9	107.9	107.9	107.9	107.9
100.5	100.4	100.3	100.3	100.5	100.5	100.1	100.1	100.1	100.1
100.0	100.0	100.0	100.0	100.0	100.0	100.0	100.0	100.0	100.0
102.9	101.1	100.6	100.6	100.6	100.6	100.6	100.6	100.6	100.6
100.7	100.7	100.7	100.7	100.7	100.7	100.0	100.0	100.0	100.0
98.4	98.4	98.4	98.4	100.0	100.0	100.0	100.0	100.0	100.0
100.0	100.0	100.0	100.0	100.0	100.0	100.0	100.0	100.0	100.0
104.6	104.0	104.0	101.9	101.2	99.4	99.8	100.0	100.0	100.1
107.3	105.2	105.2	104.9	103.5	97.5	98.6	99.3	99.3	99.8
103.2	103.2	103.2	100.5	100.5	100.5	100.5	100.5	100.5	100.5
104.1	104.1	104.1	100.8	100.0	100.0	100.0	100.0	100.0	100.0
103.2	**101.4**	**99.1**	**95.7**	**95.1**	**95.4**	**96.0**	**96.6**	**97.4**	**99.6**
103.0	101.9	99.7	95.6	95.0	95.4	96.1	96.9	97.6	98.5
99.8	98.9	98.4	97.7	97.7	97.6	97.8	97.8	98.2	99.8
97.4	97.1	94.7	94.7	94.7	94.6	95.1	95.9	95.9	95.9
108.2	106.1	103.0	100.0	97.8	97.2	97.2	97.1	99.3	99.8
106.1	103.8	98.9	86.7	87.1	89.8	92.4	94.8	95.4	94.7
101.9	100.8	99.4	97.2	96.7	96.2	95.6	96.4	96.4	97.3
99.8	99.3	98.9	97.4	97.9	97.8	97.7	97.9	96.9	97.3
95.8	96.8	96.3	93.6	91.6	92.8	93.6	94.7	96.7	100.3
101.7	101.3	101.0	97.1	97.2	97.0	96.5	96.5	96.5	100.1
101.6	101.5	100.4	97.4	96.6	95.9	95.8	96.3	96.3	98.0
104.6	104.6	100.9	99.7	99.6	99.6	102.0	104.5	104.5	104.6
100.6	100.6	100.5	100.0	98.0	95.5	95.5	95.5	95.5	95.6
100.7	100.7	100.4	100.2	100.2	100.0	100.0	100.0	100.0	100.2
99.9	99.9	99.8	99.7	96.4	92.4	92.4	92.4	92.4	92.4
102.2	102.2	102.2	100.0	100.0	100.0	100.0	100.0	100.0	100.7
102.7	100.9	99.6	97.8	97.2	96.2	96.6	96.8	97.0	97.5
89.6	89.6	89.6	87.7	87.7	87.7	87.9	88.7	91.5	96.9
100.0	100.0	100.0	100.0	100.0	100.0	100.0	100.0	100.0	100.0
104.9	102.4	100.8	98.8	97.9	96.7	97.1	97.1	97.6	97.2
111.1	111.1	111.1	111.1	111.1	111.1	111.1	111.1	101.8	100.0
103.8	100.9	98.1	95.2	94.7	95.3	95.8	96.3	97.3	101.6
102.0	103.7	103.7	104.0	103.9	102.9	102.0	102.0	102.0	102.0
100.0	100.0	100.0	100.0	100.0	100.0	100.0	100.0	100.0	100.0
73.7	73.9	68.2	66.3	66.2	69.4	75.8	81.9	90.1	107.6
100.0	100.0	100.0	100.0	100.0	100.0	100.0	100.0	100.0	100.0
119.6	110.3	105.0	98.5	97.4	97.8	97.1	96.4	96.1	101.4

5-11 居民消费价格(环比)指数(2009年)

商品类别及品名	Commodity Category and Commodity Name	1 月 January	2 月 February	3 月 March
居民消费价格总指数	**General Consumer Price Index**	**101.1**	**100.2**	**99.7**
非食品价格指数	**No-food**	**99.6**	**99.7**	**99.9**
服务项目价格指数	**Services**	**100.2**	**100.0**	**100.0**
工业品价格指数	**Industrial Products**	**99.3**	**99.6**	**99.8**
扣除食品和能源价格指数	**Deducting Foods and Energy**	**99.9**	**99.8**	**99.9**
扣除鲜菜鲜果总指数	**Deducting Fresh,Vegetables and Fruits**	**100.0**	**99.7**	**99.7**
消费品价格指数	**Consumer Goods**	**101.3**	**100.2**	**99.7**
一、食　品	**Food**	**104.6**	**101.2**	**99.4**
1.粮　食	Grain	99.9	101.3	101.3
大　米	Rice	100.2	101.5	101.5
面　粉	Flour	100.2	102.1	102.2
粮食制品	Grain Products	99.8	100.6	100.5
其　他	Others	98.0	100.2	101.1
2.淀　粉	Starches	100.3	100.9	101.5
淀　粉	Starches	100.3	100.9	101.5
3.干豆类及豆制品	Beans and Beans Products	100.0	99.3	99.2
干　豆	Beans	98.6	100.1	99.1
豆制品	Beans Products	100.5	99.0	99.3
4.油　脂	Oil and Fat	98.9	99.1	98.5
食用植物油	Edible Vegetable Oil	98.7	99.0	98.7
植物油制品	Plant Oil Products	99.2	99.7	98.3
其　他	Others	100.2	97.9	96.2
5.肉禽及其制品	Meal,Poultry and Their Products	103.4	98.6	95.6
(1)食用畜肉及副产品	Edible Livestock Meat and Their By-products	105.3	98.0	92.7
猪　肉	Pork	107.7	97.2	89.3
牛　肉	Beef	100.8	99.6	99.5
羊　肉	Mutton	100.7	100.3	99.2
畜肉副产品	Livestock Meat By-products	102.4	98.1	96.9
其　他	Others	101.6	99.5	97.6
(2)禽	Poultry	101.2	99.2	100.0
鸡	Chicken	101.1	99.2	100.6
鸭	Duck	99.4	100.6	98.9
其　他	Others	103.2	98.5	97.5
(3)加工肉禽	Meal and Poultry Processing Products	100.6	99.5	99.5
畜肉制品	Livestock Meat Products	100.6	99.2	99.3
禽 制 品	Poultry Products	100.6	99.9	100.0
6.蛋	Eggs	101.7	98.9	99.7
鲜　蛋	Fresh Eggs	101.9	98.8	99.7
蛋制品	Egg Products	100.2	99.9	99.4
7.水产品	Aquatic Product	104.5	100.1	99.8
(1)鱼	Fish	102.1	99.1	99.6
淡水鱼	Freshwater Fish	99.9	98.5	100.6
海水鱼	Seawater Fish	104.3	99.6	98.6
(2)其他水产品	Other Aquatic Product	107.6	101.4	100.0
虾蟹类	Shrimp and Crab	109.7	101.7	100.7
其　他	Others	102.8	100.7	98.2
8.菜	Vegetable	133.0	108.2	100.3
鲜　菜	Fresh Vegetable	138.4	108.8	100.1
干菜及菜制品	Dried Vegetable and Vegetable Products	99.0	100.6	99.6
薯　类	Potato	107.3	109.8	106.7

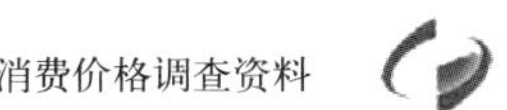

Consumer Price Indices(2009)

(以上月价格为100 preceding year=100)

4 月 April	5 月 May	6 月 June	7 月 July	8 月 August	9 月 September	10 月 October	11月 November	12月 December
99.9	**99.7**	**99.2**	**99.9**	**100.3**	**100.5**	**99.7**	**100.4**	**101.5**
99.9	**99.9**	**100.0**	**100.0**	**100.0**	**100.1**	**100.1**	**100.1**	**100.1**
100.2	**100.0**	**99.9**	**100.2**	**100.1**	**99.9**	**100.0**	**100.0**	**100.0**
99.8	**99.8**	**100.0**	**99.9**	**100.0**	**100.2**	**100.2**	**100.2**	**100.2**
99.9	**99.9**	**99.9**	**99.9**	**100.0**	**100.0**	**100.1**	**100.0**	**100.0**
99.8	**99.9**	**100.0**	**100.0**	**100.2**	**100.2**	**100.1**	**100.1**	**100.5**
99.8	**99.6**	**99.0**	**99.8**	**100.3**	**100.7**	**99.6**	**100.5**	**101.9**
99.9	**99.2**	**97.6**	**99.6**	**100.8**	**101.5**	**98.5**	**101.1**	**104.7**
100.0	100.7	100.3	100.1	100.4	101.6	101.5	101.5	102.0
100.3	100.6	101.0	100.9	101.3	102.5	102.0	102.9	103.7
100.3	101.3	99.8	99.4	100.1	101.4	101.6	101.6	101.7
99.5	100.4	100.2	100.1	100.0	100.5	100.5	100.6	100.8
99.5	100.4	100.2	100.3	100.2	104.2	104.1	101.0	102.8
100.1	100.1	100.3	100.2	100.0	101.9	102.0	100.2	100.3
100.1	100.1	100.3	100.2	100.0	101.9	102.0	100.2	100.3
98.7	100.2	99.6	99.8	99.9	100.8	100.7	101.8	101.8
99.0	101.2	100.7	99.9	100.5	102.4	101.5	105.3	104.8
98.6	99.9	99.2	99.7	99.7	100.2	100.3	100.3	100.4
98.9	100.7	99.6	100.2	99.6	97.8	99.2	102.0	105.0
99.4	101.1	99.5	100.0	99.7	97.3	99.3	102.2	103.1
96.9	99.0	101.2	100.5	98.5	98.6	98.7	100.7	117.7
97.5	97.8	98.5	103.0	100.3	102.1	98.6	101.4	104.9
96.8	97.7	100.2	101.7	102.5	101.8	99.6	100.0	102.8
94.7	96.3	100.5	104.0	104.1	102.7	99.1	99.8	104.4
92.1	94.6	100.4	106.7	106.7	103.6	98.5	99.4	106.0
99.5	99.7	100.1	100.2	100.2	100.2	99.4	101.5	101.1
99.5	100.2	100.7	100.1	100.1	100.1	101.0	100.3	101.1
97.3	96.5	100.8	100.2	100.6	103.2	99.6	99.7	103.8
98.3	97.5	101.0	101.1	101.3	103.2	100.3	100.6	102.7
100.9	100.5	99.8	96.8	100.7	101.1	100.6	100.0	101.1
101.0	100.6	99.9	95.7	100.7	101.6	100.9	99.7	101.0
100.7	100.6	100.6	100.3	99.7	100.1	100.0	100.2	100.1
100.0	100.1	98.1	100.6	101.6	99.1	99.5	101.7	102.2
98.9	98.8	99.8	100.2	100.3	100.1	100.3	100.3	100.3
98.8	98.4	99.7	100.4	100.4	100.3	100.4	100.3	100.3
99.1	99.6	99.9	99.8	100.2	99.9	100.0	100.2	100.3
104.3	101.4	99.2	97.6	105.3	102.7	96.5	97.0	101.0
104.8	101.5	99.1	97.3	105.9	102.9	96.0	96.6	101.2
100.2	100.5	99.7	99.9	100.5	101.1	100.3	100.2	100.1
100.6	101.1	101.0	98.3	98.4	98.5	100.4	99.6	101.4
101.7	101.2	101.6	99.8	99.5	99.0	99.2	99.6	100.8
102.5	103.0	100.9	99.7	99.0	99.7	98.3	98.9	99.9
101.0	99.4	102.3	100.0	100.0	98.4	100.1	100.4	101.7
99.1	101.0	100.2	96.4	97.1	97.8	102.1	99.5	102.1
98.8	102.0	100.8	95.4	95.9	97.4	102.7	99.2	102.8
100.0	98.4	98.7	98.9	99.9	98.9	100.4	100.3	100.2
97.4	89.9	84.0	101.9	108.8	109.5	88.5	109.1	125.5
96.9	88.2	82.0	102.8	110.3	110.9	87.4	110.4	128.1
99.2	99.4	100.5	100.0	100.5	100.5	100.1	100.8	102.0
108.7	111.9	92.5	90.1	97.1	98.8	89.6	98.1	116.9

5-11 续表 1

商品类别及品名	Commodity Category and Commodity Name	1 月 January	2 月 February	3 月 March
9.调味品	Flavoring	100.1	100.4	100.0
盐	Salt	100.0	100.3	99.9
酱 油	Soy Sauce	100.5	100.2	100.3
醋	Vinegar	100.0	100.4	100.2
味 精	Aginomoto	99.7	101.0	100.4
其 他	Others	99.9	100.3	99.2
10.糖	Carbohydrate	99.8	100.7	100.0
食 糖	Sugar	99.0	100.8	100.0
糖 果	Sweet	100.2	101.1	100.0
巧克力制品	Chocolate Products	100.2	99.5	100.0
糖类小食品	Little Carbohydr-ate Food	99.9	100.3	100.3
11.茶及饮料	Tea and Beverages	100.0	99.8	100.5
(1)茶 叶	Tea	99.9	100.0	100.4
茶 叶	Tea	99.9	100.0	100.4
(2)饮 料	Beverages	100.0	99.6	100.5
固体饮料	Solid Beverages	100.7	99.9	99.6
液体饮料	Liquid Beverages	99.8	100.0	99.9
冷冻饮品	Frozen Beverages	99.9	98.4	102.4
12.干鲜瓜果	Dried and Fresh Melons and Fruits	104.8	104.1	100.2
鲜 瓜 果	Fresh Fruits	106.1	105.3	100.4
干(坚)果	Dried Fruits	100.4	99.7	99.8
13.糕点饼干	Cake,Biscuit and Bread	100.5	99.9	100.4
糕 点	Cake	100.4	99.8	100.8
饼 干	Biscuit	100.0	100.1	99.9
面 包	Bread	101.2	100.0	100.1
14.液体乳及乳制品	Liquid Milk and Their Products	99.8	100.2	99.9
巴氏杀菌奶或消毒奶	Pasteurization Milk or Disinfection Milk	99.7	100.2	99.6
酸 奶	Leben	99.8	100.8	100.5
奶 粉	Milk Powder	100.0	99.8	100.6
其 他	Others	99.7	99.9	99.7
15.在外用膳食品	Outward Dinner	100.1	100.2	100.1
主 食	Staple Food	100.2	100.2	100.0
炒 菜	Hot Dish	100.0	100.1	100.1
地方小吃	Local Snack	100.1	100.3	100.6
16.其他食品	Other Foods	99.5	99.9	101.2
其他食品	Other Foods	99.5	99.9	101.2
二、烟酒及用品	**Tobacco,Liquor and Their Appliances**	**100.0**	**100.1**	**100.1**
1.烟 草	Tobacco	99.8	100.0	100.1
国产卷烟	Domestic Cigarette	99.8	100.0	100.1
进口卷烟	Import Cigarette	99.7	100.2	100.0
其 他	Others	100.0	100.0	100.0
2.酒	Liquor	100.1	100.1	100.1
白 酒	White Spirit	100.0	100.3	100.1
葡 萄 酒	Grape	99.8	99.9	99.8
啤 酒	Beer	100.5	100.0	100.3
其 他	Others	100.4	100.0	99.9
3.吸烟、饮酒用品	Appliances for Sm-oking and Drinking	100.0	100.0	99.9
吸烟用品	Appliances for Smoking	99.8	99.8	99.9
饮酒用品	Appliances for Drinking	100.2	100.1	99.9
三、衣 着	**Clothing**	**99.2**	**99.5**	**99.9**
1.服 装	Garments	99.0	99.3	99.9
(1)男式服装	Men's Garments	99.4	99.2	100.0

continued

(以上月价格为100 preceding month=100)								
4 月 April	5 月 May	6 月 June	7 月 July	8 月 August	9 月 September	10 月 October	11月 November	12月 December
100.5	99.9	100.0	100.2	100.1	100.3	100.0	100.1	100.5
99.9	100.0	100.0	99.9	99.9	100.1	99.6	100.1	100.6
100.4	99.3	99.5	100.3	100.1	100.6	100.0	100.2	100.3
100.9	100.2	100.9	100.5	99.9	100.1	100.3	100.2	99.5
99.9	100.3	100.6	100.2	100.9	100.6	100.9	99.8	101.5
101.3	100.0	99.2	99.8	99.9	99.9	99.9	100.3	101.2
100.4	100.4	100.1	99.8	100.3	100.5	100.4	100.2	100.6
101.1	100.9	100.2	99.2	100.6	101.0	101.1	100.0	101.7
100.3	100.5	100.0	100.0	100.1	100.0	100.0	100.4	100.2
100.0	100.8	99.9	100.4	100.4	99.9	99.7	100.6	99.8
99.8	98.7	100.1	100.0	99.7	101.3	100.1	99.9	100.0
99.6	99.8	100.1	100.0	99.9	100.1	100.2	100.0	100.1
99.7	99.6	100.1	100.0	100.2	100.1	100.1	100.1	100.2
99.7	99.6	100.1	100.0	100.2	100.1	100.1	100.1	100.2
99.6	99.9	100.1	100.1	99.7	100.2	100.3	99.9	100.1
99.6	99.7	99.9	99.9	100.5	100.2	100.4	99.7	99.9
99.3	100.0	100.2	100.6	100.0	100.0	100.0	99.8	100.1
100.3	99.7	100.0	99.2	98.4	100.6	100.9	100.4	100.0
105.9	107.9	94.6	93.9	92.4	99.2	100.0	99.8	106.2
107.2	109.7	93.1	92.2	89.8	98.8	100.0	99.4	107.3
101.0	100.9	101.0	100.4	101.8	100.3	100.1	100.8	102.7
100.1	99.8	99.9	100.4	100.0	100.1	100.1	100.1	99.9
100.1	100.0	99.8	100.4	100.0	100.1	100.0	100.2	99.5
100.0	100.0	100.0	100.0	100.0	100.0	100.0	100.0	100.2
100.0	99.2	99.8	100.8	100.0	100.1	100.5	100.0	100.3
99.9	99.9	100.2	99.8	100.1	100.1	99.9	100.0	100.5
100.2	99.9	100.0	99.8	100.1	100.3	99.9	100.0	100.3
98.9	100.7	100.6	99.8	99.9	99.5	99.7	100.1	99.9
99.8	99.3	100.6	100.1	100.4	100.5	100.3	100.0	102.0
100.2	99.8	100.0	100.0	99.5	99.9	100.0	100.0	99.9
100.1	99.7	100.0	99.8	99.9	100.1	100.1	100.3	100.2
100.2	99.6	99.9	99.9	99.8	100.1	100.2	100.4	100.3
100.1	99.7	99.9	99.6	99.9	100.1	100.0	100.2	100.1
99.9	100.0	100.1	100.0	100.3	100.0	100.1	100.2	100.5
100.0	99.9	99.5	100.0	100.2	100.2	100.3	99.8	101.0
100.0	99.9	99.5	100.0	100.2	100.2	100.3	99.8	101.0
100.0	**100.0**	**100.1**	**100.4**	**100.7**	**100.3**	**100.1**	**100.0**	**100.3**
100.0	100.0	99.9	100.2	100.4	100.0	100.0	99.9	100.0
100.0	100.0	100.0	100.2	100.4	100.0	100.0	100.0	100.0
100.0	100.0	100.0	100.0	100.2	100.0	100.0	99.4	100.0
99.9	100.0	99.3	99.9	99.8	100.0	100.0	100.0	100.0
100.0	100.0	100.2	100.7	101.0	100.6	100.2	100.1	100.6
100.0	99.9	100.1	100.6	101.2	101.2	100.2	100.1	100.9
100.1	100.0	100.0	100.0	100.3	100.1	100.1	99.9	100.0
100.0	100.1	100.4	100.9	101.0	99.7	100.1	100.1	99.9
100.0	100.0	100.6	101.6	100.8	100.0	100.1	100.3	102.0
100.0	99.9	99.9	100.2	100.0	100.0	100.0	100.0	100.3
100.0	99.9	100.0	100.3	99.9	100.0	100.0	100.0	100.7
100.0	100.0	99.8	100.1	100.1	100.0	100.0	100.0	99.9
99.1	**100.0**	**99.8**	**99.4**	**99.9**	**100.0**	**100.5**	**100.2**	**100.0**
99.2	99.7	100.0	99.5	99.7	99.9	100.5	100.3	100.0
99.1	99.4	100.0	99.9	99.9	99.9	100.7	100.3	99.9

5-11　续表 2

商品类别及品名	Commodity Category and Commodity Name	1 月 January	2 月 February	3 月 March
大　衣	Topcoat	98.9	97.8	100.3
毛线衣	Woollen Sweater	99.6	99.4	98.9
夹克衫	Jacket	99.7	98.9	100.7
衬　衫	Shirt	98.8	98.5	99.9
T 恤衫	T-shirt	100.0	100.3	100.6
裤　子	Trousers	99.4	98.1	100.6
西　服	Western-style Clothes	98.7	100.1	100.3
运动衫裤	Gym Suit	99.1	100.4	101.0
内　衣	Underwaist	100.4	99.1	98.7
羽绒衣	Eider Down Outerwear	99.4	99.8	99.8
其　他	Others	100.0	98.8	98.4
(2)女式服装	Women's Garments	98.6	99.4	99.8
大　衣	Topcoat	95.4	98.2	99.8
毛线衣	Woollen Sweater	99.1	99.0	98.9
羽绒衣	Eider Down Outerwear	98.4	99.3	99.4
套　装	Coordinates	99.1	99.0	100.4
衬　衫	Shirt	99.2	100.3	100.2
T 恤衫	T-Shirt	99.8	99.6	100.0
裙　子	Skirt	97.7	98.9	100.5
裤　子	Trousers	99.2	100.2	99.9
运动衫裤	Gym Suit	100.4	100.5	101.4
内　衣	Underwaist	99.7	99.7	98.5
其　他	Others	99.7	99.4	99.2
(3)儿童服装	Children's Garments	99.7	99.6	100.0
套　装	Coordinates	99.5	99.4	99.8
裤　子	Trousers	99.8	99.3	100.5
裙　子	Skirt	100.1	100.0	100.0
其　他	Others	99.2	100.2	100.0
2.衣着材料	Clothing Materials	100.1	100.0	99.9
棉　布	Cotton Cloth	100.1	100.0	100.0
棉混纺布	Cotton Textiles Cloth	100.1	99.8	100.0
化纤布	Chemical Fiber Cloth	100.1	100.6	99.8
毛　线	Knitting Wool	100.1	99.4	99.9
3.鞋袜帽	Shoes,Socks and Hats	99.4	99.6	99.9
(1)鞋	Shoes	99.3	99.6	100.0
男　鞋	Men's Shoes	99.3	99.2	100.0
女　鞋	Women's Shoes	99.3	99.7	99.9
童　鞋	Children's Shoes	99.5	99.9	100.3
(2)袜子	Socks	100.0	99.9	98.8
男　袜	Men's Socks	100.0	99.7	99.9
女　袜	Women's Socks	100.0	100.0	97.9
(3)帽子	Hats	100.2	100.0	100.0
男　帽	Men's Hats	100.4	99.7	100.1
女　帽	Women's Hats	100.0	100.2	99.9
4.衣着加工服务费	Clothing Manufact- uring Services	100.0	100.0	101.3
缝　纫	Sewing	100.0	100.0	99.9
清　洗	Washing	100.0	100.0	103.1
四、家庭设备用品及维修服务	**Household Facilities, Articles and Services**	**99.8**	**99.5**	**99.9**
1.耐用消费品	Durable Consumer Goods	99.7	99.6	99.6
(1)家　具	Furniture	99.6	99.3	99.1

continued

(以上月价格为100 preceding month=100)

4 月 April	5 月 May	6 月 June	7 月 July	8 月 August	9 月 September	10 月 October	11月 November	12月 December
99.1	99.9	99.9	100.1	100.0	100.0	100.2	100.4	100.0
98.7	99.7	100.1	100.0	100.0	100.2	100.9	102.0	100.0
98.2	99.4	100.1	99.7	100.0	99.9	100.3	101.1	99.3
98.9	99.6	99.5	100.1	100.6	99.7	99.9	99.8	99.3
99.5	99.5	99.8	99.6	97.8	99.9	100.1	99.7	99.9
99.2	99.4	99.8	99.4	98.9	99.8	101.6	98.8	99.7
98.9	98.6	100.3	100.3	100.6	98.8	100.8	98.8	99.9
99.7	100.4	100.2	98.3	100.6	101.3	101.0	99.9	99.8
99.0	98.4	99.9	100.8	99.7	100.0	101.7	99.1	99.3
99.4	100.0	99.8	99.8	100.0	100.1	100.1	104.9	101.4
99.8	100.3	100.1	99.8	99.8	99.9	100.1	99.7	100.3
99.4	99.9	100.1	99.4	99.6	99.9	100.4	100.3	100.1
99.4	100.0	100.0	100.0	100.0	100.0	100.0	100.8	99.9
98.8	100.0	100.0	100.0	99.9	99.7	100.9	100.4	100.6
99.1	99.7	100.0	100.0	100.0	100.0	100.2	102.3	101.4
98.9	100.2	99.8	99.9	100.1	99.9	100.4	100.1	99.9
99.7	100.0	100.5	99.9	99.3	99.4	100.1	99.9	100.0
101.1	99.7	99.3	98.8	97.8	99.8	100.4	99.8	99.5
99.2	100.7	100.0	97.9	98.0	99.4	99.6	100.0	99.6
99.5	98.9	100.6	98.2	98.6	100.6	100.3	100.1	99.7
101.3	101.5	100.4	98.6	101.0	100.4	101.0	99.9	99.7
98.9	98.4	99.7	99.9	100.3	100.0	101.0	99.2	99.9
98.3	98.7	99.9	100.2	100.6	99.7	100.6	99.5	99.9
98.9	99.7	99.9	99.0	99.8	100.1	100.3	100.1	100.1
98.2	99.4	99.8	99.8	100.6	100.2	100.1	100.0	100.1
99.4	99.5	99.9	99.0	99.9	99.8	100.4	100.2	100.1
99.4	100.6	99.9	97.4	98.1	100.1	100.5	100.1	100.0
99.7	99.9	99.9	99.2	100.0	100.1	100.1	100.2	99.8
99.8	100.0	100.0	100.0	100.0	99.8	100.2	100.0	99.9
100.0	100.1	100.0	100.1	100.0	99.9	100.3	100.0	99.9
100.0	100.1	100.1	100.0	100.0	99.9	100.2	100.0	99.9
99.7	100.0	100.0	99.9	100.0	99.7	100.1	100.1	100.0
99.6	100.0	100.0	100.0	100.0	99.9	100.2	100.0	100.0
98.6	100.6	99.2	98.8	100.5	100.1	100.5	99.9	99.8
98.5	100.6	99.1	98.6	100.6	100.1	100.5	99.8	99.8
98.6	100.2	99.3	98.7	100.7	100.1	100.5	99.8	99.8
98.4	101.0	98.7	98.2	100.7	100.2	100.7	99.8	99.9
98.6	100.4	100.0	99.7	99.9	99.7	100.1	100.0	99.6
99.6	100.4	99.9	100.0	100.0	100.1	100.4	100.0	100.0
99.6	100.3	100.0	100.0	100.0	100.0	100.4	100.0	100.0
99.6	100.4	99.8	100.0	100.0	100.3	100.4	100.0	100.0
99.5	100.6	100.0	99.8	99.9	99.9	100.3	100.1	100.0
99.5	100.7	100.0	99.5	100.0	99.8	100.6	100.2	100.0
99.4	100.4	100.0	100.0	99.9	100.0	100.1	100.0	100.0
100.1	105.1	100.2	100.0	100.0	100.0	100.0	100.2	100.0
100.0	100.0	100.0	100.0	100.0	100.0	100.0	100.3	100.0
100.3	111.1	100.3	100.0	100.0	100.0	100.0	100.0	100.0
100.0	**99.9**	**100.0**	**99.8**	**99.8**	**100.0**	**100.0**	**100.0**	**99.9**
100.1	99.8	100.0	99.8	99.8	100.0	100.0	100.0	99.9
100.5	99.9	100.0	99.9	100.0	99.9	99.9	100.0	100.1

5-11 续表 3

商品类别及品名	Commodity Category and Commodity Name	1 月 January	2 月 February	3 月 March
柜	Cabinet	99.8	98.6	98.8
床	Bed	99.7	99.3	99.0
桌	Desk	99.9	99.3	98.9
椅	Chair	100.0	99.3	100.2
沙 发	Sofa	99.1	99.8	99.0
其 他	Others	99.1	99.8	100.0
(2)家庭设备	Household Appliances	99.8	99.7	99.9
洗 衣 机	Washing Machine	99.1	99.0	99.7
电 风 扇	Electric Fan	100.0	100.0	100.0
电冰箱(柜)	Refrigerator	99.6	99.7	100.2
吸排油烟机	Kitchen Ventilato	100.6	100.2	100.3
空 调 器	Air-conditioning	99.8	99.7	99.6
热 水 器	Water Heater	99.6	99.9	99.9
微 波 炉	Microwave Oven	99.9	100.1	100.1
电 炊 具	Electric Cooking Appliance	100.3	99.9	99.7
2.室内装饰品	Interior Decorations	99.9	99.7	100.0
纺织装饰品	Textile Process Decorations	99.9	99.4	100.0
装饰灯具	Architectural Lamps and Lanterns	99.9	100.0	99.8
其 他	Others	100.0	99.7	100.0
3.床上用品	Bedclothes	99.9	99.1	100.2
毛 毯	Woollen Blanket	99.9	98.5	100.2
被 子	Quilt	100.0	99.2	100.7
床上套件	Bed Articcles	99.9	99.1	100.1
其 他	Others	99.9	99.9	99.6
4.家庭日用杂品	Sundry Articles	99.9	99.5	100.4
茶 具	Tea Set	99.9	98.7	101.3
餐 具	Tableware	99.8	99.1	100.9
厨 具	Kitchen Utensils	100.1	99.9	100.1
家用手工工具	Domestic Handwork Tools	100.0	98.4	100.0
洗涤用品	Washing Articles	99.6	99.7	100.2
其 他	Others	100.1	99.9	100.0
5.家庭服务及加工维修服务	Household Srvice and Manufacturing Upkeep	100.6	99.4	100.1
家庭服务	Household Srvice	101.4	98.6	100.1
加工维修服务	Manufacturing Upkeep	100.0	100.0	100.1
五、医疗保健和个人用品	**Health Care and Personal Articles**	**99.9**	**100.4**	**100.2**
1.医疗保健	Health Care	99.9	100.5	100.3
(1)医疗器具及用品	Medical Facilities and Goods	100.4	99.9	100.0
医疗器具及用品	Medical Facili- ties and Goods	100.4	99.9	100.0
(2)中药材及中成药	Herbs and Ready- made Traditional Chinese Medicine	99.8	100.1	100.0
中 药 材	Herbs	99.1	100.0	99.9
中 成 药	Ready-made Tr-aditional Chin-ese Medicine	100.3	100.1	100.0
(3)西药	Western Medicine	99.8	100.1	100.1
抗微生物药	Anti-microorga-nism Medicine	99.5	100.1	99.9
消化系统用药	Alimentary Sys-tem Medicine	99.1	99.8	99.4
呼吸系统用药	Respiratory System Medicine	99.9	100.1	100.0
解热镇痛及非甾体抗炎药	Allays a Fever the Analgesia and the Non-steroid Body Anti-inflammatory Agent	100.1	100.1	100.5
抗肿瘤药	Antineoplastic Drug	99.9	100.0	100.0
激素及调节内分泌功能药	Hormone and Adjustment Internal Secretion Function Medicine	100.2	100.1	100.0
环系统用药	Circulating System Medicine	100.0	99.9	100.4
神经系统用药	Nerve System Medicine	100.0	99.8	100.1
专科用药	Junior Medicine	99.5	100.9	99.9

continued

(以上月价格为100 preceding month=100)								
4 月 April	5 月 May	6 月 June	7 月 July	8 月 August	9 月 September	10 月 October	11月 November	12月 December
100.9	99.7	100.2	100.0	100.0	100.0	99.7	100.3	100.4
100.0	100.1	100.0	99.7	100.0	99.7	100.0	100.0	99.9
100.9	99.7	99.9	99.6	99.9	100.0	99.9	100.0	100.2
100.0	100.0	100.0	100.0	100.0	100.0	100.0	99.8	99.8
100.5	99.9	99.9	99.9	100.0	100.0	100.1	99.9	99.9
100.0	100.0	100.1	100.0	100.0	99.9	100.0	100.0	100.2
99.8	99.8	99.9	99.7	99.6	100.0	100.0	100.0	99.9
99.4	99.9	100.0	99.6	99.8	99.8	100.4	100.0	99.9
100.1	99.7	100.0	99.4	99.3	99.8	99.8	99.5	100.0
99.8	99.5	100.1	100.1	99.7	100.4	99.9	99.9	99.8
99.8	100.1	100.4	99.7	99.7	99.9	100.0	100.0	99.8
100.0	99.7	99.7	99.5	99.7	100.1	99.9	99.9	99.9
99.9	99.9	100.1	99.6	99.5	99.9	100.1	100.2	99.6
99.2	99.3	99.8	99.9	99.6	99.4	99.5	100.3	100.2
99.9	100.1	99.8	99.9	99.4	100.2	99.9	99.9	100.0
100.0	99.9	100.1	100.0	99.4	100.0	100.1	100.1	100.0
99.8	100.3	100.0	100.0	100.0	100.0	100.3	100.0	100.0
100.2	99.7	100.3	100.1	98.2	99.9	100.0	100.4	100.0
100.0	99.3	100.0	100.0	100.0	100.0	100.0	100.0	100.0
99.7	99.6	99.7	99.9	100.2	100.0	100.0	100.2	99.8
99.8	100.0	99.5	100.1	100.3	100.2	100.1	99.8	99.7
99.8	99.1	99.5	99.9	101.4	99.9	99.7	100.8	99.0
99.7	99.5	99.7	99.8	99.2	100.0	100.2	100.1	100.4
99.7	100.6	100.0	99.9	100.2	100.1	100.2	100.0	100.0
99.9	100.1	100.1	99.8	100.0	100.2	100.1	99.9	99.7
100.0	99.2	99.1	100.0	98.5	99.8	99.6	99.9	99.7
100.2	100.0	101.3	99.2	99.8	100.0	101.6	99.7	97.9
100.1	100.2	100.2	99.9	100.0	99.9	100.0	99.8	100.0
100.0	100.0	99.7	100.3	100.0	100.1	100.0	100.0	100.1
99.4	100.6	99.7	99.8	100.4	100.3	99.2	100.0	100.2
100.0	99.8	100.1	99.8	100.1	100.3	100.5	100.0	99.8
100.2	100.1	100.4	100.2	100.0	100.1	100.0	100.2	100.3
100.6	100.1	100.3	100.5	100.0	100.2	100.0	100.3	100.4
99.9	100.0	100.6	100.0	100.0	100.0	100.1	100.1	100.1
100.2	**99.9**	**100.1**	**100.0**	**100.1**	**100.2**	**100.2**	**100.2**	**100.3**
100.3	100.0	100.1	99.9	100.1	100.3	100.1	100.1	100.3
99.9	99.7	100.0	99.4	99.9	99.9	101.0	101.2	101.3
99.9	99.7	100.0	99.4	99.9	99.9	101.0	101.2	101.3
100.3	100.0	100.3	99.7	100.4	100.8	100.7	102.3	100.6
100.1	99.9	100.7	100.0	101.0	101.2	101.5	105.3	101.3
100.4	100.0	100.0	99.6	99.9	100.4	100.0	99.8	100.0
100.6	100.0	100.0	99.9	100.0	99.9	100.0	99.0	100.3
100.0	100.2	100.6	100.2	100.0	99.9	100.1	97.1	100.8
100.1	99.7	99.7	99.6	100.0	100.1	100.2	96.9	101.1
100.2	99.0	99.3	100.7	99.9	100.3	100.0	99.3	100.1
102.8	100.4	100.2	99.5	100.2	99.1	100.0	99.3	100.4
99.9	99.9	100.4	99.5	100.0	99.6	100.0	99.7	100.0
100.2	100.2	100.8	99.5	99.7	100.0	100.4	99.8	100.3
99.8	101.0	99.5	99.7	100.0	100.0	100.0	100.1	100.2
100.1	99.8	100.0	99.5	99.6	100.0	99.3	99.6	100.0
98.9	100.1	99.5	100.2	100.4	100.8	99.6	102.4	99.1

5-11 续表 4

商品类别及品名	Commodity Category and Commodity Name	1 月 January	2 月 February	3 月 March
其　　他	Others	100.2	100.0	102.2
(4)保健器具及用品	Healthcare Equip-ment	100.1	99.8	100.2
保健器具	Health Protection Equipment	100.1	100.0	100.0
滋补保健用品	Tonic and Health Products	100.1	99.8	100.3
(5)医疗保健服务	Health Care Services	100.0	101.4	100.8
挂 号 费	Registration	100.0	99.9	100.0
注 射 费	Injection Expenses	100.0	101.6	99.0
检 查 费	Examination Expenses	100.3	99.2	100.2
手 术 费	Operation Exp- enses	99.7	102.3	102.9
住 院 费	Hospitalization Expenses	100.0	101.6	100.0
理 疗 费	Physiotherapy Expenses	100.0	103.6	100.9
化 验 费	Analysis Expenses	100.0	101.4	101.4
其　　他	Others	100.0	102.9	101.1
2.个人用品及服务	Personal Articles and Services	100.0	100.3	100.1
(1)化妆美容用品	Cosmetics	99.9	100.0	99.9
化妆美容器具	Cosmetics App- liances	100.0	100.1	100.4
美容化妆品	Facial Beautifiers	100.1	100.0	100.0
护肤品	Protects Skin Products	99.5	100.3	99.8
护发美容品	Protects Sends the Beauty Products	99.9	99.5	99.7
(2)清洁化妆用品	Cleaning Toiletw-are	100.0	99.8	99.9
洗发用品	Hairdressing Articles	99.7	100.1	100.2
洗浴用品	Bathing Articles	100.3	99.3	100.1
其　　他	Others	100.2	100.1	99.0
(3)个人饰品	Personal Decoraions	99.9	101.2	100.5
首　　饰	Ornaments	99.8	103.1	101.5
皮　　件	Leather Appliance	100.4	98.6	98.5
手　　表	Watch	100.0	99.7	100.1
领　　带	Necktie	100.1	100.6	100.3
其　　他	Others	99.6	99.6	99.9
(4)个人服务	Personal Services	100.1	100.2	100.2
美　　容	Cosmetology	100.0	100.0	100.0
理(烫)发	Haircut (perm-naent wave)	100.2	100.1	100.6
洗　　浴	Bathe	100.3	100.9	99.9
其　　他	Others	100.1	100.0	100.0
六、交通和通信	**Transportation and Communication**	**99.2**	**99.6**	**99.9**
1.交　通	Transportation	98.6	99.7	100.1
(1)交通工具	Transportation Facility	100.6	99.8	100.0
摩 托 车	Motorcycle	99.9	99.9	99.9
自 行 车	Bicycle	100.1	100.0	100.3
轿　　车	Car	101.6	99.7	99.9
其　　他	Others	100.8	99.9	100.0
(2)车用燃料及零配件	Fuels and Parts	85.2	98.3	100.0
汽　　油	Gasoline	80.4	98.8	102.4
柴　　油	Diesel Oil	80.6	95.9	96.3
零 配 件	Parts	100.1	99.9	100.0
其　　他	Others	99.6	99.3	98.7
(3)车辆使用及维修费	Using and Upkeep Fare	100.3	99.8	99.7
驾 驶 证	Driving License	101.0	99.1	98.7
保 险 费	Insurance Exp-enses	99.6	100.0	100.0
停 车 费	Parking Expen-ses	100.0	100.0	100.0

continued

(以上月价格为100 preceding month=100)								
4 月 April	5 月 May	6 月 June	7 月 July	8 月 August	9 月 September	10 月 October	11月 November	12月 December
105.3	98.5	99.6	100.0	100.1	100.0	100.0	100.2	100.0
100.0	99.9	100.0	100.1	100.2	100.3	100.1	100.3	100.8
100.0	100.0	100.2	99.9	99.9	100.1	100.0	100.0	100.0
100.0	99.9	100.0	100.1	100.3	100.4	100.2	100.4	101.2
99.9	100.0	100.0	100.2	100.1	100.6	99.9	100.1	100.1
100.0	100.0	100.0	100.0	100.7	100.0	99.9	100.0	100.0
100.0	100.0	100.0	101.6	100.0	100.0	100.0	100.0	100.0
100.0	100.0	100.0	100.1	100.0	101.7	100.0	100.0	100.0
100.1	100.0	100.0	100.0	100.0	100.9	100.0	100.0	100.0
99.5	100.0	100.2	100.0	100.0	100.0	99.8	100.4	100.0
100.0	100.0	99.9	100.0	100.0	100.0	100.0	100.0	100.8
100.1	100.0	100.0	100.0	100.0	100.8	100.0	100.6	100.0
100.0	100.0	100.0	100.0	100.0	100.0	100.0	100.0	100.0
100.0	99.8	100.2	100.1	100.1	100.1	100.2	100.3	100.2
100.0	99.8	100.2	100.0	100.0	99.7	100.1	99.9	100.3
99.9	99.9	99.9	100.0	99.9	99.9	100.1	100.0	100.0
100.1	99.7	100.3	99.7	100.1	99.8	100.0	99.9	100.8
100.1	99.9	100.0	99.9	99.9	99.5	100.1	99.7	100.0
99.8	99.8	100.3	100.5	100.2	99.7	100.5	99.9	100.1
99.6	99.9	99.8	100.6	100.1	100.3	99.9	99.8	99.9
99.7	99.8	100.0	100.5	100.3	100.0	99.7	99.8	100.1
99.6	99.4	100.2	100.1	100.8	100.2	99.9	99.7	99.7
99.7	101.1	98.5	101.9	98.0	101.3	100.2	100.2	100.0
99.9	99.4	100.9	100.0	100.3	100.3	101.0	101.5	100.5
99.8	100.0	101.7	99.7	100.7	100.8	101.8	103.1	100.9
100.0	99.4	100.4	100.4	99.9	99.7	100.3	100.3	100.0
100.0	99.9	100.0	100.1	100.0	99.9	100.0	99.9	99.9
100.0	96.7	99.7	100.1	100.0	100.0	100.4	99.4	100.4
99.7	99.6	100.2	100.0	100.0	99.7	100.1	100.1	100.1
100.2	100.2	100.0	100.0	99.9	100.0	100.0	100.1	100.2
100.0	100.7	100.0	100.0	100.0	100.0	100.0	100.0	100.2
100.6	100.0	99.9	100.0	100.0	100.0	100.0	100.0	100.4
100.0	99.9	100.0	100.0	99.4	100.0	100.0	100.3	100.0
100.0	100.0	100.0	100.0	100.0	100.0	100.0	100.2	100.2
99.9	**99.9**	**99.9**	**100.3**	**99.7**	**100.0**	**99.9**	**100.0**	**100.1**
100.1	100.0	100.2	100.8	99.6	100.2	99.9	100.3	100.2
99.9	99.9	99.5	100.0	99.7	99.8	100.0	100.0	100.0
100.0	99.5	99.2	100.0	100.0	100.0	100.1	100.0	100.2
99.9	100.0	99.5	100.0	99.9	99.8	100.1	100.0	99.9
100.0	100.0	99.9	100.0	99.5	99.5	100.0	100.0	99.8
99.7	100.0	99.6	99.3	99.3	100.0	100.0	100.0	100.0
101.9	100.9	104.9	106.5	98.6	102.0	98.6	102.9	101.1
102.4	100.2	106.0	108.3	98.4	102.8	97.7	105.1	101.6
103.0	103.2	108.2	109.6	97.6	102.4	98.8	101.8	101.0
100.0	100.0	100.1	100.0	100.0	100.0	100.0	100.0	100.4
100.7	100.0	99.2	100.0	100.2	100.0	100.0	100.5	100.0
99.7	99.7	100.2	100.7	100.1	100.2	100.0	100.0	100.2
98.4	98.2	100.3	100.3	100.8	100.7	100.0	100.0	100.3
100.0	100.0	100.0	100.0	100.0	100.2	100.0	100.0	100.0
100.0	100.0	101.1	100.0	100.0	100.0	100.0	100.0	100.0

5-11 续表 5

商品类别及品名	Commodity Category and Commodity Name	1 月 January	2 月 February	3 月 March
车辆修理服务费	Vehicle Upkeep Service fare	100.5	100.0	99.9
其　　他	Others	100.0	100.0	100.0
(4)市区公共交通费	Incity Traffic Fare	100.1	100.0	100.0
公共汽车票	Bus Ticket	100.2	100.1	100.0
出租汽车	Taxi	100.0	100.0	100.0
其　　他	Others	100.0	100.0	100.0
(5)城市间交通费	Intercity Traffic Fare	100.6	100.0	100.6
飞 机 票	Airplane Ticket	104.6	97.4	112.8
火 车 票	Train Ticket	100.0	100.0	100.0
长途汽车	Intertown Bus	100.7	100.2	100.0
其　　他	Others	100.1	100.0	100.3
2.通　信	Communication	99.9	99.4	99.6
(1)通信工具	Communication Facility	99.2	97.7	98.8
固定电话机	Telephone	100.0	100.2	100.3
移动电话机	Mobile Phone	98.9	96.8	98.2
其　　他	others	99.6	99.0	100.0
(2)通信服务	Communication Service	100.1	100.0	99.9
移动通信费	Mobile Comm-unication Fee	100.3	100.0	99.9
市内电话费	Incity Telephone Fee	100.0	100.0	100.0
长途电话费	Long Distance Call Fee	100.0	100.0	100.0
月租费	Month Hiring Fee	100.0	100.0	100.0
上网费	Net Play Fee	100.3	100.0	100.0
信件邮寄	Letter Post	100.0	100.0	100.0
包裹邮寄	Package Post	100.1	100.0	100.0
其　　他	Others	100.0	100.0	97.9
七、娱乐教育文化用品及服务	**Recreation,Education and Culture Articles**	**100.4**	**99.8**	**99.8**
1.文娱用耐用消费品及服务	Durable Consumer Goods for Cultural and Recreational Use and Service	99.8	99.7	99.3
电 视 机	Television	99.5	99.3	98.3
激光视盘机	Laser Video Disc Machine	99.9	99.8	99.9
摄 像 机	Pickup Camera	99.6	98.6	99.7
照 相 机	Camera	99.1	99.7	99.6
家用音响	Acoustic Equipment	100.0	99.9	99.9
便携式音响	Portable Acoustics	99.9	98.1	99.4
电　　脑	Computer	100.2	100.2	99.9
修理服务	Repair Service	99.8	100.4	100.7
其　　他	Others	99.7	99.9	99.7
2.教　育	Education	100.3	100.3	99.9
(1)教材及参考书	Teaching Materials and Reference Books	100.0	100.1	100.1
工 具 书	Tool Book	99.6	100.0	99.9
教　　材	Teaching Material	100.3	100.2	100.2
参 考 书	Reference Book	99.9	100.1	100.0
教育软件	Educational Software	99.6	100.0	100.0
(2)学杂托幼费	Tuition and Child Care	100.3	100.3	99.9
义务教育杂费	Incidental Expe- nses of Compul-cory Education			
非义务教育学杂费	Tuition of Non-compulsory Education	100.0	100.0	100.0
技能培训学费	Skill Train Tuition	99.9	100.0	99.5
托 幼 费	Child Care	101.8	101.6	100.0
其　　他	Others	100.0	100.0	100.0
3.文化娱乐类	Recreation and Culture	100.5	100.1	100.0
(1)文化娱乐用品	Culture Articles	99.9	100.1	100.1

continued

(以上月价格为100 preceding month=100)

4 月 April	5 月 May	6 月 June	7 月 July	8 月 August	9 月 September	10 月 October	11月 November	12月 December
100.0	100.0	100.1	101.5	100.0	100.2	100.0	100.0	100.3
100.0	100.0	100.0	100.0	100.0	100.1	100.0	100.0	100.0
100.0	100.0	100.0	100.4	100.0	100.0	100.0	100.0	100.0
100.0	100.0	100.0	100.0	100.0	100.0	100.0	100.0	100.0
100.0	100.0	100.0	100.0	100.0	100.0	100.0	100.0	100.0
100.0	100.0	100.0	108.4	100.1	100.0	100.0	100.0	100.0
99.9	100.1	99.3	99.8	99.5	100.1	100.0	100.0	100.2
97.8	100.7	98.6	103.5	98.3	99.1	100.0	100.2	100.2
100.0	100.0	100.0	100.0	100.0	100.1	100.0	100.0	100.0
100.0	100.1	99.0	99.5	99.4	100.2	100.0	100.0	100.2
100.3	100.0	100.5	100.0	100.0	100.0	100.0	99.1	100.9
99.7	99.7	99.6	99.7	99.7	99.8	99.9	99.6	99.9
98.7	98.7	98.7	98.6	98.7	99.3	99.4	98.3	99.9
100.0	100.0	100.0	99.7	99.9	100.1	100.0	100.0	99.9
98.3	98.2	98.2	98.1	98.8	99.0	99.1	98.0	100.0
99.6	99.9	99.5	100.0	94.2	100.0	100.1	95.2	100.0
100.0	100.0	99.9	100.0	100.0	99.9	100.0	100.0	100.0
100.0	100.0	99.6	100.0	100.0	99.9	100.0	100.0	99.9
100.0	100.0	100.0	100.0	100.0	100.0	100.0	100.0	100.0
100.0	100.0	100.0	100.0	100.0	99.8	100.0	100.0	100.0
100.0	100.0	100.0	100.0	100.0	100.0	100.0	100.0	100.0
100.0	99.9	100.0	100.0	100.0	100.0	100.0	100.0	99.7
100.0	100.0	100.0	100.0	100.0	100.0	100.0	100.0	100.0
100.0	100.0	100.0	100.0	100.0	100.0	100.0	100.0	100.0
100.0	100.0	100.0	100.0	100.0	100.0	100.0	100.0	100.0
100.3	**99.9**	**99.9**	**100.2**	**100.1**	**99.7**	**100.0**	**99.9**	**99.9**
99.8	99.5	99.7	99.7	99.8	99.3	99.9	99.9	99.9
99.9	98.8	99.5	99.3	99.4	99.4	99.8	99.8	100.0
100.0	100.1	100.4	101.3	99.4	100.0	98.9	100.1	99.9
100.3	99.7	99.7	99.8	99.9	100.0	100.4	99.8	100.1
99.0	99.3	99.4	99.6	99.5	99.9	100.0	99.7	99.4
100.3	100.0	100.0	99.5	99.9	99.8	100.0	100.1	100.1
99.6	99.9	99.6	100.2	99.8	99.9	99.9	99.9	99.4
99.5	100.0	99.7	99.7	100.4	98.3	100.0	99.9	100.0
100.0	99.9	100.0	100.0	100.0	100.0	100.0	100.0	100.0
100.0	100.0	100.0	100.0	100.2	100.0	100.0	100.0	100.1
100.1	100.0	100.0	100.0	100.0	100.1	100.0	100.0	100.0
100.1	100.0	100.0	100.0	100.0	100.5	100.0	100.0	100.0
100.0	100.2	100.0	99.7	100.0	100.0	100.0	100.0	100.1
100.2	100.0	100.0	100.0	100.0	100.4	100.0	100.0	100.0
100.0	100.0	100.0	100.3	100.0	101.0	100.0	100.0	100.0
100.0	100.0	100.0	100.0	100.0	100.8	100.0	100.0	100.0
100.1	100.0	100.0	100.0	100.0	100.0	100.0	100.0	100.0
100.0	100.0	100.0	100.0	100.0	100.0	100.0	100.0	100.0
100.0	100.0	100.0	100.0	99.8	100.0	100.0	100.0	100.0
100.7	100.0	100.0	100.2	100.0	100.0	100.0	100.0	100.0
100.0	100.0	100.0	100.0	100.0	100.0	100.2	100.0	100.0
100.1	100.3	100.0	100.2	100.0	100.1	100.1	99.9	100.0
100.1	100.1	99.9	100.2	100.1	100.0	99.9	100.0	100.1

5−11 续表 6

商品类别及品名	Commodity Category and Commodity Name	1 月 January	2 月 February	3 月 March
乐 器	Musical Instru-ment	100.0	101.0	99.9
音响光盘和磁带	Audio,Disk and Tape	100.0	100.0	100.0
照相胶卷和存储卡	Roll Film and M-emorizing Card	99.1	100.0	100.0
录像磁带和视盘	Video Tape and Disk	100.0	100.0	100.0
儿童玩具	Children's Toy	100.0	100.2	100.5
纸张本册	Paper and Volume	100.0	100.0	100.1
文 具	Stationery	100.0	100.0	100.0
体育用品	Sports Goods	99.9	99.9	99.8
其 他	Others	100.0	100.0	99.8
(2)书报杂志	Books,Newspapers,Magazines	101.6	100.2	100.1
书 籍	Books	100.0	100.0	100.0
报 纸	Newspapers	101.7	100.1	100.2
杂 志	Magazines	104.3	100.7	100.0
(3)文娱费	Expenditure of Culture and Rec-reation	100.3	100.1	99.9
电 影 票	Film Ticket	101.7	100.3	99.4
景点门票	Scene Spot ticket	100.0	100.3	100.0
有线电视	Cable Television	100.0	100.0	100.0
健身活动	Exercise	100.0	100.0	100.0
其 他	Others	100.0	100.0	100.0
4.旅游	Tourism	102.3	96.7	99.1
旅行社收费	Travel Agency Charge	103.5	95.1	98.7
宾馆住宿	Guesthouse Stay	99.9	99.8	100.3
其他住宿	Other Stay	100.0	99.9	99.0
八、居住	**Residence**	**99.1**	**99.5**	**99.7**
1.建房及装修材料	Building and Building Decoration Materials	99.4	99.4	99.7
木 材	Wood	99.8	100.2	100.0
木 地 板	Wood Floor	98.7	98.1	99.9
砖	Brick	99.8	100.8	99.1
水 泥	Cement	99.2	97.7	100.1
涂 料	Coating Material	99.1	99.0	99.6
胶 合 板	Plywood	98.8	99.4	99.6
玻 璃	Glass	98.5	98.6	99.6
粘 胶	Rayon	99.9	99.9	100.0
油 漆	Paint	99.4	99.5	99.7
其 他	Others	99.9	100.1	99.9
2.租房	Renting	98.9	100.6	100.0
公房房租	Public House Rent	100.0	101.6	100.0
私房房租	Private House Rent	98.0	100.5	100.0
其他费用	Other Fare	100.1	100.0	100.0
3.自有住房	Private Housing	98.9	99.3	99.6
房屋贷款利率	Houses Loans Int-erest Rate	96.0	99.4	100.0
物业管理费用	Property Manage- ment Fee	100.0	100.0	100.0
维护修理费用	Upkeep and Repair Fee	100.0	98.8	99.0
其 他	Others	100.0	100.0	100.0
4.水、电、燃料	Water,Electricity and Fuels	98.9	99.5	99.6
水	Water	100.0	100.0	100.0
电	Electricity	100.0	100.0	100.0
液化石油气	Liquefiled Petrol-eum Gas	95.4	96.1	96.5
管道燃气	Pipelined Gas	100.0	100.0	100.0
其他燃料	Other Fuels	97.1	99.5	99.9

continued

(以上月价格为100 preceding month=100)								
4 月 April	5 月 May	6 月 June	7 月 July	8 月 August	9 月 September	10 月 October	11月 November	12月 December
100.0	100.0	100.0	100.2	100.1	100.0	100.0	100.0	100.0
100.0	100.0	100.0	100.2	100.0	100.1	100.0	100.0	100.0
100.0	99.8	100.0	100.0	100.0	100.3	100.0	100.0	100.3
100.0	100.0	100.0	100.8	100.0	99.9	99.6	99.6	99.8
100.1	100.0	99.6	100.2	100.2	99.8	99.9	100.2	100.3
100.2	100.0	100.1	100.2	99.9	100.2	100.0	100.0	100.0
100.1	100.0	100.0	100.0	100.0	100.0	99.9	99.9	100.2
100.2	101.1	100.1	100.0	100.3	100.0	100.0	100.0	100.0
100.3	100.5	100.0	99.9	100.3	99.9	100.1	99.9	100.0
100.0	100.6	100.0	100.0	100.0	100.0	100.0	100.0	100.0
100.0	100.2	100.0	100.0	100.0	100.0	100.0	100.0	100.0
100.0	100.0	100.0	100.0	100.0	100.0	100.0	100.0	100.0
100.0	102.1	100.0	100.0	100.0	100.0	100.0	100.0	100.0
100.3	100.3	100.1	100.3	99.9	100.4	100.4	99.5	99.8
100.0	99.9	100.7	100.2	98.7	102.6	100.7	99.3	100.3
101.7	100.0	100.0	100.0	100.6	100.0	100.5	98.3	99.5
100.0	100.8	100.0	100.0	100.0	100.0	100.0	100.0	100.0
100.0	100.0	100.0	101.6	100.0	100.0	100.8	100.0	99.2
100.0	100.0	100.0	100.0	100.0	100.0	100.0	100.0	100.0
103.3	99.0	99.0	102.6	102.0	97.1	100.1	99.3	98.8
103.6	99.7	98.2	102.3	100.4	99.1	100.3	99.8	98.8
103.7	97.1	100.4	102.0	105.5	93.5	99.8	98.9	99.0
100.8	98.1	101.0	105.7	104.3	93.7	99.7	96.9	98.1
99.8	**99.7**	**100.0**	**100.0**	**100.3**	**100.6**	**100.4**	**100.4**	**100.6**
99.7	99.9	99.8	100.0	100.2	100.1	100.2	100.1	100.1
99.6	99.7	99.5	100.2	100.0	100.2	100.1	100.0	100.2
99.8	99.9	99.8	99.8	100.1	100.4	100.5	100.4	99.9
99.9	100.2	99.9	100.0	100.1	99.9	100.1	100.0	100.2
98.9	99.7	100.3	100.0	100.3	100.4	99.6	100.0	99.0
99.9	99.9	99.8	99.8	100.2	100.2	100.5	99.9	99.9
99.9	100.2	100.0	99.9	99.9	99.6	100.3	99.9	100.0
100.5	99.7	99.7	100.4	100.9	100.0	100.6	101.0	101.4
99.9	99.9	99.5	99.9	100.0	99.9	100.2	100.1	101.3
99.8	100.0	100.0	99.8	100.1	99.6	100.1	100.4	100.0
99.9	100.0	98.3	100.1	100.1	101.7	101.7	100.0	100.0
100.0	99.9	100.0	100.3	100.0	100.0	100.0	100.1	100.0
100.0	100.0	100.0	100.0	100.0	100.0	100.0	100.0	100.1
100.0	99.7	100.0	100.6	100.0	100.0	100.0	100.1	100.0
100.0	100.0	100.0	100.0	100.0	100.0	100.0	100.0	100.1
100.2	100.1	100.0	100.0	99.9	100.0	100.1	100.0	100.0
99.9	100.0	99.5	100.0	100.0	100.0	100.1	100.0	100.0
100.0	100.0	100.4	100.0	100.0	100.0	100.0	100.0	100.0
100.5	100.3	100.1	100.0	99.7	100.0	100.1	100.0	100.0
100.0	100.0	100.0	100.0	100.0	100.0	100.0	100.0	100.0
99.8	99.5	100.1	99.9	100.4	101.1	100.6	100.8	101.1
100.4	100.0	100.1	100.0	100.0	100.0	100.0	100.0	100.0
99.9	100.0	100.0	100.0	100.0	100.0	100.0	100.0	100.0
99.9	95.8	99.2	100.0	104.6	108.7	104.6	104.0	106.7
100.0	100.0	100.0	99.6	100.0	100.0	100.0	100.0	100.0
99.0	99.4	100.8	99.7	100.2	101.3	100.6	101.7	101.9

5−12 城市居民消费价格(环比)指数(2009年)

商品类别及品名	Commodity Category and Commodity Name	1 月 January	2 月 February	3 月 March
居民消费价格总指数	**General Consumer Price Index**	**101.3**	**100.4**	**99.8**
非食品价格指数	**No-food**	**99.7**	**99.9**	**100.0**
服务项目价格指数	**Services**	**100.4**	**100.1**	**100.0**
工业品价格指数	**Industrial Products**	**99.5**	**99.8**	**99.9**
扣除食品和能源价格指数	**Deducting Foods and Energy**	**99.9**	**99.9**	**99.9**
扣除鲜菜鲜果总指数	**Deducting Fresh,Vegetables and Fruits**	**100.1**	**99.9**	**99.7**
消费品价格指数	**Consumer Goods**	**101.5**	**100.5**	**99.7**
一、食　品	**Food**	**104.8**	**101.6**	**99.4**
1.粮　食	Grain	100.0	100.7	101.1
大　米	Rice	101.0	101.0	101.0
面　粉	Flour	100.2	101.4	101.8
粮食制品	Grain Products	99.6	100.1	100.8
其　他	Others	98.2	100.2	100.2
2.淀　粉	Starches	100.4	100.4	100.7
淀　粉	Starches	100.4	100.4	100.7
3.干豆类及豆制品	Beans and Beans Products	99.5	99.3	99.4
干　豆	Beans	98.8	99.5	99.6
豆制品	Beans Products	99.8	99.3	99.4
4.油　脂	Oil and Fat	99.0	99.0	98.7
食用植物油	Edible Vegetable Oil	98.9	99.2	99.0
植物油制品	Plant Oil Products	99.1	97.9	98.0
其　他	Others	102.5	98.1	95.0
5.肉禽及其制品	Meal,Poultry and Their Products	102.8	99.2	95.3
(1)食用畜肉及副产品	Edible Livestock Meat and Their By-products	104.2	98.8	92.5
猪　肉	Pork	106.4	98.3	88.7
牛　肉	Beef	101.1	99.6	99.5
羊　肉	Mutton	100.8	100.7	99.3
畜肉副产品	Livestock Meat By-products	101.6	98.8	95.6
其　他	Others	100.7	99.6	98.7
(2)禽	Poultry	101.9	99.2	99.5
鸡	Chicken	102.1	98.8	99.7
鸭	Duck	100.3	100.3	99.4
其　他	Others	101.4	101.1	97.8
(3)加工肉禽	Meal and Poultry Processing Products	100.6	99.8	99.1
畜肉制品	Livestock Meat Products	100.5	99.7	98.8
禽 制 品	Poultry Products	100.8	100.2	99.8
6.蛋	Eggs	101.3	99.9	99.8
鲜　蛋	Fresh Eggs	101.4	100.0	99.9
蛋制品	Egg Products	99.7	99.8	99.2
7.水产品	Aquatic Product	106.2	101.2	99.2
(1)鱼	Fish	103.2	100.5	99.1
淡水鱼	Freshwater Fish	99.7	100.2	100.8
海水鱼	Seawater Fish	106.0	100.7	97.9
(2)其他水产品	Other Aquatic Product	109.3	101.9	99.3
虾蟹类	Shrimp and Crab	111.8	102.3	100.0
其　他	Others	103.4	100.8	97.5
8.菜	Vegetable	133.6	108.7	100.1
鲜　菜	Fresh Vegetable	138.4	109.2	100.0
干菜及菜制品	Dried Vegetable and Vegetable Products	98.8	100.5	98.6
薯　类	Potato	107.7	114.3	105.3

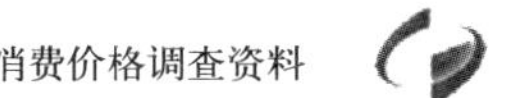

Urban Consumer Price Indices(2009)

(以上月价格为100 preceding month=100)

4 月 April	5 月 May	6 月 June	7 月 July	8 月 August	9 月 September	10 月 October	11月 November	12月 December
99.8	**99.6**	**99.1**	**99.9**	**100.2**	**100.4**	**99.7**	**100.4**	**101.4**
99.9	**99.9**	**99.9**	**99.9**	**100.0**	**100.0**	**100.2**	**100.1**	**100.0**
100.4	**100.0**	**99.8**	**100.3**	**100.1**	**99.8**	**100.0**	**99.9**	**99.9**
99.7	**99.9**	**99.9**	**99.8**	**100.0**	**100.1**	**100.2**	**100.2**	**100.1**
99.9	**99.9**	**99.8**	**99.9**	**100.0**	**99.9**	**100.1**	**100.0**	**100.0**
99.8	**99.9**	**100.0**	**99.9**	**100.2**	**100.1**	**100.1**	**100.1**	**100.4**
99.7	**99.5**	**98.9**	**99.8**	**100.3**	**100.6**	**99.6**	**100.5**	**101.8**
99.7	**98.9**	**97.5**	**99.7**	**100.6**	**101.3**	**98.8**	**101.0**	**104.3**
99.9	100.6	100.4	100.1	100.4	101.5	101.3	101.7	102.1
100.4	100.4	101.2	100.5	101.5	103.2	101.9	103.3	104.2
100.4	100.8	100.0	100.0	100.1	101.6	101.3	101.7	101.7
99.4	100.5	100.2	99.9	100.0	100.3	100.3	100.5	100.6
98.8	100.5	100.0	100.0	100.1	102.3	104.5	102.8	103.4
100.1	100.2	100.1	100.8	100.5	101.3	102.2	100.3	100.4
100.1	100.2	100.1	100.8	100.5	101.3	102.2	100.3	100.4
98.4	100.3	99.6	99.6	99.7	100.5	100.9	101.9	101.8
98.1	101.9	100.6	100.3	100.3	101.4	102.5	106.0	105.5
98.4	99.8	99.2	99.4	99.5	100.1	100.3	100.4	100.5
98.3	100.0	100.6	99.8	100.0	98.0	99.3	101.5	106.3
99.1	100.2	100.3	99.7	100.2	97.9	99.4	101.7	101.7
94.1	99.1	102.3	100.5	97.9	97.8	99.1	100.7	136.6
95.5	98.2	101.2	101.9	104.5	102.0	98.2	99.4	104.1
96.3	97.3	100.2	102.1	102.9	101.8	99.8	100.2	102.5
93.8	95.7	100.8	104.1	104.7	102.7	99.4	100.1	103.8
90.4	93.2	101.4	107.0	108.0	103.8	98.6	99.7	105.7
99.1	100.2	100.5	100.1	100.2	100.3	100.3	100.8	100.5
99.5	100.2	100.3	100.0	100.1	100.5	100.4	101.1	100.4
96.8	97.0	99.4	102.0	101.0	101.8	100.4	99.8	102.1
98.2	96.9	100.5	99.9	101.3	103.2	101.8	101.6	101.7
101.3	100.6	98.4	98.4	102.1	101.8	100.1	100.0	101.6
101.4	100.9	97.8	98.1	102.9	102.0	100.1	100.0	102.1
100.6	99.0	101.4	99.2	99.3	100.3	100.4	100.1	100.2
101.0	99.7	100.0	100.2	99.4	101.9	100.0	99.9	99.3
98.9	98.5	99.9	100.3	100.1	100.2	100.5	100.4	100.6
98.8	97.9	99.8	100.5	100.1	100.4	100.6	100.3	100.8
99.0	100.0	100.0	100.0	100.1	99.7	100.1	100.6	100.2
103.9	101.7	99.0	97.9	104.9	102.3	96.6	96.6	100.9
104.2	101.8	99.0	97.7	105.3	102.5	96.2	96.2	101.0
100.2	100.2	99.3	100.2	100.9	99.9	100.7	100.4	99.9
100.3	100.8	101.4	97.9	98.3	98.1	100.7	99.4	100.9
101.6	100.5	103.0	100.2	99.8	98.9	98.6	99.6	100.1
102.8	102.4	103.3	99.9	98.9	99.5	97.6	98.3	98.6
100.7	99.1	102.8	100.4	100.5	98.5	99.5	100.6	101.1
99.1	101.1	99.8	95.6	96.8	97.3	103.0	99.1	101.9
98.8	102.3	100.4	94.5	95.6	96.8	103.8	98.7	102.6
100.0	97.9	98.2	98.7	99.9	98.5	100.9	100.3	100.1
96.6	89.4	84.3	101.9	109.4	108.1	89.8	107.3	123.3
96.1	88.0	82.6	102.7	111.0	109.1	88.9	108.1	125.5
98.9	99.2	101.0	99.4	100.7	100.6	100.1	101.2	102.4
106.2	109.0	92.8	91.9	93.7	98.9	91.8	100.8	113.0

5-12 续表 1

商品类别及品名	Commodity Category and Commodity Name	1 月 January	2 月 February	3 月 March
9.调味品	Flavoring	99.9	100.4	99.9
盐	Salt	99.9	99.8	100.1
酱 油	Soy Sauce	100.5	100.3	100.7
醋	Vinegar	99.4	100.7	100.0
味 精	Aginomoto	99.5	100.9	99.8
其 他	Others	99.8	100.5	98.7
10.糖	Carbohydrate	99.6	100.5	100.0
食 糖	Sugar	98.5	100.3	99.7
糖 果	Sweet	100.0	100.6	100.0
巧克力制品	Chocolate Products	100.3	100.4	100.0
糖类小食品	Little Carbohydr-ate Food	99.8	100.4	100.4
11.茶及饮料	Tea and Beverages	100.0	99.8	100.2
(1)茶 叶	Tea	99.9	99.7	100.0
茶 叶	Tea	99.9	99.7	100.0
(2)饮 料	Beverages	100.1	99.9	100.3
固体饮料	Solid Beverages	101.0	99.6	100.2
液体饮料	Liquid Beverages	99.9	100.2	100.1
冷冻饮品	Frozen Beverages	99.8	99.4	100.9
12.干鲜瓜果	Dried and Fresh Melons and Fruits	105.2	105.1	100.3
鲜 瓜 果	Fresh Fruits	106.5	106.6	100.4
干(坚)果	Dried Fruits	100.9	99.4	99.7
13.糕点饼干	Cake,Biscuit and Bread	100.7	99.9	100.5
糕 点	Cake	100.6	99.8	101.1
饼 干	Biscuit	100.0	100.1	99.9
面 包	Bread	101.7	100.0	100.2
14.液体乳及乳制品	Liquid Milk and Their Products	99.7	100.3	99.9
巴氏杀菌奶或消毒奶	Pasteurization Milk or Disinfection Milk	99.6	100.2	99.4
酸 奶	Leben	99.8	101.4	100.6
奶 粉	Milk Powder	100.0	99.6	101.5
其 他	Others	99.6	99.9	99.6
15.在外用膳食品	Outward Dinner	100.1	100.2	100.2
主 食	Staple Food	100.4	100.2	100.3
炒 菜	Hot Dish	100.0	100.1	100.1
地方小吃	Local Snack	100.1	100.4	100.3
16.其他食品	Other Foods	99.7	99.8	100.7
其他食品	Other Foods	99.7	99.8	100.7
二、烟酒及用品	**Tobacco,Liquor and Their Appliances**	**100.1**	**100.2**	**100.0**
1.烟 草	Tobacco	99.9	100.0	100.0
国产卷烟	Domestic Cigarette	100.0	100.0	100.0
进口卷烟	Import Cigarette	99.4	100.0	100.0
其 他	Others	100.0	100.0	100.0
2.酒	Liquor	100.2	100.4	100.1
白 酒	White Spirit	100.0	100.5	100.2
葡 萄 酒	Grape	99.6	99.7	99.6
啤 酒	Beer	100.6	100.5	100.1
其 他	Others	101.0	100.0	99.9
3.吸烟、饮酒用品	Appliances for Sm-oking and Drinking	100.0	100.0	100.0
吸烟用品	Appliances for Smoking	99.8	99.8	100.1
饮酒用品	Appliances for Drinking	100.2	100.1	99.9
三、衣 着	**Clothing**	**99.1**	**99.7**	**100.1**
1.服 装	Garments	98.9	99.7	100.1
(1)男式服装	Men's Garments	99.2	99.4	100.2

(以上月价格为100 preceding month=100)

4 月 April	5 月 May	6 月 June	7 月 July	8 月 August	9 月 September	10 月 October	11月 November	12月 December
100.9	99.8	100.2	100.2	100.2	100.5	100.1	100.2	100.3
99.8	99.9	100.0	99.7	99.8	100.2	100.0	100.1	99.9
100.8	99.6	100.0	100.4	99.8	101.2	99.9	100.3	99.9
101.8	100.3	101.4	100.7	100.0	100.2	100.5	100.3	99.2
99.9	99.2	101.0	100.3	102.6	101.0	100.3	99.7	101.5
102.1	99.9	98.7	99.7	99.8	99.9	99.9	100.5	102.3
99.9	100.2	100.1	100.1	100.0	100.2	100.2	100.2	100.0
100.1	100.2	100.3	100.2	99.8	100.8	101.0	100.1	100.1
99.8	100.0	100.1	99.9	100.0	100.0	100.0	100.2	100.1
99.9	100.6	99.9	100.5	100.5	99.9	99.6	100.6	99.6
99.7	99.8	100.2	99.8	99.6	100.0	100.2	99.8	100.2
99.9	100.0	100.1	99.6	100.2	100.2	100.2	100.0	100.1
100.0	100.2	100.1	100.0	100.3	100.1	100.1	100.1	100.3
100.0	100.2	100.1	100.0	100.3	100.1	100.1	100.1	100.3
99.8	99.8	100.1	99.4	100.2	100.3	100.3	99.9	100.0
99.4	99.6	99.8	99.3	100.7	100.2	100.6	99.6	100.1
99.7	100.0	100.2	99.8	100.0	100.1	99.9	99.8	99.9
100.2	99.8	100.0	98.6	100.1	101.0	101.0	100.6	100.0
106.0	105.5	93.0	95.4	90.8	99.5	99.8	100.9	105.7
107.3	106.5	91.2	94.1	88.2	99.3	99.6	100.9	106.8
101.0	101.1	101.1	100.3	100.7	100.2	100.6	100.9	102.2
100.0	99.7	100.1	99.9	100.0	100.1	100.2	100.2	99.6
100.1	99.9	99.9	99.8	100.0	100.2	100.1	100.4	99.0
100.0	100.0	100.2	100.1	100.1	100.0	100.1	100.0	99.8
99.9	98.9	100.4	100.0	99.9	100.2	100.7	100.0	100.4
99.8	100.0	100.2	99.9	100.1	100.0	99.9	100.0	100.5
100.1	99.8	100.0	99.8	100.2	100.4	99.9	100.0	100.0
98.6	101.0	100.4	99.8	99.8	99.3	99.6	100.1	99.9
99.8	100.0	100.7	100.7	100.9	99.1	100.4	100.0	104.0
100.3	99.7	100.0	99.9	99.4	100.0	100.0	100.0	99.8
100.0	99.4	100.0	99.8	100.0	100.1	100.2	100.3	100.3
100.3	98.9	99.9	99.8	99.8	100.0	100.3	100.3	100.1
100.0	99.6	100.0	99.6	100.0	100.1	100.2	100.3	100.2
99.6	99.5	100.1	100.1	100.2	100.0	100.1	100.3	100.6
99.8	100.1	99.9	100.0	100.5	100.0	100.6	100.0	100.9
99.8	100.1	99.9	100.0	100.5	100.0	100.6	100.0	100.9
100.0	**100.0**	**100.2**	**100.5**	**100.6**	**100.3**	**100.1**	**100.1**	**100.4**
99.9	100.0	100.0	100.3	100.0	100.0	100.0	99.9	100.0
99.9	100.0	100.0	100.3	100.0	100.0	100.0	100.0	100.0
100.0	100.0	100.0	100.0	100.1	100.0	100.0	99.2	100.0
99.5	100.0	100.0	99.6	99.2	100.0	100.0	100.0	100.0
100.0	100.0	100.3	100.6	101.1	100.6	100.3	100.2	100.7
100.2	99.9	100.0	100.8	101.6	101.5	100.4	100.2	101.0
100.0	100.1	100.1	100.0	100.6	100.2	100.2	99.9	100.1
99.8	100.3	100.9	100.6	100.6	99.3	100.0	100.3	99.9
100.0	99.9	99.9	100.1	99.7	100.0	100.2	100.6	105.2
100.0	99.9	99.9	100.3	100.0	100.0	100.0	100.0	99.9
100.0	99.9	100.0	100.3	99.9	100.0	100.0	100.0	100.0
100.0	100.0	99.8	100.2	100.1	100.0	100.0	100.0	99.9
99.3	**100.1**	**99.8**	**99.3**	**100.0**	**99.9**	**100.6**	**100.2**	**99.9**
99.4	99.7	100.0	99.5	99.6	99.9	100.6	100.4	100.0
99.1	99.5	100.0	99.8	99.9	99.8	100.9	100.4	99.8

5–12 续表 2

商品类别及品名	Commodity Category and Commodity Name	1 月 January	2 月 February	3 月 March
大　衣	Topcoat	98.4	97.8	100.3
毛线衣	Woollen Sweater	98.8	99.2	100.1
夹克衫	Jacket	99.6	100.1	101.4
衬　衫	Shirt	99.5	99.2	99.9
T 恤衫	T-shirt	100.0	100.4	100.7
裤　子	Trousers	99.3	97.6	100.8
西　服	Western-style Clothes	98.4	100.1	100.4
运动衫裤	Gym Suit	99.0	100.5	101.1
内　衣	Underwaist	100.3	99.8	98.5
羽绒衣	Eider Down Outerwear	99.2	99.7	100.0
其　他	Others	100.0	98.7	98.3
(2)女式服装	Women's Garments	98.6	100.1	100.0
大　衣	Topcoat	94.6	99.0	100.0
毛线衣	Woollen Sweater	98.5	99.1	98.9
羽绒衣	Eider Down Outerwear	98.6	99.9	100.0
套　装	Coordinates	99.5	100.7	100.5
衬　衫	Shirt	99.1	100.3	100.3
T 恤衫	T-Shirt	99.9	100.0	100.0
裙　子	Skirt	99.0	101.3	100.6
裤　子	Trousers	98.7	100.9	100.5
运动衫裤	Gym Suit	100.4	100.6	101.7
内　衣	Underwaist	99.7	100.1	98.5
其　他	Others	100.0	99.7	99.2
(3)儿童服装	Children's Garments	99.5	99.2	100.1
套　装	Coordinates	99.0	98.9	99.8
裤　子	Trousers	99.7	99.0	100.8
裙　子	Skirt	100.1	100.0	100.0
其　他	Others	99.4	99.5	100.1
2.衣着材料	Clothing Materials	100.2	99.8	99.8
棉　布	Cotton Cloth	100.2	100.0	100.1
棉混纺布	Cotton Textiles Cloth	100.2	99.6	99.9
化纤布	Chemical Fiber Cloth	100.3	99.8	99.7
毛　线	Knitting Wool	100.2	100.0	99.8
3.鞋袜帽	Shoes,Socks and Hats	99.4	99.7	100.0
(1)鞋	Shoes	99.3	99.7	100.0
男　鞋	Men's Shoes	99.4	99.5	100.0
女　鞋	Women's Shoes	99.1	99.7	99.9
童　鞋	Children's Shoes	99.8	100.1	100.2
(2)袜　子	Socks	100.0	99.8	99.8
男　袜	Men's Socks	100.0	99.6	99.9
女　袜	Women's Socks	100.0	100.0	99.6
(3)帽　子	Hats	100.5	99.9	100.0
男　帽	Men's Hats	100.8	99.3	100.1
女　帽	Women's Hats	100.3	100.3	100.0
4.衣着加工服务费	Clothing Manufact- uring Services	100.0	100.0	101.9
缝　纫	Sewing	100.0	100.0	99.9
清　洗	Washing	100.0	100.0	103.8
四、家庭设备用品及维修服务	**Household Facilities, Articles and Services**	**99.9**	**99.8**	**100.0**
1.耐用消费品	Durable Consumer Goods	99.8	99.9	100.0
(1)家　具	Furniture	100.0	100.0	100.0

continued

(以上月价格为100 preceding month=100)								
4 月 April	5 月 May	6 月 June	7 月 July	8 月 August	9 月 September	10 月 October	11月 November	12月 December
99.6	99.9	99.9	100.1	100.1	100.1	100.3	100.5	100.0
98.9	99.6	100.2	100.1	100.0	100.3	101.2	102.5	100.0
98.2	99.2	100.2	99.6	99.7	99.9	100.3	101.4	99.1
99.2	99.5	99.3	99.6	100.8	99.7	99.8	99.8	99.1
99.3	99.3	99.8	99.5	97.2	99.8	100.2	99.6	99.8
99.2	99.5	99.7	99.4	98.8	99.8	102.0	98.4	99.6
98.5	99.2	100.4	100.4	100.8	98.4	101.0	98.5	99.8
99.6	100.8	100.3	98.1	100.7	101.4	101.1	99.8	99.8
99.2	98.0	99.9	101.0	99.7	100.0	102.1	98.8	99.1
99.6	100.0	99.8	99.8	100.0	100.1	100.1	106.0	101.7
100.1	100.3	100.1	99.7	99.7	99.8	100.1	99.6	100.3
99.6	99.7	100.1	99.4	99.5	99.9	100.5	100.4	100.1
99.6	100.0	100.0	100.0	100.0	100.0	100.0	101.0	99.9
99.1	99.9	100.0	100.0	99.9	99.6	101.2	100.5	100.7
99.7	99.6	100.0	100.0	100.0	100.0	100.3	103.0	101.9
99.7	100.2	99.7	99.9	100.2	99.9	100.5	100.1	99.9
99.6	100.0	100.6	99.8	99.2	99.3	100.1	99.9	99.9
101.3	99.6	99.2	98.6	97.4	99.7	100.5	99.7	99.4
99.6	100.9	100.0	97.5	97.9	99.3	99.5	100.0	99.6
99.3	98.6	100.8	98.4	98.3	100.7	100.4	100.2	99.6
100.3	100.7	100.4	98.3	101.0	100.5	101.2	99.9	99.6
99.5	97.9	99.7	100.7	100.4	100.0	101.3	99.0	99.9
99.1	98.4	99.9	100.3	100.5	99.6	100.7	99.4	99.9
99.6	100.0	99.7	98.9	99.5	100.1	100.5	100.1	100.1
99.4	100.0	99.7	99.6	99.9	100.4	100.3	100.0	100.2
99.7	99.1	99.8	99.5	99.9	99.7	100.6	100.3	100.1
99.9	100.8	99.8	97.2	98.6	100.1	100.7	100.2	100.0
99.5	99.8	99.7	100.0	99.9	100.2	100.3	100.3	99.6
99.7	100.1	100.1	100.0	100.0	99.7	100.4	100.1	99.9
100.0	100.2	100.0	100.2	100.0	99.7	100.6	100.0	99.8
100.0	100.2	100.2	100.1	100.0	99.7	100.3	100.0	99.8
99.4	100.0	100.0	99.9	100.1	99.5	100.3	100.1	99.9
99.3	100.0	100.0	100.0	100.1	99.9	100.4	100.0	100.0
99.0	101.0	99.0	98.4	100.8	100.0	100.7	99.8	99.8
98.9	101.0	98.8	98.2	100.9	100.0	100.7	99.8	99.7
99.0	100.5	99.1	98.3	101.1	100.0	100.7	99.7	99.8
98.6	101.5	98.3	97.6	101.1	100.1	101.0	99.8	99.8
99.7	100.6	100.0	99.8	100.1	99.9	100.1	100.0	99.4
99.4	100.5	99.9	100.0	100.0	100.2	100.6	100.0	100.0
99.4	100.4	100.1	100.1	100.0	100.0	100.6	100.0	100.0
99.4	100.6	99.8	100.0	100.0	100.4	100.6	100.0	100.0
99.3	100.7	100.0	99.8	100.0	99.8	100.4	100.1	100.0
99.3	101.0	100.0	99.4	100.0	99.7	100.8	100.3	100.0
99.3	100.6	100.0	100.0	100.0	99.8	100.2	100.0	100.0
100.0	107.3	100.2	100.0	100.0	100.0	100.0	100.0	100.0
100.0	99.9	100.0	100.0	100.0	100.0	100.0	100.0	100.0
100.0	113.6	100.4	100.0	100.0	100.0	100.0	100.0	100.0
99.8	**99.8**	**99.9**	**99.8**	**99.9**	**100.1**	**100.0**	**100.0**	**99.9**
99.6	99.7	99.9	99.7	99.8	100.0	99.9	100.1	99.9
99.4	99.8	100.0	99.7	100.0	99.9	99.9	100.1	100.0

5-12 续表 3

商品类别及品名	Commodity Category and Commodity Name	1 月 January	2 月 February	3 月 March
柜	Cabinet	100.5	99.0	99.9
床	Bed	100.2	100.0	100.0
桌	Desk	100.0	100.0	100.0
椅	Chair	100.0	100.2	100.0
沙 发	Sofa	99.3	100.8	100.0
其 他	Others	100.1	100.1	100.0
(2)家庭设备	Household Appliances	99.7	99.8	100.0
洗 衣 机	Washing Machine	98.9	99.8	100.3
电 风 扇	Electric Fan	100.0	100.0	100.0
电冰箱(柜)	Refrigerator	99.5	99.7	100.3
吸排油烟机	Kitchen Ventilato	101.0	100.0	99.7
空 调 器	Air-conditioning	99.7	99.8	99.7
热 水 器	Water Heater	99.4	99.9	100.0
微 波 炉	Microwave Oven	99.9	100.0	100.0
电 炊 具	Electric Cooking Appliance	100.6	100.1	99.8
2.室内装饰品	Interior Decorations	99.9	99.9	100.0
纺织装饰品	Textile Process Decorations	99.9	99.9	100.0
装饰灯具	Architectural Lamps and Lanterns	99.8	100.1	99.8
其 他	Others	100.0	99.7	100.0
3.床上用品	Bedclothes	99.9	99.9	100.4
毛 毯	Woollen Blanket	99.8	99.8	100.3
被 子	Quilt	100.0	99.9	100.7
床上套件	Bed Ariccles	99.8	99.9	100.4
其 他	Others	99.9	99.9	100.1
4.家庭日用杂品	Sundry Articles	100.0	99.8	100.0
茶 具	Tea Set	99.7	100.0	100.3
餐 具	Tableware	99.6	100.1	99.9
厨 具	Kitchen Utensils	100.1	99.8	100.2
家用手工工具	Domestic Handwork Tools	100.0	100.1	100.0
洗涤用品	Washing Articles	99.9	99.6	100.0
其 他	Others	100.1	99.9	100.0
5.家庭服务及加工维修服务	Household Srvice and Manufacturing Upkeep	101.0	99.0	100.0
家庭服务	Household Srvice	102.2	97.9	100.0
加工维修服务	Manufacturing Upkeep	100.0	100.0	100.0
五、医疗保健和个人用品	**Health Care and Personal Articles**	**99.9**	**100.5**	**100.3**
1.医疗保健	Health Care	99.8	100.7	100.4
(1)医疗器具及用品	Medical Facilities and Goods	100.0	100.0	100.0
医疗器具及用品	Medical Facili- ties and Goods	100.0	100.0	100.0
(2)中药材及中成药	Herbs and Ready- made Traditional Chinese Medicine	99.9	100.2	99.9
中 药 材	Herbs	98.9	100.0	99.8
中 成 药	Ready-made Tr-aditional Chin-ese Medicine	100.6	100.3	100.0
(3)西药	Western Medicine	99.7	100.1	100.0
抗微生物药	Anti-microorga-nism Medicine	99.3	99.9	100.1
消化系统用药	Alimentary System Medicine	99.6	99.6	99.2
呼吸系统用药	Respiratory System Medicine	99.8	100.1	100.0
解热镇痛及非甾体抗炎药	Allays a Fever the Analgesia and the Non-steroid Body Anti-inflammatory Agent	99.4	100.3	100.8
抗肿瘤药	Antinecplastic Drug	99.9	100.0	100.0
激素及调节内分泌功能药	Hormone and Adjustment Internal Secretion Function Medicine	100.3	100.2	100.0
循环系统用药	Circulating System Medicine	100.0	99.9	100.2
神经系统用药	Nerve System Medicine	100.0	99.7	100.0
专科用药	Junior Medicine	99.3	101.5	100.0

continued

(以上月价格为100 preceding month=100)

4 月 April	5 月 May	6 月 June	7 月 July	8 月 August	9 月 September	10 月 October	11月 November	12月 December
99.8	99.5	100.4	100.0	100.0	100.0	99.4	100.6	100.2
98.7	100.1	100.1	99.4	100.0	99.6	100.0	100.0	99.8
99.7	99.6	99.8	99.4	99.8	100.0	99.9	100.0	100.2
99.8	100.0	100.0	100.0	100.0	100.0	100.0	99.7	99.8
99.3	99.9	99.8	99.9	100.0	100.0	100.1	99.9	99.9
100.0	100.0	100.2	100.0	100.0	99.9	100.0	100.0	100.0
99.7	99.7	99.8	99.7	99.6	100.1	99.9	100.1	99.8
99.3	100.0	99.7	99.4	99.7	100.0	100.1	100.2	99.9
99.9	99.7	99.4	99.3	99.4	99.8	99.8	100.1	99.9
99.7	99.3	100.1	100.1	99.6	100.5	100.0	100.0	99.7
99.7	100.4	99.9	99.6	99.7	99.8	99.9	99.9	99.8
100.0	99.6	99.5	99.5	99.7	100.2	99.7	99.9	100.0
100.0	99.9	100.1	99.6	99.7	99.9	99.7	100.2	99.8
98.8	98.7	99.9	99.9	99.6	99.1	99.8	100.6	99.8
99.6	100.3	99.7	99.9	98.9	100.3	100.1	100.0	100.0
99.9	99.9	100.1	100.1	99.7	100.0	100.0	100.2	100.0
99.7	100.4	100.0	100.0	100.0	100.0	100.1	100.0	100.0
100.1	99.6	100.4	100.2	99.1	99.9	100.0	100.5	100.0
100.0	99.0	100.0	100.0	100.0	100.0	100.0	100.0	100.0
99.6	99.6	99.6	99.7	100.6	100.1	100.3	100.1	99.9
99.6	100.0	99.2	100.2	100.5	100.4	100.2	99.7	99.5
99.7	99.0	99.6	99.5	101.3	99.9	100.2	100.5	99.3
99.5	99.5	99.5	99.6	100.2	100.0	100.3	100.1	100.5
99.6	100.7	100.0	99.9	100.3	100.1	100.3	99.9	100.0
100.0	99.9	99.9	100.0	100.1	100.2	100.0	99.9	99.7
100.0	99.6	100.0	100.1	100.4	99.7	99.4	99.9	99.6
100.1	100.1	100.0	100.8	99.6	100.0	100.6	99.7	99.3
100.0	100.0	100.1	99.8	99.9	99.9	100.0	99.6	100.1
100.0	100.0	99.4	100.6	100.0	100.1	100.0	100.0	100.0
99.8	100.2	99.7	99.9	100.5	100.3	99.2	100.1	99.6
100.0	99.7	100.1	99.8	100.1	100.4	100.6	100.0	99.8
100.4	100.1	100.2	100.2	100.0	100.2	100.0	100.1	100.3
100.9	100.1	100.5	100.6	100.0	100.3	100.0	100.0	100.2
100.0	100.1	100.0	100.0	100.0	100.1	100.0	100.1	100.3
99.9	**99.9**	**100.1**	**100.1**	**100.1**	**100.1**	**100.1**	**100.3**	**100.2**
99.9	99.9	100.1	100.0	100.0	100.1	100.0	100.2	100.3
99.8	99.4	99.9	99.5	100.0	100.0	100.4	100.2	100.2
99.8	99.4	99.9	99.5	100.0	100.0	100.4	100.2	100.2
99.9	99.9	100.3	99.7	100.1	100.7	100.1	101.9	101.0
100.1	99.8	100.6	99.9	100.0	100.8	100.7	105.4	102.4
99.8	100.0	100.1	99.5	100.1	100.6	99.7	99.4	100.0
99.9	99.9	100.1	100.0	100.0	99.9	100.0	99.5	100.0
100.0	100.2	100.0	99.9	99.9	99.9	100.0	98.4	100.0
99.9	99.6	101.2	99.6	99.9	100.0	100.2	99.7	100.0
100.3	98.6	99.0	100.9	100.2	100.4	100.0	100.4	100.1
100.0	100.6	100.3	99.6	99.6	99.2	100.0	98.5	100.2
99.9	99.9	100.6	100.1	99.8	100.0	100.0	99.5	100.0
100.2	100.0	100.9	100.5	99.6	100.0	100.0	100.0	100.0
99.4	100.2	100.0	99.7	100.0	100.0	100.0	100.2	100.0
100.0	100.0	100.0	100.3	99.3	100.0	99.4	100.4	100.0
98.3	100.3	98.9	99.6	101.7	100.2	99.8	99.6	100.1

5-12 续表 4

商品类别及品名	Commodity Category and Commodity Name	1 月 January	2 月 February	3 月 March
其　他	Others	100.6	100.0	100.1
(4)保健器具及用品	Healthcare Equip-ment	100.1	99.7	100.3
保健器具	Health Protection Equipment	100.0	99.9	100.0
滋补保健用品	Tonic and Health Products	100.1	99.7	100.4
(5)医疗保健服务	Health Care Services	99.9	102.5	101.4
挂号费	Registration	100.0	99.7	100.0
注射费	Injection Expenses	100.0	102.8	98.1
检查费	Examination Expenses	100.0	98.7	100.3
手术费	Operation Exp- enses	99.5	104.1	105.2
住院费	Hospitalization Expenses	100.0	103.3	100.0
理疗费	Physiotherapy Expenses	100.0	106.2	101.5
化验费	Analysis Expenses	100.1	102.5	102.6
其　他	Others	100.0	106.1	102.3
2.个人用品及服务	Personal Articles and Services	99.9	100.2	100.0
(1)化妆美容用品	Cosmetics	99.6	99.9	99.8
化妆美容器具	Cosmetics App-liances	100.0	99.7	100.0
美容化妆品	Facial Beautifiers	100.2	100.0	100.0
护肤品	Protects Skin Products	98.8	100.2	99.7
护发美容品	Protects Sends the Beauty Products	99.6	99.5	99.6
(2)清洁化妆用品	Cleaning Toiletw-are	99.9	99.7	99.9
洗发用品	Hairdressing Articles	99.5	99.9	99.9
洗浴用品	Bathing Articles	100.4	99.5	99.7
其　他	Others	99.6	100.1	100.1
(3)个人饰品	personal Decorations	100.0	101.2	100.5
首　饰	Ornaments	100.0	102.7	101.2
皮　件	Leather Appliance	100.5	98.7	98.6
手　表	Watch	100.0	99.5	100.1
领　带	Necktie	100.1	101.0	100.5
其　他	Others	99.4	99.3	99.9
(4)个人服务	Personal Services	100.2	100.1	99.9
美　容	Cosmetology	100.0	100.1	100.0
理(烫)发	Haircut (perm-naent wave)	100.4	100.0	99.7
洗　浴	Bathe	100.4	100.2	99.8
其　他	Others	100.1	100.0	100.0
六、交通和通信	**Transportation and Communication**	**99.4**	**99.5**	**99.9**
1.交通	Transportation	99.0	99.8	100.2
(1)交通工具	Transportation Facility	101.0	99.8	99.8
摩托车	Motorcycle	100.0	100.0	99.8
自行车	Bicycle	100.0	100.1	99.7
轿　车	Car	101.9	99.7	99.8
其　他	Others	100.0	100.0	99.9
(2)车用燃料及零配件	Fuels and Parts	85.2	98.6	100.9
汽　油	Gasoline	81.4	99.3	102.7
柴　油	Diesel Oil	81.5	95.5	97.3
零配件	Parts	100.0	100.0	100.0
其　他	Others	99.1	100.0	99.9
(3)车辆使用及维修费	Using and Upkeep Fare	100.0	100.0	100.0
驾驶证	Driving License	99.3	99.8	100.0
保险费	Insurance Exp-enses	100.3	100.0	100.0
停车费	Parking Expen-ses	100.0	100.0	100.0

continued

(以上月价格为100 preceding month=100)								
4 月 April	5 月 May	6 月 June	7 月 July	8 月 August	9 月 September	10 月 October	11月 November	12月 December
100.0	99.6	99.3	100.0	99.9	100.0	100.0	100.3	100.0
100.0	100.0	100.0	100.1	100.1	100.4	100.0	100.3	100.5
100.0	100.0	100.1	99.9	99.9	100.0	100.0	100.0	100.0
100.0	99.9	100.0	100.1	100.2	100.5	100.0	100.5	100.6
100.0	100.0	100.0	100.4	100.0	100.0	100.0	100.0	100.0
100.0	100.0	100.0	100.0	100.0	100.0	100.0	100.0	100.0
100.0	100.0	100.0	102.9	100.0	100.0	100.0	100.0	100.0
100.0	100.0	100.0	100.0	100.0	100.0	100.0	100.0	100.0
100.2	100.0	100.0	100.0	100.0	100.0	100.0	100.0	99.9
99.8	100.0	100.0	100.0	100.0	100.0	100.0	100.0	100.0
100.0	100.0	99.7	100.0	100.0	100.0	100.0	100.0	100.0
100.1	100.0	100.0	100.0	100.0	100.0	100.0	100.0	99.9
100.0	100.0	100.0	100.0	100.0	100.0	100.0	100.0	100.0
99.9	100.0	100.2	100.1	100.2	100.1	100.3	100.4	100.1
99.9	99.9	100.1	100.2	100.0	99.8	100.1	100.0	100.1
99.9	100.0	99.9	100.0	99.9	99.9	100.2	100.1	100.0
100.1	100.0	100.0	100.0	100.1	100.0	100.0	99.9	100.1
100.0	99.8	100.0	100.1	99.9	99.8	99.6	100.1	100.0
99.5	99.7	100.3	100.7	100.0	99.6	100.7	100.0	100.2
99.7	99.8	99.9	100.4	100.5	100.1	100.0	99.9	99.9
99.6	99.8	100.0	100.9	100.4	100.0	100.1	99.7	100.2
99.8	99.7	99.7	100.0	100.9	100.2	99.9	99.8	99.6
99.7	100.1	100.2	100.1	99.9	100.3	100.0	100.3	100.1
99.7	99.8	100.8	99.9	100.4	100.3	101.2	101.5	100.2
99.5	100.1	101.6	99.5	100.9	100.8	102.0	102.8	100.3
100.0	99.2	99.8	100.7	99.8	99.6	100.5	100.4	100.0
100.0	99.8	100.0	100.2	100.0	99.9	100.0	100.1	100.0
100.0	99.6	99.5	100.2	100.0	99.9	100.6	99.0	100.6
99.6	99.4	100.3	100.0	100.0	99.6	100.1	100.1	100.2
100.4	100.3	100.0	100.0	100.0	100.0	100.0	100.1	100.3
100.0	101.1	100.0	100.0	100.0	100.0	100.0	100.0	100.0
101.1	100.0	99.9	100.0	100.0	100.0	100.0	100.0	100.8
100.0	100.0	100.2	100.0	100.0	100.0	100.0	100.4	100.0
100.0	100.0	100.0	100.0	100.0	100.0	100.0	100.2	100.2
99.9	**99.9**	**99.8**	**100.1**	**99.6**	**100.0**	**99.8**	**100.1**	**100.0**
100.1	100.1	100.1	100.5	99.6	100.2	99.8	100.4	100.1
100.0	100.0	99.7	99.9	99.6	99.8	100.0	100.0	99.9
99.9	100.0	99.8	100.0	100.0	100.0	100.0	100.0	100.0
100.1	100.0	99.2	100.0	100.0	100.0	100.0	100.0	100.0
100.0	100.1	99.8	100.0	99.4	99.6	100.0	100.0	99.9
99.4	100.0	99.2	98.5	98.5	100.0	100.0	100.0	100.0
101.9	100.5	104.8	106.4	98.9	102.2	98.3	103.9	101.0
101.8	100.1	105.6	108.2	99.0	102.5	97.6	105.4	101.3
104.3	102.3	107.9	108.2	97.5	103.4	98.5	103.7	101.1
100.0	100.0	100.2	100.0	100.0	100.0	100.0	100.0	100.0
100.1	99.9	98.2	100.1	100.0	100.0	100.0	100.0	100.0
100.0	99.8	100.2	100.0	99.9	100.2	100.0	100.1	100.2
100.0	98.7	100.9	100.0	99.5	100.0	100.1	100.9	100.1
100.0	100.0	99.9	100.0	100.0	100.3	100.0	100.0	100.0
100.0	100.0	100.2	100.0	100.0	100.0	100.0	100.0	100.0

5-12 续表 5

商品类别及品名	Commodity Category and Commodity Name	1 月 January	2 月 February	3 月 March
车辆修理服务费	Vehicle Upkeep Service fare	99.9	100.0	99.9
其 他	Others	100.0	100.0	100.0
(4)市区公共交通费	Incity Traffic Fare	100.0	100.1	100.0
公共汽车票	Bus Ticket	100.0	100.1	100.0
出租汽车	Taxi	100.0	100.0	100.0
其 他	Others	100.0	100.0	100.0
(5)城市间交通费	Intercity Traffic Fare	100.9	100.0	100.9
飞 机 票	Airplane Ticket	104.8	97.2	113.3
火 车 票	Train Ticket	100.0	100.0	100.0
长途汽车	Intertown Bus	101.1	100.3	100.0
其 他	Others	100.2	100.0	100.4
2.通信	Communication	99.9	99.2	99.5
(1)通信工具	Communication Facility	99.0	96.6	98.3
固定电话机	Telephone	100.0	99.9	100.1
移动电话机	Mobile Phone	98.9	96.1	98.0
其 他	others	98.9	97.6	100.7
(2)通信服务	Communication Service	100.1	100.0	99.9
移动通信费	Mobile Communication Fee	100.5	100.0	99.8
市内电话费	Incity Telephone Fee	100.0	100.0	100.0
长途电话费	Long Distance Call Fee	100.0	100.0	100.0
月租费	Month Hiring Fee	100.0	100.0	100.0
上网费	Net Play Fee	100.0	100.0	100.0
信件邮寄	Letter Post	100.0	100.0	100.0
包裹邮寄	Package Post	100.0	100.0	100.0
其 他	Others	100.0	100.0	95.7
七、娱乐教育文化用品及服务	**Recreation,Education and Culture Articles**	**100.6**	**99.8**	**99.7**
1.文娱用耐用消费品及服务	Durable Consumer Goods for Cultural and Recreational Use and Service	99.7	99.9	99.4
电 视 机	Television	99.0	99.2	98.6
激光视盘机	Laser Video Disc Machine	100.0	100.0	99.9
摄 像 机	Pickup Camera	99.4	99.9	99.6
照 相 机	Camera	98.5	99.8	98.5
家用音响	Acoustic Equipment	100.0	100.0	99.7
便携式音响	Portable Acoustics	99.8	99.9	99.5
电 脑	Computer	100.2	100.4	99.9
修理服务	Repair Service	100.0	100.0	100.0
其 他	Others	99.6	100.0	99.5
2.教育	Education	100.6	100.5	99.8
(1)教材及参考书	Teaching Materials and Reference Books	100.1	100.0	100.0
工 具 书	Tool Book	99.5	100.0	99.9
教 材	Teaching Material	100.6	100.0	100.0
参 考 书	Reference Book	100.0	100.0	100.0
教育软件	Educational Software	100.0	100.0	100.0
(2)学杂托幼费	Tuition and Child Care	100.7	100.6	99.8
义务教育杂费	Incidental Expe- nses of Compul-cory Education			
非义务教育学杂费	Tuition of Non-compulsory Education	100.0	100.0	100.0
技能培训学费	Skill Train Tuition	99.9	100.0	99.0
托 幼 费	Child Care	103.9	103.3	100.0
其 他	Others	100.0	100.0	100.0
3.文化娱乐类	Recreation and Culture	100.3	100.1	100.0
(1)文化娱乐用品	Culture Articles	99.8	100.1	100.1

continued

(以上月价格为100 preceding month=100)

4 月 April	5 月 May	6 月 June	7 月 July	8 月 August	9 月 September	10 月 October	11月 November	12月 December
100.0	100.0	100.2	100.0	100.0	100.3	100.0	100.0	100.5
100.0	100.0	100.0	100.0	100.0	100.1	100.0	100.0	100.0
100.0	100.0	100.0	100.0	100.0	100.0	100.0	100.0	100.0
100.0	100.0	100.0	100.0	100.0	100.0	100.0	100.0	100.0
100.0	100.0	100.0	100.0	100.0	100.0	100.0	100.0	100.0
100.0	100.0	100.0	100.0	100.2	100.0	100.0	100.0	100.0
99.8	100.2	99.0	99.8	99.2	100.1	100.0	99.9	100.0
97.7	100.8	98.5	103.7	98.2	99.1	100.0	100.2	100.2
100.0	100.0	100.0	100.0	100.0	100.1	100.0	100.0	100.0
100.0	100.2	98.2	99.0	98.8	100.3	100.0	100.0	99.8
100.4	100.0	100.7	100.0	100.0	100.0	100.0	98.6	101.4
99.5	99.7	99.5	99.6	99.7	99.7	99.8	99.7	99.9
98.0	98.6	98.3	98.1	98.6	99.0	99.2	98.4	99.7
99.9	100.0	99.9	99.7	100.1	100.2	100.0	100.0	99.9
97.7	98.3	98.0	97.8	98.3	98.8	99.0	98.0	99.6
98.9	99.9	99.0	100.0	100.3	100.0	100.3	100.6	99.9
100.0	100.0	99.8	100.0	100.0	99.9	100.0	100.0	100.0
100.0	100.0	99.4	100.0	100.0	99.9	100.0	100.0	99.9
100.0	100.0	100.0	100.0	100.0	100.0	100.0	100.0	100.0
100.0	100.0	100.0	100.0	100.0	99.7	100.0	100.0	100.0
100.0	100.0	100.0	100.0	100.0	100.0	100.0	100.0	100.0
100.0	99.9	100.0	100.0	100.0	100.0	100.0	100.0	100.0
100.0	100.0	100.0	100.0	100.0	100.0	100.0	100.0	100.0
100.0	100.0	100.0	100.0	100.0	100.0	100.0	100.0	100.0
100.0	100.0	100.0	100.0	100.0	100.0	100.0	100.0	100.0
100.5	**99.8**	**99.8**	**100.3**	**100.3**	**99.5**	**100.0**	**99.8**	**99.8**
99.6	99.5	99.7	99.5	100.0	99.0	100.0	99.9	99.9
99.3	98.9	99.7	99.0	99.2	99.5	99.8	99.8	99.7
100.0	100.1	100.0	99.9	99.9	100.0	100.0	100.0	100.0
100.3	99.5	99.7	99.6	99.9	100.0	100.9	99.7	100.2
99.3	99.0	99.7	99.5	99.3	99.9	100.0	99.6	99.1
100.1	100.0	99.9	99.1	99.9	100.0	100.0	100.2	100.2
98.8	99.9	99.8	99.5	99.6	99.9	99.8	99.8	100.0
99.6	99.8	99.7	99.6	100.5	98.1	100.0	99.9	100.0
100.0	100.0	100.0	100.0	100.0	100.0	100.0	100.0	100.0
100.0	100.0	100.0	100.0	100.5	100.0	100.0	100.0	100.1
100.2	100.0	100.0	99.9	100.0	100.2	100.0	100.0	100.0
100.0	100.1	100.0	99.8	100.0	101.1	100.0	100.0	100.0
100.0	100.4	100.0	99.4	100.0	100.0	100.0	100.0	100.1
100.1	100.0	100.0	100.0	100.0	101.1	100.0	100.0	100.0
100.0	100.0	100.0	99.8	100.0	101.8	99.9	100.0	100.0
100.0	100.0	100.0	100.0	100.0	101.5	100.0	100.0	100.0
100.3	100.0	100.0	100.0	100.0	100.0	100.0	100.0	100.0
100.0	100.0	100.0	100.0	100.0	100.0	100.0	100.0	100.0
100.0	100.0	100.0	100.0	100.0	100.0	100.0	100.0	100.0
101.4	100.0	100.0	99.8	100.0	100.0	100.0	100.0	100.0
100.0	100.0	100.0	100.0	100.0	100.0	100.3	100.0	100.0
100.2	100.4	100.1	100.2	100.0	100.2	100.1	99.8	100.0
100.1	100.2	100.0	100.1	100.1	100.0	99.9	100.0	100.1

5-12 续表 6

商品类别及品名	Commodity Category and Commodity Name	1 月 January	2 月 February	3 月 March
乐　　器	Musical Instru-ment	100.0	100.0	100.0
音响光盘和磁带	Audio,Disk and Tape	100.0	100.0	100.0
照相胶卷和存储卡	Roll Film and M-emorizing Card	98.9	100.0	100.0
录像磁带和视盘	Video Tape and Disk	100.0	100.0	100.0
儿童玩具	Children's Toy	100.0	100.3	100.6
纸张本册	Paper and Volume	99.8	100.1	100.0
文　　具	Stationery	100.1	100.0	100.0
体育用品	Sports Goods	99.9	99.8	99.6
其　　他	Others	100.0	100.0	99.7
(2)书报杂志	Books,Newspapers,Magazines	100.9	100.3	100.1
书　　籍	Books	100.0	100.0	100.0
报　　纸	Newspapers	100.6	100.1	100.3
杂　　志	Magazines	102.9	101.0	100.0
(3)文娱费	Expenditure of Culture and Rec-reation	100.3	100.1	99.9
电 影 票	Film Ticket	102.1	100.4	99.3
景点门票	Scene Spot ticket	100.0	100.4	100.0
有线电视	Cable Television	100.0	100.0	100.0
健身活动	Exercise	100.0	100.0	100.0
其　　他	Others	100.0	100.0	100.0
4.旅游	Tourism	102.8	96.1	98.9
旅行社收费	Travel Agency Charge	103.8	94.8	98.6
宾馆住宿	Guesthouse Stay	99.8	99.7	100.4
其他住宿	Other Stay	100.0	99.8	98.3
八、居住	**Residence**	**99.6**	**99.8**	**99.9**
1.建房及装修材料	Building and Building Decoration Materials	100.3	99.8	99.6
木　　材	Wood	100.0	99.6	99.9
木 地 板	Wood Floor	100.5	99.3	99.8
砖	Brick	99.9	100.7	99.2
水　　泥	Cement	99.6	100.2	99.1
涂　　料	Coating Material	100.3	99.3	99.7
胶 合 板	Plywood	100.0	99.6	99.1
玻　　璃	Glass	100.1	99.8	99.7
粘　　胶	Rayon	101.1	99.6	100.0
油　　漆	Paint	102.0	99.4	100.0
其　　他	Others	99.8	100.4	99.6
2.租房	Renting	100.0	100.8	100.0
公房房租	Public House Rent	100.0	102.0	100.0
私房房租	Private House Rent	100.1	100.6	100.0
其他费用	Other Fare	100.1	100.0	100.0
3.自有住房	Private Housing	98.3	99.8	100.0
房屋贷款利率	Houses Loans Int-erest Rate	95.2	99.2	100.0
物业管理费用	Property Manage- ment Fee	100.0	100.0	100.0
维护修理费用	Upkeep and Repair Fee	99.9	100.2	100.0
其　　他	Others	100.0	100.0	100.0
4.水、电、燃料	Water,Electricity and Fuels	99.6	99.7	99.9
水	Water	100.0	100.0	100.0
电	Electricity	100.0	100.0	100.0
液化石油气	Liquefiled Petrol-eum Gas	95.6	96.3	99.4
管道燃气	Pipelined Gas	100.0	100.0	100.0
其他燃料	Other Fuels	100.1	100.0	100.0

continued

(以上月价格为100 preceding month=100)								
4 月 April	5 月 May	6 月 June	7 月 July	8 月 August	9 月 September	10 月 October	11月 November	12月 December
100.0	100.0	100.0	100.2	100.2	100.0	100.0	100.0	100.0
100.0	100.0	100.0	100.3	99.9	100.1	100.0	100.0	100.0
100.1	99.8	100.0	100.0	100.0	100.4	100.0	100.0	100.0
100.0	100.0	100.0	101.1	100.0	99.9	99.5	99.4	99.8
100.1	100.0	100.0	99.8	100.2	99.8	99.8	100.2	100.4
100.0	100.0	100.1	100.3	99.7	100.3	100.0	100.1	100.0
100.0	100.1	100.0	100.0	100.0	100.0	99.8	100.0	100.0
100.2	101.7	100.1	100.0	100.1	100.0	100.0	100.0	100.0
100.0	100.3	100.0	99.9	100.4	99.8	100.2	99.9	100.0
100.0	100.8	100.0	100.0	100.0	100.0	100.0	100.0	100.0
100.0	100.2	100.0	100.0	100.0	100.0	100.0	100.0	100.0
100.0	100.0	100.0	100.0	100.0	100.0	100.0	100.0	100.0
100.0	102.9	100.0	100.0	100.0	100.0	100.0	100.0	100.0
100.4	100.3	100.1	100.4	99.9	100.5	100.4	99.5	99.8
100.1	99.9	100.9	100.2	98.4	103.1	100.9	99.1	100.4
101.8	100.0	100.0	100.0	100.6	100.0	100.5	98.2	99.5
100.0	101.1	100.0	100.0	100.0	100.0	100.0	100.0	100.0
100.0	100.0	100.0	101.7	100.0	100.0	100.9	100.0	99.1
100.0	100.0	100.0	100.0	100.0	100.0	100.0	100.0	100.0
104.1	98.7	98.8	103.2	102.5	96.4	100.2	99.1	98.5
104.0	99.7	98.1	102.5	100.4	98.9	100.3	99.8	98.7
105.5	95.8	100.4	103.0	108.2	90.6	99.7	98.4	98.6
101.5	96.7	101.9	110.1	107.3	89.6	99.4	94.7	96.6
99.8	**99.9**	**99.8**	**99.9**	**100.3**	**100.4**	**100.3**	**100.4**	**100.3**
99.8	100.0	99.5	99.9	100.1	99.7	100.3	100.2	100.0
99.6	99.7	99.3	100.1	100.1	100.1	100.3	100.0	100.2
99.7	99.8	99.6	99.6	100.1	99.9	100.1	100.8	99.8
100.2	100.1	100.3	99.6	100.1	100.0	101.2	100.0	100.2
99.7	99.6	99.7	99.9	99.8	100.1	100.2	99.9	99.9
100.1	100.4	100.0	100.0	100.1	99.7	99.8	99.8	99.8
99.7	100.6	100.1	99.9	99.7	98.9	100.6	99.7	100.0
100.5	100.2	100.0	100.3	101.2	99.9	100.0	100.5	100.5
100.0	99.9	100.0	99.7	100.0	99.6	100.7	100.4	100.1
98.9	100.0	99.7	99.6	100.1	98.8	100.0	101.6	99.6
99.5	99.9	94.4	100.5	100.5	100.0	100.0	100.0	100.0
100.0	99.8	100.0	100.2	100.0	100.0	100.0	100.1	100.0
100.0	100.0	100.0	100.0	100.0	100.0	100.0	100.0	100.0
100.0	99.7	100.0	100.4	100.0	100.0	100.0	100.1	100.0
100.0	100.0	100.0	100.0	100.0	100.0	100.0	100.0	100.0
100.0	100.0	100.2	100.0	100.0	100.0	100.1	100.0	100.2
99.9	100.0	100.0	100.0	100.0	100.0	100.1	100.0	100.0
100.0	100.0	100.4	100.0	100.0	100.0	100.0	100.0	100.0
100.0	100.0	100.3	100.0	100.0	100.0	100.3	100.0	100.8
100.0	100.0	100.0	100.0	100.0	100.0	100.0	100.0	100.0
99.7	99.8	99.8	99.9	100.4	100.9	100.4	100.6	100.4
100.0	100.0	100.0	100.0	100.0	100.0	100.0	100.0	100.0
99.8	100.0	100.0	100.0	100.0	100.0	100.0	100.0	100.0
98.7	98.5	99.3	99.8	106.0	108.3	104.3	104.8	103.0
100.0	100.0	100.0	99.5	100.0	100.0	100.0	100.0	100.0
98.4	99.7	98.8	100.0	99.1	101.5	100.3	100.9	101.4

5-13 农村居民消费价格(环比)指数(2009年)

商品类别及品名	Commodity Category and Commodity Name	1 月 January	2 月 February	3 月 March
居民消费价格总指数	**General Consumer Price Index**	**100.7**	**99.8**	**99.7**
非食品价格指数	**No-food**	**99.4**	**99.5**	**99.8**
服务项目价格指数	**Services**	**99.9**	**99.9**	**100.0**
工业品价格指数	**Industrial Products**	**99.1**	**99.4**	**99.7**
扣除食品和能源价格指数	**Deducting Foods and Energy**	**99.8**	**99.6**	**99.9**
扣除鲜菜鲜果总指数	**Deducting Fresh,Vegetables and Fruits**	**99.8**	**99.5**	**99.6**
消费品价格指数	**Consumer Goods**	**100.9**	**99.7**	**99.6**
一、食　品	**Food**	**104.3**	**100.4**	**99.4**
1.粮　食	Grain	99.7	102.1	101.7
大　米	Rice	99.0	102.4	102.2
面　粉	Flour	100.2	102.7	102.5
粮食制品	Grain Products	100.1	101.8	100.0
其　他	Others	97.7	100.1	102.4
2.淀　粉	Starches	100.1	101.7	103.0
淀　粉	Starches	100.1	101.7	103.0
3.干豆类及豆制品	Beans and Beans Products	100.7	99.3	98.8
干　豆	Beans	98.4	100.9	98.4
豆制品	Beans Products	102.1	98.3	99.0
4.油　脂	Oil and Fat	98.7	99.1	98.3
食用植物油	Edible Vegetable Oil	98.5	98.8	98.5
植物油制品	Plant Oil Products	99.4	101.5	98.5
其　他	Others	99.5	97.9	96.6
5.肉禽及其制品	Meal,Poultry and Their Products	104.2	97.8	95.9
(1)食用畜肉及副产品	Edible Livestock Meat and Their By-products	106.6	97.0	92.9
猪　肉	Pork	109.2	96.1	89.9
牛　肉	Beef	100.4	99.6	99.4
羊　肉	Mutton	100.6	99.8	99.0
畜肉副产品	Livestock Meat By-products	103.7	97.0	99.1
其　他	Others	103.0	99.3	95.9
(2)禽	Poultry	100.7	99.3	100.5
鸡	Chicken	100.3	99.6	101.5
鸭	Duck	98.6	100.8	98.6
其　他	Others	104.3	96.9	97.4
(3)加工肉禽	Meal and Poultry Processing Products	100.5	98.9	100.3
畜肉制品	Livestock Meat Products	100.8	98.3	100.2
禽 制 品	Poultry Products	100.3	99.5	100.3
6.蛋	Eggs	102.2	98.0	99.6
鲜　蛋	Fresh Eggs	102.4	97.7	99.6
蛋制品	Egg Products	100.6	100.0	99.6
7.水产品	Aquatic Product	100.6	97.6	101.2
(1)鱼	Fish	100.2	96.7	100.6
淡水鱼	Freshwater Fish	100.1	96.6	100.4
海水鱼	Seawater Fish	100.2	96.8	100.7
(2)其他水产品	Other Aquatic Product	101.7	99.5	102.7
虾蟹类	Shrimp and Crab	102.1	99.1	103.5
其　他	Others	100.8	100.3	100.8
8.菜	Vegetable	131.9	107.3	100.8
鲜　菜	Fresh Vegetable	138.2	108.1	100.4
干菜及菜制品	Dried Vegetable and Vegetable Products	99.1	100.9	101.0
薯　类	Potato	106.6	102.6	109.3

Rural Consumer Price Indices(2009)

(以上月价格为100　preceding month=100)

4 月 April	5 月 May	6 月 June	7 月 July	8 月 August	9 月 September	10 月 October	11月 November	12月 December
100.0	**99.8**	**99.4**	**99.9**	**100.4**	**100.7**	**99.6**	**100.4**	**101.8**
99.9	**99.8**	**100.1**	**100.1**	**100.0**	**100.3**	**100.1**	**100.1**	**100.3**
100.0	**100.0**	**100.0**	**100.2**	**100.0**	**100.2**	**100.0**	**100.0**	**100.0**
99.9	**99.7**	**100.1**	**100.1**	**100.1**	**100.3**	**100.2**	**100.1**	**100.4**
99.9	**99.9**	**100.0**	**100.0**	**100.0**	**100.1**	**100.1**	**100.0**	**100.1**
99.9	**99.9**	**100.0**	**100.1**	**100.3**	**100.4**	**100.0**	**100.1**	**100.7**
100.0	**99.8**	**99.2**	**99.8**	**100.5**	**100.9**	**99.4**	**100.5**	**102.2**
100.2	**99.9**	**97.8**	**99.4**	**101.2**	**101.9**	**98.1**	**101.1**	**105.3**
100.1	100.9	100.1	100.1	100.3	101.6	101.7	101.2	101.9
100.2	100.9	100.7	101.6	100.9	101.3	102.2	102.4	102.7
100.2	101.8	99.6	98.7	100.1	101.1	101.8	101.5	101.8
99.9	100.0	100.2	100.6	100.1	100.9	100.7	100.8	101.3
100.5	100.2	100.6	100.8	100.3	107.1	103.4	98.5	102.0
100.2	100.0	100.7	99.2	99.1	103.0	101.5	100.0	100.1
100.2	100.0	100.7	99.2	99.1	103.0	101.5	100.0	100.1
99.3	100.1	99.8	100.0	100.2	101.5	100.3	101.7	101.8
100.0	100.4	100.8	99.4	100.7	103.6	100.4	104.4	104.0
98.9	100.0	99.2	100.4	99.9	100.3	100.2	100.0	100.3
99.5	101.3	98.8	100.5	99.2	97.5	99.1	102.3	104.0
99.6	102.0	98.7	100.3	99.3	96.8	99.3	102.6	104.4
99.5	98.9	100.3	100.5	99.1	99.4	98.4	100.6	100.7
98.1	97.7	97.6	103.3	98.9	102.2	98.7	102.1	105.1
97.4	98.2	100.1	101.3	102.1	101.8	99.4	99.7	103.2
95.8	97.0	100.0	103.8	103.5	102.8	98.7	99.4	105.2
93.9	96.1	99.3	106.4	105.4	103.4	98.3	99.0	106.2
100.1	99.0	99.6	100.5	100.1	100.0	98.0	102.4	101.9
99.5	100.1	101.3	100.1	100.1	99.6	101.8	99.2	101.9
98.0	95.7	102.9	97.7	99.9	105.3	98.5	99.6	106.2
98.5	98.3	101.7	102.9	101.3	103.4	98.2	99.2	104.2
100.5	100.5	101.0	95.4	99.5	100.5	101.2	100.1	100.6
100.8	100.3	101.9	93.6	98.7	101.3	101.8	99.4	100.0
100.8	101.8	100.1	101.0	100.0	100.0	99.7	100.2	100.0
99.3	100.4	96.8	100.9	103.1	97.2	99.2	103.0	104.1
98.9	99.4	99.6	99.9	100.7	100.1	100.0	100.2	99.9
98.6	99.6	99.5	100.2	101.2	100.1	100.1	100.5	99.4
99.2	99.0	99.8	99.7	100.2	100.1	100.0	99.7	100.5
104.6	101.1	99.3	97.3	105.7	103.2	96.4	97.4	101.1
105.3	101.2	99.2	97.0	106.5	103.4	95.9	97.0	101.3
100.2	100.6	99.9	99.7	100.2	101.8	100.1	100.2	100.2
101.0	101.8	99.9	99.2	98.6	99.4	99.8	100.1	102.4
102.0	102.4	99.1	99.2	98.9	99.2	100.2	99.8	102.1
102.1	103.7	98.0	99.4	99.0	99.9	99.1	99.7	101.4
101.7	100.2	101.0	98.8	98.6	98.1	101.9	100.0	103.2
99.1	100.5	101.8	99.2	98.0	99.7	98.9	100.9	102.9
98.8	100.6	102.4	99.0	97.1	99.6	98.8	101.3	104.0
99.8	100.3	100.3	99.6	99.8	100.0	99.1	100.2	100.7
99.0	90.8	83.4	101.8	107.6	112.0	86.3	112.4	129.2
98.3	88.7	80.9	102.9	109.0	114.2	84.7	114.9	132.8
99.6	99.7	100.0	100.8	100.2	100.5	100.2	100.3	101.4
113.1	116.6	92.2	87.3	102.5	98.6	86.3	93.8	123.5

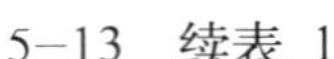

5-13 续表 1

商品类别及品名	Commodity Category and Commodity Name	1 月 January	2 月 February	3 月 March
9.调味品	Flavoring	100.3	100.3	100.1
盐	Salt	100.0	100.7	99.8
酱　油	Soy Sauce	100.5	100.0	100.0
醋	Vinegar	100.7	100.0	100.4
味　精	Aginomoto	100.0	101.0	101.3
其　他	Others	100.0	100.0	99.9
10.糖	Carbohydrate	100.0	100.9	100.1
食　糖	Sugar	99.5	101.2	100.2
糖　果	Sweet	100.4	101.6	100.0
巧克力制品	Chocolate Products	100.0	97.1	100.0
糖类小食品	Little Carbohydr-ate Food	100.0	100.0	100.0
11.茶及饮料	Tea and Beverages	99.9	99.6	101.0
(1)茶　叶	Tea	100.0	100.5	101.3
茶　叶	Tea	100.0	100.5	101.3
(2)饮　料	Beverages	99.8	99.0	100.8
固体饮料	Solid Beverages	100.0	100.6	98.5
液体饮料	Liquid Beverages	99.5	99.7	99.4
冷冻饮品	Frozen Beverages	100.0	96.9	105.0
12.干鲜瓜果	Dried and Fresh Melons and Fruits	103.8	101.7	100.2
鲜 瓜 果	Fresh Fruits	105.2	102.2	100.2
干(坚)果	Dried Fruits	99.5	100.4	100.0
13.糕点饼干	Cake,Biscuit and Bread	100.0	100.0	100.1
糕　点	Cake	100.0	100.0	100.2
饼　干	Biscuit	100.0	100.0	100.0
面　包	Bread	100.0	100.0	100.0
14.液体乳及乳制品	Liquid Milk and Their Products	100.0	99.8	100.0
巴氏杀菌奶或消毒奶	Pasteurization Milk or Disinfection Milk	100.0	100.0	100.4
酸　奶	Leben	100.0	98.7	100.0
奶　粉	Milk Powder	100.0	100.0	99.7
其　他	Others	100.0	100.0	100.0
15.在外用膳食品	Outward Dinner	100.0	100.1	100.0
主　食	Staple Food	100.0	100.2	99.5
炒　菜	Hot Dish	100.0	100.1	99.9
地方小吃	Local Snack	100.0	100.1	101.2
16.其他食品	Other Foods	99.1	100.0	101.9
其他食品	Other Foods	99.1	100.0	101.9
二、烟酒及用品	**Tobacco,Liquor and Their Appliances**	**99.9**	**100.0**	**100.2**
1.烟　草	Tobacco	99.8	100.0	100.2
国产卷烟	Domestic Cigarette	99.7	100.0	100.2
进口卷烟	Import Cigarette	100.5	100.8	100.0
其　他	Others	100.0	100.0	100.0
2.酒	Liquor	100.1	99.9	100.2
白　酒	White Spirit	99.9	100.1	100.1
葡萄酒	Grape	100.0	100.0	100.0
啤　酒	Beer	100.4	99.6	100.4
其　他	Others	100.0	100.0	99.9
3.吸烟、饮酒用品	Appliances for Sm-oking and Drinking	100.0	100.0	99.6
吸烟用品	Appliances for Smoking	99.9	100.0	99.0
饮酒用品	Appliances for Drinking	100.0	100.0	100.0
三、衣　着	**Clothing**	**99.6**	**98.7**	**99.4**
1.服　装	Garments	99.6	98.1	99.2
(1)男式服装	Men's Garments	100.1	98.7	99.1

continued

(以上月价格为100 preceding month=100)								
4 月 April	5 月 May	6 月 June	7 月 July	8 月 August	9 月 September	10 月 October	11月 November	12月 December
100.0	100.0	99.8	100.1	100.0	100.0	100.0	100.0	100.7
100.0	100.0	100.1	100.1	100.0	100.0	99.3	100.0	101.2
99.9	99.1	99.1	100.1	100.5	100.0	100.0	100.0	100.7
99.8	100.0	100.2	100.2	99.8	100.0	100.0	100.0	100.0
99.9	101.7	100.0	100.0	98.8	100.0	101.5	100.0	101.6
100.2	100.0	100.0	100.0	100.0	100.0	100.0	100.0	99.8
101.0	100.8	100.0	99.4	100.6	100.8	100.5	100.2	101.3
101.9	101.5	100.0	98.4	101.3	101.3	101.3	99.8	103.0
100.7	100.9	100.0	100.0	100.1	100.0	100.0	100.6	100.3
100.0	101.2	100.0	100.0	100.3	100.0	100.0	100.7	100.3
100.0	96.9	100.0	100.3	100.0	103.5	100.0	100.0	99.8
99.2	99.3	100.0	100.9	99.2	99.9	100.1	100.0	100.1
99.0	98.4	100.0	100.0	100.0	100.0	100.0	100.0	100.0
99.0	98.4	100.0	100.0	100.0	100.0	100.0	100.0	100.0
99.3	99.9	100.0	101.5	98.7	99.9	100.2	100.0	100.2
100.1	99.9	100.0	101.3	100.3	100.0	100.0	100.0	99.4
98.2	100.0	100.0	102.5	99.9	99.8	100.0	100.0	100.6
100.6	99.7	100.0	100.1	95.7	100.0	100.7	100.0	100.0
105.5	114.1	98.2	90.7	96.1	98.4	100.5	97.2	107.5
106.8	118.0	97.5	88.2	93.8	97.8	101.0	96.1	108.7
101.1	100.6	100.8	100.5	104.2	100.4	99.1	100.6	103.8
100.2	100.0	99.4	101.4	100.0	100.0	100.0	99.9	100.6
100.2	100.0	99.6	101.8	100.0	100.0	100.0	99.9	100.6
100.0	100.0	99.7	99.9	100.0	99.9	100.0	99.9	100.8
100.2	100.0	98.3	103.0	100.0	100.0	100.0	100.0	100.0
100.1	99.5	100.2	99.6	100.0	100.7	100.1	100.0	100.6
100.4	100.0	99.7	99.7	100.0	100.0	100.0	100.0	101.5
100.2	99.5	101.2	99.5	100.1	100.1	100.0	100.0	100.0
99.9	98.6	100.5	99.5	100.0	101.9	100.3	100.0	100.0
100.0	100.0	100.0	100.0	99.7	99.6	100.0	100.0	100.0
100.3	100.6	99.9	99.8	99.8	100.2	99.9	100.3	100.2
100.0	101.0	100.0	100.0	99.9	100.4	100.1	100.7	100.5
100.3	100.0	99.7	99.5	99.4	100.1	99.7	100.2	99.9
100.8	101.4	100.0	100.0	100.7	100.0	100.0	100.0	100.3
100.3	99.7	99.1	100.0	99.8	100.6	100.0	99.6	101.1
100.3	99.7	99.1	100.0	99.8	100.6	100.0	99.6	101.1
100.0	**100.0**	**100.0**	**100.4**	**100.8**	**100.3**	**100.0**	**100.0**	**100.3**
100.1	100.0	99.9	100.1	100.7	100.0	100.0	100.0	100.0
100.1	100.0	99.9	100.1	100.7	100.0	100.0	100.0	100.0
100.0	100.0	100.0	100.0	100.9	100.0	100.0	100.0	100.0
100.0	100.0	99.1	100.0	100.0	100.0	100.0	100.0	100.0
100.0	100.0	100.1	100.7	101.0	100.6	100.1	100.0	100.5
99.9	100.0	100.2	100.5	100.8	100.9	100.1	100.0	100.8
100.2	100.0	100.0	100.0	100.0	100.0	99.9	99.9	100.0
100.1	100.0	99.9	101.3	101.4	100.1	100.1	99.9	100.0
99.9	100.0	101.1	102.6	101.4	100.0	100.1	100.2	100.0
100.0	100.0	100.0	100.0	100.0	100.0	100.0	100.0	101.5
100.0	100.0	100.0	100.0	100.0	100.0	100.0	100.0	104.1
100.0	100.0	100.0	100.0	100.0	100.0	100.0	100.0	100.0
98.4	**99.7**	**100.0**	**99.7**	**99.9**	**100.0**	**99.9**	**100.0**	**100.0**
98.4	99.7	100.0	99.6	99.9	100.0	100.0	100.0	100.0
98.8	99.1	100.0	100.1	99.9	99.9	100.0	100.0	100.0

5-13 续表 2

商品类别及品名	Commodity Category and Commodity Name	1 月 January	2 月 February	3 月 March
大　衣	Topcoat	101.6	97.9	100.2
毛线衣	Woollen Sweater	102.6	99.9	94.6
夹克衫	Jacket	100.0	95.9	98.6
衬　衫	Shirt	96.7	96.0	100.0
T 恤衫	T-shirt	100.0	100.0	100.0
裤　子	Trousers	100.0	100.1	100.0
西　服	Western-style Clothes	100.0	100.0	100.0
运动衫裤	Gym Suit	99.6	100.0	100.4
内　衣	Underwaist	100.9	96.1	99.6
羽绒衣	Eider Down Outerwear	100.0	99.9	99.2
其　他	Others	100.0	99.2	99.1
(2)女式服装	Women's Garments	98.9	96.7	99.1
大　衣	Topcoat	99.5	94.7	98.9
毛线衣	Woollen Sweater	102.5	98.8	99.2
羽绒衣	Eider Down Outerwear	97.9	97.6	98.0
套　装	Coordinates	98.1	94.2	100.1
衬　衫	Shirt	99.6	100.0	100.0
T 恤衫	T- Shirt	99.5	98.0	100.0
裙　子	Skirt	93.2	89.7	100.0
裤　子	Trousers	100.6	98.1	98.0
运动衫裤	Gym Suit	100.6	100.0	100.2
内　衣	Underwaist	99.4	98.4	98.5
其　他	Others	98.2	98.1	99.3
(3)儿童服装	Children's Garments	100.0	100.1	99.9
套　装	Coordinates	100.1	100.1	99.8
裤　子	Trousers	100.1	100.0	99.9
裙　子	Skirt	100.0	100.0	99.9
其　他	Others	99.0	101.0	100.0
2.衣着材料	Clothing Materials	100.0	100.2	100.0
棉　布	Cotton Cloth	100.0	100.0	100.0
棉混纺布	Cotton Textiles Cloth	100.0	100.0	100.2
化纤布	Chemical Fiber Cloth	100.0	101.3	100.0
毛　线	Knitting Wool	100.0	98.7	100.0
3.鞋袜帽	Shoes,Socks and Hats	99.5	99.4	99.7
(1)鞋	Shoes	99.5	99.3	100.1
男　鞋	Men's Shoes	99.0	98.3	100.0
女　鞋	Women's Shoes	100.0	100.0	100.0
童　鞋	Children's Shoes	99.0	99.6	100.6
(2)袜　子	Socks	100.0	100.0	96.4
男　袜	Men's Socks	100.0	100.0	100.0
女　袜	Women's Socks	100.0	100.0	93.6
(3)帽　子	Hats	99.1	100.2	99.9
男　帽	Men's Hats	99.3	100.8	100.0
女　帽	Women's Hats	98.9	99.7	99.8
4.衣着加工服务费	Clothing Manufact- uring Services	100.0	100.0	100.0
缝　纫	Sewing	100.0	100.0	100.0
清　洗	Washing	100.0	100.0	100.0
四、家庭设备用品及维修服务	**Household Facilities, Articles and Services**	**99.7**	**98.9**	**99.6**
1.耐用消费品	Durable Consumer Goods	99.5	99.0	98.9
(1)家具	Furniture	99.1	98.3	97.9

continued

(以上月价格为100 preceding month=100)								
4 月 April	5 月 May	6 月 June	7 月 July	8 月 August	9 月 September	10 月 October	11月 November	12月 December
96.8	100.0	100.0	100.0	99.5	99.5	99.7	99.9	100.1
97.7	100.1	100.0	100.0	100.0	100.0	99.6	100.0	100.1
98.0	100.0	100.0	100.0	100.8	100.0	100.1	100.1	100.0
98.0	100.0	100.0	102.0	100.0	100.0	100.0	100.0	100.0
100.0	100.0	100.1	100.1	100.0	100.0	100.0	100.0	100.0
99.5	99.2	100.0	99.5	99.0	99.8	100.5	100.0	100.0
99.9	96.5	100.0	99.9	99.9	100.0	99.9	100.0	100.0
100.0	97.3	100.0	99.9	100.1	100.0	99.6	100.0	100.0
98.3	100.0	100.0	100.0	100.0	100.0	100.0	100.0	100.0
98.6	100.0	100.0	99.8	100.0	100.0	100.0	100.2	99.6
98.2	100.0	100.0	100.0	100.0	100.0	100.0	100.0	100.0
98.4	100.4	100.0	99.4	99.9	100.0	100.0	100.0	100.0
98.0	100.0	100.0	100.0	100.0	100.0	100.0	100.0	100.0
97.2	100.3	100.0	100.0	100.0	100.0	99.7	100.0	100.1
97.4	100.0	100.0	100.0	100.0	100.0	100.0	100.1	100.1
96.5	100.1	100.0	100.0	100.0	100.0	100.0	100.0	100.0
100.0	100.0	100.0	100.0	100.0	100.0	100.0	100.0	100.0
100.0	100.0	100.0	100.0	100.0	100.0	100.0	100.0	100.0
97.4	100.2	100.2	99.3	98.9	100.0	100.0	100.0	100.0
100.0	100.0	100.0	97.7	99.5	100.0	100.0	100.0	100.0
106.3	105.0	100.0	100.0	100.7	100.0	100.0	100.0	100.0
97.0	100.0	100.0	97.5	100.0	100.0	100.0	100.0	100.0
94.6	100.0	100.0	100.0	101.1	100.0	100.0	100.0	100.0
97.8	99.4	100.0	99.0	100.1	100.0	100.0	100.0	100.0
96.6	98.6	100.0	100.1	101.5	100.0	100.0	100.0	100.0
99.0	100.0	100.0	98.2	100.0	100.0	100.0	100.0	100.0
98.4	100.1	100.2	97.9	97.3	100.0	100.0	100.0	100.0
100.0	100.0	100.0	98.2	100.0	100.0	100.0	100.0	100.0
100.0	100.0	100.0	100.0	100.0	100.0	100.0	100.0	100.0
100.0	100.0	100.0	100.0	100.0	100.0	100.0	100.0	100.0
100.0	100.0	100.0	100.0	100.0	100.0	100.0	100.0	100.0
100.0	100.0	100.0	100.0	100.0	100.0	100.0	100.0	100.0
100.0	100.0	100.0	100.0	100.0	100.0	100.0	100.0	100.0
97.7	99.6	100.0	99.9	99.6	100.2	99.8	99.9	100.0
97.3	99.5	100.0	99.9	99.6	100.2	99.8	99.9	100.0
97.3	99.2	100.0	100.0	99.6	100.3	99.7	100.0	100.0
97.6	99.5	100.0	100.0	99.6	100.5	99.8	99.7	100.0
96.7	100.0	100.0	99.5	99.5	99.4	100.0	100.0	100.0
100.0	100.0	100.0	99.8	100.1	100.0	100.0	100.0	100.0
100.0	100.0	100.0	99.7	100.0	100.0	100.0	100.0	100.0
100.0	100.0	100.0	99.9	100.1	100.0	100.0	100.0	100.0
100.0	100.0	100.0	100.0	99.7	100.3	100.0	100.0	100.0
100.0	100.0	100.0	100.0	100.0	100.0	100.0	100.0	100.0
100.0	100.0	100.0	100.0	99.5	100.5	100.0	100.0	100.0
100.4	100.0	100.0	100.0	100.0	100.0	100.0	100.6	100.0
100.0	100.0	100.0	100.0	100.0	100.0	100.0	100.8	100.0
101.6	100.0	100.0	100.0	100.0	100.0	100.0	100.0	100.0
100.4	**100.0**	**100.2**	**99.8**	**99.7**	**100.0**	**100.1**	**100.0**	**99.9**
100.8	100.0	100.2	99.9	99.8	99.9	100.1	99.9	100.0
101.9	100.0	100.0	100.0	100.0	100.0	100.0	100.0	100.2

5-13 续表 3

商品类别及品名	Commodity Category and Commodity Name	1 月 January	2 月 February	3 月 March
柜	Cabinet	99.0	98.1	97.4
床	Bed	99.0	98.4	97.7
桌	Desk	99.7	98.2	97.0
椅	Chair	100.0	97.9	100.6
沙　发	Sofa	98.8	98.3	97.6
其　他	Others	97.5	99.4	100.0
(2)家庭设备	Household Appliances	99.9	99.6	99.7
洗 衣 机	Washing Machine	99.6	97.4	98.5
电 风 扇	Electric Fan	100.0	100.0	100.0
电冰箱(柜)	Refrigerator	99.9	99.8	100.1
吸排油烟机	Kitchen Ventilato	100.0	100.6	101.4
空 调 器	Air-conditioning	100.1	99.6	99.1
热 水 器	Water Heater	100.0	100.0	99.6
微 波 炉	Microwave Oven	100.0	100.5	100.3
电 炊 具	Electric Cooking Appliance	100.0	99.7	99.6
2.室内装饰品	Interior Decorations	100.0	98.9	100.0
纺织装饰品	Textile Process Decorations	99.9	97.4	100.0
装饰灯具	Architectural Lamps and Lanterns	100.0	100.0	100.0
其　他	Others	100.0	99.8	100.0
3.床上用品	Bedclothes	100.0	97.7	99.7
毛　毯	Woollen Blanket	100.0	96.7	100.0
被　子	Quilt	100.1	97.9	100.5
床上套件	Bed Articcles	100.0	97.8	99.6
其　他	Others	100.0	100.0	97.6
4.家庭日用杂品	Sundry Articles	99.8	98.9	100.9
茶　具	Tea Set	100.2	96.6	102.9
餐　具	Tableware	100.0	97.6	102.5
厨　具	Kitchen Utensils	100.0	100.0	100.0
家用手工工具	Domestic Handwork Tools	100.0	96.6	100.0
洗涤用品	Washing Articles	99.2	99.9	100.7
其　他	Others	100.0	100.0	100.1
5.家庭服务及加工维修服务	Household Srvice and Manufacturing Upkeep	100.0	100.0	100.3
家庭服务	Household Srvice	100.0	100.0	100.3
加工维修服务	Manufacturing Upkeep	100.0	100.0	100.2
五、医疗保健和个人用品	**Health Care and Personal Articles**	**100.0**	**100.1**	**100.2**
1.医疗保健	Health Care	99.9	100.0	100.1
(1)医疗器具及用品	Medical Facilities and Goods	100.8	99.9	100.0
医疗器具及用品	Medical Facili- ties and Goods	100.8	99.9	100.0
(2)中药材及中成药	Herbs and Ready- made Traditional Chinese Medicine	99.6	100.0	100.1
中 药 材	Herbs	99.5	100.1	100.2
中 成 药	Ready-made Tr-aditional Chin-ese Medicine	99.8	99.8	100.0
(3)西药	Western Medicine	99.9	100.1	100.3
抗微生物药	Anti-microorga-nism Medicine	99.9	100.6	99.4
消化系统用药	Alimentary Sys-tem Medicine	97.9	100.1	99.9
呼吸系统用药	Respiratory System Medicine	100.0	100.0	100.0
解热镇痛及非甾体抗炎药	Allays a Fever the Analgesia and the Non-steroid Body Anti-inflammatory Agent	101.2	99.9	100.0
抗肿瘤药	Antineoplastic Drug	100.0	100.0	100.0
激素及调节内分泌功能药	Hormone and Adjustment Internal Secretion Function Medicine	99.9	99.9	100.0
循环系统用药	Circulating System Medicine	100.0	100.0	100.7
神经系统用药	Nerve System Medicine	99.9	99.9	100.2
专科用药	Junior Medicine	99.8	99.8	99.8

continued

(以上月价格为100 preceding month=100)								
4 月 April	5 月 May	6 月 June	7 月 July	8 月 August	9 月 September	10 月 October	11月 November	12月 December
102.3	100.0	100.0	100.0	100.0	100.0	100.0	100.0	100.6
101.9	100.0	100.0	100.0	100.0	99.9	100.0	100.0	100.0
103.1	100.0	100.0	100.0	100.0	100.0	100.0	100.0	100.3
100.5	100.0	100.0	100.0	100.0	100.0	100.0	100.0	99.8
102.1	100.0	100.0	100.0	100.0	100.0	100.0	100.0	99.9
100.0	100.0	100.0	100.0	100.0	100.0	100.0	100.0	100.6
100.0	99.9	100.3	99.8	99.7	99.8	100.2	99.8	99.9
99.8	99.7	100.5	100.0	100.0	99.3	101.0	99.8	100.0
100.2	99.7	100.3	99.4	99.2	99.7	99.8	99.3	100.0
99.9	99.7	100.3	100.1	99.8	100.3	99.8	99.8	100.0
100.0	99.7	101.1	99.9	99.7	100.0	100.1	100.0	99.9
100.0	100.3	100.3	99.2	99.8	99.7	100.3	99.9	99.8
99.6	100.0	100.2	99.8	98.8	99.8	101.3	100.2	98.8
100.0	100.4	99.4	100.0	99.7	100.0	99.0	99.7	100.9
100.2	99.9	99.9	99.9	100.1	100.1	99.8	99.8	100.0
100.2	100.0	100.0	100.0	98.4	100.0	100.5	100.0	100.0
100.1	100.0	100.0	100.0	100.0	100.0	101.2	99.9	100.0
100.5	100.0	100.0	99.9	96.2	100.0	100.0	100.0	100.0
100.0	100.0	100.0	100.0	100.0	100.0	100.0	100.0	100.0
100.0	99.6	99.8	100.2	99.4	100.0	99.6	100.4	99.6
100.0	100.0	100.0	100.0	100.0	100.0	100.0	100.0	100.0
99.9	99.3	99.3	100.8	101.7	100.0	98.5	101.7	98.4
100.0	99.5	100.0	100.0	97.5	100.0	100.0	100.0	100.1
100.0	100.0	100.0	100.0	100.0	100.0	100.0	100.0	100.0
99.8	100.4	100.3	99.3	99.7	100.1	100.2	99.9	99.6
100.0	98.6	97.5	99.9	95.3	100.0	100.0	99.9	100.0
100.5	100.0	103.3	96.8	100.0	100.0	103.1	99.7	95.8
100.1	100.4	100.4	100.0	100.0	100.0	100.0	100.0	99.9
100.0	100.0	100.0	99.9	100.0	100.0	100.0	100.0	100.2
98.9	101.2	99.8	99.6	100.4	100.4	99.2	99.8	101.0
100.2	100.4	100.0	100.0	100.0	100.0	100.0	99.9	100.0
99.8	100.0	100.9	100.2	100.0	100.0	100.1	100.4	100.3
100.0	100.0	100.0	100.3	100.0	100.0	100.0	100.8	100.7
99.7	100.0	101.8	100.1	100.0	100.0	100.2	100.0	99.8
100.6	**99.9**	**100.1**	**99.9**	**100.1**	**100.5**	**100.3**	**100.0**	**100.5**
100.8	100.1	100.0	99.8	100.3	100.6	100.4	100.0	100.5
100.0	100.0	100.0	99.3	99.9	99.9	101.5	102.1	102.2
100.0	100.0	100.0	99.3	99.9	99.9	101.5	102.1	102.2
101.0	100.1	100.4	99.9	100.9	100.9	101.7	103.0	99.9
100.2	100.1	100.8	100.0	102.3	101.7	102.6	105.1	99.8
101.8	100.1	100.0	99.7	99.5	100.0	100.6	100.5	99.9
101.9	100.1	99.8	99.6	100.1	99.9	100.1	98.0	100.9
100.0	100.2	101.9	100.8	100.2	99.9	100.3	94.6	102.3
100.6	100.0	96.4	99.7	100.3	100.3	100.2	90.7	104.0
100.0	100.0	99.8	100.1	99.3	100.1	100.2	96.6	100.2
107.3	100.0	100.0	99.3	101.0	99.0	100.0	100.4	100.7
100.0	100.0	100.0	98.5	100.4	98.6	100.0	100.0	100.0
100.0	100.5	100.6	97.2	100.0	100.0	101.4	99.4	100.8
100.6	102.1	98.7	99.6	100.0	100.0	99.9	100.0	100.5
100.2	99.5	100.0	98.0	100.0	100.0	99.1	97.9	100.0
100.0	99.9	100.5	101.3	98.1	101.9	99.4	107.4	97.4

5-13 续表 4

商品类别及品名	Commodity Category and Commodity Name	1 月 January	2 月 February	3 月 March
其 他	Others	99.5	99.9	105.7
(4)保健器具及用品	Healthcare Equip-ment	100.1	100.1	100.1
保健器具	Health Protection Equipment	100.3	100.3	100.0
滋补保健用品	Tonic and Health Products	100.0	100.0	100.2
(5)医疗保健服务	Health Care Services	100.1	100.0	100.0
挂 号 费	Registration	100.0	100.0	100.0
注 射 费	Injection Expenses	100.0	100.0	100.0
检 查 费	Examination Expenses	100.8	100.0	100.0
手 术 费	Operation Exp- enses	100.0	100.0	100.0
住 院 费	Hospitalization Expenses	100.0	100.0	100.0
理 疗 费	Physiotherapy Expenses	100.0	100.0	100.0
化 验 费	Analysis Expenses	100.0	100.0	100.0
其 他	Others	100.0	100.0	100.0
2.个人用品及服务	Personal Articles and Services	100.1	100.4	100.4
(1)化妆美容用品	Cosmetics	100.5	100.2	100.1
化妆美容器具	Cosmetics App- liances	100.0	100.7	100.9
美容化妆品	Facial Beautifiers	100.0	100.0	100.0
护肤品	Protects Skin Products	101.2	100.6	100.0
护发美容品	Protects Sends the Beauty Products	100.8	99.4	100.0
(2)清洁化妆用品	Cleaning Toiletw-are	100.2	99.8	100.1
洗发用品	Hairdressing Articles	99.9	100.6	100.9
洗浴用品	Bathing Articles	99.9	98.9	101.1
其 他	Others	101.3	100.0	96.9
(3)个人饰品	Personal Decorations	99.7	101.2	100.6
首 饰	Ornaments	99.1	104.2	102.5
皮 件	Leather Appliance	100.1	98.3	98.3
手 表	Watch	100.0	100.0	100.0
领 带	Necktie	100.0	100.0	100.0
其 他	Others	100.0	100.0	100.0
(4)个人服务	Personal Services	100.0	100.5	100.8
美 容	Cosmetology	100.0	100.0	100.0
理(烫)发	Haircut (perm-naent wave)	100.0	100.2	101.7
洗 浴	Bathe	100.0	102.2	100.1
其 他	Others	100.0	100.0	100.0
六、交通和通信	**Transportation and Communication**	**98.8**	**99.7**	**99.9**
1.交 通	Transportation	97.9	99.6	100.0
(1)交通工具	Transportation Facility	100.2	99.8	100.3
摩 托 车	Motorcycle	99.8	99.8	100.0
自 行 车	Bicycle	100.2	99.9	100.7
轿 车	Car	100.0	99.7	100.0
其 他	Others	101.6	99.8	100.0
(2)车用燃料及零配件	Fuels and Parts	85.2	98.0	99.1
汽 油	Gasoline	78.9	97.9	101.9
柴 油	Diesel Oil	79.9	96.3	95.5
零 配 件	Parts	100.2	99.8	100.0
其 他	Others	100.0	98.8	97.7
(3)车辆使用及维修费	Using and Upkeep Fare	100.7	99.7	99.4
驾 驶 证	Driving License	102.4	98.5	97.5
保 险 费	Insurance Exp-enses	98.6	100.0	100.0
停 车 费	Parking Expen-ses	100.0	100.0	100.0

continued

(以上月价格为100 preceding month=100)								
4 月 April	5 月 May	6 月 June	7 月 July	8 月 August	9 月 September	10 月 October	11月 November	12月 December
113.4	97.0	100.1	99.9	100.3	100.0	100.0	100.0	100.1
100.0	99.9	100.1	100.0	100.5	100.2	100.4	100.1	101.7
100.0	100.0	100.4	100.0	100.0	100.4	100.0	100.0	100.0
99.9	99.8	99.9	100.1	100.8	100.0	100.7	100.1	102.7
99.8	100.0	100.1	100.0	100.1	101.3	99.9	100.3	100.2
100.0	100.0	100.0	100.0	101.7	100.0	99.8	100.0	100.0
100.0	100.0	100.0	100.0	100.0	100.0	100.0	100.0	100.0
100.0	100.0	100.0	100.1	100.0	104.5	100.0	100.0	100.0
100.0	100.0	100.0	100.0	100.0	102.2	100.0	100.0	100.0
99.1	100.0	100.5	100.0	100.0	100.0	99.5	100.9	100.0
100.0	100.1	100.0	100.0	100.0	100.0	100.0	100.0	102.0
100.0	100.0	100.0	100.0	100.0	101.8	100.0	101.4	100.0
100.0	100.0	100.0	100.0	100.0	100.0	100.0	100.0	100.0
100.0	99.6	100.2	100.2	99.7	100.1	100.1	100.2	100.5
100.3	99.6	100.3	99.4	100.1	99.5	100.3	99.5	100.9
100.1	99.6	100.0	99.9	100.0	100.0	100.0	100.0	100.0
100.2	99.1	100.9	99.0	100.0	99.5	99.9	99.9	102.5
100.3	100.0	100.0	99.4	99.9	98.9	101.2	98.9	100.0
100.5	100.0	100.2	100.0	100.7	100.0	99.9	99.8	100.0
99.5	100.2	99.5	101.2	99.0	100.8	99.7	99.7	100.0
99.9	100.0	100.0	99.6	100.0	100.0	99.0	99.9	99.9
98.8	98.8	101.5	100.5	100.6	100.1	100.0	99.3	100.0
99.8	103.1	95.3	105.4	94.4	103.4	100.6	100.0	100.0
100.3	98.6	101.2	100.1	100.0	100.4	100.5	101.5	101.1
100.7	99.7	102.2	100.2	100.0	101.1	101.2	103.9	102.9
100.0	100.0	101.8	100.0	100.1	99.9	100.0	100.0	100.0
100.0	100.0	100.0	100.0	100.0	100.0	100.0	99.6	99.7
100.0	91.9	100.0	100.0	100.0	100.0	100.0	100.0	100.0
100.0	100.0	100.0	100.0	100.0	100.0	100.0	100.0	100.0
100.0	99.9	99.9	100.0	99.7	100.0	100.0	100.0	100.1
100.0	100.0	100.0	100.0	100.0	100.0	100.0	100.0	100.6
100.0	100.0	100.0	100.0	100.0	100.0	100.0	100.0	100.0
100.0	99.6	99.6	100.0	98.4	100.0	100.0	100.0	100.0
100.0	100.0	100.0	100.0	100.0	100.0	100.0	100.0	100.0
100.0	**99.8**	**100.1**	**100.7**	**99.7**	**100.1**	**99.9**	**99.9**	**100.2**
100.1	99.9	100.4	101.3	99.7	100.2	99.9	100.2	100.3
99.9	99.7	99.4	100.1	99.9	99.8	100.1	100.0	100.0
100.0	99.1	98.8	100.1	100.0	100.0	100.1	100.0	100.3
99.7	100.0	99.6	100.1	99.8	99.7	100.1	99.9	99.9
100.0	100.0	100.1	100.0	99.8	99.2	100.0	100.1	99.6
100.0	100.0	100.0	100.0	100.0	100.0	100.0	100.0	100.0
101.9	101.3	105.0	106.6	98.3	101.7	99.0	101.8	101.2
103.5	100.3	106.5	108.5	97.3	103.3	98.0	104.4	102.0
101.8	104.0	108.4	110.8	97.7	101.5	99.1	100.3	100.9
100.0	100.0	100.0	100.0	100.0	100.0	100.0	100.0	100.7
101.2	100.0	100.0	100.0	100.4	100.0	100.1	100.9	100.0
99.3	99.5	100.2	101.6	100.4	100.3	100.0	99.8	100.1
97.1	97.8	99.8	100.6	102.0	101.2	100.0	99.3	100.4
100.0	100.0	100.0	100.0	100.0	100.0	100.0	100.0	100.0
100.0	100.0	103.9	100.0	100.0	100.0	100.0	100.0	100.0

5−13　续表 5

商品类别及品名	Commodity Category and Commodity Name	1 月 January	2 月 February	3 月 March
车辆修理服务费	Vehicle Upkeep Service fare	101.2	100.0	100.0
其　他	Others	100.0	100.0	100.0
(4)市区公共交通费	Incity Traffic Fare	100.9	100.0	100.0
公共汽车票	Bus Ticket	102.0	100.0	100.0
出租汽车	Taxi	100.0	100.0	100.0
其　他	Others	100.0	100.0	100.0
(5)城市间交通费	Intercity Traffic Fare	100.1	100.0	99.9
飞 机 票	Airplane Ticket	100.0	100.0	100.0
火 车 票	Train Ticket	100.0	100.0	100.0
长途汽车	Intertown Bus	100.1	100.0	99.9
其　他	Others	100.0	100.0	100.0
2.通　信	Communication	99.9	99.7	99.8
(1)通信工具	Communication Facility	99.4	99.1	99.4
固定电话机	Telephone	100.0	100.3	100.4
移动电话机	Mobile Phone	98.8	98.2	98.8
其　他	others	100.0	99.8	99.6
(2)通信服务	Communicattion Service	100.1	100.0	100.0
移动通信费	Mobile Comm-unication Fee	100.0	100.0	100.0
市内电话费	Incity Telephone Fee	100.0	100.0	100.0
长途电话费	Long Distance Call Fee	100.0	100.0	100.0
月租费	Month Hiring Fee	100.0	100.0	100.0
上网费	Net Play Fee	101.0	100.0	100.0
信件邮寄	Letter Post	100.0	100.0	100.0
包裹邮寄	Package Post	100.1	100.0	100.0
其　他	Others	100.0	100.0	100.0
七、娱乐教育文化用品及服务	**Recreation,Education and Culture Articles**	**100.1**	**99.9**	**99.9**
1.文娱用耐用消费品及服务	Durable Consumer Goods for Cultural and Recreational Use and Service	100.0	99.3	99.2
电 视 机	Television	100.0	99.4	98.0
激光视盘机	Laser Video Disc Machine	99.7	99.8	100.0
摄 像 机	Pickup Camera	100.0	95.6	100.0
照 相 机	Camera	100.1	99.5	101.6
家用音响	Acoustic Equipment	100.0	99.8	100.0
便携式音响	Portable Acoustics	100.0	97.0	99.3
电　脑	Computer	100.4	99.5	99.8
修理服务	Repair Service	99.4	101.0	101.9
其　他	Others	100.0	99.5	100.0
2.教育	Education	100.0	100.0	100.0
(1)教材及参考书	Teaching Materials and Reference Books	99.9	100.2	100.2
工 具 书	Tool Book	99.8	100.0	100.0
教　材	Teaching Material	100.0	100.3	100.3
参 考 书	Reference Book	99.7	100.1	100.1
教育软件	Educational Software	99.3	100.0	100.0
(2)学杂托幼费	Tuition and Child Care	100.0	100.0	100.0
义务教育杂费	Incidental Expe- nses of Compul-cory Education	100.0	100.0	100.0
非义务教育学杂费	Tuition of Non-compulsory Education	100.0	100.0	100.0
技能培训学费	Skill Train Tuition	100.0	100.0	100.0
托 幼 费	Child Care	100.0	100.0	100.0
其　他	Others	100.0	100.0	100.0
3.文化娱乐类	Recreation and Culture	101.0	100.1	100.0
(1)文化娱乐用品	Culture Articles	100.0	100.3	100.0

continued

(以上月价格为100 preceding month=100)

4 月 April	5 月 May	6 月 June	7 月 July	8 月 August	9 月 September	10 月 October	11月 November	12月 December
100.0	100.0	100.0	103.5	100.0	100.0	100.0	100.0	100.0
100.0	100.0	100.0	100.0	100.0	100.0	100.0	100.0	100.0
100.0	100.0	100.0	103.0	100.0	100.0	100.0	100.0	100.0
100.0	100.0	100.0	100.0	100.0	100.0	100.0	100.0	100.0
100.0	100.0	100.0	100.0	100.0	100.0	100.0	100.0	100.0
100.0	100.0	100.0	115.6	100.0	100.0	100.0	100.0	100.0
100.0	100.0	100.0	100.0	100.0	100.0	100.0	100.0	100.5
100.0	100.0	100.0	100.0	100.0	100.0	100.0	100.0	100.0
100.0	100.0	100.0	100.0	100.0	100.0	100.0	100.0	100.0
100.0	100.0	100.0	100.0	100.0	100.0	100.0	100.0	100.7
100.0	100.0	100.0	100.0	100.0	100.0	100.0	100.0	100.0
99.9	99.7	99.8	99.8	99.6	99.9	99.9	99.5	100.0
99.8	99.0	99.3	99.2	98.8	99.6	99.6	98.1	100.3
100.0	100.0	100.0	99.7	99.9	100.0	100.0	100.0	99.9
99.5	98.2	98.8	98.8	99.8	99.3	99.3	98.0	100.6
100.0	99.9	99.9	100.0	90.7	100.0	100.0	91.8	100.0
100.0	100.0	100.0	100.0	100.0	100.0	100.0	100.0	99.9
100.0	100.0	100.0	100.0	100.0	100.0	100.0	100.0	100.0
100.0	100.0	100.0	100.0	100.0	100.0	100.0	100.0	100.0
100.0	100.0	100.0	100.0	100.0	100.0	100.0	100.0	100.0
100.0	100.0	100.0	100.0	100.0	100.0	100.0	100.0	100.0
100.0	100.0	100.0	100.0	100.0	100.0	100.0	100.0	99.0
100.0	100.0	100.0	100.0	100.0	100.0	100.0	100.0	100.0
100.0	100.0	100.0	100.0	100.0	100.0	100.0	100.0	100.0
100.0	100.0	100.0	100.0	100.0	100.0	100.0	100.0	100.0
100.0	**99.9**	**99.9**	**100.1**	**99.9**	**99.9**	**99.9**	**100.0**	**100.0**
100.1	99.5	99.7	100.1	99.7	99.6	99.6	99.9	100.0
100.5	98.6	99.4	99.5	99.6	99.4	99.8	99.8	100.2
100.0	100.0	100.7	102.2	99.1	100.0	98.3	100.2	99.8
100.1	100.1	99.8	100.4	99.8	99.9	99.1	99.9	99.8
98.5	99.9	98.9	99.7	100.0	100.0	100.0	100.0	100.0
100.4	100.0	100.0	99.8	99.9	99.6	100.0	100.0	100.0
100.0	99.9	99.5	100.6	100.0	99.8	99.9	100.0	99.0
99.3	101.3	100.0	100.0	100.0	99.5	100.0	100.0	100.0
100.0	99.7	99.9	100.0	100.0	100.0	100.0	100.0	100.0
100.0	100.0	100.0	100.0	99.5	100.0	100.0	100.0	100.0
100.0	100.0	100.0	100.1	100.0	100.0	100.0	100.0	100.0
100.1	100.0	100.0	100.2	100.0	100.0	100.0	100.0	100.0
100.0	100.0	100.0	100.0	100.0	100.0	100.1	100.0	100.0
100.2	100.0	100.0	100.0	100.0	100.0	100.0	100.0	100.0
99.9	100.0	100.0	100.8	100.0	100.0	100.0	100.0	100.0
100.0	100.0	100.0	100.0	100.0	100.0	100.0	100.0	100.0
100.0	100.0	100.0	100.1	99.9	100.0	100.0	100.0	100.0
100.0	100.0	100.0	100.0	100.0	100.0	100.0	100.0	100.0
100.0	100.0	100.0	100.0	100.0	100.0	100.0	100.0	100.0
100.0	100.0	100.0	100.0	99.7	100.0	100.0	100.0	100.0
100.0	100.0	100.0	100.6	100.1	100.0	100.1	100.0	100.0
100.0	100.0	100.0	100.2	100.0	100.0	100.0	100.0	100.0
100.1	100.0	99.9	100.1	100.0	100.0	100.0	100.0	100.1
100.2	100.0	99.8	100.2	100.1	100.0	100.0	100.0	100.2

5－13 续表 6

商品类别及品名	Commodity Category and Commodity Name	1 月 January	2 月 February	3 月 March
乐　　器	Musical Instru-ment	100.0	104.9	99.8
音响光盘和磁带	Audio,Disk and Tape	100.0	100.0	100.0
照相胶卷和存储卡	Roll Film and M-emorizing Card	99.7	100.0	100.0
录像磁带和视盘	Video Tape and Disk	100.0	100.0	100.0
儿童玩具	Children's Toy	100.0	100.0	100.0
纸张本册	Paper and Volume	100.2	99.9	100.2
文　　具	Stationery	100.0	100.0	100.0
体育用品	Sports Goods	100.0	100.0	100.0
其　　他	Others	100.0	100.0	100.0
(2)书报杂志	Books,Newspapers,Magazines	103.2	100.0	100.0
书　　籍	Books	100.0	100.0	100.0
报　　纸	Newspapers	104.5	100.0	100.0
杂　　志	Magazines	108.2	99.9	100.0
(3)文娱费	Expenditure of Culture and Rec-reation	100.0	100.0	100.0
电 影 票	Film Ticket	100.0	100.0	100.0
景点门票	Scene Spot ticket	100.0	100.0	100.0
有线电视	Cable Television	100.0	100.0	100.0
健身活动	Exercise	100.0	100.0	100.0
其　　他	Others	100.0	100.0	100.0
4.旅　游	Tourism	100.0	99.8	100.0
旅行社收费	Travel Agency Charge	100.0	99.4	100.0
宾馆住宿	Guesthouse Stay	100.0	100.0	100.0
其他住宿	Other Stay	100.0	100.0	100.0
八、居　住	**Residence**	**98.6**	**99.3**	**99.5**
1.建房及装修材料	Building and Building Decoration Materials	99.1	99.3	99.7
木　　材	Wood	99.8	100.3	100.0
木 地 板	Wood Floor	97.2	97.1	100.0
砖	Brick	99.8	100.8	99.1
水　　泥	Cement	99.1	97.2	100.3
涂　　料	Coating Material	98.5	98.9	99.6
胶 合 板	Plywood	98.1	99.2	100.0
玻　　璃	Glass	98.0	98.2	99.6
粘　　胶	Rayon	99.2	100.0	100.0
油　　漆	Paint	98.4	99.6	99.7
其　　他	Others	99.9	99.9	100.0
2.租　房	Renting	94.9	100.0	100.0
公房房租	Public House Rent	100.0	100.0	100.0
私房房租	Private House Rent	91.5	100.0	100.0
其他费用	Other Fare	100.0	100.0	100.0
3.自有住房	Private Housing	99.9	98.7	98.9
房屋贷款利率	Houses Loans Int-erest Rate	99.0	100.0	100.0
物业管理费用	Property Manage- ment Fee	100.0	100.0	100.0
维护修理费用	Upkeep and Repair Fee	100.0	98.3	98.6
其　　他	Others	100.0	100.0	100.0
4.水、电、燃料	Water,Electricity and Fuels	97.9	99.3	99.2
水	Water	100.0	100.0	100.0
电	Electricity	100.0	100.0	100.0
液化石油气	Liquefiled Petrol-eum Gas	95.2	95.9	93.5
管道燃气	Pipelined Gas	100.0	100.0	100.0
其他燃料	Other Fuels	96.1	99.3	99.9

continued

(以上月价格为100 preceding month=100)								
4 月 April	5 月 May	6 月 June	7 月 July	8 月 August	9 月 September	10 月 October	11月 November	12月 December
100.0	100.0	100.0	100.0	100.0	100.0	100.0	100.1	100.1
100.0	100.0	100.0	100.0	100.0	100.0	100.0	100.0	100.0
100.0	100.0	100.0	100.0	100.0	100.0	100.0	100.0	101.2
100.0	100.0	100.0	100.0	100.0	100.0	100.0	100.0	100.0
100.1	100.0	98.6	101.5	100.0	100.0	100.0	100.0	100.0
100.4	100.0	100.0	100.0	100.0	100.0	99.9	99.8	100.0
100.3	100.0	100.0	100.0	100.0	100.0	99.9	99.8	100.6
100.2	100.0	100.0	100.0	100.9	100.0	100.0	100.0	99.9
101.3	101.3	100.0	100.0	100.0	100.0	100.0	100.0	100.0
100.0	100.0	100.0	100.0	100.0	100.0	100.0	100.0	100.0
100.1	100.0	100.0	100.0	100.0	100.0	100.1	100.0	100.0
100.0	100.0	100.0	100.0	100.0	100.0	100.0	100.0	100.0
99.9	100.0	100.0	100.0	100.0	100.0	100.0	100.0	100.0
100.0	100.0	100.0	100.0	100.0	100.0	100.0	100.0	100.0
100.0	100.0	100.0	100.0	100.0	100.0	100.0	100.0	100.0
100.1	100.4	100.1	100.0	100.0	100.0	100.0	100.0	100.0
100.0	100.0	100.0	100.0	100.0	100.0	100.0	100.0	100.0
100.0	100.0	100.0	100.0	100.0	100.0	100.0	100.0	100.0
100.0	100.0	100.0	100.0	100.0	100.0	100.0	100.0	100.0
99.8	100.0	100.1	99.9	100.0	100.5	100.0	100.0	100.0
99.3	100.0	99.7	99.6	100.0	101.8	100.0	100.0	100.0
100.0	100.0	100.5	100.0	100.0	100.0	100.0	100.0	100.0
100.0	100.0	100.0	100.0	100.0	100.0	100.0	100.0	100.0
99.9	**99.6**	**100.1**	**100.0**	**100.3**	**100.7**	**100.4**	**100.5**	**100.8**
99.7	99.9	99.9	100.0	100.2	100.3	100.2	100.1	100.1
99.6	99.7	99.6	100.2	100.0	100.3	100.0	100.1	100.1
100.0	100.0	100.0	100.0	100.0	100.8	100.8	100.0	100.0
99.9	100.2	99.8	100.1	100.1	99.9	99.9	100.0	100.2
98.8	99.8	100.4	100.0	100.4	100.4	99.4	100.0	98.8
99.8	99.6	99.7	99.6	100.2	100.5	100.9	100.0	100.0
99.9	100.0	99.9	99.8	100.0	100.1	100.1	100.0	100.1
100.5	99.5	99.6	100.4	100.7	100.0	100.9	101.2	101.7
99.9	99.9	99.2	100.0	100.0	100.0	100.0	100.0	101.9
100.1	100.0	100.1	99.9	100.1	100.0	100.1	99.9	100.1
100.0	100.0	99.9	100.0	100.0	102.5	102.4	100.0	100.0
100.0	100.0	100.0	100.6	100.0	100.0	100.0	100.0	100.2
100.0	100.0	100.0	100.0	100.0	100.0	100.0	100.0	100.2
100.0	100.0	100.0	101.0	100.0	100.0	100.0	100.0	100.0
100.0	100.0	100.0	100.0	100.0	100.0	100.0	100.0	100.7
100.6	100.3	99.7	100.0	99.7	100.0	100.0	100.0	99.7
100.0	100.0	97.9	100.0	100.0	100.0	100.0	100.0	100.0
100.0	100.0	100.0	100.0	100.0	100.0	100.0	100.0	100.0
100.8	100.4	100.0	100.0	99.6	100.0	100.0	100.0	99.6
100.0	100.0	100.0	100.0	100.0	100.0	100.0	100.0	100.0
100.0	99.0	100.5	99.9	100.5	101.4	100.8	101.1	102.1
101.6	100.0	100.4	100.0	100.0	100.0	100.0	100.0	100.0
100.0	100.0	100.0	100.0	100.0	100.0	100.0	100.0	100.0
101.2	92.9	99.1	100.2	102.9	109.1	104.9	103.1	111.2
100.0	100.0	100.0	100.0	100.0	100.0	100.0	100.0	100.0
99.2	99.4	101.4	99.6	100.6	101.3	100.7	102.0	102.1

5-14 商品零售价格指数(2009年)

商品类别及品名	Commodity Category and Commodity Name	全年 Annural	1月 January	2月 February
商品零售价格总指数	**Genaral Retail Price Index**	**99.4**	**100.7**	**99.4**
一、食 品	**Food**	**101.6**	**101.9**	**98.3**
1.粮 食	Grain	104.8	100.6	102.2
大 米	Rice	104.9	95.5	97.5
面 粉	Flour	107.7	101.0	103.3
粮食制品	Grain Products	102.2	102.4	103.6
其 他	Others	103.3	105.2	104.1
2.淀 粉	Starches	106.2	106.4	105.6
淀 粉	Starches	106.2	106.4	105.6
3.干豆类及豆制品	Beans and Beans Products	96.4	108.3	105.1
干 豆	Beans	90.7	91.4	92.8
豆制品	Beans Products	98.5	115.5	110.0
4.油 脂	Oil and Fat	86.9	90.6	87.5
食用植物油	Edible Vegetable Oil	87.7	91.8	88.7
植物油制品	Plant Oil Products	84.3	87.5	84.2
其 他	Others	83.3	84.0	80.9
5.肉禽及其制品	Meal,Poultry and Their Products	91.5	96.5	91.7
(1)食用畜肉及副产品	Edible Livestock Meat and Their By-products	86.5	91.1	86.1
猪 肉	Pork	79.8	84.5	79.4
牛 肉	Beef	101.9	107.9	102.6
羊 肉	Mutton	103.2	106.6	102.6
畜肉副产品	Livestock Meat By-products	89.8	99.0	93.2
其 他	Others	94.9	96.1	93.4
(2)禽	Poultry	98.5	104.0	97.0
鸡	Chicken	98.3	104.0	95.7
鸭	Duck	99.7	104.2	102.1
其 他	Others	98.6	104.0	100.5
(3)肉禽加工制品	Meal and Poultry Processing Products	99.2	106.5	103.5
畜肉制品	Livestock Meat Products	98.4	107.1	103.6
禽制品	Poultry Products	100.7	105.3	103.3
6.蛋	Eggs	100.7	99.6	97.3
鲜 蛋	Fresh Eggs	100.6	99.4	96.9
蛋制品	Egg Products	101.1	101.0	100.2
7.水产品	Aquatic Product	101.7	107.7	102.8
(1)鱼	Fish	100.6	108.8	103.0
淡水鱼	Freshwater Fish	96.7	107.2	100.2
海水鱼	Seawater Fish	105.1	110.2	105.7
(2)其他水产品	Others Aquatic Product	103.5	105.8	102.1
虾蟹类	Shrimp and Crab	104.3	105.0	101.2
其 他	Others	101.5	107.2	103.6
8.菜	Vegetable	117.3	104.4	90.9
鲜 菜	Fresh Vegetable	120.3	105.2	89.7
干菜及菜制品	Dried Vegetable and Vegetable Products	99.8	99.8	99.9
薯 类	Potato	104.2	94.4	96.3
9.调味品	Flavoring	102.6	103.9	103.9
盐	Salt	100.1	99.9	100.0
酱 油	Soy Sauce	103.1	106.8	106.0
醋	Vinegar	104.5	105.3	105.2
味 精	Aginomoto	104.2	104.1	105.3
其 他	Others	101.3	102.8	103.2

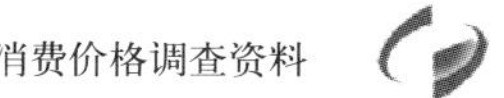

Retail Price Index(2009)

(以上年同期价格为100 preceding year=100)

3 月 March	4 月 April	5 月 May	6 月 June	7 月 July	8 月 August	9 月 September	10 月 October	11月 November	12月 December
99.3	**99.0**	**99.1**	**98.6**	**98.4**	**98.4**	**98.9**	**99.1**	**100.0**	**101.7**
98.8	**99.3**	**100.6**	**100.2**	**100.1**	**100.5**	**102.6**	**102.7**	**105.2**	**109.1**
102.9	103.0	103.6	103.7	103.6	103.7	105.2	107.3	109.8	112.0
99.3	100.3	101.0	102.4	103.1	104.9	107.4	110.9	116.3	121.6
105.6	106.1	107.9	107.7	107.4	107.3	108.8	110.7	112.6	113.4
102.8	102.1	101.8	101.5	101.3	100.6	101.5	102.4	102.9	103.9
102.4	100.6	100.6	100.2	99.3	98.6	100.8	105.5	109.4	113.7
105.9	106.1	106.1	105.6	105.7	104.9	105.2	107.7	107.6	107.8
105.9	106.1	106.1	105.6	105.7	104.9	105.2	107.7	107.6	107.8
98.0	94.3	93.6	92.3	91.3	91.3	92.0	94.1	98.2	101.9
87.1	84.7	85.4	85.8	83.9	84.8	88.4	94.3	102.2	111.9
102.3	98.0	96.8	94.7	94.1	93.7	93.2	93.9	96.4	98.0
84.0	83.0	83.9	83.1	83.2	84.5	85.4	87.7	93.3	99.0
85.6	84.4	85.6	84.3	83.9	85.4	85.8	88.1	93.3	97.9
79.9	79.8	79.6	80.4	80.6	81.0	83.3	84.5	91.3	104.2
75.5	75.2	74.6	76.0	80.4	82.8	86.5	91.4	99.6	100.1
88.7	85.5	83.5	84.8	87.4	90.6	93.9	97.6	99.9	100.4
81.0	77.1	75.0	76.4	80.8	85.9	91.7	97.6	100.7	100.7
71.9	66.7	64.2	66.2	72.3	80.2	88.3	96.5	101.2	100.4
102.7	102.5	101.2	100.8	100.8	100.6	101.0	100.5	101.2	101.9
104.2	103.2	102.9	102.8	103.0	102.1	101.7	103.2	102.6	103.4
90.0	87.1	83.5	83.0	84.3	85.1	88.4	93.0	95.6	97.2
92.1	90.6	88.5	90.7	93.2	93.6	96.5	100.7	101.4	103.7
99.3	96.5	95.3	98.4	98.0	97.9	97.0	97.5	99.3	102.1
99.1	95.6	94.6	98.7	98.3	97.9	96.9	97.5	99.4	102.4
100.9	99.5	98.7	98.7	98.0	98.1	99.0	99.3	97.7	100.8
99.2	99.0	96.7	96.2	96.7	97.5	95.9	96.1	100.5	101.2
102.3	99.7	97.1	96.8	96.8	97.0	97.0	97.5	98.2	98.6
101.8	98.7	95.7	95.1	95.3	95.7	96.0	96.8	97.6	98.0
103.1	101.6	99.8	100.0	99.7	99.4	99.0	98.9	99.3	99.6
101.2	104.3	101.4	98.5	98.1	100.8	99.1	100.9	102.8	104.9
101.3	104.8	101.4	98.1	97.7	100.6	98.6	100.7	102.9	105.3
100.2	100.9	100.5	100.8	100.9	101.3	101.7	102.0	102.0	102.2
104.5	103.0	101.0	99.9	98.3	98.3	98.4	101.4	102.5	103.6
104.5	102.2	98.6	96.2	95.8	96.1	98.1	100.8	102.0	103.7
101.6	98.1	93.4	89.3	89.9	91.6	95.4	97.2	99.0	101.8
107.6	106.8	105.1	105.0	103.1	101.4	101.3	104.9	105.2	105.6
103.9	103.9	105.0	106.4	102.8	102.8	99.2	102.7	103.5	103.5
103.5	103.7	105.9	108.5	104.6	104.9	99.1	104.2	105.5	106.0
104.4	104.1	102.8	101.7	98.9	98.6	99.1	99.6	99.6	98.6
99.0	114.0	123.5	122.5	120.5	118.8	131.5	118.1	136.9	157.8
98.4	116.0	128.9	128.1	125.4	123.1	138.4	121.9	144.7	168.1
100.3	99.2	98.6	99.6	99.7	99.1	99.0	99.2	100.2	102.6
107.5	107.0	102.5	106.3	103.6	100.6	102.5	104.6	107.5	120.4
103.9	103.2	102.5	102.2	102.5	101.8	101.6	101.6	101.7	102.2
100.0	100.1	100.1	100.2	100.1	100.1	100.1	99.9	100.0	100.5
106.2	104.3	102.6	101.9	102.4	101.7	101.4	101.4	101.7	101.7
105.3	104.8	104.9	105.0	105.2	104.0	103.6	103.7	103.8	103.4
105.7	104.5	103.2	102.5	102.5	102.9	103.8	105.2	105.0	106.2
102.2	102.7	102.1	101.7	102.4	100.4	99.5	99.0	99.3	101.0

5-14 续表 1

商品类别及品名	Commodity Category and Commodity Name	全年 Annural	1 月 January	2 月 February
10.糖	Carbohydrate	102.9	101.8	103.0
食 糖	Sugar	101.6	97.5	99.5
糖 果	Sweet	104.2	103.2	105.1
巧克力制品	Chocolate Products	102.9	103.6	103.4
糖类小食品	Little Carbohydr-ate Food	101.8	104.0	103.6
11.干鲜瓜果	Dried and Fresh Melons and Fruits	106.7	97.4	97.3
鲜瓜果	Fresh Fruits	106.9	94.8	95.1
干(坚)果	Dried Fruits	105.6	106.9	105.0
12.糕点饼干面包	Cake,Biscuit and Bread	102.1	105.4	104.8
糕 点	Cake	101.2	104.2	103.9
饼 干	Biscuit	100.9	102.6	101.3
面 包	Bread	105.3	111.0	111.0
13.液体乳及乳制品	Liquid Milk and Their Products	100.4	106.3	102.6
巴氏杀菌奶或消毒奶	Pasteurization Milk or Disinfection Milk	99.2	105.6	101.2
酸 奶	Leben	98.9	103.2	98.7
奶 粉	Milk Powder	106.0	112.9	111.7
其 他	Others	101.2	105.8	104.6
14.在外用膳食品	Outward Dinner	102.6	107.8	106.9
主 食	Staple Food	103.0	107.9	106.9
炒 菜	Hot Dish	101.8	107.0	105.9
地方小吃	Local Snack	104.7	110.6	110.1
15.其他食品	Other Foods	102.1	103.9	103.7
其他食品	Other Foods	102.1	103.9	103.7
二、饮料、烟酒	**Beverages, Tobacco,Liquor**	**102.0**	**103.9**	**103.3**
1.茶及饮料	Tea and Beverages	101.2	104.1	102.9
(1)茶 叶	Tea	100.3	100.7	101.1
茶 叶	Tea	100.3	100.7	101.1
(2)饮料	Beverages	101.6	106.0	104.0
固体饮料	Solid Beverages	102.9	105.3	104.9
液体饮料	Liquid Beverages	100.4	102.6	101.5
冷冻饮品	Frozen Beverages	102.8	112.9	107.5
2.烟 草	Tobacco	100.3	100.2	100.2
国产卷烟	Domestic Cigarette	100.4	100.4	100.4
进口卷烟	Import Cigarette	99.4	98.8	99.0
其 他	Others	99.8	100.5	100.5
3.酒	Liquor	103.9	106.6	105.8
白 酒	White Spirit	104.8	107.4	106.6
葡 萄 酒	Grape	100.6	101.8	101.4
啤 酒	Beer	103.1	106.5	106.0
其 他	Others	103.6	106.1	102.4
三、服装、鞋帽	**Garments, Footgearand and Hats**	**96.3**	**96.9**	**97.1**
1.服 装	Garments	95.9	96.0	96.4
(1)男式服装	Men's Garments	96.6	96.4	97.3
大 衣	Topcoat	95.6	92.7	94.4
毛 线 衣	Woollen Sweater	99.5	97.7	98.5
夹 克 衫	Jacket	96.7	97.3	97.7
衬 衫	Shirt	94.3	95.9	95.4
T 恤 衫	T-shirt	96.0	96.1	96.7
裤 子	Trousers	95.3	97.1	96.4
西 服	Western-style Clothes	95.9	95.1	98.6
运动衫裤	Gym Suit	99.8	97.3	98.2
内 衣	Underwaist	95.9	97.7	98.7

continued

(以上年同期价格为100　preceding year=100)

3 月 March	4 月 April	5 月 May	6 月 June	7 月 July	8 月 August	9 月 September	10 月 October	11月 November	12月 December
102.6	102.8	102.8	102.6	103.2	102.7	102.7	103.2	103.4	103.7
99.5	100.4	101.0	100.9	102.4	100.4	101.2	104.2	105.3	107.4
104.2	104.4	104.1	104.0	104.3	104.5	104.4	104.4	103.9	103.7
102.8	102.5	103.5	102.9	103.3	103.9	102.8	101.5	102.4	102.1
103.8	103.1	101.9	101.8	101.9	101.2	101.3	100.3	100.0	99.4
99.6	97.1	114.0	118.2	116.2	111.4	110.7	110.7	104.1	108.6
98.1	94.9	116.2	122.3	120.0	113.5	112.4	112.6	103.7	108.2
104.1	104.7	104.7	104.4	104.4	105.6	106.0	105.6	105.8	109.8
104.0	103.0	102.1	101.3	101.4	101.0	100.9	100.7	100.6	100.7
103.4	102.2	101.4	100.6	100.4	99.9	99.8	99.3	99.8	100.3
101.0	101.0	100.6	100.9	101.0	100.7	100.5	100.6	100.5	100.4
108.9	107.2	105.5	102.9	103.9	103.7	103.5	103.2	102.2	102.1
101.1	99.4	99.6	99.5	99.5	99.5	99.0	99.5	99.5	100.0
99.1	97.9	98.3	97.9	97.7	98.3	97.9	99.3	99.0	99.2
97.6	96.6	98.1	99.3	99.5	99.0	98.4	98.6	98.6	98.8
110.9	106.1	104.3	103.8	104.6	104.8	104.0	102.1	102.9	105.1
104.0	103.7	103.4	102.6	101.3	98.8	98.4	97.4	97.4	97.6
105.2	103.8	102.6	102.2	101.1	100.4	100.3	100.2	100.5	100.8
105.3	104.0	103.5	102.5	101.7	100.8	100.6	100.9	101.1	101.4
104.3	102.8	101.8	101.6	100.0	99.4	99.7	99.6	99.9	100.1
108.1	107.0	103.9	104.0	103.6	103.0	101.9	101.3	101.7	102.4
104.5	103.5	103.4	102.5	100.9	100.6	99.8	100.5	100.5	101.6
104.5	103.5	103.4	102.5	100.9	100.6	99.8	100.5	100.5	101.6
102.7	**102.2**	**101.8**	**101.7**	**101.7**	**101.8**	**101.6**	**101.3**	**101.3**	**101.5**
102.7	102.4	101.4	101.2	100.8	100.2	100.2	99.5	99.3	99.7
102.2	101.5	100.2	99.7	99.7	99.7	99.7	99.7	99.8	100.0
102.2	101.5	100.2	99.7	99.7	99.7	99.7	99.7	99.8	100.0
103.0	102.9	102.1	102.0	101.5	100.4	100.5	99.3	99.0	99.5
104.3	104.0	103.8	103.2	103.0	103.4	102.3	100.6	100.6	100.1
101.3	100.8	100.4	100.7	100.1	99.8	99.7	99.3	99.3	99.2
105.0	105.7	103.9	103.4	102.8	99.0	100.2	98.4	97.5	99.5
100.4	100.4	100.2	100.0	100.2	100.4	100.4	100.4	100.3	100.3
100.6	100.6	100.3	100.1	100.3	100.5	100.5	100.5	100.5	100.5
99.0	98.9	99.0	99.4	99.6	99.8	100.1	100.1	99.7	99.7
100.5	100.4	100.2	100.1	99.9	99.4	99.0	99.0	99.0	99.0
104.4	103.6	103.3	103.2	103.5	103.7	103.4	103.0	103.1	103.4
105.9	105.1	104.5	104.2	104.3	104.5	104.1	103.7	103.7	104.3
100.9	100.9	100.5	100.5	100.2	100.4	100.6	100.1	100.0	99.9
102.8	101.8	102.0	102.1	102.7	103.2	102.9	102.5	102.9	102.5
102.6	102.6	102.5	103.3	103.9	104.4	103.4	103.4	103.6	105.0
97.6	**96.6**	**95.6**	**95.7**	**95.7**	**95.8**	**95.8**	**96.1**	**95.8**	**96.4**
97.0	96.2	95.2	95.3	95.6	95.5	95.5	95.7	95.5	96.3
97.7	97.0	95.8	96.1	96.7	96.7	96.3	96.6	96.4	96.8
95.7	94.3	95.2	95.9	96.2	96.4	96.3	97.0	96.6	96.9
99.9	99.7	98.8	99.0	100.6	100.6	100.9	100.3	99.1	99.3
98.4	96.3	95.5	95.8	96.1	96.2	96.2	96.3	97.6	97.2
95.9	95.2	93.9	94.0	93.4	94.1	92.6	93.6	94.1	93.7
97.8	98.1	95.9	96.7	96.3	94.7	94.7	95.0	94.8	94.7
96.3	95.3	94.5	94.9	95.4	94.9	94.2	94.8	94.6	95.0
98.5	97.9	94.0	94.6	96.1	96.8	94.3	95.4	94.2	95.2
99.8	100.0	100.3	100.1	98.9	98.8	101.0	101.2	100.9	100.9
96.7	95.0	93.1	93.9	96.7	95.2	96.5	97.0	95.0	95.3

5-14 续表 2

商品类别及品名	Commodity Category and Commodity Name	全年 Annural	1 月 January	2 月 February
羽 绒 衣	Eider Down Outerwear	98.7	96.8	98.2
其 他	Others	97.1	98.4	97.7
(2)女式服装	Women's Garments	95.1	95.3	95.5
大 衣	Topcoat	91.7	91.1	90.1
毛 线 衣	Woollen Sweater	98.0	96.4	97.3
羽 绒 衣	Eider Down Outerwear	94.7	94.7	96.0
套 装	Coordinates	94.3	94.6	94.6
衬 衫	Shirt	99.3	98.8	99.7
T 恤 衫	T-shirt	.95.8	97.9	96.7
裙 子	Skirt	90.1	92.5	91.1
裤 子	Trousers	95.8	96.9	97.2
运动衫裤	Gym Suit	101.3	97.1	97.9
内 衣	Underwaist	94.6	96.5	97.8
其 他	Others	94.1	96.5	96.2
(3)儿童服装	Children's Garments	96.6	97.7	97.4
套 装	Coordinates	94.8	95.7	95.1
裤 子	Trousers	97.7	98.4	98.2
裙 子	Skirt	98.2	101.0	101.0
其 他	Others	98.3	96.7	96.9
2.鞋袜帽	Shoes,Socks and Hats	97.0	98.6	98.4
(1)鞋	Shoes	96.7	98.5	98.2
男 鞋	Men's Shoes	96.2	98.5	97.7
女 鞋	Women's Shoes	96.4	98.5	98.3
童 鞋	Children's Shoes	98.6	98.7	99.0
(2)袜子	Socks	97.9	99.6	99.5
男 袜	Men's Socks	99.6	99.1	99.0
女 袜	Women's Socks	96.5	99.9	100.0
(3)帽子	Hats	100.2	97.3	98.6
男 帽	Men's Hats	100.0	94.6	96.9
女 帽	Women's Hats	100.3	99.1	99.8
3.其他	Others	97.3	99.1	99.5
领 带	Necktie	97.3	99.1	99.5
四、纺织品	**Textiles**	**99.5**	**99.3**	**99.3**
1.衣着材料	Clothing Materials	100.4	100.7	100.7
棉 布	Cotton Cloth	101.1	102.6	101.9
棉混纺布	Cotton Textiles Cloth	100.1	100.5	100.2
化 纤 布	Chemical Fiber Cloth	100.3	99.7	100.5
毛 线	Knitting Wool	100.0	99.8	99.7
2.床上用品	Bedclothes	98.7	98.1	98.2
毛 毯	Woollen Blanket	.99.2	99.3	98.4
被 子	Quilt	98.5	96.7	97.7
床上套件	Bed Articles	98.4	98.6	98.7
其 他	Others	99.4	98.1	97.3
五、家用电器及音像器材	**Household Appliances, Music and Video Equipments**	**97.5**	**98.4**	**98.3**
1.家庭设备	Household Appliances	99.3	101.2	100.8
洗 衣 机	Washing Machine	98.1	101.2	100.2
电 风 扇	Electric Fan	100.2	104.5	104.5
电冰箱(柜)	Refrigerator	99.6	100.7	100.2
吸排油烟机	Kitchen Ventilato	101.8	102.9	102.5
空 调 器	Air-Conditioning	98.9	101.1	100.9
热 水 器	Water Heater	99.5	101.1	100.6
微 波 炉	Microwave Oven	98.3	99.2	99.8
电 炊 具	Electric Cooking Appliance	99.3	99.7	99.6

continued

(以上年同期价格为100　preceding year=100)

3 月 March	4 月 April	5 月 May	6 月 June	7 月 July	8 月 August	9 月 September	10 月 October	11月 November	12月 December
97.6	97.9	98.1	97.9	98.5	99.1	99.0	97.9	100.6	102.7
98.1	97.1	97.1	97.3	97.4	96.8	97.0	96.4	96.1	96.2
96.1	95.2	94.4	94.3	94.7	94.6	94.9	95.0	94.9	95.8
91.1	90.6	90.8	91.0	91.7	91.9	92.6	93.0	93.1	94.0
99.6	98.6	98.3	98.2	99.1	98.9	98.2	97.4	96.2	97.7
94.6	93.4	93.1	93.1	94.0	94.7	95.1	94.6	95.8	97.5
96.2	93.7	93.0	93.0	93.1	93.3	93.6	94.6	95.5	96.1
100.3	99.7	98.8	98.7	99.1	99.5	99.1	99.9	99.2	99.0
97.9	98.0	97.7	97.2	96.7	93.1	93.1	93.7	93.6	93.4
93.4	92.6	89.7	88.0	88.0	88.5	88.7	89.0	89.6	89.9
97.4	97.6	96.1	96.5	94.9	94.3	94.5	94.3	94.7	95.4
98.5	99.9	100.6	101.2	101.1	101.8	103.6	104.9	104.0	104.9
95.9	94.0	92.3	92.7	94.6	94.1	94.7	94.5	92.8	94.8
96.6	93.5	92.5	92.4	94.2	94.2	93.8	93.6	91.6	93.9
98.8	97.4	96.7	96.8	95.9	95.4	95.6	95.3	95.3	96.7
96.4	94.2	93.7	94.0	93.6	94.5	95.0	94.6	94.4	96.5
100.1	99.5	98.6	98.5	97.1	95.8	96.0	96.1	96.5	98.2
102.1	100.9	99.6	99.7	98.3	95.8	95.4	94.7	95.0	95.1
98.4	99.1	99.1	99.1	98.3	98.3	98.7	98.4	98.1	98.3
98.6	97.1	96.7	96.8	95.9	96.3	96.3	96.6	96.4	96.6
98.6	96.9	96.3	96.4	95.4	95.9	95.8	96.3	96.0	96.2
98.7	96.7	95.1	95.5	94.6	95.3	95.5	95.9	95.4	95.7
98.1	96.4	96.1	96.4	95.1	95.7	95.3	96.0	95.6	95.8
100.0	98.9	99.4	98.5	98.1	97.8	98.1	97.9	98.4	98.7
97.8	97.5	98.0	97.8	97.4	97.5	97.6	97.4	97.4	97.4
99.7	99.4	99.9	99.7	99.7	99.7	100.0	99.8	99.8	99.9
96.2	95.8	96.5	96.3	95.5	95.6	95.6	95.4	95.4	95.4
100.5	100.3	100.7	100.7	100.9	100.5	100.8	100.6	100.3	100.7
100.6	100.6	101.0	100.8	101.1	100.7	101.0	100.8	100.9	101.1
100.4	100.2	100.5	100.7	100.8	100.4	100.8	100.4	99.9	100.4
99.5	99.3	95.3	95.3	95.4	96.0	97.4	97.9	96.8	96.5
99.5	99.3	95.3	95.3	95.4	96.0	97.4	97.9	96.8	96.5
100.2	**99.6**	**99.5**	**99.6**	**99.6**	**99.5**	**99.5**	**99.3**	**99.3**	**99.3**
100.6	100.4	100.6	100.5	100.5	100.5	100.4	100.0	100.1	100.2
101.9	101.8	101.1	100.4	100.7	100.7	100.4	100.5	100.5	100.6
100.3	100.0	100.1	100.2	100.1	100.0	100.0	100.0	100.0	100.2
100.3	100.1	100.7	100.7	100.8	100.7	100.6	99.8	99.9	100.2
99.7	99.6	100.2	100.5	100.5	100.5	100.2	99.8	99.7	99.6
99.8	99.0	98.6	98.9	98.7	98.7	98.8	98.6	98.6	98.6
99.8	99.6	99.1	98.9	99.2	99.5	99.9	99.3	98.7	98.4
99.5	98.5	97.9	98.5	98.0	99.1	98.7	98.8	99.9	99.4
100.0	98.9	98.5	98.9	98.6	97.5	97.9	97.6	97.2	97.9
99.5	99.2	99.3	99.9	100.1	99.9	100.4	100.0	99.6	99.7
97.9	**97.8**	**97.4**	**97.5**	**97.2**	**96.9**	**97.1**	**97.1**	**97.2**	**97.3**
100.4	100.0	99.7	99.5	98.9	98.3	98.3	98.3	98.2	98.2
99.7	98.2	98.2	97.9	97.2	97.1	97.1	96.9	96.8	97.0
103.7	102.4	101.3	101.1	98.5	97.6	97.4	97.4	97.0	97.2
100.1	100.0	99.5	99.4	99.5	99.1	99.4	99.4	99.2	99.2
102.0	102.0	102.1	103.1	102.1	101.3	101.0	101.1	100.6	100.6
100.1	99.8	99.5	98.8	98.5	97.7	97.9	97.7	97.6	97.5
100.8	100.8	100.8	100.9	99.3	98.2	97.8	98.1	98.3	97.8
99.4	99.0	98.4	98.2	97.8	97.7	97.6	97.6	97.9	97.6
99.4	99.7	99.4	99.2	99.1	98.6	98.7	99.5	99.2	99.6

5−14 续表 3

商品类别及品名	Commodity Category and Commodity Name	全年 Annural	1 月 January	2 月 February
2.文娱用耐用消费品	Durable Consumer Goods For Recrea- tional Use	94.7	94.7	94.8
电 视 机	Television	91.4	91.8	92.3
激光视盘机	Laser Video Disc Machine	99.3	98.0	98.3
摄 像 机	Pickup Camera	97.1	97.4	96.7
家用音响设备	Acoustic Equipment	99.4	99.3	99.3
便携式音响	Portable Acoustics	96.6	96.9	95.8
其 他	Others	97.1	96.1	96.3
3.音像器材	Music and Video Equipments	99.8	99.2	99.4
专业音响器材	Specialized Aco-ustic Apparatus	99.8	99.3	99.3
专业声像器材	Specialized Aco- ustic Image Apparatus	99.7	99.0	99.6
六、文化办公用品	**Cultural and Office Applicances**	**99.2**	**98.6**	**98.8**
纸张本册	Paper and Volume	103.9	104.6	104.5
文 具	Stationery	101.0	101.3	101.4
电脑及配件	Computer and its Fitting	96.3	94.7	95.1
打印机及配件	Printer and its Fitting	99.0	98.1	98.1
扫 描 仪	Scanner	99.3	99.0	99.1
复 印 机	Xerox Machine	99.6	99.0	100.1
电子辞典	Electronic Dictionary	98.1	97.8	98.0
计 算 器	Calculator	100.8	100.4	100.4
教学设备	Teaching Equipment	100.2	99.6	99.9
其 他	Others	100.2	99.6	99.8
七、日用品	**Articles for Daily Use**	**101.6**	**103.4**	**103.5**
1.日用百货	General Merchandise for Daily Use	102.3	103.8	104.7
自 行 车	Bicycle	102.1	104.0	104.6
雨 具	Rain Gear	100.2	100.8	100.8
剃须刀具	Shaver	100.0	101.4	101.1
电 池	Battery	100.4	101.8	101.5
卫 生 纸	Tissue Paper	105.4	108.1	111.5
卫 生 巾	Sanitary Towel	102.4	102.4	102.9
其 他	Others	101.4	102.6	102.6
2.日用杂品	Sundry Articles	101.0	101.9	101.2
茶 具	Tea Set	99.7	101.9	100.5
餐 具	Tableware	101.8	101.8	100.7
厨 具	Kitchen Utensils	101.2	102.3	102.0
其 他	Others	100.5	101.2	101.3
3.洗涤用品	Washing Articles	103.1	107.2	106.3
洗 衣 粉	Washing Powder	103.2	105.7	104.9
肥 皂 类	Soap	102.8	110.8	109.0
牙 膏	Toothpaste	101.9	103.8	103.5
清洁洗涤剂	Cleaning Agent	104.2	108.9	108.2
4.其他日用品	Other Articles for Daily Use	99.8	100.1	100.6
燃气灶具	Gas-Oven	100.7	100.9	101.3
儿童玩具	Children's Toy	101.2	99.6	100.8
照明器具	Illumination Utensil	101.2	100.8	101.2
钟表眼镜及配件	Clocks,Glasses and Their Rittings	99.8	100.3	100.4
日用普通饰品	Common Ornament for Daily Use	98.1	99.6	99.4
日用皮革制品	Leatherware for Daily Use	96.4	98.9	99.6
其 他	Others	99.2	100.6	101.0

continued

(以上年同期价格为100 preceding year=100)

3 月 March	4 月 April	5 月 May	6 月 June	7 月 July	8 月 August	9 月 September	10 月 October	11月 November	12月 December
94.3	94.5	94.0	94.4	94.4	94.3	94.8	94.9	95.3	95.6
91.1	91.1	90.0	90.8	90.6	90.7	91.5	91.6	92.2	92.9
98.5	99.3	99.4	99.7	100.4	100.0	99.7	99.5	99.6	99.7
96.5	97.3	97.4	97.3	96.7	96.7	96.9	97.6	97.5	97.6
99.3	99.5	99.6	99.8	99.6	99.3	99.2	99.1	99.4	99.8
96.7	96.9	97.3	96.8	97.1	96.9	96.7	96.3	96.2	95.6
96.1	95.9	96.2	96.2	96.2	96.3	97.9	99.4	99.4	99.5
99.6	99.4	99.5	99.8	99.8	100.0	100.0	100.3	100.1	100.3
99.4	99.2	99.4	99.9	99.9	100.1	100.1	100.7	100.3	100.5
99.8	99.8	99.7	99.6	99.7	99.8	99.9	99.9	99.8	99.8
99.1	**99.0**	**99.3**	**99.4**	**100.0**	**99.9**	**99.0**	**99.4**	**98.9**	**98.9**
104.7	105.0	105.1	104.9	104.7	104.0	104.2	103.6	100.7	100.6
101.3	101.6	101.7	101.2	101.4	100.8	100.7	100.4	100.0	100.1
95.6	95.1	95.5	96.0	96.9	97.6	95.7	97.7	97.7	97.8
98.7	99.0	99.1	99.0	99.9	99.8	98.8	99.1	99.2	99.2
99.4	99.3	99.2	99.3	99.6	99.6	99.5	99.4	99.4	99.5
100.1	100.1	100.3	100.3	101.6	100.2	100.0	97.9	97.7	97.7
98.0	98.0	98.3	98.3	98.6	98.1	98.0	98.0	98.0	98.3
100.3	100.0	101.3	102.4	102.4	102.1	100.2	100.3	99.6	99.6
100.0	100.2	100.3	100.3	100.3	100.5	100.6	100.4	100.2	100.2
99.8	100.4	100.4	100.4	100.4	100.4	100.6	100.3	100.0	100.0
103.3	**102.9**	**102.6**	**101.6**	**101.4**	**101.0**	**100.7**	**100.2**	**99.6**	**99.7**
104.4	104.1	104.0	102.6	102.0	101.4	100.9	100.7	99.8	99.9
104.3	104.0	103.9	103.0	102.0	100.4	100.3	100.0	99.7	99.7
99.8	99.4	100.0	100.1	99.9	100.3	100.4	100.5	100.2	100.6
101.1	100.9	100.0	99.6	99.4	99.6	99.5	99.4	99.4	99.0
101.0	101.2	101.2	100.8	100.0	99.5	99.6	99.2	99.3	99.3
110.2	109.3	108.9	105.0	104.6	104.2	102.5	103.0	99.5	100.1
103.6	103.6	104.1	102.9	102.9	102.6	101.7	100.9	100.7	100.8
102.5	102.6	102.6	101.0	101.0	100.8	101.1	100.3	99.7	99.7
101.8	101.8	101.5	101.6	101.1	100.9	100.6	100.6	100.0	99.1
101.7	101.6	101.0	100.2	99.4	98.8	99.4	98.4	97.4	96.7
101.7	101.9	102.0	103.6	102.3	102.0	101.5	102.8	101.9	99.6
102.0	102.0	101.3	101.2	101.3	101.3	100.6	100.4	99.8	99.8
101.9	101.6	101.4	100.1	100.1	100.0	100.0	99.3	100.1	99.7
105.7	105.2	104.7	102.5	102.7	102.1	101.6	100.3	99.6	99.6
105.3	104.5	104.1	102.8	102.4	102.2	102.7	101.6	101.5	101.3
107.1	106.1	106.2	100.9	102.9	101.8	100.3	98.1	96.0	96.3
102.8	103.2	102.8	102.4	102.5	100.7	100.9	100.4	99.9	99.6
107.8	107.5	105.8	103.7	102.7	103.5	101.8	100.7	100.4	100.6
100.4	100.0	99.8	99.7	99.7	99.5	99.8	99.3	99.3	99.8
101.4	100.9	100.4	100.2	100.3	100.6	100.2	100.4	100.5	101.2
100.9	101.9	102.0	101.4	101.7	101.7	101.4	100.8	100.1	101.6
101.2	101.5	101.9	101.5	100.8	100.8	101.3	100.7	100.9	101.1
100.2	100.0	99.8	99.5	99.4	99.3	99.8	99.5	99.3	99.4
99.5	97.9	97.1	97.1	98.2	97.6	98.0	97.5	97.6	97.9
97.8	95.2	95.1	96.2	95.7	95.1	96.5	95.3	95.5	95.7
101.1	100.0	98.7	99.1	98.5	97.7	98.8	98.1	97.9	98.3

5−14 续表 4

商品类别及品名	Commodity Category and Commodity Name	全年 Annural	1 月 January	2 月 February
八、体育娱乐用品	**Sports and Recreation Articles**	**100.4**	**100.5**	**100.8**
1.体育用品	Sports Articles	101.5	102.1	102.0
球　类	Ball	100.2	100.7	100.7
棋　牌	Chess and Cards	102.8	102.9	103.0
健身器材	Exercise Machine	101.6	102.7	102.5
2.娱乐用品	Recreation Articles	99.4	99.0	99.5
游艺器材	Entertainment Apparatus	101.5	100.5	100.5
照相器材	Photographic Apparatus	97.5	97.6	98.3
乐　器	Musical Instrument	100.7	99.9	100.6
九、交通、通信用品	**Transportation and Com- munication Appliances**	**96.5**	**97.5**	**97.1**
1.交通运输机械	Transportation Machine	100.2	100.8	100.8
轿　车	Car	99.4	99.1	99.2
客　车	Bus	99.5	99.6	99.6
货　车	Truck	100.5	101.3	101.4
摩 托 车	Motorcycle	100.4	102.6	102.3
其　他	Others	102.0	102.8	102.7
2.通信器材	Telecommunications Facilities	90.1	91.5	90.5
固定电话机	Telephone	99.5	99.6	100.0
移动电话机	Mobile Phone	83.2	85.5	83.7
传 真 机	Fax Machine	99.6	99.1	99.4
其　他	Others	98.3	99.0	99.1
十、家具	**Furniture**	**99.2**	**101.7**	**101.2**
柜	Cabinet	98.9	102.1	100.4
床	Bed	99.6	104.1	103.7
桌	Desk	99.2	101.3	100.9
椅	Chair	99.3	101.2	100.8
沙 发	Sofa	99.2	100.3	100.6
其 他	Others	99.7	100.3	100.2
十一、化妆品	**Cosmetics**	100.2	101.3	100.8
护 肤 品	Skincare Products	99.4	100.2	99.5
美容化妆品	Facial Beautifiers	100.6	101.8	101.5
护发美容品	Protects Sends the Beauty Products	100.4	101.8	100.7
清洁化妆用品	Cleaning Toiletware	100.7	102.1	101.9
药物美容用品	Medicinal Cosmetics	100.4	101.5	101.8
十二、金银珠宝	**Gold, Silver and Jewelry**	**99.5**	**102.0**	**99.9**
金 饰 品	Gold	103.7	97.6	98.5
银 饰 品	Silver	105.9	101.8	105.7
铂金饰品	Platinum	91.4	108.9	98.6
其　他	Others	99.4	99.7	100.4
十三、中西药品及医疗保健用品	**Traditional Chinese and Western Medicines and Healthcare Articles**	**100.7**	**100.8**	**100.8**
1.医疗器具及用品	Medical Facilities and Goods	98.9	98.1	97.8
医疗器具及用品	Medical Facilities and Goods	98.9	98.1	97.8
2.中药材及中成药	Herbs and Ready- made Traditional Chinese Medicine	101.4	100.2	100.8
中 药 材	Herbs	102.8	100.3	101.1
中 成 药	Ready-made Tr-aditional Chin-ese Medicine	100.3	100.1	100.4
3.西药	Western Medicine	100.6	101.5	101.2
抗微生物药	Anti-microorga-nism Medicine	101.1	102.5	101.6
消化系统用药	Alimentary Sys-tem Medicine	98.3	101.5	100.9
呼吸系统用药	Respiratory System Medicine	98.8	99.6	100.0
解热镇痛及非甾体抗炎药	Allays a Fever the Analgesia and the Non-steroid Body Anti-inflammatory Agent	104.0	103.8	103.7
抗肿瘤药	Antineoplastic Drug	100.2	99.0	99.2

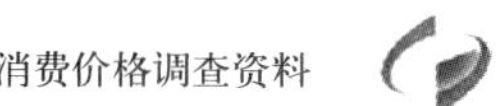

continued

(以上年同期价格为100 preceding yea=100)									
3 月 March	4 月 April	5 月 May	6 月 June	7 月 July	8 月 August	9 月 September	10 月 October	11月 November	12月 December
100.7	**100.6**	**100.5**	**100.6**	**100.6**	**100.4**	**100.4**	**100.4**	**100.0**	**99.9**
101.9	101.8	101.8	101.7	101.6	101.6	101.6	101.4	100.3	99.9
100.3	100.2	100.3	99.9	99.9	100.0	100.2	100.1	100.2	100.2
102.8	103.1	103.2	103.7	103.5	103.5	103.7	103.3	101.1	100.2
102.4	102.2	102.1	101.9	101.8	101.6	101.5	101.3	99.9	99.6
99.5	99.4	99.1	99.5	99.5	99.1	99.1	99.4	99.6	99.8
100.6	100.3	100.9	101.2	101.5	101.4	101.5	102.6	103.4	103.3
98.4	98.4	97.4	97.4	97.5	97.0	96.8	97.0	97.0	97.2
100.4	100.3	100.4	101.4	101.3	100.8	100.8	100.8	100.5	100.8
97.0	**97.0**	**96.7**	**96.5**	**96.3**	**96.0**	**96.1**	**96.0**	**96.0**	**96.4**
100.7	100.6	100.4	100.0	100.1	99.7	99.8	99.6	99.6	99.8
99.2	99.2	99.4	99.3	99.3	99.2	99.3	99.4	99.8	100.3
99.6	99.5	99.2	99.2	99.7	99.4	99.7	99.7	99.5	99.8
101.1	101.2	101.1	100.3	100.5	99.7	99.7	99.7	99.8	99.7
102.3	101.7	100.8	99.9	100.0	99.5	99.9	98.9	98.5	98.9
102.7	102.6	102.5	103.0	102.5	101.5	101.1	101.0	101.0	101.1
90.5	90.5	90.2	90.1	89.5	89.4	89.5	89.4	89.4	90.3
100.3	99.9	100.0	99.8	98.5	98.6	99.1	99.7	99.7	99.5
83.5	83.7	83.2	83.1	82.5	82.4	82.4	82.1	82.2	83.7
99.5	99.2	99.4	99.7	99.6	99.7	99.7	99.9	100.1	100.2
99.1	99.9	99.3	99.3	99.2	97.6	97.5	97.5	95.9	95.9
99.0	**99.3**	**99.2**	**99.1**	**98.8**	**98.6**	**98.6**	**98.5**	**98.4**	**98.6**
98.0	98.7	98.6	98.5	98.4	98.4	98.5	98.2	98.1	98.6
99.2	99.1	99.2	99.3	98.8	98.6	98.6	98.4	98.1	98.3
99.2	99.8	99.4	99.3	98.7	98.6	98.6	98.3	98.1	98.5
99.5	99.1	99.1	98.8	98.8	98.6	98.6	99.2	99.2	99.2
99.1	99.7	99.6	99.2	98.9	98.7	98.6	98.5	98.4	98.5
100.0	99.8	100.2	99.6	99.7	99.1	99.2	99.5	99.1	99.5
100.9	100.3	100.1	100.1	99.9	100.1	99.8	99.6	99.6	99.8
99.9	99.5	99.4	99.3	99.3	99.2	98.9	99.1	99.5	99.1
101.5	100.9	100.1	100.5	100.1	100.3	99.8	99.8	99.7	101.0
100.3	99.9	99.6	100.0	100.2	100.8	100.7	100.2	100.2	100.1
101.9	101.0	101.2	100.5	100.4	100.7	100.0	100.1	99.2	99.7
101.8	101.1	100.9	101.0	99.8	100.6	100.2	98.6	99.0	98.7
95.4	**94.4**	**94.0**	**95.4**	**95.3**	**96.8**	**99.6**	**102.4**	**109.0**	**111.8**
96.0	95.6	97.6	100.6	99.8	102.2	107.2	110.5	120.1	122.7
106.6	106.0	103.3	104.1	105.3	106.0	105.3	106.8	109.5	110.4
89.0	87.2	84.9	85.1	85.0	86.2	88.2	91.3	97.6	101.4
99.4	99.4	98.7	98.9	98.9	99.2	99.8	99.4	99.3	100.1
100.6	**101.1**	**100.9**	**101.0**	**100.4**	**100.3**	**100.4**	**100.5**	**100.7**	**101.3**
98.2	98.0	97.9	98.9	99.3	98.6	98.5	99.5	100.5	101.9
98.2	98.0	97.9	98.9	99.3	98.6	98.5	99.5	100.5	101.9
100.6	100.7	100.4	101.7	100.6	101.0	101.5	101.9	103.5	104.3
101.1	100.9	100.3	102.5	101.0	102.0	103.1	104.2	107.7	109.3
100.2	100.4	100.3	100.9	100.3	100.1	100.3	100.0	100.2	100.4
100.8	101.7	101.6	101.0	100.4	100.2	99.9	99.9	99.1	99.5
101.3	102.0	102.0	101.8	101.3	101.3	100.6	100.9	98.4	99.3
98.9	99.6	99.3	97.8	97.9	97.8	97.8	97.4	94.7	95.9
100.2	100.7	99.0	98.0	98.0	97.9	98.5	98.5	97.6	97.2
102.7	106.8	107.2	106.3	103.5	103.9	102.9	102.8	102.2	102.9
99.3	100.4	100.2	101.7	101.5	101.6	100.7	100.2	99.8	99.2

5−14 续表 5

商品类别及品名	Commodity Category and Commodity Name	全年 Annural	1 月 January	2 月 February
激素及调节内分泌功能药	Hormone and Adjustment Internal Secretion Function Medicine	101.0	102.3	102.2
循环系统用药	Circulating System Medicine	100.7	100.8	100.8
神经系统用药	Nerve System Medicine	98.3	100.0	99.4
专科用药	Junior Medicine	99.2	101.5	101.9
其　他	Others	104.3	102.3	102.6
4.保健品及器具	Healthcare Equip-ment	100.7	100.8	100.5
保健器具	Health Protection Equipment	100.2	100.3	100.2
滋补保健用品	Tonic and Health Products	101.0	101.0	100.7
十四、书报杂志及电子出版物	**Books,Newspapers,Magazines and Electronic publications**	101.9	102.1	102.2
1.教材及参考书	Teaching Materials and Reference Books	102.1	102.5	102.6
工 具 书	Tool Book	101.6	102.1	102.1
教　材	Teaching Material	102.2	102.3	102.4
参 考 书	ronic Publications	103.2	104.0	104.1
教育软件	Educational Software	99.2	99.9	99.9
2.书报杂志	Books,Newspapers,Magazines	103.0	103.1	103.2
书　籍	Books	100.1	100.0	100.0
报　纸	Newspapers	104.6	106.0	106.0
杂　志	Magazines	105.9	104.9	105.1
3.电子音像制品	Electronic Publications	100.1	100.0	100.2
音响光盘和磁带	Acoustic Light Disk and Tape	100.6	100.8	101.1
录像磁带和视盘	Video Tape and Disk	100.2	100.1	100.1
计算机软件	Computer Software	99.4	98.7	99.3
十五、燃料	**Fuels**	**94.6**	**102.5**	**101.1**
1.煤炭及制品	Coal and Related Products	107.7	135.7	134.2
原　煤	Raw Coal	102.8	131.4	129.3
煤 制 品	Coal Products	113.8	141.0	140.5
2.石油及制品	Petroleum and Related Products	87.7	87.7	86.3
液化石油气	Liquefiled Petrol-eum Gas	79.2	82.6	80.7
管道燃气	Pipelined Gas	99.8	100.3	100.1
汽　油	Gasoline	86.6	83.5	82.1
柴　油	Diesel Oil	83.6	83.9	81.0
其　他	Others	101.1	102.5	102.6
十六、建筑材料及五金电料	**Building Materials and Hardware**	**98.4**	**103.5**	**102.3**
1.建筑装璜材料	Building and Decor- ation Materials	97.6	104.0	102.6
木　材	Wood	98.7	101.8	100.7
木 地 板	Wood Floor	98.8	102.3	101.1
钢　材	Steel Products	81.0	91.0	87.1
砖	Brick	102.8	111.0	111.5
水　泥	Cement	99.2	114.4	111.7
涂　料	Coating Material	99.0	102.9	101.1
胶 合 板	Plywood	99.2	103.7	102.4
玻　璃	Glass	97.7	100.1	97.1
粘　胶	Rayon	99.6	102.0	102.0
油　漆	Paint	98.5	101.7	101.2
其　他	Others	103.0	106.7	107.1
2.五金电料	Hardware	100.6	102.1	101.7
五金工具	Hardware Tools	100.6	100.9	100.7
电工电料	Electrical Engine-ering and Electr-ical Materials	100.8	101.9	101.9
水暖器材	Heating Equipment	101.2	103.4	103.0
其　他	Others	97.3	101.1	99.8

continued

(以上年同期价格为100 preceding year=100)									
3 月 March	4 月 April	5 月 May	6 月 June	7 月 July	8 月 August	9 月 September	10 月 October	11月 November	12月 December
101.1	100.8	100.9	101.4	101.0	100.6	100.4	100.6	100.3	100.4
101.2	101.3	102.3	101.3	101.6	100.4	99.6	99.2	100.1	100.4
99.4	98.8	98.9	98.8	97.3	97.0	97.1	96.9	98.0	98.0
100.3	98.2	98.9	97.6	98.1	97.4	98.6	98.2	100.2	99.8
104.3	108.6	107.3	105.5	103.8	103.0	102.9	103.6	103.2	104.0
100.7	100.8	100.6	100.3	100.3	100.3	100.6	100.7	101.0	102.1
100.2	100.2	100.1	100.3	100.3	100.2	100.4	100.3	100.3	100.4
100.9	101.1	100.8	100.3	100.3	100.4	100.7	100.9	101.4	103.0
102.2	102.2	102.3	102.3	102.1	102.1	101.5	101.4	101.2	101.2
102.6	102.7	102.5	102.5	102.7	102.6	101.1	101.2	101.2	101.1
102.1	102.1	102.6	102.6	102.5	101.4	100.5	100.4	100.4	100.2
102.5	102.7	102.7	102.7	102.7	102.8	101.1	101.6	101.6	101.6
104.1	104.0	104.1	104.1	104.4	104.4	102.0	101.2	101.2	101.2
99.9	99.9	96.5	96.5	98.0	99.2	99.7	100.4	100.4	100.4
103.2	103.2	103.6	103.6	102.9	102.9	102.8	102.6	102.2	102.2
100.0	100.0	100.2	100.2	100.1	100.2	100.2	100.2	100.2	100.2
106.1	106.1	106.1	106.1	104.0	104.0	104.0	103.3	102.1	102.1
105.1	105.0	106.6	106.6	106.6	106.6	106.2	106.2	106.2	106.1
100.2	100.2	100.2	100.2	100.2	100.0	100.2	100.0	99.9	99.8
100.9	100.7	100.7	100.6	100.6	100.3	100.5	100.3	100.3	100.1
100.1	100.2	100.2	100.2	100.4	100.2	100.5	100.0	99.9	99.9
99.3	99.5	99.5	99.6	99.6	99.6	99.4	99.5	99.5	99.5
99.5	**97.2**	**95.5**	**91.2**	**90.7**	**89.9**	**89.6**	**89.5**	**92.9**	**99.4**
131.3	119.9	115.3	104.0	100.2	98.7	93.1	92.5	94.3	97.5
127.2	117.0	112.5	97.7	92.4	90.3	88.3	87.6	90.7	95.6
136.4	123.3	118.7	112.2	110.9	110.1	99.1	98.5	98.5	99.8
85.1	86.1	85.6	84.4	85.5	85.0	87.5	87.7	91.9	100.4
76.9	75.2	70.5	68.2	67.2	71.8	77.4	83.0	95.6	108.5
100.0	100.0	100.0	100.0	99.6	99.6	99.6	99.6	99.6	99.6
83.3	86.0	86.3	84.6	87.0	84.6	87.3	85.3	89.4	99.9
77.0	79.7	81.5	82.4	85.3	82.7	84.4	83.4	85.5	95.0
102.0	102.4	102.4	100.2	99.8	99.4	100.2	100.2	100.4	101.5
100.6	**99.6**	**98.0**	**95.7**	**95.3**	**95.5**	**95.8**	**97.4**	**98.8**	**99.6**
100.2	98.9	96.8	93.7	93.4	94.0	94.3	96.6	98.4	99.3
100.1	99.2	98.5	97.7	97.1	97.2	97.3	97.6	97.9	99.4
99.9	99.8	97.9	97.2	96.7	96.9	96.8	98.2	99.4	99.3
78.4	75.2	71.5	71.2	73.9	76.2	76.4	87.0	97.4	98.8
108.9	107.0	104.3	99.9	98.3	98.3	98.3	98.7	100.1	100.8
108.8	106.7	102.2	90.2	90.4	92.1	93.8	95.4	96.2	96.1
100.8	100.1	99.5	98.1	97.7	97.4	97.0	97.3	97.8	98.0
100.5	99.4	99.6	98.8	98.4	97.4	96.9	97.7	97.8	98.1
96.4	97.4	97.3	96.1	94.9	96.2	96.9	98.2	99.8	102.4
101.8	100.8	100.5	98.6	98.0	97.5	97.0	98.0	98.5	100.4
100.5	100.2	99.9	97.9	96.9	96.4	95.7	96.3	97.3	98.9
105.2	105.0	101.6	100.6	100.3	99.5	101.2	103.0	103.1	103.2
101.7	101.3	101.1	100.7	100.2	99.4	99.3	99.4	99.6	100.4
101.4	100.8	100.8	100.9	100.5	99.8	99.9	100.2	100.4	100.5
101.8	101.8	102.0	101.6	100.9	99.4	99.4	99.5	99.6	100.3
102.4	101.9	101.8	101.1	100.7	100.0	99.8	99.8	99.9	100.8
99.2	98.2	96.3	96.4	95.3	95.8	95.8	95.6	96.2	98.8

5-15 城市商品零售价格指数(2009年)

商品类别及品名	Commodity Category and Commodity Name	全年 Annural	1 月 January	2 月 February
商品零售价格总指数	**Genaral Retail Price Index**	**99.3**	**100.5**	**99.3**
一、食 品	**Food**	**101.7**	**102.6**	**99.1**
1.粮 食	Grain	103.9	100.7	101.5
大 米	Rice	103.7	94.7	95.7
面 粉	Flour	106.9	101.2	102.4
粮食制品	Grain Products	101.7	102.6	103.2
其 他	Others	103.4	108.3	106.9
2.淀 粉	Starches	106.5	107.5	106.1
淀 粉	Starches	106.5	107.5	106.1
3.干豆类及豆制品	Beans and Beans Products	98.0	111.9	106.6
干 豆	Beans	91.3	93.9	91.8
豆制品	Beans Products	99.5	116.6	110.4
4.油 脂	Oil and Fat	87.6	91.9	88.1
食用植物油	Edible Vegetable Oil	88.5	92.5	88.9
植物油制品	Plant Oil Products	84.4	91.2	86.7
其 他	Others	85.0	84.7	81.2
5.肉禽及其制品	Meal,Poultry and Their Products	90.8	95.8	91.7
(1)食用畜肉及副产品	Edible Livestock Meat and Their By-products	85.4	90.7	86.3
猪 肉	Pork	78.5	84.2	79.5
牛 肉	Beef	101.6	106.5	101.1
羊 肉	Mutton	102.4	104.9	102.1
畜肉副产品	Livestock Meat By-products	87.8	97.9	95.0
其 他	Others	96.9	99.5	97.4
(2)禽	Poultry	99.0	101.3	95.9
鸡	Chicken	98.5	99.9	93.9
鸭	Duck	100.1	104.8	102.0
其 他	Others	101.3	107.9	105.1
(3)肉禽加工制品	Meal and Poultry Processing Products	99.7	106.6	103.8
畜肉制品	Livestock Meat Products	98.8	107.2	104.3
禽制品	Poultry Products	101.5	105.2	102.7
6.蛋	Eggs	100.1	99.5	97.2
鲜 蛋	Fresh Eggs	100.0	99.3	96.9
蛋制品	Egg Products	100.1	101.3	99.5
7.水产品	Aquatic Product	102.5	107.6	103.0
(1)鱼	Fish	101.9	109.0	103.6
淡水鱼	Freshwater Fish	96.9	105.6	99.3
海水鱼	Seawater Fish	106.4	111.5	107.0
(2)其他水产品	Others Aquatic Product	103.5	105.7	102.1
虾蟹类	Shrimp and Crab	104.2	104.0	100.7
其 他	Others	101.7	108.8	104.6
8.菜	Vegetable	117.4	105.4	92.8
鲜 菜	Fresh Vegetable	120.4	106.3	91.6
干菜及菜制品	Dried Vegetable and Vegetable Products	97.9	98.1	98.7
薯 类	Potato	103.1	94.9	100.5
9.调味品	Flavoring	102.7	103.8	103.6
盐	Salt	99.4	99.3	99.1
酱 油	Soy Sauce	104.0	107.9	106.5
醋	Vinegar	105.1	104.6	104.6
味 精	Aginomoto	103.2	102.4	103.2
其 他	Others	100.7	102.1	102.8

Urban Retail Price Index(2009)

(以上年同期价格为100 preceding year=100)

3 月 March	4 月 April	5 月 May	6 月 June	7 月 July	8 月 August	9 月 September	10 月 October	11月 November	12月 December
99.2	**98.9**	**99.0**	**98.7**	**98.5**	**98.5**	**98.9**	**99.1**	**100.0**	**101.5**
99.4	**99.5**	**100.7**	**100.6**	**100.4**	**100.7**	**102.6**	**102.7**	**105.0**	**108.3**
102.4	102.1	102.5	102.7	102.6	102.6	103.8	105.5	108.5	111.2
97.9	98.6	98.8	100.7	101.1	103.5	106.7	109.6	116.2	122.9
105.3	106.0	107.0	106.6	106.8	106.4	107.8	109.3	111.5	112.9
102.6	101.6	102.0	101.8	101.4	100.1	100.2	100.8	101.6	102.5
103.9	100.9	100.7	99.8	98.3	97.9	99.3	103.5	108.4	113.1
105.7	105.5	105.5	104.7	105.2	104.0	105.8	109.5	109.1	109.3
105.7	105.5	105.5	104.7	105.2	104.0	105.8	109.5	109.1	109.3
100.1	96.5	95.6	94.6	93.7	93.0	92.9	94.7	98.2	101.1
86.7	83.9	85.2	85.3	84.7	85.8	88.2	95.1	105.9	114.6
103.4	99.6	98.2	96.8	95.8	94.6	93.9	94.5	96.3	97.9
85.5	84.0	84.3	84.7	84.4	85.8	85.0	86.6	92.9	100.3
86.5	85.4	85.8	86.1	85.5	87.2	86.0	87.5	93.6	98.5
84.1	79.5	79.3	80.2	80.5	79.6	79.8	81.1	86.6	107.6
76.7	77.4	77.8	78.7	80.1	84.3	87.8	91.6	103.8	104.5
88.0	84.7	82.4	83.7	86.3	89.7	93.2	96.8	99.9	100.3
80.7	76.0	73.4	74.9	79.0	84.3	89.9	95.5	99.7	99.7
71.6	65.6	62.3	64.3	70.1	78.2	86.3	93.7	100.1	99.4
102.5	101.4	100.6	101.2	100.6	100.1	100.8	101.1	101.8	102.1
102.9	102.3	101.3	101.6	101.9	101.3	101.2	102.2	103.3	103.7
89.6	84.5	81.3	80.4	82.1	83.1	85.2	90.1	92.0	93.8
96.0	94.4	91.5	93.3	94.5	94.4	96.7	100.4	101.7	102.9
97.2	95.8	94.6	98.2	98.8	100.0	99.3	100.0	102.3	105.1
95.7	94.1	93.4	97.9	98.8	100.4	99.6	100.3	102.9	106.4
101.8	101.7	99.9	99.6	97.9	98.1	97.6	99.1	98.5	100.2
103.5	103.6	97.9	99.4	99.7	99.3	99.2	98.9	102.1	100.5
102.3	100.6	97.8	97.5	97.5	97.4	97.6	97.9	98.7	98.9
102.0	100.0	96.4	95.8	95.8	95.8	96.4	96.9	97.8	98.2
102.9	101.8	100.9	101.1	101.1	100.9	100.2	99.9	100.8	100.5
101.2	104.1	100.8	98.1	97.2	99.8	98.1	100.1	101.6	103.9
101.4	104.5	100.9	97.8	96.8	99.7	97.8	100.0	101.8	104.4
99.6	100.9	99.5	99.3	99.6	100.3	99.7	100.4	100.3	100.6
104.2	103.5	101.4	101.7	99.9	99.8	99.5	102.4	103.6	104.6
104.9	103.0	98.3	98.3	97.9	98.2	99.8	102.1	103.6	105.8
101.2	98.0	91.2	89.2	90.4	92.1	97.0	99.1	100.9	103.2
107.9	107.3	105.4	107.9	105.5	104.0	102.3	104.8	105.8	107.8
103.2	103.9	105.3	106.5	102.9	102.6	99.5	103.1	103.9	103.3
101.9	103.1	106.0	108.5	104.9	104.7	99.7	104.8	106.1	105.9
105.3	105.0	103.0	101.5	98.4	98.2	98.9	99.6	99.3	97.8
100.9	114.6	122.7	121.7	117.7	119.2	130.3	119.4	136.3	155.1
100.5	116.9	127.7	127.6	122.1	123.8	136.9	123.4	143.4	163.9
97.6	96.4	95.8	98.3	98.0	97.0	97.2	96.9	98.8	102.1
109.8	104.5	104.7	100.0	99.8	94.9	98.5	105.5	110.2	119.0
103.4	102.8	102.3	102.1	102.7	102.1	101.9	102.1	102.5	102.9
99.4	99.5	99.5	99.6	99.3	99.4	99.4	99.5	99.7	99.5
106.7	104.5	103.6	103.2	103.8	102.4	102.2	102.3	103.1	103.0
104.4	104.4	104.7	105.6	106.8	105.1	104.9	105.2	105.4	104.9
103.0	102.7	101.1	100.0	100.3	103.0	104.5	105.7	105.6	106.6
101.3	101.8	101.0	100.3	101.3	100.3	98.8	98.2	98.8	101.7

5−15 续表 1

商品类别及品名	Commodity Category and Commodity Name	全年 Annural	1 月 January	2 月 February
10.糖	Carbohydrate	102.6	103.8	103.7
食 糖	Sugar	100.0	99.5	99.0
糖 果	Sweet	103.6	106.1	105.9
巧克力制品	Chocolate Products	103.3	103.6	103.9
糖类小食品	Little Carbohydr-ate Food	102.8	104.6	104.6
11.干鲜瓜果	Dried and Fresh Melons and Fruits	107.0	99.2	99.1
鲜瓜果	Fresh Fruits	107.4	96.9	97.4
干(坚)果	Dried Fruits	105.1	107.4	104.4
12.糕点饼干面包	Cake,Biscuit and Bread	102.5	105.9	105.2
糕 点	Cake	101.1	104.2	103.8
饼 干	Biscuit	101.5	104.1	102.1
面 包	Bread	105.8	110.8	110.8
13.液体乳及乳制品	Liquid Milk and Their Products	100.1	106.1	101.9
巴氏杀菌奶或消毒奶	Pasteurization Milk or Disinfection Milk	99.0	105.8	101.2
酸 奶	Leben	98.9	103.5	98.7
奶 粉	Milk Powder	106.9	112.0	110.1
其 他	Others	100.5	105.5	103.7
14.在外用膳食品	Outward Dinner	102.5	107.4	106.4
主 食	Staple Food	102.7	106.6	105.7
炒 菜	Hot Dish	101.9	106.5	105.4
地方小吃	Local Snack	104.2	111.3	110.8
15.其他食品	Other Foods	102.7	104.7	104.2
其他食品	Other Foods	102.7	104.7	104.2
二、饮料、烟酒	**Beverages, Tobacco,Liquor**	**102.3**	**103.4**	**103.0**
1.茶及饮料	Tea and Beverages	101.3	102.6	102.3
(1)茶 叶	Tea	100.2	101.1	101.1
茶 叶	Tea	100.2	101.1	101.1
(2)饮 料	Beverages	101.8	103.4	103.1
固体饮料	Solid Beverages	102.1	105.2	103.5
液体饮料	Liquid Beverages	101.5	102.8	102.8
冷冻饮品	Frozen Beverages	102.3	103.4	103.1
2.烟 草	Tobacco	100.1	100.2	100.2
国产卷烟	Domestic Cigarette	100.3	100.4	100.4
进口卷烟	Import Cigarette	98.7	98.4	98.2
其 他	Others	99.9	101.6	101.6
3.酒	Liquor	104.5	106.2	105.6
白 酒	White Spirit	106.1	107.6	107.0
葡萄酒	Grape	99.7	101.3	100.5
啤 酒	Beer	103.4	105.3	104.8
其 他	Others	102.1	102.6	102.4
三、服装、鞋帽	**Garments, Footgearand and Hats**	**96.9**	**97.2**	**97.8**
1.服 装	Garments	96.5	96.1	97.1
(1)男式服装	Men's Garments	97.1	96.7	97.9
大 衣	Topcoat	96.7	94.6	96.4
毛 线 衣	Woollen Sweater	101.4	98.8	99.0
夹 克 衫	Jacket	98.8	98.8	100.1
衬 衫	Shirt	95.7	97.5	98.7
T 恤 衫	T-shirt	94.3	95.4	96.2
裤 子	Trousers	94.5	96.8	95.8
西 服	Western-style Clothes	95.7	93.8	97.9
运动衫裤	Gym Suit	100.3	98.4	99.0
内 衣	Underwaist	96.4	97.4	99.6

continued

(以上年同期价格为100 preceding year=100)

3 月 March	4 月 April	5 月 May	6 月 June	7 月 July	8 月 August	9 月 September	10 月 October	11月 November	12月 December
103.1	102.8	102.5	102.4	102.7	102.6	102.4	102.0	101.7	101.3
98.4	98.5	98.7	99.5	100.5	100.0	100.3	101.4	102.0	102.1
104.7	104.6	103.4	103.2	103.0	103.1	103.2	103.2	101.6	101.0
103.2	103.0	104.0	103.2	103.8	104.5	103.5	101.9	102.9	102.3
104.9	104.0	103.3	103.1	103.2	102.4	102.1	100.8	100.5	99.9
100.8	96.8	114.3	118.2	117.9	110.7	112.2	110.0	103.9	106.7
99.8	94.7	116.8	122.5	122.4	113.0	115.0	111.9	103.4	106.0
103.5	103.9	103.9	104.2	104.3	104.6	105.0	104.9	106.0	109.3
104.6	103.8	102.5	101.9	101.7	101.2	101.0	100.9	100.9	100.7
103.0	102.5	101.4	100.7	100.3	99.6	99.5	99.0	99.8	99.8
101.9	101.5	100.9	101.5	101.5	101.0	100.9	101.2	101.1	100.4
110.2	108.4	106.1	104.1	104.1	103.8	103.7	103.8	102.5	102.3
100.5	98.8	99.2	99.1	99.0	99.3	98.8	99.4	99.3	99.9
99.0	97.5	97.9	97.5	97.3	98.1	97.8	99.1	98.8	98.7
97.7	96.4	98.4	99.5	99.7	99.1	98.4	98.5	98.5	98.8
111.6	106.8	105.0	105.3	105.4	105.8	104.3	104.1	104.8	108.3
102.9	102.7	102.3	101.5	100.7	98.5	98.2	96.7	96.7	97.0
104.5	103.9	102.1	102.2	101.3	100.6	100.4	100.5	100.7	100.9
104.5	104.2	103.2	102.8	102.1	100.9	100.5	100.7	100.9	101.1
103.3	102.9	101.3	101.5	100.4	100.1	100.2	100.4	100.5	100.6
108.4	106.7	103.1	103.2	102.7	101.7	100.9	100.5	100.7	101.5
104.7	103.6	103.7	103.2	101.9	101.5	100.6	101.4	101.1	102.1
104.7	103.6	103.7	103.2	101.9	101.5	100.6	101.4	101.1	102.1
102.7	**102.4**	**102.2**	**102.2**	**102.2**	**102.2**	**101.9**	**101.6**	**101.7**	**101.9**
102.3	102.2	101.6	101.4	100.8	100.6	100.6	100.2	100.3	100.3
100.9	100.7	100.5	99.6	99.6	99.6	99.7	99.7	99.9	100.1
100.9	100.7	100.5	99.6	99.6	99.6	99.7	99.7	99.9	100.1
103.1	103.0	102.3	102.3	101.4	101.1	101.1	100.5	100.6	100.4
103.5	103.0	102.7	102.4	101.9	102.2	100.9	100.1	100.1	99.8
102.7	102.5	101.9	102.4	101.3	101.1	100.8	100.0	100.0	99.8
103.4	103.9	102.6	102.2	101.2	100.2	101.8	101.7	102.1	102.0
100.2	100.0	99.9	100.0	100.2	100.2	100.2	100.1	100.0	100.0
100.4	100.3	100.1	100.1	100.5	100.4	100.4	100.4	100.3	100.3
98.1	98.0	98.1	98.6	98.9	99.0	99.4	99.4	98.8	98.9
101.6	101.3	100.6	101.2	100.5	99.0	97.8	97.8	97.8	97.8
104.7	104.4	104.2	104.3	104.5	104.7	103.9	103.6	103.9	104.3
106.5	106.5	106.0	105.7	105.9	106.2	105.2	105.1	105.3	105.8
99.8	99.8	99.3	99.4	98.9	99.3	99.6	99.6	99.6	99.8
103.1	102.2	102.6	103.2	103.8	103.9	103.1	102.4	103.1	102.9
102.7	102.5	102.2	102.3	102.3	100.8	100.3	100.8	100.9	105.2
97.9	**97.2**	**96.1**	**96.3**	**96.3**	**96.4**	**96.4**	**96.8**	**96.5**	**97.4**
97.4	96.9	95.6	95.8	96.3	96.2	96.2	96.4	96.2	97.3
98.1	97.5	96.1	96.6	97.2	97.2	96.7	97.2	96.9	97.3
97.0	95.9	96.6	96.7	96.6	96.9	96.9	97.8	97.3	97.7
101.0	102.0	100.6	100.8	103.0	103.0	103.4	102.7	101.2	101.2
100.9	98.7	97.4	97.9	98.4	98.3	98.2	98.2	100.0	99.3
97.8	97.4	95.3	95.3	94.1	95.1	92.9	94.4	95.1	94.6
97.6	97.0	94.0	95.0	94.5	92.1	92.2	92.7	92.5	92.4
95.8	94.5	93.7	94.5	94.4	94.1	93.2	93.8	93.6	94.1
97.8	97.1	93.6	94.4	96.6	97.7	94.1	95.7	94.0	95.4
100.1	100.1	100.8	100.5	99.1	99.0	101.6	102.0	101.6	101.5
97.1	95.5	93.0	94.0	97.7	95.8	97.4	98.2	95.4	95.9

5-15 续表 2

商品类别及品名	Commodity Category and Commodity Name	全年 Annural	1 月 January	2 月 February
羽绒衣	Eider Down Outerwear	98.7	96.4	97.8
其他	Others	97.9	98.2	97.6
(2)女式服装	Women's Garments	96.1	95.6	96.6
大衣	Topcoat	92.2	90.1	90.5
毛线衣	Woollen Sweater	98.1	97.0	97.1
羽绒衣	Eider Down Outerwear	96.9	95.9	97.6
套装	Coordinates	97.8	97.5	99.0
衬衫	Shirt	99.1	98.2	99.4
T 恤衫	T-shirt	96.0	98.6	98.6
裙子	Skirt	94.0	93.6	95.3
裤子	Trousers	96.8	96.7	97.6
运动衫裤	Gym Suit	99.1	97.3	97.5
内衣	Underwaist	95.0	95.6	98.2
其他	Others	94.7	96.2	96.4
(3)儿童服装	Children's Garments	95.6	96.4	95.8
套装	Coordinates	92.3	91.4	90.4
裤子	Trousers	97.1	98.0	97.4
裙子	Skirt	99.3	103.5	103.5
其他	Others	97.6	95.5	95.1
2.鞋袜帽	Shoes,Socks and Hats	97.6	99.9	99.5
(1)鞋	Shoes	96.9	99.7	99.1
男鞋	Men's Shoes	97.7	100.9	100.3
女鞋	Women's Shoes	95.7	99.3	98.5
童鞋	Children's Shoes	99.2	97.5	98.1
(2)袜子	Socks	100.8	101.8	101.7
男袜	Men's Socks	99.9	100.7	100.3
女袜	Women's Socks	101.5	102.8	102.8
(3)帽子	Hats	101.2	100.2	101.2
男帽	Men's Hats	101.3	100.7	101.4
女帽	Women's Hats	101.1	100.0	101.1
3.其他	Others	99.0	98.4	99.1
领带	Necktie	99.0	98.4	99.1
四、纺织品	**Textiles**	**99.9**	**100.2**	**100.7**
1.衣着材料	Clothing Materials	100.3	101.2	100.6
棉布	Cotton Cloth	101.3	102.8	101.3
棉混纺布	Cotton Textiles Cloth	100.1	101.0	100.4
化纤布	Chemical Fiber Cloth	99.6	100.5	100.2
毛线	Knitting Wool	100.7	100.6	100.7
2.床上用品	Bedclothes	99.6	99.6	100.8
毛毯	Woollen Blanket	100.2	100.7	101.0
被子	Quilt	98.6	98.3	100.4
床上套件	Bed Articles	99.8	100.5	101.9
其他	Others	100.1	99.1	98.8
五、家用电器及音像器材	**Household Appliances, Music and Video Equipments**	**97.2**	**97.8**	**97.8**
1.家庭设备	Household Appliances	99.3	101.2	100.9
洗衣机	Washing Machine	98.9	101.4	101.2
电风扇	Electric Fan	98.9	101.8	101.8
电冰箱(柜)	Refrigerator	99.6	101.2	100.5
吸排油烟机	Kitchen Ventilato	101.1	104.7	103.7
空调器	Air-Conditioning	98.7	101.0	100.7
热水器	Water Heater	99.9	101.6	100.9
微波炉	Microwave Oven	97.4	98.2	98.9
电炊具	Electric Cooking Appliance	100.0	100.5	100.5

continued

(以上年同期价格为100 preceding year=100)

3 月 March	4 月 April	5 月 May	6 月 June	7 月 July	8 月 August	9 月 September	10 月 October	11月 November	12月 December
96.9	97.8	97.8	97.6	98.4	99.2	99.0	97.8	101.3	104.3
98.3	98.4	98.4	98.5	98.7	97.8	98.0	97.1	96.7	96.9
96.9	96.4	95.2	95.1	95.8	95.7	96.0	96.2	96.0	97.3
91.3	91.1	91.1	91.4	92.3	92.4	93.3	93.8	94.0	94.9
99.2	99.5	98.5	98.3	99.6	99.3	98.3	97.4	95.8	97.7
95.5	95.3	94.8	94.8	96.3	97.4	97.9	97.2	99.1	101.5
98.4	97.1	96.1	96.1	96.3	96.6	97.1	98.5	99.9	100.8
100.2	99.7	98.3	98.3	99.0	99.4	98.9	100.0	99.1	98.8
98.8	98.9	98.5	97.8	97.2	92.3	92.3	93.2	93.1	92.9
97.1	96.6	94.0	91.6	91.7	92.7	93.0	93.4	94.2	94.5
99.1	99.2	97.0	97.6	95.8	95.2	95.3	95.2	95.7	96.8
98.0	97.9	97.1	97.8	97.7	98.5	100.8	102.6	101.4	102.6
95.7	94.4	92.4	92.8	95.6	94.8	95.7	95.3	93.4	95.7
97.0	94.7	93.0	92.9	95.4	95.2	94.6	94.3	91.6	94.8
96.7	96.5	95.7	95.9	95.2	94.5	94.9	94.3	94.6	97.2
91.5	91.3	91.4	92.0	91.4	92.3	93.6	92.8	92.6	96.8
98.8	98.7	97.8	97.4	96.6	94.9	95.0	95.3	96.2	99.0
103.5	102.6	100.2	100.3	99.3	96.8	96.0	94.9	95.4	95.6
96.3	97.9	98.0	97.9	98.2	98.1	99.1	98.5	97.8	98.3
99.0	97.7	97.0	97.2	96.0	96.7	96.6	97.2	96.8	97.1
98.5	97.1	96.2	96.4	95.0	96.0	95.8	96.5	96.1	96.5
100.0	98.4	96.2	96.8	95.4	96.6	96.7	97.5	96.7	97.2
97.1	95.5	95.2	95.5	93.6	94.7	94.1	95.1	94.7	94.9
99.9	99.6	100.2	98.8	98.9	98.8	99.7	99.1	100.0	100.2
101.2	100.7	101.2	100.9	100.3	100.3	100.6	100.1	100.1	100.2
100.0	99.4	99.9	99.6	99.7	99.7	100.3	99.8	99.8	99.9
102.3	101.8	102.3	102.0	100.8	100.8	100.9	100.4	100.4	100.4
101.1	100.9	101.5	101.3	101.7	101.2	101.6	101.2	100.7	101.3
100.9	100.8	101.5	101.2	101.7	101.1	101.5	101.3	101.4	101.8
101.3	100.9	101.4	101.4	101.6	101.2	101.6	101.1	100.3	101.1
99.0	98.7	98.3	98.2	98.3	98.4	99.3	100.1	99.7	100.4
99.0	98.7	98.3	98.2	98.3	98.4	99.3	100.1	99.7	100.4
100.6	**99.6**	**99.4**	**99.7**	**99.6**	**99.7**	**99.8**	**99.6**	**99.6**	**99.8**
100.5	100.1	100.2	100.1	100.3	100.3	100.1	100.0	100.1	100.3
101.4	101.4	101.5	100.3	101.0	101.3	100.9	101.1	101.2	101.3
100.2	99.7	99.9	100.1	100.0	99.7	99.8	99.9	99.9	100.2
99.9	99.3	99.3	99.3	99.5	99.3	99.3	99.3	99.5	99.8
100.6	100.4	100.5	101.4	101.3	101.3	100.9	100.2	100.1	100.3
100.6	99.3	98.8	99.4	99.1	99.3	99.6	99.4	99.3	99.5
100.8	100.6	99.7	99.3	99.8	100.3	101.0	100.4	99.5	99.1
99.3	97.9	97.3	98.3	97.5	98.6	98.2	98.7	99.8	99.5
101.9	99.6	99.3	100.0	99.3	98.8	99.5	98.9	98.3	99.5
100.0	99.6	99.8	100.5	100.7	100.5	101.1	100.6	100.1	100.3
97.7	**97.5**	**97.3**	**97.2**	**96.8**	**96.5**	**96.7**	**96.8**	**96.9**	**97.1**
100.7	100.2	99.8	99.5	98.7	98.1	98.2	98.0	98.0	97.9
101.5	99.3	99.5	99.1	97.9	97.4	97.9	97.4	97.3	97.5
101.8	101.8	100.7	100.4	96.9	96.4	95.9	96.5	96.5	97.0
100.4	100.2	99.4	99.1	99.2	98.9	99.3	99.3	99.1	98.9
102.0	101.5	101.9	102.3	100.7	100.0	99.7	99.6	99.0	98.7
100.2	99.8	99.4	98.5	98.2	97.3	97.7	97.4	97.3	97.3
101.4	101.5	101.6	101.7	99.6	98.6	98.1	97.9	98.0	97.6
98.8	98.2	97.1	97.1	96.6	96.7	96.5	96.8	97.3	96.4
100.4	100.8	100.4	100.0	100.0	99.1	99.6	99.6	99.5	99.8

5–15 续表 3

商品类别及品名	Commodity Category and Commodity Name	全年 Annural	1 月 January	2 月 February
2.文娱用耐用消费品	Durable Consumer Goods For Recrea- tional Use	93.5	92.6	93.1
电视机	Television	88.6	88.2	88.7
激光视盘机	Laser Video Disc Machine	99.0	97.0	97.8
摄像机	Pickup Camera	97.7	97.0	97.3
家用音响设备	Acoustic Equipment	98.8	98.1	98.4
便携式音响	Portable Acoustics	97.9	95.5	95.9
其他	Others	97.9	97.4	97.4
3.音像器材	Music and Video Equipments	99.8	99.3	99.3
专业音响器材	Specialized Aco-ustic Apparatus	99.8	99.3	99.3
专业声像器材	Specialized Aco- ustic Image Apparatus	99.8	99.4	99.4
六、文化办公用品	**Cultural and Office Applicances**	**97.9**	**96.8**	**97.2**
纸张本册	Paper and Volume	100.8	101.2	101.4
文具	Stationery	100.5	100.4	100.6
电脑及配件	Computer and its Fitting	95.1	92.7	93.3
打印机及配件	Printer and its Fitting	98.7	98.5	98.5
扫描仪	Scanner	99.5	99.0	99.2
复印机	Xerox Machine	98.8	97.8	99.4
电子辞典	Electronic Dictionary	98.8	98.4	98.1
计算器	Calculator	99.7	99.1	99.1
教学设备	Teaching Equipment	100.0	99.0	99.7
其他	Others	99.8	99.2	99.6
七、日用品	**Articles for Daily Use**	**101.3**	**102.8**	**102.8**
1.日用百货	General Merchandise for Daily Use	101.7	103.2	103.4
自行车	Bicycle	101.3	102.8	102.9
雨具	Rain Gear	100.0	100.2	100.2
剃须刀具	Shaver	99.8	101.1	100.9
电池	Battery	100.3	100.8	100.7
卫生纸	Tissue Paper	103.7	107.9	108.1
卫生巾	Sanitary Towel	102.2	101.5	102.2
其他	Others	102.4	104.9	104.6
2.日用杂品	Sundry Articles	101.1	101.9	101.9
茶具	Tea Set	100.7	101.6	101.5
餐具	Tableware	102.0	102.2	102.4
厨具	Kitchen Utensils	100.8	102.2	101.9
其他	Others	100.6	101.2	101.4
3.洗涤用品	Washing Articles	102.6	106.1	105.1
洗衣粉	Washing Powder	102.6	104.0	103.9
肥皂类	Soap	102.1	110.1	107.3
牙膏	Toothpaste	102.0	103.8	103.3
清洁洗涤剂	Cleaning Agent	103.3	107.4	106.5
4.其他日用品	Other Articles for Daily Use	99.8	99.9	100.7
燃气灶具	Gas-Oven	100.0	100.2	100.9
儿童玩具	Children's Toy	102.4	100.4	102.1
照明器具	Illumination Utensil	101.1	100.3	100.8
钟表眼镜及配件	Clocks,Glasses and Their Rittings	99.6	100.3	100.5
日用普通饰品	Common Ornament for Daily Use	97.0	98.8	99.0
日用皮革制品	Leatherware for Daily Use	96.2	98.4	99.4
其他	Others	98.2	100.3	100.9

continued

(以上年同期价格为100 preceding year=100)									
3 月 March	4 月 April	5 月 May	6 月 June	7 月 July	8 月 August	9 月 September	10 月 October	11月 November	12月 December
93.0	93.1	93.1	93.4	93.3	93.3	93.7	93.9	94.5	95.1
88.1	87.9	87.5	88.2	88.0	88.3	88.7	88.9	89.9	90.8
98.1	98.3	99.0	99.3	99.7	99.5	99.8	99.7	99.6	99.8
97.0	98.0	98.2	98.0	97.2	97.2	97.5	98.5	98.3	98.6
98.3	98.6	98.7	99.1	98.9	98.5	98.7	98.7	99.3	99.9
98.6	98.9	99.6	99.2	98.7	98.5	98.2	97.5	97.4	97.3
97.1	96.8	97.2	97.2	97.2	97.4	97.6	99.7	99.8	99.9
99.5	99.5	99.5	99.7	99.7	100.0	100.0	100.4	100.0	100.4
99.3	99.3	99.3	99.7	99.7	100.0	100.0	100.6	100.1	100.7
99.8	99.9	99.7	99.7	99.7	100.0	100.0	100.0	100.0	100.0
97.6	**97.5**	**97.7**	**98.0**	**98.5**	**98.7**	**97.7**	**98.4**	**98.4**	**98.5**
101.4	101.3	101.5	101.6	101.4	99.6	100.1	100.1	100.1	100.4
100.4	100.4	101.0	100.8	101.0	100.4	100.6	100.1	99.9	100.0
93.8	93.7	94.0	94.7	95.9	97.0	94.4	97.2	97.2	97.4
99.3	99.1	99.2	99.2	99.2	99.0	97.6	98.1	98.1	98.2
99.8	99.5	99.4	99.5	99.5	99.5	99.4	99.4	99.6	99.6
99.6	99.5	99.9	99.8	99.9	99.8	99.8	96.8	96.8	96.8
98.2	98.2	98.2	98.2	98.5	98.7	99.6	99.7	99.6	99.7
99.2	98.9	99.0	100.1	100.1	100.2	100.2	100.2	100.2	100.3
99.8	99.7	99.8	100.0	100.0	100.3	100.5	100.5	100.3	100.4
99.6	99.6	99.6	99.6	99.6	99.6	100.0	100.3	100.0	100.0
102.7	**102.4**	**101.9**	**101.4**	**101.1**	**100.6**	**100.8**	**100.0**	**99.5**	**99.6**
103.1	102.9	103.0	102.0	101.7	100.9	100.8	100.4	99.6	99.5
102.7	102.6	102.5	101.3	101.2	100.3	100.3	99.8	99.4	99.4
100.1	99.9	99.7	99.6	99.3	99.7	100.0	100.4	100.4	100.4
100.9	100.5	99.7	99.4	99.2	99.4	99.2	99.2	99.2	98.5
100.6	100.8	101.0	101.0	100.4	99.9	100.0	99.4	99.5	99.6
106.2	105.9	105.9	104.3	103.5	101.6	101.6	101.5	99.7	99.2
103.1	103.0	103.9	103.3	103.2	102.9	102.1	101.1	99.9	100.0
104.6	104.9	104.8	101.5	101.5	101.2	101.7	100.4	99.6	99.6
101.9	101.9	101.4	101.1	101.1	101.1	101.1	100.5	99.9	99.8
101.5	101.4	100.9	100.9	99.9	100.5	101.3	99.8	99.8	99.8
102.1	102.3	102.5	102.6	102.9	102.6	102.0	101.8	100.5	100.2
101.9	101.8	100.8	100.5	100.7	100.7	100.6	100.3	99.5	99.4
102.2	101.9	101.6	100.1	100.1	100.0	100.0	99.2	100.2	99.7
105.1	104.7	103.4	102.7	102.1	101.4	101.4	100.2	99.6	99.7
104.0	103.0	102.3	102.1	101.9	101.6	102.7	102.2	101.9	102.0
107.6	106.8	103.8	102.4	101.6	100.3	99.7	96.5	95.7	95.7
103.1	103.9	103.7	103.5	103.2	100.5	100.6	100.0	99.3	99.2
106.1	106.0	104.2	102.9	101.7	102.5	101.7	100.8	100.1	100.5
100.5	100.1	99.8	99.9	99.6	99.4	99.9	99.2	99.1	99.6
101.1	100.6	100.1	99.9	99.4	99.3	99.3	99.5	99.5	99.9
102.2	103.4	103.6	103.4	103.2	103.1	102.8	101.9	101.1	102.0
100.9	101.2	101.7	101.3	100.7	100.9	101.7	101.0	101.3	101.5
100.4	100.0	99.7	99.3	99.2	99.0	99.6	99.1	99.1	99.3
99.0	96.7	95.5	95.5	97.2	96.2	96.9	96.2	96.1	96.7
97.2	94.9	94.7	96.4	95.6	94.8	96.8	95.0	95.3	95.7
101.1	99.3	97.2	97.7	96.9	96.2	98.0	96.9	96.8	97.4

5–15 续表 4

商品类别及品名	Commodity Category and Commodity Name	全年 Annural	1 月 January	2 月 February
八、体育娱乐用品	**Sports and Recreation Articles**	**99.4**	**99.4**	**99.5**
1.体育用品	Sports Articles	100.5	100.8	100.8
球　　类	Ball	99.7	99.8	99.9
棋　　牌	Chess and Cards	100.4	99.9	100.1
健身器材	Exercise Machine	101.0	101.8	101.5
2.娱乐用品	Recreation Articles	98.4	98.1	98.4
游艺器材	Entertainment Apparatus	100.8	99.9	100.0
照相器材	Photographic Apparatus	96.4	96.4	97.1
乐　　器	Musical Instrument	99.9	99.3	99.3
九、交通、通信用品	**Transportation and Com- munication Appliances**	**96.2**	**97.1**	**96.7**
1.交通运输机械	Transportation Machine	99.9	100.0	100.2
轿　　车	Car	99.6	99.2	99.4
客　　车	Bus	99.5	99.4	99.4
货　　车	Truck	100.5	101.2	101.4
摩 托 车	Motorcycle	99.6	99.6	100.5
其　　他	Others	101.5	102.1	102.1
2.通信器材	Telecommunications Facilities	88.0	90.9	89.0
固定电话机	Telephone	100.5	101.8	101.7
移动电话机	Mobile Phone	80.8	84.9	82.2
传 真 机	Fax Machine	100.2	100.3	100.3
其　　他	Others	99.4	99.3	99.3
十、家具	**Furniture**	**99.3**	**100.3**	**100.2**
柜	Cabinet	99.1	101.1	99.6
床	Bed	99.2	100.3	100.4
桌	Desk	98.9	100.2	100.1
椅	Chair	99.2	99.4	99.9
沙　发	Sofa	99.6	99.6	100.6
其　他	Others	101.2	101.3	101.4
十一、化妆品	**Cosmetics**	**99.8**	**100.9**	**100.5**
护 肤 品	Skincare Products	98.7	99.2	99.0
美容化妆品	Facial Beautifiers	101.0	102.8	102.2
护发美容品	Protects Sends the Beauty Products	99.3	100.3	99.3
清洁化妆用品	Cleaning Toiletware	100.7	101.9	101.7
药物美容用品	Medicinal Cosmetics	100.4	101.5	101.6
十二、金银珠宝	**Gold, Silver and Jewelry**	**99.3**	**102.1**	**100.2**
金 饰 品	Gold	103.9	98.2	99.6
银 饰 品	Silver	102.1	102.3	103.2
铂金饰品	Platinum	93.4	107.1	99.1
其　　他	Others	99.6	100.0	101.2
十三、中西药品及医疗保健用品	**Traditional Chinese and Western Medicines and Healthcare Articles**	**100.3**	**100.5**	**100.4**
1.医疗器具及用品	Medical Facilities and Goods	98.5	98.2	97.8
医疗器具及用品	Medical Facilities and Goods	98.5	98.2	97.8
2.中药材及中成药	Herbs and Ready- made Traditional Chinese Medicine	100.8	99.8	100.4
中 药 材	Herbs	102.1	100.0	100.9
中 成 药	Ready-made Tr-aditional Chin-ese Medicine	99.9	99.6	100.0
3.西药	Western Medicine	100.1	101.0	100.6
抗微生物药	Anti-microorga-nism Medicine	100.5	102.6	100.6
消化系统用药	Alimentary Sys-tem Medicine	99.5	102.5	101.5
呼吸系统用药	Respiratory System Medicine	97.8	98.5	98.9
解热镇痛及非甾体抗炎药	Allays a Fever the Analgesia and the Non-steroid Body Anti-inflammatory Agent	102.1	102.6	102.8
抗肿瘤药	Antineoplastic Drug	100.9	98.7	98.8

continued

(以上年同期价格为100 preceding year=100)

3 月 March	4 月 April	5 月 May	6 月 June	7 月 July	8 月 August	9 月 September	10 月 October	11月 November	12月 December
99.5	**99.3**	**99.2**	**99.5**	**99.6**	**99.4**	**99.6**	**99.5**	**99.3**	**99.3**
100.7	100.5	100.5	100.6	100.6	100.5	100.7	100.5	100.1	100.0
99.6	99.4	99.7	99.7	99.7	99.5	99.9	99.8	100.0	99.9
99.8	99.8	100.0	101.0	100.7	100.7	101.0	100.7	100.4	100.4
101.8	101.3	101.2	101.0	101.0	101.0	101.0	100.9	100.1	99.9
98.4	98.3	98.0	98.5	98.7	98.5	98.5	98.6	98.5	98.7
100.1	99.7	100.9	101.0	101.4	101.3	101.4	101.3	101.2	101.4
97.0	97.2	95.8	96.1	96.1	96.0	96.1	96.3	96.3	96.5
99.3	99.1	99.3	100.8	100.9	100.2	100.2	100.2	100.2	100.2
96.6	**96.5**	**96.4**	**96.2**	**95.9**	**95.5**	**95.6**	**95.5**	**95.7**	**96.1**
100.2	100.1	100.1	100.0	100.1	99.5	99.6	99.7	99.8	100.0
99.4	99.4	99.6	99.5	99.6	99.3	99.5	99.7	100.0	100.4
99.4	99.4	99.2	99.2	99.6	99.2	99.7	99.7	99.4	99.8
101.2	101.2	101.1	100.3	100.6	99.7	99.7	99.8	99.8	99.7
100.3	100.0	99.6	99.7	99.6	99.0	99.2	99.0	99.0	99.5
102.1	102.1	102.1	102.8	102.2	100.7	100.3	100.4	100.4	100.3
89.0	88.6	88.4	87.9	86.9	86.7	86.8	86.5	86.8	87.6
101.7	101.6	101.7	101.7	99.3	99.4	99.6	99.3	99.4	99.4
82.1	81.6	81.2	80.3	79.4	79.1	79.2	78.7	79.1	80.6
100.5	100.2	100.4	100.4	99.9	100.0	100.0	100.2	100.4	99.8
99.4	99.6	99.6	99.6	99.5	99.5	99.2	99.2	99.2	99.3
100.1	**99.4**	**99.4**	**99.4**	**99.0**	**98.8**	**98.8**	**98.9**	**98.8**	**99.0**
99.0	98.6	98.6	98.8	98.7	98.7	98.8	98.7	98.8	99.2
100.4	99.2	99.3	99.6	98.7	98.4	98.4	98.5	98.4	98.5
100.1	99.7	99.2	99.0	98.2	98.0	98.1	97.9	98.0	98.3
99.9	99.1	99.1	99.1	99.0	98.7	98.8	99.5	99.2	99.4
100.7	100.1	100.0	99.8	99.5	99.3	99.1	99.0	99.0	99.0
101.4	101.2	101.7	101.5	101.5	100.7	100.8	101.3	100.7	100.7
100.6	**99.8**	**99.6**	**99.5**	**99.6**	**99.8**	**99.6**	**99.6**	**99.4**	**99.3**
99.4	98.7	98.6	98.4	98.5	98.3	98.5	99.0	99.0	98.4
102.3	101.1	100.4	100.6	100.5	100.8	100.3	100.4	100.3	100.5
99.3	98.6	98.1	98.8	99.4	100.1	99.9	99.2	99.3	99.2
101.8	101.3	101.6	100.6	100.3	100.6	100.0	100.2	98.9	99.6
101.6	100.4	100.2	100.3	100.3	100.2	100.0	99.6	99.5	99.0
96.2	**95.7**	**94.6**	**95.6**	**95.3**	**96.7**	**98.9**	**102.2**	**106.9**	**108.8**
97.6	97.4	99.1	101.4	100.4	102.4	106.3	110.1	117.8	119.0
103.1	102.4	99.3	100.5	101.0	101.5	101.2	103.4	103.6	103.4
91.0	90.5	87.5	87.3	87.3	88.6	90.5	94.4	98.9	102.6
99.9	99.7	98.9	99.1	99.1	99.5	99.9	99.3	99.1	99.7
100.3	**100.5**	**100.3**	**100.6**	**100.1**	**99.9**	**100.0**	**100.1**	**100.3**	**100.7**
98.1	97.7	97.5	98.8	99.0	98.3	98.3	99.1	99.4	99.5
98.1	97.7	97.5	98.8	99.0	98.3	98.3	99.1	99.4	99.5
100.0	99.9	99.8	101.4	100.5	100.4	101.0	101.1	102.3	103.4
100.6	100.5	100.4	102.4	101.2	101.0	102.0	102.9	105.8	108.1
99.6	99.4	99.3	100.6	100.0	99.9	100.2	99.9	100.0	100.1
100.6	101.0	100.8	100.4	100.0	99.9	99.6	99.5	99.1	99.1
100.6	101.5	101.4	100.7	100.6	100.6	99.8	99.9	99.0	99.0
100.5	100.9	100.4	99.4	98.9	98.8	98.5	97.8	97.3	97.8
99.0	99.7	97.4	96.1	96.6	96.7	97.7	97.7	97.9	97.6
103.6	103.6	104.3	104.6	101.9	101.6	100.5	100.5	99.5	99.8
98.9	100.6	100.3	102.4	102.3	102.3	102.3	102.3	101.7	100.6

5–15 续表 5

商品类别及品名	Commodity Category and Commodity Name	全年 Annural	1 月 January	2 月 February
激素及调节内分泌功能药	Hormone and Adjustment Internal Secretion Function Medicine	101.6	101.7	101.7
循环系统用药	Circulating System Medicine	100.4	100.5	100.7
神经系统用药	Nerve System Medicine	99.8	100.4	100.2
专科用药	Junior Medicine	98.2	98.2	98.7
其 他	Others	100.2	101.3	101.8
4.保健品及器具	Healthcare Equip-ment	100.7	101.1	100.7
保健器具	Health Protection Equipment	99.8	100.3	99.9
滋补保健用品	Tonic and Health Products	101.0	101.4	101.0
十四、书报杂志及电子出版物	**Books,Newspapers,Magazines and Electronic publications**	**102.1**	**102.4**	**102.5**
1.教材及参考书	Teaching Materials and Reference Books	102.9	103.7	103.7
工 具 书	Tool Book	102.3	103.1	103.1
教 材	Teaching Material	102.0	101.8	101.8
参 考 书	**ronic Publications**	105.9	108.0	108.0
教育软件	Educational Software	98.9	100.1	100.1
2.书报杂志	Books,Newspapers,Magazines	102.8	103.0	103.1
书 籍	Books	100.0	99.9	99.9
报 纸	Newspapers	104.7	107.0	107.1
杂 志	Magazines	105.2	103.3	103.8
3.电子音像制品	Electronic Publications	100.1	99.8	100.2
音响光盘和磁带	Acoustic Light Disk and Tape	100.6	100.8	101.2
录像磁带和视盘	Video Tape and Disk	100.2	100.2	100.2
计算机软件	Computer Software	99.3	98.4	99.1
十五、燃料	**Fuels**	**95.6**	**101.4**	**100.1**
1.煤炭及制品	Coal and Related Products	113.2	141.0	138.6
原 煤	Raw Coal	107.1	131.5	127.9
煤 制 品	Coal Products	119.8	151.8	151.0
2.石油及制品	Petroleum and Related Products	88.7	88.1	87.0
液化石油气	Liquefiled Petrol-eum Gas	81.1	82.5	81.1
管道燃气	Pipelined Gas	99.8	100.0	100.0
汽 油	Gasoline	85.9	82.4	81.4
柴 油	Diesel Oil	82.4	82.1	79.1
其 他	Others	101.7	103.2	102.9
十六、建筑材料及五金电料	**Building Materials and Hardware**	**98.5**	**103.0**	**101.7**
1.建筑装璜材料	Building and Decor- ation Materials	97.6	103.5	101.9
木 材	Wood	98.6	104.1	101.6
木 地 板	Wood Floor	98.3	101.2	100.1
钢 材	Steel Products	81.7	93.4	89.8
砖	Brick	104.8	113.9	113.2
水 泥	Cement	101.7	113.8	112.8
涂 料	Coating Material	99.9	103.1	100.8
胶 合 板	Plywood	99.1	102.5	101.9
玻 璃	Glass	99.8	100.1	98.8
粘 胶	Rayon	100.3	102.6	101.9
油 漆	Paint	98.7	101.2	99.9
其 他	Others	101.5	103.5	104.5
2.五金电料	Hardware	100.4	101.9	101.4
五金工具	Hardware Tools	100.0	99.9	99.9
电工电料	Electrical Engine-ering and Electr-ical Materials	100.0	100.9	100.8
水暖器材	Heating Equipment	102.5	105.3	104.6
其 他	Others	95.2	97.7	96.4

continued

(以上年同期价格为100　preceding year=100)

3 月 March	4 月 April	5 月 May	6 月 June	7 月 July	8 月 August	9 月 September	10 月 October	11月 November	12月 December
101.7	102.0	101.8	101.8	102.2	101.7	101.7	101.4	101.2	100.9
100.8	100.7	101.1	101.3	100.7	100.8	99.8	99.3	99.6	99.8
100.2	100.2	100.4	100.3	99.5	99.0	99.1	99.2	99.5	99.6
98.9	97.7	98.7	97.9	97.8	98.0	98.6	98.5	97.5	97.6
101.9	102.4	101.9	100.0	98.9	98.4	98.4	99.3	98.5	99.6
100.8	101.0	100.7	100.3	100.2	100.0	100.4	100.5	100.9	101.5
99.8	99.8	99.7	99.9	99.8	99.7	99.8	99.6	99.7	99.8
101.3	101.5	101.2	100.4	100.4	100.2	100.7	100.8	101.4	102.3
102.5	**102.5**	**102.6**	**102.7**	**102.4**	**102.3**	**101.6**	**101.4**	**101.2**	**101.1**
103.7	103.8	103.4	103.4	103.6	103.4	101.6	101.7	101.7	101.7
103.0	103.0	103.7	103.7	103.8	102.1	100.7	100.7	100.7	100.4
101.8	102.0	102.0	102.0	102.0	102.0	101.6	102.4	102.4	102.4
108.0	108.0	108.0	108.0	107.9	107.7	102.9	101.8	101.8	101.8
100.0	100.0	94.9	94.9	97.1	99.0	99.7	100.7	100.7	100.7
103.1	103.1	103.8	103.8	102.7	102.7	102.6	102.2	101.6	101.6
99.9	99.8	100.0	100.0	100.0	100.2	100.2	100.2	100.2	100.2
107.2	107.2	107.2	107.2	103.7	103.7	103.7	102.5	100.7	100.7
103.8	103.8	106.2	106.2	106.2	106.2	105.6	105.6	105.6	105.5
100.1	100.1	100.1	100.2	100.3	100.1	100.3	100.0	99.9	99.8
100.9	100.6	100.6	100.6	100.7	100.4	100.8	100.5	100.4	100.1
100.2	100.2	100.3	100.4	100.6	100.3	100.7	100.0	99.8	99.8
99.2	99.4	99.4	99.6	99.6	99.6	99.3	99.4	99.4	99.4
98.7	**97.3**	**96.1**	**93.2**	**93.3**	**92.8**	**91.3**	**90.9**	**94.8**	**99.9**
134.0	125.7	121.8	115.0	110.8	108.4	96.7	95.7	97.8	97.7
124.7	119.2	116.6	107.7	101.2	98.6	92.9	91.6	96.0	95.7
144.5	132.6	127.4	122.9	121.9	119.7	100.7	99.9	99.6	99.7
86.3	86.9	86.6	85.0	86.5	86.6	88.8	88.7	93.3	100.9
79.7	76.0	72.8	70.1	69.4	75.2	79.9	84.8	100.5	109.1
100.0	100.0	100.0	100.0	99.6	99.6	99.6	99.6	99.6	99.6
82.5	85.0	85.2	82.9	86.2	84.2	87.0	84.9	89.0	100.1
75.0	77.4	79.1	79.8	83.8	81.9	84.1	82.8	85.9	97.0
102.9	102.9	102.9	100.3	100.1	100.2	101.2	101.2	101.2	101.6
100.2	**99.2**	**98.0**	**96.5**	**96.0**	**95.9**	**95.6**	**97.6**	**99.0**	**99.7**
99.6	98.3	96.7	94.7	94.1	94.3	93.8	96.7	98.7	99.5
100.7	99.6	98.6	97.6	96.4	96.6	96.4	96.8	97.0	98.8
98.9	98.8	97.8	96.9	96.1	96.4	96.3	98.1	99.9	99.7
81.2	77.5	73.5	71.8	73.4	76.1	74.9	86.4	96.1	98.0
110.4	108.9	106.2	102.2	101.4	101.0	100.1	101.0	100.9	101.5
111.0	110.1	106.6	98.5	96.6	94.8	94.6	95.2	95.9	96.7
100.5	100.3	100.3	99.5	99.1	99.0	98.8	98.8	99.7	99.2
100.8	99.4	99.9	99.8	98.6	97.1	96.2	97.4	98.2	98.4
98.3	99.0	98.9	98.3	98.4	99.6	99.8	101.1	102.2	103.7
101.8	100.4	99.9	100.0	98.9	98.4	98.0	99.8	100.7	101.2
99.6	99.1	99.4	98.9	97.8	97.4	96.1	96.6	98.4	99.9
102.6	102.4	102.3	102.0	101.4	99.7	99.8	99.9	100.0	100.0
101.5	101.0	100.8	100.3	100.2	99.4	99.4	99.5	99.7	100.0
101.6	100.4	100.2	100.4	100.4	99.1	99.1	99.3	100.1	100.1
100.4	100.2	100.1	99.9	99.7	99.3	99.3	99.5	99.7	100.1
104.2	103.5	103.7	102.4	102.3	101.1	101.2	101.1	100.9	100.5
95.8	95.8	94.1	94.2	94.3	94.2	94.2	94.0	94.4	97.7

5–16 农村商品零售价格指数(2009年)

商品类别及品名	Commodity Category and Commodity Name	全年 Annural	1 月 January	2 月 February
商品零售价格总指数	**Genaral Retail Price Index**	**99.4**	**101.1**	**99.4**
一、食　品	**Food**	**101.2**	**100.7**	**96.8**
1.粮　食	Grain	106.0	100.4	103.0
大　米	Rice	106.7	96.7	100.2
面　粉	Flour	108.3	100.8	104.1
粮食制品	Grain Products	103.2	102.0	104.1
其　他	Others	103.3	101.6	100.8
2.淀　粉	Starches	105.8	104.7	104.9
淀　粉	Starches	105.8	104.7	104.9
3.干豆类及豆制品	Beans and Beans Products	93.6	102.0	102.2
干　豆	Beans	90.1	89.4	93.7
豆 制 品	Beans Products	96.0	112.7	109.1
4.油脂	Oil and Fat	86.1	89.2	86.7
食用植物油	Edible Vegetable Oil	86.8	91.1	88.5
植物油制品	Plant Oil Products	84.5	83.1	81.4
其　他	Others	82.1	83.6	80.7
5.肉禽及其制品	Meal,Poultry and Their Products	92.5	97.6	91.7
(1)食用畜肉及副产品	Edible Livestock Meat and Their By-products	88.2	91.8	85.9
猪　肉	Pork	81.8	84.8	79.3
牛　肉	Beef	102.4	109.9	104.8
羊　肉	Mutton	104.4	109.5	103.5
畜肉副产品	Livestock Meat By-products	93.4	101.0	90.5
其　他	Others	91.5	90.4	86.6
(2)禽	Poultry	97.9	106.8	98.0
鸡	Chicken	98.0	108.4	97.5
鸭	Duck	99.4	103.7	102.2
其　他	Others	96.5	101.3	97.1
(3)肉禽加工制品	Meal and Poultry Processing Products	98.4	106.3	102.9
畜肉制品	Livestock Meat Products	97.6	106.9	102.3
禽制品	Poultry Products	99.7	105.4	104.0
6.蛋	Eggs	101.4	99.7	97.5
鲜　蛋	Fresh Eggs	101.2	99.5	97.0
蛋制品	Egg Products	102.2	100.7	100.8
7.水产品	Aquatic Product	99.6	107.8	101.9
(1)鱼	Fish	98.4	108.3	101.7
淡水鱼	Freshwater Fish	96.4	109.0	101.3
海水鱼	Seawater Fish	101.9	107.1	102.4
(2)其他水产品	Others Aquatic Product	103.2	106.1	101.9
虾蟹类	Shrimp and Crab	104.7	108.8	102.8
其　他	Others	100.7	101.3	100.1
8.菜	Vegetable	117.1	102.6	87.8
鲜　菜	Fresh Vegetable	120.1	103.2	86.5
干菜及菜制品	Dried Vegetable and Vegetable Products	102.3	102.1	101.5
薯　类	Potato	106.0	93.6	89.6
9.调味品	Flavoring	102.4	104.1	104.4
盐	Salt	100.8	100.5	101.0
酱　油	Soy Sauce	101.7	105.2	105.2
醋	Vinegar	103.6	106.4	106.4
味　精	Aginomoto	105.8	106.8	108.4
其　他	Others	102.5	104.0	104.0

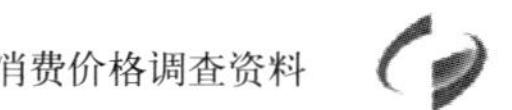

Rural Retail Price Index(2009)

(以上年同期价格为100 preceding year=100)

3 月 March	4 月 April	5 月 May	6 月 June	7 月 July	8 月 August	9 月 September	10 月 October	11月 November	12月 December
99.3	**99.3**	**99.3**	**98.3**	**98.1**	**98.1**	**98.9**	**99.1**	**100.0**	**102.1**
97.7	**98.8**	**100.5**	**99.6**	**99.7**	**100.2**	**102.6**	**102.9**	**105.7**	**110.5**
103.7	104.1	105.0	104.9	104.9	105.1	107.0	109.8	111.5	113.0
101.6	102.9	104.5	105.0	106.2	107.0	108.4	112.9	116.4	119.6
105.8	106.3	108.7	108.6	107.9	108.0	109.7	112.0	113.5	113.9
103.1	103.0	101.4	100.9	101.1	101.6	103.9	105.3	105.4	106.4
100.6	100.2	100.5	100.6	100.4	99.3	102.3	107.6	110.7	114.4
106.1	107.2	107.0	106.9	106.6	106.2	104.1	104.9	105.3	105.4
106.1	107.2	107.0	106.9	106.6	106.2	104.1	104.9	105.3	105.4
94.1	90.2	90.0	88.0	87.0	88.0	90.2	92.9	98.0	103.4
87.5	85.4	85.5	86.1	83.2	84.0	88.6	93.7	99.3	109.6
99.4	93.8	93.3	89.2	89.8	91.1	91.3	92.1	96.8	98.5
82.3	82.1	83.5	81.5	81.9	83.2	85.8	88.9	93.8	97.5
84.5	83.3	85.3	82.3	82.1	83.4	85.4	88.6	92.7	97.2
75.5	80.5	80.4	80.9	81.1	82.9	88.1	89.3	97.9	99.4
74.7	73.7	72.6	74.3	80.6	81.8	85.6	91.3	96.9	97.3
89.6	86.6	85.2	86.5	89.1	91.8	94.9	98.8	99.8	100.5
81.4	78.8	77.4	78.8	83.7	88.6	94.5	101.0	102.2	102.3
72.4	68.5	67.1	69.0	75.9	83.4	91.5	101.0	103.0	102.0
103.0	104.0	102.0	100.3	101.1	101.4	101.2	99.6	100.3	101.5
106.3	104.8	105.3	104.6	104.6	103.4	102.5	104.7	101.6	102.8
90.8	91.7	87.6	87.6	88.4	88.6	94.1	98.3	102.1	103.3
85.5	84.1	83.3	86.3	90.8	92.1	96.1	101.2	100.8	105.2
101.4	97.0	96.0	98.5	97.3	95.7	94.7	95.0	96.4	99.1
102.6	97.2	95.8	99.5	97.7	95.3	94.1	94.6	95.8	98.2
100.1	97.7	97.7	98.1	98.1	98.1	100.2	99.4	97.1	101.3
96.0	95.5	95.8	93.8	94.3	96.1	93.4	94.0	99.3	101.7
102.3	98.2	95.9	95.6	95.8	96.2	96.2	97.0	97.3	98.0
101.6	96.3	94.2	93.8	94.5	95.4	95.4	96.7	97.4	97.7
103.4	101.2	98.5	98.5	97.8	97.5	97.3	97.6	97.3	98.4
101.1	104.6	101.9	99.0	99.2	101.8	100.2	101.7	104.1	105.9
101.2	105.2	102.0	98.5	98.7	101.7	99.6	101.4	104.1	106.3
100.8	100.9	101.6	102.2	102.1	102.3	103.8	103.5	103.8	103.8
104.7	101.6	100.1	95.8	94.6	94.8	95.9	99.0	99.9	101.5
103.8	100.8	98.9	92.7	92.2	92.3	95.2	98.4	99.2	100.4
102.0	98.0	96.1	89.4	89.1	90.7	93.3	94.7	96.6	100.2
106.7	105.5	104.1	98.6	97.7	95.2	98.5	104.9	103.5	100.7
107.0	103.8	103.6	106.1	102.3	103.3	98.0	100.8	102.0	104.5
110.6	105.6	104.5	108.3	103.3	105.3	97.0	101.6	102.9	106.2
101.0	100.6	102.1	102.2	100.7	99.8	99.8	99.3	100.3	101.6
96.0	112.8	124.9	123.7	125.2	118.2	133.5	115.8	137.9	162.5
94.9	114.4	130.9	128.9	131.1	121.7	141.0	119.0	147.0	175.4
103.9	102.9	102.5	101.5	101.9	101.9	101.5	102.2	102.1	103.2
103.6	111.6	98.9	118.0	110.9	110.9	109.6	103.2	103.2	122.7
104.6	103.8	102.8	102.2	102.0	101.3	101.0	100.9	100.6	101.1
100.7	100.7	100.7	100.8	101.0	101.0	101.0	100.4	100.2	101.5
105.5	104.1	101.1	99.9	100.1	100.6	100.3	100.1	99.6	99.7
106.8	105.6	105.2	104.0	102.6	102.1	101.3	101.1	101.0	100.8
109.7	107.3	106.3	106.3	105.9	102.7	102.8	104.4	104.1	105.7
103.8	104.2	104.2	104.2	104.2	100.6	100.6	100.4	100.2	99.9

5-16 续表 1

商品类别及品名	Commodity Category and Commodity Name	全年 Annural	1月 January	2月 February
10.糖	Carbohydrate	103.2	98.9	101.9
食 糖	Sugar	102.8	96.0	99.9
糖 果	Sweet	104.9	99.6	104.0
巧克力制品	Chocolate Products	101.5	103.7	101.7
糖类小食品	Little Carbohydr-ate Food	99.3	102.2	100.8
11.干鲜瓜果	Dried and Fresh Melons and Fruits	105.8	93.1	92.9
鲜瓜果	Fresh Fruits	105.4	89.6	89.3
干(坚)果	Dried Fruits	106.8	106.0	106.8
12.糕点饼干面包	Cake,Biscuit and Bread	101.4	104.0	104.0
糕 点	Cake	101.5	104.3	104.3
饼 干	Biscuit	99.9	100.1	99.8
面 包	Bread	103.8	111.4	111.4
13.液体乳及乳制品	Liquid Milk and Their Products	101.8	107.2	105.4
巴氏杀菌奶或消毒奶	Pasteurization Milk or Disinfection Milk	100.5	104.2	101.2
酸 奶	Leben	98.6	101.5	98.8
奶 粉	Milk Powder	104.5	114.1	114.0
其 他	Others	103.1	106.7	107.1
14.在外用膳食品	Outward Dinner	102.8	109.0	108.2
主 食	Staple Food	103.6	111.1	109.7
炒 菜	Hot Dish	101.5	108.0	107.4
地方小吃	Local Snack	106.2	108.3	108.1
15.其他食品	Other Foods	100.9	102.4	102.7
其他食品	Other Foods	100.9	102.4	102.7
二、饮料、烟酒	**Beverages, Tobacco,Liquor**	**101.8**	**104.5**	**103.5**
1.茶及饮料	Tea and Beverages	101.0	106.6	103.9
(1)茶叶	Tea	100.6	100.0	101.2
茶叶	Tea	100.6	100.0	101.2
(2)饮料	Beverages	101.2	110.6	105.4
固体饮料	Solid Beverages	104.4	105.6	107.3
液体饮料	Liquid Beverages	98.2	102.2	99.0
冷冻饮品	Frozen Beverages	103.4	128.7	113.5
2.烟草	Tobacco	100.5	100.3	100.3
国产卷烟	Domestic Cigarette	100.5	100.3	100.3
进口卷烟	Import Cigarette	102.1	100.1	102.0
其 他	Others	99.8	100.0	100.0
3.酒	Liquor	103.1	107.2	106.0
白 酒	White Spirit	103.4	107.2	106.1
葡萄酒	Grape	101.6	102.4	102.4
啤 酒	Beer	102.8	108.1	107.5
其 他	Others	104.9	109.3	102.4
三、服装、鞋帽	**Garments, Footgearand and Hats**	**95.0**	**96.2**	**95.6**
1.服装	Garments	94.4	95.8	94.9
(1)男式服装	Men's Garments	95.3	95.6	95.7
大 衣	Topcoat	91.9	86.4	87.8
毛 线 衣	Woollen Sweater	93.9	94.0	97.1
夹 克 衫	Jacket	93.3	94.9	93.8
衬 衫	Shirt	90.9	91.9	87.6
T 恤 衫	T-shirt	99.9	97.9	98.0
裤 子	Trousers	97.6	98.0	98.1
西 服	Western-style Clothes	96.5	98.3	100.1
运动衫裤	Gym Suit	96.9	91.1	94.2
内 衣	Underwaist	94.1	98.7	95.4

continued

(以上年同期价格为100 preceding year=100)									
3 月 March	4 月 April	5 月 May	6 月 June	7 月 July	8 月 August	9 月 September	10 月 October	11月 November	12月 December
101.9	102.6	103.1	102.8	104.0	102.9	103.1	104.8	105.7	107.3
100.2	101.7	102.8	101.9	104.0	100.7	101.7	106.2	107.7	111.5
103.6	104.1	105.0	104.9	106.0	106.3	105.9	105.9	106.7	107.1
101.6	100.9	101.7	101.9	101.7	102.1	100.6	99.8	100.8	101.5
100.8	100.9	98.1	98.1	98.3	97.8	99.0	98.9	98.9	98.2
96.6	98.1	113.2	118.0	112.0	113.0	106.9	112.3	104.5	113.4
93.9	95.6	114.5	121.5	114.2	114.7	106.5	114.0	104.3	114.1
105.9	106.8	106.7	105.2	104.5	108.1	108.1	107.4	105.2	111.0
102.7	101.4	101.3	99.9	100.8	100.8	100.7	100.1	100.1	100.9
104.2	101.3	101.3	100.4	100.4	100.4	100.5	100.0	99.9	101.2
99.5	100.2	100.0	99.7	100.0	100.1	99.7	99.6	99.5	100.3
104.9	103.5	103.5	99.0	103.1	103.1	103.1	101.3	101.2	101.2
103.3	101.9	101.5	100.9	101.3	100.3	100.0	99.6	100.0	100.6
99.9	100.0	100.6	100.2	100.4	99.1	98.2	100.3	100.5	101.9
97.5	97.8	96.8	98.0	98.8	98.4	98.6	98.9	99.1	99.1
109.6	105.0	103.1	101.6	103.2	103.2	103.5	99.2	100.1	100.1
107.1	106.3	106.2	105.9	102.9	99.5	99.0	99.3	99.3	99.3
106.9	103.6	103.8	102.4	100.5	99.8	99.9	99.6	100.2	100.7
107.1	103.4	104.2	101.9	100.8	100.5	100.8	101.4	101.6	102.0
106.6	102.6	103.0	101.7	99.0	97.7	98.2	97.6	98.4	98.9
107.1	107.8	106.2	106.2	106.2	106.9	104.8	103.6	104.8	105.0
104.0	103.3	103.0	101.2	99.1	98.8	98.2	98.7	99.2	100.6
104.0	103.3	103.0	101.2	99.1	98.8	98.2	98.7	99.2	100.6
102.7	**102.0**	**101.4**	**101.0**	**101.2**	**101.2**	**101.3**	**100.8**	**100.7**	**100.9**
103.6	102.8	101.1	100.8	101.0	99.4	99.5	98.2	97.5	98.6
104.3	102.8	99.8	99.8	99.8	99.8	99.8	99.8	99.6	99.8
104.3	102.8	99.8	99.8	99.8	99.8	99.8	99.8	99.6	99.8
103.0	102.7	101.9	101.3	101.6	99.0	99.2	97.2	96.3	97.8
105.9	105.9	105.7	104.7	105.0	105.5	104.7	101.6	101.3	100.5
98.7	97.5	97.6	97.3	97.7	97.4	97.7	97.8	97.8	98.0
107.7	108.6	105.9	105.3	105.4	96.6	97.2	93.3	91.0	95.4
100.8	100.8	100.5	100.1	100.1	100.6	100.6	100.6	100.6	100.6
100.8	100.8	100.5	100.1	100.1	100.6	100.6	100.6	100.6	100.6
102.1	102.1	102.1	102.1	102.1	102.6	102.6	102.6	102.6	102.6
100.0	100.0	100.0	99.6	99.6	99.6	99.6	99.6	99.6	99.6
104.0	102.6	102.2	101.9	102.2	102.5	102.7	102.2	102.1	102.2
105.3	103.4	102.8	102.4	102.4	102.4	102.6	102.0	101.8	102.5
102.4	102.2	102.0	102.0	101.8	101.7	101.7	100.6	100.5	100.0
102.2	101.2	101.2	100.7	101.4	102.2	102.7	102.6	102.6	102.0
102.5	102.6	102.6	104.2	105.3	107.6	106.3	105.7	105.9	104.8
97.0	**95.3**	**94.6**	**94.6**	**94.4**	**94.3**	**94.5**	**94.4**	**94.2**	**94.2**
96.2	94.3	94.1	94.1	93.9	93.8	93.8	93.7	93.7	93.8
96.6	95.5	94.7	94.8	95.3	95.2	95.1	95.1	95.1	95.1
91.5	88.7	90.3	92.9	94.6	94.8	94.2	94.2	94.2	94.3
96.6	92.8	93.3	93.3	93.4	93.4	93.4	92.9	92.8	93.5
94.4	92.5	92.5	92.5	92.5	92.9	92.9	93.2	93.6	93.8
91.0	89.9	90.3	90.6	91.5	91.7	91.7	91.7	91.6	91.4
98.2	100.6	100.6	100.7	100.7	100.7	100.5	100.3	100.3	100.3
98.1	97.7	96.8	96.2	98.5	97.4	97.2	97.6	97.6	97.6
100.1	100.0	95.1	95.1	95.0	94.8	94.8	94.7	94.7	94.7
98.5	99.5	97.7	97.7	97.8	97.7	97.7	97.2	97.2	97.2
95.1	93.3	93.3	93.3	93.3	93.3	93.3	93.2	93.6	93.4

5−16 续表 2

商品类别及品名	Commodity Category and Commodity Name	全年 Annural	1 月 January	2 月 February
羽绒衣	Eider Down Outerwear	98.7	97.7	99.6
其他	Others	94.9	98.8	98.1
(2)女式服装	Women's Garments	92.2	94.6	92.4
大衣	Topcoat	90.1	95.1	88.9
毛线衣	Woollen Sweater	97.4	94.3	97.8
羽绒衣	Eider Down Outerwear	90.6	92.7	93.0
套装	Coordinates	87.2	89.0	86.1
衬衫	Shirt	100.0	100.7	100.7
T 恤衫	T-shirt	95.0	96.1	91.5
裙子	Skirt	79.4	89.7	79.6
裤子	Trousers	93.6	97.4	96.3
运动衫裤	Gym Suit	108.8	96.3	99.4
内衣	Underwaist	92.7	100.6	96.0
其他	Others	92.4	97.2	95.4
(3)儿童服装	Children's Garments	97.6	99.0	99.1
套装	Coordinates	97.2	99.9	99.8
裤子	Trousers	98.5	98.9	99.3
裙子	Skirt	96.7	97.6	97.6
其他	Others	98.8	97.6	98.1
2.鞋袜帽	Shoes,Socks and Hats	96.1	96.2	96.3
(1)鞋	Shoes	96.4	96.5	96.4
男鞋	Men's Shoes	93.4	94.0	92.7
女鞋	Women's Shoes	98.1	96.7	97.8
童鞋	Children's Shoes	97.9	99.9	99.8
(2)袜子	Socks	93.5	96.2	96.3
男袜	Men's Socks	99.1	96.6	96.9
女袜	Women's Socks	88.8	95.8	95.8
(3)帽子	Hats	98.3	92.1	93.9
男帽	Men's Hats	97.8	85.9	89.9
女帽	Women's Hats	98.7	97.3	97.1
3.其他	Others	94.6	100.2	100.2
领带	Necktie	94.6	100.2	100.2
四、纺织品	**Textiles**	**99.0**	**98.1**	**97.6**
1.衣着材料	Clothing Materials	100.5	100.2	100.7
棉布	Cotton Cloth	100.9	102.4	102.3
棉混纺布	Cotton Textiles Cloth	100.2	100.1	100.1
化纤布	Chemical Fiber Cloth	101.0	99.1	100.7
毛线	Knitting Wool	99.3	99.0	98.7
2.床上用品	Bedclothes	97.2	95.5	93.7
毛毯	Woollen Blanket	97.7	97.3	94.7
被子	Quilt	98.3	93.4	92.4
床上套件	Bed Articles	96.2	95.8	94.1
其他	Others	97.3	95.1	93.1
五、家用电器及音像器材	**Household Appliances, Music and Video Equipments**	**98.2**	**99.5**	**99.2**
1.家庭设备	Household Appliances	99.4	101.0	100.6
洗衣机	Washing Machine	96.6	100.8	98.3
电风扇	Electric Fan	100.7	105.7	105.7
电冰箱(柜)	Refrigerator	99.6	99.7	99.5
吸排油烟机	Kitchen Ventilato	102.7	100.1	100.5
空调器	Air-Conditioning	99.5	101.5	101.4
热水器	Water Heater	98.7	100.1	100.0
微波炉	Microwave Oven	100.1	100.9	101.4
电炊具	Electric Cooking Appliance	98.5	98.8	98.6

continued

(以上年同期价格为100　preceding year=100)

3 月 March	4 月 April	5 月 May	6 月 June	7 月 July	8 月 August	9 月 September	10 月 October	11月 November	12月 December
99.6	98.3	98.8	99.0	98.8	98.9	98.9	98.5	98.3	97.7
97.6	93.2	93.3	93.5	93.5	93.9	94.1	94.1	94.1	94.1
93.8	91.7	92.0	92.0	91.6	91.6	91.7	91.6	91.6	91.7
90.2	88.8	89.6	89.7	89.7	89.6	89.7	89.6	89.5	90.2
100.7	95.8	97.7	97.7	97.7	97.7	97.6	97.4	97.4	97.4
92.8	89.7	89.7	89.9	89.9	89.9	89.9	89.9	89.8	90.1
91.7	86.6	86.6	86.6	86.6	86.6	86.6	86.6	86.6	86.6
100.7	99.7	100.2	99.9	99.5	99.7	99.7	99.7	99.7	99.7
95.3	95.4	95.4	95.4	95.4	95.0	95.4	95.0	95.0	95.0
82.5	80.9	77.7	77.7	77.4	77.0	77.2	77.5	77.6	77.8
93.7	93.8	94.1	94.1	92.6	92.4	92.5	92.2	92.2	92.2
100.4	106.9	113.0	113.0	113.0	113.3	113.2	112.6	113.2	112.6
96.7	92.0	92.0	92.0	90.6	90.6	90.6	90.6	90.3	90.6
95.2	90.2	91.0	91.0	91.0	91.5	91.5	91.5	91.5	91.5
101.0	98.4	97.7	97.7	96.7	96.3	96.4	96.3	96.1	96.2
101.2	97.0	95.9	95.8	95.8	96.5	96.4	96.3	96.2	96.2
101.6	100.5	99.7	99.7	97.5	96.9	97.1	97.1	96.8	97.2
100.2	98.5	98.8	99.0	97.0	94.4	94.7	94.4	94.4	94.4
100.0	100.0	100.0	100.0	98.3	98.3	98.3	98.3	98.3	98.3
98.0	96.2	96.2	96.1	95.9	95.7	95.7	95.6	95.6	95.7
98.8	96.6	96.5	96.3	96.1	95.9	95.9	95.8	95.7	95.9
96.3	93.5	93.2	93.1	93.1	93.0	93.1	92.9	92.9	92.9
100.2	98.3	98.2	98.2	98.2	97.8	98.0	97.9	97.7	97.7
100.1	98.1	98.5	98.1	97.2	96.8	96.5	96.7	96.6	97.1
92.5	92.5	93.1	93.1	93.0	93.0	93.0	93.0	93.0	93.1
99.2	99.2	99.9	99.9	99.7	99.7	99.7	99.7	99.7	99.7
86.8	86.8	87.5	87.5	87.4	87.5	87.5	87.5	87.5	87.5
99.3	99.3	99.3	99.5	99.5	99.4	99.5	99.5	99.5	99.5
100.1	100.1	100.1	100.1	100.1	100.1	100.1	100.1	100.1	100.1
98.7	98.7	98.7	99.1	99.1	98.8	99.1	99.1	99.1	99.1
100.2	100.2	90.5	90.4	90.4	92.1	94.1	94.1	92.0	90.3
100.2	100.2	90.5	90.4	90.4	92.1	94.1	94.1	92.0	90.3
99.6	**99.7**	**99.7**	**99.5**	**99.5**	**99.3**	**99.2**	**98.8**	**98.8**	**98.7**
100.7	100.7	100.9	100.8	100.7	100.7	100.6	100.0	100.0	100.0
102.3	102.1	100.8	100.5	100.4	100.2	100.1	100.0	100.0	100.0
100.3	100.3	100.3	100.2	100.2	100.2	100.1	100.1	100.1	100.2
100.7	100.7	101.9	101.9	101.9	101.9	101.8	100.3	100.3	100.6
98.8	98.8	99.9	99.7	99.7	99.7	99.5	99.5	99.2	98.9
98.2	98.4	98.1	98.0	98.0	97.6	97.4	97.2	97.3	97.0
98.2	98.2	98.2	98.2	98.2	98.2	98.2	97.8	97.6	97.4
99.8	99.8	99.3	98.8	99.1	100.2	99.9	99.0	100.1	99.1
97.2	97.8	97.4	97.4	97.4	95.6	95.4	95.6	95.4	95.5
98.0	98.0	98.0	98.0	98.0	98.0	98.0	98.0	98.0	98.0
98.3	**98.3**	**97.7**	**98.0**	**97.9**	**97.6**	**97.8**	**97.9**	**97.8**	**97.9**
99.9	99.7	99.5	99.6	99.3	98.8	98.5	98.9	98.7	98.8
96.4	96.2	95.7	95.8	96.1	96.5	95.7	96.0	95.9	96.3
104.5	102.6	101.5	101.4	99.3	98.2	98.1	97.9	97.2	97.3
99.5	99.7	99.5	99.8	100.0	99.6	99.7	99.7	99.4	99.7
102.1	102.7	102.6	104.4	104.3	103.3	103.0	103.3	103.2	103.4
99.6	99.6	99.8	99.8	99.3	99.1	98.5	98.7	98.5	98.4
99.3	99.0	99.1	99.0	98.5	97.3	97.0	98.4	99.0	98.2
100.5	100.4	100.7	100.0	99.9	99.5	99.7	99.1	98.9	99.8
98.3	98.4	98.4	98.2	98.1	98.0	97.7	99.4	98.8	99.3

5–16 续表 3

商品类别及品名	Commodity Category and Commodity Name	全年 Annural	1 月 January	2 月 February
2.文娱用耐用消费品	Durable Consumer Goods For Recrea- tional Use	96.5	98.0	97.5
电 视 机	Television	95.4	97.1	97.5
激光视盘机	Laser Video Disc Machine	99.8	99.4	98.9
摄 像 机	Pickup Camera	94.1	99.8	93.6
家用音响设备	Acoustic Equipment	100.4	100.9	100.7
便携式音响	Portable Acoustics	95.1	98.5	95.5
其 他	Others	95.1	92.9	93.5
3.音像器材	Music and Video Equipments	99.8	98.7	99.6
专业音响器材	Specialized Aco-ustic Apparatus	100.1	99.3	99.3
专业声像器材	Specialized Aco- ustic Image Apparatus	99.4	97.9	100.0
六、文化办公用品	**Cultural and Office Applicances**	**101.0**	**101.2**	**101.1**
纸张本册	Paper and Volume	106.2	107.2	106.8
文 具	Stationery	101.6	102.4	102.4
电脑及配件	Computer and its Fitting	98.8	99.4	99.1
打印机及配件	Printer and its Fitting	99.5	97.6	97.5
扫 描 仪	Scanner	99.1	98.8	99.0
复 印 机	Xerox Machine	101.1	101.2	101.3
电子辞典	Electronic Dictionary	97.2	96.9	97.8
计 算 器	Calculator	101.6	101.5	101.5
教学设备	Teaching Equipment	100.4	100.2	100.2
其 他	Others	100.5	100.0	100.0
七、日用品	**Articles for Daily Use**	**102.3**	**104.6**	**104.7**
1.日用百货	General Merchandise for Daily Use	103.3	104.8	106.9
自 行 车	Bicycle	103.1	105.4	106.6
雨 具	Rain Gear	100.5	101.3	101.3
剃须刀具	Shaver	100.5	101.8	101.6
电 池	Battery	100.4	103.8	103.1
卫 生 纸	Tissue Paper	108.4	108.5	117.4
卫 生 巾	Sanitary Towel	103.0	104.7	104.8
其 他	Others	99.5	98.8	99.1
2.日用杂品	Sundry Articles	100.7	101.8	99.5
茶 具	Tea Set	97.1	102.7	97.9
餐 具	Tableware	101.4	100.8	96.9
厨 具	Kitchen Utensils	102.1	102.4	102.4
其 他	Others	100.2	101.2	101.2
3.洗涤用品	Washing Articles	103.9	109.0	108.2
洗 衣 粉	Washing Powder	104.2	108.4	106.5
肥 皂 类	Soap	103.7	111.7	111.5
牙 膏	Toothpaste	101.7	103.9	103.9
清洁洗涤剂	Cleaning Agent	106.9	113.4	113.6
4.其他日用品	Other Articles for Daily Use	99.9	100.6	100.4
燃气灶具	Gas-Oven	102.4	102.5	102.4
儿童玩具	Children's Toy	97.1	96.9	96.9
照明器具	Illumination Utensil	101.2	102.1	102.1
钟表眼镜及配件	Clocks,Glasses and Their Rittings	100.0	100.5	100.2
日用普通饰品	Common Ornament for Daily Use	100.4	101.2	100.3
日用皮革制品	Leatherware for Daily Use	96.8	100.1	100.0
其 他	Others	100.8	101.2	101.2

continued

(以上年同期价格为100　preceding year=100)									
3 月 March	4 月 April	5 月 May	6 月 June	7 月 July	8 月 August	9 月 September	10 月 October	11月 November	12月 December
96.3	96.6	95.5	96.0	96.1	95.8	96.6	96.5	96.5	96.5
95.5	95.6	93.7	94.6	94.3	94.1	95.5	95.5	95.6	95.8
98.9	100.7	99.9	100.2	101.3	100.6	99.6	99.3	99.5	99.6
93.8	93.6	93.6	93.8	94.0	93.8	93.6	93.2	93.1	92.9
100.7	100.9	100.9	100.9	100.7	100.4	100.0	99.6	99.5	99.6
94.6	94.6	94.8	94.2	95.3	95.1	95.0	95.0	95.0	93.7
93.5	93.6	93.6	93.6	93.5	93.3	98.6	98.6	98.6	98.6
100.0	99.1	99.6	100.0	100.1	100.1	100.1	100.3	100.3	99.8
99.9	98.7	99.6	100.5	100.6	100.6	100.6	100.9	100.9	100.0
100.0	99.5	99.5	99.5	99.5	99.5	99.5	99.5	99.5	99.5
101.2	**101.3**	**101.6**	**101.5**	**102.0**	**101.6**	**101.0**	**100.7**	**99.6**	**99.5**
107.2	108.0	108.0	107.4	107.4	107.4	107.4	106.3	101.3	100.7
102.4	102.9	102.6	101.7	101.7	101.3	100.9	100.7	100.1	100.2
99.5	98.2	98.7	98.8	98.9	98.9	98.6	98.6	98.6	98.6
97.7	98.8	99.1	98.7	100.8	101.0	100.6	100.6	101.0	100.8
98.5	98.7	98.8	98.9	99.7	99.8	99.5	99.3	99.1	99.1
101.2	101.3	101.2	101.2	105.1	100.9	100.4	100.0	99.6	99.6
97.8	97.8	98.4	98.4	98.8	97.3	95.7	95.7	95.7	96.3
101.1	100.9	103.4	104.5	104.5	103.8	100.2	100.3	99.1	99.1
100.2	100.7	100.7	100.7	100.7	100.7	100.7	100.4	100.0	100.0
100.0	101.0	101.0	101.0	101.0	101.0	101.0	100.3	100.0	100.0
104.4	**103.8**	**104.1**	**102.0**	**102.0**	**101.7**	**100.7**	**100.6**	**99.9**	**99.8**
106.5	105.8	105.6	103.5	102.6	102.2	100.9	101.2	100.0	100.7
106.2	105.7	105.6	104.9	102.8	100.6	100.2	100.1	100.0	100.0
99.5	98.9	100.3	100.8	100.5	101.1	100.9	100.6	100.0	100.9
101.6	101.7	100.6	100.1	99.9	99.9	99.9	99.9	99.9	99.9
101.8	101.8	101.7	100.6	99.1	98.7	98.7	98.7	98.7	98.7
117.2	115.2	114.0	106.2	106.4	108.7	104.1	105.5	99.2	101.8
104.7	104.8	104.7	102.1	102.1	101.9	100.8	100.4	102.9	102.9
98.8	98.8	98.8	100.0	100.0	100.0	100.0	100.0	100.0	100.0
101.6	101.6	101.6	102.9	101.1	100.2	99.2	101.0	100.3	97.4
102.1	102.1	101.2	98.2	98.1	94.0	94.0	94.4	91.1	88.9
100.7	100.9	100.9	106.1	100.9	100.8	100.3	105.3	105.2	98.4
102.4	102.4	102.8	103.2	103.1	103.1	100.8	100.7	100.8	100.7
100.1	100.0	100.0	100.0	100.0	100.0	100.0	100.0	100.0	100.0
106.7	106.0	107.1	102.1	103.6	103.3	101.9	100.7	99.6	99.4
107.4	106.9	107.3	103.9	103.2	103.1	102.6	100.7	100.8	100.0
106.3	104.9	109.7	98.7	104.8	103.8	101.2	100.3	96.5	97.1
102.3	102.0	101.5	100.6	101.4	101.1	101.5	101.1	100.9	100.3
112.8	112.2	110.7	105.8	105.7	106.4	101.9	100.6	101.1	100.9
100.2	99.8	99.7	99.3	99.8	99.9	99.7	99.6	99.6	100.3
102.2	101.6	101.2	100.9	102.4	103.5	102.4	102.6	102.7	104.3
96.9	97.0	97.0	94.9	97.2	97.2	97.2	97.1	97.2	100.3
102.1	102.1	102.4	102.1	101.0	100.5	100.4	100.0	100.0	100.0
99.9	99.9	99.9	99.9	99.9	99.8	100.2	100.2	99.8	99.4
100.4	100.3	100.3	100.3	100.4	100.5	100.1	100.0	100.7	100.5
98.8	95.9	95.9	95.9	95.9	95.9	95.9	95.9	95.9	95.8
101.2	101.5	101.5	101.5	101.5	100.3	100.3	100.1	100.0	100.0

5-16 续表 4

商品类别及品名	Commodity Category and Commodity Name	全年 Annural	1月 January	2月 February
八、体育娱乐用品	**Sports and Recreation Articles**	**102.4**	**102.8**	**103.2**
1.体育用品	Sports Articles	103.0	104.1	104.1
球　　类	Ball	100.8	101.8	101.8
棋　　牌	Chess and Cards	105.0	105.6	105.6
健身器材	Exercise Machine	103.4	105.4	105.3
2.娱乐用品	Recreation Articles	101.5	101.0	102.0
游艺器材	Entertainment Apparatus	103.0	101.7	101.7
照相器材	Photographic Apparatus	100.2	100.5	101.4
乐　　器	Musical Instrument	102.2	101.1	103.1
九、交通、通信用品	**Transportation and Com- munication Appliances**	**97.5**	**98.3**	**98.1**
1.交通运输机械	Transportation Machine	100.7	103.2	102.5
轿　　车	Car	97.1	97.3	96.8
客　　车	Bus	100.0	100.3	100.7
货　　车	Truck	100.4	102.0	101.7
摩 托 车	Motorcycle	101.0	104.8	103.7
其　　他	Others	103.5	104.7	104.3
2.通信器材	Telecommunications Facilities	93.7	92.5	92.9
固定电话机	Telephone	98.8	97.8	98.7
移动电话机	Mobile Phone	88.5	86.9	86.9
传 真 机	Fax Machine	98.2	96.1	97.1
其　　他	Others	96.8	98.7	98.7
十、家具	**Furniture**	**99.0**	**104.6**	**103.1**
柜	Cabinet	98.5	103.8	101.8
床	Bed	100.2	111.0	109.8
桌	Desk	100.0	104.0	102.9
椅	Chair	99.4	104.7	102.4
沙 发	Sofa	98.3	101.6	100.4
其 他	Others	96.3	98.1	97.4
十一、化妆品	**Cosmetics**	100.9	102.3	101.5
护 肤 品	Skincare Products	100.9	102.6	100.8
美容化妆品	Facial Beautifiers	99.9	100.4	100.4
护发美容品	Protects Sends the Beauty Products	102.4	104.5	103.4
清洁化妆用品	Cleaning Toiletware	100.8	102.5	102.3
药物美容用品	Medicinal Cosmetics	100.5	101.6	102.0
十二、金银珠宝	**Gold, Silver and Jewelry**	**100.4**	**101.7**	**99.2**
金 饰 品	Gold	103.7	96.2	96.3
银 饰 品	Silver	114.7	100.6	111.6
铂金饰品	Platinum	84.3	114.9	95.8
其　　他	Others	98.6	97.7	96.9
十三、中西药品及医疗保健用品	**Traditional Chinese and Western Medicines and Healthcare Articles**	**101.6**	**101.5**	**101.6**
1.医疗器具及用品	Medical Facilities and Goods	99.8	97.9	98.0
医疗器具及用品	Medical Facilities and Goods	99.8	97.9	98.0
2.中药材及中成药	Herbs and Ready- made Traditional Chinese Medicine	102.6	101.0	101.4
中 药 材	Herbs	103.8	100.6	101.3
中 成 药	Ready-made Tr-aditional Chin-ese Medicine	101.3	101.3	101.4
3.西药	Western Medicine	101.5	102.5	102.5
抗微生物药	Anti-microorga-nism Medicine	102.2	102.4	103.6
消化系统用药	Alimentary Sys-tem Medicine	95.5	99.2	99.4
呼吸系统用药	Respiratory System Medicine	100.9	102.2	102.4
解热镇痛及非甾体抗炎药	Allays a Fever the Analgesia and the Non-steroid Body Anti-inflammatory Agent	106.6	105.3	105.0
抗肿瘤药	Antineoplastic Drug	98.6	99.8	100.0

continued

(以上年同期价格为100　preceding year=100)

3 月 March	4 月 April	5 月 May	6 月 June	7 月 July	8 月 August	9 月 September	10 月 October	11月 November	12月 December
103.0	**103.0**	**102.9**	**102.7**	**102.5**	**102.2**	**101.9**	**102.2**	**101.2**	**100.9**
103.7	103.8	103.8	103.5	103.4	103.3	103.1	102.8	100.6	99.8
101.3	101.1	101.1	100.2	100.2	100.6	100.6	100.5	100.5	100.5
105.6	106.1	106.1	106.1	106.1	106.1	106.1	105.6	101.6	100.0
104.3	104.7	104.7	104.8	104.2	103.5	102.9	102.4	99.6	98.8
102.2	101.9	101.6	101.6	101.4	100.7	100.4	101.5	101.9	102.2
101.7	101.7	100.9	101.7	101.7	101.7	101.7	105.7	108.3	107.6
102.0	101.4	101.2	100.7	100.8	99.3	98.7	98.7	98.7	99.1
102.8	102.8	102.8	102.8	102.1	102.0	101.9	101.9	101.2	102.0
98.0	**98.1**	**97.5**	**97.3**	**97.3**	**97.3**	**97.4**	**97.0**	**96.7**	**97.2**
102.3	101.9	101.1	100.1	100.2	100.1	100.2	99.2	99.0	99.2
96.8	96.9	96.7	96.8	96.7	97.8	97.1	96.6	97.5	98.6
100.7	99.9	99.5	99.4	100.0	100.0	99.9	99.7	100.2	99.8
100.3	101.1	101.1	100.2	99.9	99.9	99.9	99.6	100.3	99.4
103.7	102.9	101.6	100.1	100.2	99.8	100.3	98.7	98.1	98.3
104.4	103.9	103.6	103.4	103.3	103.3	103.3	102.5	102.7	103.2
92.9	93.6	93.2	94.0	93.9	93.9	94.0	94.5	93.9	94.9
99.2	98.7	98.7	98.4	97.9	98.1	98.6	99.9	99.9	99.6
86.7	88.3	87.5	89.3	89.4	89.6	89.4	89.4	88.7	90.5
96.9	96.8	97.0	98.1	98.9	99.0	99.1	99.1	99.3	101.2
98.7	100.2	98.9	98.8	98.8	95.2	95.2	95.2	91.5	91.5
96.6	**98.8**	**98.8**	**98.3**	**98.2**	**98.2**	**98.2**	**97.9**	**97.5**	**97.9**
96.0	98.6	98.5	97.9	97.9	97.9	97.9	97.4	96.9	97.6
97.1	98.9	98.9	98.8	98.9	98.9	98.9	98.2	97.5	97.9
96.8	100.0	100.0	99.9	99.9	100.0	100.0	99.3	98.5	99.0
98.6	99.0	99.0	98.2	98.2	98.3	98.3	98.7	99.1	98.8
95.9	98.9	98.9	98.1	97.8	97.7	97.7	97.5	97.3	97.6
96.8	96.8	96.8	95.6	95.6	95.6	95.6	95.6	95.6	96.8
101.4	101.2	101.0	101.2	100.5	100.9	100.2	99.6	100.0	100.8
100.9	101.2	101.2	101.2	101.1	101.0	99.7	99.4	100.7	100.7
100.4	100.5	99.6	100.3	99.5	99.5	99.0	98.8	98.7	101.6
102.4	102.4	102.4	102.5	101.7	102.1	102.2	102.1	101.9	101.8
102.3	100.1	100.2	100.3	100.8	100.9	100.0	99.8	99.9	99.9
102.2	102.2	102.2	102.2	98.9	101.4	100.6	96.8	98.2	98.2
93.9	**91.8**	**92.8**	**95.4**	**95.6**	**97.7**	**101.8**	**103.5**	**115.2**	**120.1**
93.0	92.5	95.2	99.5	99.2	102.4	109.3	111.6	125.2	130.8
114.6	114.2	112.3	112.3	115.1	116.3	114.6	114.7	123.0	126.3
81.6	76.0	75.8	77.2	76.8	77.5	80.1	81.3	92.0	96.4
96.9	97.7	97.7	97.7	97.7	97.9	99.8	99.9	100.3	102.5
101.1	**102.3**	**102.1**	**101.9**	**101.1**	**101.2**	**101.2**	**101.4**	**101.6**	**102.7**
98.3	98.6	98.6	99.2	99.8	99.0	98.9	100.2	102.6	106.4
98.3	98.6	98.6	99.2	99.8	99.0	98.9	100.2	102.6	106.4
101.7	102.0	101.4	102.2	100.9	102.1	102.6	103.2	105.8	106.2
101.8	101.4	100.3	102.6	100.7	103.6	104.8	106.1	110.5	111.0
101.5	102.7	102.7	101.8	101.1	100.4	100.3	100.2	100.9	101.0
101.3	103.2	103.3	102.3	101.4	100.9	100.6	100.6	99.1	100.2
102.8	103.2	103.3	104.1	102.5	102.5	102.1	102.8	97.2	100.1
95.2	96.9	96.9	94.1	95.6	95.6	96.2	96.3	88.5	91.5
102.9	102.9	102.7	102.3	101.2	100.4	100.3	100.4	97.0	96.4
101.7	111.0	111.0	108.5	105.7	107.0	105.9	105.9	105.7	106.8
100.5	99.8	99.8	100.2	99.5	99.9	97.0	95.3	95.3	96.0

5-16 续表 5

商品类别及品名	Commodity Category and Commodity Name	全年 Annural	1 月 January	2 月 February
激素及调节内分泌功能药	Hormone and Adjustment Internal Secretion Function Medicine	99.4	103.7	103.5
循环系统用药	Circulating System Medicine	101.3	101.3	101.0
神经系统用药	Nerve System Medicine	95.0	99.1	97.4
专科用药	Junior Medicine	101.5	109.2	109.3
其　他	Others	115.5	105.1	104.6
4.保健品及器具	Healthcare Equip-ment	100.8	100.1	100.2
保健器具	Health Protection Equipment	101.0	100.3	100.8
滋补保健用品	Tonic and Health Products	100.7	100.0	99.9
十四、书报杂志及电子出版物	Books,Newspapers,Magazines and Electronic publications	101.5	101.6	101.6
1.教材及参考书	Teaching Materials and Reference Books	100.7	100.6	100.7
工 具 书	Tool Book	99.9	100.1	100.1
教　材	Teaching Material	102.4	103.0	103.2
参 考 书	**ronic Publications**	97.9	96.5	96.5
教育软件	Educational Software	99.8	99.5	99.6
2.书报杂志	Books,Newspapers,Magazines	103.3	103.5	103.4
书　籍	Books	100.3	100.3	100.3
报　纸	Newspapers	104.5	104.5	104.5
杂　志	Magazines	107.5	108.1	107.9
3.电子音像制品	Electronic Publications	100.1	100.2	100.3
音响光盘和磁带	Acoustic Light Disk and Tape	100.5	100.9	100.9
录像磁带和视盘	Video Tape and Disk	100.0	100.0	100.0
计算机软件	Computer Software	99.7	99.5	99.9
十五、燃料	**Fuels**	**92.6**	**104.5**	**102.8**
1.煤炭及制品	Coal and Related Products	101.6	129.6	129.1
原　煤	Raw Coal	98.7	131.0	130.3
煤 制 品	Coal Products	105.7	127.4	127.3
2.石油及制品	Petroleum and Related Products	85.3	86.6	84.3
液化石油气	Liquefiled Petrol-eum Gas	75.6	82.7	80.1
管道燃气	Pipelined Gas	100.6	104.8	102.3
汽　油	Gasoline	88.2	85.7	83.4
柴　油	Diesel Oil	85.1	86.5	83.8
其　他	Others	99.5	100.4	101.9
十六、建筑材料及五金电料	**Building Materials and Hardware**	**98.4**	**104.0**	**102.9**
1.建筑装璜材料	Building and Decor- ation Materials	97.5	104.5	103.2
木　材	Wood	98.7	99.8	99.9
木 地 板	Wood Floor	99.6	104.5	103.4
钢　材	Steel Products	80.0	87.2	82.9
砖	Brick	101.9	109.6	110.7
水　泥	Cement	97.8	114.7	111.0
涂　料	Coating Material	97.7	102.7	101.4
胶 合 板	Plywood	99.2	105.4	103.2
玻　璃	Glass	95.9	100.0	95.7
粘　胶	Rayon	98.6	101.3	102.1
油　漆	Paint	98.4	102.1	102.6
其　他	Others	104.5	110.0	109.6
2.五金电料	Hardware	100.8	102.4	102.2
五金工具	Hardware Tools	101.2	102.0	101.6
电工电料	Electrical Engine- ering and Electr-ical Materials	101.8	103.1	103.1
水暖器材	Heating Equipment	99.3	100.8	100.8
其　他	Others	100.6	106.6	105.1

continued

(以上年同期价格为100 preceding year=100)									
3 月 March	4 月 April	5 月 May	6 月 June	7 月 July	8 月 August	9 月 September	10 月 October	11月 November	12月 December
99.5	98.0	99.0	100.4	98.1	97.7	97.4	98.7	98.2	99.4
101.9	102.3	104.5	101.2	103.0	99.8	99.1	99.0	101.0	101.4
97.6	95.8	95.3	95.3	92.7	92.7	92.7	92.1	94.7	94.7
103.4	99.2	99.1	97.0	99.0	96.0	98.8	97.8	106.7	105.0
111.0	126.2	122.4	121.3	117.4	115.6	115.4	115.4	115.9	116.0
100.3	100.3	100.3	100.4	100.5	100.9	101.0	101.2	101.3	103.4
100.8	100.8	100.8	101.0	101.0	101.1	101.3	101.3	101.3	101.4
100.1	100.1	100.0	100.0	100.2	100.8	100.9	101.1	101.3	104.6
101.6	101.6	101.7	101.6	101.7	101.7	101.2	101.2	101.2	101.2
100.8	100.9	101.0	101.0	101.3	101.4	100.2	100.2	100.2	100.2
100.1	100.1	100.1	100.1	99.7	99.8	99.8	99.7	99.7	99.7
103.4	103.6	103.6	103.6	103.7	103.8	100.5	100.5	100.5	100.5
96.5	96.4	96.6	96.6	97.7	98.1	100.0	100.0	100.0	100.0
99.6	99.8	99.8	99.8	99.8	99.8	99.8	99.8	99.8	99.8
103.4	103.4	103.4	103.4	103.2	103.2	103.2	103.3	103.3	103.3
100.3	100.3	100.4	100.4	100.1	100.1	100.1	100.2	100.2	100.2
104.5	104.5	104.5	104.5	104.5	104.5	104.5	104.5	104.5	104.5
107.7	107.5	107.4	107.4	107.4	107.4	107.4	107.4	107.4	107.4
100.2	100.2	100.2	100.1	100.0	99.9	99.9	99.9	99.9	99.9
100.9	100.9	100.9	100.5	100.4	100.0	100.0	100.0	100.0	100.0
100.0	100.0	100.0	100.0	100.0	100.0	100.0	100.0	100.0	100.0
99.6	99.6	99.7	99.6	99.7	99.7	99.7	99.7	99.7	99.7
100.8	**96.7**	**94.0**	**87.5**	**86.2**	**84.8**	**86.5**	**86.8**	**89.4**	**98.3**
128.0	113.3	108.1	93.1	89.7	88.7	88.9	88.8	90.2	97.3
129.5	114.5	108.3	89.4	85.0	83.0	83.9	83.8	85.9	95.4
125.8	111.3	107.4	98.9	97.4	98.0	96.6	96.4	96.9	99.9
81.6	84.0	82.9	82.8	83.1	81.4	84.3	85.1	88.5	99.0
72.0	73.5	66.1	64.4	63.1	65.6	72.7	79.7	87.1	107.3
100.0	100.0	100.0	100.0	100.0	100.0	100.0	100.0	100.0	100.0
84.9	88.0	88.6	88.4	88.9	85.5	87.9	86.3	90.2	99.6
80.0	82.9	84.8	86.2	87.4	83.8	84.8	84.1	84.7	92.1
99.5	101.0	101.0	99.8	99.0	97.3	97.7	97.5	98.4	101.2
101.0	**100.0**	**98.1**	**94.9**	**94.6**	**95.1**	**95.9**	**97.2**	**98.5**	**99.5**
100.7	99.4	96.8	92.7	92.7	93.6	94.8	96.5	98.2	99.0
99.6	98.8	98.4	97.8	97.7	97.7	98.1	98.3	98.7	99.9
102.1	101.7	97.9	97.9	97.9	97.8	98.0	98.3	98.3	98.3
74.3	71.7	68.5	70.4	74.9	76.5	79.1	88.0	99.7	100.3
108.2	106.0	103.3	98.7	96.8	97.0	97.4	97.6	99.6	100.4
107.5	104.8	99.7	86.0	87.2	90.6	93.3	95.5	96.4	95.7
101.0	99.7	98.5	96.4	95.9	95.3	94.7	95.4	95.4	96.4
100.0	99.3	98.9	97.2	97.9	97.9	97.9	98.2	97.3	97.6
94.9	96.0	96.0	94.2	91.9	93.3	94.5	95.8	97.7	101.2
101.7	101.3	101.1	96.8	96.7	96.4	95.8	95.8	95.8	99.4
101.4	101.2	100.3	96.9	95.9	95.4	95.2	96.0	96.2	97.9
107.8	107.8	100.8	99.4	99.3	99.3	102.7	106.2	106.2	106.4
101.8	101.6	101.6	101.3	100.2	99.4	99.2	99.3	99.4	100.9
101.2	101.3	101.6	101.5	100.6	100.6	100.9	101.2	100.7	101.0
103.5	103.6	104.3	103.5	102.2	99.6	99.6	99.5	99.4	100.6
99.9	99.6	99.2	99.1	98.5	98.4	97.7	97.9	98.5	101.3
104.5	102.1	99.8	99.8	96.8	98.2	98.2	98.2	99.0	100.4

5-17 商品零售价格(环比)指数(2009年)

商品类别及品名	Commodity Category and Commodity Name	1 月 January	2 月 February	3 月 March
商品零售价格总指数	**Genaral Retail Price Index**	**100.8**	**100.1**	**99.7**
一、食　品	**Food**	**104.9**	**101.4**	**99.4**
1.粮　食	Grain	99.9	101.5	101.4
大　米	Rice	100.3	102.0	101.3
面　粉	Flour	100.4	102.1	102.8
粮食制品	Grain Products	99.8	100.9	100.2
其　他	Others	97.5	100.3	101.1
2.淀　粉	Starches	100.2	100.7	100.7
淀　粉	Starches	100.2	100.7	100.7
3.干豆类及豆制品	Beans and Beans Products	99.9	100.3	99.3
干　豆	Beans	98.1	102.6	99.6
豆制品	Beans Products	100.6	99.4	99.2
4.油　脂	Oil and Fat	98.7	99.1	99.2
食用植物油	Edible Vegetable Oil	98.4	99.0	99.6
植物油制品	Plant Oil Products	99.2	99.9	98.7
其　他	Others	100.6	97.7	95.6
5.肉禽及其制品	Meal,Poultry and Their Products	103.4	98.7	95.8
(1)食用畜肉及副产品	Edible Livestock Meat and Their By-products	105.3	98.3	92.9
猪　肉	Pork	107.8	97.7	89.4
牛　肉	Beef	100.9	99.7	99.8
羊　肉	Mutton	101.0	99.9	99.2
畜肉副产品	Livestock Meat By-products	102.3	98.3	96.8
其　他	Others	101.5	99.4	97.4
(2)禽	Poultry	101.8	99.1	99.9
鸡	Chicken	102.0	98.9	100.3
鸭	Duck	99.6	100.5	98.9
其　他	Others	102.2	99.2	98.6
(3)肉禽加工制品	Meal and Poultry Processing Products	100.6	99.4	99.6
畜肉制品	Livestock Meat Products	100.5	99.1	99.4
禽制品	Poultry Products	100.7	100.0	100.0
6.蛋	Eggs	101.3	99.0	99.9
鲜　蛋	Fresh Eggs	101.5	98.8	99.9
蛋制品	Egg Products	100.2	100.1	99.7
7.水产品	Aquatic Product	104.2	99.9	99.8
(1)鱼	Fish	102.8	99.5	99.3
淡水鱼	Freshwater Fish	100.3	99.1	100.5
海水鱼	Seawater Fish	105.2	99.9	98.2
(2)其他水产品	Freshwater Fish	106.3	100.5	100.6
虾蟹类	Shrimp and Crab	107.9	100.8	101.6
其　他	Others	103.3	99.9	98.5
8.菜	Vegetable	133.1	108.2	100.3
鲜　菜	Fresh Vegetable	139.4	109.0	100.1
干菜及菜制品	Dried Vegetable and Vegetable Products	99.9	100.8	99.6
薯　类	Potato	107.1	109.4	107.8
9.调味品	Flavoring	100.0	100.4	100.0
盐	Salt	100.0	100.3	99.9
酱　油	Soy Sauce	100.4	100.2	100.3
醋	Vinegar	99.9	100.4	100.2
味　精	Aginomoto	99.5	101.1	100.4
其　他	Others	99.9	100.4	99.0

Retail Price Index(2009)

(以上月价格为100 preceding month=100)

4 月 April	5 月 May	6 月 June	7 月 July	8 月 August	9 月 September	10 月 October	11月 November	12月 December
99.8	**99.6**	**99.3**	**100.0**	**100.2**	**100.5**	**99.7**	**100.5**	**101.5**
99.7	**99.1**	**97.5**	**99.7**	**101.0**	**101.7**	**98.5**	**101.2**	**104.8**
100.0	100.9	100.2	100.0	100.4	101.7	101.8	101.7	101.8
100.4	100.8	100.7	101.0	101.3	102.5	102.5	103.5	103.6
100.4	101.6	99.6	99.2	100.1	101.5	101.8	101.8	101.4
99.6	100.2	100.4	100.0	100.0	100.7	100.6	100.6	100.8
99.8	100.7	100.2	100.6	100.7	104.5	104.7	100.8	102.2
100.3	100.2	100.5	100.2	100.1	102.1	102.3	100.1	100.3
100.3	100.2	100.5	100.2	100.1	102.1	102.3	100.1	100.3
98.8	100.2	99.7	99.4	99.8	100.8	100.7	101.5	101.5
99.3	101.1	100.6	98.0	100.2	102.3	101.2	104.4	104.1
98.7	99.8	99.4	99.9	99.7	100.2	100.4	100.4	100.4
98.9	100.7	98.9	100.2	99.8	97.9	99.3	102.0	104.4
99.4	101.1	98.4	99.9	100.0	97.5	99.4	102.1	103.0
96.7	99.2	101.1	100.5	98.8	98.9	99.2	100.7	112.0
98.7	99.0	99.8	102.4	100.0	100.8	99.4	103.9	102.5
96.6	97.6	100.2	101.6	102.7	101.8	99.9	100.0	102.5
94.3	96.3	100.4	103.8	104.3	102.7	99.5	99.8	104.1
91.5	94.3	100.5	106.3	107.0	103.9	99.0	99.5	105.6
99.2	99.8	100.0	100.4	100.2	100.2	99.6	101.3	100.7
99.6	100.2	100.5	100.2	100.2	100.2	101.3	100.0	101.0
96.1	96.8	100.3	100.6	101.1	102.2	99.8	99.7	103.5
98.1	98.1	100.9	101.9	101.3	102.8	99.7	100.1	102.7
100.3	99.5	100.2	97.7	101.3	101.2	100.7	99.8	100.7
100.4	99.5	100.3	96.8	101.6	101.6	100.9	99.5	100.7
100.2	100.2	100.6	100.4	99.8	100.1	100.3	100.1	100.1
100.1	99.4	99.0	100.4	100.8	99.6	99.6	101.1	101.2
98.8	98.8	99.8	100.2	100.4	100.2	100.3	100.3	100.3
98.7	98.4	99.7	100.4	100.5	100.3	100.4	100.4	100.2
99.0	99.5	100.0	99.7	100.3	100.0	100.0	100.1	100.4
104.3	101.1	99.5	97.7	105.2	102.7	96.4	97.2	100.9
104.9	101.3	99.5	97.4	105.9	102.9	95.9	96.7	101.1
100.3	100.1	100.0	99.9	100.5	100.9	100.3	100.2	100.1
100.8	100.9	101.3	98.5	98.9	98.6	100.0	99.6	101.2
101.6	101.0	101.7	99.9	99.5	98.9	99.1	99.5	100.9
102.1	103.2	100.9	99.9	99.0	100.0	98.1	98.8	100.1
101.1	98.9	102.4	99.9	100.1	97.9	100.2	100.3	101.7
99.6	100.6	100.8	96.5	97.8	98.1	101.4	99.8	101.7
99.4	101.4	101.7	95.2	96.9	97.6	102.0	99.6	102.3
100.0	98.9	98.8	99.3	100.0	99.3	100.2	100.2	100.4
97.5	90.1	84.7	101.8	108.6	109.6	88.9	109.5	124.6
97.0	88.3	82.3	102.8	110.4	111.3	87.6	111.1	127.7
99.2	99.7	100.8	99.7	100.3	100.4	100.0	100.6	101.5
108.0	110.6	93.1	91.8	96.9	98.0	88.6	97.3	114.2
100.5	99.9	100.1	100.1	100.1	100.2	100.1	100.1	100.5
99.9	100.0	100.0	100.0	99.9	100.1	99.7	100.1	100.6
100.5	99.5	99.6	100.3	100.1	100.5	100.0	100.2	100.2
101.1	100.2	101.0	100.5	99.9	100.2	100.3	100.2	99.5
99.8	100.1	100.7	100.1	101.0	100.8	101.1	99.8	101.6
101.2	99.9	99.4	99.8	99.8	99.8	100.0	100.4	101.4

5-17 续表 1

商品类别及品名	Commodity Category and Commodity Name	1 月 January	2 月 February	3 月 March
10.糖	Carbohydrate	99.8	101.6	100.2
食　糖	Sugar	98.6	102.1	100.2
糖　果	Sweet	100.2	102.5	100.1
巧克力制品	Chocolate Products	100.4	99.9	100.0
糖类小食品	Little Carbohydr-ate Food	100.1	100.3	100.4
11.干鲜瓜果	Dried and Fresh Melons and Fruits	105.4	104.0	100.0
鲜瓜果	Fresh Fruits	106.7	105.0	100.1
干(坚)果	Dried Fruits	100.8	100.2	99.8
12.糕点饼干面包	Cake,Biscuit and Bread	100.6	99.9	100.1
糕　点	Cake	100.6	99.8	100.0
饼　干	Biscuit	100.0	100.0	99.9
面　包	Bread	101.4	99.9	100.2
13.液体乳及乳制品	Liquid Milk and Their Products	99.8	100.1	99.8
巴氏杀菌奶或消毒奶	Pasteurization Milk or Disinfection Milk	99.7	100.1	99.4
酸　奶	Leben	99.9	100.5	100.1
奶　粉	Milk Powder	100.2	99.7	100.9
其　他	Others	99.8	99.9	99.7
14.在外用膳食品	Outward Dinner	100.1	100.3	100.1
主　食	Staple Food	100.2	100.7	100.0
炒　菜	Hot Dish	100.0	100.1	100.0
地方小吃	Local Snack	100.1	100.2	100.5
15.其他食品	Other Foods	99.3	99.7	101.4
其他食品	Other Foods	99.3	99.7	101.4
二、饮料、烟酒	**Beverages, Tobacco,Liquor**	**99.9**	**100.0**	**100.4**
1.茶及饮料	Tea and Beverages	99.9	99.6	101.2
(1)茶叶	Tea	100.0	100.4	101.1
茶叶	Tea	100.0	100.4	101.1
(2)饮料	Beverages	99.8	99.2	101.2
固体饮料	Solid Beverages	100.6	100.2	99.9
液体饮料	Liquid Beverages	99.4	100.1	99.9
冷冻饮品	Frozen Beverages	100.0	96.8	104.8
2.烟草	Tobacco	99.7	100.0	100.2
国产卷烟	Domestic Cigarette	99.7	100.0	100.2
进口卷烟	Import Cigarette	99.5	100.4	100.0
其　他	Others	100.0	100.0	100.0
3.酒	Liquor	100.2	100.1	100.1
白　酒	White Spirit	100.1	100.2	100.0
葡萄酒	Grape	99.8	99.8	99.7
啤　酒	Beer	100.4	100.1	100.2
其　他	Others	100.4	100.0	99.9
三、服装、鞋帽	**Garments, Footgearand and Hats**	**99.2**	**99.3**	**100.0**
1.服装	Garments	99.1	99.2	100.0
(1)男式服装	Men's Garments	99.2	99.3	100.2
大　衣	Topcoat	98.7	98.4	100.6
毛线衣	Woollen Sweater	99.5	99.5	99.4
夹克衫	Jacket	99.7	98.6	100.7
衬　衫	Shirt	98.1	98.3	100.0
T恤衫	T-shirt	99.9	100.4	100.6
裤　子	Trousers	99.4	98.6	100.7
西　服	Western-style Clothes	98.4	100.3	100.8
运动衫裤	Gym Suit	99.1	100.3	100.9
内　衣	Underwaist	100.6	98.6	98.7

continued

(以上月价格为100 preceding month=100)

4 月 April	5 月 May	6 月 June	7 月 July	8 月 August	9 月 September	10 月 October	11月 November	12月 December
100.2	100.3	100.0	99.9	100.2	100.3	100.7	100.2	100.3
100.9	100.7	100.1	99.2	100.5	101.1	102.8	100.0	101.1
100.2	100.4	100.0	100.0	100.1	99.9	100.0	100.3	100.1
100.0	100.7	99.9	100.5	100.8	99.8	99.7	100.5	99.9
99.5	99.2	100.0	100.1	99.4	100.6	100.1	99.9	99.9
104.5	107.7	94.4	94.9	93.2	99.6	100.3	99.4	106.1
105.4	109.4	92.8	93.5	91.0	99.5	100.3	99.0	107.3
101.1	100.8	101.1	100.3	101.6	100.0	100.2	100.9	102.5
100.0	99.7	99.8	100.3	99.8	100.2	100.2	100.0	100.1
100.1	100.0	99.7	100.1	99.6	100.3	100.1	100.1	99.9
100.0	100.0	100.1	100.1	100.1	100.0	100.0	100.0	100.2
100.0	99.0	99.7	100.9	99.9	100.2	100.7	99.9	100.2
99.9	99.9	100.2	99.8	99.9	100.0	100.0	100.0	100.7
100.1	99.8	100.0	99.6	100.2	100.3	99.9	100.0	100.3
99.3	100.1	100.7	99.9	99.4	99.1	99.9	100.0	99.9
99.7	99.8	100.6	100.0	100.4	100.0	100.5	100.1	103.1
100.2	99.8	99.6	100.0	98.8	99.9	100.0	100.0	99.9
100.2	99.9	100.0	99.7	100.0	100.1	100.1	100.3	100.2
100.3	99.7	99.9	100.0	99.7	100.1	100.3	100.4	100.2
100.1	99.9	100.0	99.5	100.0	100.2	100.0	100.2	100.0
100.1	100.1	100.1	100.1	100.3	100.0	100.0	100.2	100.7
99.8	100.1	99.6	100.1	100.1	99.9	100.3	100.0	101.2
99.8	100.1	99.6	100.1	100.1	99.9	100.3	100.0	101.2
100.0	**99.9**	**100.1**	**100.3**	**100.3**	**100.3**	**100.1**	**100.0**	**100.2**
99.7	99.4	100.1	99.9	99.4	100.2	100.2	100.0	100.1
99.3	98.9	100.0	100.0	100.1	100.0	100.0	100.0	100.1
99.3	98.9	100.0	100.0	100.1	100.0	100.0	100.0	100.1
99.9	99.7	100.2	99.9	99.0	100.3	100.3	100.0	100.0
99.6	99.6	99.8	99.6	100.6	100.2	100.4	99.9	99.8
99.7	99.7	100.4	100.0	100.0	100.1	99.9	99.9	100.0
100.4	99.8	100.2	99.9	96.1	100.7	100.8	100.2	100.2
100.0	100.0	100.0	100.2	100.2	100.0	100.0	99.9	100.0
100.1	100.0	100.0	100.3	100.3	100.0	100.0	100.0	100.0
100.0	100.0	100.0	100.0	100.2	100.0	100.0	99.6	100.0
99.9	100.0	99.7	99.8	99.6	100.0	100.0	100.0	100.0
100.0	100.0	100.2	100.6	100.9	100.5	100.2	100.2	100.5
100.1	99.9	100.0	100.6	101.2	101.0	100.3	100.1	100.7
100.1	100.0	100.0	100.0	100.3	100.1	100.1	99.9	100.0
100.0	100.1	100.5	100.6	100.7	99.6	100.0	100.2	100.0
100.0	100.0	100.7	100.5	101.0	100.0	100.1	100.4	102.0
98.9	**99.5**	**99.8**	**99.4**	**99.9**	**99.9**	**100.6**	**99.9**	**99.9**
98.9	99.4	100.0	99.7	99.6	99.9	100.6	100.0	100.0
98.9	99.1	99.9	100.0	99.8	99.7	100.8	100.0	99.8
99.1	99.9	99.9	100.2	100.0	99.9	100.3	100.1	99.9
98.2	99.7	100.2	100.0	100.1	100.1	101.1	101.5	100.1
98.1	99.4	100.3	99.9	100.0	99.8	100.2	101.1	99.5
98.8	99.3	99.5	100.2	100.5	99.7	100.1	99.8	99.1
99.3	98.8	99.8	99.8	96.6	99.8	100.2	99.5	99.9
99.1	99.2	99.6	99.4	98.9	99.6	101.7	99.2	99.5
98.7	97.7	100.3	100.5	100.7	98.5	100.9	98.6	99.9
99.7	100.1	100.1	98.8	100.2	101.0	101.0	99.9	99.9
98.9	98.1	99.9	101.1	99.8	99.9	102.0	98.4	99.4

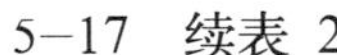

5-17 续表 2

商品类别及品名	Commodity Category and Commodity Name	1 月 January	2 月 February	3 月 March
羽绒衣	Eider Down Outerwear	99.4	100.2	99.9
其他	Others	100.0	98.9	98.4
(2)女式服装	Women's Garments	98.8	99.0	99.8
大衣	Topcoat	96.4	98.0	99.8
毛线衣	Woollen Sweater	99.5	99.4	99.4
羽绒衣	Eider Down Outerwear	98.4	99.3	99.5
套装	Coordinates	98.9	98.4	100.6
衬衫	Shirt	99.6	100.2	100.4
T恤衫	T-shirt	99.9	98.7	100.0
裙子	Skirt	97.3	97.5	100.7
裤子	Trousers	99.4	99.6	99.7
运动衫裤	Gym Suit	100.9	100.2	100.9
内衣	Underwaist	99.5	99.8	98.3
其他	Others	99.5	99.2	99.2
(3)儿童服装	Children's Garments	99.6	99.6	100.0
套装	Coordinates	99.3	99.4	99.9
裤子	Trousers	99.8	99.6	100.3
裙子	Skirt	100.0	100.0	100.0
其他	Others	99.2	100.1	100.1
2.鞋袜帽	Shoes,Socks and Hats	99.4	99.4	100.0
(1)鞋	Shoes	99.3	99.2	100.4
男鞋	Men's Shoes	99.2	98.5	100.4
女鞋	Women's Shoes	99.2	99.6	100.4
童鞋	Children's Shoes	99.8	99.9	100.5
(2)袜子	Socks	100.0	99.8	97.2
男袜	Men's Socks	100.0	99.6	100.0
女袜	Women's Socks	100.0	100.0	94.9
(3)帽子	Hats	100.2	100.4	100.0
男帽	Men's Hats	100.4	100.4	100.1
女帽	Women's Hats	100.1	100.5	99.9
3.其他	Others	100.0	100.2	100.2
领带	Necktie	100.0	100.2	100.2
四、纺织品	**Textiles**	**100.0**	**99.6**	**100.1**
1.衣着材料	Clothing Materials	100.1	99.9	100.0
棉布	Cotton Cloth	100.1	100.0	100.1
棉混纺布	Cotton Textiles Cloth	100.1	99.8	100.1
化纤布	Chemical Fiber Cloth	100.1	100.3	99.9
毛线	Knitting Wool	100.1	99.4	99.9
2.床上用品	Bedclothes	99.9	99.3	100.3
毛毯	Woollen Blanket	99.9	98.8	100.2
被子	Quilt	99.9	99.4	100.7
床上套件	Bed Articles	99.9	99.2	100.1
其他	Others	99.9	99.9	99.6
五、家用电器及音像器材	**Household Appliances, Music and Video Equipments**	**99.7**	**99.6**	**99.6**
1.家庭设备	Household Appliances	99.8	99.7	100.0
洗衣机	Washing Machine	99.2	99.0	99.6
电风扇	Electric Fan	100.0	100.0	100.0
电冰箱(柜)	Refrigerator	99.7	99.7	100.4
吸排油烟机	Kitchen Ventilato	100.6	100.2	100.6
空调器	Air-Conditioning	99.9	99.8	99.7
热水器	Water Heater	99.6	99.9	99.9
微波炉	Microwave Oven	99.9	100.1	100.1
电炊具	Electric Cooking Appliance	100.2	100.0	99.7

continued

(以上月价格为100 preceding month=100)								
4 月 April	5 月 May	6 月 June	7 月 July	8 月 August	9 月 September	10 月 October	11月 November	12月 December
99.2	100.0	99.8	99.8	100.0	99.8	100.0	103.4	101.1
98.9	100.1	100.0	99.9	99.9	99.9	100.1	99.9	100.2
99.0	99.5	100.0	99.6	99.4	99.9	100.5	100.0	100.1
99.3	100.0	100.0	100.0	100.0	100.1	100.0	100.4	99.9
97.9	100.0	100.1	100.0	99.9	99.5	101.1	100.3	100.6
98.5	99.7	100.0	100.0	100.0	99.8	100.2	101.1	101.0
97.9	100.0	99.9	99.8	100.2	99.8	100.5	100.1	99.9
99.5	99.5	100.4	100.2	99.5	99.7	100.2	99.6	100.2
100.6	99.8	99.3	99.1	96.4	99.3	100.7	99.9	99.8
99.2	99.6	99.9	98.4	97.8	99.5	99.8	100.0	99.7
99.6	98.8	100.8	98.3	97.8	101.1	100.4	100.3	99.7
100.9	101.2	100.3	99.5	100.6	100.1	100.8	99.6	99.9
98.7	97.8	99.6	100.5	100.6	100.0	101.4	98.6	100.0
97.6	98.1	99.9	100.3	100.7	99.5	100.5	99.4	99.9
98.6	99.8	99.9	98.9	99.6	100.1	100.3	100.0	100.1
97.6	99.6	99.8	99.9	100.4	100.2	100.2	100.0	100.1
99.7	99.8	100.0	99.0	100.0	99.7	100.4	99.8	100.1
99.2	100.2	99.9	96.8	97.6	100.3	100.6	100.3	100.1
99.8	99.9	99.9	99.2	100.0	100.0	100.2	100.1	99.8
98.7	100.3	99.3	98.8	100.5	100.0	100.5	99.9	99.8
98.5	100.2	99.1	98.6	100.6	100.0	100.6	99.8	99.8
98.3	100.2	99.2	98.6	100.9	100.0	100.7	99.8	99.9
98.4	100.2	98.8	98.1	100.7	100.1	100.7	99.8	99.8
99.1	100.2	100.0	99.7	99.9	99.8	100.1	100.0	99.7
99.6	100.3	99.9	100.0	100.1	100.2	100.4	100.0	100.0
99.6	100.2	100.0	99.9	100.0	100.0	100.4	100.0	100.0
99.6	100.4	99.8	100.0	100.1	100.3	100.4	100.0	100.0
99.7	100.3	100.0	99.9	99.9	99.9	100.3	100.1	100.0
99.7	100.4	100.0	99.8	100.0	99.8	100.4	100.1	100.0
99.7	100.2	100.0	100.0	99.9	99.9	100.2	100.0	100.0
100.0	96.2	99.9	100.1	100.0	100.0	100.2	99.7	100.2
100.0	96.2	99.9	100.1	100.0	100.0	100.2	99.7	100.2
99.8	**99.8**	**99.8**	**100.0**	**100.1**	**100.0**	**100.1**	**100.1**	**99.9**
100.0	100.0	100.0	100.0	100.1	99.9	100.1	100.1	100.0
100.0	100.0	100.0	100.0	100.3	99.9	100.2	100.0	100.0
100.0	100.1	100.1	100.0	100.0	99.9	100.1	100.0	100.0
99.9	100.0	100.0	100.0	100.0	99.9	100.1	100.1	100.0
99.9	100.0	100.0	100.0	100.0	99.9	100.1	100.1	100.0
99.7	99.6	99.7	99.9	100.1	100.1	100.0	100.2	99.9
99.8	100.0	99.6	100.1	100.2	100.2	100.1	99.8	99.6
99.8	99.2	99.6	99.9	101.1	99.9	99.8	100.7	99.3
99.7	99.5	99.7	99.8	99.2	100.0	100.2	100.1	100.5
99.7	100.3	100.0	99.9	100.2	100.1	100.0	99.9	100.0
99.8	**99.5**	**99.9**	**99.7**	**99.7**	**99.9**	**99.9**	**100.0**	**99.9**
99.8	99.7	99.9	99.6	99.7	100.0	100.0	100.0	99.8
99.5	99.9	99.9	99.6	100.1	99.8	100.4	100.0	99.9
100.0	99.7	100.0	99.3	99.2	99.7	99.7	99.6	100.0
99.9	99.4	100.2	100.1	99.8	100.5	100.0	99.9	99.7
99.8	100.1	100.4	99.6	99.7	99.9	99.9	99.9	99.8
100.0	99.7	99.5	99.4	99.7	100.2	99.9	99.9	99.9
100.0	100.0	100.1	99.5	99.3	99.8	100.0	100.3	99.4
99.4	99.3	99.7	99.9	99.7	99.4	99.5	100.3	100.1
99.9	100.1	99.8	99.9	99.7	100.2	100.0	99.9	100.0

5−17 续表 3

商品类别及品名	Commodity Category and Commodity Name	1 月 January	2 月 February	3 月 March
2.文娱用耐用消费品	Durable Consumer Goods For Recrea- tional Use	99.5	99.3	98.9
电 视 机	Television	99.2	99.4	98.1
激光视盘机	Laser Video Disc Machine	99.9	99.9	99.9
摄 像 机	Pickup Camera	99.5	98.9	99.7
家用音响设备	Acoustic Equipment	100.0	99.9	99.9
便携式音响	Portable Acoustics	100.1	98.0	99.5
其 他	Others	99.8	99.7	99.8
3.音像器材	Music and Video Equipments	100.0	100.0	100.1
专业音响器材	Specialized Aco-ustic Apparatus	100.0	100.0	100.1
专业声像器材	Specialized Aco- ustic Image Apparatus	99.9	100.0	100.0
六、文化办公用品	**Cultural and Office Applicances**	**100.1**	**100.1**	**100.0**
纸张本册	Paper and Volume	100.0	99.9	100.3
文 具	Stationery	100.0	100.0	100.0
电脑及配件	Computer and its Fitting	100.5	100.3	99.9
打印机及配件	Printer and its Fitting	99.8	99.9	100.2
扫 描 仪	Scanner	99.8	100.1	99.8
复 印 机	Xerox Machine	99.9	100.0	100.0
电子辞典	Electronic Dictionary	99.7	99.8	100.0
计 算 器	Calculator	100.1	100.0	99.5
教学设备	Teaching Equipment	100.0	100.0	100.0
其 他	Others	100.0	100.0	100.0
七、日用品	**Articles for Daily Use**	**99.9**	**100.0**	**100.0**
1.日用百货	General Merchandise for Daily Use	99.8	100.6	99.9
自 行 车	Bicycle	99.9	100.0	100.2
雨 具	Rain Gear	100.1	100.0	99.1
剃须刀具	Shaver	99.9	99.9	99.9
电 池	Battery	100.0	100.0	99.5
卫 生 纸	Tissue Paper	99.1	102.7	99.7
卫 生 巾	Sanitary Towel	100.0	100.3	100.2
其 他	Others	99.5	99.9	100.0
2.日用杂品	Sundry Articles	100.1	99.4	100.7
茶 具	Tea Set	100.1	98.6	101.2
餐 具	Tableware	100.0	99.1	100.9
厨 具	Kitchen Utensils	100.2	99.8	100.2
其 他	Others	99.8	100.1	100.7
3.洗涤用品	Washing Articles	100.0	99.8	99.5
洗 衣 粉	Washing Powder	100.1	99.6	100.4
肥 皂 类	Soap	99.6	99.4	98.0
牙 膏	Toothpaste	99.9	99.8	99.2
清洁洗涤剂	Cleaning Agent	100.3	100.4	100.0
4.其他日用品	Other Articles for Daily Use	99.9	100.1	100.1
燃气灶具	Gas-Oven	100.0	100.0	100.0
儿童玩具	Children's Toy	100.0	100.4	100.7
照明器具	Illumination Utensil	100.3	100.4	100.1
钟表眼镜及配件	Clocks,Glasses and Their Rittings	99.8	99.8	100.1
日用普通饰品	Common Ornament for Daily Use	99.7	100.3	100.0
日用皮革制品	Leatherware for Daily Use	99.4	99.5	99.5
其 他	Others	99.7	100.1	100.2

continued

(以上月价格为100 preceding month=100)

4 月 April	5 月 May	6 月 June	7 月 July	8 月 August	9 月 September	10 月 October	11月 November	12月 December
99.8	99.1	99.9	99.6	99.7	99.7	99.9	100.0	99.9
99.6	98.3	100.0	99.4	99.5	99.5	99.9	100.0	99.9
100.0	100.1	100.2	100.4	99.7	100.0	99.6	100.0	100.0
100.3	99.6	99.7	99.4	100.0	100.0	100.7	99.7	100.1
100.1	100.1	99.9	99.5	99.8	100.0	100.0	100.4	100.2
99.9	99.9	99.5	100.0	100.1	99.7	99.5	99.9	99.3
100.0	100.0	100.0	100.0	100.1	100.0	100.0	100.0	100.1
99.8	100.1	100.0	100.0	100.0	100.0	100.0	100.0	100.2
99.8	100.2	100.1	100.0	100.0	100.0	100.1	100.1	100.3
99.9	99.9	100.0	100.0	100.1	100.0	100.0	100.0	100.0
99.9	**100.0**	**100.0**	**99.9**	**100.1**	**99.1**	**99.8**	**99.9**	**100.0**
100.4	100.0	100.1	100.1	99.9	100.2	99.9	99.9	100.0
100.3	100.1	100.0	100.0	100.0	100.0	99.8	99.8	100.1
99.3	100.1	99.9	99.7	100.4	97.8	100.0	100.0	100.0
100.3	100.1	99.9	100.0	99.9	98.8	100.0	100.2	100.1
99.8	99.9	100.1	100.0	100.0	99.9	100.0	100.1	100.0
100.0	100.1	99.9	100.0	100.0	100.0	97.9	100.0	100.0
100.0	100.0	100.0	100.0	99.4	99.3	100.0	100.0	100.0
100.2	100.0	100.0	100.0	99.9	100.0	100.1	99.9	100.0
100.3	100.0	100.0	100.0	100.2	99.9	100.0	99.8	100.0
100.5	100.0	100.0	100.0	100.0	99.9	99.8	99.8	100.0
99.9	**100.0**	**99.6**	**100.2**	**100.0**	**100.1**	**100.1**	**99.8**	**99.9**
100.1	100.1	99.5	100.0	100.3	100.0	100.0	99.5	100.1
99.9	100.0	99.7	100.1	99.9	99.9	100.1	100.0	99.9
100.0	101.1	100.0	99.7	100.3	100.1	100.2	99.9	100.0
100.0	99.8	99.6	100.2	99.9	99.7	100.3	99.9	99.7
100.0	100.1	100.0	99.6	100.0	100.0	100.0	100.1	100.0
100.4	100.1	98.5	100.2	101.5	100.4	99.9	97.4	100.4
100.2	100.1	100.0	99.9	100.2	99.5	99.9	100.4	100.1
100.1	100.1	100.0	100.0	99.9	100.0	100.1	100.1	100.0
100.0	100.0	100.4	99.6	99.6	99.9	100.5	99.8	99.2
100.0	99.7	99.2	100.0	98.2	99.9	99.9	100.0	99.9
100.1	100.1	101.5	98.8	99.7	100.0	101.7	99.9	97.8
100.0	100.1	100.2	99.9	99.9	99.9	100.0	99.5	100.1
99.7	100.0	100.0	100.0	100.0	100.0	100.0	100.1	99.2
100.1	100.4	99.1	100.7	100.0	100.4	99.8	99.8	100.1
100.0	100.1	100.1	100.2	99.9	100.6	99.9	100.2	100.1
99.5	101.7	96.6	102.7	100.0	100.1	99.7	98.8	100.2
100.8	99.8	99.9	100.1	99.7	100.6	99.8	100.2	99.9
100.0	99.9	99.4	99.8	100.7	100.0	99.8	100.2	100.0
99.6	99.7	99.9	100.2	100.0	100.1	100.1	100.1	100.2
99.7	99.8	100.1	100.1	100.4	99.8	100.5	100.0	100.7
100.2	100.0	99.5	100.3	100.2	99.7	99.9	100.3	100.4
100.1	100.2	99.8	99.8	100.3	100.1	100.0	100.0	100.0
100.0	99.7	100.0	100.2	99.9	99.9	100.0	100.2	99.8
98.4	99.2	100.0	100.0	100.0	100.0	100.1	100.1	100.0
98.4	98.7	99.8	100.5	98.9	101.0	100.0	100.3	99.7
99.5	98.8	99.9	100.4	99.1	100.8	99.9	100.1	99.9

5-17 续表 4

商品类别及品名	Commodity Category and Commodity Name	1 月 January	2 月 February	3 月 March
八、体育娱乐用品	**Sports and Recreation Articles**	**99.9**	**100.1**	**99.9**
1.体育用品	Sports Articles	100.1	100.0	100.0
球　　类	Ball	99.9	100.0	99.8
棋　　牌	Chess and Cards	100.0	100.0	99.9
健身器材	Exercise Machine	100.3	100.0	100.1
2.娱乐用品	Recreation Articles	99.7	100.1	99.8
游艺器材	Entertainment Apparatus	100.0	100.1	100.1
照相器材	Photographic Apparatus	99.3	99.8	99.7
乐　　器	Musical Instrument	100.0	100.7	99.9
九、交通、通信用品	**Transportation and Com- munication Appliances**	**100.1**	**99.2**	**99.7**
1.交通运输机械	Transportation Machine	100.5	99.9	100.0
轿　　车	Car	101.5	99.7	100.0
客　　车	Bus	100.0	100.0	100.0
货　　车	Truck	99.9	100.1	99.9
摩 托 车	Motorcycle	99.8	99.8	100.0
其　　他	Others	100.9	100.0	100.0
2.通信器材	Telecommunications Facilities	99.4	97.9	99.1
固定电话机	Telephone	100.0	100.1	100.2
移动电话机	Mobile Phone	99.1	96.4	98.2
传 真 机	Fax Machine	99.7	100.0	100.1
其　　他	Others	100.0	100.0	100.0
十、家具	**Furniture**	**99.7**	**99.5**	**99.2**
柜	Cabinet	100.0	98.8	98.9
床	Bed	99.8	99.6	99.3
桌	Desk	99.9	99.6	99.1
椅	Chair	100.0	99.5	100.2
沙 发	Sofa	99.3	100.0	98.9
其 他	Others	99.1	99.9	100.0
十一、化妆品	**Cosmetics**	**100.0**	**99.8**	**100.2**
护 肤 品	Skincare Products	99.6	100.1	100.4
美容化妆品	Facial Beautifiers	100.2	100.0	100.0
护发美容品	Protects Sends the Beauty Products	100.2	99.1	100.1
清洁化妆用品	Cleaning Toiletware	100.2	99.8	100.1
药物美容用品	Medicinal Cosmetics	100.0	100.2	100.0
十二、金银珠宝	**Gold, Silver and Jewelry**	**100.3**	**102.1**	**101.1**
金 饰 品	Gold	101.0	104.8	102.0
银 饰 品	Silver	100.5	104.2	100.9
铂金饰品	Platinum	99.0	97.9	100.1
其　　他	Others	100.4	100.3	100.0
十三、中西药品及医疗保健用品	**Traditional Chinese and Western Medicines and Healthcare Articles**	**99.8**	**100.0**	**100.1**
1.医疗器具及用品	Medical Facilities and Goods	100.4	99.9	100.0
医疗器具及用品	Medical Facilities and Goods	100.4	99.9	100.0
2.中药材及中成药	Herbs and Ready- made Traditional Chinese Medicine	99.7	100.0	100.0
中 药 材	Herbs	99.1	99.9	100.1
中 成 药	Ready-made Tr-aditional Chin-ese Medicine	100.2	100.0	100.0
3.西药	Western Medicine	99.8	100.0	100.1
抗微生物药	Anti-microorga-nism Medicine	99.7	100.2	99.9
消化系统用药	Alimentary Sys-tem Medicine	99.3	99.8	99.3
呼吸系统用药	Respiratory System Medicine	99.8	100.0	100.0
解热镇痛及非甾体抗炎药	Allays a Fever the Analgesia and the Non-steroid Body Anti-inflammatory Agent	100.1	100.0	100.4
抗肿瘤药	Antineoplastic Drug	99.9	100.0	100.0

continued

(以上月价格为100 preceding month=100)								
4 月 April	5 月 May	6 月 June	7 月 July	8 月 August	9 月 September	10 月 October	11月 November	12月 December
100.0	**99.9**	**100.1**	**100.0**	**100.0**	**100.0**	**100.1**	**100.0**	**99.9**
100.1	100.1	100.1	100.0	100.1	99.9	99.9	99.9	99.8
100.0	100.2	100.0	100.0	100.2	100.0	100.0	100.0	100.0
100.2	100.1	100.2	100.0	100.0	100.0	99.9	99.8	100.0
100.0	100.2	100.0	100.0	100.0	99.9	99.9	99.8	99.5
99.8	99.7	100.1	100.1	99.9	100.0	100.4	100.2	100.0
99.7	100.3	100.3	100.2	100.0	100.0	101.2	101.0	100.3
99.8	99.2	99.9	100.0	99.8	99.9	100.1	99.8	99.9
100.0	100.0	100.0	100.1	100.0	100.0	100.0	100.1	100.1
99.7	**99.6**	**99.6**	**99.7**	**99.7**	**99.7**	**99.9**	**99.7**	**100.0**
100.0	99.9	99.8	100.1	99.9	99.8	100.0	100.0	100.0
100.0	100.0	99.9	100.0	99.7	99.5	100.0	100.0	99.9
100.0	99.8	100.0	100.4	100.0	100.0	100.0	99.7	100.0
100.0	100.0	99.4	100.4	100.0	100.0	100.0	100.0	100.0
100.0	99.8	99.4	100.1	100.0	100.0	100.1	100.0	100.0
100.0	100.0	100.5	99.5	100.1	100.0	100.0	100.0	100.2
99.0	99.0	99.2	98.8	99.3	99.4	99.5	99.2	100.0
100.0	100.0	99.9	99.5	99.9	100.0	100.0	100.0	99.9
98.3	98.2	98.6	98.2	99.0	98.9	99.1	98.6	99.8
100.0	100.0	99.9	99.6	100.1	100.0	100.1	100.1	100.5
99.8	100.0	100.0	99.9	98.0	99.8	100.0	98.4	100.0
100.5	**99.9**	**100.0**	**99.8**	**100.0**	**100.0**	**99.9**	**100.0**	**100.0**
100.8	99.7	100.2	100.0	99.9	100.0	99.7	100.3	100.2
100.2	100.1	100.0	99.6	100.0	99.8	100.0	100.0	99.9
100.7	99.7	99.8	99.6	99.9	100.0	99.9	100.0	100.2
99.9	100.0	100.0	100.0	100.0	100.0	100.0	99.8	99.8
100.8	100.0	99.8	99.9	100.0	100.0	100.1	100.0	99.9
99.9	100.1	100.1	100.0	100.1	99.9	100.2	100.0	100.2
99.9	**99.9**	**100.1**	**99.9**	**100.2**	**99.7**	**99.9**	**99.8**	**100.4**
100.0	99.9	100.0	100.0	99.9	99.5	100.0	99.7	100.0
100.1	99.7	100.3	99.7	100.1	99.8	100.0	99.9	101.2
99.7	99.7	100.5	100.6	100.1	99.7	100.3	99.9	100.1
99.8	100.1	99.7	99.9	100.3	99.8	100.2	99.3	100.4
99.9	99.9	100.1	98.8	101.2	99.9	98.5	100.6	99.8
99.6	**99.8**	**101.1**	**100.1**	**100.3**	**101.0**	**101.6**	**102.5**	**101.8**
99.4	100.6	102.0	99.7	100.0	102.0	102.8	103.8	102.7
99.4	97.7	100.9	101.3	101.1	99.7	101.5	101.9	100.9
100.1	99.8	100.3	100.1	100.5	100.5	100.3	101.5	101.3
99.7	99.6	100.2	100.0	100.0	100.0	100.0	100.0	100.0
100.3	**100.0**	**100.1**	**99.8**	**100.1**	**100.2**	**100.2**	**100.2**	**100.6**
99.9	99.9	100.0	99.6	99.9	99.9	100.3	100.9	101.3
99.9	99.9	100.0	99.6	99.9	99.9	100.3	100.9	101.3
100.3	100.1	100.3	99.8	100.4	100.7	100.7	101.7	100.6
100.3	100.1	100.6	100.0	101.1	101.2	101.5	103.8	101.4
100.3	100.1	100.0	99.6	99.9	100.3	100.1	100.0	100.0
100.5	99.9	100.0	99.8	100.0	99.9	100.0	99.2	100.4
100.0	100.3	100.7	100.2	100.1	99.9	100.1	97.5	100.8
100.0	99.6	99.5	99.6	100.0	100.1	100.2	97.4	100.9
100.1	98.4	98.8	100.5	99.9	100.2	100.0	99.5	100.0
102.5	100.5	100.2	99.3	100.4	98.9	100.0	99.9	100.7
99.9	99.9	101.0	99.4	100.0	99.4	100.0	99.7	100.0

5-17 续表 5

商品类别及品名	Commodity Category and Commodity Name	1月 January	2月 February	3月 March
激素及调节内分泌功能药	Hormone and Adjustment Internal Secretion Function Medicine	100.2	99.8	100.0
循环系统用药	Circulating System Medicine	99.9	99.9	100.2
神经系统用药	Nerve System Medicine	100.0	99.8	100.0
专科用药	Junior Medicine	99.4	100.3	99.9
其　他	Others	100.3	99.9	101.7
4.保健品及器具	Healthcare Equip-ment	100.0	99.9	100.2
保健器具	Health Protection Equipment	100.1	100.0	100.0
滋补保健用品	Tonic and Health Products	99.9	99.8	100.2
十四、书报杂志及电子出版物	**Books,Newspapers,Magazines and Electronic publications**	**100.6**	**100.0**	**100.0**
1.教材及参考书	Teaching Materials and Reference Books	100.1	100.1	100.0
工具书	Tool Book	99.8	100.0	100.0
教　材	Teaching Material	100.6	100.1	100.1
参考书	**ronic Publications**	99.7	100.1	100.0
教育软件	Educational Software	99.9	100.0	100.0
2.书报杂志	Books,Newspapers,Magazines	101.7	100.1	100.0
书　籍	Books	100.0	100.0	100.0
报　纸	Newspapers	102.0	100.0	100.1
杂　志	Magazines	104.3	100.3	100.0
3.电子音像制品	Electronic Publications	99.9	100.0	99.9
音响光盘和磁带	Acoustic Light Disk and Tape	100.0	100.0	100.0
录像磁带和视盘	Video Tape and Disk	100.0	100.0	100.0
计算机软件	Computer Software	99.8	100.0	99.9
十五、燃料	**Fuels**	**91.8**	**98.9**	**99.1**
1.煤炭及制品	Coal and Related Products	99.0	100.0	99.7
原　煤	Raw Coal	98.6	100.3	99.2
煤制品	Coal Products	99.4	99.7	100.2
2.石油及制品	Petroleum and Related Products	87.8	98.1	98.8
液化石油气	Liquefiled Petrol-eum Gas	95.6	96.5	95.5
管道燃气	Pipelined Gas	100.0	100.0	100.0
汽　油	Gasoline	79.7	98.4	101.6
柴　油	Diesel Oil	80.6	96.6	95.5
其　他	Others	99.8	99.8	99.4
十六、建筑材料及五金电料	**Building Materials and Hardware**	**99.8**	**99.6**	**99.5**
1.建筑装璜材料	Building and Decor- ation Materials	99.7	99.5	99.3
木　材	Wood	99.8	100.0	100.0
木地板	Wood Floor	100.0	99.2	99.7
钢　材	Steel Products	100.9	98.6	95.9
砖	Brick	99.9	100.9	99.2
水　泥	Cement	99.0	98.5	99.5
涂　料	Coating Material	99.3	99.0	99.6
胶合板	Plywood	99.3	99.5	99.4
玻　璃	Glass	98.8	99.0	99.8
粘　胶	Rayon	100.1	99.8	100.0
油　漆	Paint	100.1	99.5	99.7
其　他	Others	99.8	100.4	100.0
2.五金电料	Hardware	100.1	99.9	100.0
五金工具	Hardware Tools	100.0	100.0	100.0
电工电料	Electrical Engine-ering and Electr-ical Materials	100.2	100.0	100.1
水暖器材	Heating Equipment	100.0	99.8	100.1
其　他	Others	100.0	99.3	99.7

continued

(以上月价格为100 preceding month=100)								
4 月 April	5 月 May	6 月 June	7 月 July	8 月 August	9 月 September	10 月 October	11月 November	12月 December
100.2	100.3	100.4	99.3	99.7	100.0	100.4	99.9	100.3
99.9	101.0	99.5	99.6	100.0	100.0	100.0	100.1	100.2
100.0	99.8	100.0	99.2	99.7	100.0	99.6	99.7	100.0
99.3	100.2	99.5	100.3	99.6	101.1	99.5	101.1	99.6
103.8	98.7	99.4	99.9	100.0	100.0	100.0	100.1	100.0
100.0	100.0	100.1	100.0	100.2	100.2	100.0	100.5	101.1
100.0	100.0	100.2	100.0	100.0	100.1	100.0	100.0	100.0
100.0	100.0	100.0	100.1	100.2	100.3	100.1	100.7	101.7
100.0	**100.2**	**100.0**	**100.0**	**100.0**	**100.3**	**100.0**	**100.0**	**100.0**
100.1	100.1	100.0	100.0	100.0	100.7	100.0	100.0	100.0
100.0	100.4	100.0	99.8	100.0	100.0	100.0	100.0	100.1
100.2	100.0	100.0	100.0	100.0	100.7	100.0	100.0	100.0
100.0	100.0	100.0	100.2	100.0	101.3	99.9	100.0	100.0
100.0	100.0	100.0	100.0	100.0	100.5	100.0	100.0	100.0
100.0	100.4	100.0	100.0	100.0	100.0	100.0	100.0	100.0
100.0	100.1	100.0	100.0	100.0	100.0	100.0	100.0	100.0
100.0	100.0	100.0	100.0	100.0	100.0	100.0	100.0	100.0
99.9	101.5	100.0	100.0	100.0	100.0	100.0	100.0	100.0
100.0	100.0	100.0	100.1	100.0	100.0	100.0	100.0	100.0
100.0	100.0	100.0	100.1	100.0	100.1	100.0	100.0	100.0
100.0	100.0	100.0	100.3	100.0	100.0	99.9	99.9	99.9
100.0	100.0	100.0	100.0	100.0	99.8	100.0	100.0	100.0
99.9	**99.7**	**102.1**	**103.0**	**99.4**	**102.1**	**99.7**	**102.3**	**101.8**
97.1	99.6	99.8	99.9	99.8	100.6	100.2	101.0	100.9
95.4	99.9	100.0	99.9	99.4	100.0	100.2	101.7	101.0
99.0	99.2	99.6	99.9	100.3	101.1	100.3	100.2	100.8
101.7	99.7	103.5	104.8	99.2	103.0	99.4	103.0	102.3
99.7	95.6	99.2	100.0	103.6	107.8	103.0	105.0	107.7
100.0	100.0	100.0	99.6	100.0	100.0	100.0	100.0	100.0
103.2	100.2	105.9	108.5	97.6	103.3	97.7	104.7	102.1
103.4	102.3	108.4	109.4	97.7	102.3	98.8	102.2	100.9
100.4	100.0	100.2	100.3	100.0	100.8	99.9	100.6	100.2
99.8	**100.1**	**100.0**	**100.2**	**100.1**	**99.9**	**100.0**	**100.2**	**100.2**
99.8	100.2	100.1	100.4	100.2	99.7	100.0	100.3	100.1
99.6	99.8	99.5	100.1	100.1	100.3	100.2	100.0	100.1
100.1	100.0	99.7	99.8	100.1	100.1	100.2	100.6	99.9
99.2	101.6	102.1	104.0	100.3	96.2	97.8	101.9	100.6
100.2	100.0	100.0	100.1	100.2	99.9	100.1	100.0	100.2
98.9	100.2	100.3	100.0	100.4	100.4	99.8	99.9	99.2
100.0	100.1	99.9	99.8	100.1	100.1	100.3	99.9	99.9
99.8	100.4	100.0	99.9	99.8	99.6	100.4	99.9	100.0
100.8	100.2	100.0	100.3	100.7	100.0	100.6	101.0	101.1
100.0	100.0	99.7	99.9	100.0	99.8	100.3	100.3	100.6
99.5	100.1	99.9	99.9	100.1	99.6	100.0	100.5	100.0
99.9	100.0	99.6	100.0	100.1	101.7	101.7	100.1	100.0
100.1	99.9	99.9	99.7	99.9	100.4	100.0	100.0	100.5
100.0	100.1	100.2	100.0	99.7	100.1	100.1	100.0	100.2
100.1	100.2	99.9	99.5	99.7	100.4	100.0	100.0	100.2
100.1	99.9	99.8	99.6	99.9	100.7	100.0	100.0	101.0
99.9	98.7	100.0	100.3	100.7	100.0	99.9	100.1	100.2

5-18 城市商品零售价格(环比)指数(2009年)

商品类别及品名	Commodity Category and Commodity Name	1 月 January	2 月 February	3 月 March
商品零售价格总指数	**Genaral Retail Price Index**	**100.9**	**100.3**	**99.7**
一、食 品	**Food**	**105.2**	**101.7**	**99.3**
1.粮 食	Grain	100.2	100.7	101.3
大 米	Rice	101.5	101.0	101.0
面 粉	Flour	100.4	101.5	102.5
粮食制品	Grain Products	99.5	100.2	100.9
其 他	Others	98.4	100.1	99.9
2.淀 粉	Starches	100.2	100.6	100.4
淀 粉	Starches	100.2	100.6	100.4
3.干豆类及豆制品	Beans and Beans Products	99.9	99.7	99.3
干 豆	Beans	99.4	99.2	99.4
豆制品	Beans Products	100.0	99.8	99.3
4.油 脂	Oil and Fat	99.1	99.2	99.1
食用植物油	Edible Vegetable Oil	99.0	99.3	99.3
植物油制品	Plant Oil Products	98.9	98.3	98.4
其 他	Others	101.1	99.4	97.1
5.肉禽及其制品	Meal,Poultry and Their Products	103.1	99.3	95.4
(1)食用畜肉及副产品	Edible Livestock Meat and Their By-products	104.6	98.9	92.6
猪 肉	Pork	106.7	98.5	89.0
牛 肉	Beef	101.1	99.7	100.0
羊 肉	Mutton	101.3	100.1	99.4
畜肉副产品	Livestock Meat By-products	101.7	98.6	95.2
其 他	Others	100.6	99.4	98.5
(2)禽	Poultry	102.2	99.8	99.5
鸡	Chicken	102.6	99.6	99.5
鸭	Duck	100.5	100.2	99.4
其 他	Others	101.1	100.7	99.0
(3)肉禽加工制品	Meal and Poultry Processing Products	100.6	99.8	99.2
畜肉制品	Livestock Meat Products	100.5	99.6	98.9
禽制品	Poultry Products	100.9	100.3	99.7
6.蛋	Eggs	101.1	99.6	100.0
鲜 蛋	Fresh Eggs	101.3	99.6	100.1
蛋制品	Egg Products	99.7	99.9	99.7
7.水产品	Aquatic Product	105.8	100.8	99.4
(1)鱼	Fish	104.4	100.8	98.6
淡水鱼	Freshwater Fish	100.6	100.5	100.4
海水鱼	Seawater Fish	107.4	101.1	97.3
(2)其他水产品	Others Aquatic Product	107.4	100.8	100.2
虾蟹类	Shrimp and Crab	109.1	101.3	101.2
其 他	Others	103.9	99.8	97.9
8.菜	Vegetable	134.7	109.1	100.0
鲜 菜	Fresh Vegetable	140.8	109.7	99.9
干菜及菜制品	Dried Vegetable and Vegetable Products	99.4	100.9	98.7
薯 类	Potato	107.4	112.7	106.3
9.调味品	Flavoring	99.9	100.4	99.9
盐	Salt	99.9	99.9	100.1
酱 油	Soy Sauce	100.5	100.4	100.5
醋	Vinegar	99.5	100.7	100.1
味 精	Aginomoto	99.2	100.9	99.8
其 他	Others	99.8	100.6	98.5

Urban Retail Price Index(2009)

(以上月价格为100 preceding month=100)

4 月 April	5 月 May	6 月 June	7 月 July	8 月 August	9 月 September	10 月 October	11月 November	12月 December
99.6	**99.5**	**99.3**	**99.9**	**100.2**	**100.5**	**99.7**	**100.5**	**101.3**
99.4	**98.8**	**97.5**	**99.8**	**100.9**	**101.5**	**98.8**	**101.2**	**104.2**
99.9	100.6	100.3	100.1	100.5	101.7	101.4	102.1	102.1
100.4	100.6	100.8	100.5	101.7	103.3	101.7	104.2	104.3
100.4	100.8	99.7	100.1	100.2	101.5	101.4	102.0	101.7
99.4	100.4	100.4	99.8	99.9	100.4	100.5	100.5	100.6
99.1	101.2	99.7	100.1	100.9	103.0	104.7	102.8	102.6
99.9	100.3	100.3	100.6	100.3	102.6	103.2	100.3	100.3
99.9	100.3	100.3	100.6	100.3	102.6	103.2	100.3	100.3
98.6	100.2	99.7	99.8	99.8	100.4	100.8	101.5	101.4
98.4	102.1	100.4	100.0	100.6	101.5	102.2	105.7	105.1
98.6	99.7	99.6	99.7	99.6	100.1	100.5	100.5	100.4
98.1	100.1	100.4	99.7	100.3	98.2	99.5	101.9	105.0
98.9	100.4	100.1	99.5	100.5	98.1	99.5	102.1	101.8
94.6	99.0	101.8	100.6	98.5	97.7	99.3	100.8	121.8
98.5	99.7	100.1	100.5	103.1	101.4	99.4	103.0	101.3
95.9	96.9	100.3	102.1	103.2	101.9	100.0	100.3	102.3
93.2	95.6	100.8	103.9	105.0	102.7	99.8	100.2	103.6
89.9	93.0	101.3	106.4	108.4	104.1	99.3	100.0	105.2
98.6	100.0	100.4	100.2	100.2	100.4	100.2	100.7	100.5
99.6	100.2	100.3	100.3	100.1	100.5	100.2	101.0	100.5
95.1	96.4	99.3	102.2	101.4	101.1	100.6	99.7	102.6
98.2	98.0	100.7	101.0	101.1	102.4	100.7	100.6	101.7
100.4	99.0	99.3	99.4	102.3	102.0	100.2	100.2	100.9
100.4	99.1	98.9	99.3	103.1	102.3	100.2	100.2	101.2
99.8	98.6	100.9	99.7	99.5	100.3	101.2	100.1	100.1
100.8	98.4	100.1	100.1	99.4	101.3	99.6	100.3	99.7
98.9	98.4	100.0	100.3	100.1	100.3	100.4	100.5	100.5
98.8	97.7	99.9	100.5	100.1	100.5	100.6	100.4	100.6
99.1	99.9	100.1	99.8	100.2	99.9	100.0	100.6	100.1
103.7	101.5	99.0	97.9	104.8	102.1	96.8	96.8	100.8
104.1	101.8	98.9	97.6	105.3	102.4	96.3	96.4	100.9
100.7	99.5	99.4	100.2	100.8	100.0	100.5	100.3	99.9
100.6	100.5	101.9	98.2	98.9	98.2	100.1	99.4	100.8
101.4	100.4	103.0	100.3	99.8	98.7	98.6	99.3	100.4
102.2	102.9	103.1	100.2	98.8	99.9	97.3	98.0	99.3
100.8	98.4	103.0	100.4	100.6	97.8	99.6	100.3	101.2
99.7	100.7	100.6	95.9	97.8	97.7	102.0	99.5	101.4
99.6	101.6	101.6	94.5	96.8	97.0	102.7	99.2	101.9
100.0	98.5	98.4	99.2	99.9	99.1	100.5	100.2	100.4
96.7	89.4	85.2	101.5	109.2	108.8	90.1	108.2	121.6
96.2	87.8	83.2	102.2	111.0	110.2	89.1	109.3	124.1
99.1	99.5	101.3	99.1	100.5	100.8	100.0	101.2	101.6
105.0	108.7	93.2	93.9	94.4	99.0	90.6	99.5	109.8
100.9	99.8	100.3	100.1	100.2	100.4	100.1	100.2	100.4
99.9	99.9	100.0	99.7	99.9	100.2	100.0	100.2	99.9
100.9	99.7	100.0	100.3	99.9	100.8	100.0	100.3	99.9
101.9	100.3	101.4	100.7	100.0	100.2	100.5	100.3	99.3
99.7	99.1	101.3	100.2	103.0	101.3	100.4	99.7	101.8
101.7	99.9	99.1	99.6	99.7	99.7	100.0	100.6	102.4

5-18　续表 1

商品类别及品名	Commodity Category and Commodity Name	1 月 January	2 月 February	3 月 March
10.糖	Carbohydrate	100.0	100.5	100.1
食　糖	Sugar	99.1	100.3	99.7
糖　果	Sweet	100.1	100.7	100.2
巧克力制品	Chocolate Products	100.4	100.3	100.0
糖类小食品	Little Carbohydr-ate Food	100.1	100.4	100.5
11.干鲜瓜果	Dried and Fresh Melons and Fruits	106.5	104.6	99.9
鲜瓜果	Fresh Fruits	108.0	105.8	99.9
干(坚)果	Dried Fruits	101.3	100.1	99.8
12.糕点饼干面包	Cake,Biscuit and Bread	100.9	99.9	100.0
糕　点	Cake	100.8	99.7	99.9
饼　干	Biscuit	100.0	100.1	99.9
面　包	Bread	101.9	99.9	100.3
13.液体乳及乳制品	Liquid Milk and Their Products	99.8	100.1	99.8
巴氏杀菌奶或消毒奶	Pasteurization Milk or Disinfection Milk	99.6	100.1	99.2
酸　奶	Leben	99.9	100.8	100.1
奶　粉	Milk Powder	100.3	99.5	101.9
其　他	Others	99.7	99.9	99.7
14.在外用膳食品	Outward Dinner	100.1	100.3	100.2
主　食	Staple Food	100.2	100.8	100.3
炒　菜	Hot Dish	100.0	100.1	100.1
地方小吃	Local Snack	100.2	100.3	100.2
15.其他食品	Other Foods	99.4	99.5	101.1
其他食品	Other Foods	99.4	99.5	101.1
二、饮料、烟酒	**Beverages, Tobacco,Liquor**	**100.1**	**100.1**	**100.0**
1.茶及饮料	Tea and Beverages	100.1	99.9	100.2
(1)茶叶	Tea	100.0	100.0	99.9
茶叶	Tea	100.0	100.0	99.9
(2)饮料	Beverages	100.2	99.8	100.3
固体饮料	Solid Beverages	100.9	99.6	100.2
液体饮料	Liquid Beverages	100.1	100.2	100.1
冷冻饮品	Frozen Beverages	99.9	99.1	100.7
2.烟草	Tobacco	99.9	100.0	100.0
国产卷烟	Domestic Cigarette	100.0	100.0	100.0
进口卷烟	Import Cigarette	99.3	100.0	100.0
其　他	Others	100.0	100.0	100.0
3.酒	Liquor	100.3	100.3	100.0
白　酒	White Spirit	100.2	100.3	100.0
葡萄酒	Grape	99.6	99.7	99.5
啤　酒	Beer	100.5	100.4	100.1
其　他	Others	100.9	100.0	99.9
三、服装、鞋帽	**Garments, Footgearand and Hats**	**99.0**	**99.8**	**100.3**
1.服装	Garments	98.9	99.9	100.2
(1)男式服装	Men's Garments	99.0	99.6	100.5
大　衣	Topcoat	98.0	98.6	100.7
毛 线 衣	Woollen Sweater	98.7	99.3	100.6
夹 克 衫	Jacket	99.5	100.1	101.8
衬　衫	Shirt	99.0	99.5	100.0
T 恤 衫	T-shirt	99.9	100.6	100.8
裤　子	Trousers	99.2	98.1	100.9
西　服	Western-style Clothes	97.7	100.4	101.1
运动衫裤	Gym Suit	98.9	100.4	101.1
内　衣	Underwaist	100.3	99.9	98.4

continued

(以上月价格为100 preceding month=100)

4 月 April	5 月 May	6 月 June	7 月 July	8 月 August	9 月 September	10 月 October	11月 November	12月 December
99.8	100.2	100.1	100.2	100.0	100.2	100.1	100.2	100.0
100.2	100.3	100.4	100.3	99.9	101.0	100.8	100.1	100.0
99.9	100.0	100.1	100.0	100.1	99.9	99.9	100.2	100.1
99.9	100.6	99.9	100.6	100.7	99.8	99.7	100.5	99.8
99.3	99.9	100.0	100.0	99.2	100.2	100.1	99.9	100.2
104.1	105.9	93.1	96.2	92.0	100.0	99.7	100.6	105.3
104.9	107.0	91.3	95.2	89.8	100.0	99.4	100.4	106.2
101.1	101.0	101.3	100.2	100.4	100.0	100.7	101.1	102.1
100.0	99.6	100.2	99.9	99.8	100.2	100.3	100.1	99.8
100.0	100.0	99.9	99.7	99.5	100.4	100.1	100.2	99.5
100.0	100.0	100.3	100.2	100.1	100.1	100.0	100.0	99.8
99.9	98.7	100.5	100.0	99.9	100.2	100.9	99.9	100.3
99.8	99.9	100.2	99.8	99.9	99.9	100.0	100.0	100.7
100.0	99.8	100.0	99.6	100.2	100.3	99.9	99.9	100.0
99.2	100.2	100.7	99.9	99.3	98.9	99.9	100.0	99.9
99.7	100.0	100.7	100.6	100.6	99.1	100.5	100.2	105.1
100.3	99.7	99.5	100.0	98.4	100.0	100.0	100.0	99.9
100.1	99.6	100.0	99.7	100.0	100.1	100.2	100.3	100.2
100.4	99.2	99.9	99.9	99.7	100.0	100.3	100.4	100.2
100.1	99.9	100.1	99.5	100.2	100.2	100.2	100.3	100.0
99.8	99.6	100.1	100.1	100.2	100.0	100.0	100.2	100.8
99.8	100.3	99.8	100.1	100.3	100.0	100.5	100.2	100.9
99.8	100.3	99.8	100.1	100.3	100.0	100.5	100.2	100.9
100.0	**100.0**	**100.2**	**100.2**	**100.5**	**100.3**	**100.1**	**100.1**	**100.2**
99.9	99.8	100.2	99.7	100.0	100.3	100.1	100.0	100.1
99.8	100.0	100.0	100.0	100.1	100.0	100.0	100.0	100.2
99.8	100.0	100.0	100.0	100.1	100.0	100.0	100.0	100.2
99.9	99.7	100.3	99.5	100.0	100.5	100.2	100.0	100.1
99.4	99.5	99.7	99.2	100.5	100.2	100.7	99.8	100.1
100.0	99.5	100.6	99.4	100.0	100.2	99.9	99.8	99.9
100.1	100.4	100.3	99.8	99.6	101.2	100.3	100.3	100.3
99.9	100.0	100.0	100.3	99.9	100.0	100.0	99.9	100.0
99.9	100.0	100.0	100.4	100.0	100.0	100.0	100.0	100.0
100.0	100.0	100.0	100.0	100.1	100.0	100.0	99.4	100.0
99.7	100.0	100.0	99.3	98.7	100.0	100.0	100.0	100.0
100.0	100.0	100.3	100.6	101.1	100.6	100.3	100.3	100.5
100.2	99.9	100.0	100.7	101.7	101.4	100.4	100.3	100.7
100.0	100.0	100.1	100.0	100.5	100.1	100.3	99.9	100.0
99.8	100.2	100.9	100.5	100.6	99.4	100.0	100.4	99.9
100.0	99.9	99.9	100.1	99.6	100.0	100.1	100.5	104.3
99.2	**99.6**	**99.6**	**99.3**	**99.9**	**99.9**	**100.8**	**99.9**	**99.9**
99.3	99.3	100.0	99.7	99.5	99.8	100.8	100.0	100.0
99.0	99.2	99.9	100.0	99.7	99.7	101.1	100.0	99.8
99.8	99.8	99.9	100.3	100.1	100.1	100.5	100.1	99.8
98.9	99.6	100.2	100.1	100.1	100.2	101.5	102.0	100.1
98.2	99.0	100.4	99.8	99.8	99.7	100.2	101.5	99.2
98.8	99.0	99.3	99.8	100.7	99.6	100.1	99.7	98.8
99.0	98.3	99.6	99.6	95.2	99.8	100.3	99.3	99.9
99.0	99.3	99.4	99.3	98.8	99.6	102.1	99.0	99.3
98.1	98.8	100.4	100.8	101.0	97.9	101.3	98.0	99.8
99.6	100.5	100.1	98.6	100.2	101.1	101.2	99.9	99.9
99.1	97.5	99.9	101.4	99.8	99.9	102.5	97.9	99.3

5-18 续表 2

商品类别及品名	Commodity Category and Commodity Name	1 月 January	2 月 February	3 月 March
羽绒衣	Eider Down Outerwear	99.2	100.2	100.1
其　他	Others	100.0	98.8	98.0
(2)女式服装	Women's Garments	98.7	100.2	100.0
大　衣	Topcoat	95.5	99.2	100.0
毛线衣	Woollen Sweater	98.4	99.3	99.3
羽绒衣	Eider Down Outerwear	99.0	100.5	100.0
套　装	Coordinates	99.3	101.0	100.8
衬　衫	Shirt	99.6	100.3	100.5
T 恤衫	T-shirt	99.9	100.0	100.0
裙　子	Skirt	99.0	101.3	101.0
裤　子	Trousers	98.9	100.6	100.8
运动衫裤	Gym Suit	101.0	100.3	101.2
内　衣	Underwaist	99.4	100.2	98.1
其　他	Others	100.0	99.6	99.0
(3)儿童服装	Children's Garments	99.2	99.2	100.1
套　装	Coordinates	98.4	98.7	99.9
裤　子	Trousers	99.6	99.2	100.6
裙　子	Skirt	100.0	100.0	100.0
其　他	Others	99.0	99.4	100.2
2.鞋袜帽	Shoes,Socks and Hats	99.2	99.6	100.5
(1)鞋	Shoes	99.0	99.5	100.6
男　鞋	Men's Shoes	98.9	99.6	100.6
女　鞋	Women's Shoes	98.8	99.4	100.6
童　鞋	Children's Shoes	99.8	100.0	100.7
(2)袜子	Socks	100.0	99.7	99.8
男　袜	Men's Socks	100.0	99.4	100.0
女　袜	Women's Socks	100.0	100.0	99.6
(3)帽子	Hats	100.7	100.6	100.0
男　帽	Men's Hats	101.0	100.3	100.1
女　帽	Women's Hats	100.5	100.8	100.0
3.其他	Others	100.0	100.4	100.3
领　带	Necktie	100.0	100.4	100.3
四、纺织品	**Textiles**	**100.0**	**99.8**	**100.3**
1.衣着材料	Clothing Materials	100.2	99.9	99.9
棉　布	Cotton Cloth	100.2	100.0	100.2
棉混纺布	Cotton Textiles Cloth	100.2	99.6	99.9
化纤布	Chemical Fiber Cloth	100.2	99.9	99.7
毛　线	Knitting Wool	100.2	100.0	99.9
2.床上用品	Bedclothes	99.9	99.8	100.5
毛　毯	Woollen Blanket	99.8	99.8	100.4
被　子	Quilt	99.8	99.8	100.9
床上套件	Bed Articles	99.9	99.8	100.4
其　他	Others	99.9	99.9	100.2
五、家用电器及音像器材	**Household Appliances, Music and Video Equipments**	**99.6**	**99.7**	**99.6**
1.家庭设备	Household Appliances	99.8	99.8	100.1
洗衣机	Washing Machine	99.0	99.7	100.4
电风扇	Electric Fan	100.0	100.0	100.0
电冰箱(柜)	Refrigerator	99.6	99.6	100.5
吸排油烟机	Kitchen Ventilato	100.9	99.9	99.7
空调器	Air-Conditioning	99.9	99.8	99.9
热水器	Water Heater	99.4	99.8	100.0
微波炉	Microwave Oven	99.9	100.0	100.0
电炊具	Electric Cooking Appliance	100.4	100.1	99.8

continued

(以上月价格为100 preceding month=100)

4 月 April	5 月 May	6 月 June	7 月 July	8 月 August	9 月 September	10 月 October	11月 November	12月 December
99.6	100.0	99.8	99.7	100.1	99.8	100.0	104.4	101.6
100.0	100.1	100.0	99.9	99.9	99.9	100.1	99.8	100.3
99.5	99.2	100.0	99.7	99.3	99.9	100.7	100.0	100.1
99.7	100.0	100.0	100.0	100.0	100.1	100.0	100.5	99.9
98.9	99.9	100.1	100.0	99.9	99.3	101.5	100.4	100.8
99.5	99.5	100.0	100.0	100.1	99.6	100.3	101.6	101.4
99.5	100.0	99.8	99.8	100.3	99.7	100.6	100.2	99.8
99.4	99.3	100.6	100.3	99.3	99.6	100.3	99.5	100.2
100.8	99.7	99.0	98.8	95.1	99.0	100.9	99.8	99.7
99.7	99.4	99.7	98.1	97.5	99.3	99.7	100.0	99.7
99.4	98.3	101.1	98.6	97.1	101.5	100.6	100.4	99.6
99.3	99.9	100.4	99.3	100.6	100.2	101.1	99.4	99.9
99.5	97.3	99.5	101.0	100.7	100.1	101.7	98.3	99.9
98.6	97.4	99.8	100.3	100.7	99.3	100.7	99.1	99.9
99.8	100.0	99.7	98.7	99.5	100.1	100.6	100.0	100.1
99.4	100.1	99.7	99.7	100.0	100.4	100.3	99.9	100.3
100.3	99.7	100.0	99.7	100.0	99.5	100.7	99.7	100.1
99.7	100.1	99.6	95.9	97.9	100.6	101.1	100.5	100.1
99.5	99.8	99.8	100.3	99.9	100.1	100.4	100.3	99.6
98.9	100.5	98.9	98.2	100.9	100.0	100.9	99.8	99.7
98.8	100.5	98.7	97.8	101.1	100.0	101.0	99.8	99.7
98.9	100.5	98.8	97.9	101.4	100.0	101.1	99.7	99.8
98.4	100.4	98.2	97.2	101.2	100.1	101.1	99.7	99.6
99.9	100.4	100.0	99.7	100.1	99.8	100.2	99.9	99.4
99.4	100.5	99.8	100.0	100.1	100.3	100.6	100.0	100.0
99.4	100.4	100.0	100.1	100.1	99.9	100.7	100.0	100.0
99.3	100.6	99.7	100.0	100.0	100.5	100.6	100.0	100.0
99.6	100.5	100.0	99.8	100.0	99.7	100.4	100.1	100.0
99.6	100.7	100.0	99.6	100.0	99.7	100.7	100.2	100.0
99.6	100.3	100.0	100.0	100.0	99.8	100.2	100.0	100.0
100.0	99.8	99.8	100.1	100.0	100.0	100.3	99.5	100.3
100.0	99.8	99.8	100.1	100.0	100.0	100.3	99.5	100.3
99.7	**99.8**	**99.8**	**99.9**	**100.3**	**100.0**	**100.2**	**100.1**	**99.9**
99.9	100.1	100.0	100.0	100.2	99.8	100.3	100.1	99.9
100.0	100.1	100.0	100.1	100.6	99.8	100.4	100.0	99.9
100.1	100.2	100.1	100.1	100.0	99.8	100.3	100.1	99.9
99.8	100.1	100.0	100.0	100.0	99.7	100.3	100.2	99.9
99.8	100.0	100.0	100.0	100.0	99.9	100.2	100.3	100.0
99.6	99.6	99.6	99.8	100.4	100.1	100.2	100.1	100.0
99.7	100.0	99.4	100.2	100.4	100.4	100.1	99.6	99.4
99.7	99.1	99.7	99.6	101.1	99.9	100.2	100.4	99.4
99.5	99.5	99.5	99.7	100.0	100.0	100.3	100.1	100.7
99.6	100.5	100.0	99.9	100.2	100.1	100.0	99.9	100.0
99.7	**99.6**	**99.7**	**99.5**	**99.7**	**100.0**	**99.9**	**100.0**	**99.9**
99.8	99.6	99.7	99.6	99.7	100.1	99.8	100.0	99.8
99.3	99.9	99.7	99.4	99.8	100.0	100.2	100.2	99.9
99.8	99.7	99.4	99.3	99.3	99.8	99.7	100.1	99.9
99.9	99.2	100.1	100.1	99.8	100.6	100.0	100.0	99.6
99.7	100.4	99.8	99.4	99.6	99.8	99.8	99.9	99.8
100.0	99.5	99.3	99.3	99.7	100.3	99.7	99.9	100.0
100.1	99.9	100.1	99.4	99.6	99.8	99.5	100.3	99.7
99.1	98.6	99.9	99.9	99.6	99.1	99.7	100.6	99.8
99.7	100.3	99.7	99.9	99.4	100.3	100.1	100.0	100.0

5−18 续表 3

商品类别及品名	Commodity Category and Commodity Name	1 月 January	2 月 February	3 月 March
2.文娱用耐用消费品	Durable Consumer Goods For Recrea- tional Use	99.3	99.6	98.8
电 视 机	Television	98.6	99.2	97.7
激光视盘机	Laser Video Disc Machine	100.1	100.0	99.9
摄 像 机	Pickup Camera	99.5	99.9	99.6
家用音响设备	Acoustic Equipment	100.0	100.0	99.9
便携式音响	Portable Acoustics	100.3	100.1	99.8
其 他	Others	99.8	100.0	99.7
3.音像器材	Music and Video Equipments	99.9	100.0	100.0
专业音响器材	Specialized Aco-ustic Apparatus	100.0	100.0	100.0
专业声像器材	Specialized Aco- ustic Image Apparatus	99.9	100.0	100.0
六、文化办公用品	**Cultural and Office Applicances**	**100.2**	**100.2**	**100.0**
纸张本册	Paper and Volume	99.6	100.2	100.0
文 具	Stationery	100.0	100.0	100.0
电脑及配件	Computer and its Fitting	100.7	100.6	99.9
打印机及配件	Printer and its Fitting	99.8	100.0	100.1
扫 描 仪	Scanner	100.0	100.0	99.9
复 印 机	Xerox Machine	99.8	100.0	100.0
电子辞典	Electronic Dictionary	100.0	99.6	100.0
计 算 器	Calculator	100.2	100.0	100.0
教学设备	Teaching Equipment	100.0	100.0	100.0
其 他	Others	100.0	100.0	100.0
七、日用品	**Articles for Daily Use**	**99.9**	**100.0**	**100.1**
1.日用百货	General Merchandise for Daily Use	99.7	100.0	99.9
自 行 车	Bicycle	99.8	100.1	99.9
雨 具	Rain Gear	100.1	100.0	100.0
剃须刀具	Shaver	100.0	99.9	99.9
电 池	Battery	100.0	100.0	99.8
卫 生 纸	Tissue Paper	99.2	99.8	99.6
卫 生 巾	Sanitary Towel	100.0	100.4	100.2
其 他	Others	99.3	99.8	100.0
2.日用杂品	Sundry Articles	100.1	100.0	100.2
茶 具	Tea Set	100.1	99.9	100.1
餐 具	Tableware	100.0	100.3	99.8
厨 具	Kitchen Utensils	100.2	99.8	100.2
其 他	Others	99.8	100.2	100.9
3.洗涤用品	Washing Articles	100.0	99.7	100.0
洗 衣 粉	Washing Powder	100.1	100.4	100.1
肥 皂 类	Soap	99.8	98.6	99.8
牙 膏	Toothpaste	99.8	99.7	99.8
清洁洗涤剂	Cleaning Agent	100.4	99.9	100.0
4.其他日用品	Other Articles for Daily Use	99.9	100.2	100.3
燃气灶具	Gas-Oven	100.0	100.0	100.1
儿童玩具	Children's Toy	100.0	100.5	100.9
照明器具	Illumination Utensil	100.4	100.6	100.1
钟表眼镜及配件	Clocks,Glasses and Their Rittings	99.7	99.6	100.2
日用普通饰品	Common Ornament for Daily Use	100.0	100.3	100.0
日用皮革制品	Leatherware for Daily Use	99.2	99.8	99.8
其 他	Others	99.5	100.1	100.3

continued

(以上月价格为100 preceding month=100)								
4 月 April	5 月 May	6 月 June	7 月 July	8 月 August	9 月 September	10 月 October	11月 November	12月 December
99.6	99.3	99.7	99.3	99.7	99.7	100.0	100.0	100.0
99.1	98.7	99.6	99.0	99.4	99.4	99.9	100.0	99.8
100.0	100.1	100.0	100.0	99.9	100.0	100.0	100.0	100.0
100.3	99.5	99.7	99.3	100.0	100.0	100.9	99.7	100.2
100.1	100.1	99.9	99.4	99.7	100.0	100.0	100.6	100.3
99.9	99.9	99.6	99.2	100.2	99.5	99.1	99.8	100.0
100.0	100.0	100.0	100.0	100.3	100.0	100.0	100.0	100.1
100.0	100.0	100.0	100.0	100.1	100.0	100.0	100.0	100.3
100.0	100.0	100.0	100.0	100.0	100.0	100.0	100.1	100.6
100.1	99.9	100.0	100.0	100.1	100.0	100.0	100.0	100.0
99.8	**100.0**	**100.0**	**99.9**	**100.2**	**98.7**	**99.7**	**100.0**	**100.0**
100.0	99.9	100.1	100.3	99.7	100.4	100.1	100.1	100.1
100.0	100.1	100.0	100.0	100.0	100.0	99.8	100.0	100.0
99.6	99.9	99.9	99.6	100.5	96.9	100.0	99.9	99.9
99.9	100.0	100.1	100.0	99.7	98.4	100.1	100.0	100.0
99.7	99.8	100.1	100.0	100.0	99.9	99.9	100.2	100.0
100.0	100.1	99.9	100.0	100.0	100.0	97.0	100.0	100.0
100.0	100.0	100.0	100.0	100.1	100.0	100.0	100.0	100.0
100.0	100.0	100.0	100.0	100.0	100.0	100.1	100.0	100.0
100.0	100.0	100.0	100.0	100.4	99.9	100.1	100.0	100.0
100.0	100.0	100.0	100.0	100.0	99.7	100.3	100.0	100.0
100.0	**99.8**	**100.0**	**99.9**	**99.9**	**100.1**	**99.9**	**100.0**	**100.0**
100.2	100.0	99.8	99.9	100.0	99.9	100.0	100.0	100.0
100.1	100.0	99.5	100.0	100.0	100.0	100.0	100.0	100.0
99.8	99.9	100.0	99.7	100.3	100.2	100.5	100.0	100.0
100.0	99.7	99.5	100.2	99.9	99.6	100.4	99.8	99.5
100.0	100.2	100.0	99.4	100.0	100.0	100.0	100.1	100.1
100.7	100.1	99.8	99.8	99.9	100.3	99.8	100.1	100.0
100.2	100.1	100.0	99.8	100.3	99.3	99.7	99.8	100.2
100.2	100.1	100.0	100.0	99.8	100.1	100.1	100.1	100.0
100.0	100.0	100.0	100.0	99.9	99.9	100.1	99.7	99.8
100.0	99.9	100.0	100.0	100.1	99.9	99.9	100.0	99.9
100.1	100.1	100.0	100.4	99.6	100.0	100.3	99.9	99.7
100.0	100.0	100.1	99.8	99.9	99.8	100.0	99.3	100.1
99.6	100.0	100.0	100.0	100.0	100.0	100.0	100.2	99.1
100.1	99.8	100.1	99.9	99.8	100.3	99.7	100.0	100.1
99.8	100.0	100.8	100.2	99.9	100.7	100.0	100.0	100.1
99.9	99.5	99.3	99.8	99.2	100.2	99.3	100.1	100.0
100.9	99.9	100.1	99.8	99.3	100.1	99.7	100.1	100.0
100.0	99.8	99.9	99.8	100.8	100.1	99.8	100.0	100.0
99.6	99.5	99.9	99.9	99.8	100.1	100.0	100.2	100.1
99.8	99.9	100.0	99.5	100.0	100.0	100.2	100.0	100.4
100.2	100.1	100.0	99.7	100.3	99.7	99.8	100.3	100.6
100.1	100.1	99.9	99.7	100.4	100.1	100.0	100.0	100.0
100.0	99.6	100.1	100.3	99.9	99.8	99.9	100.3	100.0
97.7	98.8	100.0	100.0	100.0	100.0	100.0	99.9	99.9
98.6	98.1	99.7	100.7	98.3	101.5	100.1	100.5	99.5
99.1	98.1	99.8	100.6	98.6	101.2	100.0	100.2	99.8

5-18 续表 4

商品类别及品名	Commodity Category and Commodity Name	1 月 January	2 月 February	3 月 March
八、体育娱乐用品	**Sports and Recreation Articles**	**99.8**	**100.0**	**99.9**
1.体育用品	Sports Articles	100.0	100.0	100.1
球　类	Ball	99.9	100.0	99.7
棋　牌	Chess and Cards	100.0	100.0	99.8
健身器材	Exercise Machine	100.1	100.0	100.4
2.娱乐用品	Recreation Articles	99.6	100.0	99.7
游艺器材	Entertainment Apparatus	100.1	100.1	100.2
照相器材	Photographic Apparatus	99.1	99.8	99.3
乐　器	Musical Instrument	100.0	100.0	99.9
九、交通、通信用品	**Transportation and Com- munication Appliances**	**100.3**	**99.0**	**99.6**
1.交通运输机械	Transportation Machine	100.7	99.9	100.0
轿　车	Car	101.7	99.7	100.0
客　车	Bus	100.0	99.9	100.0
货　车	Truck	100.0	100.1	100.0
摩托车	Motorcycle	100.0	100.0	99.9
其　他	Others	100.2	100.0	100.0
2.通信器材	Telecommunications Facilities	99.3	97.1	98.7
固定电话机	Telephone	99.9	99.8	100.0
移动电话机	Mobile Phone	99.0	95.4	97.9
传真机	Fax Machine	99.6	100.0	100.2
其　他	Others	100.0	100.0	100.0
十、家具	**Furniture**	**100.0**	**99.9**	**100.0**
柜	Cabinet	100.4	99.1	100.0
床	Bed	100.1	100.0	100.0
桌	Desk	100.0	100.0	100.0
椅	Chair	100.0	100.3	100.0
沙 发	Sofa	99.4	100.5	100.0
其 他	Others	100.2	100.1	100.0
十一、化妆品	**Cosmetics**	99.7	99.8	100.2
护肤品	Skincare Products	99.0	99.9	100.5
美容化妆品	Facial Beautifiers	100.4	99.9	100.0
护发美容品	Protects Sends the Beauty Products	99.4	99.3	100.2
清洁化妆用品	Cleaning Toiletware	100.2	99.7	100.1
药物美容用品	Medicinal Cosmetics	100.0	100.0	100.0
十二、金银珠宝	**Gold, Silver and Jewelry**	**100.6**	**101.5**	**100.8**
金饰品	Gold	101.6	104.4	101.7
银饰品	Silver	100.7	101.3	99.9
铂金饰品	Platinum	99.4	98.7	100.3
其　他	Others	100.5	100.0	100.0
十三、中西药品及医疗保健用品	**Traditional Chinese and Western Medicines and Healthcare Articles**	**99.9**	**100.0**	**100.0**
1.医疗器具及用品	Medical Facilities and Goods	100.2	99.9	100.0
医疗器具及用品	Medical Facilities and Goods	100.2	99.9	100.0
2.中药材及中成药	Herbs and Ready- made Traditional Chinese Medicine	99.8	100.1	100.0
中药材	Herbs	99.0	99.9	100.1
中成药	Ready-made Tr-aditional Chin-ese Medicine	100.4	100.2	99.9
3.西药	Western Medicine	99.8	100.0	100.0
抗微生物药	Anti-microorga-nism Medicine	99.6	100.0	100.2
消化系统用药	Alimentary Sys-tem Medicine	99.8	99.7	99.0
呼吸系统用药	Respiratory System Medicine	99.7	100.0	100.0
解热镇痛及非甾体抗炎药	Allays a Fever the Analgesia and the Non-steroid Body Anti-inflammatory Agent	99.4	100.3	100.8
抗肿瘤药	Antineoplastic Drug	99.8	100.0	100.1

continued

(以上月价格为100 preceding month=100)								
4 月 April	5 月 May	6 月 June	7 月 July	8 月 August	9 月 September	10 月 October	11月 November	12月 December
99.9	**100.0**	**100.1**	**100.1**	**100.0**	**99.9**	**100.0**	**99.9**	**99.9**
100.0	100.2	100.1	100.0	100.0	99.9	99.9	99.9	99.9
100.0	100.3	100.0	100.0	100.0	100.0	100.0	100.0	100.0
100.0	100.2	100.5	99.9	100.0	100.0	100.0	100.0	100.0
99.9	100.2	100.0	100.0	100.0	99.8	99.9	99.8	99.8
99.9	99.7	100.1	100.1	100.0	100.0	100.0	99.8	99.9
99.6	100.8	100.1	100.3	100.1	100.1	100.0	99.9	100.3
100.0	99.0	100.1	100.0	99.9	99.9	100.0	99.7	99.7
100.0	100.0	100.0	100.2	100.1	100.0	100.0	100.0	100.0
99.6	**99.6**	**99.6**	**99.6**	**99.7**	**99.6**	**99.8**	**99.7**	**99.9**
100.0	100.0	99.8	100.1	99.9	99.8	100.0	100.0	99.9
100.0	100.0	99.9	100.0	99.7	99.5	100.0	100.0	99.9
100.0	99.8	100.0	100.5	100.0	100.0	100.0	99.7	100.0
99.9	100.0	99.3	100.5	100.0	100.0	100.0	100.0	100.0
100.0	100.0	99.8	100.0	100.0	100.0	100.0	100.0	99.9
100.0	100.0	100.7	99.3	100.2	100.0	100.0	100.0	100.0
98.6	98.8	99.0	98.5	99.2	99.3	99.4	99.2	99.8
99.9	100.0	99.9	99.8	100.0	100.1	100.0	100.0	100.0
97.7	98.0	98.3	97.8	98.5	98.7	99.0	98.6	99.7
99.9	100.0	100.0	99.5	100.1	100.0	100.2	100.2	100.0
99.7	100.0	100.0	99.9	100.0	99.7	100.0	100.0	100.0
99.6	**99.8**	**100.0**	**99.7**	**99.9**	**99.9**	**99.9**	**100.1**	**100.0**
99.9	99.6	100.4	100.0	99.8	100.0	99.5	100.5	100.1
99.3	100.1	100.1	99.3	100.1	99.7	100.0	100.0	99.9
99.7	99.5	99.7	99.4	99.9	100.1	99.8	100.0	100.3
99.7	100.0	100.0	100.0	100.0	100.0	100.0	99.6	99.8
99.7	99.9	99.7	99.9	99.9	100.0	100.1	99.9	99.9
99.8	100.2	100.2	100.0	100.1	99.9	100.2	99.9	100.0
99.8	99.9	100.0	100.2	100.0	99.7	100.0	99.8	100.1
99.9	99.8	100.0	100.2	99.8	99.7	99.5	100.0	100.0
100.1	100.0	100.0	100.0	100.1	100.0	100.0	99.9	100.1
99.2	99.6	100.5	100.9	100.0	99.5	100.5	99.9	100.2
99.8	100.1	99.6	99.8	100.4	99.7	100.3	99.1	100.6
99.8	99.9	100.1	99.9	100.0	99.8	99.8	100.0	99.6
99.5	**99.6**	**100.8**	**100.0**	**100.3**	**100.7**	**101.6**	**102.2**	**101.1**
99.0	100.2	101.5	99.6	100.1	101.6	102.8	103.3	101.8
99.0	97.3	101.4	100.5	100.1	99.6	102.3	101.4	100.0
100.2	99.8	100.0	100.2	100.5	100.3	100.3	101.7	101.1
99.5	99.5	100.2	100.0	100.0	100.0	100.0	100.0	100.0
100.0	**99.9**	**100.1**	**99.9**	**100.0**	**100.2**	**100.1**	**100.3**	**100.4**
99.8	99.8	99.9	99.7	100.0	100.0	99.9	100.2	100.1
99.8	99.8	99.9	99.7	100.0	100.0	99.9	100.2	100.1
100.0	100.1	100.2	99.8	100.1	100.7	100.3	101.3	100.9
100.3	100.1	100.5	100.1	100.1	100.9	101.1	103.5	102.3
99.9	100.0	100.0	99.6	100.1	100.5	99.8	99.8	99.9
99.9	99.8	100.0	100.0	99.9	99.9	100.0	99.8	100.1
100.0	100.3	100.0	100.0	100.0	99.9	100.0	99.1	100.0
99.8	99.4	100.6	99.7	99.9	100.0	100.1	99.7	100.0
100.2	97.7	98.4	100.7	100.2	100.2	99.9	100.6	100.1
100.0	100.9	100.3	99.5	99.7	99.1	100.0	99.5	100.4
99.9	99.9	101.4	100.1	99.9	100.0	100.0	99.5	100.0

5-18 续表 5

商品类别及品名	Commodity Category and Commodity Name	1 月 January	2 月 February	3 月 March
激素及调节内分泌功能药	Hormone and Adjustment Internal Secretion Function Medicine	100.4	99.7	100.0
循环系统用药	Circulating System Medicine	99.9	99.9	100.1
神经系统用药	Nerve System Medicine	100.0	99.8	100.0
专科用药	Junior Medicine	99.2	100.7	100.0
其 他	Others	100.7	100.0	100.1
4.保健品及器具	Healthcare Equip-ment	99.9	99.8	100.2
保健器具	Health Protection Equipment	100.0	99.8	100.0
滋补保健用品	Tonic and Health Products	99.8	99.8	100.3
十四、书报杂志及电子出版物	**Books,Newspapers,Magazines and Electronic publications**	100.4	100.1	100.0
1.教材及参考书	Teaching Materials and Reference Books	100.4	100.0	100.0
工 具 书	Tool Book	99.9	100.0	100.0
教 材	Teaching Material	101.0	100.0	100.0
参 考 书	ronic Publications	100.0	100.1	100.0
教育软件	Educational Software	100.0	100.0	100.0
2.书报杂志	Books,Newspapers,Magazines	100.8	100.1	100.0
书 籍	Books	100.0	100.0	100.0
报 纸	Newspapers	100.5	100.0	100.1
杂 志	Magazines	102.5	100.5	100.0
3.电子音像制品	Electronic Publications	99.9	100.0	100.0
音响光盘和磁带	Acoustic Light Disk and Tape	100.0	100.0	99.9
录像磁带和视盘	Video Tape and Disk	100.0	100.0	100.0
计算机软件	Computer Software	99.7	100.0	100.0
十五、燃料	**Fuels**	**92.5**	**98.9**	**99.5**
1.煤炭及制品	Coal and Related Products	99.9	100.0	99.5
原 煤	Raw Coal	99.7	100.3	98.6
煤 制 品	Coal Products	100.1	99.8	100.3
2.石油及制品	Petroleum and Related Products	89.3	98.3	99.6
液化石油气	Liquefiled Petrol-eum Gas	95.4	95.9	99.1
管道燃气	Pipelined Gas	100.0	100.0	100.0
汽 油	Gasoline	80.0	98.8	101.3
柴 油	Diesel Oil	82.0	96.4	95.5
其 他	Others	100.5	99.7	100.0
十六、建筑材料及五金电料	**Building Materials and Hardware**	**100.2**	**99.8**	**99.4**
1.建筑装璜材料	Building and Decor- ation Materials	100.2	99.8	99.0
木 材	Wood	99.7	99.7	100.0
木 地 板	Wood Floor	100.6	99.3	99.6
钢 材	Steel Products	100.7	98.9	95.5
砖	Brick	99.9	100.7	99.0
水 泥	Cement	99.4	100.1	98.6
涂 料	Coating Material	100.3	99.4	99.7
胶 合 板	Plywood	100.0	99.7	99.1
玻 璃	Glass	100.1	100.3	99.7
粘 胶	Rayon	100.9	99.7	100.0
油 漆	Paint	101.6	99.5	99.9
其 他	Others	99.9	100.8	100.0
2.五金电料	Hardware	100.1	99.8	100.0
五金工具	Hardware Tools	100.0	100.0	100.0
电工电料	Electrical Engine- ering and Electr-ical Materials	100.4	99.9	100.0
水暖器材	Heating Equipment	100.0	99.7	100.1
其 他	Others	100.0	99.2	99.9

continued

(以上月价格为100, preceding month=100)								
4 月 April	5 月 May	6 月 June	7 月 July	8 月 August	9 月 September	10 月 October	11月 November	12月 December
100.3	100.0	100.4	100.6	99.6	99.9	100.0	100.0	100.0
99.6	100.3	100.0	99.7	100.0	100.0	100.0	100.2	100.0
100.0	100.0	100.0	100.1	99.5	100.0	99.8	100.3	100.0
99.0	100.3	99.1	99.6	100.7	100.3	99.7	98.8	100.1
100.0	99.5	99.2	99.9	99.8	100.0	100.0	100.2	100.0
100.0	100.0	100.1	100.0	100.0	100.3	100.0	100.6	100.7
100.0	100.0	100.1	99.9	100.0	100.0	100.0	100.0	100.0
100.0	100.0	100.0	100.0	100.1	100.4	100.0	100.9	101.0
100.0	100.3	100.0	100.0	100.0	100.4	100.0	100.0	100.0
100.1	100.1	100.0	99.9	100.0	101.1	100.0	100.0	100.0
100.0	100.6	100.0	99.7	100.1	100.0	100.0	100.0	100.2
100.2	100.0	100.0	100.0	100.0	101.3	100.0	100.0	100.0
100.0	100.0	100.0	99.9	100.0	101.9	99.9	100.0	100.0
100.0	100.0	100.0	100.0	100.0	100.7	100.0	100.0	100.0
100.0	100.7	100.0	100.0	100.0	100.0	100.0	100.0	100.0
100.0	100.2	100.0	100.0	100.0	100.0	100.0	100.0	100.0
100.0	100.0	100.0	100.0	100.0	100.0	100.0	100.0	100.0
100.0	102.4	100.0	100.0	100.0	100.0	100.0	100.0	100.0
100.0	100.0	100.0	100.2	100.0	100.0	99.9	99.9	100.0
100.0	99.9	100.0	100.1	100.0	100.1	100.0	100.0	100.0
100.0	100.0	100.0	100.4	100.0	100.0	99.8	99.8	99.9
100.0	100.0	100.0	100.0	100.0	99.7	100.0	100.0	100.0
100.1	**100.0**	**101.8**	**102.8**	**99.7**	**102.0**	**99.4**	**102.6**	**101.2**
97.9	99.6	99.6	100.1	100.2	100.0	99.9	100.9	100.1
96.2	100.0	99.4	100.0	100.3	99.5	99.8	101.8	100.1
99.7	99.3	99.8	100.1	100.1	100.4	100.0	100.1	100.1
101.2	100.1	102.9	104.1	99.4	102.8	99.2	103.3	101.6
98.3	98.2	99.1	99.8	104.1	106.9	101.7	106.4	104.4
100.0	100.0	100.0	99.6	100.0	100.0	100.0	100.0	100.0
103.1	100.2	105.5	108.5	97.8	103.6	97.5	104.9	102.1
103.2	102.3	108.3	108.6	97.6	103.1	98.5	103.5	100.8
100.0	100.0	100.0	100.0	100.1	101.0	100.0	100.0	100.2
99.9	**100.0**	**100.0**	**100.1**	**100.1**	**99.8**	**100.0**	**100.3**	**100.1**
99.8	100.1	100.0	100.3	100.3	99.4	99.9	100.4	100.1
99.6	99.7	99.5	100.0	100.1	100.1	100.3	99.9	100.1
100.1	100.0	99.5	99.7	100.1	100.0	100.1	100.8	99.9
99.4	100.9	102.0	103.5	100.9	95.9	97.3	102.4	100.9
100.5	99.9	100.3	99.8	100.3	100.0	100.8	100.1	100.3
99.4	99.7	99.3	99.9	100.3	100.2	100.1	99.7	99.8
100.1	100.4	100.0	100.0	100.1	99.8	99.9	99.9	99.8
99.7	100.7	100.0	100.0	99.8	99.2	100.5	99.9	99.9
100.7	100.3	100.1	100.3	101.0	100.1	100.0	100.6	100.4
100.0	100.0	100.1	99.8	100.0	99.7	100.6	100.5	100.1
98.8	100.2	99.7	99.9	100.2	99.1	100.0	101.0	100.0
99.8	99.9	99.3	100.1	100.1	100.0	100.0	100.1	100.0
100.1	99.8	99.9	99.8	99.8	100.6	100.0	100.0	100.0
100.0	100.0	100.3	100.0	99.5	100.0	100.2	100.0	100.0
100.0	99.8	99.8	99.5	99.8	100.8	100.0	100.0	100.1
100.2	100.0	99.6	99.8	99.9	101.1	100.0	100.0	100.0
100.2	98.3	100.1	100.0	100.2	100.0	99.8	100.1	100.0

5-19 农村商品零售价格(环比)指数(2009年)

商品类别及品名	Commodity Category and Commodity Name	1 月 January	2 月 February	3 月 March
商品零售价格总指数	**Genaral Retail Price Index**	**100.6**	**99.8**	**99.7**
一、食　品	**Food**	**104.4**	**100.8**	**99.6**
1.粮　食	Grain	99.6	102.5	101.6
大　米	Rice	98.5	103.5	101.8
面　粉	Flour	100.4	102.7	103.1
粮食制品	Grain Products	100.3	102.2	99.0
其　他	Others	96.5	100.5	102.6
2.淀　粉	Starches	100.1	100.8	101.3
淀　粉	Starches	100.1	100.8	101.3
3.干豆类及豆制品	Beans and Beans Products	100.0	101.4	99.3
干　豆	Beans	97.0	105.5	99.9
豆制品	Beans Products	102.3	98.3	98.8
4.油　脂	Oil and Fat	98.2	99.0	99.4
食用植物油	Edible Vegetable Oil	97.7	98.7	99.9
植物油制品	Plant Oil Products	99.7	102.1	99.2
其　他	Others	100.3	96.6	94.6
5.肉禽及其制品	Meal,Poultry and Their Products	103.9	97.9	96.5
(1)食用畜肉及副产品	Edible Livestock Meat and Their By-products	106.4	97.5	93.4
猪　肉	Pork	109.6	96.4	90.0
牛　肉	Beef	100.5	99.7	99.5
羊　肉	Mutton	100.6	99.6	98.8
畜肉副产品	Livestock Meat By-products	103.4	97.9	99.5
其　他	Others	103.0	99.3	95.3
(2)禽	Poultry	101.4	98.3	100.3
鸡	Chicken	101.4	98.0	101.0
鸭	Duck	98.9	100.7	98.4
其　他	Others	103.1	98.0	98.3
(3)肉禽加工制品	Meal and Poultry Processing Products	100.6	98.6	100.3
畜肉制品	Livestock Meat Products	100.7	98.0	100.2
禽制品	Poultry Products	100.5	99.6	100.3
6.蛋	Eggs	101.6	98.3	99.7
鲜　蛋	Fresh Eggs	101.8	97.9	99.7
蛋制品	Egg Products	100.7	100.2	99.7
7.水产品	Aquatic Product	100.5	97.7	101.1
(1)鱼	Fish	100.0	97.1	100.5
淡水鱼	Freshwater Fish	99.9	97.3	100.6
海水鱼	Seawater Fish	100.2	96.9	100.5
(2)其他水产品	Other Aquatic Product	101.9	99.2	102.5
虾蟹类	Shrimp and Crab	102.5	98.5	103.6
其　他	Others	100.9	100.3	100.6
8.菜	Vegetable	130.4	106.7	100.7
鲜　菜	Fresh Vegetable	137.0	107.6	100.3
干菜及菜制品	Dried Vegetable and Vegetable Products	100.5	100.7	100.8
薯　类	Potato	106.6	104.0	110.5
9.调味品	Flavoring	100.2	100.4	100.1
盐	Salt	100.0	100.9	99.7
酱　油	Soy Sauce	100.4	100.0	100.0
醋	Vinegar	100.4	100.0	100.4
味　精	Aginomoto	100.0	101.4	101.3
其　他	Others	100.0	100.0	99.9

Rural Retail Price Index(2009)

(以上月价格为100 preceding month=100)

4 月 April	5 月 May	6 月 June	7 月 July	8 月 August	9 月 September	10 月 October	11月 November	12月 December
100.0	**99.8**	**99.4**	**100.0**	**100.3**	**100.7**	**99.6**	**100.4**	**101.9**
100.2	**99.8**	**97.4**	**99.5**	**101.3**	**102.0**	**98.2**	**101.2**	**105.9**
100.2	101.2	100.1	99.9	100.3	101.7	102.4	101.3	101.4
100.3	101.1	100.6	101.6	100.8	101.2	103.7	102.5	102.6
100.3	102.2	99.6	98.5	100.1	101.5	102.2	101.5	101.1
100.0	100.0	100.4	100.3	100.4	101.1	100.8	100.8	101.0
100.6	100.2	100.8	101.1	100.5	106.3	104.7	98.5	101.7
101.0	100.0	100.8	99.7	99.6	101.2	100.7	99.8	100.3
101.0	100.0	100.8	99.7	99.6	101.2	100.7	99.8	100.3
99.3	100.1	99.8	98.6	100.0	101.4	100.3	101.5	101.7
99.9	100.3	100.8	96.3	99.9	102.9	100.3	103.4	103.3
98.8	100.0	98.9	100.5	100.0	100.3	100.3	100.0	100.3
99.9	101.4	97.3	100.7	99.3	97.7	99.2	102.1	103.6
100.1	102.0	96.5	100.4	99.5	96.9	99.2	102.2	104.4
99.5	99.5	100.3	100.4	99.1	100.3	99.0	100.5	99.8
98.8	98.6	99.5	103.8	98.0	100.3	99.3	104.6	103.4
97.6	98.5	100.1	101.0	101.9	101.5	99.7	99.5	102.7
96.1	97.4	99.9	103.6	103.1	102.7	99.0	99.2	104.8
94.0	96.2	99.4	106.3	105.0	103.5	98.4	98.7	106.3
100.2	99.6	99.4	100.7	100.1	100.1	98.6	102.2	101.0
99.6	100.2	100.7	100.1	100.2	99.8	103.0	98.6	101.7
97.9	97.4	101.9	98.1	100.7	104.1	98.3	99.6	105.0
98.0	98.3	101.3	103.6	101.7	103.6	97.9	99.1	104.5
100.2	100.1	101.1	96.0	100.3	100.4	101.2	99.4	100.4
100.3	99.8	101.8	94.3	100.0	100.9	101.8	98.8	100.1
100.4	101.7	100.4	101.0	100.0	100.0	99.7	100.2	100.0
99.6	100.3	98.0	100.6	101.9	98.3	99.5	101.8	102.4
98.7	99.4	99.5	100.0	100.9	100.0	100.0	100.0	100.0
98.6	99.6	99.2	100.4	101.1	99.9	100.0	100.4	99.5
98.9	99.0	99.9	99.4	100.4	100.2	100.0	99.5	100.8
105.0	100.7	100.1	97.4	105.7	103.3	95.9	97.5	101.1
105.8	100.7	100.1	97.0	106.6	103.5	95.3	97.1	101.3
99.9	100.7	100.6	99.7	100.2	101.7	100.0	100.1	100.2
101.1	101.7	99.9	99.1	98.7	99.6	99.8	100.2	102.2
101.8	102.1	99.3	99.1	99.0	99.4	100.2	99.9	101.9
102.0	103.5	98.2	99.4	99.1	100.1	99.2	99.7	101.3
101.6	100.1	100.9	98.8	98.7	98.4	101.7	100.1	102.9
99.1	100.5	101.5	99.1	98.2	100.1	98.8	101.0	102.9
98.6	100.6	102.3	98.7	97.1	100.1	98.6	101.5	104.2
100.0	100.1	100.1	99.7	100.0	100.1	99.2	100.1	100.4
99.0	91.4	83.7	102.4	107.5	110.8	86.7	111.8	129.7
98.4	89.2	80.8	103.7	109.1	113.3	84.9	114.6	134.0
99.3	99.9	100.1	100.5	100.1	100.0	100.1	99.8	101.4
113.0	113.5	92.9	88.7	100.8	96.4	85.5	93.6	121.9
100.0	99.9	99.8	100.1	99.9	100.0	100.1	100.0	100.6
100.0	100.0	100.1	100.2	100.0	100.0	99.4	100.0	101.3
99.9	99.1	99.0	100.2	100.5	100.0	100.0	100.0	100.6
99.8	100.0	100.2	100.1	99.9	100.0	100.0	100.0	100.0
99.9	101.5	100.0	100.0	98.0	100.0	102.1	100.0	101.3
100.4	100.0	100.0	100.0	100.0	100.0	100.0	100.0	99.6

5-19 续表 1

商品类别及品名	Commodity Category and Commodity Name	1 月 January	2 月 February	3 月 March
10.糖	Carbohydrate	99.5	103.2	100.2
食 糖	Sugar	98.3	103.5	100.6
糖 果	Sweet	100.3	104.8	100.0
巧克力制品	Chocolate Products	100.0	98.7	100.0
糖类小食品	Little Carbohydr-ate Food	100.0	100.0	100.0
11.干鲜瓜果	Dried and Fresh Melons and Fruits	102.5	102.4	100.4
鲜瓜果	Fresh Fruits	103.4	103.0	100.6
干(坚)果	Dried Fruits	99.8	100.4	100.0
12.糕点饼干面包	Cake,Biscuit and Bread	100.0	100.0	100.1
糕 点	Cake	100.0	100.0	100.3
饼 干	Biscuit	100.0	100.0	100.0
面 包	Bread	100.0	100.0	100.0
13.液体乳及乳制品	Liquid Milk and Their Products	100.0	99.9	100.0
巴氏杀菌奶或消毒奶	Pasteurization Milk or Disinfection Milk	100.0	100.0	100.4
酸 奶	Leben	100.0	99.1	100.0
奶 粉	Milk Powder	100.0	100.0	99.4
其 他	Others	100.0	100.0	100.0
14.在外用膳食品	Outward Dinner	100.0	100.2	99.9
主 食	Staple Food	100.0	100.4	99.3
炒 菜	Hot Dish	100.0	100.1	99.9
地方小吃	Local Snack	100.0	100.1	101.3
15.其他食品	Other Foods	99.0	100.0	102.0
其他食品	Other Foods	99.0	100.0	102.0
二、饮料、烟酒	**Beverages, Tobacco,Liquor**	**99.7**	**99.8**	**100.8**
1.茶及饮料	Tea and Beverages	99.4	99.2	103.0
(1)茶叶	Tea	100.0	101.2	103.0
茶叶	Tea	100.0	101.2	103.0
(2)饮料	Beverages	99.1	98.0	103.0
固体饮料	Solid Beverages	100.0	101.2	99.3
液体饮料	Liquid Beverages	98.1	99.7	99.6
冷冻饮品	Frozen Beverages	100.0	92.9	111.8
2.烟草	Tobacco	99.4	100.1	100.4
国产卷烟	Domestic Cigarette	99.3	100.0	100.5
进口卷烟	Import Cigarette	100.2	101.9	100.0
其 他	Others	100.0	100.0	100.0
3.酒	Liquor	100.1	99.9	100.1
白 酒	White Spirit	99.9	100.0	100.0
葡萄酒	Grape	100.0	100.0	100.0
啤 酒	Beer	100.3	99.7	100.3
其 他	Others	100.0	100.0	99.9
三、服装、鞋帽	**Garments, Footgearand and Hats**	**99.6**	**98.2**	**99.3**
1.服装	Garments	99.5	97.6	99.4
(1)男式服装	Men's Garments	99.9	98.5	99.4
大 衣	Topcoat	100.8	97.6	100.3
毛 线 衣	Woollen Sweater	101.7	99.9	95.9
夹 克 衫	Jacket	100.0	96.1	98.7
衬 衫	Shirt	95.8	95.3	100.0
T 恤 衫	T-shirt	100.0	100.0	100.0
裤 子	Trousers	100.0	100.1	100.0
西 服	Western-style Clothes	100.0	100.0	100.0
运动衫裤	Gym Suit	99.8	100.0	100.2
内 衣	Underwaist	101.3	94.3	99.7

continued

4 月 April	5 月 May	6 月 June	7 月 July	8 月 August	9 月 September	10 月 October	11月 November	12月 December
(以上月价格为100 preceding month=100)								
100.8	100.5	99.9	99.4	100.5	100.6	101.6	100.2	100.8
101.4	100.9	99.8	98.5	101.0	101.1	104.3	99.9	101.9
100.5	100.8	100.0	100.0	100.1	100.0	100.0	100.4	100.2
100.0	101.1	100.0	100.0	100.9	100.0	100.0	100.5	100.2
100.0	97.3	100.0	100.2	100.0	101.5	100.0	100.0	99.3
105.4	112.6	97.5	91.8	96.2	98.8	101.6	96.7	108.3
106.7	115.9	96.8	89.6	93.9	98.4	102.4	95.6	109.9
101.0	100.5	100.8	100.6	104.5	100.1	99.0	100.4	103.5
100.1	100.0	99.0	101.1	100.0	100.0	100.0	99.9	100.6
100.3	100.0	99.3	100.8	100.0	100.0	100.0	99.9	100.7
99.9	100.0	99.7	100.0	100.0	99.9	100.0	99.9	100.9
100.2	100.0	97.0	104.2	100.0	100.0	100.0	99.9	100.0
100.1	99.8	100.1	99.5	100.0	100.5	100.2	100.0	100.7
100.4	100.0	99.7	99.7	100.0	100.0	100.0	100.0	101.7
100.2	99.5	100.4	99.6	100.2	100.2	100.0	100.0	100.0
99.7	99.5	100.4	98.9	100.0	101.6	100.5	100.0	100.0
100.0	100.0	100.0	100.0	99.7	99.7	100.0	100.0	100.0
100.3	100.6	99.9	99.7	99.8	100.2	99.9	100.3	100.1
100.0	101.1	100.0	100.0	99.9	100.4	100.1	100.5	100.2
100.3	100.0	99.7	99.5	99.5	100.1	99.7	100.2	99.9
100.9	101.6	100.0	100.0	100.6	100.0	100.0	100.0	100.4
99.9	99.7	99.2	100.0	99.6	99.7	100.0	99.7	101.8
99.9	99.7	99.2	100.0	99.6	99.7	100.0	99.7	101.8
99.9	**99.7**	**100.0**	**100.4**	**100.1**	**100.1**	**100.1**	**100.0**	**100.2**
99.4	98.6	100.0	100.4	98.3	100.0	100.3	100.0	100.0
98.5	97.1	100.0	100.0	100.0	100.0	100.0	100.0	100.0
98.5	97.1	100.0	100.0	100.0	100.0	100.0	100.0	100.0
99.9	99.6	100.0	100.6	97.2	100.0	100.5	100.0	100.0
100.2	99.8	99.9	100.2	100.7	100.0	100.0	100.0	99.2
99.1	100.0	100.0	101.2	100.0	99.9	100.0	100.0	100.3
100.8	98.8	100.0	100.1	90.5	100.0	101.7	100.0	100.0
100.2	100.0	99.9	100.1	100.5	100.0	100.0	100.0	100.0
100.2	100.0	100.0	100.1	100.6	100.0	100.0	100.0	100.0
100.0	100.0	100.0	100.0	100.4	100.0	100.0	100.0	100.0
100.0	100.0	99.6	100.0	100.0	100.0	100.0	100.0	100.0
100.0	100.0	100.1	100.6	100.7	100.3	100.0	100.0	100.4
99.9	100.0	100.1	100.5	100.5	100.6	100.1	100.0	100.8
100.2	100.0	100.0	100.0	100.0	100.0	99.9	99.9	100.0
100.1	100.0	100.0	100.9	100.9	100.0	99.9	99.9	100.0
99.9	100.0	101.4	100.9	102.2	100.0	100.1	100.2	100.0
98.1	**99.2**	**100.0**	**99.7**	**99.8**	**100.0**	**100.0**	**100.0**	**100.0**
97.9	99.7	100.0	99.6	99.9	100.0	100.0	100.0	100.0
98.6	98.9	100.0	100.0	99.9	99.9	100.0	100.1	100.0
96.8	100.0	100.0	100.0	99.4	99.4	99.7	100.0	100.3
96.0	100.1	100.0	100.0	100.0	100.0	99.7	100.1	100.2
98.0	100.0	100.0	100.0	100.4	100.0	100.2	100.2	100.0
98.8	100.0	100.0	101.2	100.0	100.0	100.0	100.0	100.0
100.0	100.0	100.2	100.2	100.0	100.0	100.0	100.0	100.0
99.6	99.1	100.0	99.5	99.0	99.8	100.4	100.0	100.0
99.9	95.1	100.0	99.9	99.9	100.0	99.9	100.0	100.0
100.0	97.7	100.0	99.9	100.1	100.0	99.6	100.0	100.0
98.1	100.0	100.0	100.0	100.0	100.0	100.0	100.0	100.0

5-19 续表 2

商品类别及品名	Commodity Category and Commodity Name	1 月 January	2 月 February	3 月 March
羽绒衣	Eider Down Outerwear	100.2	100.0	99.5
其他	Others	100.0	99.2	99.6
(2)女式服装	Women's Garments	98.9	95.8	99.2
大衣	Topcoat	99.9	93.2	99.2
毛线衣	Woollen Sweater	102.9	99.6	99.6
羽绒衣	Eider Down Outerwear	97.3	97.0	98.6
套装	Coordinates	98.0	93.3	100.2
衬衫	Shirt	99.7	100.0	100.0
T恤衫	T-shirt	99.8	95.2	100.0
裙子	Skirt	92.9	86.6	100.0
裤子	Trousers	100.5	97.3	97.1
运动衫裤	Gym Suit	100.4	100.0	99.7
内衣	Underwaist	99.7	98.0	99.0
其他	Others	98.1	98.1	99.8
(3)儿童服装	Children's Garments	100.0	100.1	99.9
套装	Coordinates	100.1	100.1	99.8
裤子	Trousers	100.1	100.0	99.9
裙子	Skirt	100.0	100.0	99.9
其他	Others	99.4	100.6	100.0
2.鞋袜帽	Shoes,Socks and Hats	99.9	98.9	99.1
(1)鞋	Shoes	99.9	98.7	100.0
男鞋	Men's Shoes	99.7	96.4	100.0
女鞋	Women's Shoes	100.0	100.0	100.0
童鞋	Children's Shoes	99.7	99.9	100.2
(2)袜子	Socks	100.0	100.0	93.2
男袜	Men's Socks	100.0	100.0	100.0
女袜	Women's Socks	100.0	100.0	87.5
(3)帽子	Hats	99.4	100.2	99.9
男帽	Men's Hats	99.5	100.6	100.0
女帽	Women's Hats	99.4	99.8	99.9
3.其他	Others	100.0	100.0	100.0
领带	Necktie	100.0	100.0	100.0
四、纺织品	**Textiles**	**100.0**	**99.2**	**99.9**
1.衣着材料	Clothing Materials	100.0	100.0	100.0
棉布	Cotton Cloth	100.0	100.0	100.0
棉混纺布	Cotton Textiles Cloth	100.0	100.0	100.2
化纤布	Chemical Fiber Cloth	100.0	100.6	100.0
毛线	Knitting Wool	100.0	98.9	100.0
2.床上用品	Bedclothes	100.0	98.2	99.8
毛毯	Woollen Blanket	100.0	97.4	100.0
被子	Quilt	100.1	98.6	100.4
床上套件	Bed Articles	100.0	98.1	99.6
其他	Others	100.0	100.0	98.0
五、家用电器及音像器材	**Household Appliances, Music and Video Equipments**	**99.9**	**99.3**	**99.5**
1.家庭设备	Household Appliances	99.9	99.6	99.8
洗衣机	Washing Machine	99.6	97.6	98.3
电风扇	Electric Fan	100.0	100.0	100.0
电冰箱(柜)	Refrigerator	99.9	99.9	100.0
吸排油烟机	Kitchen Ventilato	100.0	100.6	102.0
空调器	Air-Conditioning	100.0	99.6	99.2
热水器	Water Heater	100.0	100.0	99.6
微波炉	Microwave Oven	100.0	100.4	100.3
电炊具	Electric Cooking Appliance	100.0	99.8	99.6

continued

(以上月价格为100　preceding month=100)

4 月 April	5 月 May	6 月 June	7 月 July	8 月 August	9 月 September	10 月 October	11月 November	12月 December
98.1	100.0	100.0	99.8	100.0	100.0	100.0	100.4	99.7
95.3	99.9	100.0	100.0	100.0	100.0	100.0	100.0	100.0
97.6	100.4	100.0	99.5	99.9	100.0	100.0	100.0	100.0
97.7	100.0	100.0	100.0	100.0	100.0	100.0	100.0	100.0
95.2	100.2	100.0	100.0	100.0	100.0	99.8	100.1	100.2
96.6	100.0	100.0	100.0	100.0	100.0	100.0	100.1	100.1
94.4	100.1	100.0	100.0	100.0	100.1	100.1	100.0	100.0
100.0	100.0	100.0	100.0	100.0	100.0	100.0	100.0	100.0
100.0	100.0	100.0	100.0	100.0	100.0	100.0	100.0	100.0
97.6	100.4	100.3	99.4	99.0	100.0	100.0	100.0	100.0
100.0	100.0	100.0	97.5	99.6	100.0	100.0	100.0	100.0
106.5	105.2	100.0	100.0	100.4	100.0	100.0	100.0	100.0
95.2	100.0	100.0	98.4	100.0	100.0	100.0	100.0	100.0
94.7	100.0	100.0	100.0	100.5	100.0	100.0	100.0	100.0
97.4	99.7	100.1	99.1	99.9	100.0	100.0	100.0	100.0
95.8	99.3	100.0	100.1	100.9	100.0	100.0	100.0	100.0
98.9	100.0	100.0	98.1	100.0	100.0	100.1	100.0	100.0
98.4	100.2	100.3	98.1	97.3	100.0	100.0	100.0	100.0
100.0	100.0	100.0	98.3	100.0	100.0	100.0	100.0	100.0
98.2	99.9	100.0	99.9	99.8	100.1	99.9	99.9	100.0
97.9	99.8	100.0	99.9	99.7	100.1	99.9	99.9	100.0
97.1	99.7	100.0	100.0	99.9	100.1	99.8	100.0	100.0
98.3	99.8	100.0	100.0	99.7	100.2	99.9	99.8	100.0
98.3	100.0	100.0	99.7	99.6	99.8	100.0	100.0	100.0
100.0	100.0	100.0	99.8	100.1	100.0	100.0	100.0	100.0
100.0	100.0	100.0	99.7	100.0	100.0	100.0	100.0	100.0
100.0	100.0	100.0	99.9	100.1	100.0	100.0	100.0	100.0
100.0	100.0	100.0	100.0	99.8	100.2	100.0	100.0	100.0
100.0	100.0	100.0	100.0	100.0	100.0	100.0	100.0	100.0
100.0	100.0	100.0	100.0	99.7	100.3	100.0	100.0	100.0
100.0	90.3	100.0	100.0	100.0	100.0	100.0	100.0	100.0
100.0	90.3	100.0	100.0	100.0	100.0	100.0	100.0	100.0
100.0	**99.9**	**99.9**	**100.1**	**99.7**	**100.0**	**99.9**	**100.1**	**99.9**
100.0	100.0	100.0	100.0	100.0	100.0	100.0	100.0	100.0
100.0	100.0	100.0	100.0	100.0	100.0	100.0	100.0	100.0
100.0	100.0	100.0	100.0	100.0	100.0	100.0	100.0	100.0
100.0	100.0	100.0	100.0	100.0	100.0	100.0	100.0	100.0
100.0	100.0	100.0	100.0	100.0	100.0	100.0	100.0	100.0
100.0	99.7	99.9	100.2	99.4	100.0	99.8	100.3	99.8
100.0	100.0	100.0	100.0	100.0	100.0	100.0	100.0	100.0
100.0	99.5	99.5	100.6	101.2	100.1	99.1	101.2	98.9
100.0	99.5	100.0	100.0	97.9	100.0	100.0	100.0	100.1
100.0	100.0	100.0	100.0	100.0	100.0	100.0	100.0	100.0
100.0	**99.4**	**100.3**	**100.0**	**99.8**	**99.8**	**100.0**	**99.9**	**99.9**
100.0	99.9	100.3	99.8	99.8	99.9	100.1	99.8	99.9
99.8	99.8	100.5	100.0	100.6	99.5	100.8	99.8	100.0
100.1	99.7	100.3	99.3	99.2	99.6	99.8	99.3	100.0
100.0	99.6	100.4	100.1	99.9	100.3	99.8	99.8	100.0
100.0	99.7	101.4	99.9	99.8	100.0	100.1	100.0	99.9
100.0	100.3	100.2	99.4	99.8	99.8	100.2	99.9	99.9
99.6	100.0	100.2	99.8	98.8	99.9	101.2	100.2	98.9
100.0	100.4	99.5	99.9	99.7	100.0	99.1	99.8	100.8
100.2	99.9	99.9	99.9	100.1	100.1	99.9	99.8	100.0

5–19 续表 3

商品类别及品名	Commodity Category and Commodity Name	1 月 January	2 月 February	3 月 March
2.文娱用耐用消费品	Durable Consumer Goods For Recrea- tional Use	99.9	98.9	99.1
电视机	Television	100.0	99.6	98.5
激光视盘机	Laser Video Disc Machine	99.7	99.7	100.0
摄像机	Pickup Camera	100.0	93.8	100.0
家用音响设备	Acoustic Equipment	100.0	99.9	100.0
便携式音响	Portable Acoustics	100.0	95.8	99.1
其他	Others	100.0	98.9	100.0
3.音像器材	Music and Video Equipments	100.0	100.0	100.3
专业音响器材	Specialized Aco-ustic Apparatus	100.0	100.0	100.6
专业声像器材	Specialized Aco- ustic Image Apparatus	100.0	100.0	100.0
六、文化办公用品	**Cultural and Office Applicances**	**100.0**	**99.9**	**100.0**
纸张本册	Paper and Volume	100.3	99.7	100.5
文具	Stationery	100.0	100.0	100.0
电脑及配件	Computer and its Fitting	100.2	99.8	99.9
打印机及配件	Printer and its Fitting	99.9	99.8	100.3
扫描仪	Scanner	99.4	100.2	99.5
复印机	Xerox Machine	100.0	100.0	99.9
电子辞典	Electronic Dictionary	99.3	100.1	100.0
计算器	Calculator	100.0	100.0	99.1
教学设备	Teaching Equipment	100.0	100.0	100.0
其他	Others	100.0	100.0	100.0
七、日用品	**Articles for Daily Use**	**99.9**	**100.1**	**99.8**
1.日用百货	General Merchandise for Daily Use	99.8	101.5	99.9
自行车	Bicycle	100.1	99.9	100.7
雨具	Rain Gear	100.1	100.0	98.1
剃须刀具	Shaver	99.9	100.0	100.0
电池	Battery	100.0	100.0	98.7
卫生纸	Tissue Paper	98.9	107.6	99.7
卫生巾	Sanitary Towel	100.0	100.0	100.0
其他	Others	100.0	100.0	100.0
2.日用杂品	Sundry Articles	100.1	97.7	102.2
茶具	Tea Set	100.3	95.1	104.3
餐具	Tableware	100.0	96.2	103.9
厨具	Kitchen Utensils	100.0	100.0	100.0
其他	Others	100.0	100.0	100.0
3.洗涤用品	Washing Articles	99.9	99.8	98.7
洗衣粉	Washing Powder	100.2	98.5	100.8
肥皂类	Soap	99.2	100.5	95.5
牙膏	Toothpaste	100.1	100.0	98.2
清洁洗涤剂	Cleaning Agent	100.2	101.9	100.1
4.其他日用品	Other Articles for Daily Use	99.9	99.9	99.8
燃气灶具	Gas-Oven	100.0	100.1	99.9
儿童玩具	Children's Toy	100.0	100.0	100.0
照明器具	Illumination Utensil	100.0	100.0	100.0
钟表眼镜及配件	Clocks,Glasses and Their Rittings	99.9	100.0	100.0
日用普通饰品	Common Ornament for Daily Use	99.2	100.1	100.1
日用皮革制品	Leatherware for Daily Use	100.0	98.9	98.9
其他	Others	100.0	100.0	100.0

continued

(以上月价格为100　preceding month=100)

4 月 April	5 月 May	6 月 June	7 月 July	8 月 August	9 月 September	10 月 October	11月 November	12月 December
100.2	98.7	100.3	100.2	99.7	99.8	99.8	100.0	99.9
100.3	97.7	100.6	99.8	99.7	99.6	99.9	99.9	100.1
100.0	100.0	100.3	101.1	99.5	100.0	99.2	100.1	99.9
100.1	100.0	99.9	100.2	99.8	99.8	99.6	99.8	99.7
100.1	100.0	100.0	99.8	99.9	99.9	100.0	100.0	100.0
100.0	99.9	99.3	101.1	100.0	99.9	100.0	100.0	98.5
100.0	100.0	100.0	100.0	99.7	100.0	100.0	100.0	100.0
99.1	100.5	100.2	100.0	100.0	100.0	100.2	100.0	99.5
98.8	100.9	100.3	100.0	100.0	100.0	100.3	100.0	99.1
99.5	100.0	100.0	100.0	100.0	100.0	100.0	100.0	100.0
100.1	**100.2**	**99.9**	**100.0**	**99.9**	**99.8**	**99.9**	**99.9**	**100.0**
100.7	100.0	100.0	100.0	100.0	100.0	99.9	99.7	100.0
100.6	100.0	100.0	100.0	100.0	100.0	99.8	99.6	100.2
98.7	100.5	99.9	100.0	100.0	99.8	100.0	100.0	100.0
100.9	100.3	99.6	99.9	100.1	99.5	100.0	100.4	100.1
100.0	100.0	100.0	100.0	100.0	100.0	100.0	100.0	100.0
100.0	99.9	100.0	100.0	100.0	99.9	99.9	100.0	100.0
100.0	100.0	100.0	100.0	98.5	98.4	100.0	100.0	100.0
100.3	100.0	100.0	100.0	99.8	100.0	100.1	99.8	100.0
100.6	100.0	100.0	100.0	100.0	100.0	99.8	99.6	100.0
101.0	100.0	100.0	100.0	100.0	100.0	99.3	99.7	100.0
99.9	**100.4**	**99.0**	**100.6**	**100.3**	**100.1**	**100.3**	**99.4**	**99.8**
99.9	100.2	99.2	100.2	100.8	100.0	100.1	98.7	100.2
99.7	100.0	100.0	100.2	99.7	99.8	100.1	99.9	99.9
100.4	102.5	100.0	99.7	100.4	100.0	99.9	99.8	100.0
100.0	100.0	100.0	100.0	100.0	100.0	100.0	100.0	100.0
100.0	100.0	100.0	100.0	100.0	100.0	100.0	100.0	100.0
99.9	100.0	96.4	100.8	104.1	100.5	100.1	93.3	101.2
100.3	100.1	100.0	100.2	100.0	100.0	100.3	102.0	100.0
100.0	100.0	100.0	100.0	100.0	100.0	100.0	100.0	100.0
100.1	99.9	101.3	98.2	98.6	100.0	101.8	100.0	97.6
100.0	99.1	97.0	99.8	93.2	100.0	100.0	100.0	100.0
100.2	100.0	105.1	95.1	100.0	100.0	105.0	99.9	93.5
100.1	100.3	100.3	100.0	100.0	100.0	100.0	100.0	99.9
100.0	100.0	100.0	100.0	100.0	100.0	100.0	100.0	100.0
100.0	101.4	97.2	102.1	100.4	100.5	100.0	99.5	100.1
100.3	100.4	99.0	100.1	100.0	100.4	99.7	100.6	100.0
98.9	105.0	92.6	107.3	101.1	100.0	100.4	97.0	100.5
100.6	99.6	99.6	100.6	100.2	101.3	99.9	100.2	99.8
100.1	100.1	97.7	100.0	100.5	99.9	99.9	100.8	99.9
99.7	100.0	99.7	100.7	100.3	99.9	100.2	100.0	100.2
99.4	99.5	100.5	101.5	101.4	99.5	101.1	99.8	101.5
100.1	100.0	97.8	102.4	100.0	100.0	100.0	100.0	100.0
100.0	100.3	99.7	100.0	100.0	100.0	100.0	100.0	100.0
100.0	100.0	100.0	100.0	100.0	100.0	100.0	100.0	99.6
99.9	100.0	100.0	100.1	100.1	100.0	100.3	100.7	100.0
98.0	100.0	100.0	100.0	100.0	100.0	100.0	100.0	100.0
100.3	100.0	100.0	100.0	100.0	100.0	99.8	99.9	100.0

5—19 续表 4

商品类别及品名	Commodity Category and Commodity Name	1 月 January	2 月 February	3 月 March
八、体育娱乐用品	**Sports and Recreation Articles**	**100.1**	**100.2**	**99.9**
1.体育用品	Sports Articles	100.3	100.0	99.7
球　类	Ball	100.0	100.0	100.0
棋　牌	Chess and Cards	100.0	100.0	100.0
健身器材	Exercise Machine	100.9	100.0	99.1
2.娱乐用品	Recreation Articles	99.9	100.5	100.2
游艺器材	Entertainment Apparatus	100.0	100.0	100.0
照相器材	Photographic Apparatus	99.7	99.7	100.6
乐　器	Musical Instrument	100.0	102.0	99.7
九、交通、通信用品	**Transportation and Com- munication Appliances**	**99.9**	**99.5**	**99.8**
1.交通运输机械	Transportation Machine	100.1	99.7	100.0
轿　车	Car	99.9	99.4	100.1
客　车	Bus	100.0	100.3	100.0
货　车	Truck	99.2	100.1	99.5
摩 托 车	Motorcycle	99.7	99.6	100.0
其　他	Others	102.6	99.9	100.1
2.通信器材	Telecommunications Facilities	99.6	99.3	99.6
固定电话机	Telephone	100.0	100.2	100.5
移动电话机	Mobile Phone	99.2	98.5	98.9
传 真 机	Fax Machine	100.0	99.9	99.8
其　他	Others	100.0	100.0	100.0
十、家具	**Furniture**	**99.3**	**98.6**	**97.6**
柜	Cabinet	99.2	98.2	97.1
床	Bed	99.3	98.9	97.8
桌	Desk	99.8	98.8	96.9
椅	Chair	100.0	98.0	100.4
沙　发	Sofa	99.2	98.9	96.6
其　他	Others	96.8	99.3	100.0
十一、化妆品	**Cosmetics**	**100.6**	**99.9**	**100.0**
护 肤 品	Skincare Products	101.0	100.5	100.0
美容化妆品	Facial Beautifiers	100.0	100.0	100.0
护发美容品	Protects Sends the Beauty Products	101.5	98.9	100.0
清洁化妆用品	Cleaning Toiletware	100.0	99.3	100.0
药物美容用品	Medicinal Cosmetics	100.0	100.5	100.0
十二、金银珠宝	**Gold, Silver and Jewelry**	**99.4**	**103.8**	**101.9**
金 饰 品	Gold	99.9	105.7	102.7
银 饰 品	Silver	100.0	110.7	103.0
铂金饰品	Platinum	97.6	94.6	99.2
其　他	Others	100.0	101.7	100.0
十三、中西药品及医疗保健用品	**Traditional Chinese and Western Medicines and Healthcare Articles**	**99.8**	**99.9**	**100.1**
1.医疗器具及用品	Medical Facilities and Goods	100.7	99.8	100.0
医疗器具及用品	Medical Facilities and Goods	100.7	99.8	100.0
2.中药材及中成药	Herbs and Ready- made Traditional Chinese Medicine	99.3	99.8	100.1
中 药 材	Herbs	99.1	99.9	100.1
中 成 药	Ready-made Tr-aditional Chin-ese Medicine	99.6	99.7	100.0
3.西药	Western Medicine	99.8	100.0	100.2
抗微生物药	Anti-microorga-nism Medicine	99.9	100.6	99.3
消化系统用药	Alimentary Sys-tem Medicine	98.3	100.1	100.0
呼吸系统用药	Respiratory System Medicine	100.0	100.0	100.0
解热镇痛及非甾体抗炎药	Allays a Fever the Analgesia and the Non-steroid Body Anti-inflammatory Agent	100.9	99.7	100.0
抗肿瘤药	Antineoplastic Drug	100.0	100.0	100.0

continued

(以上月价格为100 preceding month=100)								
4 月 April	5 月 May	6 月 June	7 月 July	8 月 August	9 月 September	10 月 October	11月 November	12月 December
100.0	**99.9**	**100.0**	**100.0**	**100.0**	**100.0**	**100.4**	**100.3**	**99.9**
100.3	100.0	100.0	100.0	100.2	100.0	99.9	99.8	99.6
100.0	100.0	100.0	100.0	100.4	100.0	100.0	100.0	100.0
100.5	100.0	100.0	100.0	100.0	100.0	99.8	99.7	100.0
100.3	100.0	100.0	100.0	100.1	100.0	99.9	99.8	98.7
99.7	99.7	100.0	100.0	99.9	100.0	101.1	100.9	100.3
100.0	99.2	100.8	100.0	100.0	100.0	103.9	103.4	100.2
99.4	99.9	99.5	100.0	99.7	100.0	100.2	100.0	100.3
100.0	100.0	100.0	100.0	100.0	100.0	100.0	100.2	100.1
99.9	**99.6**	**99.5**	**99.7**	**99.8**	**99.8**	**99.9**	**99.6**	**100.1**
100.0	99.8	99.5	100.1	100.0	99.9	100.1	100.0	100.1
100.0	100.0	100.2	100.0	99.9	99.1	100.0	100.0	99.9
100.0	99.7	100.0	100.0	100.0	100.0	100.0	100.0	99.8
100.7	100.0	100.0	100.0	100.0	100.0	100.0	100.0	99.9
99.9	99.7	99.1	100.1	99.9	100.0	100.1	100.1	100.1
100.0	100.0	100.0	100.0	100.0	100.0	100.0	100.0	100.5
99.8	99.3	99.6	99.3	99.6	99.7	99.7	99.1	100.2
100.0	100.0	100.0	99.3	99.8	100.0	100.0	100.0	99.8
99.6	98.6	99.2	99.0	99.8	99.3	99.3	98.6	100.2
100.1	100.1	99.8	100.0	100.0	99.9	99.9	100.0	101.8
100.0	99.9	99.9	100.0	95.4	100.0	100.0	96.1	100.0
102.3	**100.0**	**100.0**	**100.0**	**100.0**	**100.0**	**100.0**	**100.0**	**100.1**
102.7	100.0	100.0	100.0	100.0	100.0	100.0	100.0	100.5
101.9	100.0	100.0	100.0	100.0	99.9	100.0	100.0	100.0
103.2	100.1	100.1	100.0	100.0	100.0	100.0	100.0	100.2
100.4	100.1	100.1	100.0	100.0	100.0	100.0	100.0	99.8
103.2	100.0	100.0	100.0	100.0	100.0	100.0	100.0	99.9
100.0	100.0	100.0	100.0	100.0	100.0	100.0	100.0	100.7
100.2	**99.8**	**100.3**	**99.3**	**100.4**	**99.6**	**99.9**	**99.9**	**100.8**
100.3	100.0	100.0	99.5	100.0	99.1	101.1	99.2	100.0
100.1	99.3	100.7	99.2	100.0	99.6	100.0	99.9	102.9
100.6	100.0	100.5	100.0	100.4	100.0	100.0	99.9	100.0
99.6	100.1	100.1	100.3	100.0	100.0	100.0	100.0	100.0
100.0	100.0	100.0	96.7	103.4	100.0	96.2	101.6	100.0
100.0	**100.5**	**102.0**	**100.4**	**100.4**	**101.8**	**101.7**	**103.4**	**103.5**
100.1	101.5	103.0	99.8	99.7	102.8	102.9	104.8	104.4
100.3	98.5	100.0	103.1	102.9	100.0	100.0	102.8	102.7
99.3	99.9	101.6	99.5	100.1	101.1	100.5	100.9	102.4
100.8	100.0	100.0	100.0	100.0	100.0	100.0	100.0	100.0
101.1	**100.1**	**100.1**	**99.6**	**100.4**	**100.2**	**100.6**	**99.9**	**101.0**
100.0	100.0	100.0	99.4	99.8	99.8	101.1	102.2	103.5
100.0	100.0	100.0	99.4	99.8	99.8	101.1	102.2	103.5
100.7	100.1	100.3	99.8	101.0	100.9	101.4	102.5	100.1
100.3	100.1	100.6	100.0	102.6	101.7	102.1	104.3	100.0
101.2	100.2	100.0	99.6	99.3	100.0	100.7	100.5	100.2
101.7	100.1	99.9	99.4	100.1	99.8	100.1	98.0	101.0
100.0	100.3	102.0	100.8	100.3	99.9	100.3	94.5	102.5
100.5	100.0	97.1	99.5	100.1	100.5	100.2	91.9	103.4
100.0	100.0	99.8	100.1	99.2	100.1	100.2	97.1	99.7
105.7	100.0	100.0	98.9	101.3	98.7	100.0	100.5	101.0
100.0	100.0	100.0	97.7	100.3	97.9	100.0	100.0	100.0

5–19 续表 5

商品类别及品名	Commodity Category and Commodity Name	1 月 January	2 月 February	3 月 March
激素及调节内分泌功能药	Hormone and Adjustment Internal Secretion Function Medicine	99.8	99.8	100.0
循环系统用药	Circulating System Medicine	100.0	100.0	100.4
神经系统用药	Nerve System Medicine	99.9	99.9	100.1
专科用药	Junicr Medicine	99.6	99.6	99.8
其　　他	Others	99.2	99.6	106.1
4.保健品及器具	Healthcare Equip-ment	100.1	100.1	100.2
保健器具	Health Protection Equipment	100.4	100.4	100.0
滋补保健用品	Tonic and Health Products	100.0	99.9	100.2
十四、书报杂志及电子出版物	**Books, Newspapers, Magazines and Elect-ronic Publications**	**101.1**	**100.0**	**100.0**
1.教材及参考书	Teaching Materials and Reference Books	99.7	100.1	100.1
工 具 书	Tool Book	99.6	100.0	100.0
教　　材	Teaching Material	100.0	100.2	100.2
参 考 书	**ronic Publications**	98.9	100.1	100.1
教育软件	Educational Software	99.8	100.0	100.0
2.书报杂志	Books,Newspapers,Magazines	103.3	100.0	100.0
书　　籍	Books	100.0	100.0	100.0
报　　纸	Newspapers	104.5	100.0	100.0
杂　　志	Magazines	107.8	99.9	100.0
3.电子音像制品	Electrcnic Publications	100.0	100.0	99.9
音响光盘和磁带	Acoustic Light Disk and Tape	100.0	100.0	100.0
录像磁带和视盘	Video Tape and Disk	100.0	100.0	100.0
计算机软件	Computer Software	100.0	99.9	99.7
十五、燃料	**Fuels**	**90.4**	**98.8**	**98.3**
1.煤炭及制品	Coal and Related Products	97.8	100.0	99.9
原　　煤	Raw Coal	97.3	100.3	99.8
煤 制 品	Coal Products	98.4	99.6	100.0
2.石油及制品	Petroleum and Related Products	84.3	97.6	96.7
液化石油气	Liquefiled Petrol-eum Gas	95.8	97.5	88.9
管道燃气	Pipelined Gas	100.0	100.0	100.0
汽　　油	Gasoline	79.1	97.4	102.3
柴　　油	Diesel Oil	78.8	97.0	95.4
其　　他	Others	98.1	100.0	97.6
十六、建筑材料及五金电料	**Building Materials and Hardware**	**99.4**	**99.5**	**99.7**
1.建筑装璜材料	Building and Decor- ation Materials	99.2	99.3	99.5
木　　材	Wood	99.8	100.2	100.0
木 地 板	Wood Floor	98.8	98.8	100.0
钢　　材	Steel Products	101.2	98.1	96.6
砖	Brick	99.9	101.0	99.3
水　　泥	Cement	98.8	97.5	100.0
涂　　料	Coating Material	98.0	98.4	99.6
胶 合 板	Plywood	98.0	99.3	100.0
玻　　璃	Glass	97.8	97.9	99.8
粘　　胶	Rayon	99.0	100.0	100.0
油　　漆	Paint	98.6	99.6	99.5
其　　他	Others	99.8	99.9	100.0
2.五金电料	Hardware	100.0	100.0	100.1
五金工具	Hardware Tools	100.0	100.0	100.0
电工电料	Electrical Engine- ering and Electr-ical Materials	100.1	100.0	100.3
水暖器材	Heating Equipment	100.0	100.0	100.0
其　　他	Others	100.0	99.4	99.4

continued

(以上月价格为100 preceding month=100)								
4 月 April	5 月 May	6 月 June	7 月 July	8 月 August	9 月 September	10 月 October	11月 November	12月 December
100.0	101.0	100.5	96.2	100.0	100.0	101.3	99.5	101.2
100.4	102.1	98.7	99.5	100.0	100.0	99.9	100.1	100.4
100.1	99.5	100.0	97.3	100.0	100.0	99.2	98.5	100.1
100.0	99.9	100.5	102.0	97.2	102.9	99.1	106.2	98.4
113.7	97.0	100.1	99.8	100.4	100.0	100.0	100.0	100.1
100.0	99.9	100.1	100.1	100.4	100.1	100.2	100.1	102.0
100.0	100.0	100.2	100.0	100.0	100.3	100.0	100.0	100.0
100.0	99.9	100.1	100.1	100.7	100.0	100.3	100.1	103.2
100.0	**100.0**	**100.0**	**100.1**	**100.0**	**100.0**	**100.0**	**100.0**	**100.0**
100.1	100.0	100.0	100.2	100.0	100.0	100.0	100.0	100.0
100.0	100.0	100.0	100.0	100.0	100.0	100.1	100.0	100.0
100.2	100.0	100.0	100.0	100.0	99.9	100.0	100.0	100.0
100.0	100.0	100.0	101.0	100.0	100.0	100.0	100.0	100.0
100.0	100.0	100.0	100.0	100.0	100.0	100.0	100.0	100.0
100.0	100.0	100.0	100.0	100.0	100.0	100.0	100.0	100.0
100.1	100.0	100.0	100.0	100.0	100.0	100.1	100.0	100.0
100.0	100.0	100.0	100.0	100.0	100.0	100.0	100.0	100.0
99.8	99.9	100.0	100.0	100.0	100.0	100.0	100.0	100.0
100.0	100.0	100.0	100.0	100.0	100.0	100.0	100.0	100.0
100.0	100.0	100.0	100.0	100.0	100.0	100.0	100.0	100.0
100.0	100.0	100.0	100.0	100.0	100.0	100.0	100.0	100.0
100.0	100.0	100.0	100.0	100.0	100.0	100.0	100.0	100.0
99.5	**99.1**	**102.7**	**103.4**	**99.0**	**102.4**	**100.4**	**101.8**	**103.2**
95.9	99.6	100.1	99.7	99.4	101.3	100.6	101.1	102.1
94.4	99.9	100.8	99.7	98.4	100.7	100.6	101.5	102.1
97.9	99.2	99.2	99.7	100.7	102.1	100.7	100.5	102.0
103.1	98.7	105.1	106.7	98.6	103.3	100.2	102.4	104.2
102.7	90.7	99.4	100.3	102.6	109.6	105.7	102.3	114.5
100.0	100.0	100.0	100.0	100.0	100.0	100.0	100.0	100.0
103.6	100.3	106.7	108.6	97.3	102.9	98.2	104.5	102.1
103.7	102.4	108.5	110.4	97.7	101.2	99.2	100.3	100.9
101.6	100.0	100.6	101.0	99.6	100.4	99.8	102.3	100.2
99.8	**100.2**	**100.1**	**100.2**	**100.1**	**100.0**	**100.1**	**100.1**	**100.4**
99.7	100.2	100.1	100.4	100.1	100.0	100.1	100.2	100.1
99.6	99.9	99.5	100.2	100.1	100.4	100.1	100.0	100.1
100.0	100.0	100.0	100.0	100.0	100.3	100.3	100.0	100.0
98.8	102.8	102.3	105.0	99.3	96.6	98.7	101.1	100.2
100.0	100.1	99.9	100.3	100.2	99.8	99.7	100.0	100.2
98.6	100.5	101.0	100.1	100.5	100.5	99.5	100.0	98.9
99.8	99.7	99.8	99.6	100.2	100.5	100.8	100.0	100.0
99.9	99.9	99.9	99.9	100.0	100.2	100.3	100.0	100.2
100.9	100.1	99.8	100.3	100.4	100.0	101.2	101.3	101.7
99.9	99.9	99.2	100.0	100.0	100.0	100.0	100.0	101.3
100.1	100.0	100.0	99.9	100.1	100.0	100.0	100.0	100.1
100.0	100.0	99.9	99.9	100.0	103.5	103.3	100.0	100.0
100.0	100.2	100.0	99.6	100.0	100.1	100.0	100.0	101.0
100.0	100.3	100.0	99.9	100.0	100.3	100.0	100.0	100.5
100.1	100.6	100.0	99.4	99.7	100.0	100.0	100.0	100.3
100.0	99.7	99.9	99.3	99.9	100.0	100.0	100.0	102.4
99.4	99.4	100.0	100.7	101.4	100.0	100.0	100.0	100.6

5-20 农业生产资料价格指数(2009年)

商品类别及品名	Commodity Category and Commmkdiry Name	全年 Annural	1月 Ianuary	2月 February
农业生产资料价格指数	**Price Lndices of Means of Agricultural Production**	**96.3**	**108.0**	**105.8**
一、农用手工工具	**Agricultural Handwork To,ols**	**100.9**	**111.0**	**106.4**
农用手工工具	Agrycultural Handwork Tools	100.9	111.0	106.4
二、饲料	**Forage**	**101.6**	**106.7**	**103.9**
混合饲料	Mixed Forage	99.7	105.7	103.8
其　他	Others	104.2	108.0	104.1
三、产品畜	**Production Livestock**	**87.0**	**87.6**	**86.8**
幼禽家畜	Young Fowls and Livestock	87.0	87.6	86.8
四、半机械化农具	**Semi-mechanized Farm Tools**	**101.5**	**111.0**	**109.6**
半机械化农具	Semi-mechanized Farm Tools	101.5	111.0	109.6
五、机械化农具	**Mechanized Farm Tools**	**101.4**	**109.2**	**108.0**
农用机械	Agricultural Machinery	101.4	109.2	108.0
六、化学肥料	**Chemical Fertilizer**	**91.2**	**112.8**	**109.9**
氮　肥	Nitrogenous Fertilizer	86.7	105.4	103.6
磷　肥	PhosphateFertilizer	95.8	112.8	113.4
钾　肥	Potassic Fertilizer	99.6	115.1	113.0
复合肥料	Compound Fertilizer	92.3	122.6	116.0
七、农药及农药械	**Pesticide and its Appliances**	**99.7**	**108.5**	**105.2**
1.化学农药	Chemical Pesticide	99.6	109.3	105.6
杀虫剂	Insecticide	100.3	109.3	105.4
杀菌剂	Fungicide	100.8	107.4	106.6
除草剂	Weeding Pesticide	96.6	112.1	104.7
2.农药器械	Pesticide Appliances	100.3	102.7	102.3
农药器械	Pesticide Appliances	100.3	102.7	102.3
八、农用机油	**Oil fkr Farm Machinery**	**93.5**	**95.5**	**93.9**
农用机油	Oil for Farm Machinery	93.5	95.5	93.9
九、其他农业生产资料	**Other Means of Agric-ultual Production**	**102.2**	**105.5**	**104.4**
1.农用种子	Agricultural Seed	106.8	108.7	108.5
农用种子	Agricultural Seed	106.8	108.7	108.5
2.其　他	Others	96.8	101.7	99.6
农用薄膜	Agricultural Film	95.8	100.7	98.6
其　他	Others	101.1	106.1	104.1
十、农业生产服务	**Agricultural Production Service**	**108.8**	**117.6**	**117.5**
排灌费	Draim and Lrrigate Fee	105.1	112.6	112.6
机械作业费	Mechanical Manip	111.9	122.1	121.8
其　他	Others	113.9	123.7	123.7

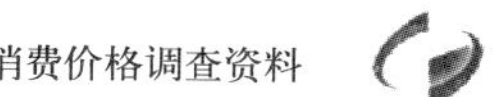

Price Indices of Means of Agricultural Production(2009)

以上年同期价格为100									
3月 March	4月 April	5月 May	6月 June	7月 July	8月 August	9月 September	10月 October	11月 November	12月 December
102.3	**98.8**	**95.9**	**92.8**	**91.6**	**90.4**	**90.7**	**92.1**	**93.8**	**96.8**
103.9	**101.4**	**99.2**	**98.7**	**96.5**	**97.9**	**98.2**	**99.2**	**99.3**	**101.7**
103.9	101.4	99.2	98.7	96.5	97.9	98.2	99.2	99.3	101.7
102.2	**100.0**	**99.4**	**98.7**	**98.9**	**100.7**	**101.3**	**101.7**	**102.9**	**103.6**
102.7	98.9	98.1	97.6	97.2	97.7	97.9	98.1	98.9	100.4
101.6	101.5	101.2	100.1	101.2	104.6	105.8	106.5	108.2	107.8
83.7	**77.1**	**77.3**	**78.2**	**85.6**	**86.8**	**88.8**	**93.0**	**100.7**	**107.2**
83.7	77.1	77.3	78.2	85.6	86.8	88.8	93.0	100.7	107.2
106.3	**103.1**	**102.0**	**101.6**	**99.9**	**97.7**	**97.2**	**97.1**	**97.2**	**97.3**
106.3	103.1	102.0	101.6	99.9	97.7	97.2	97.1	97.2	97.3
104.7	**102.6**	**100.8**	**99.6**	**99.0**	**98.6**	**98.6**	**98.9**	**98.6**	**99.1**
104.7	102.6	100.8	99.6	99.0	98.6	98.6	98.9	98.6	99.1
104.5	**98.5**	**93.0**	**86.9**	**83.3**	**80.4**	**80.1**	**82.1**	**84.5**	**89.0**
100.3	94.0	88.5	80.7	76.0	73.5	75.4	79.3	84.2	90.3
105.9	101.6	95.0	87.6	90.4	88.1	88.0	90.2	90.4	94.9
108.9	107.5	105.4	102.6	98.9	94.0	89.0	88.1	88.7	90.9
108.1	100.3	94.1	90.5	85.5	82.1	79.5	79.8	80.5	83.5
102.3	**101.6**	**98.2**	**96.8**	**96.5**	**96.4**	**97.4**	**98.3**	**98.2**	**98.5**
102.5	102.0	97.9	96.4	96.1	96.0	97.1	98.2	97.8	98.3
102.6	101.8	99.0	97.5	97.4	97.6	97.8	98.9	98.5	98.5
104.4	103.9	98.3	98.5	98.0	97.9	98.4	99.0	98.9	99.3
99.8	99.8	94.9	90.6	90.3	89.5	93.6	95.4	94.7	96.3
100.5	99.3	99.6	99.8	99.6	99.2	99.6	99.6	100.5	100.5
100.5	99.3	99.6	99.8	99.6	99.2	99.6	99.6	100.5	100.5
91.2	**91.5**	**93.2**	**93.2**	**93.6**	**92.1**	**93.0**	**92.4**	**93.2**	**99.4**
91.2	91.5	93.2	93.2	93.6	92.1	93.0	92.4	93.2	99.4
103.3	**102.7**	**101.2**	**101.2**	**101.1**	**100.7**	**100.5**	**101.3**	**101.3**	**103.8**
108.5	107.3	105.7	106.2	106.0	107.2	106.4	106.3	105.0	106.3
108.5	107.3	105.7	106.2	106.0	107.2	106.4	106.3	105.0	106.3
97.3	97.2	95.9	95.3	95.2	93.3	93.6	95.3	96.8	100.8
96.3	96.4	95.2	94.6	94.4	91.7	92.1	94.1	96.0	100.8
101.9	100.7	99.1	98.4	99.0	100.7	100.7	101.0	100.7	100.6
117.4	**116.4**	**114.3**	**105.3**	**104.1**	**104.1**	**104.1**	**104.1**	**103.0**	**103.0**
112.3	112.3	109.4	102.4	100.5	100.5	100.5	100.5	100.6	100.6
121.8	119.5	117.9	107.0	106.5	106.5	106.5	106.5	106.5	106.6
124.1	123.5	122.8	111.4	110.7	110.7	110.7	110.7	101.3	101.3

5-21 农业生产资料价格(环比)指数(2009年)

商品类别及品名	Commodity Category and Commodity Name	1 月 January	2 月 February	3 月 March
农业生产资料价格指数	**Price Indices of Means of Agricultural Production**	98.5	99.6	99.5
一、农用手工工具	**Agricultural Handwork Tools**	99.3	100.0	99.9
农用手工工具	Agricultural Handwork Tools	99.3	100.0	99.9
二、饲料	**Forage**	100.1	99.0	99.6
混合饲料	Mixed Forage	100.3	99.0	99.1
其　他	Others	99.9	99.1	100.3
三、产品畜	**Production Livestock**	99.5	103.3	103.0
幼禽家畜	Young Fowls and Livestock	99.5	103.3	103.0
四、半机械化农具	**Semi-mechanized Farm Tools**	100.0	99.9	99.2
半机械化农具	Semi-mechanized Farm Tools	100.0	99.9	99.2
五、机械化农具	**Mechanized Farm Tools**	99.6	99.5	100.0
农用机械	Agricultural Machinery	99.6	99.5	100.0
六、化学肥料	**Chemical Fertilizer**	98.1	99.1	99.0
氮　肥	Nitrogenous Fertilizer	98.2	100.4	100.6
磷　肥	Phosphate Fertilizer	97.1	98.6	96.8
钾　肥	Potassic Fertilizer	97.4	101.1	98.7
复合肥料	Compound Fertilizer	98.7	97.1	98.1
七、农药及农药械	**Pesticide and its Appliances**	100.0	98.3	98.9
1.化学农药	Chemical Pesticide	99.9	98.1	98.7
杀虫剂	Insecticide	100.0	98.1	99.9
杀菌剂	Fungicide	99.6	99.5	99.1
除草剂	Weeding Pesticide	100.3	96.1	95.3
2.农药器械	Pesticide Appliances	100.0	100.0	100.0
农药器械	Pesticide Appliances	100.0	100.0	100.0
八、农用机油	**Oil for Farm Machinery**	91.4	98.4	97.2
农用机油	Oil for Farm Machinery	91.4	98.4	97.2
九、其他农业生产资料	**Other Means of Agric- ultural Production**	99.7	100.4	100.6
1.农用种子	Agricultural Seed	99.9	101.8	101.6
农用种子	Agricultural Seed	99.9	101.8	101.6
2.其他	Others	99.5	98.7	99.3
农用薄膜	Agricultural Film	99.5	98.6	99.3
其　他	Others	99.7	99.1	99.0
十、农业生产服务	**Agricultural Production Service**	100.0	101.3	100.0
排灌费	Drain and Irrigate Fee	100.0	100.0	100.0
机械作业费	Mechanical Manip- ulation Fee	100.0	103.4	100.0
其　他	Others	100.0	100.0	100.3

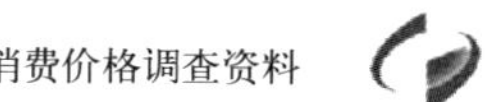

Price Indices of Means of Agricultural Production(2009)

(以上月价格为100 preceding month=100)

4 月 April	5 月 May	6 月 June	7 月 July	8 月 August	9 月 September	10 月 October	11月 November	12月 December
99.7	99.4	99.8	100.2	99.4	99.8	99.8	100.0	101.0
100.3	100.0	100.1	100.8	101.3	100.5	100.0	99.4	100.1
100.3	100.0	100.1	100.8	101.3	100.5	100.0	99.4	100.1
99.5	100.4	100.4	101.0	101.7	101.1	99.9	100.7	100.0
99.7	100.3	100.9	100.1	100.1	100.1	99.8	100.4	100.6
99.3	100.5	99.7	102.2	103.9	102.4	99.9	101.0	99.3
98.5	98.1	97.8	103.2	103.9	100.8	97.4	99.2	102.7
98.5	98.1	97.8	103.2	103.9	100.8	97.4	99.2	102.7
98.5	100.0	99.8	99.7	100.1	100.5	99.9	99.9	99.9
98.5	100.0	99.8	99.7	100.1	100.5	99.9	99.9	99.9
99.5	99.5	100.0	100.2	100.2	100.0	100.6	100.0	100.0
99.5	99.5	100.0	100.2	100.2	100.0	100.6	100.0	100.0
99.3	98.7	98.4	98.8	97.2	98.4	99.6	99.9	102.1
99.0	98.9	97.6	96.9	96.7	98.3	99.9	100.0	103.7
98.7	99.3	99.4	105.7	99.5	99.6	100.0	100.0	100.4
100.5	99.1	99.6	98.7	97.2	98.3	99.6	99.6	100.9
99.4	98.0	98.5	98.1	96.8	97.8	98.9	99.8	101.1
100.6	98.5	100.2	100.4	100.5	100.7	100.4	100.0	100.2
100.7	98.2	100.2	100.4	100.6	100.7	100.4	100.0	100.2
100.2	98.6	100.3	100.3	101.0	99.9	100.3	100.0	100.0
100.5	98.0	101.8	100.1	100.3	100.4	99.7	100.2	100.0
102.2	97.6	97.7	101.2	99.9	103.5	101.8	100.0	101.1
99.7	100.3	100.5	100.0	99.6	100.4	100.0	100.0	100.0
99.7	100.3	100.5	100.0	99.6	100.4	100.0	100.0	100.0
100.4	101.8	104.1	104.4	99.4	101.1	100.0	100.6	101.2
100.4	101.8	104.1	104.4	99.4	101.1	100.0	100.6	101.2
100.7	100.4	100.6	99.7	99.8	100.8	100.2	100.4	100.4
100.5	100.7	101.1	99.7	99.7	100.9	100.1	100.0	100.1
100.5	100.7	101.1	99.7	99.7	100.9	100.1	100.0	100.1
100.9	99.9	100.0	99.8	99.9	100.5	100.5	100.9	100.9
101.1	100.0	99.9	99.5	99.5	100.6	100.5	101.2	101.1
100.0	99.4	100.2	100.9	101.7	100.1	100.4	100.0	100.1
100.0	100.0	101.4	100.1	100.0	100.0	100.0	100.1	100.0
100.0	100.0	100.2	100.4	100.0	100.0	100.0	100.0	100.0
100.0	100.0	103.3	99.9	100.0	100.0	100.0	100.0	100.0
100.0	100.0	100.0	100.0	100.0	100.0	100.0	100.9	100.0

5-22 各市、县居民消费价格指数(2009年)

市县名称	Name of City and County	居民消费价格总指数 General Consu-mer Price Index	非食品价格指数 No-food Price Index	服务项目价格指数 Services Price Index	工业品价格指数 Industrial Prod-ucts Price Index	扣除食品和能源价格指数 Deducting Foods and Energy Price Index	扣除鲜菜鲜果总指数 Deducting Fresh, Vegeta-bles and Fruits Price Index	消费品价格指数 Consumer Go-ods Price Index
济南市	Jinan	100.3	99.4	102.4	97.6	99.4	99.4	99.6
青岛市	Qingdao	100.5	100.0	100.6	99.7	100.3	99.8	100.4
淄博市	Zibo	99.4	98.8	99.5	98.4	99.1	98.9	99.4
枣庄市	Zaozhuang	100.1	99.1	101.0	98.3	99.0	99.6	99.9
东营市	Dongying	99.0	98.4	98.9	98.2	98.6	98.3	99.0
利津县	Lijin	99.4	100.0	101.0	99.6	100.3	98.9	98.9
烟台市	Yantai	99.2	98.9	99.0	98.9	99.4	98.7	99.2
潍坊市	Weifang	100.5	99.6	99.4	99.7	99.7	99.2	100.8
青州市	Qingzhou	99.6	99.1	100.6	98.4	99.4	98.8	99.3
诸城市	Zhucheng	98.7	98.6	99.8	98.2	99.1	98.0	98.4
济宁市	Jining	100.4	98.3	101.8	97.1	98.5	98.9	100.1
微山县	Weishan	102.9	103.7	112.5	99.4	104.4	102.6	100.1
泰安市	Taian	100.0	99.0	99.3	98.8	99.4	99.4	100.2
威海市	Weihai	101.1	100.2	101.5	99.6	100.5	100.1	100.9
文登市	Wendeng	98.4	98.0	100.4	97.2	98.3	98.2	98.0
日照市	Rizhao	99.8	100.1	101.1	99.6	100.3	99.7	99.4
莱芜市	Laiwu	101.1	100.0	101.2	99.5	99.9	99.7	101.1
临沂市	Linyi	98.6	98.5	99.9	98.0	98.8	98.4	98.3
费　县	Feixian	102.6	102.0	102.1	102.0	102.2	101.5	102.7
德州市	Dezhou	99.7	99.0	101.7	97.7	99.0	98.8	99.2
武城县	Wucheng	100.5	101.2	100.9	101.3	101.1	99.8	100.4
聊城市	Liaocheng	100.2	99.6	100.3	99.2	99.7	99.5	100.2
东阿县	Donge	101.1	101.0	101.9	100.6	101.1	100.2	100.8
临清市	Linqing	99.2	98.7	100.1	98.2	98.0	98.4	99.0
滨州市	Binzhou	99.2	97.8	100.5	96.7	98.4	98.2	98.9
菏泽市	Heze	99.5	99.1	100.3	98.7	99.3	98.8	99.3
巨野县	Juye	99.9	99.9	100.7	99.6	100.2	99.5	99.7

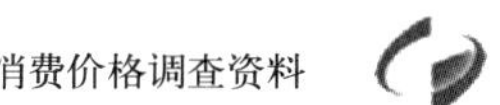

Consumer Price Indices by Each City and County(2009)

(以2006年同期价格为100 2006=100)

一、食品 Food	二、烟酒及用品 Tobacco, Liquor and their Appliances	三、衣着 Clothing	四、家庭设备用品及维修服务 Household Facilities, Articles and Services	五、医疗保健和个人用品 Healthcare and Personal Articles	六、交通和通信 Transportationand Communication	七、娱乐教育文化用品及服务 Recreation, Education and Culture Articles	八、居住 Residence
102.7	101.6	94.8	101.1	103.8	96.1	99.7	100.9
101.6	101.3	101.4	100.1	100.2	97.5	100.8	100.0
101.1	104.8	98.8	101.4	100.6	95.7	99.4	96.8
102.5	106.0	94.8	99.3	101.0	99.5	98.7	101.8
100.3	100.2	95.1	101.2	100.5	97.4	98.9	98.4
96.2	100.0	98.7	99.8	101.9	98.7	99.8	101.3
99.9	100.2	98.7	99.8	101.0	98.9	98.6	96.8
102.9	101.4	98.8	99.6	100.7	99.0	99.5	99.7
100.8	102.1	95.0	100.2	100.6	99.4	99.7	98.7
99.0	102.0	100.6	98.1	102.9	96.4	101.3	92.3
105.1	103.5	95.7	99.6	99.6	96.7	98.6	98.8
101.4	100.2	99.0	100.3	102.3	99.4	116.6	98.7
102.6	100.3	100.1	99.6	100.8	96.3	99.7	97.3
103.3	102.6	98.1	102.1	100.1	99.0	103.1	98.7
99.7	100.4	92.6	98.5	99.2	98.5	99.1	99.1
99.6	102.6	99.6	101.3	102.1	97.8	100.4	99.2
104.0	102.7	97.6	98.7	99.2	100.1	98.9	109.0
98.9	102.8	97.0	100.5	100.3	97.1	97.9	98.7
103.8	105.8	99.7	100.3	105.4	99.6	102.1	102.9
101.6	103.1	96.7	99.9	99.1	97.0	101.1	98.9
98.9	101.1	104.2	100.5	97.4	100.5	100.1	103.5
101.6	112.0	95.0	103.0	101.3	98.2	99.4	98.8
101.0	100.9	99.1	100.7	101.2	99.2	102.2	102.5
100.8	103.9	82.5	98.0	102.3	99.6	98.0	103.7
102.9	100.7	94.1	98.3	101.3	98.5	97.9	96.3
100.7	101.9	96.3	99.2	100.3	98.4	100.4	99.4
100.3	101.6	94.8	104.9	103.5	99.7	99.3	99.4

5-23 各市、县商品零售价格指数(2009年)

市县名称	Name of City and County	商品零售价格总指数 General Retail Price Index	一、食品 Food	二、饮料、烟酒 Beverages, To-bacco, Liquor	三、服装、鞋帽 Garments, Footgear and Hats	四、纺织品 Textiles	五、家用电器及音像器材 Household Appli-ances, Music andVideo Equipments	六、文化办公用品 Cultural and Office Applicances
济南市	Jinan	98.7	102.5	101.4	93.8	98.4	97.7	94.8
青岛市	Qingdao	98.6	101.3	101.2	101.5	98.2	94.4	99.1
淄博市	Zibo	99.0	101.0	104.5	98.8	101.0	97.0	96.1
枣庄市	Zaozhuang	100.0	102.6	105.4	94.8	99.0	95.8	99.7
东营市	Dongying	98.9	100.8	100.2	95.2	103.0	99.1	96.2
利津县	Lijin	100.3	101.7	100.0	99.9	99.4	98.9	99.5
烟台市	Yantai	99.4	99.8	100.6	98.5	99.7	100.2	101.0
潍坊市	Weifang	99.9	101.7	101.7	98.9	99.8	99.7	99.8
青州市	Qingzhou	98.7	101.1	100.1	93.2	100.0	97.2	99.6
诸城市	Zhucheng	98.7	99.3	101.6	100.1	100.9	100.1	100.9
济宁市	Jining	98.9	103.8	102.6	96.1	99.5	95.3	98.6
微山县	Weishan	100.0	101.8	100.2	99.0	100.0	99.7	100.0
泰安市	Taian	100.6	102.2	100.5	100.3	99.8	99.5	99.7
威海市	Weihai	100.3	103.4	102.3	98.2	101.8	99.0	99.7
文登市	Wendeng	97.8	99.6	101.8	92.4	91.6	98.0	105.9
日照市	Rizhao	99.2	99.1	102.7	98.8	100.0	98.4	97.3
莱芜市	Laiwu	101.7	107.8	103.3	97.5	100.0	96.0	99.7
临沂市	Linyi	98.7	98.9	102.5	96.7	100.6	95.8	97.3
费　县	Feixian	101.9	103.8	105.0	99.6	101.3	99.9	100.0
德州市	Dezhou	99.0	102.2	102.4	97.2	99.8	95.4	100.5
武城县	Wucheng	100.2	99.5	100.9	104.4	102.0	99.3	100.9
聊城市	Liaocheng	99.9	101.6	110.1	95.0	100.8	96.3	98.7
东阿县	Donge	100.5	99.8	101.4	99.2	101.5	99.5	105.5
临清市	Linqing	99.5	104.0	103.1	78.8	97.1	93.4	97.6
滨州市	Binzhou	98.5	102.2	101.2	94.1	99.9	97.5	94.1
菏泽市	Heze	99.7	100.7	102.0	96.3	99.9	93.6	98.3
巨野县	Juye	100.0	100.8	101.7	94.0	100.5	97.8	97.7

Retail Price Indices by Each City and County(2009)

(以2006年同期价格为100 2006=100)

七、日用品 Articles for DailyUse	八、体育娱乐用品 Sports and RecreationArticles	九、交通、通信用品 Transportati-on and Com-munication Appliances	十、家具 Furniture	十一、化妆品 Cosmetics	十二、金银珠宝 Gold, Silver and Jewelry	十三、中西药品及医疗保健用品 Traditional Chinese and Western Medic-ines and Healthcare Articles	十四、书报杂志及电子出版物 Books, Newspap-ers, Magazines and Electronic Publications	十五、燃料 Fuels	十六、建筑材料及五金电料 Building Materials and Hardware
101.0	98.4	93.9	99.3	99.8	97.6	100.1	102.4	99.0	98.5
102.4	97.4	96.5	97.8	97.6	103.1	100.3	107.0	90.3	97.5
103.1	100.0	93.4	101.9	99.1	92.5	101.6	103.0	95.0	95.9
100.4	100.3	96.9	102.4	99.2	101.6	100.9	99.2	103.1	102.4
101.3	99.4	95.2	98.8	100.9	107.7	99.7	104.9	93.2	98.0
100.0	100.0	98.2	100.0	100.4	103.8	100.0	100.0	91.9	100.9
99.8	99.3	99.7	100.9	99.7	103.5	100.4	99.8	91.5	99.5
100.3	99.7	97.9	98.1	101.7	98.5	100.1	100.1	92.9	100.9
102.0	100.2	99.0	100.0	103.1	108.9	101.4	102.2	89.9	96.9
103.9	101.6	93.3	89.0	98.4	94.1	104.0	104.8	90.0	90.8
99.6	95.6	91.6	98.2	97.5	103.4	99.0	98.3	91.7	98.2
99.8	103.9	98.7	100.0	100.0	91.7	100.9	100.0	93.2	100.8
99.9	99.5	93.1	100.0	100.0	94.6	101.7	100.0	107.4	97.9
102.2	103.8	99.2	100.0	99.6	97.8	100.3	109.9	94.0	98.0
102.8	100.4	98.3	101.9	99.0	98.3	96.5	100.5	87.7	98.2
101.2	100.0	95.4	99.0	104.5	101.0	100.9	99.8	98.4	103.9
100.0	100.0	99.2	100.4	100.2	102.2	97.7	100.2	102.4	108.1
101.2	100.0	98.6	99.8	101.0	102.4	100.3	99.1	97.1	95.8
101.2	100.0	99.3	100.0	100.2	100.0	107.8	101.0	95.2	103.8
100.5	98.5	96.4	99.9	100.0	92.3	98.8	100.8	96.3	95.8
103.2	102.5	98.1	101.6	100.8	100.3	93.2	100.7	98.1	103.5
104.7	97.2	98.8	103.6	100.8	93.0	100.2	103.6	94.2	97.9
101.0	105.3	96.9	99.7	100.7	105.3	101.2	102.5	101.0	101.1
102.3	107.1	97.7	98.5	106.5	94.5	102.9	98.4	102.5	100.2
99.8	100.6	97.1	96.5	99.6	104.0	100.5	100.0	85.8	99.7
107.5	100.5	104.5	101.8	104.1	98.8	98.9	101.6	95.3	95.4
111.2	99.7	99.0	114.7	99.1	97.5	104.6	100.7	88.4	98.6

5–24 全国各省(市、区)居民消费价格指数

Consumer Price Indices of Various Provinces (cities, areas)

地 区	Area	2001年	2002年	2003年	2004年	2005年	2006年	2007年	2008年	2009年
全国平均	**National Average**	**100.7**	**99.2**	**101.2**	**103.9**	**101.8**	**101.5**	**104.8**	**105.9**	**99.3**
北 京	Beijing	103.1	98.2	100.2	101.0	101.5	100.9	102.4	105.1	98.5
天 津	Tianjin	101.2	99.6	101.0	102.3	101.5	101.5	104.2	105.4	99.0
河 北	Hebei	100.5	99.0	102.2	104.3	101.8	101.7	104.7	106.2	99.3
山 西	Shanxi	99.8	98.4	101.8	104.1	102.3	102.0	104.6	107.2	99.6
内蒙古	Inner Mongolia	100.6	100.2	102.2	102.9	102.4	101.5	104.6	105.7	99.7
辽 宁	Liaoning	100.0	98.9	101.7	103.5	101.4	101.2	105.1	104.6	100.0
吉 林	Jilin	101.3	99.5	101.2	104.1	101.5	101.4	104.8	105.1	100.1
黑龙江	Heilongjiang	100.8	99.3	100.9	103.8	101.2	101.9	105.4	105.6	100.2
上 海	Shanghai	100.0	100.5	100.1	102.2	101.0	101.2	103.2	105.8	99.6
江 苏	Jiangsu	100.8	99.2	101.0	104.1	102.1	101.6	104.3	105.4	99.6
浙 江	Zhejiang	99.8	99.1	101.9	103.9	101.3	101.1	104.2	105.0	98.5
安 徽	Anhui	100.5	99.0	101.7	104.5	101.4	101.2	105.3	106.2	99.1
福 建	Fujian	98.7	99.5	100.8	104.0	102.2	100.8	105.2	104.6	98.2
江 西	Jiangxi	99.5	100.1	100.8	103.5	101.7	101.2	104.8	106.0	99.3
山 东	Shandong	101.8	99.3	101.1	103.6	101.7	101.0	104.4	105.3	100.0
河 南	Henan	100.7	100.1	101.6	105.4	102.1	101.3	105.4	107.0	99.4
湖 北	Hubei	100.3	99.6	102.2	104.9	102.9	101.6	104.8	106.3	99.6
湖 南	Hunan	99.1	99.5	102.4	105.1	102.3	101.4	105.6	106.0	99.6
广 东	Guangdong	99.3	98.6	100.6	103.0	102.3	101.8	103.7	105.6	97.7
广 西	Guangxi	100.6	99.1	101.1	104.4	102.4	101.3	106.1	107.8	97.9
海 南	Hainan	98.5	99.5	100.1	104.4	101.5	101.5	105.0	106.9	99.3
重 庆	Chongqing	101.7	99.6	100.6	103.7	100.8	102.4	104.7	105.6	98.4
四 川	Sichuan	102.1	99.7	101.7	104.9	101.7	102.3	105.9	105.1	100.8
贵 州	Guizhou	101.8	99.0	101.2	104.0	101.0	101.7	106.4	107.6	98.7
云 南	Yunnan	99.1	99.8	101.2	106.0	101.4	101.9	105.9	105.7	100.4
西 藏	Xizang	100.1	100.4	100.9	102.7	101.5	102.0	103.4	105.7	101.4
陕 西	Shaanxi	101.0	98.9	101.7	103.1	101.2	101.5	105.1	106.4	100.5
甘 肃	Gansu	104.0	100.0	101.1	102.3	101.7	101.3	105.5	108.2	101.3
青 海	Qinghai	102.6	102.3	102.0	103.2	100.8	101.6	106.6	110.1	102.6
宁 夏	Ningxia	101.6	99.4	101.7	103.7	101.5	101.9	105.4	108.5	100.7
新 疆	Xinjiang	104.0	99.4	100.4	102.7	100.7	101.3	105.5	108.1	100.7

5-25 全国各省(市、区)商品零售价格指数
Retail Price Indices of Various Provinces (cities, areas)

地　区	Area	2001年	2002年	2003年	2004年	2005年	2006年	2007年	2008年	2009年
全国平均	**National Average**	**99.2**	**98.7**	**99.9**	**102.8**	**100.8**	**101.0**	**103.8**	**105.9**	**98.8**
北　京	Beijing	98.8	98.4	98.2	99.2	99.7	100.2	100.8	104.4	97.8
天　津	Tianjin	98.6	97.4	97.4	100.8	99.9	100.4	103.2	105.1	98.9
河　北	Hebei	99.8	99.2	100.2	103.2	101.1	101.5	104.1	106.7	99.0
山　西	Shanxi	99.0	98.6	100.3	103.1	100.3	101.2	104.2	107.2	99.1
内蒙古	Inner Mongolia	100.0	99.4	99.6	102.7	101.5	101.4	103.6	104.7	99.5
辽　宁	Liaoning	99.4	97.4	98.9	101.9	100.1	101.3	104.4	105.3	99.8
吉　林	Jilin	100.9	99.0	100.5	103.5	101.1	101.5	103.3	106.2	99.3
黑龙江	Heilongjiang	100.5	98.4	99.7	102.8	100.4	101.5	105.6	105.8	98.9
上　海	Shanghai	98.5	98.7	99.0	100.9	99.4	100.2	102.4	105.3	99.4
江　苏	Jiangsu	98.9	98.4	99.8	102.2	100.3	100.8	102.9	104.9	98.9
浙　江	Zhejiang	98.1	98.7	99.6	102.7	100.9	100.8	103.8	106.3	98.8
安　徽	Anhui	99.6	99.2	101.3	102.7	100.6	100.8	104.5	106.3	99.0
福　建	Fujian	98.0	98.3	99.1	102.7	100.6	100.5	104.3	105.7	97.9
江　西	Jiangxi	98.4	100.2	100.1	103.0	100.9	101.2	104.0	106.1	99.1
山　东	Shandong	100.0	98.8	100.2	102.8	100.6	100.6	103.6	104.9	99.4
河　南	Henan	99.8	99.2	101.3	105.7	101.7	100.9	104.4	107.5	99.4
湖　北	Hubei	97.4	98.8	101.2	104.1	102.1	101.1	104.2	106.3	98.6
湖　南	Hunan	98.8	99.2	100.6	103.9	102.3	101.3	104.3	105.6	98.5
广　东	Guangdong	98.7	98.5	100.0	102.9	101.8	101.5	103.4	106.0	96.8
广　西	Guangxi	97.9	98.1	100.2	103.9	101.1	100.3	104.8	107.6	98.0
海　南	Hainan	97.7	98.4	100.4	103.4	100.9	101.3	103.8	106.7	98.5
重　庆	Chongqing	99.0	98.9	99.5	101.4	98.7	101.6	103.7	105.0	97.3
四　川	Sichuan	100.8	99.4	100.1	103.7	100.6	101.7	105.3	105.3	100.1
贵　州	Guizhou	98.4	99.3	100.0	103.2	101.3	100.9	104.2	107.2	97.6
云　南	Yunnan	98.4	98.1	99.9	104.7	100.1	100.8	104.4	106.1	100.1
西　藏	Xizang	99.7	99.7	99.4	100.7	100.8	100.2	101.7	103.9	99.5
陕　西	Shaanxi	99.0	98.6	100.5	102.5	100.1	101.8	105.0	106.9	99.9
甘　肃	Gansu	99.6	98.9	100.2	102.1	99.9	101.2	104.4	107.9	101.8
青　海	Qinghai	99.9	99.3	100.8	102.6	100.7	102.0	106.0	110.6	101.6
宁　夏	Ningxia	100.0	98.6	99.5	102.8	100.4	101.3	104.1	108.5	99.5
新　疆	Xinjiang	102.5	97.9	99.2	100.7	99.4	101.8	105.1	108.5	100.4

主要指标解释

居民消费价格指数 是反映一定时期内城乡居民所购买的生活消费品价格和服务项目价格变动趋势和程度的相对数，是对城市居民消费价格指数和农村居民消费价格指数进行综合汇总计算的结果。该指数可以观察和分析消费品的零售价格和服务价格变动对城乡居民实际生活费支出的影响程度。

城市居民消费价格指数 是反职一定时期内城市居民家庭所购买的生活消费品价格和服务项目价格变动趋势和程度的相对数。该指数可以观察和分析消费品的零售价格和服务项目价格变动对城镇职工货币工资的影响，作为研究职工生活和确定工资政策的依据。

农村居民消费价格指数 是反映一定时期内农村居民家庭所购买的生活消费品价格和服务项目价格变动趋势和程度的相对数。该指数可以观察农村消费品的零售价格和服务项目价格变动对农村居民生活消费支出的影响，直接反映农民生活水平的实际变化情况，为分析和研究农村居民生活问题提供依据。

商品零售价格指数 是反映一定时期内城乡商品零售价格变动趋势和程度的相对数。商品零售价格的变动直接影响到城乡居民的生活支出和国家的财政收入，影响居民购买力和市场供需的平衡，影响到消费与积累的比例关系。因此，该指数可以从一个侧面对上述经济活动进行观察和分析。

农业生产资料价格指数 指反映一定时期内农业生产资料价格变动趋势和程度的相对数。农业生产资料价格指数分为小农具、饲料、产品畜、役畜、半机械化农具、机械化农具、化学肥料、农药及农药械、农机用油、其他农业生产资料十大类。其编制目的是了解农业生产中物质资料投入价格的变动状况，服务于国民经济核算。1994 年以前，农业生产资料价格指数仅仅是商品零售价格指数的一个类别，此后，从商品零售价格指数中分离出来，单独编制。

Explanatory Notes on Main Indicators

Consumer Price Indices reflect the trend and degree of changes in prices of consumer goods and services purchased by urban and rural households during a given period. They are obtained by combining the Urban Consumer Price Indices and the Rural Consumer Price Indices. The Indices enable the observation and analysis of the degree of impact of the changes in the prices of retailed goods and services on the actual living expenses of urban and rural residents.

Urban Consumer Price Indices reflect the trend and degree of changes in prices of consumer goods and services purchased by urban households during a given period. It can be used to observe and analyze the impact of price changes in consumer goods and services on wages (in monetary terms) of urban staff and workers, and provide a basis for research on the livelihood of staff and workers and policy-making concerning wages.

Rural Consumer Price Indices reflect the trend and degree of changes in prices of consumer goods and services purchased by rural households during a given period. It can be used to observe the impact of change in retail prices of consumer goods and service prices in rural areas on living expenditure of rural households, and to show the changes in the living standard of peasants. It provides a basis for analysis and research on the condition of life in rural areas.

Retail Price Indices reflect the trend and degree of change in retail prices of commodities during a given period. The change in retail prices of commodities directly affect the living expenses of urban and rural residents, government revenue, purchasing power of residents and the equilibrium of market supply and demand, and the ratio of consumption to accumulation. Therefore, the retail price indices are useful from an oblique perspective for observing and analyzing the changes of the above economic activities.

Price Indices of Agricultural Means of Production reflect the trend and degree of changes in the prices of the means of agricultural production during a given period. Compilation of these indices helps to understand the changes in prices of input into agricultural production and facilitate the compilation of national accounts statistics. Before 1994, price indices of means of agricultural production were a sub-category in the retail price indices of commodities, and it has been compiled separately since 1994.

6

企业集团统计资料

Statistical Material of Enterprise Groups

编辑单位：统计监测处
编　　委：仝义贵
责任编辑：林雪梅　郭　琦
校　　对：林雪梅　郭　琦
电　　话：86197886

Editorial Unit: the Statistical Monitoring Office
Editorial Board: Tong Yigui
Executive Editor-in-Chief: Lin Xuemei Guo Qi
Proofreader:Lin Xuemei Guo Qi
Telephone: 86197886

简 要 说 明

一、企业集团是指以母子公司为主体，通过投资及生产经营协作等多种方式，与众多的企事业单位共同组成的经济联合体。企业集团内部统计范围包括：企业集团的母公司、在中国境内和境外的全资子公司(单位)、绝对控股子公司(单位)和相对控股子公司(单位)；不包括参股和协作企业(单位)。

二、企业集团的调查范围包括：一是由省、自治区、直辖市人民政府批准的企业集团；二是省政府确定的重点企业（集团）和其他各类企业集团。

三、企业集团财务指标按财政部门有关“合并会计报表”的规定填报。但是，部分企业集团由于内部财务制度尚未完善，采用相加汇总的方法填报。

Brief Introduction

Ⅰ. The enterprise group is the economical unified body which takes the mother and child company as a main body and is composed together with the multitudinous enterprises and institutions by the investment and the production management cooperation and so on many kinds of ways. Interior statistics scope of the enterprise group includes: Enterprise group's parent company, entire capital subsidiary company (unit) within the boundaries of Chinese and beyond the border, the subsidiary company (unit) of controlling stock absolutely and the relative holding subsidiary company (unit); no including share-holding and cooperation enterprise (unit).

Ⅱ. Enterprise group's field of investigation includes: One is the enterprise group which was authorized by the province, the autonomous region, the municipality people's government; Two is the key enterprise group and other each kind of enterprise group which the provincial government determined.

Ⅲ. The enterprise group financial is filled according to "merged accountant form" about the finance department. Because the internal finance system is not yet consummated, partial enterprise group uses the method of adding together for compiling to fill.

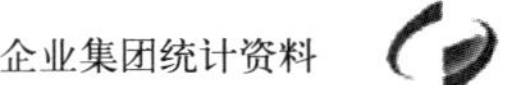

6—1 企业集团构成情况(2009年)
Constitution of Enterprise Groups (2009)

分组	Groups	集团个数 (个) Number of Enterprise Groups (unit)	占集团总数的比重 (%) Proportion of Enterprise Groups (%)	集团所属成员企业个数 (个) Respective Member of Enterprise Groups (unit)	占成员企业总数的比重 (%) Proportion of Respective Member (%)
总计	**Total**	**632**	**100.0**	**4175**	**100.0**
按集团审批部门分	**Grouped by Examining Department**				
国务院	The State Council	3	0.5	46	1.1
国务院主管部门	Governing Departments of the State Council	12	1.9	64	1.5
省级人民政府	Provincial Government	173	27.4	1274	30.5
省级人民政府主管部门	Governing Departments of Provincial Government	136	21.5	838	20.1
其他	Others	308	48.7	1953	46.8
按控股情况分	**Grouped by Controlling Shares**				
国有控股	State-Holding	186	29.5	1273	30.5
集体控股	Collective-Owned Absolute Holding	139	22.0	972	23.3
私人控股	Private Holding	291	46.0	1863	44.6
港澳台商控股	Holding by Traders From Hong Kong,Macao and Taiwan	4	0.6	29	0.7
外商控股	Holding by Foreign Traders	12	1.9	38	0.9
按主营行业分	**Grouped by Sector**				
第一产业合计	Primary Industry	1	0.2	3	0.1
农、林、牧、渔业	Farming,Forestry,Animal Husbandry and Fishery	1	0.2	3	0.1

6-1 续表 1 continued

分组	Groups	集团个数(个) Number of Enterprise Groups (unit)	占集团总数的比重(%) Proportion of Enterprise Groups (%)	集团所属成员企业个数(个) Respective Member of Enterprise Groups (unit)	占成员企业总数的比重(%) Proportion of Respective Member (%)
第二产业合计	Secondary Industry	521	82.4	3276	78.4
工业小计	Industry	470	74.4	2922	70.0
采矿业	Mining	29	4.6	181	4.3
制造业	Manufacturing	424	67.1	2606	62.5
电力、燃气及水的生产和供应业	Production and Supply Of Electricity	17	2.7	135	3.2
建筑业	Construction	51	8.0	354	8.4
第三产业合计	Tertiary-Industry	110	17.4	896	21.5
交通运输、仓储和邮政业	Transportation, Storage and Telecommunications	16	2.5	130	3.1
信息传输、计算机服务和软件业	Information Transmission, Computer Services and Software	4	0.6	9	0.2
批发和零售业	Wholesale and Retail Trade	58	9.2	546	13.1
住宿和餐饮业	Hotel and Catering Services	3	0.5	33	0.8
金融业	Financial Intermediation				
房地产业	Real Estate	20	3.2	99	2.4
其他合计	Others	9	1.4	79	1.9
租赁和商务服务业	Leasing and Business Services	5	0.7	34	0.7
科学研究、技术服务和地质勘查业	Scientific Research,Technical Service and Geologic Prospecting				
水利、环境和公共设施管理业	Management of Water Conservancy, Environment and Public Facilities	2	0.3	19	0.5
居民服务和其他服务业	Services To Household and Other Services	1	0.2	2	0.1

6-1 续表 2 continued

分组	groups	集团个数(个) Number of Enterprise Groups (unit)	占集团总数的比重(%) Proportion of Enterprise Groups (%)	集团所属成员企业个数(个) Respective Member of Enterprise Groups (unit)	占成员企业总数的比重(%) Proportion of Respective Member (%)
教育	Education				
卫生、社会保障和社会福利业	Health,Social Security and Social Welfare				
文化、体育和娱乐业	Culture,Sports and Entertainment	1	0.2	24	0.6
公共管理和社会组织	Public Management and Social Organization				
国际组织	International Organization				
按登记注册类型分	**By Status of Registration**				
国有企业	State-Owned Enterprises	45	7.1	272	6.5
公司制企业小计	Corporation	549	86.9	3634	87.1
国有独资企业	Sole State-Funded Corporation	61	9.7	562	13.5
其他有限责任公司	Other Limited Liability Corporation	339	53.7	2056	49.2
股份有限公司	Share-Holding Corporations Limited	112	17.7	796	19.1
中外合资企业	Joint-Venture Enterprises	21	3.3	133	3.2
外商投资股份有限公司	Share-Holding Corporations Limited With Foreign Investment	6	0.9	34	0.8
港澳台合资企业	Enterprises With Funds From Hong Kong,Macao and Taiwan	8	1.3	51	1.2
港澳台商投资股份有限公司	Share-Holding Corporations Limited With Investment From Hong Kong,Macao and Taiwan	2	0.3	2	0.1
其他	Others	38	6.0	269	6.4

6–2 企业集团主要经济指标(2009年)

单位：万元

分 组	Groups	年末资产总计 Year-end Total Assets
总 计	**Total**	**292714751**
按集团审批部门分	Grouped by Examining Department	
国务院	The State Council	16609165
国务院主管部门	Governing Departments of The State Council	7790144
省级人民政府	Provincial Government	144367251
省级人民政府主管部门	Governing Departments of Provincial Government	50759225
其他	Others	73188966
按控股情况分	**Grouped by Controlling Shares**	
国有控股	State-Holding	167924779
集体控股	Collective-Owned Absolute Holding	39763331
私人控股	Private Holding	73701866
港澳台商控股	Holding by Traders From Hong Kong,Macao and Taiwan	6424254
外商控股	Holding by Foreign Traders	4900521
按主营行业分	**Grouped by Sector**	
第一产业合计	Primary Industry	95400
农、林、牧、渔业	Farming,Forestry,Animal Husbandry and Fishery	95400
第二产业合计	Secondary Industry	240709551
工业小计	Industry	231251516
采矿业	Mining	39562598
制造业	Manufacturing	156008568
电力、燃气及水的生产和供应业	Production and Supply of Electricity	35680350
建筑业	Construction	9458035
第三产业合计	Tertiary-Industry	51909800
交通运输、仓储和邮政业	Transportation, Storage and Telecommunications	19677583
信息传输、计算机服务和软件业	Information Transmission, Computer Services and Software	8217924
批发和零售业	Wholesale and Retail Trade	13745281
住宿和餐饮业	Hotel and Catering Services	362908
金融业	Financial Intermediation	
房地产业	Real Estate	6706051
其他合计	Others	3200053
租赁和商务服务业	Leasing and Business Services	2432590
科学研究、技术服务和地质勘查业	Scientific Research,Technical Service and Geologic Prospecting	
水利、环境和公共设施管理业	Management of Water Conservancy,Environment and Public Facilities	408556
居民服务和其他服务业	Services To Household and Other Services	86657
教育	Education	
卫生、社会保障和社会福利业	Health,Social Security and Social Welfare	
文化、体育和娱乐业	Culture,Sports and Entertainment	272250
公共管理和社会组织	Public Management and Social Organization	
国际组织	International Organization	
按登记注册类型分	**By Status of Registration**	
国有企业	State-Owned Enterprises	30040478
公司制企业小计	Corporation	247217857
国有独资企业	Sole State-Funded Corporation	84594950
其他有限责任公司	Other Limited Liability Corporation	99642211
股份有限公司	Share-Holding Corporations Limited	50352837
中外合资企业	Joint-Venture Enterprises	9262750
外商投资股份有限公司	Share-Holding Corporations Limited With Foreign Investment	2038601
港澳台合资企业	Enterprises With Funds From Hong Kong,Macao and Taiwan	1171865
港澳台商投资股份有限公司	Share-Holding Corporations Limited With Investment From Hong Kong,Macao and Taiwan	154643
其他	Others	15456416

Main Economic Norms of Enterprise Groups(2009)

(10000 yuan)

固定资产净值 Net Value of Fixed Assets	累计折旧 Accumulated Depreciation	本年折旧 Accumulated Depreciation of Current year	累计对外投资 Accumulative Outside Investment	本年对外投资 Outside Investment of Current Year	本年对境外投资 Overseas Investment of Current Year	存货 Stock	流动资产年平均余额 Average Balance of Circulating Funds
99380285	**52013823**	**8736063**	**8451270**	**2446650**	**122281**	**34478544**	**117095677**
5189094	2594682	436396	2334602	1629441	78135	1526386	7291933
4250072	2986690	503517	137407	357		508959	2675517
53834818	31284993	5010334	2765538	236784	11548	17431492	55985809
19201619	7541245	1466829	1379877	212762	21690	5380501	19642228
16904682	7606213	1318987	1833846	367306	10908	9631206	31500190
58666508	31236141	4834251	6109130	2030016	104707	17495351	57156442
13303947	7054700	1484719	744378	108916	10000	5782015	20617666
21693558	7619975	1674218	1593698	307650	7574	10455566	36193360
4604365	5601373	634343	126	68		135308	645646
1111907	501634	108532	3938			610304	2482563
6850	10980	3554	11872			4590	75487
6850	10980	3554	11872			4590	75487
83057559	40797766	7017158	7017563	2211410	120952	28678791	99066438
81938165	40354665	6955498	6756766	2142514	110952	26689895	93102227
11222336	5965037	877778	2501410	1671735	78135	2212631	11173412
52961720	26364426	4671902	3078248	465078	32817	20663150	72705066
17754109	8025202	1405818	1177108	5701		3814114	9223749
1119394	443101	61660	260797	68896	10000	1988896	5964211
16315876	11205077	1715351	1421835	235240	1329	5795163	17953752
6843880	2705145	426321	323405	47977		681912	2990940
6194142	7158837	986225	21669	1600		43954	1665293
2597138	978091	261538	370284	59189	1329	3269329	7784565
107259	91322	3652	30358	2835		7193	219122
319687	111369	20595	184039	51725		1593548	4682074
253770	160313	17020	492080	71914		199227	611758
127286	81661	11115	490831	71914		150630	581742
14279	1626	244	1249			39496	2457
17416	11623	598				55	27559
94789	65403	5063				9046	
11780037	5499402	965651	577573	2540		4805294	11157284
79017676	38009152	6478618	7659369	2421584	112281	28548498	101635095
25678733	12861762	2007734	3967749	1950253	104707	8359076	31219365
29657979	12198583	2467837	1996401	341237	2249	12593723	42497635
20069011	11423121	1721682	1350510	87928	1805	5728386	21085272
2611679	1079762	198992	179733	37028	3520	1054042	4131893
641244	286916	50714	93790	5058		451383	1095166
333177	141929	29817	69884	80		320607	1502007
25853	17079	1842	1302			41281	103757
8582572	8505269	1291794	214328	22526	10000	1124752	4303298

6-2 续表 1

单位：万元

分 组	Groups	应收帐款 Accounts Receivable
总 计	**Total**	**15347446**
按集团审批部门分	Grouped by Examining Department	
国务院	The State Council	338195
国务院主管部门	Governing Departments of the State Council	120547
省级人民政府	Provincial Government	6985796
省级人民政府主管部门	Governing Departments of Provincial Government	2837938
其他	Others	5064970
按控股情况分	**Grouped by Controlling Shares**	
国有控股	State-Holding	6440574
集体控股	Collective-Owned Absolute Holding	3233419
私人控股	Private Holding	4784850
港澳台商控股	Holding by Traders From Hong Kong,Macao and Taiwan	194641
外商控股	Holding by Foreign Traders	693962
按主营行业分	**Grouped by Sector**	
第一产业合计	Primary Industry	471
农、林、牧、渔业	Farming,Forestry,Animal Husbandry and Fishery	471
第二产业合计	Secondary Industry	13507358
工业小计	Industry	11402881
采矿业	Mining	662889
制造业	Manufacturing	9868331
电力、燃气及水的生产和供应业	Production and Supply of Electricity	871661
建筑业	Construction	2104477
第三产业合计	Tertiary-Industry	1839617
交通运输、仓储和邮政业	Transportation, Storage and Telecommunications	421375
信息传输、计算机服务和软件业	Information Transmission, Computer Services and Software	186713
批发和零售业	Wholesale and Retail Trade	1000848
住宿和餐饮业	Hotel and Catering Services	15303
金融业	Financial Intermediation	
房地产业	Real Estate	161162
其他合计	Others	54216
租赁和商务服务业	Leasing and Business Services	23230
科学研究、技术服务和地质勘查业	Scientific Research,Technical Service and Geologic Prospecting	
水利、环境和公共设施管理业	Management of Water Conservancy,Environment and Public Facilities	20160
居民服务和其他服务业	Services To Household and Other Services	13
教育	Education	
卫生、社会保障和社会福利业	Health,Social Security and Social Welfare	
文化、体育和娱乐业	Culture,Sports and Entertainment	10813
公共管理和社会组织	Public Management and Social Organization	
国际组织	International Organization	
按登记注册类型分	**By Status of Registration**	
国有企业	State-Owned Enterprises	769867
公司制企业小计	Corporation	13813802
国有独资企业	Sole State-Funded Corporation	3123175
其他有限责任公司	Other Limited Liability Corporation	6059554
股份有限公司	Share-Holding Corporations Limited	3408989
中外合资企业	Joint-Venture Enterprises	888054
外商投资股份有限公司	Share-Holding Corporations Limited With Foreign Investment	295801
港澳台合资企业	Enterprises With Funds From Hong Kong,Macao and Taiwan	21679
港澳台商投资股份有限公司	Share-Holding Corporations Limited With Investment From Hong Kong,Macao and Taiwan	16550
其他	Others	763777

 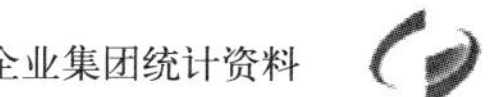

continued

(10000 yuan)

年末负债合计 Year-end Total Liabilities	流动负债 Current Liabilities	银行借款 Bank Loan	年末股东权益总计 Total Creditors' s Equity	年末少数股东权益 Few Creditors' s equity	股本(实收资本) Paid-in Capital	营业收入 Operating Income	营业成本 Operating Costs
183789340	**128666656**	**61647769**	**108925410**	**17365983**	**25600244**	**288106524**	**244057980**
11339439	5767975	2653500	5269726	2767202	488414	11352807	9686263
2692154	2428033	268215	5097989	35670	1177459	10392546	7624944
93074487	64023798	34109744	51292764	9331154	12292339	141776649	120936561
33577411	23552813	12517733	17181814	3051927	4151709	50236543	42628928
43105849	32894037	12098577	30083117	2180030	7490323	74347979	63181284
107749367	68817141	38524421	60175411	13013241	14833392	139859603	114042304
23620532	18942516	6919372	16142799	2218962	3407201	54416662	47859775
45392055	36167249	15404157	28309811	2057363	6240285	83100178	73036133
4208731	2894026	519261	2215523	75383	275835	2922702	2187146
2818655	1845724	280558	2081866	1034	843531	7807379	6932622
209816	203978	28414	-114416	-147	62817	881	10320
209816	203978	28414	-114416	-147	62817	881	10320
149420483	103497644	54270223	91289067	14630888	20810442	252948266	215263244
141936794	97247855	53105718	89314721	14547780	19708144	243782702	207006423
22254200	12792566	5018781	17308398	3245737	1693484	29062802	19856267
92959134	71995366	32069475	63049433	10191223	15418787	193855382	168157995
26723460	12459923	16017462	8956890	1110820	2595873	20864518	18992161
7483689	6249789	1164505	1974346	83108	1102298	9165564	8256821
34159041	24965034	7349132	17750759	2735242	4726985	35157377	28784416
12690732	8072551	1631680	6986851	1880143	1362238	5183429	4201682
3759399	3371949	69273	4458525	2446	640246	4885960	2151248
10860276	9521732	3088644	2885005	292621	1233719	23763321	21708624
169573	118827	99150	193335		156732	122582	78882
4812222	3270874	2170815	1893829	454118	494561	872006	482319
1866839	609101	289570	1333214	105914	839489	330079	161661
1607827	385159	242740	824763	93591	489408	168711	81031
80246	56806	23700	328310	-191	332543	3269	2343
85495	77223	23130	1162		7538	2969	
93271	89913		178979	12514	10000	155130	78287
22895646	12991920	10555009	7144831	833674	3064240	24734721	22245411
152493170	109759982	49431799	94724687	15931826	21579974	247959324	208558122
55073880	36041643	15917109	29521070	10077155	6283300	57568222	46278459
58817447	46069167	19026715	40824764	3268253	8309184	112255965	96597627
31195976	21987361	12764792	19156861	2256713	5105774	63339560	53271312
5474128	4005326	1217788	3788622	225904	1389201	11141845	9365567
1015944	882434	274449	1022657	32408	330527	2348689	1888419
821609	681465	229346	350256	71393	118618	957410	832621
94186	92586	1600	60457		43370	347633	324117
8400524	5914754	1660961	7055892	600483	956030	15412479	13254447

6-2 续表 2

单位：万元

分 组	Groups	营业税金及附加 Tax and Associate Charge
总 计	**Total**	**4288928**
按集团审批部门分	Grouped by Examining Department	
国务院	The State Council	115170
国务院主管部门	Governing Departments of the State Council	113614
省级人民政府	Provincial Government	1973536
省级人民政府主管部门	Governing Departments of Provincial Government	573766
其他	Others	1512842
按控股情况分	**Grouped by Controlling Shares**	
国有控股	State-Holding	3344585
集体控股	Collective-Owned Absolute Holding	360666
私人控股	Private Holding	523247
港澳台商控股	Holding by Traders From Hong Kong,Macao and Taiwan	53813
外商控股	Holding by Foreign Traders	6617
按主营行业分	**Grouped by Sector**	
第一产业合计	Primary Industry	12
农、林、牧、渔业	Farming,Forestry,Animal Husbandry and Fishery	12
第二产业合计	Secondary Industry	3854675
工业小计	Industry	3611419
采矿业	Mining	959982
制造业	Manufacturing	2488643
电力、燃气及水的生产和供应业	Production and Supply of Electricity	162794
建筑业	Construction	243256
第三产业合计	Tertiary-Industry	434241
交通运输、仓储和邮政业	Transportation, Storage and Telecommunications	130392
信息传输、计算机服务和软件业	Information Transmission, Computer Services and Software	134175
批发和零售业	Wholesale and Retail Trade	83953
住宿和餐饮业	Hotel and Catering Services	2333
金融业	Financial Intermediation	
房地产业	Real Estate	69791
其他合计	Others	13597
租赁和商务服务业	Leasing and Business Services	4486
科学研究、技术服务和地质勘查业	Scientific Research,Technical Service and Geologic Prospecting	
水利、环境和公共设施管理业	Management of Water Conservancy,Environment and Public Facilities	112
居民服务和其他服务业	Services To Household and Other Services	165
教育	Education	
卫生、社会保障和社会福利业	Health,Social Security and Social Welfare	
文化、体育和娱乐业	Culture,Sports and Entertainment	8834
公共管理和社会组织	Public Management and Social Organization	
国际组织	International Organization	
按登记注册类型分	**By Status of Registration**	
国有企业	State-Owned Enterprises	204106
公司制企业小计	Corporation	3971531
国有独资企业	Sole State-Funded Corporation	683618
其他有限责任公司	Other Limited Liability Corporation	1686931
股份有限公司	Share-Holding Corporations Limited	1497054
中外合资企业	Joint-Venture Enterprises	93154
外商投资股份有限公司	Share-Holding Corporations Limited With Foreign Investment	1893
港澳台合资企业	Enterprises With Funds From Hong Kong,Macao and Taiwan	8881
港澳台商投资股份有限公司	Share-Holding Corporations Limited With Investment From Hong Kong,Macao and Taiwan	
其他	Others	113291

continued

(10000 yuan)

新产品销售收入 Sales Revenue of New Products	出口销售总额 Total Volume Export Sales	营业费用 Operating Expenses	管理费用 General and Adminstrative Expense	税金 Tax	保险费 Insurance Expenses	职工教育费 Worker Education Fee
45030665	**17141930**	**8015263**	**10073594**	**540832**	**1001535**	**109649**
2471520	549143	298968	716675	25233	190104	7278
6381	42941	943807	350594	26417	38836	4225
27240088	9211582	4006771	5040840	277688	436126	66135
8538270	2690274	1273088	1620789	83252	105503	14974
6774406	4647990	1492629	2344696	128242	230966	17037
22729130	5515849	4137762	6370927	301632	632091	75190
11803967	4934333	1758623	1468942	80371	141971	14869
9518207	5781328	1638129	1957402	141360	181107	14873
6849	8042	212363	164302	11676	36864	3606
972512	902378	268386	112021	5793	9502	1111
		51	4609			
		51	4609			
44835264	15262663	6135514	8755988	476484	825778	90424
44831946	15194822	6108354	8443056	461758	794547	85094
851915	192630	307335	2424247	79497	304826	26520
43972621	14980910	5700222	5562671	352019	460156	46597
7410	21282	100797	456138	30242	29565	11977
3318	67841	27160	312932	14726	31231	5330
195401	1879267	1879698	1312997	64348	175757	19225
		108427	372585	14639	55121	10700
152320	4256	946827	212189	12748	41639	4179
42946	1873090	771937	549428	27496	50216	3837
		7874	25013	1479	1640	72
135		23993	96387	5411	24475	98
	1921	20640	57395	2575	2666	339
	1921	20464	27659	2405	2504	330
		176	2163	5	10	
			3356	165	152	9
			24217			
685959	423823	425986	586939	44765	58091	13054
43352486	16273469	7206178	9060232	478630	897388	92393
13913675	2574572	1920891	3579045	157055	446301	48830
12120890	6660050	2046529	3163696	219761	261624	24149
13153611	5031093	2614953	1874528	84127	159328	16287
3678983	1530976	527819	346814	12436	23953	2181
403746	448234	82175	69939	3655	2107	683
81581	28544	10645	23442	1337	3952	250
		3166	2768	259	123	13
992220	444638	383099	426423	17437	46056	4202

6−2 续表 3

单位：万元

分　组	Groups	财务费用 Finance Expense
总　计	**Total**	**4177301**
按集团审批部门分	Grouped by Examining Department	
国务院	The State Council	222041
国务院主管部门	Governing Departments of the State Council	-9119
省级人民政府	Provincial Government	2077823
省级人民政府主管部门	Governing Departments of Provincial Government	831160
其他	Others	1055396
按控股情况分	**Grouped by Controlling Shares**	
国有控股	State-Holding	2115966
集体控股	Collective-Owned Absolute Holding	640622
私人控股	Private Holding	1336906
港澳台商控股	Holding by Traders From Hong Kong,Macao and Taiwan	27636
外商控股	Holding by Foreign Traders	56171
按主营行业分	**Grouped by Sector**	
第一产业合计	Primary Industry	1236
农、林、牧、渔业	Farming,Forestry,Animal Husbandry and Fishery	1236
第二产业合计	Secondary Industry	3694660
工业小计	Industry	3618514
采矿业	Mining	407026
制造业	Manufacturing	2503530
电力、燃气及水的生产和供应业	Production and Supply of Electricity	707958
建筑业	Construction	76146
第三产业合计	Tertiary-Industry	481405
交通运输、仓储和邮政业	Transportation, Storage and Telecommunications	187653
信息传输、计算机服务和软件业	Information Transmission, Computer Services and Software	-35596
批发和零售业	Wholesale and Retail Trade	226835
住宿和餐饮业	Hotel and Catering Services	1157
金融业	Financial Intermediation	
房地产业	Real Estate	85281
其他合计	Others	16075
租赁和商务服务业	Leasing and Business Services	10948
科学研究、技术服务和地质勘查业	Scientific Research,Technical Service and Geologic Prospecting	
水利、环境和公共设施管理业	Management of Water Conservancy,Environment and Public Facilities	812
居民服务和其他服务业	Services To Household and Other Services	3603
教育	Education	
卫生、社会保障和社会福利业	Health,Social Security and Social Welfare	
文化、体育和娱乐业	Culture,Sports and Entertainment	712
公共管理和社会组织	Public Management and Social Organization	
国际组织	International Organization	
按登记注册类型分	**By Status of Registration**	
国有企业	State-Owned Enterprises	457325
公司制企业小计	Corporation	3554352
国有独资企业	Sole State-Funded Corporation	904957
其他有限责任公司	Other Limited Liability Corporation	1726015
股份有限公司	Share-Holding Corporations Limited	755039
中外合资企业	Joint-Venture Enterprises	138072
外商投资股份有限公司	Share-Holding Corporations Limited With Foreign Investment	16951
港澳台合资企业	Enterprises With Funds From Hong Kong,Macao and Taiwan	12951
港澳台商投资股份有限公司	Share-Holding Corporations Limited With Investment From Hong Kong,Macao and Taiwan	367
其他	Others	165624

continued

(10000 yuan)

利息净支出 Interest Net Exchange	投资收益 Investment Income	利润总额 Total Profit	应交所得税 Income Tax Payable	应交增值税 Value Added Tax Payable	固定资产投资完成额 Total Investment in Fixed Assets	研究开发(R&D)费用 Research and Development Expenses
3646458	**1606994**	**18556234**	**3643614**	**7375764**	**17883952**	**3710042**
174697	204075	673604	222975	432849	659792	235968
-12626	11348	1374387	355415	109029	739028	55004
1909652	781443	8277260	1857881	3437925	10472342	2364013
748977	168503	3081360	558852	1448762	2448387	533239
825758	441625	5149623	648491	1947199	3564403	521818
1901175	1047599	10318136	2182831	4443412	10081556	1438089
576015	157249	2609331	475051	1098188	2915486	1181646
1111079	401950	4966871	858828	1727997	3198346	869597
20707	194	289011	63838	10301	1034277	2515
37482	2	372885	63066	95866	654287	218195
1236	17	-9077				
1236	17	-9077				
3218467	1146705	15638332	2901235	7156170	14444570	3615048
3146162	1145350	15390439	2843897	7125132	14313288	3535001
286890	237088	4127302	602086	1698883	1837182	148874
2145715	420550	10303368	2008141	4759475	9569207	3351886
713557	487712	959769	233670	666774	2906899	34241
72305	1355	247893	57338	31038	131282	80047
426755	460272	2926979	742379	219594	3439382	94994
162217	69977	616862	147784	22211	1130849	24604
-37732	16	1439499	348436	427	1541740	62065
212103	50240	404893	132130	191356	707885	8014
1073	2093	9629	2510	3610	12000	100
74090	283251	375875	102814	80	38174	15
15004	54695	80221	8705	1910	8734	196
10589	54695	57130	8475	1910	8277	196
812		-502	7		457	
3603		-4998				
		28591	223			
472940	479435	1198507	325946	530165	1963624	68412
3060793	1124698	16270228	3158866	6659619	13478968	3517259
803599	473778	4436290	1129613	1970666	4389030	918879
1394866	461619	7322251	1020861	2621178	4447143	1133080
718068	166129	3527640	843693	1567223	3569620	1095042
115094	11579	653552	127671	428625	797745	329934
16358	11588	246841	18080	54472	119735	30485
12175	5	66427	16440	17102	155695	9839
633		17227	2508	353		
112725	2861	1087499	158802	185980	2441360	124371

6－3 企业集团劳动工资指标(2009年)

分 组	Groups	从业人员年末人数(人) Year-end Employed Persons (person)
总 计	**Total**	**3056563**
按集团审批部门分	**Grouped by Examining Department**	
国务院	The State Council	131049
国务院主管部门	Governing Departments of the State Council	75089
省级人民政府	Provincial Government	1415826
省级人民政府主管部门	Governing Departments of Provincial Government	483005
其他	Others	951594
按控股情况分	**Grouped by Controlling Shares**	
国有控股	State-Holding	1440820
集体控股	Collective-Owned Absolute Holding	615281
私人控股	Private Holding	902844
港澳台商控股	Holding by Traders From Hong Kong,Macao and Taiwan	42026
外商控股	Holding by Foreign Traders	55592
按主营行业分	**Grouped by Sector**	
第一产业合计	Primary Industry	709
农、林、牧、渔业	Farming,Forestry,Animal Husbandry and Fishery	709
第二产业合计	Secondary Industry	2684974
工业小计	Industry	2452299
采矿业	Mining	506373
制造业	Manufacturing	1824780
电力、燃气及水的生产和供应业	Production and Supply of Electricity	121146
建筑业	Construction	232675
第三产业合计	Tertiary-Industry	370880
交通运输、仓储和邮政业	Transportation, Storage and Telecommunications	112606
信息传输、计算机服务和软件业	Information Transmission, Computer Services and Software	55228
批发和零售业	Wholesale and Retail Trade	174894
住宿和餐饮业	Hotel and Catering Services	3431
金融业	Financial Intermediation	
房地产业	Real Estate	14068
其他合计	Others	10653
租赁和商务服务业	Leasing and Business Services	6010
科学研究、技术服务和地质勘查业	Scientific Research,Technical Service and Geologic Prospecting	
水利、环境和公共设施管理业	Management of Water Conservancy,Environment and Public Facilities	564
居民服务和其他服务业	Services To Household and Other Services	320
教育	Education	
卫生、社会保障和社会福利业	Health,Social Security and Social Welfare	
文化、体育和娱乐业	Culture,Sports and Entertainment	3759
公共管理和社会组织	Public Management and Social Organization	
国际组织	International Organization	
按登记注册类型分	**By Status of Registration**	
国有企业	State-Owned Enterprises	219923
公司制企业小计	Corporation	2655086
国有独资企业	Sole State-Funded Corporation	743763
其他有限责任公司	Other Limited Liability Corporation	1300522
股份有限公司	Share-Holding Corporations Limited	459229
中外合资企业	Joint-Venture Enterprises	102692
外商投资股份有限公司	Share-Holding Corporations Limited With Foreign Investment	33052
港澳台合资企业	Enterprises With Funds From Hong Kong,Macao and Taiwan	15002
港澳台商投资股份有限公司	Share-Holding Corporations Limited With Investment From Hong Kong,Macao and Taiwan	826
其他	Others	181554

Labour and Wage Norms of Enterprise Groups(2009)

在岗职工（人）Fully-employed Staff and Workers (person)	其他从业人员（人）Other Employed Persons (person)	研究开发(R&D)人员（人）Persons of Research and Development (person)	从业人员劳动报酬（万元）Labour Payment for Year-end Employed Persons (10000 yuan)	在岗职工劳动报酬（万元）Labour Payment for Fully-Employed Staff and Workers (10000 yuan)	其他从业人员劳动报酬（万元）Labour Payment for Other Employed Persons (10000 yuan)	研究开发(R&D)人员劳动报酬（万元）Labour Payment for Persons of Research and Development (10000 yuan)
2925942	**130621**	**123090**	**9150804**	**8768631**	**382173**	**588900**
126669	4380	3087	574719	551821	22898	19051
57483	17606	342	241093	211528	29565	1318
1360459	55367	70131	4705525	4527600	177925	415026
471352	11653	14946	1316602	1298904	17698	55266
909979	41615	34584	2312865	2178778	134087	98239
1335538	105282	57362	5346957	5009725	337232	265451
605378	9903	27433	1572033	1547152	24881	200758
888560	14284	35783	1809932	1791428	18504	111028
41278	748	468	262483	261531	952	1681
55188	404	2044	159399	158795	604	9982
709			1865	1865		
709			1865	1865		
2584867	100107	119376	8024605	7697056	327549	575784
2381359	70940	116621	7384031	7170259	213772	566617
464534	41839	13594	2084232	1923885	160347	60581
1798010	26770	101640	4628569	4579969	48600	495419
118815	2331	1387	671230	666405	4825	10617
203508	29167	2755	640574	526797	113777	9167
340366	30514	3714	1124334	1069710	54624	13116
104379	8227	949	418671	402138	16533	4538
37662	17566	940	288727	259322	29405	3570
170588	4306	1801	320472	312410	8062	4875
3431			10781	10781		
13669	399	18	42273	41700	573	110
10637	16	6	43410	43359	51	23
5994	16	6	23097	23046	51	23
564			968	968		
320			461	461		
3759			18884	18884		
212001	7922	4655	837552	810581	26971	19785
2535138	119948	113917	7619008	7268517	350491	551102
679642	64121	28042	2884511	2682536	201975	174067
1270557	29965	52102	2967262	2878006	89256	157120
433966	25263	23944	1450961	1392824	58137	187954
102202	490	7909	208500	207564	936	26728
32951	101	1353	77440	77260	180	3783
15001	1	567	27460	27459	1	1450
819	7		2874	2868	6	
178803	2751	4518	694244	689533	4711	18013

6－4 企业集团主要经济效益指标(2009年)

分 组	Groups	净资产收益率 Ratio of Interests to Net Assets
总 计	**Total**	**13.7**
按集团审批部门分	**Grouped by Examining Department**	
国务院	The State Council	8.6
国务院主管部门	Governing Departments of the State Council	20.0
省级人民政府	Provincial Government	12.5
省级人民政府主管部门	Governing Departments of Provincial Government	14.7
其他	Others	15.0
按控股情况分	**Grouped by Controlling Shares**	
国有控股	State-Holding	13.5
集体控股	Collective-Owned Absolute Holding	13.2
私人控股	Private Holding	14.5
港澳台商控股	Holding by Traders From Hong Kong,Macao and Taiwan	10.2
外商控股	Holding by Foreign Traders	14.9
按主营行业分	**Grouped by Sector**	
第一产业合计	Primary Industry	7.9
农、林、牧、渔业	Farming,Forestry,Animal Husbandry and Fishery	7.9
第二产业合计	Secondary Industry	14.0
工业小计	Industry	14.0
采矿业	Mining	20.4
制造业	Manufacturing	13.2
电力、燃气及水的生产和供应业	Production and Supply of Electricity	8.1
建筑业	Construction	9.7
第三产业合计	Tertiary-Industry	12.3
交通运输、仓储和邮政业	Transportation, Storage and Telecommunications	6.7
信息传输、计算机服务和软件业	Information Transmission, Computer Services and Software	24.5
批发和零售业	Wholesale and Retail Trade	9.5
住宿和餐饮业	Hotel and Catering Services	3.7
金融业	Financial Intermediation	
房地产业	Real Estate	14.4
其他合计	Others	5.4
租赁和商务服务业	Leasing and Business Services	5.9
科学研究、技术服务和地质勘查业	Scientific Research,Technical Service and Geologic Prospecting	
水利、环境和公共设施管理业	Management of Water Conservancy,Environment and Public Facilities	-0.2
居民服务和其他服务业	Services To Household and Other Services	-430.1
教育	Education	
卫生、社会保障和社会福利业	Health,Social Security and Social Welfare	
文化、体育和娱乐业	Culture,Sports and Entertainment	15.8
公共管理和社会组织	Public Management and Social Organization	
国际组织	International Organization	
按登记注册类型分	**By Status of Registration**	
国有企业	State-Owned Enterprises	12.2
公司制企业小计	Corporation	13.8
国有独资企业	Sole State-Funded Corporation	11.2
其他有限责任公司	Other Limited Liability Corporation	15.4
股份有限公司	Share-Holding Corporations Limited	14.0
中外合资企业	Joint-Venture Enterprises	13.9
外商投资股份有限公司	Share-Holding Corporations Limited With Foreign Investment	22.4
港澳台合资企业	Enterprises With Funds From Hong Kong,Macao and Taiwan	14.3
港澳台商投资股份有限公司	Share-Holding Corporations Limited With Investment From Hong Kong,Macao and Taiwan	24.3
其他	Others	13.2

Main Economic Efficiency Norms of Enterprise Groups(2009)

总资产报酬率 Ratio of Reward to Total Assets	销售利润率 Ratio of Selling Profit	资本保值增值率 Ratio of Capital Value -preserved and Value-added	劳动生产率(万元/人) Ratio of Labour Productivity (10000 yuan/person)	成本费用利润率 Ratio of Profits to Cost	资产利税率 Ratio of Pre-tax Profits to Assets	总资产使用率 Assets Using Rate	流动资产比率 Ratio of Circulating Funds
7.6	**6.4**	**114.0**	**94.3**	**7.0**	**10.3**	**98.4**	**40.0**
5.1	5.9	108.5	86.6	6.2	7.4	68.4	43.9
17.5	13.2	110.6	138.4	15.4	20.5	133.4	34.3
7.1	5.8	118.8	100.1	6.3	9.5	98.2	38.8
7.5	6.1	115.2	104.0	6.6	10.1	99.0	38.7
8.2	6.9	107.4	78.1	7.6	11.8	101.6	43.0
7.3	7.4	112.7	97.1	8.1	10.8	83.3	34.0
8.0	4.8	116.9	88.4	5.0	10.2	136.9	51.9
8.2	6.0	114.5	92.0	6.4	9.8	112.8	49.1
4.8	9.9	117.8	69.5	11.2	5.5	45.5	10.1
8.4	4.8	117.3	140.4	5.1	9.7	159.3	50.7
-8.2	-1030.3	198.5	1.2	-56.0	-9.5	0.9	79.1
-8.2	-1030.3	198.5	1.2	-56.0	-9.5	0.9	79.1
7.8	6.2	112.7	94.2	6.7	11.1	105.1	41.2
8.0	6.3	112.6	99.4	6.8	11.3	105.4	40.3
11.2	14.2	100.0	57.4	17.9	17.2	73.5	28.2
8.0	5.3	115.4	106.2	5.7	11.3	124.3	46.6
4.7	4.6	121.7	172.2	4.7	5.0	58.5	25.9
3.4	2.7	117.6	39.4	2.9	5.5	96.9	63.1
6.5	8.3	121.0	94.8	9.0	6.9	67.7	34.6
4.0	11.9	143.3	46.0	12.7	3.9	26.3	15.2
17.1	29.5	115.4	88.5	44.0	19.2	59.5	20.3
4.5	1.7	112.8	135.9	1.7	4.9	172.9	56.6
2.9	7.9	119.6	35.7	8.5	4.3	33.8	60.4
6.7	43.1	98.9	62.0	54.6	6.6	13.0	69.8
3.0	24.3	103.3	31.0	31.4	3.0	10.3	19.1
2.8	33.9	107.4	28.1	40.8	2.6	6.9	23.9
0.1	-15.4	99.9	5.8	-9.1	-0.1	0.8	0.6
-1.6	-168.3	2.8	9.3	-71.8	-5.6	3.4	31.8
10.5	18.4	117.1	41.3	27.7	13.7	57.0	
5.6	4.8	111.9	112.5	5.1	6.4	82.3	37.1
7.8	6.6	114.0	93.4	7.1	10.9	100.3	41.1
6.2	7.7	121.3	77.4	8.4	8.4	68.1	36.9
8.7	6.5	106.5	86.3	7.1	11.7	112.7	42.7
8.4	5.6	120.2	137.9	6.0	13.1	125.8	41.9
8.3	5.9	114.7	108.5	6.3	12.7	120.3	44.6
12.9	10.5	114.7	71.1	12.0	14.9	115.2	53.7
6.7	6.9	139.7	63.8	7.6	7.9	81.7	128.2
11.5	5.0	141.4	420.9	5.2	11.4	224.8	67.1
7.8	7.1	115.3	84.9	7.6	9.0	99.7	27.8

6-4 续表

分 组	Groups	资金利润率 Current Assets ratio
总 计	**Total**	**11.3**
按集团审批部门分	**Grouped by Examining Department**	
国务院	The State Council	6.8
国务院主管部门	Governing Departments of The State Council	34.9
省级人民政府	Provincial Government	10.5
省级人民政府主管部门	Governing Departments of Provincial Government	9.8
其他	Others	12.6
按控股情况分	**Grouped by Controlling Shares**	
国有控股	State-Holding	12.2
集体控股	Collective-Owned Absolute Holding	9.7
私人控股	Private Holding	9.9
港澳台商控股	Holding by Traders From Hong Kong,Macao and Taiwan	-82.3
外商控股	Holding by Foreign Traders	12.1
按主营行业分	**Grouped by Sector**	
第一产业合计	Primary Industry	-12.7
农、林、牧、渔业	Farming,Forestry,Animal Husbandry and Fishery	-12.7
第二产业合计	Secondary Industry	11.1
工业小计	Industry	11.4
采矿业	Mining	25.1
制造业	Manufacturing	10.4
电力、燃气及水的生产和供应业	Production and Supply of Electricity	5.1
建筑业	Construction	3.7
第三产业合计	Tertiary-Industry	12.7
交通运输、仓储和邮政业	Transportation, Storage and Telecommunications	8.7
信息传输、计算机服务和软件业	Information Transmission, Computer Services and Software	205.5
批发和零售业	Wholesale and Retail Trade	4.3
住宿和餐饮业	Hotel and Catering Services	4.1
金融业	Financial Intermediation	
房地产业	Real Estate	7.7
其他合计	Others	11.4
租赁和商务服务业	Leasing and Business Services	9.1
科学研究、技术服务和地质勘查业	Scientific Research,Technical Service and Geologic Prospecting	
水利、环境和公共设施管理业	Management of Water Conservancy,Environment and Public Facilities	-3.3
居民服务和其他服务业	Services To Household and Other Services	-15.0
教育	Education	
卫生、社会保障和社会福利业	Health,Social Security and Social Welfare	
文化、体育和娱乐业	Culture,Sports and Entertainment	97.3
公共管理和社会组织	Public Management and Social Organization	
国际组织	International Organization	
按登记注册类型分	**By Status of Registration**	
国有企业	State-Owned Enterprises	6.9
公司制企业小计	Corporation	11.4
国有独资企业	Sole State-Funded Corporation	10.1
其他有限责任公司	Other Limited Liability Corporation	12.2
股份有限公司	Share-Holding Corporations Limited	11.9
中外合资企业	Joint-Venture Enterprises	11.5
外商投资股份有限公司	Share-Holding Corporations Limited With Foreign Investment	17.0
港澳台合资企业	Enterprises With Funds From Hong Kong,Macao and Taiwan	3.9
港澳台商投资股份有限公司	Share-Holding Corporations Limited With Investment From Hong Kong,Macao and Taiwan	15.3
其他	Others	24.8

continued

资产负债率 Assets Liabilities Ratio	长期负债与资产总计比率 Ratio of Long Term Liability	已获利息倍数(倍) Attained Interest Multiple	流动比率 Current Ratio	速动比率 Quick Ratio	新产品销售收入与营业收入比率 Ratio of Sales Revenue of New Products and Operating Income	研究开发费用与营业收入比率 Ratio of R&D and Operating Income
62.8	**18.8**	**6.1**	**91.0**	**64.2**	**15.6**	**1.3**
68.3	33.5	4.9	126.4	100.0	21.8	2.1
34.6	3.4	-107.9	110.2	89.2	0.1	0.5
64.5	20.1	5.3	87.4	60.2	19.2	1.7
66.2	19.7	5.1	83.4	60.6	17.0	1.1
58.9	14.0	7.2	95.8	66.5	9.1	0.7
64.2	23.2	6.4	83.1	57.6	16.3	1.0
59.4	11.8	5.5	108.8	78.3	21.7	2.2
61.6	12.5	5.5	100.1	71.2	11.5	1.0
65.5	20.5	15.0	22.3	17.6	0.2	0.1
57.5	19.9	10.9	134.5	101.4	12.5	2.8
219.9	6.1	-6.3	37.0	34.8		
219.9	6.1	-6.3	37.0	34.8		
62.1	19.1	5.9	95.7	68.0	17.7	1.4
61.4	19.3	5.9	95.7	68.3	18.4	1.5
56.3	23.9	15.4	87.3	70.0	2.9	0.5
59.6	13.4	5.8	101.0	72.3	22.7	1.7
74.9	40.0	2.3	74.0	43.4		0.2
79.1	13.0	4.4	95.4	63.6		0.9
65.8	17.7	7.9	71.9	48.7	0.6	0.3
64.5	23.5	4.8	37.1	28.6		0.5
45.7	4.7	-37.2	49.4	48.1	3.1	1.3
79.0	9.7	2.9	81.8	47.4	0.2	
46.7	14.0	10.0	184.4	178.4		0.1
71.8	23.0	6.1	143.1	94.4		
58.3	39.3	6.3	100.4	67.7		0.1
66.1	50.3	6.4	151.0	111.9		0.1
19.6	5.7	0.4	4.3	-65.2		
98.7	9.5	-0.4	35.7	35.6		
34.3	1.2			-10.1		
76.2	33.0	3.5	85.9	48.9	2.8	0.3
61.7	17.3	6.3	92.6	66.6	17.5	1.4
65.1	22.5	6.5	86.6	63.4	24.2	1.6
59.0	12.8	6.2	92.2	64.9	10.8	1.0
62.0	18.3	5.9	95.9	69.8	20.8	1.7
59.1	15.9	6.7	103.2	76.8	33.0	3.0
49.8	6.5	16.1	124.1	73.0	17.2	1.3
70.1	12.0	6.5	220.4	173.4	8.5	1.0
60.9	1.0	28.2	112.1	67.5		
54.3	16.1	10.6	72.8	53.7	6.4	0.8

6－5 企业集团按规模分组主要指标(2009年)

分 组	Groups	单位数(个)Unit Number	
		单位数 Unit Number	比重(%) Proportion (%)
总 计	**Total**	**632**	**100.0**
按营业收入和资产总计分	**Grouped By Operating Income and Property**		
50亿元及以上	50 Hundred Million Yuan and Above	95	15.0
10亿元及以上	10 Hundred Million Yuan and Above	295	46.7
5亿元及以上	5 Hundred Million Yuan and Above	392	62.0
按资产总计分	**Grouped By Total Assets**		
1000亿元及以上	1000 Hundred Million Yuan and Above	5	0.8
500－1000亿元	500-1000 Hundred Million Yuan	5	0.8
100－500亿元	100-500 Hundred Million Yuan	38	6.0
50－100亿元	50-100 Hundred Million Yuan	63	10.0
5－50亿元	5-50 Hundred Million Yuan	342	54.1
按营业收入分	**Grouped By Operating Revenue**		
100亿元及以上	100 Hundred Million Yuan and Above	73	11.6
50－100亿元	50-100 Hundred Million Yuan	50	7.9
5－50亿元	5-50 Hundred Million Yuan	300	47.5
按利润总额分	**Grouped By Profit**		
10亿元及以上	10 Hundred Million Yuan and Above	41	6.5
5－10亿元	5-10 Hundred Million Yuan	38	6.0
1－5亿元	1-5 Hundred Million Yuan	133	21.0
0.5－1亿元	0.5-1 Hundred Million Yuan	87	13.8
0.1－0.5亿元	0.1-0.5 Hundred Million Yuan	139	22.0
按从业人员分	**Grouped By Employed Persons**		
10万人及以上	100 Thousand Persons and Above	2	0.3
5－10万人	50-100 Thousand Persons	5	0.8
1－5万人	10-50 Thousand Persons	52	8.2
0.5－1万人	5-10 Thousand Persons	72	11.4

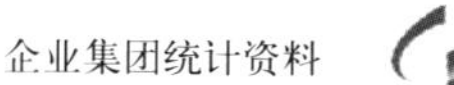

Major Norms of Enterprise Groups by Size of Enterprises(2009)

年末资产总计(万元) Year-end Assets (10000 yuan)	固定资产净值(万元) Net Value of Fixed Assets (10000 yuan)	营业收入(万元) Operating Revenue (10000 yuan)	利润总额(万元) Total Profits (10000 yuan)	从业人员年末人数(人) Year-end Employed Persons (person)
292714751	**99380285**	**288106524**	**18556234**	**3056563**
208136777	77079281	204963428	14182475	1762437
268471285	93583857	271674473	17902570	2548839
281171086	96727826	280642400	18307354	2778243
64112806	23136508	34655040	3352923	308041
34137921	11419129	34819408	1950184	324925
82427427	30507699	78229176	6499874	680636
44577908	15998927	61496286	2798659	530520
62768442	16928432	72988814	3713425	1007913
184212872	67816495	193895027	13106444	1535471
32728347	11995907	36023242	2053985	362131
65306179	17304870	53836820	3293290	937186
160378335	58853178	138725285	12317967	1201214
29741813	11435343	43528242	2632902	353966
50905339	14535614	60682474	3088783	632776
19835542	5033217	18628589	611233	274704
13219015	4038251	12197192	345503	279639
15748492	4138865	15858659	2382081	225508
53284315	18915494	42477858	2270477	396431
101359736	39919188	93820721	6777009	1039695
38755477	14841108	43987201	2244701	514306

主要指标解释

年末资产总计 指企业（集团）截止报告期期末拥有或控制的全部资产，包括流动资产、长期投资、固定资产、无形资产、递延资产和其他资产等。

负债合计 指企业（集团）所承担的能以货币计量，将以资产或劳务偿付的债务。负债一般按偿还期的长短分为流动负债和长期负债。

股东（所有者）权益合计 指企业(集团)资产扣除负债后由所有者享有的剩余权益。执行新会计准则的企业(集团)按资产负债表中的股东(所有者)权益合计填列。尚未执行新会计准则的企业(集团)由股东(所有者权益)合计与少数股东权益相加之后填列。

营业收入 指企业（集团）在日常活动中形成的、会导致所有者权益增加的、与所有者投入资本无关的经济利益的总流入。其中“日常活动”，是指企业为完成其经营目标所从事的经常性活动以及与之相关的活动。

比如，工业企业制造并销售产品、商品流通企业销售商品、保险公司签发保单、咨询公司提供咨询服务、软件企业为客户开发软件、安装公司提供安装服务、商业银行对外贷款、租赁公司出租资产等，均属于企业为完成其经营目标所从事的经常性活动，由此产生的经济利益的总流入构成收入。

尚未执行新会计准则的企业（集团）由主营业务收入与其他业务收入相加之后填列。

固定资产投资完成额 指企业（集团）在年度内建造和购置固定资产及有关费用的支出合计。包括：①建筑工程投资，②安装工程投资，③设备工器具购置，④应分摊计入固定资产的费用等。

研究开发（R&D）费用 指报告年度在企业（集团）科技活动经费内部支出中用于基础研究、应用研究和试验发展三类项目以及这三类项目的管理和服务的费用支出。不论何种经费来源，只要实际用于上述三类项目的经费支出都应计算在内。具体计算办法：可将企业（集团）全部科技项目中确定为基础研究、应用研究和试验发展三类项目的经费支出加总，再加上按上述三类项目支出占全部科技项目经费支出比重计算分摊的科技管理和服务费用取得。

年末从业人员 指报告期期末在企业（包括集团母公司和子公司，下同）工作并领取工资或其他形式的劳动报酬的全部人员数，包括在岗职工、再就业的离退休人员以及在企业（集团）中工作的外方人员和港澳台方人员、兼职人员、借用的外单位人员和第二职业者。不包括离开本企业（集团）仍保留劳动关系的职工。

从业人员劳动报酬 指企业（集团）直接支付给本企业（集团）全部从业人员的劳动报酬总额。包括本企业（集团）在岗职工工资总额和其他从业人员劳动报酬两部分。

Explanatory Notes on Main Indicators

Endding Total Assets refer to all economic resources, in monetary term, these are owned or controlled by enterprises, including properties, creditor's equity and other economic rights of all forms. Classified by the degree of liquidity, total assets include working capitals, long-term investment, fixed assets, intangible assets, deferred assets and other assets. Data on this indicator can be obtained by the year-end figures of total assets in the *Assets and Liability Table* of accounting records of enterprises.

Total Liabilities refer to payable liabilities of enterprises that have to be repaid in terms of money, assets or labour services. In terms of payment, it can be divided into liquid liabilities and long-term liabilities. Data on this item is obtained from the ending figures on total liabilities from the Assets and Liability Table from the enterprises.

Owner's Equity refers to the ownership of net assets of enterprise by its investors. Net assets equal total assets minus total liabilities of the enterprise, including the actual assets invested into the enterprise by investors, accumulation of capital and operating surplus and non-distributed profits. The enterprise's assets are less than its liabilities if the sum of owner's equity is smaller than zero.

Operating Income refers to Enterprise (Group) formed in the day-to-day activities and will lead to the increase in ownership interest, has nothing to do with the owners of capital gross inflows of economic benefits. The "daily activities" refers to enterprises in order to fulfill its business objectives by engaging in regular activities and related activities.

For example, industrial enterprises in manufacturing and marketing products, commercial enterprises selling products, the insurance company issuing the policy, consulting firms to provide consulting services, software companies to develop software for clients, the installation provides installation services, commercial banks loans, leasing companies, such as leased assets, enterprises are the target for the completion of its business by engaging in regular activities, the resulting gross inflows of economic benefits constitute income.

Implementation of the new accounting standards have not been the Enterprise (Group) from the main business income and other operating income, after the sum of any case.

Amount of Investment in Fixed Assets refers to the completion of Enterprise (Group) in the year of construction and the acquisition of fixed assets and the total costs. Including: ① construction investment, ② the installation investment, ③ the purchase of equipment, apparatus work, ④ of fixed assets should be included in the cost-sharing and so on.

Research and Development (R & D) Cost refers to the annual report of the Enterprise (Group) Science and Technology activities for the internal expenditures in basic research, applied research and pilot projects, as well as the development of three types of the three categories of project management and services costs. Whatever the source of funding, as long as the actual project for the above-mentioned three types of expenditures should be taken into account. Specific method of calculation: can be Enterprise (Group) of all IT projects identified as basic research, applied research and pilot projects to develop three types of the total increase in expenditures, together with the three types of project expenditures in accordance with the above-mentioned projects the total expenditure share of the calculation share of the cost of IT management and service access.

Endding Employed Persons refer to the end of the reporting period at the end of the enterprise (including the Group parent company and subsidiaries, the same below) and to receive wages or other forms of remuneration of all staff members a few, including on-the-job workers, re-employment of retired personnel, as well as in the Enterprise (Group) in the work of Hong Kong, Macao and Taiwan staff and foreign staff, part-time staff, loan units and the second job. Does not include leaving the Enterprise (Group) retaining employees of labor relations.

Remuneration of Employees refer to the Enterprise (Group) paid directly to the Enterprise (Group) of all employees in the total amount of remuneration. Including the Enterprise (Group) the total amount of on-the-job wages and other remuneration of employees in two parts.

7

企业景气调查资料

Investigation Material of Business Climate

编辑单位：统计监测处
编　　委：仝义贵
责任编辑：丰绪同　游海涛
校　　对：丰绪同　游海涛
电　　话：86197913

Editorial Unit: the Statistical Monitoring Office
Editorial Board: Tong Yigui
Executive Editor-in-Chief: Feng Xutong You Haitao
Proofreader: Feng Xutong You Haitao
Telephone: 86197913

简 要 说 明

企业景气调查是适应我国社会主义市场经济发展的新形势，借鉴市场经济国家的成功经验而建立起来的一项新的统计调查制度。它是通过对样本企业的企业家定期进行意向性问卷调查，并根据企业家对企业经营状况及宏观经济形势的判断和预期来编制景气指数。企业景气指数不仅能够及时反映企业经营状况，当前宏观经济运行态势，而且能够预测未来经济发展趋势。

景气指数又称景气度，它是对企业景气调查中的定性指标通过定量方法加工汇总，综合反映某一特定调查群体或某一社会经济现象所处的状态或发展趋势的一种指标。景气指数的数值范围介于0～200之间，100为景气指数的临界值；当景气指数大于100时，表明经济状况趋于上升或改善，处于景气状态；当景气指数小于100时，表明经济状况趋于下降或恶化，处于不景气状况。

景气指数根据其调查对象和反映内容的不同，有宏观和微观等不同分类。企业家信心指数是根据企业家对宏观经济环境信心预期的判断而编制的；企业景气指数是根据企业家对本企业当前综合经营状况的判断和未来发展的预计而编制的指数。

企业景气调查包括工业；建筑业；交通运输、仓储和邮政业；批发和零售业；房地产业；信息传输、计算机服务和软件业；住宿和餐饮业；社会服务业八大行业门类。我省于1998年正式开展企业景气调查，2009年全省每季度进行调查的企业近3000家，基本涵盖全部大型及特大型企业、省重点企业、上市公司和部分中小企业，具有较强的代表性。

Brief Introduction

Business survey is a new statistical investigation system that adopts new situation of our country socialist market economy development and profits from the success experience of the market economy countries. It is through carrying on the intent questionnaire survey regularly to the sample enterprise's entrepreneurs, according to judgment and anticipation of the enterprise management condition and the macroscopic economic situation for the entrepreneurs to establish the booming index. Not only the enterprise booming index can reflect the enterprise management condition promptly, current macroscopic economical movement situation, but also will be able to forecast the future economy trend of development.

The booming index is called the scenery extent, it is the target that is compiled to stationary index through the quantitative method processing in the enterprise booming investigation and reflects some specific investigation community or locating condition or development trend of some social economy phenomenon. The value scope of booming index is situated between 0～200, 100 is marginal value of booming index; When the booming index is bigger than 100, indicates the financial circumstance tends to the rise or the improvement, is at the booming condition; When the booming index is smaller than 100, indicates the financial circumstance tends to the drop or the worsening, is in not the booming condition.

According to its investigation object and the difference of reflection content, the booming index has the different classifications of macroscopic and microscopic. The confidence index of entrepreneurs is established according to the judgment of entrepreneurs to the macroscopic economic environment confidence anticipation; the business climate index is established according to judgment of current comprehensive management condition and the estimate of future development.

Business survey includes industry; construction; transportation, storage and telecommunications; whole sale and retail trade; real estate; information transmission, computer services and software; hotel and catering services; social service eight big profession classes. Shandong business survey was developed in 1998 officially, there are 3000 investigation enterprises that are carried on each quarter in entire province in cover completely large-scale and the extra large type enterprise, the province key enterprises, listed company and the partial small and medium-sized enterprises basically, have the strong representation.

7-1 企业景气调查主要景气指数

Main Climate Index of Business Climate Investigation

时间序列	Time	企业景气指数 Business Climate Index	生产总量景气指数 Climate Index of total output	盈利(亏损)变化景气指数 Climate Index of profit(loss) variation	流动资金景气指数 Climate Index of liquid capital	货款拖欠景气指数 Climate Index on overdue obligations to suppliers	劳动力需求景气指数 Climate Index of Labor Demand	固定资产投资景气指数 Climate Index on fixed assets investment
1999年1季度	Quarter 1, 1999	118.07	102.65	84.82	46.06	92.93	69.20	96.13
1999年2季度	Quarter 2, 1999	121.19	114.96	90.28	44.38	96.01	74.96	103.98
1999年3季度	Quarter 3, 1999	119.33	115.08	86.99	45.22	96.66	77.22	106.78
1999年4季度	Quarter 4, 1999	122.35	122.69	99.60	46.16	95.58	76.55	108.45
2000年1季度	Quarter 1, 2000	117.15	111.61	91.58	56.74	108.81	86.19	106.98
2000年2季度	Quarter 2, 2000	128.18	135.27	100.98	59.22	106.01	94.37	117.66
2000年3季度	Quarter 3, 2000	125.36	124.53	100.57	61.88	103.71	94.33	119.48
2000年4季度	Quarter 4, 2000	125.22	125.76	103.96	63.86	107.34	90.32	117.28
2001年1季度	Quarter 1, 2001	129.24	116.28	102.10	72.93	110.13	91.00	107.62
2001年2季度	Quarter 2, 2001	137.68	127.66	117.59	73.17	106.53	99.94	119.25
2001年3季度	Quarter 3, 2001	131.59	124.77	106.61	72.97	107.41	96.98	115.56
2001年4季度	Quarter 4, 2001	130.76	120.66	109.44	71.15	107.75	92.82	113.75
2002年1季度	Quarter 1, 2002	127.64	115.03	99.60	75.48	111.26	92.49	108.31
2002年2季度	Quarter 2, 2002	134.21	133.52	122.07	76.20	107.31	99.47	117.67
2002年3季度	Quarter 3, 2002	136.07	132.44	120.42	76.88	105.56	101.43	123.83
2002年4季度	Quarter 4, 2002	136.39	128.91	120.61	76.35	108.53	98.76	121.83
2003年1季度	Quarter 1, 2003	133.85	120.20	114.26	83.20	108.99	105.53	114.24
2003年2季度	Quarter 2, 2003	121.57	118.35	106.17	82.96	106.88	98.73	124.57
2003年3季度	Quarter 3, 2003	139.60	133.00	121.46	86.53	106.59	106.72	125.10
2003年4季度	Quarter 4, 2003	139.64	133.24	122.35	87.28	108.27	105.24	122.71
2004年1季度	Quarter 1, 2004	140.26	129.73	124.35	82.45	112.27	112.75	117.72
2004年2季度	Quarter 2, 2004	138.18	134.90	123.30	82.77	110.72	113.41	121.74

7-1 续表 continued

时间序列	Time	企业景气指数 Business Climate Index	生产总量景气指数 Climate Index of total output	盈利(亏损)变化景气指数 Climate Index of profit(loss) variation	流动资金景气指数 Climate Index of liquid capital	货款拖欠景气指数 Climate Index on overdue obligations to suppliers	劳动力需求景气指数 Climate Index of Labor Demand	固定资产投资景气指数 Climate Index on fixed assets investment
2004年3季度	Quarter 3, 2004	137.97	133.47	123.98	81.13	104.87	113.17	119.65
2004年4季度	Quarter 4, 2004	139.99	132.58	125.50	76.88	106.48	108.77	122.26
2005年1季度	Quarter 1, 2005	139.58	117.10	119.63	80.21	111.78	111.15	110.63
2005年2季度	Quarter 2, 2005	140.81	133.21	123.11	76.84	107.41	116.66	123.41
2005年3季度	Quarter 3, 2005	137.76	131.77	121.41	79.89	107.74	116.63	123.32
2005年4季度	Quarter 4, 2005	139.33	133.17	118.74	79.48	107.15	112.78	121.76
2006年1季度	Quarter 1, 2006	141.92	118.85	118.67	82.34	108.58	117.83	108.97
2006年2季度	Quarter 2, 2006	144.75	136.48	129.09	87.14	109.33	118.94	121.33
2006年3季度	Quarter 3, 2006	143.37	132.89	126.91	84.37	106.50	118.97	125.33
2006年4季度	Quarter 4, 2006	145.85	134.74	130.29	89.07	109.87	115.47	120.00
2007年1季度	Quarter 1, 2007	146.05	117.76	124.04	93.63	115.42	118.05	107.15
2007年2季度	Quarter 2, 2007	147.74	139.87	132.84	94.17	114.07	119.08	118.98
2007年3季度	Quarter 3, 2007	148.46	135.85	130.00	92.44	111.01	119.00	123.69
2007年4季度	Quarter 4, 2007	147.33	131.71	130.75	93.92	116.37	113.94	123.60
2008年1季度	Quarter 1, 2008	141.30	118.60	113.60	92.60	115.40	118.80	109.30
2008年2季度	Quarter 2, 2008	139.50	133.70	118.50	89.30	108.60	118.00	114.80
2008年3季度	Quarter 3, 2008	130.20	115.40	104.10	83.30	104.90	112.90	114.00
2008年4季度	Quarter 4, 2008	106.10	84.00	80.60	75.00	99.10	84.00	91.50
2009年1季度	Quarter 1, 2009	111.20	91.60	90.60	76.70	103.70	93.40	92.60
2009年2季度	Quarter 2, 2009	119.70	119.60	112.10	81.10	105.70	105.90	107.90
2009年3季度	Quarter 3, 2009	128.70	125.60	117.60	87.50	104.00	115.00	112.90
2009年4季度	Quarter 4, 2009	132.40	124.40	118.40	90.90	107.70	114.60	116.30

7-2 工业企业景气调查主要景气指数

Main Climate Index of Industrial Enterprise Climate Investigation

时间序列	Time	企业家信心指数 Confidence Index of Entrepreneurs	企业景气指数 Business Climate Index	生产总量景气指数 Climate Index of total output	盈利(亏损)变化景气指数 Climate Index of profit(loss) variation	流动资金景气指数 Climate Index of liquic capital	货款拖欠景气指数 Climate Index on overdue obligations to suppliers	劳动力需求景气指数 Climate Index of Labor Demand	固定资产投资景气指数 Climate Index on fixed assets investment
1999年1季度	Quarter 1, 1999	112.44	123.91	106.45	87.68	42.85	93.25	70.94	96.73
1999年2季度	Quarter 2, 1999	111.28	125.96	119.82	95.40	43.91	98.20	73.67	107.59
1999年3季度	Quarter 3, 1999	113.77	123.60	118.27	89.03	43.77	97.52	75.40	111.87
1999年4季度	Quarter 4, 1999	117.25	130.12	131.17	108.64	46.56	97.61	78.47	113.40
2000年1季度	Quarter 1, 2000	125.91	126.41	120.49	96.29	57.36	112.39	91.56	108.90
2000年2季度	Quarter 2, 2000	131.34	135.11	142.25	105.52	62.09	109.56	95.16	120.38
2000年3季度	Quarter 3, 2000	131.67	130.92	127.66	102.59	65.98	108.01	93.93	122.55
2000年4季度	Quarter 4, 2000	130.93	133.18	131.18	109.20	67.25	112.21	91.72	120.62
2001年1季度	Quarter 1, 2001	136.41	139.88	126.00	104.31	79.51	114.79	95.76	109.50
2001年2季度	Quarter 2, 2001	137.74	144.06	129.20	119.87	80.54	111.73	99.68	123.12
2001年3季度	Quarter 3, 2001	129.62	134.90	123.22	105.16	78.50	112.08	92.41	114.87
2001年4季度	Quarter 4, 2001	131.63	134.04	122.77	110.98	74.61	111.21	93.31	114.77
2002年1季度	Quarter 1, 2002	129.13	130.39	119.92	100.48	80.35	113.87	95.51	110.94
2002年2季度	Quarter 2, 2002	136.04	138.68	136.32	127.32	84.51	112.11	97.63	119.34
2002年3季度	Quarter 3, 2002	129.20	141.32	134.81	121.06	81.76	109.46	100.62	129.56
2002年4季度	Quarter 4, 2002	138.31	142.81	131.71	123.26	81.89	112.44	102.04	129.17
2003年1季度	Quarter 1, 2003	142.58	140.95	129.65	120.88	92.35	112.42	113.84	119.27
2003年2季度	Quarter 2, 2003	130.16	130.70	127.97	115.48	92.11	112.97	105.06	129.80
2003年3季度	Quarter 3, 2003	139.20	146.52	131.79	128.14	94.07	113.82	107.39	128.13
2003年4季度	Quarter 4, 2003	141.89	147.54	138.02	133.32	94.45	117.14	112.49	128.55
2004年1季度	Quarter 1, 2004	144.55	147.08	138.28	130.10	89.89	115.07	119.80	122.62
2004年2季度	Quarter 2, 2004	136.40	140.44	137.68	122.00	83.09	116.84	114.91	125.59
2004年3季度	Quarter 3, 2004	133.21	141.20	134.99	125.93	85.96	108.33	116.40	125.09

7-2 续表 continued

时间序列	Time	企业家信心指数 Confidence Index of Entrepreneurs	企业景气指数 Business Climate Index	生产总量景气指数 Climate Index of total output	盈利(亏损)变化景气指数 Climate Index of profit(loss) variation	流动资金景气指数 Climate Index of liquid capital	货款拖欠景气指数 Climate Index on overdue obligations to suppliers	劳动力需求景气指数 Climate Index of Labor Demand	固定资产投资景气指数 Climate Index on fixed assets investment
2004年4季度	Quarter 4, 2004	137.23	143.11	135.89	128.72	78.34	109.84	114.38	127.93
2005年1季度	Quarter 1, 2005	139.37	142.66	121.75	125.23	81.85	113.90	117.95	114.78
2005年2季度	Quarter 2, 2005	136.11	142.92	135.23	127.51	77.11	110.81	119.12	129.06
2005年3季度	Quarter 3, 2005	130.29	139.95	131.80	124.07	80.93	112.15	118.14	127.76
2005年4季度	Quarter 4, 2005	130.90	141.99	135.80	119.99	81.65	110.38	117.30	125.37
2006年1季度	Quarter 1, 2006	139.43	145.81	121.30	122.18	83.53	108.09	125.97	110.34
2006年2季度	Quarter 2, 2006	141.82	148.25	139.05	134.17	90.26	113.00	121.74	125.15
2006年3季度	Quarter 3, 2006	140.14	146.50	134.54	131.72	85.28	109.95	121.61	129.33
2006年4季度	Quarter 4, 2006	143.51	149.68	139.04	136.20	92.13	115.20	119.45	125.44
2007年1季度	Quarter 1, 2007	150.87	150.61	121.12	132.23	96.17	116.45	125.06	107.55
2007年2季度	Quarter 2, 2007	152.80	150.90	144.50	139.01	97.23	119.40	120.42	120.54
2007年3季度	Quarter 3, 2007	150.09	152.65	137.05	133.75	94.22	116.14	119.27	127.93
2007年4季度	Quarter 4, 2007	149.62	150.55	133.68	137.52	95.53	120.01	116.94	127.90
2008年1季度	Quarter 1, 2008	142.80	143.00	119.10	116.30	96.00	118.10	123.60	107.50
2008年2季度	Quarter 2, 2008	139.10	140.50	134.90	122.20	91.40	111.10	118.20	114.80
2008年3季度	Quarter 3, 2008	128.50	129.40	110.60	105.40	84.40	106.80	112.70	115.00
2008年4季度	Quarter 4, 2008	93.80	100.10	74.00	73.70	73.50	101.60	79.00	87.10
2009年1季度	Quarter 1, 2009	105.20	110.40	88.90	91.60	76.60	104.30	94.40	89.50
2009年2季度	Quarter 2, 2009	114.80	120.50	120.90	118.70	81.80	107.90	106.90	108.00
2009年3季度	Quarter 3, 2009	124.50	128.20	124.90	120.30	88.70	106.30	115.60	111.40
2009年4季度	Quarter 4, 2009	132.80	132.50	125.00	122.90	93.60	108.80	118.40	115.70

7-3 建筑业企业景气调查主要景气指数

Main Climate Index of Building Enterprise Climate Investigation

时间序列	Time	企业家信心指数 Confidence Index of Entrepreneurs	企业景气指数 Business Climate Index	生产总量景气指数 Climate Index of total output	盈利(亏损)变化景气指数 Climate Index of profit(loss) variation	流动资金景气指数 Climate Index of liquid capital	货款拖欠景气指数 Climate Index on overdue obligations to suppliers	劳动力需求景气指数 Climate Index of Labor Demand	固定资产投资景气指数 Climate Index on fixed assets investment
1999年1季度	Quarter 1, 1999	116.91	117.76	84.68	86.40	58.95	61.72	71.70	84.75
1999年2季度	Quarter 2, 1999	116.20	122.00	122.54	87.78	37.60	58.69	109.48	103.25
1999年3季度	Quarter 3, 1999	109.78	118.39	121.32	95.98	40.04	60.81	113.93	98.11
1999年4季度	Quarter 4, 1999	108.05	111.63	102.26	97.21	35.98	62.90	92.16	102.62
2000年1季度	Quarter 1, 2000	116.69	85.66	74.09	70.80	49.60	73.47	74.28	94.36
2000年2季度	Quarter 2, 2000	124.30	117.97	134.62	97.08	44.07	56.12	127.03	107.19
2000年3季度	Quarter 3, 2000	121.78	125.22	138.65	110.70	43.26	56.62	123.67	113.32
2000年4季度	Quarter 4, 2000	117.45	118.76	127.30	113.74	55.24	56.81	113.67	108.62
2001年1季度	Quarter 1, 2001	122.70	92.31	66.80	79.36	52.20	82.13	76.92	101.51
2001年2季度	Quarter 2, 2001	122.44	138.37	147.17	129.83	46.57	64.70	139.01	119.20
2001年3季度	Quarter 3, 2001	127.17	127.05	133.45	117.55	45.38	63.91	129.25	114.18
2001年4季度	Quarter 4, 2001	125.53	136.84	133.17	127.89	49.50	66.41	112.56	106.40
2002年1季度	Quarter 1, 2002	135.23	119.27	85.93	80.09	56.09	89.87	96.62	114.87
2002年2季度	Quarter 2, 2002	137.61	144.56	159.02	139.13	53.44	72.48	150.44	130.07
2002年3季度	Quarter 3, 2002	129.34	138.39	139.37	131.68	60.24	69.42	133.78	118.07
2002年4季度	Quarter 4, 2002	129.61	136.69	131.27	136.21	59.42	59.38	108.95	107.48
2003年1季度	Quarter 1, 2003	134.48	114.62	83.46	93.90	58.34	72.21	85.76	102.40
2003年2季度	Quarter 2, 2003	136.56	125.52	150.34	107.69	70.86	56.39	126.09	130.55
2003年3季度	Quarter 3, 2003	133.56	127.95	146.65	91.69	81.62	58.68	113.14	126.01
2003年4季度	Quarter 4, 2003	136.13	118.40	136.11	70.74	89.88	50.95	89.95	111.04
2004年1季度	Quarter 1, 2004	134.39	121.20	92.16	101.47	50.07	87.99	105.11	109.90
2004年2季度	Quarter 2, 2004	137.57	132.74	155.50	133.58	50.29	68.07	148.95	116.64
2004年3季度	Quarter 3, 2004	129.64	127.15	137.26	119.50	52.24	59.03	125.96	104.74

7-3 续表 continued

时间序列	Time	企业家信心指数 Confidence Index of Entrepreneurs	企业景气指数 Business Climate Index	生产总量景气指数 Climate Index of total output	盈利(亏损)变化景气指数 Climate Index of profit(loss) variation	流动资金景气指数 Climate Index of liquid capital	货款拖欠景气指数 Climate Index on overdue obligations to suppliers	劳动力需求景气指数 Climate Index of Labor Demand	固定资产投资景气指数 Climate Index on fixed assets investment
2004年4季度	Quarter 4, 2004	132.35	138.70	135.27	125.24	55.65	61.98	109.56	108.70
2005年1季度	Quarter 1, 2005	141.19	123.75	76.11	90.65	60.12	95.74	82.61	98.99
2005年2季度	Quarter 2, 2005	138.28	133.44	146.45	116.60	55.38	74.15	148.44	121.13
2005年3季度	Quarter 3, 2005	135.15	131.33	138.35	112.92	58.67	70.67	132.32	120.54
2005年4季度	Quarter 4, 2005	139.33	134.88	145.80	124.18	54.69	75.14	123.61	115.27
2006年1季度	Quarter 1, 2006	142.29	128.67	85.88	95.25	63.33	98.52	92.56	93.63
2006年2季度	Quarter 2, 2006	146.96	144.13	155.35	111.31	60.03	84.05	144.54	116.89
2006年3季度	Quarter 3, 2006	142.89	137.64	141.46	114.38	63.45	78.30	135.74	117.34
2006年4季度	Quarter 4, 2006	141.24	133.27	134.80	119.12	72.28	71.77	118.03	108.85
2007年1季度	Quarter 1, 2007	144.74	130.02	87.18	93.43	69.84	112.78	86.90	99.43
2007年2季度	Quarter 2, 2007	145.56	144.38	151.68	126.03	71.38	87.34	151.25	116.81
2007年3季度	Quarter 3, 2007	143.73	133.86	147.22	116.86	71.29	84.59	136.21	118.27
2007年4季度	Quarter 4, 2007	141.67	138.66	127.98	109.23	75.12	92.24	119.39	118.53
2008年1季度	Quarter 1, 2008	140.20	130.30	91.50	92.50	76.80	110.70	104.40	107.60
2008年2季度	Quarter 2, 2008	139.60	133.90	150.70	110.80	67.60	82.40	148.40	117.60
2008年3季度	Quarter 3, 2008	124.20	130.40	123.00	102.50	53.80	73.40	129.60	100.80
2008年4季度	Quarter 4, 2008	111.40	117.80	115.00	100.90	55.60	64.70	97.10	90.30
2009年1季度	Quarter 1, 2009	115.10	106.90	94.90	82.70	62.40	91.50	90.30	82.20
2009年2季度	Quarter 2, 2009	127.50	122.90	139.30	114.70	65.30	83.50	137.30	104.90
2009年3季度	Quarter 3, 2009	132.70	128.30	142.00	112.00	68.50	81.40	132.40	105.70
2009年4季度	Quarter 4, 2009	140.00	139.00	133.80	119.60	76.90	80.50	117.90	111.30

7-4 交通运输、仓储和邮政业企业景气调查主要景气指数

Nain Climate Index of Transportation, Storage and Telecommunications Enterprise Climate Investigation

时间序列	Time	企业家信心指数 Confidence Index of Entreprеneurs	企业景气指数 Business Climate Index	生产总量景气指数 Climate Index of total output	盈利(亏损)变化景气指数 Climate Index of profit(loss) variation	流动资金景气指数 Climate Index of liquid capital	货款拖欠景气指数 Climate Index on overdue obligations to suppliers	劳动力需求景气指数 Climate Index of Labor Demand	固定资产投资景气指数 Climate Index on fixed assets investment
1999年1季度	Quarter 1, 1999	85.48	91.28	96.73	70.06	36.77	83.19	45.05	106.51
1999年2季度	Quarter 2, 1999	98.01	105.11	100.78	81.74	40.28	83.07	49.25	106.34
1999年3季度	Quarter 3, 1999	101.21	109.94	116.30	96.05	44.99	93.76	60.58	103.31
1999年4季度	Quarter 4, 1999	109.31	102.59	117.67	86.63	41.61	82.64	60.84	105.01
2000年1季度	Quarter 1, 2000	109.77	99.26	112.55	84.76	50.68	98.47	64.04	114.65
2000年2季度	Quarter 2, 2000	120.11	108.51	132.55	97.02	48.62	102.55	72.21	128.58
2000年3季度	Quarter 3, 2000	124.16	102.11	114.49	86.26	48.71	88.61	81.54	125.76
2000年4季度	Quarter 4, 2000	123.46	106.95	124.59	89.83	54.05	101.71	71.92	119.48
2001年1季度	Quarter 1, 2001	121.99	109.85	102.76	107.82	53.25	95.55	77.24	109.75
2001年2季度	Quarter 2, 2001	126.09	122.99	124.99	119.03	53.09	97.79	80.12	120.84
2001年3季度	Quarter 3, 2001	133.24	129.17	127.03	115.22	59.43	101.27	97.55	130.69
2001年4季度	Quarter 4, 2001	129.93	123.90	111.97	99.34	61.44	109.37	86.08	124.32
2002年1季度	Quarter 1, 2002	129.35	126.58	121.83	105.89	61.80	106.51	84.46	105.69
2002年2季度	Quarter 2, 2002	126.02	126.69	131.41	117.44	56.71	106.01	79.78	112.20
2002年3季度	Quarter 3, 2002	132.04	126.37	125.33	124.84	59.50	108.58	88.95	118.83
2002年4季度	Quarter 4, 2002	130.78	118.90	124.10	107.36	55.49	112.60	87.97	117.99
2003年1季度	Quarter 1, 2003	122.02	116.48	107.69	91.48	55.00	109.95	87.30	110.45
2003年2季度	Quarter 2, 2003	94.17	83.98	72.95	70.37	50.20	92.21	72.69	115.02
2003年3季度	Quarter 3, 2003	125.16	126.90	129.80	114.25	62.44	102.75	94.87	131.59
2003年4季度	Quarter 4, 2003	123.19	120.14	111.56	103.47	59.09	94.59	87.35	122.40
2004年1季度	Quarter 1, 2004	127.85	126.98	123.82	113.46	50.84	104.74	94.77	114.12
2004年2季度	Quarter 2, 2004	138.58	129.64	126.79	126.66	67.15	98.52	93.63	118.51
2004年3季度	Quarter 3, 2004	134.54	128.45	123.44	115.83	64.47	102.61	90.89	119.35

7-4 续表 continued

时间序列	Time	企业家信心指数 Confidence Index of Entrepreneurs	企业景气指数 Business Climate Index	生产总量景气指数 Climate Index of total output	盈利(亏损)变化景气指数 Climate Index of profit(loss) variation	流动资金景气指数 Climate Index of liquid capital	货款拖欠景气指数 Climate Index on overdue obligations to suppliers	劳动力需求景气指数 Climate Index of Labor Demand	固定资产投资景气指数 Climate Index on fixed assets investment
2004年4季度	Quarter 4, 2004	134.36	127.23	121.94	112.51	60.55	103.59	94.11	122.97
2005年1季度	Quarter 1, 2005	131.63	125.36	116.55	112.96	64.62	96.69	95.87	105.71
2005年2季度	Quarter 2, 2005	131.70	134.97	118.33	116.07	69.24	102.60	93.26	111.87
2005年3季度	Quarter 3, 2005	126.60	124.59	117.95	103.92	65.50	99.16	100.39	110.92
2005年4季度	Quarter 4, 2005	126.54	123.03	119.99	91.12	65.83	101.04	101.87	116.44
2006年1季度	Quarter 1, 2006	134.44	122.90	121.75	114.17	64.20	98.52	98.43	114.50
2006年2季度	Quarter 2, 2006	135.67	125.20	127.26	113.67	68.13	94.81	95.78	115.96
2006年3季度	Quarter 3, 2006	132.39	130.39	124.49	113.35	74.98	100.41	103.16	131.77
2006年4季度	Quarter 4, 2006	131.45	130.76	116.73	111.57	71.46	97.18	101.02	112.20
2007年1季度	Quarter 1, 2007	137.22	125.97	113.25	107.62	73.07	102.95	99.14	108.35
2007年2季度	Quarter 2, 2007	140.48	131.56	131.96	117.40	79.74	92.78	99.90	121.31
2007年3季度	Quarter 3, 2007	143.04	135.49	123.26	109.75	72.80	91.45	110.23	117.14
2007年4季度	Quarter 4, 2007	132.14	137.41	127.56	116.01	78.69	106.45	97.21	115.20
2008年1季度	Quarter 1, 2008	143.30	139.80	135.20	108.90	67.60	97.40	105.70	112.30
2008年2季度	Quarter 2, 2008	143.50	134.50	133.60	104.20	65.80	102.40	106.30	112.20
2008年3季度	Quarter 3, 2008	134.10	124.40	128.00	98.10	65.10	90.30	113.20	115.10
2008年4季度	Quarter 4, 2008	94.80	105.00	94.60	73.80	65.10	86.90	91.20	98.90
2008年1季度	Quarter 1, 2008	93.90	97.20	88.70	81.00	61.70	97.80	87.60	106.60
2008年2季度	Quarter 2, 2008	99.10	102.60	109.40	84.20	64.20	98.60	94.00	106.40
2008年3季度	Quarter 3, 2008	117.30	111.30	112.10	97.60	67.00	89.90	105.50	118.40
2008年4季度	Quarter 4, 2008	120.10	118.10	119.30	91.50	66.60	103.20	102.70	120.90

7-5 批发和零售业企业景气调查主要景气指数

Main Climate Index of Whole Sale, Retail Trade and Cater Services Enterprise Climate Investigation

时间序列	Time	企业家信心指数 Confidence Index of Entrepreneurs	企业景气指数 Business Climate Index	生产总量景气指数 Climate Index of total output	盈利(亏损)变化景气指数 Climate Index of profit(loss) variation	流动资金景气指数 Climate Index of liquid capital	货款拖欠景气指数 Climate Index on overdue obligations to suppliers	劳动力需求景气指数 Climate Index of Labor Demand	固定资产投资景气指数 Climate Index on fixed assets investment
1999年1季度	Quarter 1, 1999	101.01	109.46	92.85	80.28	49.40	119.58	58.80	79.30
1999年2季度	Quarter 2, 1999	95.42	107.36	87.05	71.39	44.73	121.60	63.22	81.53
1999年3季度	Quarter 3, 1999	97.18	104.44	90.76	67.43	45.63	123.30	61.54	85.47
1999年4季度	Quarter 4, 1999	90.62	103.94	97.19	74.41	49.00	119.80	60.33	89.16
2000年1季度	Quarter 1, 2000	102.34	114.98	111.60	93.32	59.14	130.10	79.57	100.50
2000年2季度	Quarter 2, 2000	106.82	113.43	104.32	85.44	56.56	131.42	79.03	104.05
2000年3季度	Quarter 3, 2000	111.85	114.42	105.22	89.73	60.73	128.50	79.29	104.35
2000年4季度	Quarter 4, 2000	110.66	110.68	108.30	86.17	55.70	125.04	78.80	107.86
2001年1季度	Quarter 1, 2001	116.65	119.10	113.99	103.81	67.52	120.82	82.06	100.56
2001年2季度	Quarter 2, 2001	113.31	117.77	96.37	91.30	70.56	123.19	75.98	106.29
2001年3季度	Quarter 3, 2001	110.59	109.94	105.06	88.99	68.72	122.37	80.14	106.92
2001年4季度	Quarter 4, 2001	111.74	111.13	101.98	93.71	71.18	123.49	79.40	108.45
2002年1季度	Quarter 1, 2002	118.62	119.38	107.46	101.50	71.78	117.90	80.56	96.81
2002年2季度	Quarter 2, 2002	115.23	113.26	100.06	92.36	60.81	114.03	79.29	103.31
2002年3季度	Quarter 3, 2002	114.91	113.45	115.20	108.47	69.54	110.18	84.21	102.56
2002年4季度	Quarter 4, 2002	120.84	117.24	123.29	114.65	69.93	115.90	84.87	101.37
2003年1季度	Quarter 1, 2003	126.68	120.99	113.70	112.82	80.32	120.32	89.16	106.66
2003年2季度	Quarter 2, 2003	117.58	114.12	96.00	100.60	78.49	122.11	83.00	112.28
2003年3季度	Quarter 3, 2003	121.34	123.22	120.26	108.58	72.83	113.37	96.63	105.17
2003年4季度	Quarter 4, 2003	124.46	130.93	130.10	122.77	73.60	118.80	99.55	105.46
2004年1季度	Quarter 1, 2004	131.61	128.99	123.14	118.75	80.90	117.51	95.78	101.99
2004年2季度	Quarter 2, 2004	124.43	128.56	101.31	111.97	77.09	120.04	89.13	103.25
2004年3季度	Quarter 3, 2004	126.44	125.97	118.90	113.70	76.28	121.12	96.76	102.88

7–5 续表 continued

时间序列	Time	企业家信心指数 Confidence Index of Entrepreneurs	企业景气指数 Business Climate Index	生产总量景气指数 Climate Index of total output	盈利(亏损)变化景气指数 Climate Index of profit(loss) variation	流动资金景气指数 Climate Index of liquid capital	货款拖欠景气指数 Climate Index on overdue obligations to suppliers	劳动力需求景气指数 Climate Index of Labor Demand	固定资产投资景气指数 Climate Index on fixed assets investment
2004年4季度	Quarter 4, 2004	128.80	129.98	127.37	116.67	83.95	117.78	96.46	105.38
2005年1季度	Quarter 1, 2005	141.85	140.05	123.39	115.85	86.27	118.07	101.37	93.94
2005年2季度	Quarter 2, 2005	136.87	134.34	118.82	111.21	92.19	117.32	90.98	104.23
2005年3季度	Quarter 3, 2005	135.61	129.82	126.83	114.04	87.56	115.08	102.54	109.22
2005年4季度	Quarter 4, 2005	133.80	132.25	124.00	123.01	86.30	121.15	97.25	108.77
2006年1季度	Quarter 1, 2006	142.14	140.57	123.21	122.84	97.74	123.43	105.26	101.19
2006年2季度	Quarter 2, 2006	135.36	135.85	113.16	122.22	94.88	120.36	98.46	105.94
2006年3季度	Quarter 3, 2006	137.10	139.85	119.96	121.21	95.32	116.49	105.49	112.59
2006年4季度	Quarter 4, 2006	142.34	144.77	130.95	125.30	95.11	111.97	105.96	107.73
2007年1季度	Quarter 1, 2007	144.98	141.72	123.39	121.29	102.75	117.10	108.87	106.21
2007年2季度	Quarter 2, 2007	141.31	138.22	115.52	119.34	101.52	113.82	101.46	114.93
2007年3季度	Quarter 3, 2007	143.18	143.34	124.39	128.20	103.06	114.54	112.59	114.56
2007年4季度	Quarter 4, 2007	142.16	141.46	133.68	125.24	100.83	120.81	110.70	115.53
2008年1季度	Quarter 1, 2008	144.00	141.60	130.90	123.70	98.60	111.70	109.30	116.90
2008年2季度	Quarter 2, 2008	137.40	141.70	121.00	113.60	99.40	111.60	102.50	115.80
2008年3季度	Quarter 3, 2008	134.00	138.70	120.00	106.50	100.70	114.70	108.80	116.20
2008年4季度	Quarter 4, 2008	114.20	126.80	103.70	106.70	99.30	107.70	102.60	104.50
2009年1季度	Quarter 1, 2009	117.80	127.80	97.10	101.80	92.80	109.40	93.00	97.00
2009年2季度	Quarter 2, 2009	124.80	127.10	112.90	116.10	96.30	114.00	97.50	108.00
2009年3季度	Quarter 3, 2009	126.30	136.40	122.80	118.30	101.80	110.30	106.00	112.70
2009年4季度	Quarter 4, 2009	132.20	140.60	130.50	120.50	99.70	115.40	112.90	114.70

7-6 房地产业企业景气调查主要景气指数

Main Climate Index of Real Estate Enterprise Climate Investigation

时间序列	Time	企业家信心指数 Confidence Index of Entrepreneurs	企业景气指数 Business Climate Index	生产总量景气指数 Climate Index of total output	盈利(亏损)变化景气指数 Climate Index of profit(loss) variation	流动资金景气指数 Climate Index of liquid capital	货款拖欠景气指数 Climate Index on overdue obligations to suppliers	劳动力需求景气指数 Climate Index of Labor Demand	固定资产投资景气指数 Climate Index on fixed assets investment
1999年1季度	Quarter 1, 1999	138.54	127.60	120.09	94.74	66.45	112.86	91.63	117.19
1999年2季度	Quarter 2, 1999	127.24	123.92	125.51	80.25	54.64	122.13	91.60	105.75
1999年3季度	Quarter 3, 1999	132.58	123.24	123.67	81.75	58.12	118.67	90.90	109.60
1999年4季度	Quarter 4, 1999	135.61	125.91	127.34	88.09	49.75	114.50	88.46	105.57
2000年1季度	Quarter 1, 2000	140.31	109.23	86.42	90.81	62.23	113.57	91.54	95.41
2000年2季度	Quarter 2, 2000	137.84	128.34	133.82	99.89	66.54	111.84	101.10	116.94
2000年3季度	Quarter 3, 2000	137.75	126.98	126.75	101.57	63.22	118.99	98.25	115.51
2000年4季度	Quarter 4, 2000	151.79	130.47	132.73	107.99	75.20	118.13	97.17	120.81
2001年1季度	Quarter 1, 2001	154.41	126.27	105.93	104.25	62.23	117.56	98.21	95.01
2001年2季度	Quarter 2, 2001	149.76	130.60	136.45	117.01	60.97	115.20	112.22	111.19
2001年3季度	Quarter 3, 2001	153.12	137.88	145.85	115.82	67.83	123.01	109.82	121.06
2001年4季度	Quarter 4, 2001	155.33	138.01	135.77	126.51	72.59	115.40	93.63	115.33
2002年1季度	Quarter 1, 2002	147.15	132.35	110.81	110.19	76.82	124.36	87.75	109.04
2002年2季度	Quarter 2, 2002	150.38	128.85	134.51	116.91	68.02	109.61	101.22	118.27
2002年3季度	Quarter 3, 2002	153.51	130.68	136.31	114.02	77.52	111.16	102.68	121.86
2002年4季度	Quarter 4, 2002	149.27	133.16	129.70	116.06	74.92	119.26	95.58	119.35
2003年1季度	Quarter 1, 2003	152.24	137.88	105.77	119.78	77.31	121.43	101.37	109.09
2003年2季度	Quarter 2, 2003	143.46	147.58	138.76	126.86	85.91	123.31	104.89	122.74
2003年3季度	Quarter 3, 2003	150.00	141.56	137.15	125.88	82.10	114.03	107.71	128.60
2003年4季度	Quarter 4, 2003	154.34	146.88	133.49	128.79	84.25	115.05	100.03	117.16
2004年1季度	Quarter 1, 2004	165.01	140.78	114.01	134.31	93.12	129.88	113.18	115.33
2004年2季度	Quarter 2, 2004	160.76	146.24	132.22	129.78	92.66	124.93	113.40	130.97
2004年3季度	Quarter 3, 2004	162.03	144.18	140.21	127.68	89.25	124.46	117.05	121.01

7–6 续表 continued

时间序列	Time	企业家信心指数 Confidence Index of Entrepreneurs	企业景气指数 Business Climate Index	生产总量景气指数 Climate Index of total output	盈利(亏损)变化景气指数 Climate Index of profit(loss) variation	流动资金景气指数 Climate Index of liquid capital	货款拖欠景气指数 Climate Index on overdue obligations to suppliers	劳动力需求景气指数 Climate Index of Labor Demand	固定资产投资景气指数 Climate Index on fixed assets investment
2004年4季度	Quarter 4, 2004	165.06	146.89	130.84	135.34	86.55	127.74	98.84	118.59
2005年1季度	Quarter 1, 2005	158.82	142.12	99.80	118.54	82.67	127.56	103.24	109.72
2005年2季度	Quarter 2, 2005	140.23	137.31	123.57	108.69	78.73	120.11	107.43	114.50
2005年3季度	Quarter 3, 2005	137.76	131.11	120.93	117.68	77.81	128.80	108.27	119.41
2005年4季度	Quarter 4, 2005	140.14	141.87	125.75	122.59	76.51	119.31	96.86	119.59
2006年1季度	Quarter 1, 2006	150.52	144.89	111.71	114.34	78.82	118.92	109.32	112.30
2006年2季度	Quarter 2, 2006	146.05	142.03	128.16	126.07	81.81	118.59	112.40	118.29
2006年3季度	Quarter 3, 2006	147.81	135.25	123.46	121.71	72.84	117.07	110.28	110.93
2006年4季度	Quarter 4, 2006	147.64	137.73	122.85	123.22	78.49	121.69	103.08	111.17
2007年1季度	Quarter 1, 2007	151.65	143.25	105.54	120.03	94.11	126.65	105.47	107.34
2007年2季度	Quarter 2, 2007	154.30	143.83	124.33	118.88	82.29	121.57	97.80	109.63
2007年3季度	Quarter 3, 2007	148.96	141.10	135.73	122.95	88.76	122.20	109.78	119.68
2007年4季度	Quarter 4, 2007	143.43	147.20	131.52	132.55	91.23	123.42	107.03	119.18
2008年1季度	Quarter 1, 2008	136.80	142.10	108.50	113.50	87.50	120.60	113.80	111.70
2008年2季度	Quarter 2, 2008	130.10	137.10	125.50	113.90	77.20	120.50	118.70	120.00
2008年3季度	Quarter 3, 2008	110.50	123.90	121.40	90.30	71.60	115.70	104.10	109.80
2008年4季度	Quarter 4, 2008	86.80	102.90	97.20	70.70	57.80	104.20	74.10	89.90
2009年1季度	Quarter 1, 2009	84.20	95.20	87.80	71.40	51.90	115.50	79.90	87.60
2009年2季度	Quarter 2, 2009	106.90	115.10	114.20	88.20	70.70	113.40	91.90	101.40
2009年3季度	Quarter 3, 2009	129.70	123.30	127.60	112.10	75.10	117.70	108.70	120.60
2009年4季度	Quarter 4, 2009	137.20	132.90	128.90	126.90	88.30	118.10	105.90	120.80

7-7 社会服务业企业景气调查主要景气指数

Main Climate Index of Social Services EnterpriseClimate Investigation

时间序列	Time	企业家信心指数 Confidence Index of Entrepreneurs	企业景气指数 Business Climate Index	生产总量景气指数 Climate Index of total output	盈利(亏损)变化景气指数 Climate Index of profit(loss) variation	流动资金景气指数 Climate Index of liquid capital	货款拖欠景气指数 Climate Index on overdue obligations to suppliers	劳动力需求景气指数 Climate Index of Labor Demand	固定资产投资景气指数 Climate Index on fixed assets investment
1999年1季度	Quarter 1, 1999	122.86	93.94	88.24	77.14	61.76	67.74	97.14	106.45
1999年2季度	Quarter 2, 1999	128.57	125.71	122.86	102.94	57.14	69.70	94.29	111.76
1999年3季度	Quarter 3, 1999	103.03	100.00	81.82	60.61	56.25	73.33	75.76	93.33
1999年4季度	Quarter 4, 1999	111.76	115.15	111.76	82.35	58.82	70.59	82.35	109.09
2000年1季度	Quarter 1, 2000	129.41	100.00	85.29	69.70	60.61	96.43	91.18	112.50
2000年2季度	Quarter 2, 2000	135.29	102.94	81.82	66.67	62.50	82.76	82.35	103.13
2000年3季度	Quarter 3, 2000	123.53	106.06	97.06	87.88	59.38	93.33	93.94	106.25
2000年4季度	Quarter 4, 2000	135.29	87.50	63.64	75.76	56.25	100.00	79.41	100.00
2001年1季度	Quarter 1, 2001	148.15	109.68	114.52	103.23	77.05	107.47	85.25	111.83
2001年2季度	Quarter 2, 2001	157.53	127.87	142.47	127.42	82.26	83.91	112.02	97.81
2001年3季度	Quarter 3, 2001	151.61	134.43	140.32	120.43	89.25	80.23	121.31	109.14
2001年4季度	Quarter 4, 2001	138.17	125.14	110.22	96.77	75.81	92.66	91.26	120.77
2002年1季度	Quarter 1, 2002	141.38	122.21	118.68	94.11	85.57	105.88	102.67	111.04
2002年2季度	Quarter 2, 2002	149.28	137.17	143.30	119.13	102.94	100.26	120.43	119.72
2002年3季度	Quarter 3, 2002	161.69	141.68	121.01	114.03	89.32	113.53	117.81	131.26
2002年4季度	Quarter 4, 2002	145.69	124.76	92.31	93.62	85.32	120.14	86.49	112.61
2003年1季度	Quarter 1, 2003	150.78	124.44	120.35	100.58	74.12	99.63	108.99	106.93
2003年2季度	Quarter 2, 2003	90.92	54.69	58.44	47.98	55.45	87.72	56.18	99.83
2003年3季度	Quarter 3, 2003	134.67	119.82	136.16	126.72	72.88	95.14	124.47	100.30
2003年4季度	Quarter 4, 2003	142.28	109.71	94.76	88.74	74.02	102.12	82.93	103.99
2004年1季度	Quarter 1, 2004	135.59	125.46	110.47	103.44	68.84	109.24	105.79	111.58
2004年2季度	Quarter 2, 2004	142.41	130.92	132.65	128.42	80.20	95.45	118.63	121.20
2004年3季度	Quarter 3, 2004	145.86	137.96	127.28	119.42	75.73	93.27	114.15	110.59

7-7 续表 continued

时间序列	Time	企业家信心指数 Confidence Index of Entrepreneurs	企业景气指数 Business Climate Index	生产总量景气指数 Climate Index of total output	盈利(亏损)变化景气指数 Climate Index of profit(loss) variation	流动资金景气指数 Climate Index of liquid capital	货款拖欠景气指数 Climate Index on overdue obligations to suppliers	劳动力需求景气指数 Climate Index of Labor Demand	固定资产投资景气指数 Climate Index on fixed assets investment
2004年4季度	Quarter 4, 2004	133.73	122.00	97.62	88.34	67.67	97.82	90.93	109.54
2005年1季度	Quarter 1, 2005	139.98	128.92	122.90	101.40	76.37	111.85	105.88	108.89
2005年2季度	Quarter 2, 2005	149.16	137.30	133.84	116.07	59.13	99.78	112.85	109.39
2005年3季度	Quarter 3, 2005	158.00	139.31	147.03	128.70	79.18	88.13	122.49	124.16
2005年4季度	Quarter 4, 2005	143.13	128.84	113.28	111.74	71.96	91.16	92.55	116.89
2006年1季度	Quarter 1, 2006	146.45	121.29	115.78	92.54	72.86	104.22	100.00	111.24
2006年2季度	Quarter 2, 2006	144.87	146.72	137.55	119.83	88.67	86.25	124.46	109.00
2006年3季度	Quarter 3, 2006	142.81	136.29	131.12	107.63	83.90	89.58	115.70	122.27
2006年4季度	Quarter 4, 2006	146.67	138.68	117.34	110.32	79.67	100.73	104.05	112.86
2007年1季度	Quarter 1, 2007	157.63	137.61	120.00	96.26	91.95	113.99	119.85	106.90
2007年2季度	Quarter 2, 2007	157.42	151.55	145.62	126.85	94.19	105.77	130.59	109.29
2007年3季度	Quarter 3, 2007	151.74	142.35	142.10	125.61	95.34	97.57	121.06	111.64
2007年4季度	Quarter 4, 2007	141.16	132.94	111.51	104.82	95.26	114.01	97.55	112.83
2008年1季度	Quarter 1, 2008	140.00	125.50	115.40	98.40	91.20	116.50	113.20	114.30
2008年2季度	Quarter 2, 2008	141.10	129.90	124.40	111.10	102.20	106.30	117.70	106.40
2008年3季度	Quarter 3, 2008	129.10	131.50	119.50	106.30	99.00	117.70	107.50	120.00
2008年4季度	Quarter 4, 2008	113.50	108.90	81.80	91.60	87.50	105.40	82.40	96.20
2009年1季度	Quarter 1, 2009	117.80	111.80	111.20	93.50	93.80	102.00	98.30	107.10
2009年2季度	Quarter 2, 2009	105.50	106.10	109.20	87.30	84.30	103.10	95.90	105.50
2009年3季度	Quarter 3, 2009	139.20	138.10	124.90	116.70	96.50	103.10	112.20	114.30
2009年4季度	Quarter 4, 2009	133.70	119.40	101.70	93.30	85.70	108.60	94.90	117.40

7-8 信息传输、计算机服务和软件业企业景气调查主要景气指数

MainClimate Index of Information Transmission, Computer Services and Software Enterprise Climate Investigation

时间序列	Time	企业家信心指数 Confidence Index of Entreprеneurs	企业景气指数 Business Climate Index	生产总量景气指数 Climate Index of total output	盈利(亏损)变化景气指数 Climate Index of profit(loss) variation	流动资金景气指数 Climate Index of liquid capital	货款拖欠景气指数 Climate Index on overdue obligations to suppliers	劳动力需求景气指数 Climate Index of Labor Demand	固定资产投资景气指数 Climate Index on fixed assets investment
1999年1季度	Quarter 1, 1999	147.83	147.83	160.87	116.85	39.33	66.85	104.40	142.61
1999年2季度	Quarter 2, 1999	149.52	162.56	179.95	136.47	43.67	81.82	99.96	146.87
1999年3季度	Quarter 3, 1999	149.52	145.17	147.83	109.63	50.68	86.36	82.61	162.56
1999年4季度	Quarter 4, 1999	147.22	156.32	167.18	128.68	54.65	81.86	95.45	158.09
2000年1季度	Quarter 1, 2000	157.80	164.14	164.39	125.58	75.57	99.53	105.08	157.12
2000年2季度	Quarter 2, 2000	168.06	174.87	179.65	131.04	74.34	111.05	82.82	176.31
2000年3季度	Quarter 3, 2000	162.90	169.04	187.54	147.80	61.40	84.68	92.34	164.08
2000年4季度	Quarter 4, 2000	158.64	164.78	173.99	133.14	72.39	99.57	105.31	150.97
2001年1季度	Quarter 1, 2001	176.16	170.51	160.19	124.21	97.80	119.41	99.11	160.05
2001年2季度	Quarter 2, 2001	159.99	161.18	158.60	120.71	65.31	96.91	95.48	115.83
2001年3季度	Quarter 3, 2001	153.30	154.70	157.38	99.80	75.21	114.71	116.94	118.47
2001年4季度	Quarter 4, 2001	158.58	156.47	162.65	112.96	79.91	104.23	103.04	92.40
2002年1季度	Quarter 1, 2002	147.34	157.64	155.06	124.33	85.61	98.20	75.16	73.31
2002年2季度	Quarter 2, 2002	137.84	144.56	148.35	116.66	71.07	123.06	82.01	111.01
2002年3季度	Quarter 3, 2002	147.35	151.33	155.78	127.76	83.50	105.20	97.86	105.17
2002年4季度	Quarter 4, 2002	150.99	157.78	156.04	138.92	78.56	115.74	102.44	120.40
2003年1季度	Quarter 1, 2003	159.48	158.28	155.20	136.81	96.83	107.82	123.58	117.35
2003年2季度	Quarter 2, 2003	151.37	151.73	145.59	124.95	108.13	117.51	98.40	139.64
2003年3季度	Quarter 3, 2003	149.98	160.70	162.68	129.68	104.96	102.31	117.06	132.02
2003年4季度	Quarter 4, 2003	152.81	162.57	164.04	138.40	99.02	114.34	119.26	146.15
2004年1季度	Quarter 1, 2004	156.49	157.41	147.36	128.98	106.03	98.89	93.25	113.13
2004年2季度	Quarter 2, 2004	157.05	160.92	152.96	123.92	120.33	108.89	104.69	119.60
2004年3季度	Quarter 3, 2004	166.57	161.49	161.54	146.95	120.02	108.30	110.42	115.10

7-8 续表 continued

时间序列	Time	企业家信心指数 Confidence Index of Entrepreneurs	企业景气指数 Business Climate Index	生产总量景气指数 Climate Index of total output	盈利(亏损)变化景气指数 Climate Index of profit(loss) variation	流动资金景气指数 Climate Index of liquid capital	货款拖欠景气指数 Climate Index on overdue obligations to suppliers	劳动力需求景气指数 Climate Index of Labor Demand	固定资产投资景气指数 Climate Index on fixed assets investment
2004年4季度	Quarter 4, 2004	160.30	152.42	156.56	139.60	115.53	105.39	102.49	133.29
2005年1季度	Quarter 1, 2005	167.15	163.66	145.41	140.66	122.32	118.29	116.86	121.05
2005年2季度	Quarter 2, 2005	163.25	171.01	156.62	127.22	114.37	114.89	116.82	124.88
2005年3季度	Quarter 3, 2005	159.94	163.56	161.64	138.69	117.57	101.87	120.21	121.92
2005年4季度	Quarter 4, 2005	153.73	162.57	157.94	138.93	116.86	106.11	105.17	126.34
2006年1季度	Quarter 1, 2006	158.62	158.93	144.83	128.38	119.23	126.27	113.15	130.71
2006年2季度	Quarter 2, 2006	151.57	153.16	148.74	138.94	109.16	118.14	114.95	142.00
2006年3季度	Quarter 3, 2006	154.98	154.05	162.67	124.65	126.20	100.00	108.35	117.77
2006年4季度	Quarter 4, 2006	156.75	153.78	145.08	122.62	111.96	112.46	116.91	110.56
2007年1季度	Quarter 1, 2007	166.34	173.65	132.74	115.76	122.84	133.34	114.49	123.23
2007年2季度	Quarter 2, 2007	159.99	169.01	135.99	128.89	112.34	112.32	122.57	129.45
2007年3季度	Quarter 3, 2007	167.22	166.05	150.14	143.69	120.28	119.32	109.58	110.14
2007年4季度	Quarter 4, 2007	170.19	171.18	143.89	136.26	123.45	113.39	110.55	111.97
2008年1季度	Quarter 1, 2008	169.10	160.90	127.40	130.30	123.20	134.40	109.70	115.30
2008年2季度	Quarter 2, 2008	164.20	159.20	140.10	125.20	122.30	119.50	105.30	124.40
2008年3季度	Quarter 3, 2008	154.40	158.70	146.20	131.00	123.60	120.10	106.10	124.00
2008年4季度	Quarter 4, 2008	148.50	154.40	132.90	119.30	120.30	118.90	104.10	129.60
2009年1季度	Quarter 1, 2009	154.50	160.50	132.10	125.90	122.70	120.30	94.70	125.50
2009年2季度	Quarter 2, 2009	160.40	165.30	142.90	115.70	124.10	105.30	107.10	139.00
2009年3季度	Quarter 3, 2009	168.00	167.70	151.50	138.70	123.40	122.10	119.30	142.00
2009年4季度	Quarter 4, 2009	162.60	163.40	141.60	134.20	127.80	134.60	109.90	132.10

7-9 住宿和餐饮业企业景气调查主要景气指数

Main Climate Index of Hotel and Catering Servicesenterprise Climate Investigation

时间序列	Time	企业家信心指数 Confidence Index of Entrepreneurs	企业景气指数 Business Climate Index	生产总量景气指数 Climate Index of total output	盈利(亏损)变化景气指数 Climate Index of profit(loss) variation	流动资金景气指数 Climate Index of liquid capital	货款拖欠景气指数 Climate Index on overdue obligations to suppliers	劳动力需求景气指数 Climate Index of Labor Demand	固定资产投资景气指数 Climate Index on fixed assets investment
1999年1季度	Quarter 1, 1999	94.75	91.79	85.43	56.05	47.24	87.52	64.64	90.97
1999年2季度	Quarter 2, 1999	93.12	95.85	92.82	80.88	57.10	67.66	72.96	87.20
1999年3季度	Quarter 3, 1999	108.38	110.71	112.39	84.95	57.63	64.73	92.84	99.27
1999年4季度	Quarter 4, 1999	100.38	101.27	95.96	69.79	51.60	74.51	67.14	92.42
2000年1季度	Quarter 1, 2000	117.96	86.43	81.38	72.67	53.35	90.91	76.65	106.06
2000年2季度	Quarter 2, 2000	128.59	124.91	139.94	102.42	61.78	95.98	102.07	104.13
2000年3季度	Quarter 3, 2000	132.00	112.14	112.72	100.11	57.15	87.75	102.76	114.03
2000年4季度	Quarter 4, 2000	118.79	89.94	94.38	77.53	55.20	91.81	79.04	97.77
2001年1季度	Quarter 1, 2001	132.84	102.58	98.71	86.02	70.56	80.12	88.22	101.23
2001年2季度	Quarter 2, 2001	125.85	122.56	119.79	117.64	74.95	87.63	104.13	112.16
2001年3季度	Quarter 3, 2001	135.37	135.26	133.64	121.63	81.90	87.31	109.63	118.14
2001年4季度	Quarter 4, 2001	121.28	114.64	95.55	87.75	75.73	92.68	88.05	106.27
2002年1季度	Quarter 1, 2002	125.89	108.79	90.91	85.07	66.37	97.37	94.07	102.15
2002年2季度	Quarter 2, 2002	125.00	114.14	114.28	103.77	75.30	83.32	108.11	116.10
2002年3季度	Quarter 3, 2002	130.88	127.54	133.49	119.01	81.86	88.89	107.88	121.16
2002年4季度	Quarter 4, 2002	132.46	125.58	113.45	103.13	83.52	97.44	96.20	110.39
2003年1季度	Quarter 1, 2003	133.55	129.23	107.91	100.00	80.45	85.16	104.43	99.18
2003年2季度	Quarter 2, 2003	64.30	37.56	23.78	25.42	47.28	98.88	39.26	83.86
2003年3季度	Quarter 3, 2003	137.62	128.54	142.95	122.93	79.49	84.34	124.59	118.60
2003年4季度	Quarter 4, 2003	138.13	127.10	116.34	113.55	78.31	88.98	99.55	112.55
2004年1季度	Quarter 1, 2004	142.38	122.22	107.00	109.35	83.54	100.45	105.15	111.06
2004年2季度	Quarter 2, 2004	144.69	140.36	130.46	138.52	88.14	86.00	116.69	110.98
2004年3季度	Quarter 3, 2004	149.14	144.03	136.66	139.15	91.62	80.53	117.14	112.30

7–9 续表 continued

时间序列	Time	企业家信心指数 Confidence Index of Entrepreneurs	企业景气指数 Business Climate Index	生产总量景气指数 Climate Index of total output	盈利(亏损)变化景气指数 Climate Index of profit(loss) variation	流动资金景气指数 Climate Index of liquid capital	货款拖欠景气指数 Climate Index on overdue obligations to suppliers	劳动力需求景气指数 Climate Index of Labor Demand	固定资产投资景气指数 Climate Index on fixed assets investment
2004年4季度	Quarter 4, 2004	146.38	140.12	113.69	125.49	96.22	99.58	102.36	105.69
2005年1季度	Quarter 1, 2005	139.40	127.97	105.61	98.27	79.82	87.37	108.42	102.93
2005年2季度	Quarter 2, 2005	140.82	130.49	122.81	117.96	85.38	79.77	119.53	108.76
2005年3季度	Quarter 3, 2005	143.90	147.29	138.32	128.93	97.85	91.07	121.45	103.24
2005年4季度	Quarter 4, 2005	136.22	134.44	105.80	105.34	90.08	86.05	100.52	111.28
2006年1季度	Quarter 1, 2006	141.01	139.34	122.72	119.09	84.41	95.03	113.12	110.77
2006年2季度	Quarter 2, 2006	139.98	135.99	132.60	122.85	94.37	86.43	117.45	112.31
2006年3季度	Quarter 3, 2006	147.35	138.12	132.80	125.97	93.47	81.05	118.64	107.85
2006年4季度	Quarter 4, 2006	149.14	140.96	114.66	114.73	91.21	95.19	108.61	105.99
2007年1季度	Quarter 1, 2007	141.91	134.58	111.78	97.01	91.61	93.71	121.35	105.91
2007年2季度	Quarter 2, 2007	150.91	137.90	120.83	115.92	93.78	102.09	130.13	114.98
2007年3季度	Quarter 3, 2007	146.90	139.35	130.14	133.71	96.92	80.88	130.77	111.47
2007年4季度	Quarter 4, 2007	147.25	136.24	114.38	99.97	97.68	91.21	112.35	107.97
2008年1季度	Quarter 1, 2008	145.70	138.60	105.70	90.60	82.80	99.20	126.70	106.70
2008年2季度	Quarter 2, 2008	145.00	139.10	130.70	117.30	93.70	96.00	128.70	108.20
2008年3季度	Quarter 3, 2008	133.60	123.00	123.90	87.40	79.50	91.70	117.30	104.00
2008年4季度	Quarter 4, 2008	112.70	117.60	97.50	91.30	76.00	92.50	91.70	100.50
2009年1季度	Quarter 1, 2009	106.20	111.80	80.40	71.20	73.60	89.30	104.90	97.10
2009年2季度	Quarter 2, 2009	116.50	112.90	104.50	89.70	75.10	89.50	107.20	107.60
2009年3季度	Quarter 3, 2009	130.20	127.60	131.90	116.20	88.80	89.50	128.60	118.40
2009年4季度	Quarter 4, 2009	129.90	123.60	100.80	95.70	85.90	98.40	105.50	116.20

7-10 企业家信心指数(2009年)
Confidence Index of Entrepreneurs(2009)

类别	Classification	一季度 Quarter 1	二季度 Quarter 2	三季度 Quarter 3	四季度 Quarter 4
总体状况	**Overall**	**106.80**	**115.50**	**126.50**	**133.00**
一、按行业门类分	**Grouped By Sector**				
(一)工业	**Industry**	**105.20**	**114.80**	**124.50**	**132.80**
采矿业	Mining	125.50	137.90	144.00	161.80
制造业	Manufacturing	102.50	111.60	122.00	129.60
电力、燃气及水的生产和供应业	Production and Supply of Electricity	110.00	123.50	128.80	139.50
(二)建筑业	**Construction**	**115.10**	**127.50**	**132.70**	**140.00**
房屋和土木工程建筑业	Construction of Buildings and Civil Engineering	114.40	126.60	134.40	141.20
建筑安装业	Building Installation	127.80	143.60	133.10	143.60
建筑装饰业	Building Decoration	100.00	100.00	85.70	100.00
其他建筑业	Other Constrction	100.00	200.00	100.00	100.00
(三)交通运输、仓储及邮政业	**Transportation, Storage And Telecommunications**	**93.90**	**99.10**	**117.30**	**120.10**
铁路运输业	Railway Transport	102.20	102.20	102.20	200.00
道路运输业	Raod Transport	88.30	80.30	98.00	102.50
城市公共交通业	Urban Public Transport	95.50	127.30	131.80	113.60
水上运输业	Water Transport	50.60	79.30	132.40	126.20
航空运输业	Air Transport	77.30	154.60	177.30	177.30
管道运输业	Transport Via Pipelines				
装卸搬运和其他运输服务业	Loading,Unloading and Other Transport Services	133.30	133.30	133.30	133.30
仓储业	Storage	140.00	120.00	140.00	120.00
邮政业	Post	126.90	126.90	138.50	146.20
(四)批发和零售业	**Wholesale and Retail Trade**	**117.80**	**124.80**	**126.30**	**132.20**
批发业	Whole Sale Trade	106.40	119.80	119.10	126.10
零售业	Retail Trade	128.10	129.10	132.80	137.70
(五)房地产业	**Real Estate**	**84.20**	**106.90**	**129.70**	**137.20**
(六)社会服务业	**Social Services**	**117.80**	**105.50**	**139.20**	**133.70**
租赁业	Leasing	157.10	114.30	128.60	142.90
商务服务业	Business Services	102.70	89.70	134.00	129.60
环境资源管理业	Environmental Management	150.00	150.00	150.00	150.00
公共设施管理业	Management of Public Facilities	140.00	133.30	160.00	146.70
居民服务业	Services To Household	75.00	75.00	75.00	75.00
其他服务业	Other Services	100.00	100.00	100.00	100.00
(七)信息传输、计算机服务和软件业	**Information Transmission, Computer Services and Software**	**154.50**	**160.40**	**168.00**	**162.60**
信息传输业	Information Transmission	165.00	170.40	174.10	165.20
计算机服务业	Computer Services	137.50	112.50	150.00	150.00
软件业	Software	115.60	146.90	153.20	159.40
(八)住宿和餐饮业	**Hotel and Catering Services**	**106.20**	**116.50**	**130.20**	**129.90**
住宿业	Hotels	106.50	116.30	131.70	134.20
餐饮业	Catering Services	106.40	115.80	125.50	121.10
二、按企业登记注册类型分	**By Status of Registration**				
国有企业	State-Owned Enterprises	109.10	123.40	135.00	139.30
集体企业	Collective-Owned Enterprises	108.00	116.20	117.60	129.90
股份合作企业	Cooperative Enterprises	91.00	88.80	100.10	119.00
联营企业	Joint Ownership Enterprises	100.00	100.00	122.20	100.00
有限责任公司	Limited Liability Corporations	103.00	113.40	125.50	129.90
股份有限公司	Share-Holding Corporations Limited	117.70	119.30	132.90	139.60
私营企业	Private Enterprises	108.80	121.10	123.00	125.40
其它内资企业	Other Domestic Funded	107.70	92.30	123.10	115.40
外商及港、澳、台投资企业	Enterprises With Funds From Foreign Contry, Hong Kong,Macao and Taiwan	105.80	114.30	122.80	137.90
三、按企业规模分	**Grouped By Size of Enterprises**				
大型	Large-Sized and Higher	116.00	128.30	142.60	152.10
中型	Medium-Sized	108.20	117.10	127.50	135.10
小型	Small-Sized	99.30	107.00	117.40	119.50
四、特殊分组	**Special Group**				
省重点企业	Province Key Enterprises	117.45	128.10	144.92	154.20
乡镇企业	Township Enterprises	112.30	120.60	129.10	137.50
上市公司	Companies Listed In Stock Exchange	106.10	107.00	133.60	144.30
国有控股企业	Stateholding Enterprises	111.30	122.10	132.50	138.20

7-11 企业景气指数(2009年)
Business Climate Index(2009)

类别	Classification	一季度 Quarter 1	二季度 Quarter 2	三季度 Quarter 3	四季度 Quarter 4
总体状况	**Overall**	**111.20**	**119.70**	**128.70**	**132.40**
一、按行业门类分	**Grouped By Sector**				
(一)工业	**Industry**	**110.40**	**120.50**	**128.20**	**132.50**
采矿业	Mining	132.60	138.00	138.20	148.60
制造业	Manufacturing	107.30	118.00	126.90	130.60
电力、燃气及水的生产和供应业	Production and Supply of Electricity	119.30	128.00	133.10	142.50
(二)建筑业	**Construction**	**106.90**	**122.90**	**128.30**	**139.00**
房屋和土木工程建筑业	Construction of Buildings and Civil Engineering	105.00	123.70	129.80	141.00
建筑安装业	Building Installation	133.10	126.30	127.80	136.80
建筑装饰业	Building Decoration	85.70	71.40	85.70	100.00
其他建筑业	Other Constrction	100.00	200.00	100.00	
(三)交通运输、仓储及邮政业	**Transportation, Storage and Telecommunications**	**97.20**	**102.60**	**111.30**	**118.10**
铁路运输业	Railway Transport	200.00	102.20	102.20	200.00
道路运输业	Raod Transport	88.30	84.70	91.30	107.60
城市公共交通业	Urban Public Transport	95.50	113.60	127.30	109.10
水上运输业	Water Transport	86.80	115.10	122.30	108.70
航空运输业	Air Transport	77.30	154.60	177.30	154.60
管道运输业	Transport Via Pipelines				
装卸搬运和其他运输服务业	Loading,Unloading and Other Transport Services	133.30	133.30	133.30	100.00
仓储业	Storage	120.00	120.00	160.00	180.00
邮政业	Post	103.90	123.10	126.90	130.80
(四)批发和零售业	**Wholesale and Retail Trade**	**127.80**	**127.10**	**136.40**	**140.60**
批发业	Whole Sale Trade	117.00	122.60	129.40	130.20
零售业	Retail Trade	137.40	131.00	142.70	149.90
(五)房地产业	**Real Estate**	**95.20**	**115.10**	**123.30**	**132.90**
(六)社会服务业	**Social Services**	**111.80**	**106.10**	**138.10**	**119.40**
租赁业	Leasing	100.00	128.60	114.30	128.60
商务服务业	Business Services	97.40	86.90	137.70	118.50
环境资源管理业	Environmental Management	50.00	100.00	150.00	100.00
公共设施管理业	Management of Public Facilities	150.00	136.70	150.00	123.30
居民服务业	Services To Household	75.00	100.00	100.00	100.00
其他服务业	Other Services	100.00	100.00	100.00	100.00
(七)信息传输、计算机服务和软件业	**Information Transmission, Computer Services and Software**	**160.50**	**165.30**	**167.70**	**163.40**
信息传输业	Information Transmission	166.60	173.40	172.10	169.40
计算机服务业	Computer Services	150.00	150.00	162.50	150.00
软件业	Software	134.30	134.30	153.20	146.90
(八)住宿和餐饮业	**Hotel and Catering Services**	**111.80**	**112.90**	**127.60**	**123.60**
住宿业	Hotels	110.50	109.80	125.20	124.40
餐饮业	Catering Services	115.80	121.10	133.40	121.80
二、按企业登记注册类型分	**By Status of Registration**				
国有企业	State-Owned Enterprises	115.10	123.10	131.70	131.90
集体企业	Collective-Owned Enterprises	112.60	114.10	120.00	126.60
股份合作企业	Cooperative Enterprises	93.60	94.90	99.80	120.40
联营企业	Joint Ownership Enterprises	77.80	88.90	100.00	100.00
有限责任公司	Limited Liability Corporations	106.20	118.10	129.80	132.60
股份有限公司	Share-Holding Corporations Limited	127.70	132.10	136.50	141.50
私营企业	Private Enterprises	120.80	120.10	133.50	127.70
其它内资企业	Other Domestic Funded	92.30	100.00	138.50	107.70
外商及港、澳、台投资企业	Enterprises With Funds From Foreign Contry, Hong Kong,Macao and Taiwan	111.60	117.60	125.60	133.90
三、按企业规模分	**Grouped By Size of Enterprises**				
大型	Large-Sized and Higher	129.40	142.40	151.80	157.80
中型	Medium-Sized	113.10	121.90	130.60	135.40
小型	Small-Sized	99.70	104.90	114.20	114.40
四、特殊分组	**Special Group**				
省重点企业	Province Key Enterprises	129.53	143.95	153.76	156.10
乡镇企业	Township Enterprises	116.50	121.90	130.10	140.70
上市公司	Companies Listed In Stock Exchange	118.90	138.80	161.20	170.70
国有控股企业	Stateholding Enterprises	117.80	126.40	131.00	134.40

7-12 工业企业生产总量景气指数(2009年)

Climate Index on Total Output of Industrial Enterprise(2009)

类别	Classification	一季度 Quarter 1	二季度 Quarter 2	三季度 Quarter 3	四季度 Quarter 4
工业企业总体状况	**Overall**	**88.90**	**120.90**	**124.90**	**125.00**
一、按行业门类分	**Grouped By Sector**				
采矿业	Mining	87.80	125.70	119.80	128.10
制造业	Manufacturing	86.60	120.10	123.50	122.80
电力、燃气及水的生产和供应业	Production and Supply of Electricity	110.30	123.50	144.30	142.10
二、按企业登记注册类型分	**By Status of Registration**				
国有企业	State-Owned Enterprises	95.50	129.10	139.60	133.30
集体企业	Collective-Owned Enterprises	101.20	113.00	120.20	110.30
股份合作企业	Cooperative Enterprises	80.60	70.70	59.90	83.30
联营企业	Joint Ownership Enterprises	33.30	83.30	116.70	100.00
有限责任公司	Limited Liability Corporations	89.10	124.20	125.50	124.20
股份有限公司	Share-Holding Corporations Limited	89.90	125.30	131.40	133.80
私营企业	Private Enterprises	87.10	114.20	119.20	123.80
其它内资企业	Other Domestic Funded	100.00	100.00	166.70	133.30
外商及港、澳、台投资企业	Enterprises With Funds From Foreign Contry,Hong Kong,Macao and Taiwan	81.90	108.40	106.90	119.00
三、按企业规模分	**Grouped By Size of Enterprises**				
大型	Large-Sized and Higher	98.20	145.20	158.40	146.40
中型	Medium-Sized	88.40	116.50	120.00	124.60
小型	Small-Sized	81.90	108.30	104.60	106.70

7-13 工业企业盈利(亏损)变化景气指数(2009年)

Climate Index on Profit(loss) Variation of Industrial Enterprise(2009)

类别	Classification	一季度 Quarter 1	二季度 Quarter 2	三季度 Quarter 3	四季度 Quarter 4
工业企业总体状况	**Overall**	**91.60**	**118.70**	**120.30**	**122.90**
一、按行业门类分	**Grouped By Sector**				
采矿业	Mining	92.60	116.00	120.60	144.30
制造业	Manufacturing	89.30	118.20	120.20	121.10
电力、燃气及水的生产和供应业	Production and Supply of Electricity	104.80	119.10	117.40	122.70
二、按企业登记注册类型分	**By Status of Registration**				
国有企业	State-Owned Enterprises	103.20	123.50	119.10	122.80
集体企业	Collective-Owned Enterprises	84.30	97.70	116.20	117.40
股份合作企业	Cooperative Enterprises	57.10	59.90	75.40	102.80
联营企业	Joint Ownership Enterprises	50.00	50.00	133.30	133.30
有限责任公司	Limited Liability Corporations	84.70	113.50	120.50	119.00
股份有限公司	Share-Holding Corporations Limited	114.70	147.20	138.80	140.00
私营企业	Private Enterprises	84.40	108.20	114.20	114.70
其它内资企业	Other Domestic Funded	66.70	100.00	133.30	166.70
外商及港、澳、台投资企业	Enterprises With Funds From Foreign Contry,Hong Kong,Macao and Taiwan	84.10	120.10	107.20	125.80
三、按企业规模分	**Grouped By Size of Enterprises**				
大型	Large-Sized and Higher	107.80	149.30	146.50	143.50
中型	Medium-Sized	93.00	116.20	118.50	123.30
小型	Small-Sized	74.80	96.60	100.70	103.70

7-14 工业企业流动资金景气指数(2009年)

Climate Index on Liquid Capital of Industrial Enterprise(2009)

类　　别	Classification	一季度 Quarter 1	二季度 Quarter 2	三季度 Quarter 3	四季度 Quarter 4
工业企业总体状况	**Overall**	**76.60**	**81.80**	**88.70**	**93.60**
一、按行业门类分	**Grouped By Sector**				
采矿业	Mining	96.50	103.80	101.50	109.50
制造业	Manufacturing	74.80	79.70	87.40	93.00
电力、燃气及水的生产和供应业	Production and Supply of Electricity	80.40	84.50	92.60	90.10
二、按企业登记注册类型分	**By Status of Registration**				
国有企业	State-Owned Enterprises	77.70	91.90	98.30	97.30
集体企业	Collective-Owned Enterprises	63.90	74.80	68.30	89.00
股份合作企业	Cooperative Enterprises	46.00	61.10	54.40	77.80
联营企业	Joint Ownership Enterprises	50.00	83.30	83.30	83.30
有限责任公司	Limited Liability Corporations	71.10	74.30	84.50	87.30
股份有限公司	Share-Holding Corporations Limited	82.20	85.70	90.40	101.20
私营企业	Private Enterprises	86.40	84.90	94.30	91.70
其它内资企业	Other Domestic Funded	100.00	133.30	100.00	166.70
外商及港、澳、台投资企业	Enterprises With Funds From Foreign Contry,Hong Kong,Macao and Taiwan	103.80	102.80	101.70	112.60
三、按企业规模分	**Grouped By Size of Enterprises**				
大型	Large-Sized and Higher	95.60	105.60	116.40	118.50
中型	Medium-Sized	73.60	76.50	83.80	89.60
小型	Small-Sized	65.80	71.10	73.70	79.20

7-15 工业企业货款拖欠景气指数(2009年)

Climate Index on Overdue Obligations to Suppliers about Industrial Enterprise(2009)

类　　别	Classification	一季度 Quarter 1	二季度 Quarter 2	三季度 Quarter 3	四季度 Quarter 4
工业企业总体状况	**Overall**	**104.30**	**107.90**	**106.30**	**108.80**
一、按行业门类分	**Grouped By Sector**				
采矿业	Mining	96.20	96.10	94.00	107.90
制造业	Manufacturing	105.30	109.20	108.10	108.90
电力、燃气及水的生产和供应业	Production and Supply of Electricity	106.30	107.90	102.30	110.50
二、按企业登记注册类型分	**By Status of Registration**				
国有企业	State-Owned Enterprises	97.80	110.00	101.10	108.40
集体企业	Collective-Owned Enterprises	104.30	112.00	103.40	98.80
股份合作企业	Cooperative Enterprises	86.10	92.90	104.00	112.30
联营企业	Joint Ownership Enterprises	83.30	83.30	100.00	66.70
有限责任公司	Limited Liability Corporations	101.30	103.10	103.50	107.20
股份有限公司	Share-Holding Corporations Limited	118.10	119.20	123.80	114.80
私营企业	Private Enterprises	121.20	114.70	103.80	101.00
其它内资企业	Other Domestic Funded	66.70	66.70	66.70	100.00
外商及港、澳、台投资企业	Enterprises With Funds From Foreign Contry,Hong Kong,Macao and Taiwan	106.10	108.70	107.20	115.80
三、按企业规模分	**Grouped By Size of Enterprises**				
大型	Large-Sized and Higher	110.40	118.30	118.50	117.10
中型	Medium-Sized	103.40	106.80	105.60	107.30
小型	Small-Sized	100.70	100.70	97.00	104.20

7-16 工业企业劳动力需求景气指数(2009年)

Climate Index on Labor Demand of Industrial Enterprise(2009)

类别	Classification	一季度 Quarter 1	二季度 Quarter 2	三季度 Quarter 3	四季度 Quarter 4
工业企业总体状况	**Overall**	**94.40**	**106.90**	**115.60**	**118.40**
一、按行业门类分	**Grouped By Sector**				
采矿业	Mining	104.20	120.30	122.00	124.40
制造业	Manufacturing	93.10	106.50	116.30	119.00
电力、燃气及水的生产和供应业	Production and Supply of Electricity	94.90	95.00	102.20	105.70
二、按企业登记注册类型分	**By Status of Registration**				
国有企业	State-Owned Enterprises	89.70	104.60	107.10	106.10
集体企业	Collective-Owned Enterprises	92.00	96.20	111.30	110.00
股份合作企业	Cooperative Enterprises	91.70	90.50	88.90	111.10
联营企业	Joint Ownership Enterprises	83.30	133.30	116.70	133.30
有限责任公司	Limited Liability Corporations	92.30	104.80	114.80	118.60
股份有限公司	Share-Holding Corporations Limited	107.70	126.70	132.70	131.50
私营企业	Private Enterprises	102.80	101.40	123.20	121.10
其它内资企业	Other Domestic Funded	166.70	100.00	133.30	133.30
外商及港、澳、台投资企业	Enterprises With Funds From Foreign Contry,Hong Kong,Macao and Taiwan	93.50	102.40	110.30	121.00
三、按企业规模分	**Grouped By Size of Enterprises**				
大型	Large-Sized and Higher	99.70	127.30	132.20	131.40
中型	Medium-Sized	94.80	105.50	116.30	119.50
小型	Small-Sized	89.00	91.50	99.50	104.80

7-17 工业企业固定资产投资景气指数(2009年)

Climate Index on Fixed Assets Investment of Industrial Enterprise(2009)

类别	Classification	一季度 Quarter 1	二季度 Quarter 2	三季度 Quarter 3	四季度 Quarter 4
工业企业总体状况	**Overall**	**89.50**	**108.00**	**111.40**	**115.70**
一、按行业门类分	**Grouped By Sector**				
采矿业	Mining	99.80	123.00	123.60	128.40
制造业	Manufacturing	87.30	104.90	109.00	112.30
电力、燃气及水的生产和供应业	Production and Supply of Electricity	105.80	127.40	126.30	137.30
二、按企业登记注册类型分	**By Status of Registration**				
国有企业	State-Owned Enterprises	97.10	118.40	112.90	120.70
集体企业	Collective-Owned Enterprises	88.50	103.90	104.20	119.90
股份合作企业	Cooperative Enterprises	84.90	92.00	93.20	97.20
联营企业	Joint Ownership Enterprises	83.30	133.30	83.30	66.70
有限责任公司	Limited Liability Corporations	88.80	104.30	110.80	115.60
股份有限公司	Share-Holding Corporations Limited	85.50	112.40	116.40	115.70
私营企业	Private Enterprises	95.60	110.60	121.60	116.60
其它内资企业	Other Domestic Funded	100.00	166.70	133.30	133.30
外商及港、澳、台投资企业	Enterprises With Funds From Foreign Contry,Hong Kong,Macao and Taiwan	89.30	105.10	108.60	114.00
三、按企业规模分	**Grouped By Size of Enterprises**				
大型	Large-Sized and Higher	73.60	114.90	123.30	122.50
中型	Medium-Sized	95.20	109.50	110.90	116.60
小型	Small-Sized	92.40	99.10	101.80	107.80

7-18 工业企业产品订货景气指数(2009年)

Climate Index on Product Ordering of Industrial Enterprise(2009)

类　　别	Classification	一季度 Quarter 1	二季度 Quarter 2	三季度 Quarter 3	四季度 Quarter 4
工业企业总体状况	**Overall**	**95.10**	**108.10**	**117.30**	**121.70**
一、按行业门类分	**Grouped By Sector**				
采矿业	Mining	109.10	118.20	121.70	135.30
制造业	Manufacturing	94.20	107.10	116.90	120.40
电力、燃气及水的生产和供应业	Production and Supply of Electricity	90.20	105.40	115.60	120.70
二、按企业登记注册类型分	**By Status of Registration**				
国有企业	State-Owned Enterprises	92.10	106.20	121.20	117.60
集体企业	Collective-Owned Enterprises	102.20	106.30	113.80	115.90
股份合作企业	Cooperative Enterprises	76.60	65.10	80.60	94.40
联营企业	Joint Ownership Enterprises	33.30	66.70	83.30	100.00
有限责任公司	Limited Liability Corporations	91.00	108.50	116.30	121.00
股份有限公司	Share-Holding Corporations Limited	117.70	121.80	127.80	135.40
私营企业	Private Enterprises	93.90	106.00	129.40	120.80
其它内资企业	Other Domestic Funded	100.00	100.00	166.70	133.30
外商及港、澳、台投资企业	Enterprises With Funds From Foreign Contry,Hong Kong,Macao and Taiwan	89.70	99.80	105.10	120.80
三、按企业规模分	**Grouped By Size of Enterprises**				
大型	Large-Sized and Higher	111.40	131.00	140.50	140.70
中型	Medium-Sized	93.70	105.40	116.60	122.60
小型	Small-Sized	83.30	93.00	97.90	103.00

7-19 工业企业科技创新景气指数(2009年)

Climate Index on Technology Innovation of Industrial Enterprise(2009)

类　　别	Classification	一季度 Quarter 1	二季度 Quarter 2	三季度 Quarter 3	四季度 Quarter 4
工业企业总体状况	**Overall**	**108.00**	**115.70**	**120.70**	**120.80**
一、按行业门类分	**Grouped By Sector**				
采矿业	Mining	125.00	139.40	138.60	133.40
制造业	Manufacturing	106.50	112.90	118.90	119.00
电力、燃气及水的生产和供应业	Production and Supply of Electricity	109.80	123.10	122.60	125.50
二、按企业登记注册类型分	**By Status of Registration**				
国有企业	State-Owned Enterprises	107.00	118.50	119.40	114.50
集体企业	Collective-Owned Enterprises	112.20	115.50	109.80	121.90
股份合作企业	Cooperative Enterprises	101.70	86.10	95.80	104.60
联营企业	Joint Ownership Enterprises	100.00	100.00	116.70	100.00
有限责任公司	Limited Liability Corporations	104.90	115.70	121.20	120.90
股份有限公司	Share-Holding Corporations Limited	117.00	125.10	133.20	134.00
私营企业	Private Enterprises	111.60	115.90	118.20	123.30
其它内资企业	Other Domestic Funded	100.00	133.30	133.30	100.00
外商及港、澳、台投资企业	Enterprises With Funds From Foreign Contry,Hong Kong,Macao and Taiwan	108.20	104.10	109.90	112.50
三、按企业规模分	**Grouped By Size of Enterprises**				
大型	Large-Sized and Higher	115.40	129.90	146.00	142.60
中型	Medium-Sized	108.30	116.20	118.40	118.20
小型	Small-Sized	100.70	101.90	102.40	106.10

7-20 建筑业企业建筑工程量景气指数(2009年)

Climate Index on Total Output of Construction Enterprises(2009)

类别	Classification	一季度 Quarter 1	二季度 Quarter 2	三季度 Quarter 3	四季度 Quarter 4
建筑业企业总体状况	**Overall**	**94.90**	**139.30**	**142.00**	**133.80**
一、按主要行业门类分	**Grouped By Sector**				
房屋和土木工程建筑业	Construction of Buildings and Civil Engineering	96.60	142.30	147.30	135.60
建筑安装业	Building Installation	105.30	121.10	113.50	121.10
建筑装饰业	Building Decoration	28.60	85.70	85.70	114.30
二、按企业登记注册类型分	**By Status of Registration**				
国有企业	State-Owned Enterprises	91.90	161.20	126.40	145.10
集体企业	Collective-Owned Enterprises	96.40	119.60	146.40	114.30
股份合作企业	Cooperative Enterprises	33.30	33.30	200.00	200.00
联营企业	Joint Ownership Enterprises	100.00	100.00	100.00	100.00
有限责任公司	Limited Liability Corporations	90.80	145.60	147.40	140.60
股份有限公司	Share-Holding Corporations Limited	137.90	145.10	155.90	125.90
私营企业	Private Enterprises	71.40	114.30	85.70	114.30
其它内资企业	Other Domestic Funded				
外商及港、澳、台投资企业	Enterprises With Funds From Foreign Contry,Hong Kong,Macao and Taiwan			100.00	
三、按企业规模分	**Grouped By Size of Enterprises**				
大型	Large-Sized	109.10	181.10	170.30	178.50
中型	Medium-Sized	100.80	141.70	137.50	132.50
小型	Small-Sized	73.90	104.40	129.00	102.90

7-21 建筑业企业盈利(亏损)变化景气指数(2009年)

Climate Index on Profit(loss)Variation of Construction Enterprises(2009)

类别	Classification	一季度 Quarter 1	二季度 Quarter 2	三季度 Quarter 3	四季度 Quarter 4
建筑业企业总体状况	**Overall**	**82.70**	**114.70**	**112.00**	**119.60**
一、按主要行业门类分	**Grouped By Sector**				
房屋和土木工程建筑业	Construction of Buildings and Civil Engineering	81.80	116.80	116.10	120.40
建筑安装业	Building Installation	91.00	110.50	87.20	126.30
建筑装饰业	Building Decoration	85.70	42.90	57.10	85.70
二、按企业登记注册类型分	**By Status of Registration**				
国有企业	State-Owned Enterprises	86.20	143.40	114.30	135.00
集体企业	Collective-Owned Enterprises	76.80	98.20	105.40	110.70
股份合作企业	Cooperative Enterprises	33.30	66.70	133.30	166.70
联营企业	Joint Ownership Enterprises	100.00	100.00	100.00	100.00
有限责任公司	Limited Liability Corporations	83.10	109.40	115.00	113.10
股份有限公司	Share-Holding Corporations Limited	105.90	136.60	131.20	151.00
私营企业	Private Enterprises	57.10	114.30	71.40	85.70
其它内资企业	Other Domestic Funded	100.00			100.00
外商及港、澳、台投资企业	Enterprises With Funds From Foreign Contry,Hong Kong,Macao and Taiwan	100.00			
三、按企业规模分	**Grouped By Size of Enterprises**				
大型	Large-Sized	67.60	155.30	132.80	150.90
中型	Medium-Sized	97.50	111.70	116.70	119.20
小型	Small-Sized	68.10	89.90	88.40	97.10

7-22 建筑业企业流动资金景气指数(2009年)
Climate Index on Liquid Capital of Construction Enterprises(2009)

类 别	Classification	一季度 Quarter 1	二季度 Quarter 2	三季度 Quarter 3	四季度 Quarter 4
建筑业企业总体状况	**Overrall**	**62.40**	**65.30**	**68.50**	**76.90**
一、按主要行业门类分	**Grouped By Sector**				
房屋和土木工程建筑业	Construction of Buildings and Civil Engineering	59.30	63.60	69.00	73.80
建筑安装业	Building Installation	114.30	93.30	82.70	109.10
建筑装饰业	Building Decoration	28.60	57.10	28.60	100.00
二、按企业登记注册类型分	**By Status of Registration**				
国有企业	State-Owned Enterprises	56.10	59.70	51.30	74.60
集体企业	Collective-Owned Enterprises	58.90	60.70	62.50	69.60
股份合作企业	Cooperative Enterprises	66.70	66.70	66.70	100.00
联营企业	Joint Ownership Enterprises	100.00	100.00	100.00	100.00
有限责任公司	Limited Liability Corporations	65.30	62.00	73.90	70.40
股份有限公司	Share-Holding Corporations Limited	79.20	98.10	109.80	122.20
私营企业	Private Enterprises	57.10	85.70	42.90	100.00
其它内资企业	Other Domestic Funded				
外商及港、澳、台投资企业	Enterprises With Funds From Foreign Contry,Hong Kong,Macao and Taiwan		100.00		100.00
三、按企业规模分	**Grouped By Size of Enterprises**				
大型	Large-Sized	54.40	70.20	75.10	77.30
中型	Medium-Sized	65.00	58.30	67.50	77.50
小型	Small-Sized	63.80	73.90	65.20	75.40

7-23 建筑业企业货款拖欠景气指数(2009年)
Climate Index on Overdue Obligations to Suppliers about Construction Enterprises(2009)

类 别	Classification	一季度 Quarter 1	二季度 Quarter 2	三季度 Quarter 3	四季度 Quarter 4
建筑业企业总体状况	**Overrall**	**91.50**	**83.50**	**81.40**	**80.50**
一、按主要行业门类分	**Grouped By Sector**				
房屋和土木工程建筑业	Construction of Buildings and Civil Engineering	90.00	83.80	78.90	77.60
建筑安装业	Building Installation	100.00	106.70	102.30	121.10
建筑装饰业	Building Decoration	85.70	28.60	100.00	42.90
二、按企业登记注册类型分	**By Status of Registration**				
国有企业	State-Owned Enterprises	103.00	72.50	67.70	82.20
集体企业	Collective-Owned Enterprises	82.10	75.00	83.90	80.40
股份合作企业	Cooperative Enterprises	33.30	66.70	100.00	66.70
联营企业	Joint Ownership Enterprises	100.00	100.00	100.00	100.00
有限责任公司	Limited Liability Corporations	91.20	83.20	81.60	72.50
股份有限公司	Share-Holding Corporations Limited	106.90	115.60	116.60	122.40
私营企业	Private Enterprises	85.70	142.90	14.30	57.10
其它内资企业	Other Domestic Funded	100.00			100.00
外商及港、澳、台投资企业	Enterprises With Funds From Foreign Contry,Hong Kong,Macao and Taiwan	100.00		100.00	100.00
三、按企业规模分	**Grouped By Size of Enterprises**				
大型	Large-Sized	116.80	100.70	90.80	110.30
中型	Medium-Sized	83.30	78.30	80.00	70.80
小型	Small-Sized	87.00	79.70	76.80	75.40

7－24 建筑业企业劳动力需求景气指数(2009年)

Climate Index on Labor Demand of Construction Enterprises(2009)

类　　别	Classification	一季度 Quarter 1	二季度 Quarter 2	三季度 Quarter 3	四季度 Quarter 4
建筑业企业总体状况	**Overall**	**90.30**	**137.30**	**132.40**	**117.90**
一、按主要行业门类分	**Grouped By Sector**				
房屋和土木工程建筑业	Construction of Buildings and Civil Engineering	90.90	139.40	136.30	119.50
建筑安装业	Building Installation	91.00	121.10	122.50	108.20
建筑装饰业	Building Decoration	71.40	100.00	57.10	114.30
二、按企业登记注册类型分	**By Status of Registration**				
国有企业	State-Owned Enterprises	89.50	152.50	120.20	116.60
集体企业	Collective-Owned Enterprises	87.50	130.40	142.90	107.10
股份合作企业	Cooperative Enterprises	66.70	33.30	166.70	133.30
联营企业	Joint Ownership Enterprises	100.00	100.00	100.00	100.00
有限责任公司	Limited Liability Corporations	86.60	139.70	135.30	125.50
股份有限公司	Share-Holding Corporations Limited	123.00	130.10	132.70	130.90
私营企业	Private Enterprises	71.40	128.60	85.70	71.40
其它内资企业	Other Domestic Funded				
外商及港、澳、台投资企业	Enterprises With Funds From Foreign Contry,Hong Kong,Macao and Taiwan	100.00	100.00	100.00	100.00
三、按企业规模分	**Grouped By Size of Enterprises**				
大型	Large-Sized	85.60	161.60	148.70	144.90
中型	Medium-Sized	100.80	143.30	131.70	118.30
小型	Small-Sized	75.40	108.70	121.70	97.10

7－25 建筑业企业固定资产投资景气指数(2009年)

Climate Index on Fixed Assets Investment of Construction Enterprises(2009)

类　　别	Classification	一季度 Quarter 1	二季度 Quarter 2	三季度 Quarter 3	四季度 Quarter 4
建筑业企业总体状况	**Overall**	**82.20**	**104.90**	**105.70**	**111.30**
一、按主要行业门类分	**Grouped By Sector**				
房屋和土木工程建筑业	Construction of Buildings and Civil Engineering	84.60	107.00	107.50	111.40
建筑安装业	Building Installation	79.00	102.30	100.00	102.30
建筑装饰业	Building Decoration	42.90	57.10	100.00	142.90
二、按企业登记注册类型分	**By Status of Registration**				
国有企业	State-Owned Enterprises	77.30	85.50	85.40	96.90
集体企业	Collective-Owned Enterprises	82.10	112.50	110.70	98.20
股份合作企业	Cooperative Enterprises	33.30	66.70	100.00	133.30
联营企业	Joint Ownership Enterprises	100.00	100.00	100.00	100.00
有限责任公司	Limited Liability Corporations	85.20	110.80	109.80	119.90
股份有限公司	Share-Holding Corporations Limited	87.50	119.80	135.70	149.90
私营企业	Private Enterprises	100.00	85.70	71.40	85.70
其它内资企业	Other Domestic Funded				
外商及港、澳、台投资企业	Enterprises With Funds From Foreign Contry,Hong Kong,Macao and Taiwan			100.00	100.00
三、按企业规模分	**Grouped By Size of Enterprises**				
大型	Large-Sized	92.50	119.10	123.00	133.40
中型	Medium-Sized	83.30	105.80	101.70	111.70
小型	Small-Sized	72.50	92.80	100.00	94.20

7-26 交通运输、仓储及邮政业企业业务需求量景气指数(2009年)
Climate Index on Business Demand of Transportation, Storage and Telecommunications(2009)

类别	Classification	一季度 Quarter 1	二季度 Quarter 2	三季度 Quarter 3	四季度 Quarter 4
交通运输、仓储及邮政业企业总体状况	**Overall**	**88.70**	**109.40**	**112.10**	**119.30**
一、按主要行业门类分	**Grouped By Sector**				
铁路运输业	Railway Transport	100.00	100.00	102.20	200.00
道路运输业	Raod Transport	81.40	99.70	88.60	104.80
城市公共交通业	Urban Public Transport	81.80	113.60	127.30	100.00
水上运输业	Water Transport	88.50	124.00	127.90	113.00
航空运输业	Air Transport	177.30	154.60	200.00	88.00
管道运输业	Transport Via Pipelines				
装卸搬运和其他运输服务业	Loading,Unloading and Other Transport Services	33.30	33.30	133.30	33.30
仓储业	Storage	100.00	120.00	120.00	120.00
邮政业	Post	107.70	134.60	134.60	173.10
二、按企业登记注册类型分	**By Status of Registration**				
国有企业	State-Owned Enterprises	110.80	128.70	122.90	150.80
集体企业	Collective-Owned Enterprises	92.30	76.90	130.80	107.70
股份合作企业	Cooperative Enterprises	57.10	85.70	100.00	71.40
联营企业	Joint Ownership Enterprises	100.00	100.00	100.00	100.00
有限责任公司	Limited Liability Corporations	63.50	100.40	89.90	97.70
股份有限公司	Share-Holding Corporations Limited	85.80	100.00	110.80	94.10
私营企业	Private Enterprises	100.00	100.00	100.00	100.00
其它内资企业	Other Domestic Funded	100.00	100.00	100.00	100.00
外商及港、澳、台投资企业	Enterprises With Funds From Foreign Contry,Hong Kong,Macao and Taiwan	66.70	66.70	133.30	66.70
三、按企业规模分	**Grouped By Size of Enterprises**				
大型	Large-Sized and Higher	92.60	132.20	107.60	134.50
中型	Medium-Sized	81.60	118.40	108.20	128.60
小型	Small-Sized	92.10	97.40	115.80	109.20

7-27 交通运输、仓储及邮政业企业盈利(亏损)变化景气指数(2009年)
Climate Index on Profit(loss) Variation of Transportation, Storage and Telecommunications(2009)

类别	Classification	一季度 Quarter 1	二季度 Quarter 2	三季度 Quarter 3	四季度 Quarter 4
交通运输、仓储及邮政业企业总体状况	**Overall**	**81.00**	**84.20**	**97.60**	**91.50**
一、按主要行业门类分	**Grouped By Sector**				
铁路运输业	Railway Transport	102.20	102.20	102.20	102.20
道路运输业	Raod Transport	79.90	71.60	82.10	78.70
城市公共交通业	Urban Public Transport	86.40	72.70	72.70	81.80
水上运输业	Water Transport	92.40	107.30	145.60	108.50
航空运输业	Air Transport	144.00	154.60	166.70	154.60
管道运输业	Transport Via Pipelines				
装卸搬运和其他运输服务业	Loading,Unloading and Other Transport Services	33.30	133.30	33.30	33.30
仓储业	Storage	60.00	80.00	140.00	100.00
邮政业	Post	73.10	92.30	111.50	111.50
二、按企业登记注册类型分	**By Status of Registration**				
国有企业	State-Owned Enterprises	90.10	102.00	114.70	116.00
集体企业	Collective-Owned Enterprises	84.60	84.60	69.20	61.50
股份合作企业	Cooperative Enterprises	57.10	42.90	71.40	57.10
联营企业	Joint Ownership Enterprises	100.00	100.00	100.00	100.00
有限责任公司	Limited Liability Corporations	66.00	63.00	80.40	71.60
股份有限公司	Share-Holding Corporations Limited	85.80	85.80	94.10	85.80
私营企业	Private Enterprises	100.00	100.00	100.00	100.00
其它内资企业	Other Domestic Funded	100.00	100.00	100.00	100.00
外商及港、澳、台投资企业	Enterprises With Funds From Foreign Contry,Hong Kong,Macao and Taiwan	100.00	66.70	133.30	66.70
三、按企业规模分	**Grouped By Size of Enterprises**				
大型	Large-Sized and Higher	96.80	109.20	125.90	112.60
中型	Medium-Sized	67.40	79.60	93.90	91.80
小型	Small-Sized	85.50	80.30	92.10	85.50

7-28 交通运输、仓储及邮政业企业流动资金景气指数(2009年)

Climate Index on Liquid Capital of Transportation, Storage and Telecommunications(2009)

类　别	Classification	一季度 Quarter 1	二季度 Quarter 2	三季度 Quarter 3	四季度 Quarter 4
交通运输、仓储及邮政业企业总体状况	**Overall**	**61.70**	**64.20**	**67.00**	**66.60**
一、按主要行业门类分	**Grouped By Sector**				
铁路运输业	Railway Transport	100.00	100.00	102.20	100.00
道路运输业	Raod Transport	63.30	65.40	63.30	64.90
城市公共交通业	Urban Public Transport	63.60	63.60	72.70	68.20
水上运输业	Water Transport	66.90	76.60	81.10	78.30
航空运输业	Air Transport	77.30	133.30	100.00	77.30
管道运输业	Transport Via Pipelines	100.00			
装卸搬运和其他运输服务业	Loading,Unloading and Other Transport Services	33.30	100.00	66.70	33.30
仓储业	Storage	100.00	80.00	100.00	140.00
邮政业	Post	38.50	42.30	50.00	46.20
二、按企业登记注册类型分	**By Status of Registration**				
国有企业	State-Owned Enterprises	59.90	59.50	68.00	66.60
集体企业	Collective-Owned Enterprises	53.90	61.50	69.20	69.20
股份合作企业	Cooperative Enterprises	28.60	57.10	42.90	57.10
联营企业	Joint Ownership Enterprises	100.00	100.00	100.00	100.00
有限责任公司	Limited Liability Corporations	66.00	71.90	65.50	68.10
股份有限公司	Share-Holding Corporations Limited	75.00	66.70	66.70	58.30
私营企业	Private Enterprises	100.00	100.00	100.00	100.00
其它内资企业	Other Domestic Funded	100.00	100.00	100.00	100.00
外商及港、澳、台投资企业	Enterprises With Funds From Foreign Contry,Hong Kong,Macao and Taiwan	66.70	100.00	100.00	66.70
三、按企业规模分	**Grouped By Size of Enterprises**				
大型	Large-Sized and Higher	100.60	127.40	108.30	100.90
中型	Medium-Sized	51.00	44.90	57.10	53.10
小型	Small-Sized	57.90	59.20	61.80	65.80

7-29 交通运输、仓储及邮政业企业货款拖欠景气指数(2009年)

Climate Index on Overdue Obligations to Suppliers about Transportation, Storage and Telecommunications(2009)

类　别	Classification	一季度 Quarter 1	二季度 Quarter 2	三季度 Quarter 3	四季度 Quarter 4
交通运输、仓储及邮政业企业总体状况	**Overall**	**97.80**	**98.60**	**89.90**	**103.20**
一、按主要行业门类分	**Grouped By Sector**				
铁路运输业	Railway Transport	100.00	100.00	100.00	100.00
道路运输业	Raod Transport	86.90	95.00	79.60	100.10
城市公共交通业	Urban Public Transport	104.60	100.00	100.00	104.60
水上运输业	Water Transport	94.70	93.50	82.40	102.90
航空运输业	Air Transport	110.70	110.70	177.30	100.00
管道运输业	Transport Via Pipelines				
装卸搬运和其他运输服务业	Loading,Unloading and Other Transport Services	100.00	133.30	66.70	133.30
仓储业	Storage	100.00	100.00	80.00	120.00
邮政业	Post	115.40	111.50	107.70	111.50
二、按企业登记注册类型分	**By Status of Registration**				
国有企业	State-Owned Enterprises	107.70	104.20	102.30	106.20
集体企业	Collective-Owned Enterprises	107.70	107.70	92.30	115.40
股份合作企业	Cooperative Enterprises	114.30	57.10	57.10	85.70
联营企业	Joint Ownership Enterprises	100.00	100.00	100.00	100.00
有限责任公司	Limited Liability Corporations	78.80	92.70	74.20	96.70
股份有限公司	Share-Holding Corporations Limited	94.10	119.10	94.10	108.30
私营企业	Private Enterprises	100.00	100.00	100.00	100.00
其它内资企业	Other Domestic Funded	100.00	100.00	100.00	100.00
外商及港、澳、台投资企业	Enterprises With Funds From Foreign Contry,Hong Kong,Macao and Taiwan	100.00	66.70	100.00	133.30
三、按企业规模分	**Grouped By Size of Enterprises**				
大型	Large-Sized and Higher	75.50	99.60	72.90	93.50
中型	Medium-Sized	108.20	102.00	91.80	110.20
小型	Small-Sized	97.40	96.10	93.40	101.30

7-30 交通运输、仓储及邮政业企业劳动力需求景气指数(2009年)
Climate Index on Labor Demand of Transportation, Storage and Telecommunications(2009)

类别	Classification	一季度 Quarter 1	二季度 Quarter 2	三季度 Quarter 3	四季度 Quarter 4
交通运输、仓储及邮政业企业总体状况	**Overall**	**87.60**	**94.00**	**105.50**	**102.70**
一、按主要行业门类分	**Grouped By Sector**				
铁路运输业	Railway Transport	100.00	2.20	100.00	100.00
道路运输业	Raod Transport	86.20	98.30	99.10	102.60
城市公共交通业	Urban Public Transport	90.90	90.90	104.60	95.50
水上运输业	Water Transport	78.50	86.50	105.60	88.90
航空运输业	Air Transport	77.30	77.30	144.00	77.30
管道运输业	Transport Via Pipelines		100.00		100.00
装卸搬运和其他运输服务业	Loading,Unloading and Other Transport Services	66.70	100.00	100.00	133.30
仓储业	Storage	40.00	100.00	100.00	80.00
邮政业	Post	115.40	115.40	123.10	123.10
二、按企业登记注册类型分	**By Status of Registration**				
国有企业	State-Owned Enterprises	103.70	101.50	112.80	108.20
集体企业	Collective-Owned Enterprises	69.20	76.90	100.00	92.30
股份合作企业	Cooperative Enterprises	71.40	57.10	114.30	114.30
联营企业	Joint Ownership Enterprises	100.00	100.00	100.00	100.00
有限责任公司	Limited Liability Corporations	87.20	107.70	95.80	100.20
股份有限公司	Share-Holding Corporations Limited	66.70	83.30	110.80	100.00
私营企业	Private Enterprises	100.00	100.00	100.00	100.00
其它内资企业	Other Domestic Funded	100.00	100.00	100.00	100.00
外商及港、澳、台投资企业	Enterprises With Funds From Foreign Contry,Hong Kong,Macao and Taiwan	33.30		100.00	66.70
三、按企业规模分	**Grouped By Size of Enterprises**				
大型	Large-Sized and Higher	108.90	91.30	105.10	90.30
中型	Medium-Sized	100.00	104.10	114.30	110.20
小型	Small-Sized	73.70	88.20	100.00	101.30

7-31 交通运输、仓储及邮政业企业固定资产投资景气指数(2009年)
Climate Index on Business Demand of Transportation, Storage and Telecommunications(2009)

类别	Classification	一季度 Quarter 1	二季度 Quarter 2	三季度 Quarter 3	四季度 Quarter 4
交通运输、仓储及邮政业企业总体状况	**Overall**	**106.60**	**106.40**	**118.40**	**120.90**
一、按主要行业门类分	**Grouped By Sector**				
铁路运输业	Railway Transport	195.60	200.00	102.20	200.00
道路运输业	Raod Transport	112.30	91.80	113.50	128.70
城市公共交通业	Urban Public Transport	100.00	113.60	122.70	118.20
水上运输业	Water Transport	87.60	111.70	126.20	98.50
航空运输业	Air Transport	110.70	133.30	177.30	66.70
管道运输业	Transport Via Pipelines				
装卸搬运和其他运输服务业	Loading,Unloading and Other Transport Services	100.00	100.00	100.00	100.00
仓储业	Storage	80.00	120.00	140.00	160.00
邮政业	Post	107.70	115.40	123.10	111.50
二、按企业登记注册类型分	**By Status of Registration**				
国有企业	State-Owned Enterprises	119.90	124.70	131.50	128.90
集体企业	Collective-Owned Enterprises	138.50	92.30	115.40	123.10
股份合作企业	Cooperative Enterprises	57.10	57.10	71.40	100.00
联营企业	Joint Ownership Enterprises	100.00	100.00	100.00	100.00
有限责任公司	Limited Liability Corporations	97.10	94.10	111.40	115.40
股份有限公司	Share-Holding Corporations Limited	100.00	110.80	127.40	125.00
私营企业	Private Enterprises	100.00	100.00	100.00	100.00
其它内资企业	Other Domestic Funded	100.00	100.00	100.00	100.00
外商及港、澳、台投资企业	Enterprises With Funds From Foreign Contry,Hong Kong,Macao and Taiwan	33.30	66.70	100.00	100.00
三、按企业规模分	**Grouped By Size of Enterprises**				
大型	Large-Sized and Higher	150.60	135.10	142.10	154.70
中型	Medium-Sized	100.00	112.20	118.40	116.30
小型	Small-Sized	98.70	94.70	111.80	114.50

7—32 批发和零售业企业商品销售景气指数(2009年)
Climate Index on Commodity Selling of WholeSale and Retail Trade Enterprise(2009)

类　　别	Classification	一季度 Quarter 1	二季度 Quarter 2	三季度 Quarter 3	四季度 Quarter 4
批发和零售业企业总体状况	**Overall**	**97.10**	**112.90**	**122.80**	**130.50**
一、按主要行业门类分	**Grouped By Sector**				
批发业	Whole Sale Trade	85.30	114.50	116.90	126.40
零售业	Retail Trade	107.60	111.40	128.10	134.30
二、按企业登记注册类型分	**By Status of Registration**				
国有企业	State-owned Enterprises	71.80	106.10	127.00	119.40
集体企业	Collective-owned Enterprises	113.50	132.50	117.50	130.10
股份合作企业	Cooperative Enterprises	97.40	104.60	104.60	118.90
联营企业	Joint Ownership Enterprises	50.00	100.00	100.00	100.00
有限责任公司	Limited Liability Corporations	100.60	115.50	120.00	129.70
股份有限公司	Share-holding Corporations Limited	106.30	114.60	125.70	146.30
私营企业	Private Enterprises	107.70	84.60	123.10	84.60
其它内资企业	Other Domestic Funded				100.00
外商及港、澳、台投资企业	Enterprises With Funds From Foreign Contry,Hong Kong,Macao and Taiwan	108.00	84.60	140.30	111.70
三、按企业规模分	**Grouped By Size of Enterprises**				
大型	Large-Sized and Higher	126.90	135.70	142.20	150.80
中型	Medium-Sized	95.50	103.80	124.10	128.60
小型	Small-Sized	71.30	104.00	103.00	114.00

7—33 批发和零售业企业盈利(亏损)变化景气指数(2009年)
Climate Index on Profit(loss)Variation of WholeSale and Retail Trade Enterprise(2009)

类　　别	Classification	一季度 Quarter 1	二季度 Quarter 2	三季度 Quarter 3	四季度 Quarter 4
批发和零售业企业总体状况	**Overall**	**101.80**	**116.10**	**118.30**	**120.50**
一、按主要行业门类分	**Grouped By Sector**				
批发业	Whole Sale Trade	94.30	113.20	112.30	114.50
零售业	Retail Trade	108.70	119.10	123.80	126.20
二、按企业登记注册类型分	**By Status of Registration**				
国有企业	State-owned Enterprises	83.80	103.00	109.00	101.10
集体企业	Collective-owned Enterprises	104.50	100.00	105.00	120.10
股份合作企业	Cooperative Enterprises	92.90	76.40	135.70	109.50
联营企业	Joint Ownership Enterprises		50.00	50.00	50.00
有限责任公司	Limited Liability Corporations	113.20	126.90	123.00	131.60
股份有限公司	Share-holding Corporations Limited	107.90	123.70	124.20	125.90
私营企业	Private Enterprises	107.70	84.60	100.00	92.30
其它内资企业	Other Domestic Funded				
外商及港、澳、台投资企业	Enterprises With Funds From Foreign Contry,Hong Kong,Macao and Taiwan	106.30	102.60	144.00	144.00
三、按企业规模分	**Grouped By Size of Enterprises**				
大型	Large-Sized and Higher	137.30	135.30	130.90	135.40
中型	Medium-Sized	96.30	115.80	124.80	122.60
小型	Small-Sized	76.20	99.00	98.00	104.00

7−34 批发和零售业企业流动资金景气指数(2009年)

Climate Index on Liquid Capital of WholeSale and Retail Trade Enterprise (2009)

类别	Classification	一季度 Quarter 1	二季度 Quarter 2	三季度 Quarter 3	四季度 Quarter 4
批发和零售业企业总体状况	**Overall**	**92.80**	**96.30**	**101.80**	**99.70**
一、按主要行业门类分	**Grouped By Sector**				
批发业	Whole Sale Trade	83.40	89.00	90.30	86.80
零售业	Retail Trade	100.90	102.60	111.80	111.20
二、按企业登记注册类型分	**By Status of Registration**				
国有企业	State-owned Enterprises	80.40	87.60	83.50	82.10
集体企业	Collective-owned Enterprises	52.30	62.50	72.50	77.50
股份合作企业	Cooperative Enterprises	116.30	109.20	97.60	112.10
联营企业	Joint Ownership Enterprises				
有限责任公司	Limited Liability Corporations	97.80	106.30	113.10	107.70
股份有限公司	Share-holding Corporations Limited	103.30	99.80	104.50	105.40
私营企业	Private Enterprises	92.30	76.90	115.40	92.30
其它内资企业	Other Domestic Funded	100.00	100.00	100.00	100.00
外商及港、澳、台投资企业	Enterprises With Funds From Foreign Contry,Hong Kong,Macao and Taiwan	114.30	116.90	115.40	158.30
三、按企业规模分	**Grouped By Size of Enterprises**				
大型	Large-Sized and Higher	120.50	124.50	119.10	123.80
中型	Medium-Sized	86.60	91.70	96.20	94.70
小型	Small-Sized	75.30	76.20	93.00	84.00

7−35 批发和零售业企业货款拖欠景气指数(2009年)

Climate Index on Overdue Obligations to Suppliers about WholeSale and Retail Trade Enterprise (2009)

类别	Classification	一季度 Quarter 1	二季度 Quarter 2	三季度 Quarter 3	四季度 Quarter 4
批发和零售业企业总体状况	**Overall**	**109.40**	**114.00**	**110.30**	**115.40**
一、按主要行业门类分	**Grouped By Sector**				
批发业	Whole Sale Trade	106.10	114.60	114.80	116.60
零售业	Retail Trade	112.00	113.20	106.10	114.10
二、按企业登记注册类型分	**By Status of Registration**				
国有企业	State-owned Enterprises	105.40	112.70	104.70	109.40
集体企业	Collective-owned Enterprises	118.50	122.50	112.50	120.00
股份合作企业	Cooperative Enterprises	116.50	107.10	100.00	109.70
联营企业	Joint Ownership Enterprises	50.00	100.00	100.00	100.00
有限责任公司	Limited Liability Corporations	113.80	116.90	115.20	120.20
股份有限公司	Share-holding Corporations Limited	110.40	113.00	117.10	117.00
私营企业	Private Enterprises	92.30	100.00	76.90	92.30
其它内资企业	Other Domestic Funded	200.00	200.00	200.00	200.00
外商及港、澳、台投资企业	Enterprises With Funds From Foreign Contry,Hong Kong,Macao and Taiwan	118.00	128.60	114.30	128.60
三、按企业规模分	**Grouped By Size of Enterprises**				
大型	Large-Sized and Higher	127.60	122.30	123.20	124.80
中型	Medium-Sized	109.70	112.00	109.80	112.00
小型	Small-Sized	92.10	108.90	99.00	111.00

7-36 批发和零售业企业劳动力需求景气指数(2009年)

Climate Index on Labor Demand of WholeSale and Retail Trade Enterprise (2009)

类 别	Classification	一季度 Quarter 1	二季度 Quarter 2	三季度 Quarter 3	四季度 Quarter 4
批发和零售业企业总体状况	**Overall**	**93.00**	**97.50**	**106.00**	**112.90**
一、按主要行业门类分	**Grouped By Sector**				
批发业	Whole Sale Trade	87.90	88.20	97.70	97.80
零售业	Retail Trade	97.40	106.10	113.40	126.60
二、按企业登记注册类型分	**By Status of Registration**				
国有企业	State-owned Enterprises	83.80	87.00	88.30	89.90
集体企业	Collective-owned Enterprises	88.70	105.00	105.00	112.50
股份合作企业	Cooperative Enterprises	102.20	71.40	123.60	121.40
联营企业	Joint Ownership Enterprises			50.00	50.00
有限责任公司	Limited Liability Corporations	94.80	103.80	109.40	108.80
股份有限公司	Share-holding Corporations Limited	100.60	104.20	119.70	136.70
私营企业	Private Enterprises	84.60	84.60	84.60	100.00
其它内资企业	Other Domestic Funded			100.00	200.00
外商及港、澳、台投资企业	Enterprises With Funds From Foreign Contry,Hong Kong,Macao and Taiwan	114.30	89.40	115.40	126.00
三、按企业规模分	**Grouped By Size of Enterprises**				
大型	Large-Sized and Higher	114.70	119.30	133.80	130.10
中型	Medium-Sized	91.80	96.20	103.00	113.50
小型	Small-Sized	74.30	79.20	84.00	96.00

7-37 批发和零售业企业固定资产投资景气指数(2009年)

Climate Index on Fixed Assets Investment of WholeSale and Retail Trade Enterprise(2009)

类 别	Classification	一季度 Quarter 1	二季度 Quarter 2	三季度 Quarter 3	四季度 Quarter 4
批发和零售业企业总体状况	**Overall**	**97.00**	**108.00**	**112.70**	**114.70**
一、按主要行业门类分	**Grouped By Sector**				
批发业	Whole Sale Trade	87.10	101.90	104.00	104.00
零售业	Retail Trade	106.40	113.50	120.70	124.20
二、按企业登记注册类型分	**By Status of Registration**				
国有企业	State-owned Enterprises	86.10	90.50	98.30	92.60
集体企业	Collective-owned Enterprises	102.30	102.50	112.50	107.50
股份合作企业	Cooperative Enterprises	95.30	93.10	116.70	114.30
联营企业	Joint Ownership Enterprises		100.00	50.00	50.00
有限责任公司	Limited Liability Corporations	99.70	111.00	114.40	116.50
股份有限公司	Share-holding Corporations Limited	102.60	117.80	125.80	138.30
私营企业	Private Enterprises	76.90	100.00	107.70	76.90
其它内资企业	Other Domestic Funded	200.00			
外商及港、澳、台投资企业	Enterprises With Funds From Foreign Contry,Hong Kong,Macao and Taiwan	116.90	126.00	111.70	154.60
三、按企业规模分	**Grouped By Size of Enterprises**				
大型	Large-Sized and Higher	108.80	123.80	130.40	139.50
中型	Medium-Sized	90.30	102.30	106.80	110.50
小型	Small-Sized	95.10	101.00	104.00	97.00

7—38 房地产业企业完成投资景气指数(2009年)

Climate Index on Completed Investment of Real Estate Enterprise (2009)

类 别	Classification	一季度 Quarter 1	二季度 Quarter 2	三季度 Quarter 3	四季度 Quarter 4
房地产业企业总体状况	**Overall**	**87.80**	**114.20**	**127.60**	**128.90**
一、按主要行业门类分	**Grouped By Sector**				
房地产业	Real Estate	87.80	114.20	127.60	128.90
二、按企业登记注册类型分	**By Status of Registration**				
国有企业	State-owned Enterprises	92.90	126.20	135.70	123.90
集体企业	Collective-owned Enterprises	75.00	75.00	137.50	100.00
股份合作企业	Cooperative Enterprises	114.30	142.90	171.40	185.70
联营企业	Joint Ownership Enterprises	100.00	100.00	100.00	100.00
有限责任公司	Limited Liability Corporations	83.50	109.50	124.60	126.00
股份有限公司	Share-Holding Corporations Limited	90.50	117.70	112.60	128.90
私营企业	Private Enterprises	100.00	80.00	100.00	140.00
其它内资企业	Other Domestic Funded	100.00	100.00	100.00	100.00
外商及港、澳、台投资企业	Enterprises With Funds From Foreign Contry,Hong Kong,Macao and Taiwan	71.40	114.30	128.60	128.60
三、按企业规模分	**Grouped By Size of Enterprises**				
大型	Large-sized	122.80	134.70	132.80	155.80
中型	Medium-sized	95.50	139.40	136.40	140.90
小型	Small-sized	78.40	93.20	120.50	117.10

7—39 房地产业企业盈利(亏损)变化景气指数(2009年)

Climate Index on Profit(loss)Variation of Real Estate Enterprise(2009)

类 别	Classification	一季度 Quarter 1	二季度 Quarter 2	三季度 Quarter 3	四季度 Quarter 4
房地产业企业总体状况	**Overall**	**71.40**	**88.20**	**112.10**	**126.90**
一、按主要行业门类分	**Grouped By Sector**				
房地产业	Real Estate	71.40	88.20	112.10	126.90
二、按企业登记注册类型分	**By Status of Registration**				
国有企业	State-owned Enterprises	61.90	90.40	97.60	97.70
集体企业	Collective-owned Enterprises	75.00	62.50	125.00	100.00
股份合作企业	Cooperative Enterprises	114.30	128.60	114.30	157.10
联营企业	Joint Ownership Enterprises	100.00	100.00	100.00	100.00
有限责任公司	Limited Liability Corporations	71.10	86.20	121.90	136.90
股份有限公司	Share-Holding Corporations Limited	69.80	66.50	106.70	144.80
私营企业	Private Enterprises	80.00	120.00	80.00	120.00
其它内资企业	Other Domestic Funded	100.00	100.00	100.00	100.00
外商及港、澳、台投资企业	Enterprises With Funds From Foreign Contry,Hong Kong,Macao and Taiwan	85.70	128.60	114.30	142.90
三、按企业规模分	**Grouped By Size of Enterprises**				
大型	Large-sized	82.70	86.40	107.50	143.00
中型	Medium-sized	78.80	104.60	122.70	134.90
小型	Small-sized	64.80	76.10	104.60	119.30

7—40 房地产业企业流动资金景气指数(2009年)
Climate Index on Liquid Capital of Real Estate Enterprise(2009)

类别	Classification	一季度 Quarter 1	二季度 Quarter 2	三季度 Quarter 3	四季度 Quarter 4
房地产业企业总体状况	**Overall**	**51.90**	**70.70**	**75.10**	**88.30**
一、按主要行业门类分	**Grouped By Sector**				
房地产业	Real Estate	51.90	70.70	75.10	88.30
二、按企业登记注册类型分	**By Status of Registration**				
国有企业	State-owned Enterprises	38.10	54.80	54.70	73.80
集体企业	Collective-owned Enterprises	50.00	62.50	87.50	100.00
股份合作企业	Cooperative Enterprises	85.70	114.30	85.70	114.30
联营企业	Joint Ownership Enterprises	100.00	100.00	100.00	100.00
有限责任公司	Limited Liability Corporations	47.90	75.30	80.90	87.60
股份有限公司	Share-Holding Corporations Limited	61.70	62.20	76.50	91.90
私营企业	Private Enterprises	120.00	80.00	80.00	120.00
其它内资企业	Other Domestic Funded	100.00	100.00	100.00	100.00
外商及港、澳、台投资企业	Enterprises With Funds From Foreign Contry,Hong Kong,Macao and Taiwan	57.10	85.70	100.00	114.30
三、按企业规模分	**Grouped By Size of Enterprises**				
大型	Large-sized	61.30	80.70	92.50	88.00
中型	Medium-sized	62.10	77.30	89.40	98.50
小型	Small-sized	43.20	64.80	62.50	80.70

7—41 房地产业企业货款拖欠景气指数(2009年)
Climate Index on Overdue Obligations to Suppliers about Real Estate Enterprise(2009)

类别	Classification	一季度 Quarter 1	二季度 Quarter 2	三季度 Quarter 3	四季度 Quarter 4
房地产业企业总体状况	**Overall**	**115.50**	**113.40**	**117.70**	**118.10**
一、按主要行业门类分	**Grouped By Sector**				
房地产业	Real Estate	115.50	113.40	117.70	118.10
二、按企业登记注册类型分	**By Status of Registration**				
国有企业	State-owned Enterprises	109.50	97.60	121.40	114.20
集体企业	Collective-owned Enterprises	125.00	162.50	112.50	100.00
股份合作企业	Cooperative Enterprises	128.60	128.60	114.30	157.10
联营企业	Joint Ownership Enterprises	100.00	100.00	100.00	100.00
有限责任公司	Limited Liability Corporations	116.40	121.90	111.00	116.40
股份有限公司	Share-Holding Corporations Limited	118.40	98.30	133.80	122.40
私营企业	Private Enterprises	100.00	100.00	100.00	100.00
其它内资企业	Other Domestic Funded	100.00	100.00	100.00	100.00
外商及港、澳、台投资企业	Enterprises With Funds From Foreign Contry,Hong Kong,Macao and Taiwan	114.30	100.00	128.60	128.60
三、按企业规模分	**Grouped By Size of Enterprises**				
大型	Large-sized	136.30	98.30	164.00	150.00
中型	Medium-sized	109.10	104.60	116.70	112.10
小型	Small-sized	118.20	121.60	113.60	119.30

7-42 房地产业企业劳动力需求景气指数(2009年)

Climate Index on Labor Demand of Real Estate Enterprise(2009)

类 别	Classification	一季度 Quarter 1	二季度 Quarter 2	三季度 Quarter 3	四季度 Quarter 4
房地产业企业总体状况	**Overall**	**79.90**	**91.90**	**108.70**	**105.90**
一、按主要行业门类分	**Grouped By Sector**				
房地产业	Real Estate	79.90	91.90	108.70	105.90
二、按企业登记注册类型分	**By Status of Registration**				
国有企业	State-owned Enterprises	83.30	102.40	107.10	92.90
集体企业	Collective-owned Enterprises	37.50	50.00	100.00	100.00
股份合作企业	Cooperative Enterprises	114.30	128.60	114.30	157.10
联营企业	Joint Ownership Enterprises	100.00	100.00	100.00	100.00
有限责任公司	Limited Liability Corporations	80.80	87.70	109.60	108.20
股份有限公司	Share-Holding Corporations Limited	84.10	99.10	112.60	114.60
私营企业	Private Enterprises	60.00	80.00	100.00	100.00
其它内资企业	Other Domestic Funded	100.00	100.00	100.00	100.00
外商及港、澳、台投资企业	Enterprises With Funds From Foreign Contry,Hong Kong,Macao and Taiwan	71.40	71.40	100.00	85.70
三、按企业规模分	**Grouped By Size of Enterprises**				
大型	Large-sized	92.30	109.70	123.30	150.90
中型	Medium-sized	90.90	109.10	113.60	104.60
小型	Small-sized	70.50	77.30	103.40	102.30

7-43 房地产业企业固定资产投资景气指数(2009年)

Climate Index on Fixed Assets Investment of Real Estate Enterprise(2009)

类 别	Classification	一季度 Quarter 1	二季度 Quarter 2	三季度 Quarter 3	四季度 Quarter 4
房地产业企业总体状况	**Overall**	**87.60**	**101.40**	**120.60**	**120.80**
一、按主要行业门类分	**Grouped By Sector**				
房地产业	Real Estate	87.60	101.40	120.60	120.80
二、按企业登记注册类型分	**By Status of Registration**				
国有企业	State-owned Enterprises	90.50	116.70	126.10	121.40
集体企业	Collective-owned Enterprises	62.50	112.50	100.00	87.50
股份合作企业	Cooperative Enterprises	128.60	142.90	128.60	142.90
联营企业	Joint Ownership Enterprises	100.00	100.00	100.00	100.00
有限责任公司	Limited Liability Corporations	79.40	97.30	117.80	117.80
股份有限公司	Share-Holding Corporations Limited	104.30	71.80	118.80	119.10
私营企业	Private Enterprises	100.00	80.00	120.00	160.00
其它内资企业	Other Domestic Funded	100.00	100.00	100.00	100.00
外商及港、澳、台投资企业	Enterprises With Funds From Foreign Contry,Hong Kong,Macao and Taiwan	85.70	100.00	128.60	128.60
三、按企业规模分	**Grouped By Size of Enterprises**				
大型	Large-sized	109.50	92.60	117.40	153.90
中型	Medium-sized	93.90	112.10	128.80	127.30
小型	Small-sized	80.70	94.30	114.80	112.50

7-44 社会服务业企业业务需求量景气指数(2009年)

Climate Index on Business Demand of Social Services Enterprise(2009)

类　　别	Classification	一季度 Quarter 1	二季度 Quarter 2	三季度 Quarter 3	四季度 Quarter 4
社会服务业企业总体状况	**Overall**	**111.20**	**109.20**	**124.90**	**101.70**
一、按主要行业门类分	**Grouped By Sector**				
租赁业	Leasing	128.60	100.00	114.30	100.00
商务服务业	Business Services	94.40	85.20	128.60	104.90
环境资源管理业	Environmental Management	100.00	200.00	150.00	100.00
公共设施管理业	Management of Public Facilities	136.70	150.00	126.70	100.00
居民服务业	Services To Household	125.00	100.00	75.00	75.00
其他服务业	Other Services	100.00	100.00	100.00	100.00
二、按企业登记注册类型分	**By Status of Registration**				
国有企业	State-owned Enterprises	109.10	121.20	124.20	90.90
集体企业	Collective-owned Enterprises	166.70	133.30	100.00	100.00
股份合作企业	Cooperative Enterprises	166.70	133.30	100.00	33.30
联营企业	Joint Ownership Enterprises	100.00	100.00	100.00	100.00
有限责任公司	Limited Liability Corporations	97.50	102.50	131.00	116.50
股份有限公司	Share-Holding Corporations Limited	125.00	87.50	125.00	62.50
私营企业	Private Enterprises	142.90	100.00	128.60	142.90
其它内资企业	Other Domestic Funded	100.00	100.00	100.00	100.00
外商及港、澳、台投资企业	Enterprises With Funds From Foreign Contry,Hong Kong,Macao and Taiwan	100.00	100.00	100.00	100.00
三、按企业规模分	**Grouped By Size of Enterprises**				
大型	Large-sized	100.00	100.00	114.00	154.40
中型	Medium-sized	100.00	100.00	136.40	109.10
小型	Small-sized	113.10	110.70	123.80	98.80

7-45 社会服务业企业盈利(亏损)变化景气指数(2009年)

Climate Index on Profit(loss)Variation of Social Services Enterprise(2009)

类　　别	Classification	一季度 Quarter 1	二季度 Quarter 2	三季度 Quarter 3	四季度 Quarter 4
社会服务业企业总体状况	**Overall**	**93.50**	**87.30**	**116.70**	**93.30**
一、按主要行业门类分	**Grouped By Sector**				
租赁业	Leasing	114.30	100.00	114.30	85.70
商务服务业	Business Services	82.70	64.00	109.90	89.70
环境资源管理业	Environmental Management	50.00	150.00	100.00	100.00
公共设施管理业	Management of Public Facilities	113.30	123.30	133.30	110.00
居民服务业	Services To Household	75.00	75.00	100.00	25.00
其他服务业	Other Services	100.00	100.00	100.00	100.00
二、按企业登记注册类型分	**By Status of Registration**				
国有企业	State-owned Enterprises	90.90	103.00	124.20	97.00
集体企业	Collective-owned Enterprises	166.70	100.00	133.30	133.30
股份合作企业	Cooperative Enterprises	133.30	133.30	166.70	33.30
联营企业	Joint Ownership Enterprises	100.00	100.00	100.00	100.00
有限责任公司	Limited Liability Corporations	91.50	81.50	118.50	96.00
股份有限公司	Share-Holding Corporations Limited	100.00	100.00	100.00	87.50
私营企业	Private Enterprises	71.40	14.30	71.40	57.10
其它内资企业	Other Domestic Funded	75.00	75.00	100.00	125.00
外商及港、澳、台投资企业	Enterprises With Funds From Foreign Contry,Hong Kong,Macao and Taiwan	100.00	100.00	100.00	100.00
三、按企业规模分	**Grouped By Size of Enterprises**				
大型	Large-sized	154.40	186.00	145.60	114.00
中型	Medium-sized	109.10	90.90	118.20	118.20
小型	Small-sized	89.30	83.30	115.50	89.30

7-46 社会服务业企业流动资金景气指数(2009年)
Climate Index on Liquid Capital of Social Services Enterprise(2009)

类 别	Classification	一季度 Quarter 1	二季度 Quarter 2	三季度 Quarter 3	四季度 Quarter 4
社会服务业企业总体状况	**Overall**	**93.80**	**84.30**	**96.50**	**85.70**
一、按主要行业门类分	**Grouped By Sector**				
租赁业	Leasing	71.40	57.10	71.40	57.10
商务服务业	Business Services	103.60	88.10	112.20	98.20
环境资源管理业	Environmental Management	50.00	100.00	100.00	50.00
公共设施管理业	Management of Public Facilities	90.00	86.70	80.00	80.00
居民服务业	Services To Household	50.00	50.00	50.00	25.00
其他服务业	Other Services	100.00	100.00	100.00	100.00
二、按企业登记注册类型分	**By Status of Registration**				
国有企业	State-owned Enterprises	90.90	90.90	103.00	90.90
集体企业	Collective-owned Enterprises	100.00	100.00	100.00	66.70
股份合作企业	Cooperative Enterprises	66.70	66.70	33.30	
联营企业	Joint Ownership Enterprises	100.00	100.00	100.00	100.00
有限责任公司	Limited Liability Corporations	100.00	91.50	104.00	85.00
股份有限公司	Share-Holding Corporations Limited	112.50	62.50	75.00	112.50
私营企业	Private Enterprises	57.10	42.90	85.70	71.40
其它内资企业	Other Domestic Funded	100.00	75.00	75.00	100.00
外商及港、澳、台投资企业	Enterprises With Funds From Foreign Contry,Hong Kong,Macao and Taiwan	100.00	100.00	100.00	100.00
三、按企业规模分	**Grouped By Size of Enterprises**				
大型	Large-sized	131.60	186.00	186.00	200.00
中型	Medium-sized	100.00	54.60	100.00	109.10
小型	Small-sized	91.70	84.50	92.90	78.60

7-47 社会服务业企业货款拖欠景气指数(2009年)
Climate Index on Overdue Obligations to Suppliers about Social Services Enterprise(2009)

类 别	Classification	一季度 Quarter 1	二季度 Quarter 2	三季度 Quarter 3	四季度 Quarter 4
社会服务业企业总体状况	**Overall**	**102.00**	**103.10**	**103.10**	**108.60**
一、按主要行业门类分	**Grouped By Sector**				
租赁业	Leasing	114.30	100.00	100.00	114.30
商务服务业	Business Services	96.30	96.30	103.70	104.50
环境资源管理业	Environmental Management	50.00	50.00	50.00	100.00
公共设施管理业	Management of Public Facilities	116.70	120.00	106.70	116.70
居民服务业	Services To Household	75.00	100.00	100.00	100.00
其他服务业	Other Services	100.00	100.00	100.00	100.00
二、按企业登记注册类型分	**By Status of Registration**				
国有企业	State-owned Enterprises	109.10	109.10	106.10	112.10
集体企业	Collective-owned Enterprises	133.30	166.70	133.30	133.30
股份合作企业	Cooperative Enterprises	66.70	66.70	66.70	100.00
联营企业	Joint Ownership Enterprises	100.00	100.00	100.00	100.00
有限责任公司	Limited Liability Corporations	105.00	92.50	105.00	106.00
股份有限公司	Share-Holding Corporations Limited	87.50	100.00	87.50	112.50
私营企业	Private Enterprises	57.10	128.60	100.00	100.00
其它内资企业	Other Domestic Funded	125.00	100.00	100.00	100.00
外商及港、澳、台投资企业	Enterprises With Funds From Foreign Contry,Hong Kong,Macao and Taiwan	100.00	100.00	100.00	100.00
三、按企业规模分	**Grouped By Size of Enterprises**				
大型	Large-sized	100.00	100.00	100.00	114.00
中型	Medium-sized	100.00	72.70	109.10	118.20
小型	Small-sized	102.40	107.10	102.40	107.10

7—48 社会服务业企业劳动力需求景气指数(2009年)
Climate Index on Labor Demand of Social Services Enterprise(2009)

类　　别	Classification	一季度 Quarter 1	二季度 Quarter 2	三季度 Quarter 3	四季度 Quarter 4
社会服务业企业总体状况	**Overall**	**98.30**	**95.90**	**112.20**	**94.90**
一、按主要行业门类分	**Grouped By Sector**				
租赁业	Leasing	100.00	100.00	128.60	114.30
商务服务业	Business Services	83.90	85.20	103.70	100.00
环境资源管理业	Environmental Management	100.00	150.00	100.00	50.00
公共设施管理业	Management of Public Facilities	123.30	113.30	123.30	86.70
居民服务业	Services To Household	100.00	75.00	125.00	75.00
其他服务业	Other Services	100.00	100.00	100.00	100.00
二、按企业登记注册类型分	**By Status of Registration**				
国有企业	State-owned Enterprises	115.20	106.10	118.20	87.90
集体企业	Collective-owned Enterprises	100.00	100.00	100.00	66.70
股份合作企业	Cooperative Enterprises	100.00	133.30	100.00	66.70
联营企业	Joint Ownership Enterprises	100.00	100.00	100.00	100.00
有限责任公司	Limited Liability Corporations	91.00	87.50	107.50	107.50
股份有限公司	Share-Holding Corporations Limited	62.50	112.50	100.00	100.00
私营企业	Private Enterprises	128.60	57.10	128.60	100.00
其它内资企业	Other Domestic Funded	50.00	100.00	125.00	50.00
外商及港、澳、台投资企业	Enterprises With Funds From Foreign Contry,Hong Kong,Macao and Taiwan	100.00	100.00	100.00	100.00
三、按企业规模分	**Grouped By Size of Enterprises**				
大型	Large-sized	77.20	100.00	100.00	100.00
中型	Medium-sized	63.60	90.90	109.10	81.80
小型	Small-sized	103.60	96.40	113.10	96.40

7—49 社会服务业企业固定资产投资景气指数(2009年)
Climate Index on Fixed Assets Investment of Social Services Enterprise(2009)

类　　别	Classification	一季度 Quarter 1	二季度 Quarter 2	三季度 Quarter 3	四季度 Quarter 4
社会服务业企业总体状况	**Overall**	**107.10**	**105.50**	**114.30**	**117.40**
一、按主要行业门类分	**Grouped By Sector**				
租赁业	Leasing	100.00	128.60	114.30	128.60
商务服务业	Business Services	101.80	91.50	100.00	109.30
环境资源管理业	Environmental Management	100.00	100.00	100.00	100.00
公共设施管理业	Management of Public Facilities	123.30	130.00	140.00	130.00
居民服务业	Services To Household	75.00	75.00	125.00	125.00
其他服务业	Other Services	100.00	100.00	100.00	100.00
二、按企业登记注册类型分	**By Status of Registration**				
国有企业	State-owned Enterprises	106.10	106.10	121.20	115.20
集体企业	Collective-owned Enterprises	166.70	166.70	166.70	166.70
股份合作企业	Cooperative Enterprises	100.00	100.00	100.00	133.30
联营企业	Joint Ownership Enterprises	100.00	100.00	100.00	100.00
有限责任公司	Limited Liability Corporations	105.00	103.50	110.00	117.50
股份有限公司	Share-Holding Corporations Limited	112.50	125.00	100.00	125.00
私营企业	Private Enterprises	85.70	85.70	114.30	114.30
其它内资企业	Other Domestic Funded	125.00	75.00	100.00	75.00
外商及港、澳、台投资企业	Enterprises With Funds From Foreign Contry,Hong Kong,Macao and Taiwan	100.00	100.00	100.00	100.00
三、按企业规模分	**Grouped By Size of Enterprises**				
大型	Large-sized	131.60	114.00	100.00	100.00
中型	Medium-sized	109.10	100.00	81.80	100.00
小型	Small-sized	106.00	106.00	119.10	120.20

7-50 信息传输、计算机服务和软件业企业产品销售(提供服务)景气指数(2009年)

Climate Index on Product Selling of Information Transmission, Computer Services and Software Enterprise(2009)

类别	Classification	一季度 Quarter 1	二季度 Quarter 2	三季度 Quarter 3	四季度 Quarter 4
信息传输、计算机服务和软件业企业总体状况	**Overall**	**132.10**	**142.90**	**151.50**	**141.60**
一、按主要行业门类分	**Grouped By Sector**				
信息传输业	Information Transmission	146.30	147.60	156.30	154.40
计算机服务业	Computer Services	50.00	150.00	150.00	100.00
软件业	Software	112.50	112.50	125.00	106.30
二、按企业登记注册类型分	**By Status of Registration**				
国有企业	State-owned Enterprises	114.60	109.60	115.40	117.30
集体企业	Collective-owned Enterprises	100.00	100.00	200.00	100.00
股份合作企业	Cooperative Enterprises	100.00	100.00	100.00	100.00
联营企业	Joint Ownership Enterprises	100.00	100.00	100.00	100.00
有限责任公司	Limited Liability Corporations	128.30	124.70	128.30	115.50
股份有限公司	Share-holding Corporations Limited	131.50	163.50	165.10	141.00
私营企业	Private Enterprises	50.00	116.70	150.00	116.70
其它内资企业	Other Domestic Funded	100.00	100.00	100.00	100.00
外商及港、澳、台投资企业	Enterprises With Funds From Foreign Contry,Hong Kong,Macao And Taiwan	144.10	132.40	154.60	152.10
三、按企业规模分	**Grouped By Size of Enterprises**				
大型	Large-sized	170.70	178.40	178.90	174.20
中型	Medium-sized	129.00	138.70	158.10	141.90
小型	Small-sized	100.00	114.80	118.50	111.10

7-51 信息传输、计算机服务和软件业企业盈利(亏损)变化景气指数(2009年)

Climate Index on Profit(loss)Variation of Information Transmission, Computer Services and Software Enterprise(2009)

类别	Classification	一季度 Quarter 1	二季度 Quarter 2	三季度 Quarter 3	四季度 Quarter 4
信息传输、计算机服务和软件业企业总体状况	**Overall**	**125.90**	**115.70**	**138.70**	**134.20**
一、按主要行业门类分	**Grouped By Sector**				
信息传输业	Information Transmission	134.40	111.70	137.40	141.60
计算机服务业	Computer Services	75.00	112.50	125.00	87.50
软件业	Software	112.50	137.60	150.10	131.30
二、按企业登记注册类型分	**By Status of Registration**				
国有企业	State-owned Enterprises	106.30	78.30	114.00	116.80
集体企业	Collective-owned Enterprises	200.00	200.00	100.00	200.00
股份合作企业	Cooperative Enterprises	100.00	100.00	200.00	100.00
联营企业	Joint Ownership Enterprises	100.00	100.00	100.00	100.00
有限责任公司	Limited Liability Corporations	109.30	110.10	137.50	121.80
股份有限公司	Share-holding Corporations Limited	123.10	137.90	143.40	125.70
私营企业	Private Enterprises	116.70	83.30	133.30	116.70
其它内资企业	Other Domestic Funded	100.00	100.00	100.00	100.00
外商及港、澳、台投资企业	Enterprises With Funds From Foreign Contry,Hong Kong,Macao And Taiwan	123.20	124.30	119.20	125.40
三、按企业规模分	**Grouped By Size of Enterprises**				
大型	Large-sized	162.10	120.00	168.40	157.40
中型	Medium-sized	125.80	132.30	129.00	138.70
小型	Small-sized	92.60	92.60	122.20	107.40

7-52 信息传输、计算机服务和软件业企业流动资金景气指数(2009年)

Climate Index on Liquid Capital of Information Transmission, Computer Services and Software Enterprise(2009)

类别	Classification	一季度 Quarter 1	二季度 Quarter 2	三季度 Quarter 3	四季度 Quarter 4
信息传输、计算机服务和软件业企业总体状况	**Overall**	**122.70**	**124.10**	**123.40**	**127.80**
一、按主要行业门类分	**Grouped By Sector**				
信息传输业	Information Transmission	121.20	124.70	127.30	136.60
计算机服务业	Computer Services	125.00	100.00	100.00	87.50
软件业	Software	125.10	134.40	121.90	115.70
二、按企业登记注册类型分	**By Status of Registration**				
国有企业	State-owned Enterprises	106.80	107.40	101.10	122.80
集体企业	Collective-owned Enterprises	100.00	100.00	200.00	200.00
股份合作企业	Cooperative Enterprises	100.00	100.00	100.00	
联营企业	Joint Ownership Enterprises	100.00	100.00	100.00	100.00
有限责任公司	Limited Liability Corporations	137.20	137.20	136.60	106.00
股份有限公司	Share-holding Corporations Limited	152.30	154.90	159.90	159.90
私营企业	Private Enterprises	116.70	100.00	50.00	83.30
其它内资企业	Other Domestic Funded	100.00	100.00	100.00	100.00
外商及港、澳、台投资企业	Enterprises With Funds From Foreign Contry,Hong Kong,Macao And Taiwan	90.30	92.50	91.40	115.60
三、按企业规模分	**Grouped By Size of Enterprises**				
大型	Large-sized	183.30	180.10	173.70	180.10
中型	Medium-sized	106.50	106.50	119.40	119.40
小型	Small-sized	85.20	92.60	81.50	88.90

7-53 信息传输、计算机服务和软件业企业货款拖欠景气指数(2009年)

Climate Index on Overdue Obligations to Suppliers about Information Transmission, Computer Services and Software Enterprise(2009)

类别	Classification	一季度 Quarter 1	二季度 Quarter 2	三季度 Quarter 3	四季度 Quarter 4
信息传输、计算机服务和软件业企业总体状况	**Overall**	**120.30**	**105.30**	**122.10**	**134.60**
一、按主要行业门类分	**Grouped By Sector**				
信息传输业	Information Transmission	128.30	108.60	126.00	142.90
计算机服务业	Computer Services	87.50	87.50	125.00	112.50
软件业	Software	103.10	103.10	100.00	109.30
二、按企业登记注册类型分	**By Status of Registration**				
国有企业	State-owned Enterprises	114.00	90.90	84.60	129.40
集体企业	Collective-owned Enterprises	100.00	100.00	200.00	100.00
股份合作企业	Cooperative Enterprises	100.00	100.00	100.00	100.00
联营企业	Joint Ownership Enterprises	100.00	100.00	100.00	100.00
有限责任公司	Limited Liability Corporations	115.20	99.40	120.50	117.50
股份有限公司	Share-holding Corporations Limited	112.50	110.90	124.80	139.40
私营企业	Private Enterprises	66.70	66.70	66.70	83.30
其它内资企业	Other Domestic Funded	100.00	100.00	100.00	100.00
外商及港、澳、台投资企业	Enterprises With Funds From Foreign Contry,Hong Kong,Macao And Taiwan	116.00	133.70	122.90	132.50
三、按企业规模分	**Grouped By Size of Enterprises**				
大型	Large-sized	151.40	109.70	156.60	167.00
中型	Medium-sized	109.70	112.90	116.10	132.30
小型	Small-sized	103.70	92.60	96.20	107.40

7-54 信息传输、计算机服务和软件业企业劳动力需求景气指数(2009年)

Climate Index on Labor Demand of Information Transmission, Computer Services and Software Enterprise(2009)

类别	Classification	一季度 Quarter 1	二季度 Quarter 2	三季度 Quarter 3	四季度 Quarter 4
信息传输、计算机服务和软件业企业总体状况	**Overall**	**94.70**	**107.10**	**119.30**	**109.90**
一、按主要行业门类分	**Grouped By Sector**				
信息传输业	Information Transmission	95.80	109.00	127.20	111.10
计算机服务业	Computer Services	50.00	50.00	75.00	87.50
软件业	Software	109.30	134.50	115.80	122.00
二、按企业登记注册类型分	**By Status of Registration**				
国有企业	State-owned Enterprises	115.70	108.50	123.40	132.10
集体企业	Collective-owned Enterprises	100.00	100.00	100.00	100.00
股份合作企业	Cooperative Enterprises		200.00		
联营企业	Joint Ownership Enterprises	100.00	100.00	100.00	100.00
有限责任公司	Limited Liability Corporations	72.60	106.30	109.20	112.50
股份有限公司	Share-holding Corporations Limited	113.70	131.50	143.70	120.00
私营企业	Private Enterprises	100.00	50.00	66.70	83.30
其它内资企业	Other Domestic Funded	100.00	100.00	100.00	100.00
外商及港、澳、台投资企业	Enterprises With Funds From Foreign Contry,Hong Kong,Macao And Taiwan	115.40	100.00	124.70	107.70
三、按企业规模分	**Grouped By Size of Enterprises**				
大型	Large-sized	46.20	103.70	119.90	104.80
中型	Medium-sized	122.60	112.90	119.40	122.60
小型	Small-sized	107.40	103.70	118.50	100.00

7-55 信息传输、计算机服务和软件业企业固定资产投资景气指数(2009年)

Climate Index on Fixed Assets Investment of Information Transmission, Computer Services and Software Enterprise(2009)

类别	Classification	一季度 Quarter 1	二季度 Quarter 2	三季度 Quarter 3	四季度 Quarter 4
信息传输、计算机服务和软件业企业总体状况	**Overall**	**125.50**	**139.00**	**142.00**	**132.10**
一、按主要行业门类分	**Grouped By Sector**				
信息传输业	Information Transmission	135.30	152.50	161.50	142.70
计算机服务业	Computer Services	112.50	100.00	75.00	100.00
软件业	Software	100.10	90.60	93.80	103.20
二、按企业登记注册类型分	**By Status of Registration**				
国有企业	State-owned Enterprises	123.70	161.80	144.80	168.90
集体企业	Collective-owned Enterprises	100.00	100.00	100.00	100.00
股份合作企业	Cooperative Enterprises		100.00		
联营企业	Joint Ownership Enterprises	100.00	100.00	100.00	100.00
有限责任公司	Limited Liability Corporations	109.20	136.60	118.50	100.90
股份有限公司	Share-holding Corporations Limited	154.80	124.90	161.20	161.90
私营企业	Private Enterprises	100.00	83.30	83.30	116.70
其它内资企业	Other Domestic Funded	100.00	100.00	100.00	100.00
外商及港、澳、台投资企业	Enterprises With Funds From Foreign Contry,Hong Kong,Macao And Taiwan	139.50	128.40	141.60	146.70
三、按企业规模分	**Grouped By Size of Enterprises**				
大型	Large-sized	132.60	165.40	183.50	130.40
中型	Medium-sized	125.80	132.30	135.50	141.90
小型	Small-sized	118.50	122.20	111.10	122.20

7-56 住宿和餐饮业企业产品销售(提供服务)景气指数(2009年)

Climate Index on Product Selling of Hotel and Catering Services Enterprise(2009)

类　别	Classification	一季度 Quarter 1	二季度 Quarter 2	三季度 Quarter 3	四季度 Quarter 4
住宿和餐饮业企业总体状况	**Overall**	**80.40**	**104.50**	**131.90**	**100.80**
一、按主要行业门类分	**Grouped By Sector**				
住宿业	Hotels	79.00	104.10	130.10	105.70
餐饮业	Catering Services	81.40	106.40	134.60	92.10
二、按企业登记注册类型分	**By Status of Registration**				
国有企业	State-owned Enterprises	80.70	122.80	135.10	114.00
集体企业	Collective-owned Enterprises	109.10	136.40	127.30	145.50
股份合作企业	Cooperative Enterprises	42.90	100.00	100.00	100.00
联营企业	Joint Ownership Enterprises		200.00	200.00	100.00
有限责任公司	Limited Liability Corporations	91.40	85.50	126.50	92.70
股份有限公司	Share-holding Corporations Limited	44.40	133.30	166.70	100.00
私营企业	Private Enterprises	25.00	125.00	200.00	166.70
其它内资企业	Other Domestic Funded	100.00	125.00	150.00	50.00
外商及港、澳、台投资企业	Enterprises With Funds From Foreign Contry,Hong Kong,Macao and Taiwan	55.60	77.80	116.70	72.20
三、按企业规模分	**Grouped By Size of Enterprises**				
大型	Large-sized	153.50	137.60	191.10	46.50
中型	Medium-sized	65.70	100.00	167.70	117.70
小型	Small-sized	82.50	104.90	122.00	97.90

7-57 住宿和餐饮业企业盈利(亏损)变化景气指数(2009年)

Climate Index on Profit(loss)Variation of Hotel and Catering Services Enterprise(2009)

类　别	Classification	一季度 Quarter 1	二季度 Quarter 2	三季度 Quarter 3	四季度 Quarter 4
住宿和餐饮业企业总体状况	**Overall**	**71.20**	**89.70**	**116.20**	**95.70**
一、按主要行业门类分	**Grouped By Sector**				
住宿业	Hotels	70.20	91.90	116.30	100.80
餐饮业	Catering Services	73.00	87.10	115.20	85.90
二、按企业登记注册类型分	**By Status of Registration**				
国有企业	State-owned Enterprises	70.20	110.50	115.80	91.20
集体企业	Collective-owned Enterprises	90.90	72.70	100.00	90.90
股份合作企业	Cooperative Enterprises	57.10	85.70	57.10	100.00
联营企业	Joint Ownership Enterprises				100.00
有限责任公司	Limited Liability Corporations	82.90	79.70	120.60	95.60
股份有限公司	Share-holding Corporations Limited	44.40	100.00	133.30	122.20
私营企业	Private Enterprises	25.00	100.00	133.30	166.70
其它内资企业	Other Domestic Funded	125.00	125.00	125.00	125.00
外商及港、澳、台投资企业	Enterprises With Funds From Foreign Contry,Hong Kong,Macao and Taiwan	38.90	72.20	122.20	88.90
三、按企业规模分	**Grouped By Size of Enterprises**				
大型	Large-sized	28.60	46.50	162.40	75.20
中型	Medium-sized	71.40	100.00	152.90	114.70
小型	Small-sized	72.00	88.00	106.40	91.50

7-58 住宿和餐饮业企业流动资金景气指数(2009年)

Climate Index on Liquid Capital of Hotel and Catering Services Enterprise(2009)

类别	Classification	一季度 Quarter 1	二季度 Quarter 2	三季度 Quarter 3	四季度 Quarter 4
住宿和餐饮业企业总体状况	**Overall**	**73.60**	**75.10**	**88.80**	**85.90**
一、按主要行业门类分	**Grouped By Sector**				
住宿业	Hotels	68.60	70.70	88.60	80.50
餐饮业	Catering Services	84.90	84.90	89.80	97.00
二、按企业登记注册类型分	**By Status of Registration**				
国有企业	State-owned Enterprises	77.20	79.00	84.20	79.00
集体企业	Collective-owned Enterprises	81.80	54.60	81.80	63.60
股份合作企业	Cooperative Enterprises	100.00	100.00	42.90	85.70
联营企业	Joint Ownership Enterprises	100.00	100.00	100.00	100.00
有限责任公司	Limited Liability Corporations	68.60	71.00	86.80	79.40
股份有限公司	Share-holding Corporations Limited	55.60	33.30	100.00	122.20
私营企业	Private Enterprises	100.00	100.00	100.00	133.30
其它内资企业	Other Domestic Funded	75.00	125.00	125.00	100.00
外商及港、澳、台投资企业	Enterprises With Funds From Foreign Contry,Hong Kong,Macao and Taiwan	66.70	83.30	116.70	111.10
三、按企业规模分	**Grouped By Size of Enterprises**				
大型	Large-sized	71.40	71.40	71.40	162.40
中型	Medium-sized	85.70	82.90	117.70	102.90
小型	Small-sized	70.60	73.20	82.30	80.10

7-59 住宿和餐饮业企业货款拖欠景气指数(2009年)

Climate Index on Overdue Obligations to Suppliers about Hotel and Catering Services Enterprise(2009)

类别	Classification	一季度 Quarter 1	二季度 Quarter 2	三季度 Quarter 3	四季度 Quarter 4
住宿和餐饮业企业总体状况	**Overall**	**89.30**	**89.50**	**89.50**	**98.40**
一、按主要行业门类分	**Grouped By Sector**				
住宿业	Hotels	86.30	88.60	86.20	101.60
餐饮业	Catering Services	94.10	92.30	94.40	91.30
二、按企业登记注册类型分	**By Status of Registration**				
国有企业	State-owned Enterprises	91.20	94.70	77.20	93.00
集体企业	Collective-owned Enterprises	81.80	72.70	100.00	81.80
股份合作企业	Cooperative Enterprises	85.70	85.70	114.30	100.00
联营企业	Joint Ownership Enterprises	100.00	100.00	100.00	100.00
有限责任公司	Limited Liability Corporations	81.40	88.40	88.20	97.10
股份有限公司	Share-holding Corporations Limited	100.00	122.20	111.10	111.10
私营企业	Private Enterprises	100.00	125.00	100.00	100.00
其它内资企业	Other Domestic Funded	125.00	50.00	100.00	125.00
外商及港、澳、台投资企业	Enterprises With Funds From Foreign Contry,Hong Kong,Macao and Taiwan	100.00	77.80	94.10	118.80
三、按企业规模分	**Grouped By Size of Enterprises**				
大型	Large-sized	119.70	137.60	182.10	171.40
中型	Medium-sized	65.70	94.30	102.90	121.20
小型	Small-sized	94.40	87.30	84.30	91.40

7—60 住宿和餐饮业企业劳动力需求景气指数(2009年)

Climate Index on Labor Demand of Hotel and Catering Services Enterprise(2009)

类　　别	Classification	一季度 Quarter 1	二季度 Quarter 2	三季度 Quarter 3	四季度 Quarter 4
住宿和餐饮业企业总体状况	**Overall**	**104.90**	**107.20**	**128.60**	**105.50**
一、按主要行业门类分	**Grouped By Sector**				
住宿业	Hotels	103.20	106.50	124.40	104.10
餐饮业	Catering Services	107.70	107.70	137.00	108.40
二、按企业登记注册类型分	**By Status of Registration**				
国有企业	State-owned Enterprises	107.00	108.80	121.10	101.80
集体企业	Collective-owned Enterprises	90.90	100.00	109.10	100.00
股份合作企业	Cooperative Enterprises	85.70	71.40	100.00	85.70
联营企业	Joint Ownership Enterprises	100.00	100.00	200.00	100.00
有限责任公司	Limited Liability Corporations	111.40	108.70	135.30	113.20
股份有限公司	Share-holding Corporations Limited	133.30	100.00	122.20	122.20
私营企业	Private Enterprises	75.00	100.00	100.00	100.00
其它内资企业	Other Domestic Funded	150.00	100.00	150.00	100.00
外商及港、澳、台投资企业	Enterprises With Funds From Foreign Contry,Hong Kong,Macao and Taiwan	66.70	116.70	144.40	94.40
三、按企业规模分	**Grouped By Size of Enterprises**				
大型	Large-sized	162.40	162.40	162.40	128.60
中型	Medium-sized	91.40	111.40	152.90	108.80
小型	Small-sized	107.00	104.90	122.00	104.30

7—61 住宿和餐饮业企业固定资产投资景气指数(2009年)

Climate Index on Fixed Assets Investment of Hotel and Catering Services Enterprise(2009)

类　　别	Classification	一季度 Quarter 1	二季度 Quarter 2	三季度 Quarter 3	四季度 Quarter 4
住宿和餐饮业企业总体状况	**Overall**	**97.10**	**107.60**	**118.40**	**116.20**
一、按主要行业门类分	**Grouped By Sector**				
住宿业	Hotels	94.40	106.50	111.40	113.00
餐饮业	Catering Services	101.80	108.80	132.70	122.50
二、按企业登记注册类型分	**By Status of Registration**				
国有企业	State-owned Enterprises	103.50	115.80	128.10	119.30
集体企业	Collective-owned Enterprises	63.60	81.80	100.00	90.90
股份合作企业	Cooperative Enterprises	128.60	128.60	142.90	142.90
联营企业	Joint Ownership Enterprises	100.00	100.00	100.00	100.00
有限责任公司	Limited Liability Corporations	98.60	102.90	110.30	120.60
股份有限公司	Share-holding Corporations Limited	111.10	122.20	122.20	111.10
私营企业	Private Enterprises	75.00	125.00	100.00	133.30
其它内资企业	Other Domestic Funded	125.00	125.00	100.00	125.00
外商及港、澳、台投资企业	Enterprises With Funds From Foreign Contry,Hong Kong,Macao and Taiwan	66.70	88.90	122.20	88.90
三、按企业规模分	**Grouped By Size of Enterprises**				
大型	Large-sized	191.10	191.10	191.10	162.40
中型	Medium-sized	94.30	111.40	117.70	123.50
小型	Small-sized	95.80	104.90	117.00	113.50

主要指标解释

国有及国有控股企业 指国有企业加上国有控股企业。国有企业(即原全民所有制工业或国营工业)指企业全部资产归国家所有，并按《中华人民共和国企业法人登记管理条例》规定登记注册的非公司制的经济组织。包括国有企业、国有独资公司和国有联营企业。1957 年以前的公私合营和私营工业，后均改造为国营工业，1992 年改为国有工业，这部分工业的资料不单独分列时，均包括在国有企业内。国有控股企业是对混合所有制经济的企业进行的“国有控股”分类。它是指这些企业的全部资产中国有资产(股份)相对其他所有者中的任何一个所有者占资(股)最多的企业。该分组反映了国有经济控股情况。

集体企业 指企业资产归集体所有，并按《中华人民共和国企业法人登记管理条例》规定登记注册的经济组织。是社会主义公有制经济的组成部分。包括城乡所有使用集体投资举办的企业，以及部分个人通过集资自愿放弃所有权并依法经工商行政管理机关认定为集体所有制的企业。

股份合作企业 指以合作制为基础，由企业职工共同出资入股，吸收一定比例的社会资产投资组建，实行自主经营，自负盈亏，共同劳动，民主管理，按劳分配与按股分红相结合的一种集体经济组织。

联营企业 指两个及两个以上相同或不同所有制性质的企业法人或事业单位法人，按自愿、平等、互利的原则，共同投资组成的经济组织。联营企业包括：

国有联营企业指国有企业与国有企业间的联营；

集体联营企业指集体企业与集体企业间的联营；

国有与集体联营企业指国有企业与集体企业间的联营。

有限责任公司 指根据《中华人民共和国公司登记管理条例》规定登记注册，由两个以上，五十个以下的股东共同出资，每个股东以其所认缴的出资额对公司承担有限责任，公司以其全部资产对其债务承担责任的经济组织。

有限责任公司包括国有独资公司以及其他有限责任公司。

股份有限公司 指根据《中华人民共和国企业法人登记管理条例》规定登记注册，其全部注册资本由等额股份构成并通过发行股票筹集资本，股东以其认购的股份对公司承担有限责任，公司以其全部资产对其债务承担责任的经济组织。

私营企业 指由自然人投资设立或由自然人控股，以雇佣劳动为基础的营利性经济组织。包括按照《公司法》、《合伙企业法》、《私营企业暂行条例》规定登记注册的私营有限责任公司、私营股份有限公司、私营合伙企业和私营独资企业。

港、澳、台商投资企业 指企业注册登记类型中的港、澳、台资合资、合作、独资经营企业和股份有限公司之和。

Explanatory Notes on Main Indicators

State-owned and State-holding Enterprises refer to state-owned enterprises plus State-holding enterprises. State-owned enterprises (originally known as State-run enterprises with ownership by the whole society) are non-corporate economic entities registered in accordance with the Regulation of the People's Republic of China on the Management of Registration of Legal Enterprises, where all assets are owned by the State. Included in this category are State-owned enterprises, State-funded corporations and State-owned joint-operation enterprises. Joint State-private industries and private industries, which existed before 1957, were transformed into state-run industries since 1957, and into State-owned industries after 1992. Statistics on those enterprises are included in the State-owned industries instead of being grouped them separately. State-holding enterprises are a sub-classification of enterprises with mixed ownership, referring to enterprises where the percentage of State assets (or shares by the State) is larger than any other single share holder of the same enterprise. This sub-classification illustrates the control of the State over a particular industry.

Collective-owned Enterprises refer to economic entities registered in accordance with the Regulation of the People's Republic of China on the Management of Registration of Legal Enterprises, where assets are owned collectively. Collective enterprises constitute an integral part of the socialist economy with public ownership. They include urban and rural enterprises invested collectively, and some enterprises registered in industrial and commercial administration agency as collective units where funds are pooled together by individuals who voluntarily give up their right of ownership.

Share-holding Cooperative Enterprises refer to economic units set up on a cooperative basis, with funding partly from employees of the enterprise and partly from outside investment, where the operation and management is decided by all the members who also participate in the production, and the distribution of income is based both on work (labour input) and on shares (capital input).

Joint-operation Enterprises refer to economic units that are established by joint investment by two or more corporate enterprises or institutions of the same or different types of ownership on voluntary, equal and mutual-beneficial basis. They include:

a) State-owned joint-operation enterprises (joint operation between State-owned enterprises);

b) Collective joint-operation enterprises (joint operation between collective enterprises; and

c) State-collective joint-operation enterprises (joint operation between state and collective enterprises).

Limited Liability Corporations refer to economic units registered in accordance with the Regulation of the People's Republic of China on the Management of Registration of Corporations, with capital from 2 to 49 investors, each investor bears limited liability to the corporation depending on his/her holding of shares, and the corporation bears liability to its debt to the maximum of its total assets.

Share-holding Corporations Ltd. refer to economic units registered in accordance with the Regulation of the People's Republic of China on the Management of Registration of Corporate Enterprises, with total registered capital divided into equal shares and raised through issuing stocks. Each investor bears limited liability to the corporation depending on the holding of shares, and the corporation bears liability to its debt to the maximum of its total assets.

Private Enterprises refer to economic units invested or controlled (by holding the majority of the shares) by natural persons who hire labours for profit-making activities. Included in this category are private limited liability corporations, private share-holding corporations Ltd., private partnership enterprises and private sole investment enterprises registered in accordance with the Corporation Law, Partnership Enterprise Law and Tentative Regulation on Private Enterprises.

Enterprises with Funds from Hong Kong, Macao and Taiwan refers to all industrial enterprises registered as the joint-venture, cooperative, sole (exclusive) investment industrial enterprises and limited liability corporations with funds from Hong Kong, Macao and Taiwan.

附录 1

国际统计资料

International Statistical Data

简 要 说 明

一、本篇资料的主要内容

本篇资料反映了近年来世界主要国家经济社会事业发展基本情况，主要包括各类价格指数、居民收入消费、主要农产品产量等方面的内容。

二、本篇资料的来源

本篇资料来源于中国统计出版社出版的《国际统计年鉴 2010》，由总队综合处整理。

Brief Introduction

Ⅰ. Content

Data in this chapter show the social and economic indicators of other countries, mainly including various types of price index, income and consumption, output of major agricultural products, etc.

Ⅱ. Source of Data

Data in this chapter come from International Statistical Yearbook 2009 published by China Statistics Press and are prepared and compiled by the Division of Comprehensive Statistics of NBS survey office in Shandong.

附录 1-1 生产者价格指数

Producers Price Indices

资料来源：联合国统计月报数据库。
Source: UN Monthly Bulletin of Statistics Database.
2000年=100

(2000=100)

国家和地区	Country or Area	2004	2005	2006	2007	2008
中国香港	**Hong Kong,China**					
工业产品	Industrial Products	97.6	98.3	100.6	103.5	109.2
孟加拉国	**Bangladesh**					
按供给组成分	by Components of Supply					
国内供应	Domestic Supply	111.6				
农业产品	Agricultural Products	112.3				
工业产品	Industrial Products	109.8				
按生产阶段分	by Stage of Processing					
原材料	Raw Materials	107.2				
印　　度	**India**					
按供给组成分	by Components of Supply					
国内供应	Domestic Supply	114.7	121.9		134.3	140.4
农业产品	Agricultural Products	108.8	110.2		120.9	129.7
工业产品	Industrial Products	111.1	118.0		127.1	133.2
按生产阶段分	by Stage of Processing					
原材料	Raw Materials	112.3	119.0		126.6	142.3
印度尼西亚	**Indonesia**					
按供给组成分	by Components of Supply					
国内供应	Domestic Supply	130.0	151.3	171.6	229.1	288.2
国内生产	Domestic Production	135.0	150.8	186.2	272.0	342.3
农业产品	Agricultural Products	138.1	148.1	171.6	286.2	367.9
工业产品	Industrial Products	132.7	151.8	194.6	266.1	332.8
进口产品	Import Products	119.9	137.1	162.2	207.5	261.6
按生产阶段分	by Stage of Processing					
原材料	Raw Materials	136.6	175.5	179.2	241.2	307.1
中间产品	Intermediate Products	129.9	150.8	176.3	239.8	305.2
按最终用途分	by End-use					
消费品	Consumer goods	129.1	140.4	162.2	235.4	290.1
投资用品	Capital goods	112.4	121.2	127.9	146.5	169.5
伊　　朗	**Iran**					
按供给组成分	by Components of Supply					
国内供应	Domestic Supply		166.1	181.6	209.1	295.6
农业产品	Agricultural Products		176.2	191.4	228.9	289.5
工业产品	Industrial Products		127.1	135.8	157.2	217.0
按生产阶段分	by Stage of Processing					
原材料	Raw Materials		182.5	206.4	241.1	
以 色 列	**Israel**					
按供给组成分	by Components of Supply					
工业产品	Industrial Products	112.9	117.8	122.8	127.6	
日　　本	**Japan**					
按供给组成分	by Components of Supply					
国内供应	Domestic Supply	97.1	100.4	104.7	107.9	113.9
国内生产	Domestic Production	96.1	97.7	99.9	101.6	106.3
农业产品	Agricultural Products	102.6	99.8	98.2	97.2	98.5
工业产品	Industrial Products	95.9	97.8	100.0	101.6	106.1
进口产品	Import Products	102.0	113.8	129.4	139.2	152.1
按生产阶段分	by Stage of Processing					
原材料	Raw Materials	118.5	144.4	174.3	190.9	240.2
中间产品	Intermediate Products	99.3	103.2	108.9	113.2	119.5

附录 1-1 续表 1 continued

2000年=100						(2000=100)
国家和地区	Country or Area	2004	2005	2006	2007	2008
按最终用途分	By End-Use					
消费品	Consumers' Goods	94.6	94.6	94.4	94.6	95.5
投资用品	Capital Goods	86.6	85.1	84.6	84.2	83.4
韩　国	**Korea, Republic of**					
按供给组成分	by Components of Supply					
国内供应	Domestic Supply	107.6	109.9	110.9	112.5	122.1
农业产品	Agricultural Products	126.7	122.0	118.2	122.2	123.2
工业产品	Industrial Products	105.5	108.8	112.0	108.6	113.0
按生产阶段分	by Stage of Processing					
原材料	Raw Materials	132.2	156.0	175.7	187.4	279.6
中间产品	Intermediate Products	107.4	108.4	108.0	110.7	130.9
按最终用途分	By End-Use					
消费品	Consumers' Goods	104.7	106.0	105.5	105.6	111.7
投资用品	Capital Goods	96.2	94.3	91.9	91.1	99.8
马来西亚	**Malaysia**					
国内供应	Domestic Supply	114.2	122.0	127.1	133.0	
国内生产	Domestic Production	117.0	126.1	130.5	135.8	
进口产品	Import Products	101.8	122.1	122.7	127.7	
巴基斯坦	**Pakistan**					
按供给组成分	by Components of Supply					
国内供应	Domestic Supply	120.1	130.8	141.9	153.6	
农业产品	Agricultural Products	119.0	129.9	139.3	155.8	
工业产品	Industrial Products	113.4	114.5	118.5	122.4	
按生产阶段分	by Stage of Processing					
原材料	Raw Materials	122.4	115.0	129.7	146.7	
菲 律 宾	**Philippine**					
按供给组成分	by Components of Supply					
国内供应	Domestic Supply	137.5	148.6	161.1		
新 加 坡	**Singapore**					
按供给组成分	by Components of Supply					
国内供应	Domestic Supply	102.1	111.9	117.5	118.1	126.6
国内生产	Domestic Production	95.6	101.0	103.4	102.3	105.3
进口商品	Import Products	98.7	103.8	106.8	105.2	107.9
泰　国	**Thailand**					
按供给组成分	by Components of Supply					
国内供应	Domestic Supply	115.7	126.3	135.2		
农业产品	Agricultural Products	147.3	175.6	210.8		
工业产品	Industrial Products	111.2	119.2	125.2		
按生产阶段分	by Stage of Processing					
原材料	Raw Materials	132.6	154.4	173.6		
中间产品	Intermediate Products	118.8	128.3	137.6		
按最终用途分	By End-Use					
消费品	Consumers' Goods	124.9	143.3	158.1		
投资用品	Capital Goods	108.2	117.0	117.4		
埃　及	**Egypt**					
按供给组成分	by Components of Supply					
国内供应	Domestic Supply	139.2	153.8	180.2	193.0	217.4
农业产品	Agricultural Products		148.2	210.1	235.5	266.5
按生产阶段分	by Stage of Processing					
原材料	Raw Materials	162.3	169.1	176.2	199.2	316.2
中间产品	Intermediate Products	142.6	148.1	190.2	205.3	199.0

附录 1-1 续表 2 continued

2000年=100 (2000=100)

国家和地区	Country or Area	2004	2005	2006	2007	2008
按最终用途分	By End-Use					
消费品	Consumers' Goods	131.9	125.8	126.0		137.6
投资用品	Capital Goods	146.1	169.1	207.8	191.1	196.6
南　非	**South Africa**					
按供给组成分	by Components of Supply					
国内供应	Domestic Supply	126.7	130.6	140.6		
国内生产	Domestic Production	130.4	132.4	142.6	158.2	180.8
农业产品	Agricultural Products	130.6	120.4	142.5	176.4	187.9
工业产品	Industrial Products	127.7	132.0	142.6		
进口商品	Import Products	117.1	121.3	130.7	143.2	166.7
加拿大	**Canada**					
按生产阶段分	by Stage of Processing					
农业产品	Agricultural Products	104.1	101.7	101.2	110.0	120.3
工业产品	Industrial Products	102.8	104.4	106.9	108.5	113.2
按生产阶段分	by Stage of Processing					
原材料	Raw Materials	111.8	126.7	141.0	151.8	171.1
中间产品	Intermediate Products	104.4	107.1	111.6	114.4	120.3
墨西哥	**Mexico**					
按供给组成分	by Components of Supply					
国内供应	Domestic Supply	108.9	113.3	120.6		
农业产品	Agricultural Products	112.3	122.9	129.5		
按最终用途分	By End-Use					
消费品	Consumers' Goods	108.9	113.3	117.4		
投资用品	Capital Goods	129.7	113.1	123.4		
美　国	**United States**					
按供给组成分	by Components of Supply					
国内供应	Domestic Supply	110.5	118.6	124.2	130.1	142.9
农业产品	Agricultural Products	124.9	119.1	117.6	144.0	162.1
工业产品	Industrial Products	109.5	118.9	125.4	130.0	142.7
按生产阶段分	by Stage of Processing					
原材料	Raw Materials	131.9	151.5	154.4	172.5	209.5
中间产品	Intermediate Products	110.4	119.2	127.0	132.1	145.8
按最终用途分	By End-Use					
消费品	Consumers' Goods	109.9	116.1	120.1	125.4	134.8
投资用品	Capital Goods	101.9	104.2	105.8	107.8	110.7
阿根廷	**Argentina**					
按供给组成分	by Components of Supply					
国内供应	Domestic Supply	219.1	234.3	259.7		
国内生产	Domestic Production	216.0	232.2	257.7	288.1	
农业产品	Agricultural Products	266.9	239.2	281.3	393.2	
工业产品	Industrial Products	204.8	217.1	236.9	267.6	
进口商品	Import Products	265.5	267.7	289.3	318.2	
巴　西	**Brazil**					
按供给组成分	by Components of Supply					
国内供应	Domestic Supply	185.1	195.4	197.0	310.8	
农业产品	Agricultural Products	196.8	192.0	184.9	363.4	
工业产品	Industrial Products	180.3	195.8	200.2	288.7	
按生产阶段分	by Stage of Processing					
原材料	Raw Materials	190.9	191.7	187.0		

附录 1-1　续表 3 continued

2000年=100　　(2000=100)

国家和地区	Country or Area	2004	2005	2006	2007	2008
按最终用途分	By End-Use					
消费品	Consumers' Goods	175.7	184.2	186.2	294.7	
投资用品	Capital Goods	171.5	190.2	194.2		
委内瑞拉	**Venezuela**					
按供给组成分	by Components of Supply					
国内供应	Domestic Supply			435.2	506.7	
国内生产	Domestic Production			421.1	497.2	
农业产品	Agricultural Products			380.1	492.6	
工业产品	Industrial Products			321.6	373.2	
进口商品	Import Products			449.9	499.5	
白俄罗斯	**Belarus**					
按供给组成分	by Components of Supply					
国内生产	Domestic Production		461.4	499.7	582.2	
按最终用途分	By End-Use					
消费品	Consumers' Goods		366.1	389.9	422.3	
投资用品	Capital Goods		384.4		446.8	
捷　　克	**Czech, Republic**					
按供给组成分	by Components of Supply					
农业产品	Agricultural Products	103.0	93.5	95.3	121.4	
工业产品	Industrial Products					
法　　国	**France**					
按生产阶段分	by Stage of Processing					
中间产品	Intermediate Products	103.6	106.7	111.3		
按最终用途分	By End-Use					
消费品	Consumers' Goods	100.9	101.1	100.7		
投资用品	Capital Goods	101.0	102.0	103.1		
德　　国	**Germany**					
按供给组成分	by Components of Supply					
国内供应	Domestic Supply	104.2	107.6	112.1	114.0	119.4
农业产品	Agricultural Products	98.5	102.0	109.5	120.0	123.7
工业产品	Industrial Products	105.8	110.7	116.8	119.3	117.7
进口商品	Import Products	97.4	101.2	105.6	106.4	110.7
按生产阶段分	by Stage of Processing					
中间产品	Intermediate Products	102.2	104.9	108.9	112.7	114.6
按最终用途分	By End-Use					
消费品	Consumers' Goods	104.4	105.5	107.3	109.8	112.6
投资用品	Capital Goods	101.7	102.4	103.0	104.0	103.0
意 大 利	**Italy**					
按供给组成分	by Components of Supply					
国内供应	Domestic Supply	106.5	110.8	117.0	121.0	125.3
按生产阶段分	by Stage of Processing					
中间产品	Intermediate Products	108.0	110.8	116.5	122.4	125.2
按最终用途分	By End-Use					
消费品	Consumers' Goods	107.7	108.4	110.2	113.0	116.9
投资用品	Capital Goods	105.0	106.8	108.6	110.9	116.3
荷　　兰	**Netherlands**					
按供给组成分	by Components of Supply					
工业产品	Industrial Products	104.6	103.5	104.7	107.8	

附录 1-1 续表 4 continued

2000年=100 (2000=100)

国家和地区	Country or Area	2004	2005	2006	2007	2008
俄罗斯联邦	**Russian Fed.**					
按供给组成分	by Components of Supply					
农业产品	Agricultural Products	81.1	193.6	202.2	234.6	292.8
工业产品	Industrial Products	71.0	225.9	253.9	289.7	351.7
西 班 牙	**Spain**					
按供给组成分	by Components of Supply					
国内供应	Domestic Supply	107.4	112.5	118.5	122.8	130.8
按生产阶段分	by Stage of Processing					
中间产品	Intermediate Products	107.1	111.0	117.8	124.8	131.7
按最终用途分	By End-Use					
消费品	Consumers' Goods	111.0	114.0	117.7	120.5	125.7
投资用品	Capital Goods	105.7	107.9	111.2	114.9	117.8
土 耳 其	**Turkey**					
按供给组成分	by Components of Supply					
国内供应	Domestic Supply	349.1	369.6	403.3	429.6	484.2
农业产品	Agricultural Products	369.0	375.3	402.7	431.1	483.5
工业产品	Industrial Products	339.8	367.7	404.9	429.2	480.5
英 国	**United Kingdom**					
按供给组成分	by Components of Supply					
国内供应	Domestic Supply	103.7	106.7	109.3	112.5	
国内生产	Domestic Production	103.8	106.7	109.3	112.5	
农业产品	Agricultural Products	113.4	109.9	115.1	128.0	
工业产品	Industrial Products	102.5	104.7	107.0	109.5	
进口商品	Import Products	94.9	102.0	108.1	111.8	
按生产阶段分	by Stage of Processing					
原材料	Raw Materials	99.2	110.8	121.5	125.6	
中间产品	Intermediate Products	107.2	124.2	142.1	142.7	
按最终用途分	By End-Use					
消费品	Consumers' Goods	105.6	107.6	109.4	112.4	
投资用品	Capital Goods	94.3	99.7	101.2	103.6	
澳大利亚	**Australia**					
按供给组成分	by Components of Supply					
国内供应	Domestic Supply	105.4	108.6	112.6	116.1	120.4
国内生产	Domestic Production	108.6	115.3	120.3	125.2	131.5
农业产品	Agricultural Products	121.4	128.1	131.1	132.0	154.5
工业产品	Industrial Products	104.2	111.3	119.3	125.0	131.2
进口商品	Import Products	87.6	88.0	91.3	90.3	89.8
按生产阶段分	by Stage of Processing					
原材料	Raw Materials	103.9	101.2	108.9	114.7	116.0
中间产品	Intermediate Products	101.4	106.5	113.0	118.8	130.8
按最终用途分	By End-Use					
消费品	Consumers' Goods	103.0	104.7	108.9	112.1	116.0
投资用品	Capital Goods	107.8	111.8	115.6	119.4	124.1
新 西 兰	**New Zealand**					
按供给组成分	by Components of Supply					
农业产品	Agricultural Products	113.3	113.3	115.5	121.6	137.5
工业产品	Industrial Products	105.7	109.5	114.3	118.3	131.7
按生产阶段分	by Stage of Processing					
中间产品	Intermediate Products	107.8	113.5	121.1	123.6	136.0

附录 1−2　居民消费价格指数

Consumer Price Indices

资料来源：联合国ILO数据库。
Sources: ILO Database.

2000年=100　　(2000=100)

国家和地区	Country or Area	2003	2004	2005	2006	2007	2008
中　国	China	101.1	105.0	106.9	108.5	113.7	120.4
中国香港	Hong Kong, China	93.0	92.6	93.6	95.5	97.4	101.6
中国澳门	Macao, China	93.9	94.9	99.0	104.1	109.9	119.4
孟加拉国①	Bangladesh①	111.5	118.4	126.7	135.3	147.6	160.7
文　莱	Brunei Darussalam	98.6	99.5	100.5	100.7	101.0	103.8
柬埔寨	Cambodia	103.9	107.9	114.1	119.5	126.5	151.4
印　度②	India②	112.5	116.6	121.5	127.7	136.1	147.5
印度尼西亚	Indonesia	133.0	141.3	156.0	176.5	187.8	207.2
伊　朗	Iran	148.2	170.1	192.9	216.0	246.1	309.1
以色列	Israel	107.7	107.2	108.6	111.0	111.5	116.6
日　本	Japan	98.1	98.1	97.8	98.1	98.1	99.5
哈萨克斯坦	Kazakhstan	122.1	130.5	140.3	152.4	168.8	197.5
韩　国	Korea, Rep.	110.7	114.7	117.8	120.4	123.5	129.2
老　挝	Laos	137.7	152.1	163.0	174.1	182.0	
马来西亚	Malaysia	104.4	105.9	109.1	113.0	115.3	121.5
蒙　古	Mongolia	112.8	122.1	137.6		157.7	
缅　甸	Myanmar	259.8	271.6	297.1	356.5	481.3	610.3
巴基斯坦	Pakistan	110.5	118.7	129.5	139.7	150.3	180.8
菲律宾	Philippines	113.9	120.6	129.8	137.9	141.8	
新加坡	Singapore	101.1	102.8	103.2	104.2	106.4	113.4
斯里兰卡③	Sri Lanka③	133.0	143.0	159.7	181.5	163.1	199.9
泰　国	Thailand	104.1	107.0	111.8	117.0	119.6	126.1
越　南	Viet Nam	107.0	115.0	125.5	133.4	143.8	177.0
埃　及	Egypt	109.5	127.4	133.7	143.9	157.6	186.4
尼日利亚	Nigeria	153.1	176.0	207.4	224.5	236.6	264.0
南　非	South Africa	122.1	123.8	128.0	134.0	143.5	160.0
加拿大	Canada	107.8	109.8	112.2	114.5	116.9	119.6
墨西哥	Mexico	116.8	122.3	127.2	131.8	137.0	144.0
美　国④	United States④	106.9	109.7	113.4	117.1	120.4	125.0
阿根廷	Argentina	141.3	147.5	161.7	179.4	195.2	211.9
巴　西	Brazil	132.9	141.7	151.4	157.8	163.5	172.8
委内瑞拉	Venezuela	180.6	219.9	255.0	289.8	343.9	452.1
捷　克	Czech Rep.	106.6	109.7	111.7	114.6	117.9	125.4
法　国	France	105.8	108.0	109.9	111.8	113.4	116.6
德　国	Germany	104.5	106.2	108.3	110.1	112.5	115.5
意大利⑤	Italy⑤	108.2	110.5	112.4	114.7	116.9	120.7
荷　兰	Netherlands	109.9	111.2	113.1	114.4	116.2	119.1
波　兰	Poland	108.4	112.2	114.6	115.8	118.6	123.6
俄罗斯联邦	Russian Fed.	159.9	177.3	199.7	219.1	238.8	272.5
西班牙⑥	Spain⑥	106.7	109.9	113.6	117.6	120.9	125.8
土耳其	Turkey	280.4	310.1	329.5	361.1	392.7	433.7
乌克兰	Ukraine	118.7	129.4	146.9	160.2	180.8	226.4
英　国	United Kingdom	106.5	109.6	112.7	116.3	121.3	126.1
澳大利亚	Australia	110.5	113.1	116.1	120.3	123.1	128.4
新西兰	New Zealand	107.3	109.7	113.0	116.8	119.6	124.4

注：①政府官员。②指产业工人。③基期为2002年。④城市消费者。⑤不包括烟草。⑥基期为2001年。
Notes: ①Governmental officials.②Industrial workers.③The base year is 2002.④Urban consumers.
⑤Excluding tobacco.⑥The base year is 2001.

附录 1—3　食品消费价格指数

Food Consumption Price Indices

资料来源：联合国ILO数据库。
Sources: ILO Database.

2000年=100　　(2000=100)

国家和地区	Country or Area	2003	2004	2005	2006	2007	2008
中　　国	China	102.8	113.0	116.2	118.9	133.5	152.6
中国香港	Hong Kong, China	95.7	96.7	98.4	100.1	104.4	115.0
中国澳门	Macao, China	95.3	97.4	101.3	105.0	113.6	133.2
孟加拉国①	Bangladesh①	110.1	118.3	127.8	137.5	151.9	168.7
文　　莱	Brunei Darussalam	100.0	101.7	102.2	102.5	104.7	109.9
柬 埔 寨	Cambodia	101.2	107.6	116.6	124.2	136.6	181.7
印　　度	India	108.4	111.5	115.0	124.7	137.0	152.3
印度尼西亚	Indonesia	121.2	128.3	140.3	161.9	180.4	210.9
伊　　朗②	Iran②	145.9	164.8	186.3	205.5	100.0	131.0
以 色 列	Israel	108.4	108.0	109.9	115.1	119.5	133.2
日　　本	Japan	98.4	99.3	98.4	98.9	99.2	101.8
哈萨克斯坦③	Kazakhstan③	127.3	137.1	148.2	161.0	180.7	223.1
韩　　国	Korea, Rep.	112.4	119.5	128.6	129.2	132.4	139.1
老　　挝	Laos	134.8	148.8	160.2			
马来西亚	Malaysia	102.7	105.0	108.8	112.5	115.9	126.1
蒙　　古	Mongolia	105.5	118.5	139.4			
缅　　甸	Myanmar	274.3	277.5	303.2	365.7	493.9	638.3
巴基斯坦	Pakistan	108.6	120.2	132.1	143.3	158.8	202.6
菲 律 宾③	Philippines③	109.4	116.3	123.8	130.6	134.9	
新 加 坡	Singapore	101.1	103.2	104.6	106.2	109.4	117.8
斯里兰卡④	Sri Lanka④	134.9	145.5	163.0	184.6	163.4	213.3
泰　　国	Thailand	104.7	109.4	114.9	120.1	125.0	139.4
越　　南③	Viet Nam③	108.7	119.8	136.2	144.8	156.0	192.1
埃　　及⑤	Egypt⑤	112.3	100.0	105.1	115.7	130.6	162.0
尼日利亚	Nigeria	153.8	175.8	216.3	228.4	232.6	270.0
南　　非	South Africa	131.9	134.9	137.9	147.8	163.1	190.0
加 拿 大	Canada	109.1	111.3	114.1	116.8	119.9	124.1
墨 西 哥③	Mexico③	115.1	122.9	129.4	134.2	142.6	154.1
美　　国⑥	United States⑥	107.3	111.0	113.7	116.3	120.9	127.6
阿 根 廷	Argentina	157.3	165.1	183.3	205.5	228.5	244.0
巴　　西	Brazil	140.8	146.5	151.0	151.0	161.3	182.3
委内瑞拉	Venezuela	205.2	274.6	332.5	399.3	506.3	738.0
捷　　克⑦	Czech Rep.⑦	104.0	109.0	110.3	111.5	118.0	127.9
法　　国	France	110.2	110.9	111.0	112.7	114.3	119.9
德　　国	Germany	105.2	104.8	105.3	107.3	111.5	118.3
意 大 利	Italy	111.3	113.7	113.7	115.6	119.0	125.4
荷　　兰	Netherlands	111.7	107.8	106.5	108.3	109.4	115.6
波　　兰	Poland	103.0	108.6	110.6	110.6	115.9	122.5
俄罗斯联邦	Russian Fed.	151.8	167.4	190.3	208.4	227.2	274.6
西 班 牙⑧	Spain⑧	109.0	113.2	116.3	121.5	126.0	133.4
土 耳 其	Turkey	290.0	316.1	112.1	123.0	138.2	155.9
乌 克 兰	Ukraine	121.5	135.1	157.5	166.6	182.4	247.0
英　　国	United Kingdom	105.4	106.0	107.3	109.6	114.6	125.2
澳大利亚	Australia	114.4	117.1	120.0	129.2	132.3	138.5
新 西 兰	New Zealand	109.4	110.3	113.1	116.2	120.6	130.2

注：①政府官员。②基期为2007年。③包括烟草和酒精。④基期为2002年。⑤基期为2004年。⑥城市消费者。指产业工人。
⑦包括烟草、饮料和公共餐饮。⑧基期为2001年。

Notes: ①Governmental officials.②The base year is 2001. ③Including alcoholic beverages and tobacco.
④The base year is 2002.⑤The base year is 2004.⑥Urban consumers.
⑦Including tobacco, beverages and public catering.⑧The base year is 2001.

附录 1-4　能源消费价格指数
Electricity, Gas and Other Fuels Consumption Price Indices

资料来源：联合国ILO数据库。
Sources: ILO Database.

2000年=100 (2000=100)

国家和地区	Country or Area	2003	2004	2005	2006	2007	2008
中国香港①	Hong Kong, China①	92.5	103.1	107.4	109.6	108.8	101.7
中国澳门	Macao, China	98.5	99.9	110.9	119.9	114.6	96.1
柬埔寨②	Cambodia②	103.0					
印度	India	128.3	138.6	136.1	139.8	144.1	154.0
印度尼西亚	Indonesia	207.7					
伊朗	Iran	149.6	166.4	176.4	179.5		
以色列	Israel	127.9	134.4	146.7	145.9	147.7	168.7
日本①	Japan①	98.9	99.0	99.8	103.4	104.2	110.5
哈萨克斯坦	Kazakhstan	115.7	121.0				
韩国	Korea, Rep.	113.1	119.4	122.5	132.0	135.4	146.5
马来西亚③	Malaysia③	100.0	100.5	101.9	105.7		
蒙古	Mongolia	149.5	152.1	165.2			
缅甸	Myanmar	219.3	258.1	281.6	370.0	491.7	561.9
巴基斯坦④	Pakistan④	104.9	107.5	113.8	126.9	133.1	
菲律宾⑤	Philippines⑤	123.2	132.3	156.2	176.4	182.1	193.9
新加坡	Singapore	98.8	100.7	109.5	128.3	125.8	157.5
斯里兰卡	Sri Lanka	143.2	157.0	178.1	228.3	286.2	
泰国⑤	Thailand⑤	111.1	116.0	119.0	127.1	126.4	106.2
埃及	Egypt	100.6					
南非	South Africa	121.4	129.0	135.7	141.9	153.3	182.8
加拿大⑤	Canada⑤	115.5	119.2	127.0	133.4	134.2	143.6
墨西哥	Mexico	135.8	149.1	160.6	173.1	178.2	190.7
美国⑥	United States⑥	112.5	117.6	131.6	144.2	148.0	163.5
阿根廷⑥	Argentina⑥	112.9	113.8	118.6	115.9		
捷克	Czech Rep.	120.8	123.1	131.1	146.9	151.6	172.7
法国⑦	France⑦	103.4	105.7	113.2	121.1	123.4	135.2
德国	Germany	111.8	116.1	129.8	143.4	148.6	165.2
意大利	Italy	104.9	105.1	113.7	124.8	126.5	140.3
荷兰	Netherlands	130.0	134.6	153.5	168.2	170.8	175.3
波兰	Poland	121.1	124.7	129.5	138.1	143.2	157.5
俄罗斯联邦⑧	Russian Fed.⑧	209.1	239.1	282.0	329.2	367.2	417.6
西班牙②	Spain②	100.2	102.1	108.5	119.2	121.4	134.1
土耳其	Turkey	349.3	371.0	400.0	446.0	479.1	604.0
英国	United Kingdom	106.1	113.6	129.0	160.7	172.1	204.7
澳大利亚	Australia	116.0	119.7	124.2	129.4	135.4	148.2
新西兰	New Zealand	112.3	122.7	131.8	140.2	149.5	160.2

注：①包括供水和污水处理业。②基期为2001年。③基期为2003年。④基期为2002年。⑤包括供水。⑥城市消费者。⑦只包括电力。

Notes: ①Including water and sewerage.②The base year is 2001.③The base year is 2003.
④The base year is 2002.⑤Including water.⑥Urban consumers.⑦Electricity only.

附录 1–5　初级产品市场价格指数和单位价值指数

Indices of Primary Commodities Market Prices and Unit Values

资料来源：国际货币基金组织国际金融统计数据库。
Source: International Monetary Fund IFS Database.

2005年=100　　(2005=100)

商　品	Commodity	原产国	Country of Origion	1990	2000	2006	2007	2008
初级品指数	All Commodities Index	世界	**World**		**63.2**	**120.7**	**135.0**	**172.1**
非燃料产品价格指数	Non Fuel Commodities Index	世界	**World**	**94.1**	**79.6**	**123.2**	**140.6**	**151.1**
食品	Food	世界	World	103.7	82.1	110.5	127.3	157.0
饮料	Beverages	世界	World	86.4	75.7	108.4	123.3	152.0
农业原材料平均价格	Agr. Raw Materials	世界	World	102.3	98.6	108.8	114.2	113.3
金属	Metals	世界	World	74.2	62.7	156.2	183.3	168.7
现货价格指数	Spot Price Index	世界	World	43.1	52.9	120.5	133.3	181.9
能源指数	Energy Index	世界	**World**		**53.7**	**119.2**	**131.7**	**184.5**
铝	Aluminum Canada/UK	加拿大	Canada	86.3	81.6	135.4	138.9	135.6
香蕉	Bananas Lat/Amer.Us.P.	厄瓜多尔	Ecuador	93.8	73.2	118.4	117.4	146.3
大麦	Barley Index	加拿大	Canada	84.1	81.2	122.7	181.3	210.9
牛肉(美国港口)	Beef All Orig.Us Ports	澳大利亚	Australia	97.9	73.9	97.4	99.4	102.0
牛肉	Beef:	巴西	Brazil	91.6	119.7	114.8	121.7	175.8
黄油单位价值	Butter Unit Value	新西兰	New Zealand	93.3	68.3	86.7	116.9	177.8
煤炭	Coal	澳大利亚	Australia	60.1	41.0	103.8	97.4	213.8
澳大利亚煤炭指数	Coal Australia Index	澳大利亚	Australia	77.7	51.4	103.1	138.0	266.9
南非煤炭指数	Coal South Africa Index	南非	South Africa	71.4	57.7	110.0	135.9	261.8
可可豆	Cocoa Beans	巴西	Brazil	64.5	62.9	108.4	141.9	196.0
可可豆	Cocoa Beans	加纳	Ghana	82.1	58.5	103.0	126.8	166.6
椰子油	Coconut Oil Philipp. Ny	菲律宾	Philippines	55.6	74.3	98.4	149.1	198.6
椰子油单位价值	Coconut Oil Unit Value	菲律宾	Philippines	55.8	78.2	95.1	144.8	214.4
巴西咖啡(纽约市场)	Coffee Brazil (N.York)	巴西	Brazil	82.6	78.7	101.5	109.2	120.7
其他咖啡(纽约市场)	Coffee Other Milds (New York)		Oth Cent America Ns	78.0	74.4	99.7	107.8	120.8
乌干达咖啡(纽约市场)	Coffee Uganda (New York)		Africa N.S.	103.0	79.0	131.7	165.5	199.1
咖啡	Coffee:	巴西	Brazil	69.7	86.7	106.6	122.0	141.7
铜(伦敦市场)	Copper UK (London)	英国	United Kingdom	72.4	49.4	183.1	194.0	189.4
干椰子肉	Copra Philipp.European Ports	菲律宾	Philippines	55.5	74.5	97.1	146.5	196.8
棉花	Cotton US Liverpool	美国	United States	149.6	107.0	105.2	114.7	129.4
离岸价格	Dap Fob US Gulf Ports	美国	United States	69.4	62.4	105.4	175.1	391.5
发展中国家	Developing Country	新兴工业化国家和发展中国家	Emer.& Develop. Eco.	67.2	58.4	129.1	151.0	182.9
迪拜现货价格指数	Dubai Spot Price Index	阿联酋	United Arab Emirates	42.1	53.0	124.9	139.0	190.6
鱼	Fish Index	挪威	Norway	145.3	89.7	124.6	111.8	119.3
鱼粉	Fishmeal	冰岛	Iceland	102.5	100.0	175.2	304.5	
鱼粉汉堡	Fishmeal All Or/Hamburg	秘鲁	Peru	87.5	60.7	144.3	159.3	155.9
无铅石油气	Gasolin Gulf Coast Regular Unleaded	美国	United States	44.8	52.5	114.9	128.3	155.3
伦敦黄金	Gold London Av 2Nd Fix	英国	United Kingdom	86.2	62.8	135.9	156.6	196.0
欧洲花生油	Groundnut Oil Cif Europe	尼日利亚	Nigeria	90.9	67.2	91.5	127.5	201.0
尼日利亚花生油/伦敦	Groundnuts Nigeria/London	尼日利亚	Nigeria	138.5	102.1	107.8	153.1	203.8
圆硬木	Hardwood Logs:Sarawak (Index)	马来西亚	Malaysia	79.3	94.0	117.9	132.6	143.8
硬木(马来西亚)	Hardwood Sawnwood:Malaysia	马来西亚	Malaysia	79.5	92.2	114.4	122.7	134.7
皮革(芝加哥)	Hides U.S.(Chicago)	美国	United States	140.5	122.2	105.0	109.9	97.7
巴西铁矿石	Iron Ore Brazil (N.Sea.Ports)	巴西	Brazil	50.0	44.3	119.0	130.3	216.3
孟加拉国黄麻	Jute Bangladesh(Chitt-Chal)	孟加拉国	Bangladesh	140.8	96.1	100.0	114.9	161.2
新西兰羔羊(伦敦)	Lamb N.Zealand (London)	新西兰	New Zealand	75.3	70.1	95.5	100.5	106.1
石墨(伦敦)	Lead U.K.(London)	英国	United Kingdom	83.1	46.6	132.2	264.7	214.8
亚麻油(任何产地)	Linseed Oil (Any Origin)	世界	World	64.4	36.3	61.0	90.9	140.8
美国玉米	Maize US(Gulf Ports)	美国	United States	111.1	89.6	123.6	165.9	226.9
印度尼西亚天然气指数	Natural Gas Index - Indonesia	印度尼西亚	Indonesia		74.4	114.5	119.6	164.8
美国天然气指数	Natural Gas Index - US	美国	United States		48.6	76.1	78.7	100.0
俄罗斯天然指数	Natural Gas Index Russia	俄罗斯	Russia	34.4	58.4	138.8	137.7	222.1
新闻纸单位价值	Newsprint Unit Value	芬兰	Finland	95.1				
加拿大硝酸钙铵	Nickel Canada Can/Ports	加拿大	Canada	60.0	58.4	163.3	251.3	143.1

附录 1-5 续表 continued

2005年=100 (2005=100)

商　品	Commodity	原产国	Country of Origion	1990	2000	2006	2007	2008
橄榄油指数	Olive Oil Index	英国	**United Kingdom**	58.2	54.0	99.4	82.6	75.5
柑桔指数	Oranges Index	法国	**France**	63.1	43.1	97.9	113.8	131.5
棕榈(鹿特丹)	Palm Kernels (Rotterdam)	马来西亚	Malaysia	53.2	71.5	92.7	141.7	154.1
棕榈油(英国市场)	Palm Oil Malaysia (U.K.)	马来西亚	Malaysia	65.1	71.0	113.4	195.6	234.7
棕榈油单位价值	Palm Oil Unit Value	马来西亚	Malaysia	74.7	76.8	109.6	179.1	215.1
胡椒粉	Pepper,Singapore	新加坡	Singapore	72.2	174.8	130.3	191.2	209.6
磷酸盐	Phosphate Rock Morocco/Casabl	摩洛哥	Morocco	96.4	104.2	105.3	168.9	822.8
夹板(东京)	Plywood Philipp.(Tokyo)	菲律宾	**Philippines**	69.8	88.1	117.1	126.9	126.9
碳酸钾(加拿大)	Potash Canada/Vancouver	加拿大	Canada	62.0	77.4	110.3	126.5	360.4
家禽指数	Poultry Index	美国	United States	66.4	80.4	93.7	105.8	114.5
稻米(泰国曼谷)	Rice Thailand (Bangkok)	泰国	Thailand	94.0	70.8	105.5	115.5	243.3
稻谷单位价值	Rice Unit Value	泰国	Thailand	87.6	86.2	112.3	120.6	193.6
橡胶(新加坡)	Rubber Malaysia(Singapore)	马来西亚	Malaysia	57.6	44.5	140.3	152.5	174.0
橡胶单位价值	Rubber Unit Value	马来西亚	Malaysia	62.5	51.1	145.0	154.6	196.2
橡胶单位价值	Rubber Unit Value	泰国	Thailand	63.1	47.5	141.5	151.4	189.1
虾(纽约市场)	Shrimp U.S./N.Y. Gulf	美国	United States	124.3	174.4	104.9	116.4	90.5
银(纽约市场)	Silver U.S.(New York)	美国	United States	65.7	68.1	157.7	182.7	204.4
剑麻(伦敦市场)	Sisal E.Afr Ug London	东部非洲	East Africa	80.8	71.0	100.0	108.3	121.7
软圆木指数(美国)	Softwood Logs Index (United States)	美国	United States	68.1	99.6	103.0	83.3	81.2
软木(美国)	Softwood Sawnwood (United States)	英国	United States	62.8	86.7	104.3	99.3	95.4
高粱糖浆(鹿特丹)	Sorghum U.S.(Rotterdam)	美国	United States	108.0	91.5	127.8	169.1	216.0
大豆粉(美国)	Soybean Meal US(Rot'Dam)	美国	United States	93.4	90.9	94.2	128.1	178.7
大豆油(美国)	Soybean Oil US(Rot'Dam)	美国	United States	99.3	71.0	111.2	161.3	228.7
美国大豆(鹿特丹)	Soybeans US(Rotterdam)	美国	United States	98.2	82.0	97.4	142.2	203.1
大豆(巴西)	Soybeans:	巴西	Brazil	93.7	79.7	95.2	118.7	187.6
糖	Sugar	巴西	Brazil	176.5	85.2	149.4	122.3	130.2
加勒比食糖(纽约市场)	Sugar Caribbean (N.Y.)	世界	World	124.2	80.2	146.8	98.9	123.6
欧盟进口食糖	Sugar Eec Import Pr.	英国	United Kingdom	87.6	83.4	101.2	110.0	101.8
食糖单位价值	Sugar Unit Value	菲律宾	Philippines	153.0	121.4	132.4	112.8	107.6
葵花籽油指数	Sunflower Oil Index	英国	United Kingdom	52.7	33.1	62.3	58.8	148.0
过磷酸盐(美国)	Superphosphate US(Gulf Pts)	美国	United States	65.4	68.4	100.1	168.3	449.2
猪肉指数	Swine Meat Index	美国	United States	148.5	87.6	94.4	94.1	95.5
茶叶交易价格(伦敦市场)	Tea Average Auction (London)	英国	United Kingdom	93.9	114.7	111.7	97.9	124.6
茶叶单位价值	Tea Unit Value	斯里兰卡	Sri Lanka	87.3	91.2	102.7	125.5	
茶叶现货价格指数	Teas Spot Price Index	美国	United States	43.4	53.7	117.0	128.1	176.4
锡	Tin	玻利维亚	Bolivia	124.0	72.2	120.2	225.2	258.3
锡制品(伦敦市场)	Tin All Origins(London)	英国	United Kingdom	82.4	73.6	118.5	196.3	250.0
锡单位价值(马来西亚)	Tin Unit Value	马来西亚	Malaysia	86.2	75.6	112.2	196.3	251.8
锡单位价值(泰国)	Tin Unit Value	泰国	Thailand	82.0	70.8	112.7	193.6	247.3
烟草(美国市场)	Tobacco US(All Markets)	美国	United States	121.6	107.1	106.4	118.8	128.0
英国布伦特市场	U.K. Brent	英国	United Kingdom	43.6	52.0	120.1	133.6	179.4
美国食糖进口价格指数	U.S.Sugar Import Price	美国	United States	110.4	92.1	105.0	98.6	101.2
铀指数	Uranium Index	世界	World	34.9	29.7	170.7	355.3	229.8
尿素(乌克兰)	Urea, Ukraine, Bulk Index	乌克兰	Ukraine		46.2	101.8	141.3	225.0
小麦	Wheat	阿根廷	Argentina	112.3	86.0	116.8	160.4	264.0
小麦(美国)	Wheat U.S.Gulf Ports	美国	United States	88.9	74.8	125.8	167.4	213.8
小麦单位价值	Wheat Unit Value	澳大利亚	Australia	95.4	76.3	103.7	148.9	234.5
纸浆	Woodpulp North Sea Ports	瑞典	Sweden	128.0	104.5	110.2	119.4	130.1
50s羊毛(英国市场)	Wool Australia-N.Zeal(UK)50S	英国	United Kingdom	81.1	53.0	101.9	144.1	133.7
64s羊毛(英国市场)	Wool Australia-N.Zeal(UK)64S	英国	United Kingdom	143.5	108.2	105.6	143.6	142.9
羊毛	Woolunitvalue	澳大利亚	Australia	118.4	66.9	100.7	137.2	118.9
锌	Zinc	玻利维亚	Bolivia	187.7	85.3	231.3	247.5	144.3
锌(英国伦敦市场)	Zinc U.K.(London)	英国	United Kingdom	110.0	81.7	236.6	235.4	136.5

附录 1-6　居民消费支出

Household Consumption Expenditure

资料来源：世界银行WDI数据库。
Source:World Bank WDI Database.

国家和地区	Country or Area	住户最终消费支出（现价，亿美元）Household Final Consumption Expenditure (current USD)			人均住户最终消费支出（2000年价格，美元）Household Final Consumption Expenditure per Capita (constant 2000 USD)		
		2000	2007	2008	2000	2007	2008
世　界	World	**196062**	**291015①**		**3227**		
低收入国家	Low Income	**1769**	**3326**		**216**	**252①**	
中等收入国家	Middle Income	**34781**	**74581**	**88014**	**819**	**1094**	**1141**
高收入国家	High Income	**159580**	**227119①**		**15805**		
中　国	China	5539	12267	15933	439	690	734
中国香港	Hong Kong, China	997	1246	1302	14966	18173	18303
中国澳门	Macao, China	25	41		5569	7433	7794
孟加拉国	Bangladesh	365	507	588	259	312	324
文　莱	Brunei Darussalam	15	23①		4469	5496	
柬埔寨	Cambodia	33	67		260	398	
印　度	India	2945	6468	6706	290	393	388
印度尼西亚	Indonesia	1017	2746	3135	493	595	620
伊　朗	Iran	483	1288	1734	755	1118	1219
以色列	Israel	666	924	1150	10590	11722	
日　本	Japan	26240	24997①		20682	22258①	
哈萨克斯坦	Kazakhstan	113	497	467	761	1456	1567
韩　国	Korea, Rep.	2921	5706	5060	6215	7977	8025
老　挝	Laos	14	30		254	271	285
马来西亚	Malaysia	410	852		1763	2528	
巴基斯坦	Pakistan	557	1073	1340	404	462	491
菲律宾	Philippines	529	999	1187	680	838	861
新加坡	Singapore	392	644	746	9725		
斯里兰卡	Sri Lanka		217	284			
泰　国	Thailand	689	1315		1105	1396	
越　南	Viet Nam	207	445		267	403	
埃　及	Egypt	757	945	1176	1079	1253	1208
南　非	South Africa	837	1752	1736	1902	2551	2568
加拿大	Canada	4013	7083①		13043	15002①	
墨西哥	Mexico	3895	6691	7116	3975	4749	4762
美　国	United States	67394	92245①		23884		
阿根廷	Argentina	2008	1537		5443	6217	
巴　西	Brazil	4148	8013	9877	2382	2721	2904
委内瑞拉	Venezuela	606	1228	1616	2494	3888	4306
捷　克	Czech Rep.	298	841		2898	3755	
法　国	France	7401	14672		12566	14150	
德　国	Germany	11186	18811		13607	13851	
意大利	Italy	6575	12405		11546	11777	
荷　兰	Netherlands	1942	3602		12197	12529	
波　兰	Poland	1080	2534	3328	2808	3617	3831
俄罗斯联邦	Russian Fed.	1200	6254	7274	820	1670	1949
西班牙	Spain	3464	8172		8604	9818	
土耳其	Turkey	1884	4646	5623	2835	3626	3726
乌克兰	Ukraine	170	849	808	345	887	986
英　国	United Kingdom	9442	17514		16032	18729	
澳大利亚	Australia	2380	4592	5624	12426	14691	14978
新西兰	New Zealand	302	646①		7819	9358①	

注：①2006年数据。
Note:①Date refer to 2006.

附录 1-7 居民收入分配

Personal Income Distribution

资料来源：世界银行WDI数据库。
Source:World Bank WDI atabase.

国家和地区	Country or Area	年 份 Year	基尼系数 GINI Index	各组占全部收入或消费的比重(%) As Percentage of Total Income or Consumption(%)				
				最低的20% Lowest 20%	第二个20% Second 20%	第三个20% Third 20%	第四个20% Fourth 20%	最高的20% Highest 20%
中　　国	China	2005	0.42	5.73	9.80	14.66	22.00	47.81
中国香港	Hong Kong, China	1996	0.43	5.26	9.39	13.85	20.75	50.75
孟加拉国	Bangladesh	2005	0.31	9.36	12.62	16.13	21.12	40.77
柬 埔 寨	Cambodia	2007	0.41	7.13	10.57	13.97	19.57	48.76
印　　度	India	2005	0.37	8.08	11.27	14.94	20.37	45.34
印度尼西亚	Indonesia	2005	0.39	7.15	10.74	14.38	20.45	47.27
伊　　朗	Iran	2005	0.38	6.41	10.88	15.58	22.16	44.97
以 色 列	Israel	2001	0.39	5.71	10.46	15.86	23.04	44.93
日　　本	Japan	1993	0.25	10.58	14.21	17.58	21.98	35.65
哈萨克斯坦	Kazakhstan	2003	0.34	7.36	11.85	16.58	22.96	41.25
韩　　国	Korea, Rep.	1998	0.32	7.91	13.56	17.95	23.13	37.45
老　　挝	Laos	2003	0.33	8.51	12.31	16.18	21.61	41.39
马来西亚	Malaysia	2004	0.38	6.35	10.76	15.78	22.75	44.36
蒙　　古	Mongolia	2005	0.33	7.22	12.27	16.97	23.06	40.48
巴基斯坦	Pakistan	2005	0.31	9.07	12.77	16.33	21.32	40.51
菲 律 宾	Philippines	2006	0.44	5.60	9.08	13.68	21.23	50.41
新 加 坡	Singapore	1998	0.42	5.04	9.42	14.55	22.02	48.97
斯里兰卡	Sri Lanka	2002	0.41	6.75	10.36	14.42	20.50	47.97
泰　　国	Thailand	2004	0.42	6.07	9.75	14.22	20.97	48.99
越　　南	Viet Nam	2006	0.38	7.07	10.82	15.15	21.60	45.36
埃　　及	Egypt	2005	0.32	8.96	12.64	16.05	20.89	41.46
尼日利亚	Nigeria	2004	0.43	5.13	9.67	14.68	21.91	48.61
南　　非	South Africa	2000	0.58	3.06	5.60	9.88	18.81	62.65
加 拿 大	Canada	2000	0.33	7.20	12.73	17.18	22.95	39.94
墨 西 哥	Mexico	2006	0.48	4.64	8.55	13.20	20.32	53.29
美　　国	United States	2000	0.41	5.44	10.68	15.66	22.41	45.82
阿 根 廷	Argentina	2005	0.50	3.39	7.78	13.31	21.64	53.88
巴　　西	Brazil	2007	0.55	3.02	6.85	11.78	19.62	58.73
委内瑞拉	Venezuela	2006	0.43	4.85	9.64	14.77	22.10	48.64
捷　　克	Czech Rep.	1996	0.26	10.22	14.33	17.53	21.68	36.24
法　　国	France	1995	0.33	7.18	12.62	17.19	22.80	40.21
德　　国	Germany	2000	0.28	8.52	13.72	17.79	23.09	36.88
意 大 利	Italy	2000	0.36	6.50	11.98	16.75	22.75	42.02
荷　　兰	Netherlands	1999	0.31	7.60	13.22	17.24	23.26	38.68
波　　兰	Poland	2005	0.35	7.34	11.70	16.20	22.38	42.38
俄罗斯联邦	Russian Fed.	2005	0.38	6.41	10.96	15.89	22.69	44.05
西 班 牙	Spain	2000	0.35	6.97	12.09	16.43	22.51	42.00
土 耳 其	Turkey	2005	0.43	5.18	9.77	14.62	21.62	48.81
乌 克 兰	Ukraine	2005	0.28	8.97	13.40	17.57	22.90	37.16
英　　国	United Kingdom	1999	0.36	6.14	11.41	15.96	22.47	44.02
澳大利亚	Australia	1994	0.35	5.90	12.01	17.20	23.57	41.32
新 西 兰	New Zealand	1997	0.36	6.45	11.37	15.81	22.61	43.76

附录 1−8 居民消费支出构成
Composition of Household Final Consumption Expenditure

资料来源：经合组织Olis数据库。
Source: OECD Olis Database.
单位:%

(%)

国家和地区	Country or Area	年份 Year	食品、非酒精饮料 Food and Non-alcoholic Beverages	酒精饮料、烟草和麻醉品 Alcoholic Beverages, Tobacco and Narcotics	服装和鞋类 Clothing and Footware	住房、水、电、天然气和其他燃料 Housing, Water, Electricity, Gas and Other Fuels	家具、家用设备及住房日常维护支出 Furnishings, Households Equipment & Routine Maintenance of the House	医疗保健 Health
韩　　国	Korea, Rep.	2008	12.57	2.64	5.13	16.97	3.33	6.07
日　　本	Japan	2007	14.82	3.11	3.55	24.68	3.69	4.15
加 拿 大	Canada	2008	9.22	3.61	4.55	23.59	6.51	4.55
墨 西 哥	Mexico	2007	23.10	2.29	2.62	22.42	4.73	4.43
美　　国	Unitd States	2008	6.79	1.94	3.61	18.97	4.56	19.07
捷　　克	Czech Republic	2007	15.39	7.49	4.35	21.32	5.40	2.40
法　　国	France	2008	13.47	2.86	4.39	25.28	5.88	3.59
德　　国	Germany	2008	11.34	3.22	5.28	24.28	6.77	4.72
意 大 利	Italy	2008	14.66	2.61	7.61	21.15	7.47	3.08
荷　　兰	Netherlands	2008	11.31	3.00	5.34	22.61	6.35	2.64
波　　兰	Poland	2007	20.69	6.65	4.15	23.00	4.36	3.99
西 班 牙	Spain	2007	13.65	2.76	5.58	16.84	5.31	3.43
土 耳 其	Turkey	2008	25.82		5.72	20.33	7.07	4.09
英　　国	United Kingdom	2008	8.91	3.45	5.26	21.09	5.22	1.56
澳大利亚	Australia	2007	11.15	3.73	3.55	19.98	5.39	5.45
新 西 兰	New Zealand	2007	17.27		4.40	17.93	10.89	

附录 1-8 续表 continued

单位:% (%)

国家和地区	Country or Area	交通 Transport	通讯 Communi-cation	休闲与文化 Recreation and Culture	教育 Education	饭店和旅馆 Restaurants and Hotels	其他 Others
韩国	Korea, Rep.	11.50	4.49	8.05	7.47	8.35	13.52
日本	Japan	11.03	3.13	10.43	2.21	7.87	11.45
加拿大	Canada	14.62	2.35	10.05	1.35	6.90	12.70
墨西哥	Mexico	15.49	4.37	5.10	2.61	4.40	8.43
美国	Unitd States	10.55	2.32	9.52	2.13	6.17	14.50
捷克	Czech Republic	11.45	3.58	11.33	0.68	7.45	9.28
法国	France	14.59	2.69	8.97	0.81	6.23	11.55
德国	Germany	13.81	2.79	9.37	0.88	5.71	11.64
意大利	Italy	12.88	2.56	6.84	0.93	10.03	10.20
荷兰	Netherlands	12.11	4.26	10.49	0.56	5.25	16.08
波兰	Poland	8.90	3.24	7.43	1.29	2.89	13.42
西班牙	Spain	11.84	2.57	8.69	1.39	18.28	9.67
土耳其	Turkey	18.42		3.99	1.28	6.10	7.19
英国	United Kingdom	15.39	2.13	11.63	1.44	10.71	13.19
澳大利亚	Australia	11.75	2.67	11.79	3.41	7.50	13.63
新西兰	New Zealand	13.96				7.76	10.91

附录 1–9　农业生产指数

Agricultural Production Indices

资料来源：联合国FAO数据库。
Source: FAO Database.

1999–2001年＝100　　　　(1999–2001=100)

国家和地区	Country or Area	农业 Agriculture			食品 Food		
		2005	2006	2007	2005	2006	2007
中　　国	China	118.0	121.0	122.0	118.0	120.0	122.0
孟加拉国	Bangladesh	116.0	118.0	125.0	116.0	118.0	126.0
文　　莱	Brunei Darussalam	104.0	125.0	138.0	104.0	125.0	138.0
柬 埔 寨	Cambodia	140.0	152.0	161.0	141.0	153.0	163.0
印　　度	India	108.0	114.0	121.0	107.0	112.0	119.0
印度尼西亚	Indonesia	126.0	131.0	136.0	126.0	131.0	136.0
伊　　朗	Iran	125.0	127.0	123.0	126.0	129.0	125.0
以 色 列	Israel	114.0	113.0	98.0	115.0	114.0	99.0
日　　本	Japan	97.0	95.0	98.0	97.0	96.0	98.0
哈萨克斯坦	Kazakhstan	118.0	127.0	139.0	117.0	126.0	139.0
朝　　鲜	Korea, Dem.	115.0	114.0	110.0	116.0	114.0	111.0
韩　　国	Korea, Rep.	96.0	96.0	96.0	96.0	96.0	97.0
马来西亚	Malaysia	126.0	132.0	132.0	126.0	131.0	131.0
蒙　　古	Mongolia	74.0	78.0	79.0	74.0	78.0	79.0
缅　　甸	Myanmar	135.0	147.0	156.0	136.0	148.0	157.0
巴基斯坦	Pakistan	115.0	117.0	122.0	115.0	117.0	124.0
菲 律 宾	Philippines	118.0	123.0	127.0	118.0	122.0	126.0
斯里兰卡	Sri Lanka	107.0	109.0	108.0	108.0	110.0	109.0
泰　　国	Thailand	109.0	113.0	119.0	108.0	112.0	119.0
越　　南	Viet Nam	123.0	126.0	123.0	123.0	124.0	126.0
埃　　及	Egypt	115.0	119.0	115.0	116.0	121.0	116.0
尼日利亚	Nigeria	123.0	132.0	119.0	123.0	132.0	119.0
南　　非	South Africa	111.0	108.0	107.0	112.0	109.0	109.0
加 拿 大	Canada	110.0	108.0	107.0	110.0	108.0	107.0
墨 西 哥	Mexico	109.0	115.0	117.0	109.0	116.0	118.0
美　　国	United States	105.0	103.0	107.0	105.0	102.0	108.0
阿 根 廷	Argentina	116.0	116.0	127.0	116.0	117.0	128.0
巴　　西	Brazil	128.0	125.0	132.0	127.0	124.0	131.0
委内瑞拉	Venezuela	105.0	104.0	107.0	105.0	104.0	107.0
白俄罗斯	Belarus	119.0	125.0	129.0	119.0	125.0	129.0
捷　　克	Czech Republic	95.0	88.0	91.0	95.0	88.0	91.0
法　　国	France	97.0	93.0	92.0	97.0	93.0	92.0
德　　国	Germany	97.0	95.0	96.0	97.0	95.0	96.0
意 大 利	Italy	99.0	95.0	94.0	99.0	95.0	94.0
荷　　兰	Netherlands	93.0	91.0	94.0	93.0	91.0	94.0
波　　兰	Poland	95.0	91.0	96.0	95.0	90.0	96.0
俄罗斯联邦	Russian Fed.	112.0	115.0	118.0	112.0	115.0	118.0
西 班 牙	Spain	96.0	103.0	102.0	96.0	104.0	103.0
土 耳 其	Turkey	110.0	110.0	100.0	111.0	111.0	100.0
乌 克 兰	Ukraine	118.0	118.0	110.0	118.0	118.0	110.0
英　　国	United Kingdom	98.0	96.0	94.0	98.0	97.0	94.0
澳大利亚	Australia	98.0	78.0	75.0	101.0	78.0	79.0
新 西 兰	New Zealand	113.0	116.0	119.0	115.0	118.0	121.0

附录 1-10 主要农产品产量(2008年)

Production of Major Farm Crops (2008)

资料来源：联合国FAO数据库。

Source: FAO Database.

单位：万吨 (10 000 tons)

国家和地区	Country or Area	谷物总计 Cereals,Total		国家和地区	Country or Area	稻谷 Rice,Paddy	
		2000	2008			2000	2008
世界总计	**World**	**206039.4**	**252510.7**	世界总计	**World**	**59935.5**	**68501.3**
中　　国	China	40733.7	48100.9	中　　国	China	18981.4	19335.4
美　　国	United States	34280.9	40377.2	印　　度	India	12746.5	14826.0
印　　度	India	23493.1	26658.2	印度尼西亚	Indonesia	5189.8	6025.1
俄罗斯联邦	Russian Fed.	6432.6	10639.2	孟加拉国	Bangladesh	3762.8	4690.5
巴　　西	Brazil	4589.7	7968.2	越　　南	Viet Nam	3253.0	3872.5
印度尼西亚	Indonesia	6157.5	7657.5	缅　　甸	Myanmar	2132.4	3050.0
法　　国	France	6569.8	7009.4	泰　　国	Thailand	2584.4	3046.7
加 拿 大	Canada	5109.0	5603.1	菲 律 宾	Philippines	1238.9	1681.6
乌 克 兰	Ukraine	2380.7	5271.4	巴　　西	Brazil	1109.0	1210.0
德　　国	Germany	4527.1	5010.5	日　　本	Japan	1186.3	1102.9
孟加拉国	Bangladesh	3950.3	4910.3	巴基斯坦	Pakistan	720.4	1042.8
越　　南	Viet Nam	3453.7	4325.8	美　　国	United States	865.8	924.0
阿 根 廷	Argentina	3875.5	3668.1	埃　　及	Egypt	600.1	725.3
墨 西 哥	Mexico	2799.1	3614.1	柬 埔 寨	Cambodia	402.6	717.6
巴基斯坦	Pakistan	3046.1	3597.1	韩　　国	Korea, Rep.	719.7	691.9
泰　　国	Thailand	3052.3	3442.3	尼 泊 尔	Nepal	421.7	429.9
澳大利亚	Australia	3444.7	3352.7	尼日利亚	Nigeria	329.8	417.9
缅　　甸	Myanmar	2196.6	3195.0	斯里兰卡	Sri Lanka	286.0	387.5
尼日利亚	Nigeria	2137.0	3020.9	伊　　朗	Iran	197.2	350.0
土 耳 其	Turkey	3224.9	2928.0	马达加斯加	Madagascar	248.1	300.0
波　　兰	Poland	2234.1	2766.4	朝　　鲜	Korea, Dem.	169.0	286.2
英　　国	United Kingdom	2398.9	2428.1	秘　　鲁	Peru	189.2	279.4
西 班 牙	Spain	2455.6	2388.9	哥伦比亚	Colombia	269.4	279.2
菲 律 宾	Philippines	1690.1	2374.4	老　　挝	Laos	220.2	271.0
埃　　及	Egypt	2010.6	2281.1	马来西亚	Malaysia	214.1	238.4
意 大 利	Italy	2066.1	2162.5	几 内 亚	Guinea	114.1	153.4
伊　　朗	Iran	1287.4	1810.9	厄瓜多尔	Ecuador	124.7	144.2
匈 牙 利	Hungary	1003.6	1694.8	意 大 利	Italy	123.0	140.0
罗马尼亚	Romania	1049.9	1682.7	坦桑尼亚	Tanzania	78.2	134.2
哈萨克斯坦	Kazakhstan	1154.0	1554.2	乌 拉 圭	Uruguay	120.9	133.0
南　　非	South Africa	1452.8	1446.7	马　　里	Mali	74.3	131.0
埃塞俄比亚	Ethiopia	802.0	1301.2	阿 根 廷	Argentina	90.4	124.6
日　　本	Japan	1279.6	1213.4	委内瑞拉	Venezuela	67.7	105.5
丹　　麦	Denmark	941.3	909.5	塞拉利昂	Sierra Leone	19.9	100.0
塞尔维亚	Serbia		871.5	土 耳 其	Turkey	35.0	75.3
白俄罗斯	Belarus	456.5	871.5	俄罗斯联邦	Russian Fed.	58.6	73.8
捷　　克	Czech Rep.	646.0	838.3	科特迪瓦	Cote D'Ivoire	62.2	68.4
尼 泊 尔	Nepal	711.6	806.9	西 班 牙	Spain	82.7	66.5
柬 埔 寨	Cambodia	418.3	778.7	多米尼加	Dominican Rep.	58.1	64.4
韩　　国	Korea, Rep.	750.1	720.6	圭 亚 那	Guyana	44.9	50.7
保加利亚	Bulgaria	438.9	701.6	古　　巴	Cuba	55.3	43.6
乌兹别克斯坦	Uzbekistan	391.4	670.6	阿 富 汗	Afghanistan	26.0	41.0
坦桑尼亚	Tanzania	361.7	622.7	伊 拉 克	Iraq	6.0	39.3
奥 地 利	Austria	449.4	575.7	玻利维亚	Bolivia	29.9	36.9
摩 洛 哥	Morocco	199.7	533.1	塞内加尔	Senegal	20.2	36.8
瑞　　典	Sweden	560.4	531.4	尼加拉瓜	Nicaragua	29.0	32.2
苏　　丹	Sudan	325.9	526.9	刚果(金)	Congo, Dem. Rep.	33.8	31.7
希　　腊	Greece	496.8	525.2	利比里亚	Liberia	18.3	29.5
叙 利 亚	Syrian Arab Republic	351.3	501.1	哈萨克斯坦	Kazakhstan	21.4	25.5
尼 日 尔	Niger	212.7	501.0	哥斯达黎加	Costa Rica	26.6	24.8

附录 1-10 续表 1 continued

单位：万吨 (10 000 tons)

国家和地区	Country or Area	小麦 Wheat 2000	小麦 Wheat 2008	国家和地区	Country or Area	玉米 Maize 2000	玉米 Maize 2008
世界总计	**World**	**58580.9**	**68994.6**	世界总计	**World**	**59248.0**	**82271.0**
中 国	China	9963.6	11246.3	美 国	United States	25185.0	30738.0
印 度	India	7636.9	7857.0	中 国	China	10618.0	16604.0
美 国	United States	6075.8	6802.6	巴 西	Brazil	3188.0	5902.0
俄罗斯联邦	Russian Fed.	3445.6	6376.5	墨 西 哥	Mexico	1756.0	2432.0
法 国	France	3735.3	3900.2	阿 根 廷	Argentina	1678.0	2202.0
加 拿 大	Canada	2653.6	2861.1	印 度	India	1204.0	1929.0
德 国	Germany	2162.2	2598.9	印度尼西亚	Indonesia	968.0	1632.0
乌 克 兰	Ukraine	1019.7	2588.5	法 国	France	1602.0	1582.0
澳大利亚	Australia	2210.8	2139.7	南 非	South Africa	1143.0	1160.0
巴基斯坦	Pakistan	2107.9	2095.9	乌 克 兰	Ukraine	385.0	1145.0
土 耳 其	Turkey	2100.9	1778.2	加 拿 大	Canada	695.0	1059.0
英 国	United Kingdom	1670.4	1722.7	意 大 利	Italy	1014.0	949.0
哈萨克斯坦	Kazakhstan	907.4	1253.8	匈 牙 利	Hungary	498.0	896.0
伊 朗	Iran	808.8	1000.0	罗马尼亚	Romania	490.0	785.0
波 兰	Poland	850.3	927.5	尼日利亚	Nigeria	411.0	753.0
意 大 利	Italy	746.4	885.5	菲 律 宾	Philippines	451.0	693.0
阿 根 廷	Argentina	1614.7	842.8	俄罗斯联邦	Russian Fed.	153.0	668.0
埃 及	Egypt	656.4	797.7	埃 及	Egypt	647.0	654.0
罗马尼亚	Romania	445.6	718.1	塞尔维亚	Serbia		616.0
西 班 牙	Spain	729.4	671.4	德 国	Germany	332.0	511.0
乌兹别克斯坦	Uzbekistan	353.2	614.7	越 南	Viet Nam	201.0	453.0
巴 西	Brazil	166.2	588.6	土 耳 其	Turkey	230.0	427.0
匈 牙 利	Hungary	369.3	565.4	巴基斯坦	Pakistan	164.0	404.0
丹 麦	Denmark	469.3	501.9	埃塞俄比亚	Ethiopia	268.0	378.0
保加利亚	Bulgaria	278.1	463.2	泰 国	Thailand	447.0	375.0
捷 克	Czech Rep.	408.4	463.2	坦桑尼亚	Tanzania	197.0	366.0
叙 利 亚	Syrian Arab	310.6	404.1	西 班 牙	Spain	399.0	362.0
墨 西 哥	Mexico	349.3	401.9	马 拉 维	Malawi	250.0	263.0
摩 洛 哥	Morocco	138.1	376.9	委内瑞拉	Venezuela	169.0	257.0
土库曼斯坦	Turkmenistan	169.0	270.0	克罗地亚	Croatia	153.0	250.0
沙特阿拉伯	Saudi Arabia	178.8	263.0	希 腊	Greece	209.0	247.0
阿 富 汗	Afghanistan	146.9	262.3	肯 尼 亚	Kenya	216.0	237.0
埃塞俄比亚	Ethiopia	123.5	246.3	奥 地 利	Austria	185.0	215.0
阿尔及利亚	Algeria	76.0	230.0	巴 拉 圭	Paraguay	65.0	190.0
南 非	South Africa	242.8	230.0	尼 泊 尔	Nepal	141.0	188.0
伊 拉 克	Iraq	38.4	222.8	波 兰	Poland	92.0	184.0
瑞 典	Sweden	237.2	220.2	哥伦比亚	Colombia	120.0	173.0
塞尔维亚	Serbia		209.5	伊 朗	Iran	112.0	160.0
白俄罗斯	Belarus	96.6	204.5	摩尔多瓦	Moldova	103.0	148.0
希 腊	Greece	232.6	193.9	赞 比 亚	Zambia	104.0	145.0
比 利 时	Belgium	168.8	186.9	朝 鲜	Korea, Dem.	104.0	141.0
斯洛伐克	Slovakia	125.4	182.0	保加利亚	Bulgaria	80.0	137.0
立 陶 宛	Lithuania	123.8	172.3	智 利	Chile	65.0	137.0
奥 地 利	Austria	131.3	169.0	秘 鲁	Peru	124.0	136.0
阿塞拜疆	Azerbaijan	115.0	164.6	孟加拉国	Bangladesh	1.0	135.0
尼 泊 尔	Nepal	118.4	157.2	危地马拉	Guatemala	105.0	129.0
荷 兰	Netherlands	114.3	136.6	莫桑比克	Mozambique	118.0	128.0
乌 拉 圭	Uruguay	32.4	128.8	乌 干 达	Uganda	110.0	127.0
摩尔多瓦	Moldova	72.8	128.6	斯洛伐克	Slovakia	44.0	126.0
智 利	Chile	149.3	123.8	刚果(金)	Congo, Dem.	118.0	116.0

附录 1-10 续表 2 continued

单位：万吨 (10 000 tons)

国家和地区	Country or Area	大豆 Soybeans 2000	大豆 Soybeans 2008	国家和地区	Country or Area	根茎类植物 Roots and Tubers 2000	根茎类植物 Roots and Tubers 2008
世界总计	**World**	**16129.2**	**23095.3**	世界总计	**World**	**69886.3**	**72958.3**
美　国	United States	7505.5	8053.6	中　国	China	18987.8	14828.9
巴　西	Brazil	3273.5	5991.7	尼日利亚	Nigeria	6516.4	8940.9
阿根廷	Argentina	2013.6	4623.2	印　度	India	3212.5	4466.3
中　国	China	1541.2	1554.5	巴　西	Brazil	2661.2	3032.3
印　度	India	527.6	904.5	俄罗斯联邦	Russian Fed.	3398.0	2887.4
巴拉圭	Paraguay	298.0	680.8	泰　国	Thailand	1926.7	2782.0
加拿大	Canada	270.3	333.6	印度尼西亚	Indonesia	1924.4	2486.5
玻利维亚	Bolivia	119.7	159.6	美　国	United States	2392.6	1956.0
乌克兰	Ukraine	6.4	81.3	乌克兰	Ukraine	1983.8	1954.5
印度尼西亚	Indonesia	101.8	77.7	刚果(金)	Congo, Dem. Rep.	1653.5	1557.8
乌拉圭	Uruguay	0.7	77.3	加　纳	Ghana	1318.5	1495.3
俄罗斯联邦	Russian Fed.	34.2	74.6	德　国	Germany	1369.4	1136.9
尼日利亚	Nigeria	42.9	59.1	越　南	Viet Nam	391.4	1109.0
塞尔维亚	Serbia		35.1	波　兰	Poland	2423.2	1046.2
意大利	Italy	90.4	34.6	安哥拉	Angola	468.4	1016.5
朝　鲜	Korea, Dem.	35.0	34.5	科特迪瓦	Cote D'Ivoire	667.9	1005.0
南　非	South Africa	15.4	32.3	白俄罗斯	Belarus	871.8	874.9
越　南	Viet Nam	14.9	26.9	坦桑尼亚	Tanzania	590.9	858.1
日　本	Japan	23.5	22.7	乌干达	Uganda	784.2	844.9
伊　朗	Iran	14.2	20.9	法　国	France	643.4	705.8
泰　国	Thailand	31.2	20.4	孟加拉国	Bangladesh	331.1	695.5
缅　甸	Myanmar	9.9	19.0	荷　兰	Netherlands	822.7	692.3
乌干达	Uganda	12.0	17.8	马拉维	Malawi	483.2	648.5
墨西哥	Mexico	10.2	15.3	埃塞俄比亚	Ethiopia	470.3	610.7
韩　国	Korea, Rep.	11.3	13.3	英　国	United Kingdom	663.6	599.9
柬埔寨	Cambodia	2.8	10.8	伊　朗	Iran	365.8	550.0
克罗地亚	Croatia	6.5	10.8	莫桑比克	Mozambique	551.3	519.2
津巴布韦	Zimbabwe	14.4	10.5	秘　鲁	Peru	470.3	501.0
罗马尼亚	Romania	7.0	9.1	巴拉圭	Paraguay	278.9	496.7
哈萨克斯坦	Kazakhstan	0.4	8.9	加拿大	Canada	456.7	472.5
匈牙利	Hungary	3.1	7.4	哥伦比亚	Colombia	351.5	454.3
法　国	France	20.1	6.3	贝　宁	Benin	416.1	450.4
厄瓜多尔	Ecuador	9.4	6.1	日　本	Japan	447.9	423.1
委内瑞拉	Venezuela	0.5	6.0	土耳其	Turkey	537.0	422.5
摩尔多瓦	Moldova	1.2	5.8	埃　及	Egypt	206.6	398.2
哥伦比亚	Colombia	3.9	5.6	喀麦隆	Cameroon	353.4	394.7
奥地利	Austria	3.3	5.4	马达加斯加	Madagascar	345.3	380.5
马拉维	Malawi		4.5	柬埔寨	Cambodia	20.2	374.4
危地马拉	Guatemala	3.0	3.6	罗马尼亚	Romania	347.0	364.9
澳大利亚	Australia	10.5	3.5	巴基斯坦	Pakistan	230.1	301.8
土耳其	Turkey	4.5	3.5	卢旺达	Rwanda	290.6	293.4
埃　及	Egypt	1.1	2.9	菲律宾	Philippines	252.1	284.8
卢旺达	Rwanda	1.4	2.7	比利时	Belgium	292.2	280.4
尼泊尔	Nepal	1.7	2.1	肯尼亚	Kenya	164.3	251.8
刚果(金)	Congo, Dem. Rep.	1.1	1.7	阿根廷	Argentina	265.8	246.5
贝　宁	Benin	0.4	1.4	西班牙	Spain	309.9	240.0
老　挝	Laos	0.5	1.4	哈萨克斯坦	Kazakhstan	169.3	235.4
赞比亚	Zambia	2.8	1.2	尼泊尔	Nepal	128.3	216.5
斯洛伐克	Slovakia	0.5	1.1	南　非	South Africa	177.3	214.7
捷　克	Czech Rep.	0.2	0.9	墨西哥	Mexico	182.0	192.2

附录 1−10 续表 3 continued

单位：万吨 (10 000 tons)

国家和地区	Country or Area	花生 Croundnuts in Shell	
		2000	2008
世界总计	**World**	**3472.1**	**3820.1**
中　　国	China	1451.6	1434.1
印　　度	India	648.0	733.8
尼日利亚	Nigeria	290.1	390.0
美　　国	United States	148.1	233.5
缅　　甸	Myanmar	63.4	100.0
印度尼西亚	Indonesia	129.2	77.4
苏　　丹	Sudan	94.7	71.6
塞内加尔	Senegal	106.2	64.7
阿 根 廷	Argentina	42.0	62.5
越　　南	Viet Nam	35.5	53.4
加　　纳	Ghana	20.9	42.9
乍　　得	Chad	35.9	40.3
刚果(金)	Congo, Dem. Rep.	38.2	37.0
马　　里	Mali	19.3	32.5
几 内 亚	Guinea	20.0	31.5
尼 日 尔	Niger	11.3	30.8
布基纳法索	Burkina Faso	16.9	30.0
坦桑尼亚	Tanzania	5.2	30.0
巴　　西	Brazil	18.5	29.7
马 拉 维	Malawi	12.2	24.3
埃　　及	Egypt	18.7	20.9
乌 干 达	Uganda	13.9	17.3
喀 麦 隆	Cameroon	19.7	16.0
中　　非	Central African Rep.	10.5	15.8
尼加拉瓜	Nicaragua	9.7	13.9
贝　　宁	Benin	12.1	11.6
塞拉利昂	Sierra Leone	1.5	11.5
泰　　国	Thailand	13.2	11.4
冈 比 亚	Gambia	13.8	11.0
莫桑比克	Mozambique	12.4	9.5
巴基斯坦	Pakistan	9.1	8.6
南　　非	South Africa	13.6	8.5
土 耳 其	Turkey	7.8	8.5
墨 西 哥	Mexico	14.2	8.1
津巴布韦	Zimbabwe	19.1	7.9
安 哥 拉	Angola	1.3	6.0
赞 比 亚	Zambia	5.2	6.0
科特迪瓦	Cote D'Ivoire	7.2	5.0
埃塞俄比亚	Ethiopia	1.2	4.5
孟加拉国	Bangladesh	3.2	4.4
马达加斯加	Madagascar	3.5	4.2
多　　哥	Togo	2.6	4.1
摩 洛 哥	Morocco	3.9	4.1
巴 拉 圭	Paraguay	2.2	3.7
老　　挝	Laos	1.3	3.3
菲 律 宾	Philippines	2.7	3.0
几内亚比绍	Guinea-Bissau	1.9	3.0
海　　地	Haiti	2.1	2.6
柬 埔 寨	Cambodia	0.8	2.6
叙 利 亚	Syrian Arab Republic	2.8	2.6

国家和地区	Country or Area	油菜籽 Rapeseed	
		2000	2008
世界总计	**World**	**3951.8**	**5785.6**
加 拿 大	Canada	720.5	1264.3
中　　国	China	1138.1	1210.2
印　　度	India	578.8	583.3
德　　国	Germany	358.6	515.5
法　　国	France	347.7	471.9
乌 克 兰	Ukraine	13.2	287.3
波　　兰	Poland	95.8	210.6
英　　国	United Kingdom	115.7	197.3
澳大利亚	Australia	177.5	161.5
捷　　克	Czech Rep.	84.4	104.9
俄罗斯联邦	Russian Fed.	14.8	75.2
罗马尼亚	Romania	7.6	67.3
美　　国	United States	90.9	66.0
匈 牙 利	Hungary	17.9	65.2
丹　　麦	Denmark	29.4	62.9
白俄罗斯	Belarus	7.3	51.4
斯洛伐克	Slovakia	13.4	42.4
伊　　朗	Iran		39.0
巴基斯坦	Pakistan	29.7	39.0
立 陶 宛	Lithuania	8.1	33.0
瑞　　典	Sweden	12.2	25.5
保加利亚	Bulgaria	2.0	23.1
孟加拉国	Bangladesh	24.9	22.8
拉脱维亚	Latvia	1.0	19.9
奥 地 利	Austria	12.5	17.5
巴　　西	Brazil	4.1	17.0
爱沙尼亚	Estonia	3.9	11.1
摩尔多瓦	Moldova	0.1	9.5
芬　　兰	Finland	7.1	8.9
土 耳 其	Turkey		8.4
哈萨克斯坦	Kazakhstan	0.3	8.3
巴 拉 圭	Paraguay		8.0
智　　利	Chile	4.8	6.7
克罗地亚	Croatia	2.9	6.3
瑞　　士	Switzerland	3.9	5.9
塞尔维亚	Serbia		5.2
埃塞俄比亚	Ethiopia	1.4	4.8
意 大 利	Italy	4.1	3.3
南　　非	South Africa		3.2
比 利 时	Belgium	1.4	2.9
阿尔及利亚	Algeria	2.9	2.9
乌 拉 圭	Uruguay		2.8
爱 尔 兰	Ireland	0.9	2.3
西 班 牙	Spain	5.0	2.1
阿 根 廷	Argentina	0.6	2.0
卢 森 堡	Luxemburg	0.8	1.7
斯洛文尼亚	Slovenia	…	1.1
荷　　兰	Netherlands	0.3	1.0
挪　　威	Norway	0.9	1.0
希　　腊	Greece		0.7

附录 1-10 续表 4 continued

单位：万吨 (10 000 tons)

国家和地区	Country or Area	芝麻 Sesame Seed 2000	芝麻 Sesame Seed 2008	国家和地区	Country or Area	籽棉 Seed Cotton 2000	籽棉 Seed Cotton 2008
世界总计	**World**	**278.6**	**360.3**	世界总计	**World**	**5289.3**	**6598.5**
印　　度	India	51.8	66.6	中　　国	China	1325.1	2250.0
缅　　甸	Myanmar	29.6	62.0	印　　度	India	492.3	1130.5
中　　国	China	81.2	58.6	美　　国	United States	958.1	703.8
苏　　丹	Sudan	28.2	35.0	巴基斯坦	Pakistan	547.6	577.0
埃塞俄比亚	Ethiopia	1.6	18.7	巴　　西	Brazil	201.0	397.1
乌 干 达	Uganda	9.7	17.3	乌兹别克斯坦	Uzbekistan	300.2	371.6
尼日利亚	Nigeria	7.2	11.0	土 耳 其	Turkey	226.1	182.0
巴 拉 圭	Paraguay	0.8	10.0	希　　腊	Greece	129.7	88.0
尼 日 尔	Niger	1.4	5.1	土库曼斯坦	Turkmenistan	103.0	85.0
坦桑尼亚	Tanzania	3.9	4.8	叙 利 亚	Syrian Arab Republic	108.2	71.2
泰　　国	Thailand	3.9	4.4	布基纳法索	Burkina Faso	21.3	56.0
中　　非	Central African Rep.	3.7	4.2	埃　　及	Egypt	55.4	56.0
巴基斯坦	Pakistan	5.1	4.1	阿 根 廷	Argentina	41.8	49.4
乍　　得	Chad	3.3	3.9	尼日利亚	Nigeria	39.9	49.2
埃　　及	Egypt	3.7	3.7	墨 西 哥	Mexico	22.4	36.5
阿 富 汗	Afghanistan	2.3	3.2	塔吉克斯坦	Tajikistan	33.5	35.3
索 马 里	Somalia	2.3	3.0	坦桑尼亚	Tanzania	12.3	32.0
墨 西 哥	Mexico	4.1	3.0	哈萨克斯坦	Kazakhstan	28.7	31.8
伊　　朗	Iran	2.7	2.8	澳大利亚	Australia	178.7	30.4
柬 埔 寨	Cambodia	1.0	2.7	伊　　朗	Iran	49.7	30.0
孟加拉国	Bangladesh	2.2	2.7	贝　　宁	Benin	34.0	24.5
布基纳法索	Burkina Faso	0.7	2.7	莫桑比克	Mozambique	3.8	24.0
也　　门	Yemen	1.8	2.4	津巴布韦	Zimbabwe	32.7	24.0
危地马拉	Guatemala	1.9	2.3	秘　　鲁	Peru	15.4	21.5
伊 拉 克	Iraq	1.4	2.3	缅　　甸	Myanmar	17.6	19.2
越　　南	Viet Nam	1.7	2.2	马　　里	Mali	24.3	19.0
土 耳 其	Turkey	2.4	2.0	巴 拉 圭	Paraguay	24.7	18.5
厄立特里亚	Eritrea	0.4	1.9	赞 比 亚	Zambia	6.2	14.0
韩　　国	Korea, Rep.	3.2	1.8	科特迪瓦	Cote D'Ivoire	40.2	13.5
乌兹别克斯坦	Uzbekistan	2.0	1.8	喀 麦 隆	Cameroon	20.4	13.0
委内瑞拉	Venezuela	3.3	1.7	苏　　丹	Sudan	14.7	10.7
巴　　西	Brazil	1.5	1.6	乍　　得	Chad	18.0	10.0
贝　　宁	Benin	1.0	1.1	西 班 牙	Spain	29.5	9.8
莫桑比克	Mozambique	0.5	1.1	吉尔吉斯斯坦	Kyrgyzstan	8.8	9.5
肯 尼 亚	Kenya	1.0	1.0	玻利维亚	Bolivia	4.5	8.0
塞内加尔	Senegal	0.1	0.9	马 拉 维	Malawi	3.7	7.7
老　　挝	Laos	0.5	0.8	哥伦比亚	Colombia	11.1	7.7
马　　里	Mali	0.4	0.7	埃塞俄比亚	Ethiopia	4.6	7.0
斯里兰卡	Sri Lanka	0.5	0.6	乌 干 达	Uganda	6.7	6.2
沙特阿拉伯	Saudi Arabia	0.3	0.5	阿 富 汗	Afghanistan	5.6	5.6
刚果(金)	Congo, Dem. Rep.	0.5	0.5	阿塞拜疆	Azerbaijan	9.2	5.5
尼加拉瓜	Nicaragua	0.4	0.5	以 色 列	Israel	4.4	4.8
海　　地	Haiti	0.4	0.4	塞内加尔	Senegal	2.0	4.5
叙 利 亚	Syrian Arab Republic	0.4	0.3	几 内 亚	Guinea	6.6	4.2
喀 麦 隆	Cameroon	0.3	0.3	孟加拉国	Bangladesh	4.1	3.9
哥伦比亚	Colombia	0.4	0.3	肯 尼 亚	Kenya	2.0	3.8
科特迪瓦	Cote D'Ivoire	0.3	0.3	朝　　鲜	Korea, Dem.	3.5	3.6
冈 比 亚	Gambia	0.3	0.3	也　　门	Yemen	2.8	3.5
塞拉利昂	Sierra Leone	0.2	0.2	多　　哥	Togo	11.7	3.3
安 哥 拉	Angola	0.2	0.2	印度尼西亚	Indonesia	2.8	3.2

附录 1—10 续表 5 continued

单位：万吨 (10 000 tons)

国家和地区	Country or Area	甘蔗 Sugar Cane 2000	甘蔗 Sugar Cane 2008	国家和地区	Country or Area	甜菜 Sugar Beets 2000	甜菜 Sugar Beets 2008
世界总计	**World**	**125414.7**	**174309.3**	**世界总计**	**World**	**24709.0**	**22758.5**
巴　西	Brazil	32770.5	64892.1	法　国	France	3112.1	3030.6
印　度	India	29932.4	34818.8	俄罗斯联邦	Russian Fed.	1405.4	2899.5
中　国	China	6929.9	12491.8	美　国	United States	2952.1	2683.7
泰　国	Thailand	5405.2	7350.2	德　国	Germany	2787.0	2300.3
巴基斯坦	Pakistan	4633.3	6392.0	土耳其	Turkey	1882.1	1548.8
墨西哥	Mexico	4410.0	5110.7	乌克兰	Ukraine	1319.9	1343.8
哥伦比亚	Colombia	3500.0	3850.0	中　国	China	807.4	1004.4
澳大利亚	Australia	3816.5	3397.3	波　兰	Poland	1313.4	871.5
阿根廷	Argentina	1840.0	2995.0	英　国	United Kingdom	907.9	750.0
美　国	United States	3276.2	2760.3	伊　朗	Iran	433.2	530.0
菲律宾	Philippines	2449.1	2660.1	荷　兰	Netherlands	679.8	521.9
印度尼西亚	Indonesia	2390.0	2600.0	埃　及	Egypt	289.0	513.3
危地马拉	Guatemala	1655.2	2543.7	比利时	Belgium	615.2	437.2
南　非	South Africa	2387.6	2050.0	日　本	Japan	367.3	429.7
埃　及	Egypt	1570.6	1647.0	西班牙	Spain	793.0	407.4
越　南	Viet Nam	1504.4	1612.8	白俄罗斯	Belarus	147.4	403.0
古　巴	Cuba	3640.0	1570.0	意大利	Italy	1237.0	380.0
委内瑞拉	Venezuela	883.2	969.1	奥地利	Austria	256.0	309.1
厄瓜多尔	Ecuador	540.2	934.1	摩洛哥	Morocco	288.3	292.6
秘　鲁	Peru	753.5	822.9	捷　克	Czech Rep.	280.9	288.5
缅　甸	Myanmar	580.1	700.0	塞尔维亚	Serbia		230.0
苏　丹	Sudan	498.2	680.0	丹　麦	Denmark	334.5	218.7
玻利维亚	Bolivia	360.2	641.9	瑞　典	Sweden	260.2	197.5
洪都拉斯	Honduras	397.4	595.8	瑞　士	Switzerland	140.8	162.5
伊　朗	Iran	236.7	570.0	智　利	Chile	309.3	120.9
萨尔瓦多	El Salvador	514.0	525.0	叙利亚	Syrian Arab Republic	117.5	115.0
肯尼亚	Kenya	394.2	511.2	克罗地亚	Croatia	48.2	106.0
斯威士兰	Swaziland	388.5	500.0	摩尔多瓦	Moldova	94.4	96.1
孟加拉国	Bangladesh	691.0	498.4	希　腊	Greece	303.3	90.3
多米尼加	Dominican Rep.	451.1	482.4	罗马尼亚	Romania	66.7	70.7
毛里求斯	Mauritius	511.0	453.3	斯洛伐克	Slovakia	96.2	67.9
巴拉圭	Paraguay	224.5	450.0	匈牙利	Hungary	197.6	49.6
尼加拉瓜	Nicaragua	352.4	430.5	芬　兰	Finland	104.6	46.8
哥斯达黎加	Costa Rica	380.0	350.4	爱尔兰	Ireland	182.9	38.0
津巴布韦	Zimbabwe	422.8	310.0	加拿大	Canada	82.1	34.5
圭亚那	Guyana	271.0	276.7	立陶宛	Lithuania	88.2	33.9
马达加斯加	Madagascar	218.9	260.0	斯洛文尼亚	Slovenia	34.9	26.0
马拉维	Malawi	210.0	250.0	土库曼斯坦	Turkmenistan	23.0	23.4
赞比亚	Zambia	160.0	250.0	阿塞拜疆	Azerbaijan	4.7	19.1
尼泊尔	Nepal	210.3	248.5	吉尔吉斯斯坦	Kyrgyzstan	45.0	15.5
莫桑比克	Mozambique	39.7	245.1	葡萄牙	Portugal	46.2	13.7
坦桑尼亚	Tanzania	135.5	237.0	哈萨克斯坦	Kazakhstan	27.3	13.0
乌干达	Uganda	147.6	235.0	巴基斯坦	Pakistan	15.9	6.4
斐　济	Fiji	359.8	232.2	阿尔巴尼亚	Albania	4.2	4.0
埃塞俄比亚	Ethiopia	217.7	230.0	黎巴嫩	Lebanon	34.2	3.1
牙买加	Jamaica	202.5	196.8	亚美尼亚	Armenia	0.1	2.8
巴拿马	Panama	178.9	182.3	委内瑞拉	Venezuela	1.7	2.1
留尼汪岛	Réunion	184.5	177.3	伊拉克	Iraq	0.8	1.9
科特迪瓦	Cote D'Ivoire	167.2	163.0	阿富汗	Afghanistan	0.1	1.3

附录 1-10 续表 6 ccntinued

单位：万吨 (10 000 tons)

国家和地区	Country or Area	茶叶 Tea 2000	茶叶 Tea 2008	国家和地区	Country or Area	水果(不包括瓜类) Fruit Excluding Melons 2000	水果(不包括瓜类) Fruit Excluding Melons 2008
世界总计	**World**	**296.4**	**473.6**	世　　界	**World**	**47339.4**	**57240.7**
中　　国	China	70.4	125.7	中　　国	China	6449.1	10783.8
土 耳 其	Turkey	13.9	110.0	印　　度	India	4300.1	6267.2
印　　度	India	82.6	80.5	巴　　西	Brazil	3701.1	3898.8
肯 尼 亚	Kenya	23.6	34.6	美　　国	United States	3280.5	2820.3
斯里兰卡	Sri Lanka	30.6	31.9	意 大 利	Italy	1799.0	1765.4
越　　南	Viet Nam	7.0	17.5	墨 西 哥	Mexico	1330.6	1612.2
印度尼西亚	Indonesia	16.3	15.1	印度尼西亚	Indonesia	841.3	1591.8
日　　本	Japan	8.5	9.4	西 班 牙	Spain	1611.4	1583.5
阿 根 廷	Argentina	7.4	7.6	菲 律 宾	Philippines	1075.1	1542.1
伊　　朗	Iran	5.0	6.0	伊　　朗	Iran	1228.7	1360.4
孟加拉国	Bangladesh	4.6	5.9	土 耳 其	Turkey	1085.9	1282.5
马 拉 维	Malawi	4.2	4.6	乌 干 达	Uganda	1009.1	1003.9
乌 干 达	Uganda	2.9	4.3	埃　　及	Egypt	696.6	960.1
坦桑尼亚	Tanzania	2.4	3.5	尼日利亚	Nigeria	897.8	950.2
缅　　甸	Myanmar	1.9	2.7	法　　国	France	1126.7	850.8
津巴布韦	Zimbabwe	2.2	2.2	泰　　国	Thailand	784.5	840.7
卢 旺 达	Rwanda	1.5	1.9	哥伦比亚	Colombia	685.1	821.4
莫桑比克	Mozambique	1.1	1.7	阿 根 廷	Argentina	717.4	810.2
尼 泊 尔	Nepal	0.5	1.6	厄瓜多尔	Ecuador	767.0	792.8
巴布亚新几内亚	Papua New Guinea	1.0	0.9	巴基斯坦	Pakistan	518.6	709.5
布 隆 迪	Burundi	0.7	0.8	南　　非	South Africa	510.9	607.7
格鲁吉亚	Georgia	2.4	0.8	越　　南	Viet Nam	436.3	572.1
泰　　国	Thailand	0.6	0.6	智　　利	Chile	388.3	533.7
马来西亚	Malaysia	0.6	0.6	坦桑尼亚	Tanzania	185.3	470.8
埃塞俄比亚	Ethiopia	0.4	0.5	哥斯达黎加	Costa Rica	384.8	432.6
巴　　西	Brazil	0.8	0.4	秘　　鲁	Peru	318.7	408.9
南　　非	South Africa	1.3	0.4	波　　兰	Poland	224.7	388.1
喀 麦 隆	Cameroon	0.4	0.4	澳大利亚	Australia	308.3	369.0
秘　　鲁	Peru	0.6	0.4	加　　纳	Ghana	238.5	363.3
刚果(金)	Congo, Dem. Rep.	0.2	0.2	日　　本	Japan	382.1	348.3
厄瓜多尔	Ecuador	0.1	0.2	孟加拉国	Bangladesh	136.1	337.8
毛里求斯	Mauritius	0.1	0.2	希　　腊	Greece	414.2	330.4
韩　　国	Korea, Rep.	0.1	0.2	危地马拉	Guatemala	196.2	301.6
玻利维亚	Bolivia	0.1	0.1	韩　　国	Korea, Rep.	262.5	290.7
俄罗斯联邦	Russian Fed.	0.2	0.1	摩 洛 哥	Morocco	268.5	284.0
赞 比 亚	Zambia	0.1	0.1	卢 旺 达	Rwanda	228.3	283.0
老　　挝	Laos		0.1	俄罗斯联邦	Russian Fed.	340.1	282.3

附录 1-11　畜产品产量(2008年)

Output of Livestock Products (2008)

资料来源：联合国FAO数据库。
Source:FAO Ddatabase.
单位：万吨　　(10 000 tons)

国家和地区	Country or Area	肉类总产量 Meat, Total	牛肉 Beef and Buffalo Meat	羊肉 Sheep and Goat Meat	猪肉 Pig Meat	禽肉 Poultry Meat	蛋类 Eggs Primary
世　界	World	**27995.3**	**6572.2**	**1317.4**	**10319.0**	**9169.9**	**6558.6**
中　国	China	7453.9	615.2	380.6	4720.8	1581.4	2673.4
孟加拉国	Bangladesh	59.3	19.3	21.4		17.8	28.1
文　莱	Brunei Darussalam	2.1	0.3	…	…	1.9	0.7
柬埔寨	Cambodia	21.0	7.3		11.0	2.7	1.7
印　度	India	679.6	275.5	78.1	49.7	256.3	274.0
印度尼西亚	Indonesia	257.1	39.6	13.2	63.7	140.4	148.5
伊　朗	Iran	229.7	37.5	49.6		141.2	71.1
以色列	Israel	68.6	11.7	0.9	1.8	54.2	9.7
日　本	Japan	314.5	52.0	…	124.9	136.6	255.4
哈萨克斯坦	Kazakhstan	87.1	40.0	13.1	20.6	6.5	16.8
朝　鲜	Korea, Dem.	35.1	2.2	1.5	18.0	4.3	14.2
韩　国	Korea, Rep.	185.2	24.6	0.2	105.6	54.2	59.5
老　挝	Laos	12.2	4.5	0.1	5.4	2.2	1.5
马来西亚	Malaysia	126.6	2.7	0.1	19.5	104.2	47.6
蒙　古	Mongolia	21.2	5.4	11.1	0.0	…	…
缅　甸	Myanmar	146.6	17.1	2.8	46.3	80.3	24.8
巴基斯坦	Pakistan	242.5	138.8	41.5		60.6	51.1
菲律宾	Philippines	270.9	27.9	5.3	160.6	75.7	62.2
新加坡	Singapore	10.8			1.9	8.9	2.4
斯里兰卡	Sri Lanka	14.9	4.5	0.2	0.2	10.0	5.9
泰　国	Thailand	226.8	29.8	0.2	86.4	110.5	87.2
越　南	Viet Nam	334.1	31.6	1.1	255.3	44.3	22.5
埃　及	Egypt	143.1	59.0	6.1	0.2	66.4	24.0
尼日利亚	Nigeria	128.5	28.7	41.6	21.8	24.3	55.3
南　非	South Africa	211.0	80.5	15.5	15.0	98.1	48.5
加拿大	Canada	449.4	128.8	1.6	194.1	122.9	40.0
墨西哥	Mexico	563.1	166.7	9.4	116.1	262.5	233.7
美　国	United States	4317.2	1223.6	10.6	1046.2	2014.1	533.9
阿根廷	Argentina	443.9	283.0	6.2	23.0	120.4	48.0
巴　西	Brazil	2283.2	902.4	10.9	301.5	1066.1	190.4
委内瑞拉	Venezuela	191.2	49.4	0.7	15.3	77.7	15.0
白俄罗斯	Belarus	84.3	26.9	0.1	37.6	19.4	18.6
捷　克	Czech Republic	66.8	8.0	0.2	33.7	21.0	9.9
法　国	France	547.1	147.9	9.7	202.9	161.0	87.9
德　国	Germany	768.7	121.0	2.6	511.1	124.6	78.7
意大利	Italy	413.4	105.9	6.0	160.6	111.8	70.0
荷　兰	Netherlands	247.5	37.8	1.4	131.8	76.3	62.7
波　兰	Poland	316.3	36.3	0.1	179.7	97.7	58.2
俄罗斯联邦	Russian Fed.	613.6	176.9	17.4	204.2	204.4	213.5
西班牙	Spain	557.2	65.8	16.6	348.4	117.5	70.7
土耳其	Turkey	179.4	37.2	31.7		110.2	82.4
乌克兰	Ukraine	190.6	48.0	1.7	59.0	79.4	86.9
英　国	United Kingdom	336.7	86.2	32.6	74.0	143.0	61.4
澳大利亚	Australia	428.4	230.0	71.4	38.4	85.9	16.2
新西兰	New Zealand	147.0	63.5	59.9	5.1	14.7	7.2

附录 1-11 续表 continued

单位：万吨 (10 000 tons)

国家和地区	Country or Area	鸡 蛋 Hen Eggs	奶类总产量 Milk,Milk,	牛 奶 Cow Milk	羊 毛 Wool,Greasy	蜂 蜜 Honey
世 界	World	**6067.8**	**69370.7**	**57845.1**	**219.1**	**149.6**
中 国	China	2274.9	4013.0	3585.4	39.5	36.7
孟加拉国	Bangladesh	19.7	306.0	82.5	0.2	
文 莱	Brunei Darussalam	0.7	…			
柬 埔 寨	Cambodia	1.3	2.4	2.4		
印 度	India	274.0	10900.0	4410.0	4.6	5.2
印度尼西亚	Indonesia	126.7	93.1	57.4	2.4	
伊 朗	Iran	71.1	763.9	645.0	7.5	3.6
以 色 列	Israel	9.7	133.2	129.4	0.1	0.3
日 本	Japan	255.4	798.2	798.2		0.3
哈萨克斯坦	Kazakhstan	16.6	519.9	516.3	3.5	0.1
朝 鲜	Korea, Dem.	14.2	9.6	9.6		
韩 国	Korea, Rep.	56.6	220.4	220.0		2.7
老 挝	Laos	1.5	0.8	0.8		
马来西亚	Malaysia	46.5	4.7	3.9	…	
蒙 古	Mongolia	…	41.2	30.4	2.1	
缅 甸	Myanmar	23.2	121.6	98.0	0.1	0.1
巴基斯坦	Pakistan	50.3	3327.0	1155.0	4.1	0.4
菲 律 宾	Philippines	55.0	1.3	1.3		
新 加 坡	Singapore	2.2				
斯里兰卡	Sri Lanka	5.9	18.1	14.6		
泰 国	Thailand	56.2	82.7	82.7		0.8
越 南	Viet Nam	22.5	27.2	24.0		1.6
埃 及	Egypt	24.0	596.0	321.1	0.8	0.7
尼日利亚	Nigeria	55.3	46.9	46.9		
南 非	South Africa	48.5	306.0	306.0	4.5	0.2
加 拿 大	Canada	40.0	814.0	814.0	0.2	2.8
墨 西 哥	Mexico	233.7	1093.1	1076.6	0.4	5.5
美 国	United States	533.9	8617.9	8617.9	1.8	7.3
阿 根 廷	Argentina	48.0	1050.0	1050.0	6.0	8.1
巴 西	Brazil	182.5	2788.9	2775.2	1.1	3.5
委内瑞拉	Venezuela	15.0	170.4	170.4		…
白俄罗斯	Belarus	18.4	622.5	619.6	…	0.3
捷 克	Czech Republic	9.9	280.9	280.1	…	0.6
法 国	France	87.9	2533.6	2451.6	2.2	1.6
德 国	Germany	78.7	2869.1	2865.6	1.5	1.6
意 大 利	Italy	70.0	1211.9	1128.6	0.9	1.2
荷 兰	Netherlands	62.7	1128.6	1128.6	0.4	
波 兰	Poland	58.2	1244.5	1242.5	0.1	1.4
俄罗斯联邦	Russian Fed.	211.9	3236.4	3211.7	5.4	5.7
西 班 牙	Spain	70.5	737.4	634.0	3.0	3.1
土 耳 其	Turkey	82.4	1224.3	1125.5	4.6	8.1
乌 克 兰	Ukraine	85.5	1176.1	1152.4	0.4	7.5
英 国	United Kingdom	60.0	1371.9	1371.9	6.2	0.7
澳大利亚	Australia	16.2	922.3	922.3	46.5	1.8
新 西 兰	New Zealand	6.9	1521.7	1521.7	21.8	1.2

附录 2

2009 年国家统计局山东调查总队工作大事记

Chronicle of Events of NBS Survey Office in Shandong in 2009

简 要 说 明

一、本篇资料的主要内容

本篇按时间顺序记载了 2009 年一年来国家统计局山东调查总队发生的大事要事，包括总队领导重要活动、方法制度改革、统计法制建设、基层基础建设、调查干部队伍建设等方面的内容。

二、本篇资料的来源

本篇资料由国家统计局山东调查总队办公室整理提供。

Brief Introduction

I. Content

Events happened in 2009 and in NBS Survey Office in Shandong are recorded in time order, mainly including important activities of leaders, reform of statistical laws, development of primary-level statistical work, construction of information system, and training of statistics professionals, etc.

II. Source of Data

Data and files are provided by the Administrative Office of NBS Survey Office in Shandong.

2009年国家统计局山东调查总队工作大事记

2009年1月4日 山东总队被国家统计局评为2008年度全国统计法制工作先进集体。

2009年1月5日 山东总队荣获省直机关纪念改革开放30周年知识竞赛优秀组织奖。

2009年1月5日 山东省直机关工委发文，对2008年度省直机关组织工作调研论文评选结果进行通报表彰，山东总队撰写的《关于基层党组织信息库建设工作的几点思考》一文荣获一等奖。

2009年1月9日 山东总队与省科协在济南联合召开山东公众科学素质调查结果新闻发布会。

2009年1月9日 山东总队召开2008年度总结表彰大会。宋志申总队长代表党组对2008年度总队工作进行了全面系统总结，对2009年工作提出了总体要求。

2009年1月13—14日 山东总队副总队长谭杰一行2人，到夏津就农民工监测调查工作进行调研。

2009年1月16日 2008年度山东总队农村统计调查工作中农林牧渔业综合统计、农产量调查、农村住户调查被国家统计局评为一等奖；农业产值综合统计、主要畜牧监测调查、分析研究、农村信息工作被国家统计局评为二等奖。

2009年1月16日 2008年度山东总队城市社会经济调查工作中消费和零售价格统计、房地产价格统计、分析研究工作被国家统计局评为一等奖；工业品价格统计、城市住户常规调查、城市基本情况统计工作被国家统计局评为二等奖。

2009年1月16日 山东总队组织召开涉农部门座谈会。副总队长谭杰出席会议，省发改委、省农业厅等9部门负责统计工作的同志参加会议。

2009年1月20日 山东总队与省统计局联合举办春节联欢会。

2009年1月20日 山东省党的建设研究会、机关党建研究专业委员会联合发文通报表彰2008年全省机关党建优秀调研报告，山东总队撰写的《落实科学发展观 全面提升机关建设水平》一文荣获一等奖。

2009年1月20日 2008年度山东总队部分服务业抽样调查工作、专项调查工作被国家统计局评为一等奖；企业集团统计工作被国家统计局评为二等奖。

2009年1月21日 山东总队以党组文件转发了《国家统计局党组关于进一步加强调查队系统党风廉政建设责任制的实施意见》。

2009年1月21日 山东省人事厅和山东总队联合下发文件，通报表彰山东调查队系统先进集体和先进工作者。

2009年1月21日 山东省人民政府办公厅下发《关于表彰2008年度向省政府办公厅报送政务信息工作先进单位和先进个人的通报》，山东总队荣获先进单位和先进个人称号。

2009年2月1日 山东总队圆满完成春节黄金周山东国内旅游调查工作，主要调查结果在全省各大媒体公布。

2009年2月6日 山东总队下发文件，对山东调查队系统2008年度先进单位进行表彰。

2009年2月6日 山东总队和省统计局联合发文，对省属城调队等2008年度先进单位进行表彰。

2009年2月12日 山东总队总队长宋志申就“山东城乡居民财产性收入”等有关问题接受《经济导报》记者专访。

2009年2月12—17日 山东总队副总队长刘同星列席山东省政协十届二次会议。

2009年2月13—18日 山东总队总队长宋志申列席山东省第十一届人大二次会议。

2009年2月16日 山东总队总队长宋志申就2008年总队工作情况、2009年主要任务等，向省委常委、常务副省长王仁元作了汇报。

2009年2月17日 山东总队召开城市、县（市）、乡镇、行政村基本情况统计工作会议，副总队长谭杰出席会议并讲话。

2009年2月19日 山东总队2008年度政务信息、公文处理、保密工作被国家统计局评为二等奖。

2009年2月19日 山东总队与省统计局联合下文，就进一步做好全省县（市、区）、乡（镇）和行政村社会经济基本情况统计工作提出要求。

2009年2月20—21日 山东调查队系统工作暨表彰会议在济南召开。会议对山东调查队系统先进集体、先进工作者进行了表彰。山东省委常委、常务副省长王仁元出席会议并讲话。总队长宋志申作工作报告。

2009年2月24日 山东总队被国家统计局评为2008年度全国统计教育培训工作先进集体。

2009年2月25日 山东总队张茹林同志的家庭获得省直机关文明和谐家庭荣誉称号。

2009年2月27日 山东总队召开深入学习实践科学发展观活动总结暨群众满意度测评大会。总队长宋志申对总队机关开展学习实践活动进行了全面总结。

2009年3月10—13日 山东总队组织人员赴临沂市就当前夏粮及畜牧业生产情况进行实地调研。

2009年3月10—13日 山东总队组织人员分别到青岛、烟台、东营、滨州、潍坊、日照六市开展企业集团调研活动。

2009年3月11—12日 山东总队副总队长谭杰带队到淄博，就企业集团统计及世界金融危机对企业影响情况进行调研。

2009年3月13—14日 山东总队在德州召开CPI电子采价试点工作培训会议。副总队长刘同星对试点工作提出了要求。

2009年3月17—19日 国家统计局党组书记、局长马建堂带领国家统计局考核组来山东，对山东总队领导班子及领导干部2008年度工作及廉政情况进行考核，并就当前经济运行情况到有关企业调研。

2009年3月25日 山东总队全面完成2008年公众对城市环境保护满意率调查。

2009年3月25日 山东总队总队长宋志申到商河县就调查队工作和夏粮生产情况进行调研。

2009年3月27—28日 国家统计局党组成员、总统计师李强在青岛参加全国统计科研工作会议，会议期间对青岛部分企事业单位进行调研。山东总队总队长宋志申等陪同调研。

2009年3月28—29日 国家统计局农村司司长张淑英带领调研组一行三人，来山东省临沂、滕州两地进行调研。山东总队副总队长谭杰等陪同调研。

2009年3月30日 山东总队副总队长段连芳到章丘市就中小型工业企业转型升级情况进行调研。

2009年3月30日 山东总队就当前CPI形势开展深入调研。

2009年3月30日 山东总队顺利完成《运输业价格统计调查方案》调研工作。

2009年3月30日 山东总队开展当前生产投资价格形势调研。

2009年3月30日 山东总队被国家统计局评为2008年度纪检监察工作综合奖二等奖。

2009年3月31日 国家统计局纪检组长章国荣一行来山东调研。

2009年3月31—4月3日 山东总队副总队长刘同星到菏泽就城镇住户调查有关工作进行调研。

2009年4月1日 山东总队在济南召开省直部门会议，部署城市、县（市）统计年报工作，副总队长谭杰到会并作讲话。来自30多个省直部门的统计负责人参加了会议。

2009年4月1—2日 山东总队总队长宋志申到青岛市就企业生产经营情况进行调研。

2009年4月9日 山东总队副总队长刘同星带领城镇住户处有关同志到滨州进行调研。

2009年4月9—10日 山东总队副总队长谭杰到蓬莱、平度两市调研。

2009年4月9—11日 山东总队在蓬莱召开2008年乡(镇)、行政村基本情况调查年报会审会议。副总队长谭杰到会讲话。各市级调查队负责乡(镇)、行政村基本情况调查年报的人员参加了会议。

2009年4月10日 山东总队派员参加省物价局组织召开的一季度价格形势分析座谈会。省直部门、企事业单位、大专院校等20余家单位参加座谈。

2009年4月12日 山东总队纪检组长赵兴成到曲阜调查队就党风廉政建设工作情况进行调研。

2009年4月13—14日 山东总队在济南召开全省农业抽样调查培训会议。谭杰副总队长到会讲话。各县级调查队负责农业抽样调查工作的人员参加了

会议。

2009年4月14日 山东总队召开“加强党性修养、弘扬优良作风”教育活动动员大会，党组书记、总队长宋志申作了动员讲话。机关全体党员干部职工参加了动员大会。

2009年4月15日 山东总队召开县级调查队工作调研联系点制度工作座谈会，对一年来的运行情况进行了总结、交流。

2009年4月15—17日 山东总队纪检组长赵兴成带领纪检监察室有关人员到惠民、沾化、邹平调查队就党风廉政建设情况进行调研。

2009年4月17日 山东总队在济南召开2009年山东公众气象服务评估调查工作培训会议，副总队长刘同星到会讲话，承担此次调查任务的10个市、县级调查队专项调查负责人参加了会议。

2009年4月17—18日 山东总队在济南召开低收入居民基本生活费用价格指数第一季度数据审核评估会议。副总队长刘同星到会讲话，全省各有关市、县调查队负责此项调查的同志参加会议。

2009年4月22—23日 山东总队派出两个督导组分别对曲阜、阳谷调查队进行公众气象服务评估调查督导检查。

2009年4月23—27日 西藏统计局局长、西藏总队总队长刘柏呈一行4人来山东考察工作。

2009年4月23—28日 福建总队副总队长张晓玲一行9人来山东考察工作。

2009年4月24日 山东总队组织收看国家统计局调查总队2008年度考核工作总结视频会议。山东总队总队长宋志申在大会上作了题为《团结和谐共谋发展，携手并肩共创未来》的典型发言。山东总队机关副处级以上干部、济南队领导干部和内设机构主要负责人、青岛队领导干部在山东分会场参加会议。

2009年4月28—30日 山东总队总队长宋志申参加山东省委九届七次会议。

2009年4月28—29日 山东总队在济南召开系统法制工作暨培训会议。副总队长谭杰出席会议并讲话，国家统计局政策法规司到会授课，各市、县调查队负责法制工作的同志70余人参加了会议。

2009年4月29日 山东总队召开经济信息工作座谈交流会。副总队长谭杰出席会议，总队各业务处主要负责同志和信息员参加会议。

2009年5月1日 山东总队圆满完成2008年行政村调查年报工作。

2009年5月4—6日 山东总队抽取部分地区开展甲型H1N1流感对生猪生产影响快速调查。

2009年5月5日 山东总队下发通知，决定在全系统内开展学习实践科学发展观活动和机关建设情况调研工作。

2009年5月5—7日 山东总队纪检组长赵兴成带领纪检监察室同志到牡丹、曹县、定陶、鄄城调查队就党风廉政建设情况进行调研。

2009年5月11日 山东总队下发通知，决定在系统内开展《统计违法违纪行为处分规定》知识答题活动。

2009年5月12—14日 国家统计局城市司、财务司、数据管理中心联合组成考察组，在数据管理中心主任许剑毅、城市司巡视员汪小青的带领下，一行九人来山东济南、青岛考察CPI电子采价系统。总队长宋志申等陪同考察。

2009年5月12—13日 山东总队在临沂召开山东调查队系统第一期档案管理培训会议。

2009年5月12—15日 山东总队集中力量开展夏粮和生猪生产形势调研。

2009年5月15日 山东总队组织全体处级以上干部收看国家统计局贯彻实施《统计违法违纪行为处分规定》视频会议。

2009年5月19—22日 山东总队在临沂、蓬莱分两期召开了山东调查队系统档案管理培训会议。副总队长段连芳到会并讲话。各市、县级调查队档案管理人员60多人参加了培训。

2009年5月20日 山东省纪委、省监察厅、省统计局、山东总队四家联合下发了《关于转发中纪办发〔2009〕17号文件认真学习贯彻〈统计违法违纪行为处分规定〉的通知》。

2009年5月21日 山东总队召开机关退休老干部会议，以无记名投票的方式选举产生了首届机关老干部党支部委员会委员。

2009年5月21日 山东总队被国家统计局评为2008年度二级预算单位财会工作综合、预算编制与执行工作评比一等奖；决算报表评比二等奖。

2009年5月22日 山东总队下发文件，决定开展山东调查队系统“小金库”专项治理工作。

2009年5月22日 山东总队副总队长段连芳带领商投处同志赴夏津调查队联系点进行调研。

2009年5月25—27日 山东总队副总队长谭杰带领各专业处室的信息、分析人员到河南总队考察学习信息、分析及信息化工作。

2009年5月26日 山东总队副总队长段连芳带领机关党委的同志赴莱芜就调查队机关建设情况进行调研。

2009年5月31日 山东总队正式编辑出版《2009山东调查分析研究报告选编》。

2009年6月 山东总队被山东省直机关工委命名表彰为2007—2008年度先进基层党组织、优秀党务工作者和优秀共产党员的荣誉称号。

2009年6月4日 山东总队在临沂召开山东调查队系统党风廉政建设工作会议。党组书记、总队长宋志申代表总队党组与各市、县级调查队队长签订了党风廉政建设责任书。省纪委纪检监察一室主任高绍义莅临会议并讲了话。总队机关各处室负责人，山东各市级调查队队长、纪检组长，各县级调查队队长参加了会议。

2009年6月5日 山东总队总队长宋志申到沂南县调研夏粮生产情况。

2009年6月10—11日 山东总队总队长宋志申到泰安、岱岳、新泰就调查队改革与发展进行工作调研。

2009年6月11—12日 山东总队在济南召开全省农民工监测调查培训会议。山东总队副总队长谭杰到会讲话。各有关调查队负责农民工监测的业务骨干参加了会议。

2009年6月11—12日 山东总队在滕州承办了省直机关党建工作研讨会。山东总队副总队长、机关党委书记段连芳出席会议。共有15个省直部门参加了会议。

2009年6月14日 国家统计局山东调查队系统第一期业务骨干培训班在成都信息工程学院举行结业仪式。国家统计局教育中心副主任田鲁生，山东总队总队长宋志申、副总队长段连芳分别出席培训班开班式和结业仪式。此次培训班历时20天，山东各级调查队业务骨干60余人参加培训。

2009年6月16日 山东总队和省总工会联合下发文件，对全省职工生活调查先进集体和先进个人进行通报表彰。

2009年6月16—19日 山东总队组成由副总队长谭杰带队的检查组对国家调查点小麦实割实测情况进行抽查。

2009年6月19日 山东总队副总队长谭杰带队到济南市历城区就夏粮生产情况和农村住户调查工作进行调研。

2009年6月19—20日 山东总队总队长宋志申参加在北京召开的第二次全国经济普查数据质量抽查工作视频会暨培训会。

2009年6月23—7月3日 由山东总队总队长宋志申任组长的数据质量抽查组一行13人，赴江西进行第二次全国经济普查抽查工作。

2009年6月25日 山东总队下发通知，决定开展农村、城市统计调查基层基础工作检查。

2009年6月26日 山东总队派生产投资价格处同志参加省委政策研究室主持召开的房地产业发展情况座谈会。省发改委、建设厅等单位参加了会议。

2009年7月10日 山东总队召开上半年经济形势分析会议，总队长宋志申主持会议，总队党组成员、总队长助理以及有关业务处的处长参加会议。

2009年7月10日 山东总队圆满完成企业集团统计年报。

2009年7月13—19日 山东总队副总队长段连芳带领部分处室及淄博、枣庄、东营、烟台调查队负责同志，赴甘肃、青海考察学习。

2009年7月15—17日 山东总队在济南召开系统2009年度新录用公务员任前培训会。总队长宋志申出席会议并作讲话。

2009年7月20日 山东总队下发通知，要求进一步加强农民工监测调查工作。

2009年7月21日 山东总队党组书记、总队长宋志申以《加强党性修养、弘扬优良作风，努力推进统计调查事业科学发展》为题，为总队机关全体党员和干部职工上党课。

2009年7月27—31日 山东总队副总队长段连

芳带队赴青岛、胶州、平度开展基层基础工作及数据质量检查。

2009年7月27—31日 山东总队副总队长谭杰带队赴泰安、岱岳、新泰基层基础检查工作及数据质量检查。

2009年7月28日 中共国家统计局山东调查总队党组2009年7月23日会议研究决定，任命：郝军同志为中共国家统计局聊城调查队党组成员、党组纪检组组长（副处级）。

2009年7月29日—8月2日 山东总队纪检组长赵兴成带领部分处室及青岛调查队负责同志，赴四川、西藏考察学习。

2009年7月30—31日 山东总队总队长宋志申赴北戴河参加国家统计局上半年工作总结会。

2009年8月7日 山东总队宋志申主持召开办公会，听取了各有关专业负责人对本专业检查情况的详细汇报。副总队长谭杰、刘同星，总队长助理、有关处室负责人及数据质量复查小组的全体同志参加会议。

2009年8月7日 山东省省直机关工委检查组一行3人到山东总队检查指导党建工作。总队长宋志申主持召开汇报会并简要介绍了总队组建以来党建工作及有关情况，机关党委作专题汇报。

2009年8月10—14日 山东总队副总队长谭杰带领总队长助理、法规制度处、农村住户处以及潍坊、莱芜、临沂、德州调查队的主要负责同志，赴黑龙江调查总队就调查队工作进行学习交流。

2009年8月10—14日 山东总队总队长宋志申带领办公室、综合处有关同志赴广州，参加沿海五省调查总队工作座谈会，沿海五省资料交流制度建立。

2009年8月16日 山东总队对机关副处级以上领导干部配偶、子女及子女配偶从业情况进行了逐人申报登记，未发现有违规的情况。

2009年8月17日 山东总队下发通知，要求认真做好新形势下山东调查队系统新闻宣传工作。

2009年8月19日 山东总队下发通知，要求继续做好主要畜产品消费专题调查研究工作。

2009年8月21日 为积极响应国家统计局号召，充分彰显总队广大干部职工忠诚统计的信念和决心，山东总队机关举行了隆重的集体宣誓暨专题演讲比赛活动。

2009年8月23—29日 山东总队选派21名县级调查队队长参加了国家统计局教育中心在北戴河培训基地举办的第13期县级统计局和调查队主要负责人培训班。

2009年8月26日 山东总队下发山东调查队系统会计电算化工作进展情况的通报。

2009年8月26日 山东总队下发通知，要求进一步加强秋粮及棉花产量抽样调查工作。

2009年8月30日 山东总队在济南召开2009年山东组织工作满意度民意调查工作培训会议。总队长宋志申到会并讲话。副总队长、刘同星主持会议。各市级调查队队长、全体调查人员参加了会议。

2009年9月1—3日 山东总队在淄博桓台召开制造业采购经理调查工作会议。副总队长谭杰出席会议并讲话。国家统计局服务业调查中心企业景气处处长杨小英到会进行业务指导。各市级调查队分管景气调查工作的副队长和业务骨干共四十余人参加了会议。

2009年9月3日 山东总队与省纪委在济南联合召开2009年山东党风廉政建设民意调查工作会议。总队长宋志申、省纪委副书记郭建昌出席会议并分别讲话。刘同星副总队长主持会议，省纪委研究室主任初炳玉，以及各抽中调查队全体人员参加会议。

2009年9月3日 中共国家统计局山东调查总队党组2009年7月23日会议研究决定，任命宋洪新同志为中共国家统计局泰安调查队党组成员、党组纪检组组长（副处级）。任命段顺华同志为中共国家统计局威海调查队党组成员、党组纪检组组长（副处级）。任命马爱梅同志为中共国家统计局莱芜调查队党组成员、党组纪检组组长（副处级）。任命杨翠民同志为中共国家统计局临沂调查队党组成员、党组纪检组组长（副处级）。

2009年9月3日 国家统计局山东调查总队发文，任命于龙亮为国家统计局莱西调查队队长；张茂利为国家统计局沾化调查队队长。

2009年9月9日 山东总队参加山东省纪委召开的部分中央驻鲁单位纪检监察工作座谈会。

2009年9月9日 山东调查队系统机关建设经验交流会在日照召开。总队长宋志申出席会议并讲话。省直机关工委副书记马以芳应邀出席会议并讲话。副总队长段连芳主持会议。副总队长刘同星，省直机关工委宣传部部长王爱平，省直文明委常务副主任纪成香出席会议。各市、县级调查队队长参加会议。

2009年9月10日 山东调查队系统在日照举行庆祝建国六十周年演讲比赛。总队长宋志申，省直机关工委副书记马以芳，副总队长段连芳，副总队长刘同星，省直机关工委宣传部部长王爱平，省直文明委常务副主任纪成香以及各市、县级调查队队长，总队长助理，总队机关各处室主要负责人观看了比赛。

2009年9月10—13日 山东调查队系统县级队长培训班在日照召开。总队长宋志申出席会议并讲话。各县级调查队队长参加了培训。办公室、综合处、法规处、人事教育处、财务管理处、纪检监察室就实际工作中规范管理等进行了讲解，对今后的工作提出要求。

2009年9月11日 山东总队组成25人合唱团参加省直机关工会工委举行的庆新中国成立60周年红歌大联唱活动。

2009年9月15日 在2009年度山东软科学优秀成果奖评选活动中，山东总队撰写的《我国城镇居民消费结构特征、影响因素及国际比较》课题荣获一等奖，《构建和谐社会中企业社会责任研究》、《物价变动与经济发展关系研究 基于山东省数据的计量经济分析》、《国际市场价格变动对国内市场的影响研究》课题荣获二等奖。

2009年9月15日 山东总队下发通知，要求进一步做好当前经济形势分析工作。

2009年9月15日 山东总队、省统计局联合转发《国家统计局关于做好2010年全国城镇住户基本情况大样本调查准备工作的通知》。

2009年9月15—18日 山东总队组织三个调研组分赴德州、滨州、东营、烟台、潍坊、菏泽、济宁等市县进行调研，全面了解各地农业生产情况。

2009年9月16—23日 山东总队在烟台开展中加经济统计项目扩大行业调查表试填工作。国家统计局服务业调查中心、贸易外经统计司以及辽宁、内蒙古、福建调查总队，沈阳、呼和浩特调查队等项目试点地区的同志现场观摩指导调查工作。

2009年9月19日 山东总队副总队长段连芳带领机关干部职工赴平度学习考察新农村建设发展成就。

2009年9月20日 山东总队总队长宋志申作为第十一届全国运动会火炬手，在威海参加了火炬传递活动。

2009年9月22日 山东总队下发通知，对系统加强财务管理工作情况进行通报。

2009年9月25日 山东总队在济南召开国有企业反腐倡廉民意调查培训会议。副总队长刘同星到会讲话。

2009年9月26日 山东总队副总队长段连芳带领机关部分干部职工赴省科技馆参观山东省省直机关党建成果展。

2009年9月27日 山东总队下发通知，要求做好城市调查专业数据质量检查和调研工作。

2009年9月27日 山东总队下发通知，要求做好2010年工业品价格指数编制权数调查修订工作。

2009年9月28日 山东总队下发通知，决定开展工业品、固定资产投资和房地产价格调查样本代表性及工作量等情况调研。

2009年9月28日 山东总队下发通知，决定开展企业用工情况调查。

2009年9月28日 山东总队总队长宋志申主持党组理论学习中心组扩大会议，学习党的十七届四中全会精神，部署全会精神的贯彻落实工作。

2009年10月10日 山东总队生产投资价格处处长刘敏家庭荣获山东省“百佳书香人家”荣誉称号。

2009年10月10日 山东总队圆满完成2009年党风廉政建设民意调查。

2009年10月10日 山东总队下发关于农村、城市数据质量检查情况的通报。

2009年10月12日 山东总队机关举办新《统计法》学习专题讲座。总队长宋志申、副总队长谭杰及全体干部职工听取讲座。

2009年10月12日 山东总队下发关于开展对党风廉政建设责任制执行情况进行检查的通知。

2009年10月12日 山东总队下发关于农村住户帐页数据抽查结果的通报。

2009年10月12日 山东总队制定并印发《国家统计局山东调查总队政府采购管理办法》。

2009年10月12—16日 山东总队副总队长刘同星赴北京参加国家统计局举办的第28期省（市、区）统计局长、总队长研究班。

2009年10月12—16日 山东总队组织对省直机关、泰安、莱芜、德州等市、县（区）进行组织工作满意度民意调查事后质量抽查工作。

2009年10月13日 国家统计局办公室下发2009年度工业统计工作考核评比结果通报，山东总队获得规模以下工业统计工作三等奖。

2009年10月13—14日 山东总队总队长宋志申赴聊城、阳谷就秋粮生产情况进行调研。农业调查处处长杨晓福陪同调研。

2009年10月13—15日 山东总队副总队长谭杰带领农业处同志赴泰安、新泰、枣庄等地就秋粮生产情况进行调研。

2009年10月16日 山东总队总队长宋志申召开经济形势分析会议，研究分析前三季度山东农业、居民生活、物价、企业景气、规模下工业等经济形势及全年趋势。

2009年10月20日 山东总队圆满完成2009年国有企业反腐倡廉民意调查工作。

2009年10月21—22日 山东总队总队长宋志申到潍坊、青州、寿光就调查队工作进行调研。

2009年10月23日 山东总队总队长宋志申接受山东人民广播电台新闻频道记者专访，就前三季度山东企业生产经营、城镇居民生活等经济形势进行访谈。

2009年10月25—26日 山东总队在济南召开旅游调查方案修订座谈会议。

2009年10月27日 国家统计局办公室下发2009年度统计设计管理系统评比结果通报，山东总队获得统计设计管理工作综合奖一等奖以及统计标准管理工作专项奖三等奖。

2009年10月29—30日 山东总队在济南召开工业品价格指数权数编制工作研讨会。

2009年10月29—30日 山东总队在淄博市召开烟草消费情况调查工作培训会议。

2009年10月29日 山东总队与东营市政府共同举行国家统计局东营调查队成立大会暨揭牌仪式。总队长宋志申和东营市委常委、副市长曹连杰共同为东营调查队揭牌。

2009年10月30日 山东总队总队长宋志申到利津调研。

2009年10月30日 山东省省委常委、常务副省长王仁元听取了山东总队总队长宋志申关于规模以下工业抽样调查工作情况的汇报，并对总队工作给予肯定。

2009年11月3日 山东总队圆满完成第十一届全运会旅游专项调查。

2009年11月4日 山东总队圆满完成组织工作满意度民意调查。

2009年11月10日 山东总队下发通知，布置2009年统计年报和2010年定期统计报表制度工作。

2009年11月11—12日 山东总队在济南召开服务业抽样调查工作会议，副总队长段连芳到会并讲话，各市、县级调查队负责服务业抽样调查工作的同志参加会议。

2009年11月13日 山东总队在泰安召开市级调查队主要负责人专题会议，学习贯彻国家统计局局长马建堂致市级调查队主要负责同志“一封信”精神。党组书记、总队长宋志申代表总队党组讲话。党组成员、副总队长段连芳、谭杰、刘同星出席会议。泰安市委常委、常务副市长李琥到会致辞。市级调查队党组书记、队长以及总队部分处室负责同志参加会议。

2009年11月16日 山东总队下发通知，决定开展2009年度主要畜禽监测调查基层先进单位、先进个人评选表彰工作。

2009年11月16日 山东总队被国家统计局评为2009年度全国综合统计工作、统计进度和专题分析工作先进单位二等奖。

2009年11月17日 山东总队总队长宋志申到莱西调研调查队建设与发展工作情况。莱西市委书记王久军、市长孙利国、常务副市长张锐分别会见了宋志申总队长，并就莱西调查队改革和建设工作情况交换了意见。

2009 年 11 月 18—19 日 山东总队在淄博召开规模以下工业抽样调查会议。副总队长段连芳到会讲话。各市级队分管规模以下工业抽样调查工作的队领导及业务负责人参加了会议。

2009 年 11 月 19 日 山东省直文明委到总队检查验收文明创建工作。总队长宋志申出席汇报会并作了讲话，副总队长段连芳主持汇报会。办公室、机关党委等处的主要负责同志参加了汇报会。

2009 年 11 月 20 日 国家统计局聊城调查队成立大会暨揭牌仪式在聊城隆重举行。山东总队总队长宋志申与聊城市委常委、常务副市长刘加顺共同为聊城调查队揭牌。

2009 年 11 月 20 日 《盛世中国 魅力调查——国家统计局山东调查队系统庆祝建国 60 周年征文暨演讲作品选编》编印完成。

2009 年 11 月 20 日 山东总队圆满完成 2009 年山东烟草消费情况调查。

2009 年 11 月 22 日 山东总队总队长宋志申接受山东电视台新闻联播重点报道组的专访。

2009 年 11 月 23 日 山东总队下发关于“忠诚统计 依法调查 在促进共和国经济社会发展中建功立业”征文评比结果的通报。

2009 年 11 月 23—25 日 山东总队在济南召开农村住户调查会议。副总队长谭杰到会并讲话。有关市、县级调查队负责农村住户和农产品价格调查工作的同志参加了会议。

2009 年 11 月 24 日 山东省统计局、山东总队联合下发通知，决定开展《统计法》宣传月活动。

2009 年 11 月 24—26 日 全国部分服务业抽样调查工作总结暨培训会议在山东临沂召开。国家统计局服务业调查中心巡视员王文颖、山东总队总队长宋志申、副总队长段连芳出席会议。

2009 年 11 月 26—27 日 山东总队在济南召开居民消费价格调查会议。副总队长谭杰到会并讲话。有关市、县级调查队和省属城调队的同志参加了会议。

2009 年 12 月 1 日 山东总队副总队长谭杰到沂南调查队调研基层调查队工作开展情况。

2009 年 12 月 1 日 山东总队召开城市调查专业专题会议。副总队长刘同星参加会议并讲话。

2009 年 12 月 2 日 中共国家统计局山东调查总队党组 2009 年 11 月 18 日会议研究决定，任命：孟祥英同志为中共国家统计局菏泽调查队党组成员、党组纪检组组长（副处级）。

2009 年 12 月 2 日 山东省统计局、山东总队联合下发通知，部署《统计法》宣传月活动。

2009 年 12 月 3 日 山东总队党组召开 2009 年度“加强党性修养 弘扬优良作风”专题民主生活会。省直机关工委组织部副部长陈丽到会指导。

2009 年 12 月 3 日 山东总队农村住户调查处撰写的《山东农民工就业现状与出路探析》被山东省副省长郭兆信批示：“山东调查总队关于农民工就业现状和出路探析，为我们提供了大量一手资料和数据，并提出了一些好的意见和建议。请人力资源社会保障厅阅研。”

2009 年 12 月 3—4 日 山东总队在济南召开畜禽监测摸底调查暨年报会议。总队长宋志申和副总队长谭杰到会讲话。各市级调查队和 18 个生猪调出大县统计局分管领导及业务骨干、各县级调查队业务骨干共 100 余人参加了会议。

2009 年 12 月 4 日 山东总队与省旅游局共同召开座谈会，就进一步做好国内旅游调查工作进行交流座谈。副总队长刘同星参加会议。

2009 年 12 月 4—7 日 山东总队参加了山东省机关党（工）委书记会议。并在会上作了典型发言。

2009 年 12 月 7—9 日 山东总队在济南召开生产投资价格调查年报会议，副总队长刘同星到会讲话。全省 17 市负责此项工作的同志 60 余人参加了会议。

2009 年 12 月 7 日 国家统计局山东调查总队发文，任命：孙庆治为国家统计局牟平调查队队长。

2009 年 12 月 8—9 日 山东总队在济南召开企业（集团）、企业景气暨采购经理调查工作会议。副总队长谭杰出席会议并讲话。各市级调查队负责此项调查工作的 40 余人参加了会议。

2009 年 12 月 8—10 日 山东总队在济南召开城镇住户调查年报会议。副总队长刘同星到会并讲话。有关市、县级调查队和省属城调队负责城镇住户调查工作的同志参加了会议。

2009 年 12 月 9 日 中共国家统计局山东调查总队党组 2009 年 11 月 18 日会议研究决定，任命：王

英明同志为中共国家统计局潍坊调查队党组成员、党组纪检组组长（副处级）。

2009 年 12 月 15 日 山东总队总队长宋志申对系统内部审计工作情况作出批示：“财务工作十分重要，是容易出问题的环节，财务处加强了审计，做了大量卓有成效的工作，望通过审计出的问题，加强督促检查和整改力度，确保山东调查队系统在财务上不出问题”。

2009 年 12 月 15—16 日 山东总队在济南召开人事年报会议。全省 58 个市、县级调查队的 60 余名人事年报负责同志参加了此次会议。

2009 年 12 月 17 日 山东总队组织系统人员收看国家统计局新《统计法》学习报告会视频直播和网上视频直播。

2009 年 12 月 18 日 山东总队制定并下发《基层调查队负责人因公来总队接待办法》。

2009 年 12 月 22 日 山东总队下发文件，对主要畜禽监测调查工作基层先进集体先进个人进行通报表彰。

2009 年 12 月 22—23 日 山东总队在济南召开新《统计法》培训暨《统计法》宣传月座谈会议。副总队长谭杰出席会议并讲话。

2009 年 12 月 22—23 日 山东总队在济南召开系统财务工作会议。总队长宋志申出席会议并讲话。

2009 年 12 月 23 日 山东总队下发通知，决定开展 2009 年公众对城市环境保护满意率调查工作。

2009 年 12 月 23 日 山东总队被国家统计局评为 2009 年农村统计调查工作农产量调查、主要畜禽监测调查一等奖；农产品价格、农林牧渔业综合统计二等奖。

2009 年 12 月 23 日 山东总队被国家统计局评为 2009 年全国统计系统公文处理二等奖和政务信息工作三等奖。

2009 年 12 月 24 日 山东总队在济南召开 2009 年系统新提任干部集体谈话会议。总队长宋志申出席会议并讲话，副总队长谭杰主持会议。

2009 年 12 月 25 日 山东总队召开 2009 年度各处室主要负责人述职述廉会议。总队领导、总队长助理、各处室主要负责同志参加会议。

2009 年 12 月 25 日 山东省精神文明建设委员会下发《关于命名表彰 2009 年度省级文明单位、文明村镇、文明机关、文明社区的决定》，山东总队被授予“省级文明单位”荣誉称号。

2009 年 12 月 25 日 山东总队与山东省档案局联合发文，通报表彰 2009 年度系统档案先进单位和先进个人。

2009 年 12 月 26 日 山东总队发文，对系统 2009 年财会工作考核情况进行通报。

2009 年 12 月 27—28 日 山东调查队系统综合工作会议在济南召开。副总队长谭杰出席会议并讲话。

2009 年 12 月 28 日 山东总队在济南召开 2009 年全省公众对城市环境保护满意率调查工作培训会议。副总队长刘同星出席会议并讲话。

2009 年 12 月—30 日 山东总队在济南召开国内旅游调查工作会议。副总队长刘同星出席会议并讲话。省旅游局有关同志到会。

2009 年 12 月 30 日 山东总队下发文件，对 2009 年度系统优秀分析报告评比结果进行通报。

2009 年 12 月 30 日 山东总队获得 2009 年度山东省党建优秀调研成果一等奖。

2009 年 12 月 31 日 山东总队下发文件，对深入学习贯彻新《统计法》提出要求。

2009 年 12 月 31 日 山东总队召开警示教育大会，组织机关全体干部职工观看警示教育录像《欲之祸》，并请山东省纪委一室主任高绍义作廉政报告。

中国统计出版社最新图书简目

(仅供参考,以最后出书为准)

统计资料

中国统计年鉴-2010
中国统计摘要-2010
国际统计年鉴-2010
2010 中国发展报告
中国第三产业统计年鉴-2010
中国区域经济统计年鉴-2010
中国劳动统计年鉴-2010
中国社会统计年鉴-2010
中国城市统计年鉴-2009
中国建筑业统计年鉴-2010
中国人口和就业统计年鉴-2010
中国工业经济统计年鉴-2010
中国商品交易市场统计年鉴-2010
中国房地产统计年鉴-2010
中国能源统计年鉴-2010
中国民政统计年鉴-2010
中国贸易外经统计年鉴-2010
2010 中国地区经济监测报告
中国科技统计年鉴-2010
中国农村统计年鉴-2010
中国农产品价格调查年鉴-2010
中国高技术产业统计年鉴-2010
中国教育经费统计年鉴-2009
中国农村贫困监测报告-2010
全国农产品成本收益资料汇编-2010
中国科学技术协会统计年鉴-2010
工业企业科技活动资料-2010
第二次全国残疾人抽样调查资料系列
中国棉花年鉴-2008/2009
中国城市(镇)生活与价格年鉴-2010
中国县(市)社会经济调查年鉴-2010
中国农村住户调查年鉴-2010(中、英文)
中国农村全面建设小康监测报告-2010
中国国内生产总值核算历史资料(1952-2004)
中国季度国内生产总值核算历史资料(1992-2005)
中国零售和餐饮业连锁企业统计年鉴-2010
大中型批发零售和住宿餐饮企业统计年鉴-2010
2005 年中国 1%人口抽样调查系列资料

2010 年省级综合统计年鉴系列

北京 天津 河北 山西 内蒙古
辽宁 吉林 黑龙江 上海 江苏
浙江 安徽 福建 江西 山东
河南 湖北 湖南 广东 广西
海南 重庆 四川 贵州 云南
西藏 陕西 甘肃 青海 宁夏
新疆 新疆生产建设兵团

2010 年市(县)级综合统计年鉴系列

天津滨海新区
石家庄 唐山 邯郸 太原 大同
长治 阳泉 晋城 朔州 晋中
运城 忻州 临汾 呼和浩特
包头 沈阳 大连 长春 吉林市
四平 延吉 哈尔滨 齐齐哈尔
黑龙江垦区 上海浦东新区
苏州 无锡 常州 徐州 南通
盐城 镇江 江阴 丹阳 杭州
宁波 绍兴 台州 舟山 温州
金华 嘉兴 衢州 安庆 福州
福州经济技术开发区
厦门经济特区 南昌 上饶
济南 青岛 潍坊 东营 郑州
洛阳 三门峡 南阳 武汉 宜昌
十堰 荆州 黄冈 长沙 广州
东莞 惠州 深圳 桂林 南宁
柳州 来宾 河池 海口 成都
贵阳 昆明 西安 庆阳 银川
乌鲁木齐 吐鲁番

"十一五"规划教材

非参数统计 医学统计学
概率论与数理统计 统计学
现代金融投资统计分析
多元统计分析 经济计量学教程
应用时间序列分析
统计指数理论及应用
统计数据处理概论
质量管理统计方法 社会统计学
多元统计分析实验
企业经营管理统计
市场调查与预测
统计学原理(非统计专业使用)
统计学:从数据到结论
国民经济核算教程(国民经济统计学)
概率论与数理统计(经济、管理类专业使用)

重点图书

新中国六十年
挑大学选专业 2010—高考志愿填报指南
挑大学选专业 2010—考研择校指南

欲购以上图书请与中国统计出版社发行部联系

电话:(010)63376907,63376908 同楫行书店电话:68783171,68783172

通讯地址:北京市西城区三里河月坛南街 57 号 邮政编码:100826